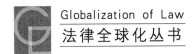

Globalization of Law
法律全球化丛书

信息社会法治读本

高鸿钧 申卫星 主 编
鲁 楠 佘盛峰 副主编

清华大学出版社
北 京

内 容 简 介

本书是一部回顾、梳理和展望信息社会法治图景的文集,旨在分析和探讨以信息技术、人工智能和生物技术为代表的科技革命对法律带来的深刻影响。全书既包括从观念与范式角度对信息社会法治理论的反思,也包括从规则与制度角度对信息时代法律具体实践的探索。本书适于关注法律与科技发展问题的法学研究者、大专院校师生,以及科学哲学、社会学、政治学等其他领域的研究者阅读参考。

图书在版编目(CIP)数据

信息社会法治读本 / 高鸿钧,申卫星主编. —北京:清华大学出版社,2019
(法律全球化丛书)
ISBN 978-7-302-51867-9

Ⅰ. ①信…　Ⅱ. ①高…　②申…　Ⅲ. ①信息化社会—社会主义法制—中国
Ⅳ. ①D920.0

中国版本图书馆 CIP 数据核字(2018)第 285152 号

责任编辑:朱玉霞
封面设计:傅瑞学
责任校对:宋玉莲
责任印制:李红英

出版发行:清华大学出版社
　　　　　网　　址:http://www.tup.com.cn, http://www.wqbook.com
　　　　　地　　址:北京清华大学学研大厦 A 座　　　　　**邮　　编:**100084
　　　　　社 总 机:010-62770175　　　　　**邮　　购:**010-62786544
　　　　　投稿与读者服务:010-62776969, c-service@tup.tsinghua.edu.cn
　　　　　质量反馈:010-62772015, zhiliang@tup.tsinghua.edu.cn
印 装 者:三河市君旺印务有限公司
经　　销:全国新华书店
开　　本:155mm×230mm　　　　**印张:**51.75　　　　**字　　数:**744 千字
版　　次:2019 年 6 月第 1 版　　　　　　　　　　　**印　　次:**2019 年 6 月第 1 次印刷
定　　价:109.00 元

产品编号:079420-01

序　言

　　2016年12月9日,清华大学法学院创立了"明理网络法治论坛",旨在通过聚焦互联网发展中的热点难点法律问题汇聚智慧、凝聚共识,以推动互联网产业新秩序与网络治理新体系的形成。在被称为新一代人工智能元年的2017年,清华大学法学院组织了"法律、科技与人文论坛""智律论坛""大数据论坛""互联网治理全球论坛"等一系列学术活动,2017年12月23日,正式成立了清华大学法学院法律与大数据研究中心,并举办了为期两天的"迈向数据法学"论坛。2018年4月9日,经过多番讨论和认真筹划,清华大学法学院在全国范围内率先组织申报的"计算法学"(Computational Law)法律硕士项目成功获批并正式立项。"计算法学"硕士项目的设立是对近年来互联网法治密集研究的一个集中突破,是对清华大学法学院未来人才培养和学科建设的提前布局,标志着清华大学法学院双一流建设正式启动。

　　之所以选取"计算法学"作为清华大学法学学科建设的一个突破点,是清华人对自己未来发展道路的一个清醒的认识,即清华法学院在传统法学学科全面发展的基础上,未来法学教育与法学研究要加强对新兴社会问题的回应能力,特别是在信息科技一日千里的发展势头面前,法学绝不可故步自封,而应积极探索,在回应新问题的同时发展既有传统法学理论、创新数字经济新规则。

　　从计算数学、计算力学、计算化学到计算语言学、计算社会科学,计算+X已经成为交叉学科发展的一个范式。清华大学率先设立"计算法学",一是要对近年来互联网的发展、大数据、区块链、云计算、人工智能引发的新兴问题做出积极的法律回应;二是运用计算科学展开对传统法学的研究,实现法学研究从规范研究向实证研究的转换,推动定性研究与定量研究相结合,进而实现法律与技术的结合。

如上图所示,曾几何时,被我们广为赞誉的乌鸦衔石子而喝水的故事中,乌鸦的聪明给我们留下了深刻的印象。然而,一根吸管却让乌鸦衔石子喝水的聪明成为历史。曾经富有创意的衔石子喝水如今变成了保守。由此可见,技术创新挑战法律规范,法律需要顺应技术的发展进行调整、规范、引导、优化;同时,技术的改变与进步又会革新法律制度,改变人类的生活模式和法治范式。

铁器和农具使游牧生活转向农耕社会,蒸汽机的发明把人类带进了工业社会,现今信息技术的不断发展和快速迭代,我们已然毫无疑义地进入信息社会。如果说农耕社会建立在熟人的基础上,工业社会建立在陌生人的基础上,那么信息社会下却是熟人很陌生,陌生人很熟悉:咫尺可天涯,天涯亦咫尺!

回顾中国信息产业的发展,我们会清晰地感受到技术进步与法治乃至社会治理模式的互动。1994 年 4 月 20 日,中国正式接入国际互联网;1998 年,中国互联网开始商业化和普及化。那个时代,我们用电话线拨号上网、56K 流量的小猫……现如今这一切都已成为近乎上古时代的稀奇之物。智能手机、大数据、云计算、物联网、人工智能等,层出不穷的技术进步给我们带来了千年未有的大变局。我们的生产、生活,更重要的是我们的思维方式,都面临着重新调整。网络和人工智能正在给人类带来一场认知革命,也带来一场人类组织方式的重大变革。我们无法抗拒,只能迎接新时代的到来。

随着人工智能时代的到来,法律人要加强法律专业之外知识和技能的学习。必须承认,我们现在的法学学习和研究主要是逻辑推理和文本分析,缺乏数据和技术的支撑。我们需要发挥自己的想象力,思考未来的法律人如何工作;否则,等到机器人可以写判决书的时候,只会爬梳法条和记笔记的法律毕业生或许就要面临毕业即失业了。人工智能的时代是一个人人都需要重新思考自己能够做什么的时代。

我们法律人对于人工智能的现实状况和发展前景应该有更切实的体验、更充分的准备、更坚定的理想,同时要有别于普通民众八卦式的凑热闹,而应该更多从法律体系内部展开对人工智能的理性思考。以我的本行——民法学为例,民法具有很强的包容性和扩展性,我们完全可以运用民法学知识体系重新解读人工智能带来的新问题,在使民法学焕发青春的同时,也将新问题纳入既有轨道顺畅运转。

民法上的财产权、合同与责任制度,在数字经济中仍大有用武之地。从产权制度看,数据是数字经济时代的“石油”,也是人工智能成为可能的重要基础。然而,数据的法律属性如何,数据到底属于用户还是属于平台,是对数据进行采集的数据公司,抑或其他主体?政府在利益相关者之间怎样进行权利分配及对分配的正当性如何评判?这不仅是理论问题,实际上也影响着产业的发展,即在鼓励技术创新和保护个人隐私等权益之间如何平衡?区块链的广泛运用使得交易进一步去中介化、去中心化,未来的民法典应该如何应对智能合约?自动驾驶汽车引发的法律责任,在设计者、使用者之间如何划分?显然不能用简单的产品来界定。此外,机器人作品的知识产权、互联网产业竞争与反垄断、算法歧视问题都值得我们深入思考。

人工智能除去对具体法律制度的影响,还引发我们对法范式的反思。2017年10月26日,沙特阿拉伯授予美国汉森机器人公司生产的机器人索菲亚以公民身份,引发我们关于法律本质的思考。在法律关系的主体和客体二分结构中,我们应该怎样看待未来人工智能机器人的法律地位?

回顾历史,我们会看到并非所有人都可以成为法律关系的主体,只有自由权、市民权、家父权三权合一才可以拥有主体资格。早期的奴隶在法律上等同于四足动物,由此我们可以看到,不是人人尽可为"人"。法人制度的出现,让我们看到非人亦可为"人",关键在于如何界定"人"的本质。过去我们判断人和动物,用以区别的标准很清楚,但是人和机器人的区别也许不会那么清楚。比如,一个人如果是因为一条腿出现问题安装假肢,我们不会因为他的身体有机械成分而否认他是一个人,甚至即使他的四肢全部换成假肢。但是,如果这个人的心脏换成人工心脏的时候呢?如果他的大脑中植入智能芯片呢?当原本认为决定人最本质的大脑被换成芯片的时候,机器人和人的本质区别在哪里?也许有人会说人毕竟是有血有肉有感情,但血肉之躯对于机器人而言在技术上完全可以超越,至于人类的感情,随着机器人深度学习能力的不断增强,相信也不是问题。届时,这样一个和人类一样拥有血肉之躯且拥有人类皮肤的机器人,它可不可以是法律关系的主体?用《未来简史》作者赫拉利的话来说,人工智能的发展将使"无机生命"逐渐取代"有机生命"变得可能。不知道未来社会中是否将会有三种人:一是自然人;二是机器人;三是单体细胞的克隆人。如此三种人混杂在一起构成未来的人类社会,您做好准备了吗?

随着现代网络的发展、大数据的应用和人工智能的兴起,人们对未来的发展既兴奋又担忧。从阿尔法狗到阿尔法元,人们在见证一个个奇迹的同时,也惊呼人类社会将面临机器人的巨大挑战,思考未来人类会不会被机器人统治。英国科学协会的调查显示,1/3 的人认为,在未来 100 年中,人工智能的崛起将会对人类造成严重威胁。60% 的受访者担心机器人将导致未来 10 年人类可从事的工作越来越少。面对人工智能发展带来的挑战,我们"不必过分忧虑,但需未雨绸缪"。

人工智能发展到今天,也是经历了起起伏伏。20 世纪 60 年代,人工智能的发展热潮不断,而终于泡沫破裂。此番随着大数据的运用、算力的增强、算法的迭代和机器学习,再次引燃了新一代人工智能的大发展。然而,从弱人工智能(Narrow Artificial Intelligence)到强人工智能(General Artificial Intelligence)乃至超人工智能(Super Artificial Intelligence)，还有很长的路要走。同时，任何科技本身都是一柄"双刃剑"，技术进步的同时不可避免会带来一些副作用，然而我们已经无法退回到刀耕火种的时代，科技已经把我们带上"不归路"，我们无须因此感到灰心和焦虑，而应以更开放的心态拥抱科技。清华大学创设计算法学，就是在应对新兴信息科技引发的法律问题的同时，从法律和伦理的角度对新兴科技进行规范、引导、优化。在充分享受技术进步带来巨大福利的同时，限制、消除技术发展引发的法律风险与伦理危机。对此，我们充满信心，并相信大有可为！

　　清华大学创立计算法学，首要任务是要加强法律与技术交叉的新型人才培养，而人才培养以教材为先。此次我们组织出版的《信息社会法治读本》，是计算法学教材建设的第一步，希望通过选取此一领域的经典文献，作为研究者的必读文献，为其后研究的展开奠定基础。

　　有了这一想法，我与我院高鸿钧教授交流时，竟不谋而合。高老师早已着手收集文献、联系版权了，特别是在鲁楠和盛峰两位才俊的支持下，本书编辑工作也进展顺利，马上就可以呈现于读者诸君了，高老师执意嘱我作序，我便假私济公把清华大学发展计算法学的来龙去脉借此做个说明，希冀更多的学校和学人加入"计算法学"的学科建设中来，我们一起推动信息社会法治新规则的生成。

申卫星*

2018 年 9 月

---

　　* 申卫星，教授、博士生导师，清华大学法学院院长。

目　录

上篇　观念与范式

下篇　规则与制度

上篇　观念与范式

01　法治的危机
——危险与机遇

(澳)G. 德·Q. 沃克*著

李小武** 吴伟光***译 高鸿钧 校

一、保守与扩张

我们已经讨论法治的含义,以及它在什么意义上"与文明的存续同义"(尼赫鲁语)。随着本文的展开,我们将进一步探讨的这一思想是本书的中心主题之一。另一个主题是,法治总面对一系列的威胁,这些威胁的含义尚未被我们完全理解,而且这些威胁完全可使这一主题毫不夸张地称为危机。我们可以从两种立场来分析危机,一种具有"保守主义"的特征,而另外一种则具有较为积极、扩张的特征。

保守主义者将法治的惯常特征视为"历史遗产",视为西方文明,至少是盎格鲁-凯尔特人亚文化的中心价值,并作为保存其他所有文明价值不可缺少的条件。扩张主义者则认为法治在将来会起到一种新的、附加的作用。这种观点将表明法治尤其适应我们所处的时代,它与发生在西方科学的、哲学的、形而上学的世界观中重要的转变惊人

　* 选自 Geoffrey de Q, Walker. Rule of Law: Foundation of Constitutional Democracy. Melbourn University Press, 1988, chapter 2。作者为澳大利亚昆士兰大学法学院教授。本译文得到沃克教授的慷慨授权与支持,在此表示感谢。

　** 清华大学法学院讲师。

　*** 清华大学法学院讲师。

地合拍。它与一种新的世界观也十分和谐,这种世界观产生于物理学和神经心理学的最新发现,产生于人类的新观念,这新观念又是伴随人类心理学、社会生态学、系统论原理及新的意识学发展而形成的。同时,它尤其适合于为在实践中建构价值和制度奠定基础,这种价值和制度将在无数日常境况和关系中实现这种新型世界观。就我所知,第二种观点对法治提供了新的视角,我们将在本章的第二部分对它进行探讨。

首先,我们来看看保守主义的立场。

(一)保守主义的立场:作为遗产的法治

1. 法向权力的转变

法治处在威胁中,它可否存活仍有疑问。在上一章中我们列出的关于法治的 12 项原则[①]中,法治赖以存在的制度性要件和要素及法治定义的制度性要素被弱化到如此地步,以致其中某些要件和要素在澳大利亚和其他普通法国家已不复存在,其他各国就更不用提了。这些要件和要素受到以下因素的破坏:压力集团的权力的膨胀、法院角色的变化、司法独立与中立性的衰落、共同体意识的降低、急功近利式的主要政治原则以及许多与社会学家称为"感觉社会后期"(Late Sensate)相联系的多种多样的社会与政治现象。

同样的威胁在于,对现存反法治潮流的走向缺少共识。法治的观念,抽象地说,在当代人们头脑中的印象并非是完全满意的概念。人们希望获得法治的保护和帮助。一旦对他们很重要的某些法律没有实施或被不公正地实施,他们就会感到愤怒。但是几乎没有人对法治的概念或维持法治需要什么条件感兴趣。法治被认为是理所当然的。除了在强制执行这一领域外,法治被不知不觉地渐渐地侵蚀着。[②] 此

---

① 法治 12 项原则包括作者在本书第 1 章中提到的法治 12 点基本原理性定义,它们是:法反对私刑;政府服从法律;确定性、普遍性和平等性;给与社会价值总体一致;法反对私刑的强制力;在法的原则规制下的政府执行力;司法独立;独立的法律职业;自然正义和无偏袒的法院;法院便于接近;公平与诚实的执法和对法治的态度。——译者注

② N Herlitz. The Critical Points of Rule (sic) as Understood in the Northern Countries//The Rule of Law as Understood in the West (Chicago Colloquium). Annales de la Faculté de Droit d'Istanbul, 1950:139,142.

外，法治作为反动的资产阶级制度，20世纪的大多时候受到政治激进分子在意识形态领域中的攻击。

在基本方向上，普通法系国家政府正在发生的状况（和其他国家一样）是脱离法律而向权力转变。由于法治的支柱不再被维护而实际上正被拆除，法治已经日益失却维持法律与权力两股对立力量之间动态平衡的职能。这种宪法性限制的解除使得法律体系敞开了转向极权的道路，现在正滑向权力的极端，而没有任何措施去阻止它。

2. 法律环境的退化

第1章我们的定义中所列举的法治的前11项原则可以划分为两组。第1项至第5项要求法律从实质上遵循有效指导人们行为的原则，第6项至第11项则用以保证在执行法律的过程中，法律措施不被扭曲从而丧失自身指导人们行为的能力。第12项则兼具上述两个目标。[1]

法治现存的危机源于法律的实质及措施中存在的问题。法律的实施如下文所见，正受到政治的不正当侵犯，受到压力集团活动和法院的角色及对角色感知方面变化的侵蚀。但法律措施的缺陷尽管重要，却不是我们要探讨的问题根源。事实上，司法的某些措施在最近已取得引人注目的改进，病症的直接原因是第3项原则的执行，即对规范性、确定性、稳定性和普适性以及由此而必然推出的法律面前人人平等要求的遗弃。这就是法律何以越来越不能引导其公民并影响他们行为的原因。立法过程的过分政治化转而导致司法和执行过程被政治化和受到妨害。

压力集团的纠缠所导致的法律频繁变动致使法律丧失确定性，尤其是长期的确定性。今天基于对现行法做出的安排可能会被明天的立法变化所搅乱。因此即使不是在理论上，也是在实践中出现许多立法涉及溯及既往的变革。越来越多的制定法赋予法院、行政裁判庭或者行政机关以打乱现行安排的广泛自由裁量权。议会蜕变为"立法

---

[1]　J Raz. The Rule of Law and its Virtue. Law Quarterly Review 93, 1977: 195, 202.

癖",使游说集团得以钻营,并且使政治知识分子中的"新阶级"可以进行尝试,通过割断与传统习惯联系重塑人们的行为。法律条令、规定以如此膨胀速度出台,以致仅仅庞大的新立法就不仅使其脱离中立性,而且可能导致法律制度崩溃。

除了确定性和稳定性以外,法律也正在丧失普遍性。由于私营经济团体的竭力劝说或威胁,以便从议会那里获得法律保护其垄断特权,作为相对概念的"法律面前人人平等"遭受破坏。立法者在过去显示了他们有能力决定是否赋予这些特权,现在已经没有力量抵制任何一个强大的勒索势力。

以上诸多因素累积的结果导致法律的贬值和其效力的明显减弱。我们的法律正在丧失其道德威望,正在丧失控制和约束人们行为的威力。强力与欺骗成为控制人们关系唯一力量的道路已经敞开,犯罪率正在急速上升。现在发展趋势最可能的结果就是无政府状态,随之而来唯一的结果便是专制。

这个进程中没有任何部分在过去或现在是不可预见的。现存的种种趋向久已被察觉。① 可是,它们大都逃脱了法律评论者的注意。部分原因是大多数学者更关注正发生的问题而不是后果,这源于对法学家作用缺乏认知,以及对法律结构调解社会适应变革的可预见性缺乏认知。忽略历史的研究,使得"今天碰到的问题是史无前例的"的信念更进一步得到加强,而且使人们对于历史上曾出现的作为最佳调节方式的某些制度失去耐心。其实,法治原则已经从英联邦国家的宪法课程中消失许多年了(在美国,法治没有被作为单独的专题讲授,尽管它的原则渗透于宪法课中)。现今众多的教材涉及法治的篇幅很少,甚至有的一点儿都没涉及。② 最近英国关于大学法律教育的调查显示,1/3 以上的法学院没有把法治作为课程的内容。其借口从"那是个政治术语""那与实证主义者无关""那是纯理论的"到"那是个难以对

---

① P A Sorokin. The Crisis of Our Age. New York, 1941, Ch. 4.

② R W Blackburn. Dicey and the Teaching of Public Law. Public Law, 1985:679, 683,692//G Walker. Review article. Syd-L. Rev. ,9, 1982:720.

付的危险的话题",等等。① 同样的情况存在于澳大利亚和新西兰。

　　同时,从 20 世纪 80 年代初开始,在英联邦国家和美国法学杂志中关于这一课题文章的数目却迅速增加,很可能已经超过前 20 年出版数目的总和。在英国沃威克(Warwick)工作的麦考斯兰(McAuslan)教授对法治和他称为"高层次宪法"(High Constitutional Law)(与现今流行的与公共管理相关的"低层次宪法"[Low Constitutional Law]相对)方面兴趣的复兴进行了评论。他把这次新的复兴归因于宪法学家逐渐意识到:持续地注意"低层次宪法"问题,不能对行政力量即政府日益违反法律和传统宪法原则予以充分研究和反击。他指出,新看法的先驱者必须"夺回高地并开始重构一种宪法,提供一个更有效遏制政府扩张行政权力和权威主义倾向的牢固框架"②。不过,任何这样的复兴都必须以扭转对于法治与社会-经济变化之间关系的流行误解为起点。

　　3. 一个核心谬误:法治与转变相冲突

　　当代法治的批评者把法治看成二分法的一个分支。法治一方面表示维持现状,另一方面完全相反,意味着灵活性、变化和进步。比如格里菲斯(Griffith)断言:法治无非是"依传统的、已建立的、既定的利益进行统治"的面具。③

　　这一观点是错误的。对既定权力的过分僵化、墨守法规和过于迷恋,同专制、法律无连续性及缺乏自然正义一样,是对法治的威胁。这就是第一章关于法治原则中第 4 项所针对的。举例说明如下:对于法国 1780 年的法律制度及 1815 年英国法律的敏锐观察家来说,非常明显的是,法治的加强甚至在每个国家得以维系都需要广泛的立法改革。一些补救措施严重触及了既定的权力,比如行会从事限制性劳动与贸易实践的权力,矿业主使用童工的权力,以及法国贵族的税务豁

---

　　①　R W Blackburn. Dicey and the Teaching of Public Law. Public Law, 1985: 693. 与此相似,两位加拿大学者争辩说,法治对民主不利。Allan C Hutchinson, Patrick J Monahan. The Rule of Law: Ideal or Ideology. Toronto, Carswell, 1987: 97-125.

　　②　P McAuslan. Comment. Public Law, 1985: 721,723.

　　③　J A G Griffiths. The Politics of the Judiciary(2nd ed). London, 1981: 240.

免权。这些改革无疑是重要的。但在法国,法院没有看到这种重要性。法国最高法院以正当的名义屡次取消了由路易十六提出并得到广泛支持的急需改革的立法。① 这种司法态度剥夺了国家任何立法机关得以正确反映公意及执行所需变革的职能,这导致了革命,消灭了最高法院、法制和其他很多事务。英国从法国的错误中汲取了教训,自获得议会法案通过的 1820 年以来,人文主义改革获得社会各阶层的支持②,并减弱了可能酿成无序变革的潜力。

我们用的法治模式是资产阶级发展出来的,从历史上讲,那无疑是他在与专制君主及其党羽进行斗争并保证其不再卷土重来的武器。同样真实的是,恰恰是资产阶级完善并从观念上掌握了这种模式。但他们为每个人而非仅仅只为他们自己发展了这一模式。从 1628 年的关于《权利请愿书》的争论上③可以很容易地认识到,法治保护国王和所有臣民,包括法治的倡导者可能不同情的人。它带来的利益过去和现在仍然是各阶级的。在过去几百年里,法治使得有组织的福利国家出现成为可能。如同特里弗斯(Treves)教授所称:根据法治,"社会主义发现了得以发展和不断获取权力的可能"④。

事实上,与法治对立的不是变化,而是无政府主义和暴政(两者可以结合在一起,两者只是在强者对弱者奴役前提下的变种而已。如同希腊人习惯指出的那样,无政府状态无非是上千个独裁者的统治罢了)。当批评家竭力使社会摆脱法治时,他们自认为正在指引社会走向灵活与进步。事实上,他们正强迫社会走向无政府即他们所推进的专制状态。

在法律中含有的稳定性和保守主义与其含有的变化与改革的指向确实存在分野。在历史的进程中,钟摆确实有从这端转向那端的趋

---

① A Tunc. The Royal Will and the Rule of Law//A Sutherland. Government Under Law. Cambridge, Mass, 1956:401,420.; E Esmein. Cours Eléméntaire d'Histoire du Droit Francais(15th ed). Paris, 1925:505-527.

② A Dicey. Law and Public Opinion in England During the Nineteenth Century(2nd ed). London, 1962:209.

③ (1628) 3St. Tr. 59

④ G Treves. The Rule of Law in Italy. Chicago Colloquium, pp. 113,118.

势。还有一种钟摆是在法治的一端和无政府暴政的另一端之间摆动，但这是较个别的，并有别于前者。这是前面已讨论的法律与权力的对立。它的振荡持续得更长并且与文明的三个消长阶段同步。① 显而易见的是，法治像任何其他社会制度一样，摧毁比建构容易得多。随之而来的结论是，防止法治被摧毁较之将其摧毁之后而重建更为容易。

本书此部分将对有关法治的意义及历史的一些资料和证明法治日益受到威胁的明显迹象进行考察，旨在寻求揭示当今趋势的原因，例如上面提到的虚假的二律背反，同时提出可能的补救措施并致力于评价这些措施有望实施的前景。

（二）肯定方面：法律与范式移转

1. 转变中的法律

面临危机不仅仅意味着丧失之风险，也蕴含着进步之契机。卡普兰（Fritjof Capra）注意到（几乎是老生常谈了），由于独特而动态的实用世界观，中国人对这种联系有非常深刻的理解。他指出，中文的"危机"由两个分别意味着"危险"的"危"字和"机遇"的"机"字组成。② 我们面临的困境包含对法治的威胁，对此前面已经提及。不易为人发觉的是，那同时隐含着使人类状况达到意想不到进步的可能性。因为我们生活在一个各种力量历史地构合在一起的时代，这种构合正赋予法治以独特的创造性角色，甚至比现代法治发展之源起的 17 世纪更具独特创造性。

越来越多的科学家、哲学家和其他观察家意识到，在后爱因斯坦（Post-Einsteinian）的物理学、一般系统论、神经心理学和荣格精神分析法的指导下，西方文化整个参照体系、思维模式和世界观都正处在变化的边缘。视宇宙为机器，视个人与其环境和他人相独立，视客体截然不同于主体的旧式牛顿-笛卡尔观念（Newtonian-Cartesian）正在

---

① P A Sorokin. The Crisis of Our Age. New York，1941，Ch. 6.

② F Capra. The Turning Point：Science，Society and the Rising Culture. New York，Simon & Schuster，1982：26.

让步。① 据此,这种观念被新的观念所替代,新观念视现象本质为互相联系的整体,用"有机论"代替"机械论",并主张当考虑一种作用力的可能影响时,必须关注它对系统其他部分的影响,而不是把各部分看成独立的组成成分。无论是在对待生态系统,还是社会系统以及人体,它都强调整体性、组合、协调,而不是肢解、操控与对抗。

假设继续以现今的方式发展下去,那么新科学-哲学观将重塑我们未来诸世纪的法律。至于以何种方式来重塑,我们现在只能模糊地看到,但我们确信这一影响是深远的。17 世纪,英国的知识阶层被当时的科学革命——旧的中世纪经院学派的世界观被伽利略、莱布尼茨、牛顿、培根和笛卡尔的观念推翻的革命——所吸引。这场知识革命不仅仅局限于狭小的科学圈子里,也波及宗教、文学、哲学、社会理论与法律的所有基本思维模式。许多法律家参加了这一运动,如培根爵士等作为先驱者,如库柯爵士等则作为有兴趣的业余爱好者。还有些人如著名的黑尔爵士观察到了许多新科学方法,并运用这些方法使得当时混乱的普通法内容合理化和系统化。我们视为理所当然的法律体系的许多特征,可以直接追溯到 17 世纪科学革命的影响,包括实体法与程序法的划分、实体法中刑法与民法的划分以及诸多赋予法律以有模式和逻辑性的其他分类。新的认知与确定性的理论使得"相对合理性"的现代证据观取代了旧时对绝对法律真实性的追求。陪审团的公正性乃至某种程度上法官的公正性由于客观科学调查的新精神而得到强化。

一些新科学世界观的法律含义将在下文探讨。我们可以肯定,它赋予法治概念以一种意想不到的新鲜活力。首先,它明确地揭示,过去几百年法治所受到的连续冲击,是我们现在所怀疑的世界观的反映。如果社会是一架机器,政府就可以认为自己是一个技工——一个为提高这部机器的效率而用任意方式来改变其组成部分之间关系的技工,只要这种方式能使机器的运作与自己的设想更接近。机械的比

---

① A De Riencourt. The Eye of Shiva: Eastern Mysticism and Science. New York, William Morrow, 1981: 159-160.

喻曾经是传达信息的原理,不仅仅是自然科学,而且至少在孔德后也是社会科学的原理。通过边沁的影响,它同样重新塑造了我们对于法律适当的作用与功能的看法。[①] 从机械论的观点来看,法治原理可以描述为不过是一个车间的捣蛋鬼,在不方便时藏起技师的工具或者导致电力系统短路。

如果将社会视为一种组织,其中任何一部分都会受到其他部分的影响,就会展现另一幅图景。政府与议会不再扮演技工的角色,它们也不应再将自己视为与社会彻底分离,不能只凭匆匆一瞥就断定问题的起因,也不能在未做调查的情况下就确知采取行动的后果。在那样的背景下,法治的原理显现出崭新的适应性。新型世界观将社会组织视为整体和系统,不过,它承认每个单独组成成分之间复杂的、非线性的、不可预测的相互作用会影响结果,由此它实际上赋予个体一种新的重要性与尊严。以这种新观念衡量,法治原理完全是和谐的;法治中含有一种谦逊,它并不声称能精确地指出在每一种情况下社会最渴望的结果,或者最具有社会品德的人,而是号召对所有的情况都适用同样的规则。法治不主张去评价任何个人或任何模式关系对社会的贡献,而是要求法律对于它的主体保持合理的稳定性和可预见性。

更进一步来说,因为法治认为没有哪个人或哪个组织是微小的,从而成为社会转型与实验时期最佳规范性结构,未来数十年必定是这样的一个时期(假如我们提到的预测是正确的)。无论是在生活方式上,还是在社会制度方面,有序过渡到新社会的任何战略都需要一定时期的实验及对于不同路径的宽容。为了找出什么东西在起作用,我们需要实验。更重要的是,实验可以减轻革新者与守旧者个人之间的敌对关系。正如斯坦福研究所(现为国际研究所)的威里斯·哈曼(Willis Harman)所言:"譬如在公共教育领域,新的实验课程的尝试与传统课题及教育方法继续有效运用同样重要。实验共同体是极重

---

① A Dicey. Law and Public Opinion in England During the Nineteenth Century(2nd ed). London,1962,Ch. 9.

要的实验室,但他们不应粗暴地侵犯那些缺乏冒险精神者的生活方式。"①为了创新与相互宽容的状态共存实验,一定要有一定的条件。人们必须可以自由选择自己的道路而不是被他人强迫。法律必须是合理稳定与可预见,以便人们可以计划他们对于新价值的冒险与探索;同样的法律规定必须平等,对所有人都适用,否则不公正感、不间断对和平的威胁将在不同的群体中产生;政府领导不应将他们自己的解决办法专断地强加给所有人。简言之,法治是这种更新与发现时期的最佳环境。对法治的新评价将使我们的法律制度甚至有可能使我们的整个社会更平静,且成功地适应于进展中的深刻文化变革。

维持与加强法治原则并不是依靠法治的有效性或我们预见的准确性。从这个意义上讲,第二个肯定方面是对我们主旋律的补充。所以如此,是因为虽然作为遗产的法治其危险是现存的、可见的并可描述的,但是,法治的过去和现实潜能将来取决于社会文化潮流,这种社会文化潮流可能向诸多方向中任何一个方向发展,也可能夭折。但是,尽管前景可能难以预测,但发展走向却不可忽视。否则我们将冒以下风险:大量关于在未来世界法律制度与性质的假定可能因过程中的扭曲而被认定毫无根据。

现在让我们转向西方思潮中的种种洞见与潮流,这些洞见和潮流使我们有理由相信在我们面前危险与机遇并存。本章余下部分有关这些发展的讨论将比以后诸章关于法治面临危机的表述简单得多。这是因为有大量出版材料是关于我们论题的肯定方面的,尽管这些资料是关于其他学科的,而不是法律的,然而保守的方面却通常被忽略。同时,本文将对来自其他学科的资料予以归纳,因为这些材料与法律规定所带来的危险之间的关系几乎没人研究,这种危险便是法律将决断地剥离于同时代正发展着的观念。

有人主张历史转折点正在来临,我们首先考察这种观点的一些社会学方面的证据。然后,我们将转向来自物理学、系统论和意识科学的一些新思想。许多观察家认为,这个转折点将是一个无法比拟的启

---

① W W Harmen. An Incomplete Guide to the Future. Stanford,1976:142.

蒙与幸福时代的起点。本章最后总结法治的含义。

2. 索罗金的价值体系周期

自19世纪初,许多社会学家和社会哲学家收集了大量证据,用以证实西方文化正面临着较之过去至少2000多年以来更根本的历史危机。在20世纪即将结束时,那些关心自身在未来世界的形态的人们,对这些资料日益关注。社会文化危机正在来临这样一个论断并没有获得普遍承认。值得注意的是,相关证据正同时被两类人仔细研究和认真对待,其中一些人对这种变化将指向何方深为忧虑,另一些人把预见的变化视为"黄金时代"的黎明。

黑格尔、马克思、汤因比、施宾格勒、索罗金(Sorokin)和克罗伯(Kroeber)是为这场争论提供证据、主题及观念的著名学者。但是,对这些证据组织研究最著名的是社会学家索罗金,其代表作是他在两次世界大战期间所著的《社会与文化动力》①多卷本。这部著作的方法与术语较之大多数其他作品更为中立,得出的结论更经得起自该书问世以来实际发生的重大事件的检验。

索罗金是政治学家,俄国革命后曾卷入克伦斯基临时政府,但最终在1917年布尔什维克革命中被迫流亡于西方。战争、革命、国内战争及极权主义的亲身经历促使他探索这样一些事件背后的终极模式。起初,他进行这场研究仅仅是为了满足自己的好奇心,但他的早期发现鼓舞他拓宽自己的规划,最终促成了日后使他成名的著作的出版。

索罗金的方法是研究有记录历史中大规模文化与社会进程中的内容与形态,并适当延伸到其他文化。他研究了真理系统(科学、哲学与宗教)、美学、伦理学、法律、家庭、政府、经济组织、自由、国际关系和许多其他制度和活动。然后,他转向可视为病理学特征的现象,如犯罪、战争、革命、自杀、脑疾病、创造力退化,并使用图表列出它们在不同历史时期的发生率与密度。通过这些分散线索的重组,索罗金开创了以下理论:文化和社会历史的变化基于两种潜含于文化表象背后

---

① 《The Crisis of Our Age》(New York,1937)是一本缩写的版本,它包括与我们目的有关的所有主题,且对支持这些主题的证据进行了总结。

基本价值体系(加上中性体系)的周期性升降。

这两种主要的价值体系是理念型(Ideational)和感觉型(Sensate)。理念型价值体系认为,真理位于五官可感知的物质世界之外,可在精神领域中找到,而且只能通过个人的感悟或其他内在体验而发现。这一价值体系认为法律与伦理的标准——从它们是宇宙中永恒的运行原则意义上来说——是永恒的。人类从这些法则中获得存在,背离这些法则的个人或群体将在精神上或形体上(或两者兼具)借助或不借助人类的力量而消亡。这一世界观否认人类具有权力或权利去制定法律,政府最多能做的是解释早已赐予的神法。理念型文化的真理和美的概念也产生于超验世界,不能期望它们与人脑中所感知的概念有任何必然联系。理念型价值在 5 世纪至 10 世纪的西方社会发挥主要作用,同时可在其他文化中找到,比如印度、希腊与佛教文化。它们至今在某些个别地区仍然存活。西方人十分执拗,无法预见伊朗伊斯兰革命政府的方向、作用及坚韧,因为后者导因于无法用感觉的观念去认识,更不用说理解伊玛目(Imams)的假定与目标中的理念特质。革命可能很大程度上是对于伊朗国王过急地把一个部分还是理念型的文化一下转变成感觉型文化的一种反应。

感觉型文化建立于这样的信念之上:只有可被五官感觉的(或它们的技术延伸),即以各种形式存在的物质(包括能量)才是真实的。所有的法律和伦理价值都是相对的,并基于功利主义的和经验主义的考虑。这样的价值体系在哲学与艺术领域里未免贫乏,但在实证主义者的科学和技术成就中却很丰富。索罗金认为,在西方感觉价值自法国革命后就一直处于上升阶段。类似的时期可以在埃及文明的后期及公元 500 年前希腊文明的后几个世纪中找到。

在理念型与感觉型模式之间存在中间价值体系,即理想主义的(Idealistic)或整体的(Integral)价值体系,这种价值体系代表着精神与感觉价值的和谐交融并且在诸多方面与许多文化的繁荣期吻合。在西方,这一阶段从 1500 年到 1800 年,是产生巴赫、莎士比亚、牛顿、莱布尼茨、笛卡尔、伦勃朗、米开朗琪罗和其他诸多伟人的时代,他们创造了我们今天仍在汲取的文化宝藏。

　　索罗金注意到,从各阶段到其下一阶段的转变都存在上述特征,即在变化中的社会发生动乱,直到下一个价值体系完全确立才平息下来。例如,我们知道,从中世纪到文艺复兴转变期间存在战争与内乱,从导致法国大革命前"旧王朝"解体的理念型文化转向始于19世纪初的现代感觉型文化过程中,同样存在战争与内乱。20世纪,总体上讲,可见的暴力、混乱以及全部体系的崩溃,其程度至少使此前2000年的有关记录相形见绌。这赋予每个人以下信念:工业社会的感觉型文化已经行将就灭。① 随后这一断言不仅仅适用于西方,而且适用于共产主义区域,在那里,接受了极端感觉型价值,并宣称该种价值为不可置疑的真理。

　　现存或至少过去存在的感觉型文化的崩溃是严峻的场景。感觉型价值观念的思维与道德秩序崩溃,随之而来的是混乱。真实与虚假、正确与错误、美好与丑恶以及正面与负面的区别消失了。普遍承认的社会文化规范不复存在,而对立与冲突日趋尖锐。② 由于对感官价值(满足)的感官欲望没有极限,感官价值可提供的总量最终不足以满足个人与团体的胃口与欲望。价值的缺乏转而导致个人与团体间的摩擦。③ 随之而来的是感觉型社会秩序的进一步毁坏,无力提供为主要诱惑的感觉物品。这瓦解了自身价值,失去存在的理由,从而导致其地位与吸引力的下降。随后,个人与团体与日俱增背信弃义,把他们的忠诚转向新"理想主义型"或"理念型"价值与意义体系。④

　　索罗金对这一过程并不持悲观的论调。他反对悲观地预言西方文明已经"死亡"的理论。如他所知,假如解体的感觉型文化发现一个可作为新的理念型或理想型价值体系的基础的新型超验世界观,那么社会文化周期将重新开始。这种新型世界观发现得越早、传播得越

---

　　① 荷兰历史学家赫伊津哈(Johan Huizinga),著名的《The Waning of the Middle Ages》一书的作者,也独立地得出与索罗金同样的结论。他在其著作《In the Shadow of Tomorrow》第3章写下自己的思想时,不可能注意到索罗金的作品。

　　② P A Sorokin. The Crisis of Our Age. New York, 1941:304.

　　③ Ibid, p.159.

　　④ Ibid, pp.304-305.

早,就越可能利用旧秩序并减少嬗变时期的混乱与灾难。正是由于这个原因,索罗金在他的《社会与文化动力学》出版以后,便将他有生之年的大部分精力用于研究保证转变顺利完成的方法。

对于理论而言,并不在意新的超验世界观来自何方,也不在意它的内容到底是什么。索罗金认为西方文明最好的前景是基督教的原初含义与原则的复兴。这在当时似乎是合理的建议,且有先例。① 比如,印度文化的多次复兴是紧随印度宗教的连续复兴。但在今天,这似乎不大可能,因为今天虽然可以看到强有力的基督教复活,但都局限于美国及苏联的部分地区。其他地方大多数基督教堂正努力笼络它们分散的教徒,并不是基于探寻理念型或理想型价值,而是借助拥戴感觉型价值并将自己沉迷于世界政治与冲突之中。它们本可成为社会更新的力量,但却正与此背道而驰。

3. 历史的暂时判断

索罗金雄心勃勃的理论自然受到了尖锐批评。一些马克思主义社会学家囿于历史过程决定于经济和生产方式的教条,反对索罗金坚持的人类价值和理念的作用。实证主义者则由于索罗金的概括视野而深感不安。对他们的批评无须认真对待,因为思想作为一种社会力量的作用可以相当确切地证明。②

但是,重要的、决定性的有利于索罗金的论断源于后来的经验。自索罗金著作问世,半个世纪过去了,所有可以观察的社会现象或事实(除了一个例外,我们不久将提及)都与他的断言及他基于此所作的预测相一致,他的断言是理念型与感觉型价值交替行进。近来大多数社会学家对该理论较少关注,即便如此,这一事实依理论本身亦可说明。索罗金指出,当感觉型价值紧紧扎根于知识界,学者变得越来

---

① 赫伊津哈怀疑即使在索罗金写作之时,"每个人是否真的相信:现今作为平均智力水平的人想要全新地生活在耶稣殉难、复活、挑选以及末日审判的思想中,并且感恩? 我们应该注意:这不仅仅是根据这些范畴来重建人们表白忠诚的事情,而事关将这些思想确实融入他们的真实生活并进而融入他们的文化"。Al' Aube de la Paix. Etude sur les Chance de Rétablissementde Notre Civilisation. Amsterdam, 1945:124.

② S Andreski. The Uses of Comparative Sociology. Berkeley, University of California Press, 1969, Ch. 12.

越略带有怀疑的超验味道,看问题不关心综合,不关心全貌和宏观的视野,而是越来越关注微观,关注分析、分解和详尽、认真的个案研究。如物理学家海森伯最近谈及自然科学和社会科学时说:"科学家现在如同石匠在教堂工作那样,他们对细节及周围的工作非常注意地将石头一个挨着一个垒起,但他们忽略了整个建筑,甚至有时他们完全忘却了建筑的意义。"①社会精确地按照索罗金所预言的那条轨迹发展,是对他的理论的有力辩护。一种理论越能解释观察到的事实,我们就越对它抱有信心。

索罗金的理论不仅解释可观察的现象与进程,也将其他理论体系中的那些现象与进程赋予新的含义。同一时代的社会学者通常划定该社会的问题领域并探讨影响该领域的其他社会力量:这些力量自身可能是也可能不是问题的症结。对于我们现在的困境,人们通常指责如下因素:现代技术、污染、资源损耗、康德拉季也夫 50 年周期、异化、对我们体制丧失信心、战争、恐怖主义、国际关系紧张、通货膨胀、现代生活的紧张、权威的衰落、消费社会、共产主义、媒体、家庭解体、女权主义、性解放、教育混乱、压力集团、物质主义与享乐主义、艺术与哲学的滑坡、寡头政治、大型商业组织、犯罪、药品滥用、失控的贸易联盟及由之而生的法治衰退。

看到这些杂乱的分类,我们会想到布克哈特(Burckhardlt)的评论:人不会因为关注混乱而变得更聪明或更好。我们如何评价这些杂乱丛生的力量?哪些是最重要的?哪些是可以忽略的?哪些是原因,哪些是结果?探究应从何开始?

索罗金的天才使得我们能够区别处于这一混乱之下的秩序与模式。假如我们运用他的理论,所有我们如今所抱怨的种种社会现象都会突然呈现在一个清晰、易于理解的图像中。我们会明白,当其他学者指出这些现象中一些或全部导致现代社会的制度崩溃、绝望、病态、反常时,他们是正确的。一些或所有这些因素确实与现今问题相互联

---

① W I Thompson. Passage About Earth: An Exploration of the New Planetary Culture. New York, America, 1974: 89.

系,而绝大多数是它们自身的问题。这种联系是传统意义上严格的因果关系还是本章以后要讨论的那种同步的、近似的联系,无关宏旨,其中确实有某种联系。但它们与其他事件的联系是一种局部的、短期的。因为它们自身以一种可被观察到并可被预见到的方式,相应地与索罗金所发现的长期周期性力量联系在一起。按照索罗金的理论,它们恰恰是我们可在"感觉型文化后期"中找到的这种社会现象;索罗金在那种语境中特别提到了它们的绝大部分。在某种意义上它们是"原因",但它们没有任何意义,除非从理念到理想再到感觉文化这种较长的转变过程观察。

需要指出的是,与卡尔敦(Khaldun)不同,索罗金并不声称这种进步是不可避免的。前者早后者 6 个世纪,除这点之外,其他观点与后者颇相似。[①] 索罗金始终认为,人类自由意志能在任何时刻背离和翻转潮流。否则,他就不会花那么多时间去说服别人认识这一问题并采取行动(也不会有存在于现今书中的诸多观念)。他认为,对于上述提及的"病症仅仅简单治疗"于事无补。犯罪、家庭解体以及战争问题并不能通过训练更多的社会工作者、建立新的组织或以芭蕾舞舞剧团鼓励国际交往等方法得到解决。同样,法治可以通过一致的努力在过程中得以维持,但在占统治地位的价值体系中,它并不比感觉型生活的其他方面前景更佳。依据索罗金的说法,假如整个社会受到新的、超验的引导意识的鼓舞,那么混乱就能得以避免。假如感觉型文化不能挽回其自身的崩溃,那么并不意味着挽救工作不可能,也不意味着这种崩溃——如卡尔敦所言——不会延迟一分钟,而仅仅意味着使这种文化获得新生的工作需要激活社会文化系统中的每一颗心灵,这是人类尚未学会自由去做的事情。从这个视角看,我们可以补充一点:假如早先的感觉型文化致力于维持法治,它们可能由此创造一个有利于这种过程的良好环境,并保证这些感觉型文化本身在转型期少受干扰。

---

① AJ-Mugaddima, Ibn Khaldun of Tunis.

二、科学与范式变化

(一)陈旧的例外还是通往崭新的桥梁?

科学显然是索罗金的预言中未提及的文化与社会的一个方面。他认为,感觉科学(Sensory Science)通过从其他社会价值中分离出来的更为狭隘的经验主义已经把自身的价值破坏了。[①] 这使感觉科学既冷酷无情又毫无结果。"在我们疯狂地渴求对于'越来越少的东西知晓越来越多'的过程中,我们忽略了真正根本的东西。所以经验主义科学最终开始遵循'衰退轮回'的法则。它日益不能满足人们对于在宇宙中正确导向及对宇宙适当理解的需求。"[②]尽管在自然科学及技术发明领域的状况看起来比社会科学领域要好得多,但是从 20 世纪开始发现与发明的增速正在减慢。[③]

的确,在某些领域,科学家久已抱怨生产率及进步速度的滑坡。但整体来看,大胆的观察家断言,自然科学现在已处于一个普遍停滞和滑坡的时期。近来,在上文提及的物理学的一些发现具有如此重要的特点,以至于人们通称之为新物理学(New Physics)。假如我们将这些新发展与 20 世纪 70 年代意识研究令人鼓舞的进步联系在一起,我们将不得不祝贺自然科学的勃勃生机,而且将询问是否这些发展自身标志着一个新型超越世界观的涌现?它们是否预言新型理念文化的开始?即旧式的感觉型知识与技术中的最佳部分会包含新方向及普遍的含义?当然,时间的选择看来是适当的,一些观察家已注意到一些征兆的强度与频率的增加意味着基本的转变已迫在眉睫。斯坦

---

① P A Sorokin. The Crisis of Our Age. New York, 1941:124.

② Ibid, p.126.

③ Ibid, p.128. 1956 年重印《我们时代的危机》(Crisis of Our Age)一书时,索罗金在前言中承认在科学创造或者至少在技术创新上呈现复兴。他将此用作相反的证据,断言这些新能量的大部分指向毁坏的目标。即使是在那个时候,这也是一个有些圆滑的反驳。根据在本文下部分所描述的发展,它就更站不住脚了。1956 年,索罗金已经是一个耄耋之年的老人,如果在早年他一定会做出更进一步的解释。

福研究所的研究人员指出，大量在其他历史文化转变时期曾经出现的"主要迹象"在近十年来显现颇为突出。其中包括共同体意识的减弱、异化及非目的意识的增强以及人格分裂、人脑疾病、对未来焦虑意识的增加、公众对于享乐行为的接受（尤其是性）、价值颓废、公共道德丧失及社会混乱日益加剧。[①] 他们看到了被称为新型主要范式（Dominam Paradigm）出现的标志。范式（Paradigm）这一术语字面上指一种模式或显著的例子，但在这个领域，由于库恩（Kuhn）在他的《科学革命的结构》（1962年）的前卫工作，那已变成一个艺术的词汇。主要范式一词现在是指感受、思考、评价及行动的基本方式，该方式与特定的现实观点相联系。[②]

斯坦福研究人员认为，新范式正与旧式工业时期的范式冲突到如此地步，以至于似乎能取代它——不是说要完全排斥它，而是指建于旧范式之上，增加一些新的视野，作为一个支配性的世界观取代它。这一进程涉及价值根本转变，并被认为将以极快的速度进行。[③] 但是当索罗金写书时，这些发展还处于萌芽状态，没有意识到这一点并非一个严重错误。

（二）社会的系统观

如我们所知，索罗金的理论与推断在新近的一般系统论中找到了支持。这是一个关于科学与哲学思维交叉的学科，这个学科在诸多不同领域的研究中获得了支持，以至于其自身被许多学者认为是通向新

---

① W W Harmen. An Incomplete Guide to the Future. Stanford，1976. 此作主要观点的概要表达在 *The Futurist* 一书 1977 年 2 月版第 4 页和 1977 年 4 月版第 106 页。

② W W Harmen. An Incomplete Guide to the Future. Stanford，1976：24. T. 库恩（S. Kuhn）认为，"范式"一词比单纯的"理论"一词包含容量更大的架构。

③ W W Harmen. An Incomplete Guide to the Future. Stanford，1976：37. 弗格森（Marilyn Ferguson）在 *The Aquarrian Conspiracy*：*Personal and Social Transformation in the 1980s*（Los Angeles，1980，pp. 162-167）中描述了普利高津（Ilya Prigogine）获得诺贝尔奖的耗散结构理论，并且建议把该种理论适用于复杂社会中加速变化的一般解释。这迟早可能证明是正确的。但是直到现在这种理论只表明在简单的组织结构中才有效，而且也只能视为这一阶段社会变化范围较广的一个隐喻。K Wilber. Eye to Eye：The Search for a New Paradigm. New York，1983：152.

世界观的指针。它指出的前景与同时代的哲学潮流完全一致,这种潮流似乎会把西方文化引向新的价值体系。它部分是对自然科学方法论中的极端实证主义与简化论的抗议,因此它确保得到普遍承认,而且它已成为一个观察宇宙与人类社会方式的主要催化剂与源泉。卡普兰(Capra)把它描述为现代物理学概念在其他领域的自然延伸。①

系统论以各种现象相互联系、相互作用的观点看待世界。在这样一种框架下,其特征不属于组成部分的一个整体称为系统(System)。系统可以是有生命的有机体、社会或一个生物系统。② 它假定在任何系统内的任何变量与其他变量如此全面紧密地相互作用,以至于无法区分原因与结果。一个简单的变量可能同时是原因也是结果,这使得单纯地用分析的方法无法理解整个系统。③ 系统论揭示了动态联系的模式,这可以解释当代对于教育、工作、人际关系及法律的研究何以失败的原因:"由于没有把我们的社会诸领域理解为一个巨大有机组织,我们所操纵的'治疗'已导致进一步失调。"④

这一理论由奥地利生物学家冯·贝塔朗菲(von Bertalanffy)首先提出,他注意到物理学定律,包括相对论及量子力学不能充分解释的发生在生命有机体中相互作用的事实。这促使他寻求发现作用于生物系统各级组织的定律。他提出的新定律与物理定律并不矛盾,反而补充了它们,并且表明彼此遵循基本物理规则的物体相互作用时何等复杂。

这是新有机复杂性科学的起点。冯·贝塔朗菲把他推演的概念加以完善,首先作为一个生物学概念,然后是普遍适用于交叉学科的一般理论,称为一般系统论。这被视为"新自然哲学"和"当代思维的

---

① The Tao of Physics Revisited//K Wilber. The Holographic Paradigm and Other Paradoxes. Boulder, 1982:205-239.

② F Capra. The Turning Point: Science, Society and the Rising Culture. New York, Simon & Schuster, 1982:43. 系统理论描述了自然体系的中心特征,在卡普兰看来,这种理论特别适合于对文化不平衡的一种阴阳模式的分析。

③ M Ferguson. The Aquarrian Conspiracy: Personal and Social Transformation in the 1980s. Los Angeles, 1980:156-157.

④ M Ibid. , 187.

新范式"①。

一般系统论最重要的特征是把整体论（Holism）作为基本框架。从伽利略时代和牛顿时代开始，科学总是通过以下方式来解释自然现象，即把物质分离成小到最小不可再分的粒子，然后观察其因果关系。即使最复杂的现象也被认为服从于单独的因果联系，而这些个别因素的总和则可用于解释现象本身。② 但复杂现象已被证明超过简单的个体因果链相加的总和。如冯·贝塔朗菲指出的那样，有必要不仅仅通过组成成分，而且应通过组分之间的整套联系背景来进行解释。③

用新发现的规则解释简单有机体的运作同样可适用于人类社会并导致这样一种假设，即整个世界各个不同领域也由这些同样的基本定律和原则支配。这一观点因而有别于传统的灵与肉、人与自然、个人与社会的二元论。④ 它意味着不同于笛卡尔-牛顿的机械论哲学，即世界是一个机器，而且这是在 17 世纪才通用的那种机器，名为机械设计，比如钟表等。其后的技术进步已使机械论有所改观，如在蒸汽机与热力学被引进后，有机体被视为热能等。但关于机器是由其部件线性结合在一起的潜在模式依然存在。⑤

（三）反馈环路（The Feedback Loop）

新系统观强调机器与有机体的一些重要区别。首先，机器是制造出来的，而有机体是生长出来的，是开放的系统，不仅从外部获得输入而且经常更换其自身组成成分。⑥ 第二个重要区别就是其作用的模

---

① E Laszlo. The Systems View of the World: The Natural Philosophy of the New Developments in the Sciences. New York, 1973: 3,4.

② Ibid, p. 5.

③ Ibid, p. 5.

④ Ibid, p. 6.

⑤ L von Bertalanffy. General System Theory. New York, 1968: 140.

⑥ L von Bertalanffy. General System Theory. New York, 1968: 156-160//F Capra. The Turning Point: Science, Society and the Rising Culture. New York, Simon & Schuster, 1982: 268.

式,这一区别可能与确立的有机体如人类社会和法律体系的目的有更直接的联系。

机器根据原因与结果的线性关系运作,当一定量的原因作用其上,便产生一定量的结果。系统是线性的,当一定量的热融化一定量的冰,那么两倍的热就会融化两倍的冰。一个线性系统例如机器解体时,通常可找到解体的单一原因。相反,有机体通过一个被称为反馈环路的信息传输循环模式发生作用。组分 A 可能影响组分 B,组分 B 会影响组分 C,组分 C 可能将影响反馈到组分 A,这样就形成了一个封闭的环路。① 当这样一种系统解体时,原因通常是一系列因素通过相互依存的反馈回路的累积导致的,那些导致解体的最初原因在许多场合与结果并不相干。

(四)系统论与社会生态学

当审视科学中诸多正结合成新世界观的支流时,一个人可能会对以下现象感到震惊不已:某个知识领域中曾经是孤立存在的或被遗忘的特殊见解或理论,重新被视为新的科学和哲学世界观的有效组成成分。由莱布尼茨、叔本华、荣格或其他原创性的思想家阐述的特殊观点,在他们那一时代与当时主流思想并不合拍,而且被视为异端,后来突然发觉那些观点完全适用于后爱因斯坦物理学或下文论及的神经心理学的新发现。与之相关的例子是社会生态学,它与一般系统论存在有趣的联系。

社会学在 20 世纪的大部分时间主要对制度进行调查,尤其是那些明显与制度化的习惯及其与直接效果相关的趋向感兴趣。社会生态学派生于人类生态学的研究,是研究人类空间分布及描述一定时间中空间结构上变化的社会学分支。它试图调整社会学的狭隘视野,把人类共同体在物理与社会环境中的整体联系作为研究对象。该领域的一位倡导者指出:"孤立的调查是无用的,社会生态学的范围不能

---

① 在贸易惯例中一个这类反馈环路的例子的讨论见:G Walker. Structure, Conduct and the Test of Competition in Australia. Antitrust bulletin 21, 1976: 657.

局限于那些具有直接帮助意义的和明显的因素,而应该扩展到非直接的、因而也是更抽象的影响人类和环境诸因素。"①社会生态学不仅应提供概观的视角,而且要从关于人及其环境的立体视角,显示出个体与整体相互关系的重要性。② 这一立体视角为我们带来了不同的视点,因而引进了更为精密的观察仪器标准。另外,标准的"二维"视角是 19 世纪和行为主义者(Behaviorism)的工具,忽略了对支配人类行为动机的审视,并导致社会学者坚信这种过分简单化的视角,可以替代探索人类冲动与反应的心理诊断。③ 从生态学的角度研究社会意味着以联系与进化的观点看待社会现象,但这是综合的,关注内在的相互作用的联系与过程。"只有通过这种方法微观与宏观的运作,才能在不可分的整体中获得理解。"④

作为一个与自然环境相关的概念,生态学已获得广泛承认。甚至今天的每个学童都知道,影响一个地区鸟类栖息的行为将破坏另外一个地区昆虫数量的自然调控。但是,在社会学中,生态学仍是一个孤独的和被忽略的领域,其理论基础近几十年来几乎毫无进展。它主要关注构造而没有发展出适于解释与预测的显著能力。⑤ 一般系统论被证明是社会生态学的催化剂,它使社会生态学得以拓展其理论基础,并在对社会的理解中扮演更重要的角色。两种理论都谈及社会系统的各种社会与团体的相互依赖,而且各自分别得出的结论惊人地相似。系统论对于过程的把握和社会生态学(潜在)对于内部和社会因素联系的理解,可以结合在一起形成不可匹敌的理解法律、个人与社会组织相互作用方式的工具。唯一的障碍似乎是社会学者不愿放弃对于研究对象的二维的、机械论的研究方法。

---

① E A Gutkind. Community and Environment: A Discourse on Social Ecology. London, 1953: 50.

② Ibid.

③ Ibid.

④ Ibid. , p. 51.

⑤ E Mlinar, H Teune. The Social Ecology of Change. London, 1978: 9,11,221, 223.

（五）生态学、环路与立法者

从系统论或社会生态学的观察中，我们可以得出一些推论，这些推论对法律在社会中的作用具有重要含义。遵循牛顿-笛卡尔模式的立法机构，会通过建立日益复杂且等级森严的法律结构应付日趋复杂的社会问题。通过许多社会实体与法律实体（其中个人与个人的首属团体构成的组成部分）间的互动产生社会互动。拉兹洛（Laszlo）写道："假如真是这样，那么为个人悲哀吧。""因为在某种程度上，当决定输入居于个人之上的系统，个人注定成为固定机器上的一个齿轮。社会越组织化，个人就受管制越多。建立一个完全组织化社会实际上意味着将人变成完全受管制的齿轮。"①这是关于人与社会机械的观点，一个仍旧被立法者和诸如斯金纳（B. F. Skinner）等人类行为学理论拥护者广泛支持的观点。

据系统论的观点，人类与社会团体被视为动态的实体，而不是机器。他们可以根据有序的模式运作。不过，观察者能够从本身发现的秩序与模式，并不是作为组成部分线性互动的产物，只是代表统计学上的关联。作为整体的系统是可以被决定和被预见的，但其组成成分的联系却不然。对系统施加一种影响你将获得某种结果，可能是预测到的结果，但是任何特定的组成成分的作用都将取决于其他组成部分的作用，而且不可单独预测或控制。

（六）系统论观点与法治

在冯·贝塔朗菲看来，能够在社会现象中发现统计规律和定律这一事实，为诸如黑格尔、马克思、施宾格勒、汤因比、索罗金、克罗伯（Kroeber）以及其他社会学者和历史学者的宏观历史理论提供了支持。在这些人中，冯·贝塔朗菲认为，索罗金关于社会文化系统的描

---

① E Laszlo. The Systems View of the World: The Natural Philosophy of the New Developments in the Sciences. New York, George Braziller, 1973: 112.

述较之其他任何关于社会秩序各种各样的复杂联系更可取。①

索罗金描述了理念型到理想型再到感觉型文化的周期,导致一种由功利主义和享乐主义(相对主义的和有条件的)伦理和法律价值所支配的法律制度。索罗金指出:"任何感觉的价值(Sensory Value)一旦被置于相对主义与功利主义的框框内,就注定要退步,变得越来越相对,越来越常规化,直至相对主义的'原子化'和缺少普遍性常规的专断为止。"②在这一阶段,法律规范日益被视为权力集团剥削其他权力稍弱集团的工具——一种统治阶级用来征服与控制被统治阶级的骗术。③ 法律频繁地变动,任何标准都被社会各组织接受的情况很少,也没有任何一个能被各派承认的感觉型的仲裁者——决定对大家具有同等权威。任何调停者都只不过轮流成为被其他组织谴责的另一个派别而已。④ 这样,我们就处于一个没有道德法官决定争议,因而充满无穷无尽争议的派别社会,结果是道德上的混乱与无政府状态。每个人都成为自己的立法者与法官,视个人的标准与任何其他人一样可取⑤,最终法律丧失了约束力而让位于专断的压迫和所有人反对所有人的战争。

一般系统论导致对某些历史周期论的重视,尤其是对索罗金理论的重视,并增强了人们对他关于感觉型法律将最后崩溃预言的确信。此外,一般系统论解释了法律制度中的腐蚀性力量何以会对社会造成那些想利用它的人们无法想象的危害。"要改变文化中的一个元素而不替换其全部是不可能的。"⑥这一断言帮助我们理解为什么善意的立法计划或司法变革,结果竟与初衷相违。一个熟知的例子是租金控制立法的小事件,通过诸多研究发现,它产生了一系列相反的结果。由于低于市场回收率的租金,对出租者失去了刺激,从而导致房屋的短

---

① L von Bertalanffy. General System Theory. New York, 1968: 196-204.

② P A Sorokin. The Crisis of Our Age. New York, 1941: 159.

③ Ibid. , p. 157.

④ Ibid. , p. 162.

⑤ Ibid.

⑥ M Ferguson. The Aquarrian Conspiracy: Personal and Social Transformation in the 1980s. Los Angeles, 1980: 191.

缺、无力修复与维持财产,有时是整个一个地区的完全毁坏,就如同纽约的布鲁克斯区一样,最后破坏了租赁市场,给公众部门带来了沉重的负担。人们发现,租赁控制法是导致美国城市居民无家可归这一令人遗憾现象的原因。因为控制导致出租收入低于有利可图的水准,而投资者在其他方面的投资可以有更高的回报,所以建筑商不再为出租而建房。[①] 在英国,租金控制造成严重的失业,同时造成劳动力短缺,因为工人们无法在可以找到工作的城镇获得住房。一般系统论使我们对社会问题可通过特定立法加以解决的主张保持警惕。如果将诺贝尔奖得主森特-哲尔吉(Albert Szent-Györgyi)的说法用于不同语境,我们可以说,在感觉型时代对待立法的态度,有点类似于说一个人可以通过扔下一块瑞士手表使其齿轮或轴销弯曲来改善它的性能。[②] 为了得到更好的手表,我们必须同时改变所有的齿轮,使其重新很好地配合。

社会系统观会改变立法对社会秩序崩溃的回应。如果我们还是坚持视社会为由因果线性关系操纵的一种机械的旧观念,那么我们就会把错误归结于机械的某一部分并且用我们的立法力量对其施压。这样做我们可能会带来伤害而不是好处。在这一过程中会降低法律的地位与作用。

可是,运用较新的系统论观念,我们就不会那么固执地认为某一部分就是原因而不是结果。我们也会明白,我们对那一部分采取的任何补救措施将自然会对有机体的其他部分产生影响。与增加新的立

---

① R Albon. Rent Control: Costs and Consequences. Sydney,1980;Rand Corporation. Rental Housing in New York City: Confronting the Crisis. Santa Monica,1968.这个研究表明租金控制立法作为一个福利措施效果欠佳,因为没有考虑承租人的收入会导致对可住房屋的疏于维修和放弃。租金补贴可能会更好地实现立法者的目的。见 Rand Corporation. The Impact of Rent Control on the Los Angeles Housing Market. Santa Monica,1981.这项研究调查租金控制立法在洛杉矶实施 4 年的效果。调查发现该立法为承租人节约了租金,但导致住房服务的质量下降,最终承租人在可租房少于该法实施前的意义上,住房状况并没有改善。关于无家可归的问题,见 W. Tucker,"Where Do the Homeless Come From",National Rev,39,1987,p.32.

② M Ferguson. The Aquarrian Conspiracy: Personal and Social Transformation in the 1980s. Los Angeles,1980,p.161.

法相反,我们可能对有机体的其他部分加以调整,看看可否消除这一问题,或者我们考虑是否可以取消某项立法,而不是增加新的立法,反而能恢复系统的运行秩序。

三、全息范式

尽管新出现的科学与哲学世界观对法律未来的性质与作用具有潜在的极端重要性,但是它还没有像 17 世纪科学革命吸引当时黑尔爵士、吉尔伯特(G. Gilbert)和其他杰出法律家那样吸引现在法律家的注意。这是可以理解的,不管是实践型还是学术型法律家,更多是在他们各自的专业领域里追赶感觉型文化后期立法与判例法的大量涌现,无暇顾及量子物理学和意识科学的发展。更令人惊奇的是,社会科学对于这一主题的任何严肃思考几乎同样无知。一些观察家认为,这是因为,作为知识体系所有分支中十足的实证主义者的社会科学已经对于牛顿机械模式的世界——最明显的是对人类行为决定论模式——投入了如此巨大的精力,以至于无热情去感知一种不合时宜的理论。①

不管上面的原因如何,在这一问题上社会学资料的缺乏使法律家的任务更显艰巨。因此,社会科学提供了对于法律思维来说只可模糊理解的资料。这些问题和结论与法律程序中或至少在司法程序中——能够提出那些问题和能够产生的那些结论稍微相似。法律家存在运用或误用这些资料的某些实践。当阅读科学哲学范式中的著作时,我们大多数人感到陌生。但情况正迅速变化,我们不能因此而迟延,我们必须尽最大努力跟上快速变换的论题。

由现代科学编织的崭新现实图景,部分源于早已提及的相对论和量子力学。新物理学的发现越来越表明中国道家的阴阳概念和其他古代关于动态关联概念对宇宙性质阐述的真理性。牛顿-笛卡尔模式只有在描述所谓你和我生活"中维度区"中的物理实体性质时才仍然

---

① A Vaughan. The Edge of Tomorrow. New York,1982:24.

是正确的,这个区域内所包含的粒子数量较多,速度较慢。[①]

(一) 因果关系与同步性(Sychronicity)

与上面讨论密切相关的是因果和非因果之间联系性质的研究。因果关系的概念或者说因果关系,这个在我们哲学系统中占据中心地位并且在中国被称为"道"的概念[②],现在正被重新审视,因为现代物理学的发现否定了自然法则绝对有效性的理论,使该理论变得相对化,由此根本上改变了世界的科学图景。自然法则现在只具有统计学方面的真理性,在探讨中维度区的问题时才有效。[③]

因果关系是支撑旧式自然法则观念的哲学原则。然而假如原因与结果的关系变得只具有统计学上有效和相对的真实,那么因果关系对于解释可观察的现象只具有相对的功用。这就意味着在某些场合,事件之间的联系可能不是因果关系,它们的联系需要给予其他解释。[④]一些研究人员如著名的荣格、卡默勒(Kammerer)和多布斯(Dobbs)都声称这样一种联系原则的轮廓已经可以看清。对于这一原则,荣格赋以同步性之名。他把同步性定义为两次或多次偶然无因果关系但含有相同或者相似意义的事件在时间上的巧合。"因果关系原则断言原因与结果之间的联系是必要的条件,同步性原则认为一种有意义巧合之间的关系由'同步性'(Simultaneity)和'意义'(Meaning)联系起来。"[⑤]

奥地利生物学家卡默勒在这个方面进行开创性研究。事件具有成串发生的倾向,如赌博者何以会有一连数日的幸运,以及何以在数日中"要么滴雨不下,要么倾盆不止"等现象,引起了他的兴趣。经过对"有意义巧合"20多年的记录,他最后著成一书。书中提出了以下观点:"巧合",不论是单独出现的或者是系列发生的,都是自然界的一

---

① 　F Capra. The Tao of Physics. New York, 1977:53.微观粒子没有涉及。

② 　C G Jung. Synchronicity. Princeton, 1960:70.

③ 　Ibid. , p.5.

④ 　Ibid.

⑤ 　C G Jung. Synchronicity. Princeton, 1960:69.
　　A Koestler. The Roots of Coincidence. New York, 1972:94-95.

个普遍原则的体现,该原则与物理上因果关系无关。这一普遍原则由某些"系列法则"(Laws of Seriality)组成,这些序列法则是通过类同性(Affinity)而不是因果关系的"局部联系"(Local Connexions)而将事件联系在一起。在他看来,这种"系列法则"在生活中、自然界、宇宙中无处不在,无时不有。"它是将思想、感觉、科学和艺术与孕育它们的宇宙母体连接起来的脐带。"①卡默勒的"系列"理论尽管在某些方面不尽如人意,但在探讨用以替代因果关系的联系原则方面首开先河,并得到爱因斯坦的支持。在爱因斯坦的名言"上帝对宇宙不会投骰子"中,表示了对当时在亚原子(Sub-atomatic)物理领域流行的物理世界具有随机性观点的不满。

对同步性理论作出最突出贡献是在心理学—神经病理学者荣格与物理学家泡利(Pauli)合著的《同步性》一书。该书问世即遭到了荣格大多数专业同事的反对。现在它已经受到肯定性的重新评价。此外,一位观察家预言,随着对意识研究的进展,我们将发现荣格对超自然现象与巧合所做的研究,将如同爱因斯坦对物质与能量之间所做的研究一样:他揭示了两者间的关系。荣格开始调查集体无意识现象和探究偶然组分或"连续得分"之类不可解释的关联,当时,同步性问题困惑了他多年。②他发现了如此富有关联的巧合,以至于它们同时发生的概率意味着一种只能用天文数字来表示的不可能性。他首先引用法国天文学家弗拉马里瓮(Flammarion)讲述的例子:迪察普斯(Deschamps)先生还是奥尔良城的一个小男孩时,德福吉布(De Fortigibu)先生给过他一块李子布丁(法国很少见)。10年后,他在法国一家饭店发现了另外一块李子布丁,并询问是否他可得到,结果却是,那块李子布丁早已被德福吉布先生预订。许多年后,迪察普斯先生应邀去分享作为珍品的李子布丁,当他食用时,注意到唯一缺少的是德福吉布先生,就在那时门开了,德福吉布先生走进来,由于他手持

---

① A Koestler. The Roots of Coincidence. New York,1972:86-87.

② A Vaughan. Incredible Coincidence:The Baffling World of Synchronicity. New York,1979:16.

错误的地址,误入这个聚会。①

在实验与奇闻轶事所提供的证据基础上,荣格发展出了他用术语定义称之为同步性的一般偶然联系原则。在卡普兰之前 40 年,他已对中国的"道"概念予以新的评价,"道"的概念视万物皆有潜在的合理性并且表达了有意义的巧合这一思想。这种潜在的合理性只有从整体思考才显现出来,这对于西方科学铸就的头脑来说是非常困难的一种眼光(尤其是在感觉型时期)。他引用了老子的话:"天下皆谓我道大似不肖;夫唯大,故似不肖;若肖久矣,其细也未。"②他同时指出,这些论点赋予中世纪自然哲学家关于对应性理论(the Theory of Correspondence)以新的意义,也赋予以下观点新的含义,它们是万物共感性(Sympathy)的经典观念③、莱布尼茨的前定和谐论(pre-established harmony)的观念以及叔本华的事件与意义相关联的观点。④ 叔本华曾经指出,事件之间存在两种类型的联系,即自然过程客观的或者因果关系的联系和只有与个人经历相关联个人头脑中存在的主观联系。他把每一因果链在时间顺序上都用地球的经线来代表,而同步性或巧合的事件则由平行的纬线来表示。

两种联系都同时存在。自身相同的事件尽管连接于完全不同的两个链条上,却处于相同位置,以致一个人的命运竟一成不变地与另一个人的命运相同,且每个人都是他自己戏剧中的英雄,而同时又参与了自己之外的另一个剧目。这超越了我们的理解能力,而只能依据十分神奇的前定和谐来理解。⑤ 其他研究者也进行了同样的探索。剑桥数学家杜布斯(Dobbs)采纳了由爱丁顿(Eddington)最先提出的观点:事实上宇宙中有两个时间维度,故一个实体"被虚构的时间包围,具有一系列客观可能性。这一系列可能性不必都成为现实,但却影响

---

① C G Jung. Synchronicity. Princeton,1960.

② Ibid. , p.72.

③ Ibid. , p.73.

④ C G Jung. Synchroniciy. Princeton,1960:76,101.

⑤ A Koestler. The Roots of Coincidence. New York,1972:107-108.

事件的实际过程"①。杜布斯的理论也曾一度汲取了玻姆(Bohm)书中的观点。意识学研究者沃恩(Vaughan)在一个更为普遍的层次,列举了大量难以置信的耐人寻味的巧合,并认为事实上每件事都具有同步性,没有任何事情是偶然发生的。不可置信的巧合是大多数人认为的客观上陌生的极端事件,但仅在陌生程度上不同于日常事件。② 正如玻姆所说,假如原因和结果的联系如同物质与能量之间的区别,只是一种幻觉,那么机遇与巧合也是幻觉。

(二)同步性与法律证据

同步性理论与科学及法律实践有明显的关联。我们的大部分证据与证明制度基于同步性理论被称为可疑的假设。许多民事或刑事诉讼案件,牵涉到争议的事实问题要由偶然的证据来解决,而偶然性证据的全部理论基础是不大可能的巧合。学界近来进行了一些探索,旨在将这类不大可能的事务运用数学理论加以分析,以支持法庭得出这一结论。③ 但是,关于同步性的研究得出的结论是:巧合性事务根本就不存在,不大可能的意义模式和类同模式联系着这些事件。在实际事例中,这种含义很重要。假定在聚会后,迪察普斯先生因食用被鼠药污染的李子布丁致死,不幸的德福吉布先生将立刻受到严重的怀疑,他怎么能解释他自己,德福吉布先生和李子布丁以及他不请自到的偶然在场的奇特联系?完全是巧合?专门围绕稀缺食物反复出现的富有意义并具有密切关联的异乎寻常的偶然联系?诸如此类问题,不一而足。

此外,有证据表明,当个人和团体沿着内部增长的路线行进并提高他们的意识水平时,有意义的巧合事件会快速增长。在芬德霍恩(Findhorn)这个位于苏格兰北部的新式社区中,人们都致力于内部发展和为社区奉献,这样有益于相关人们而对于任何他人无害的一系列

---

① A Koestler. The Roots of Coincidence. New York, 1972:72.

② A Vaughan. Incredible Coincidence:The Baffling World of Synchronicity. New York, 1979:226, 232.

③ R M Egglrdton. Evidence, Proof and Probability. London, 1978.

巧合,被视为正常生活的一部分而被接受。① 但在这类社区中,如表明在物质财富方面明显增长,而那里其他人被察觉却在种植毒品,只能通过一连串真实但却不可证实和难以置信的巧合来解释它增长的财富,这个社区也将被置于警察所谓的"怀疑监视"之下。

假如更深入研究仍然有证据支持同步性原理,那么,从一个不同角度也会呈现出关于法律证明的其他一些侧面。举例来说,今天繁荣的色情出版业之所以存在,主要原因之一是在法庭上很难确认色情出版物与公共道德堕落之间具有因果联系,至少依据 20 世纪 60 年代和 70 年代与此有关的尝试性案件听审时所能提供的证据是如此。② 假如同步性理论继续发展,那么对密切联系、系列性与有意义的联系这些概念的普遍承认,对法律问题影响的范围将是无止境的。这本身值得法律专家认真关注。

但是就现实目的而言,我们同样关注同步性原则的更广意义。这就是它在系统(Systems)与全息(Holographic)科学与哲学世界观中

---

① P Russell. The Global Brain. Los Angeles,1983:213-215. 关于 Findhorn 的概况,见 C Popenoe,O Popenoe. Seeds of Tomorrow:New Age Communities That Work. Cambridge:Mass,1984,Ch. 14.

② 证明这种因果关系的联系是普通法证明的一部分要求,并且它也被许多关于色情的立法所采纳:J A Lliffe. The Australian 'Obscene Publications' Legislation of 1953-1955. Syd. L. Rev. 2,1956:134;H Whitmore. Obscenity in Literature:Crime or Free Speech. Syd. L. Rev. 4,1963:179. 在 60 年代的 United States v. Roth (1957)237 F. 2d 796,811-817,affd 355 U.S. 476 一案中,Frank J 的不同意见成为一种传统上可以接受的观点,即在色情资料和性行为越轨之间有因果关系这一点从来都没有得到过证明。最近一个并非全部来自女权主义者阵营的调查对这一立场提出了质疑。一个最近关于非性虐待的、非暴力的"主流"色情资料的调查表明,观看这些色情物与对妇女尤其对受强暴妇女的漠不关心程度的增加之间确实有联系。这个结果在以男性为对象的调查中是明显的,更令人惊奇的是,以女性为对象的调查中同样明显。这也同样有理由相信,在色情物所出现的乱七八糟的女人形象使男性对女人更怀有疑心而不愿与女人深情交往。D Zillman,J Bryant. Pornography Sexual Callousness and the Trivialization of Rape. Journal of Communication 32,1982:10. 在这方面一个惊人的事实是,现在心理诊所用成年妇女色情肖像来改变骚扰儿童者的行为模式,这自然表明在色情物与行为之间有某种联系。K Barry. Female Sexual Slavery. New York,1979:244-245;See:Generally J Sutherland. Offensive Literature. London,1982:191-198;P Dietz,B Evans. Pornographic Imagery and the Prevalence of Paraphilia. Am. J. of Psychiatry 139,1982:139;H J Eysenck,D K B Nias. Sex,Violence and the Media. London,1978,Ch. 11.

的地位与意义。

（三）全息照相术和整体论

随着"道"的重新发现及后来同步性原则的发现，逐渐出现了第三条支流，这个支流汇入新范式之中，而且可能更有趣。这就是始于20世纪70年代关于探究人类意识性质新观念的工作。起点似乎是斯坦福的神经外科手术家普里波拉姆（Pribram）的研究工作，他的著作《人脑的语言》已广为人知，并被奉为经典。普里波拉姆博士通过人脑记忆与功能的实验形成这样一个结论：人脑在许多方面，就如同全息照片一样工作。全息照片是一种通过全息照相技术而制出的相片，这种相片是通过包含激光扫描方法的无透镜过程产生的三维图片。当全息照片为光线激发时，图片以三维方式显现。但是与摄影照片不同，如果在普通分散的光线下看全息照片，看不见任何图像，只有模糊的和明显无意义的图案。全息照片在哲学上显著的象征意义来自如下特征："假如你拿来一张全息照片，举例来说，一匹马，并且切除照片的一部分，如马的脑袋，然后将那个部分扩大到一般的尺寸，你得到的将不是一个大脑袋，而是一匹整马。换句话说，图片的每一单独部分以浓缩的方式包含整个图片。"尽管稍微简略和角度不全。① 关键点在于部分通达整体——因而全息照片的价值在于隐喻一种不可分的整体世界观。

普里波拉姆注意到，一系列现象表明人脑内部的活动遵循全息照片模式，比如特定的记忆没有确切的区位而是零星分布于整个人脑。有关观察结果使他推定：假如在这种意义上人脑确实同全息照片一样工作，那么它可能也通达更大的整体，即一个超越时空界限的领域或"整体频率域"的途径。他坚持认为，这一领域可能恰好与世界伟大的神秘主义者和圣人所描述与经历的超验的万物合一相一致。②

普里波拉姆后来注意到曾与爱因斯坦合作研究过统一场理论的

---

① K Willber. The Holographic Paradigm and Other Paradoxes. Boulder,1982：2.
② Ibid.

伦敦大学物理学家玻姆的发现。玻姆教授在他的关于亚原子物理及统一场论的著作中得出以下结论：看起来在普通环境中分立与疏离的物理实体实际上以潜含的方式相联系。如他所说，在分立的事物与事件的"明示领域"，存在一个不可分整体的"隐含领域"。这个隐含的整体同时可通达每一明示的部分。换言之，物理世界本身就如同一个巨大的全息照片，每一部分就在整体中，整体就在每一部分中。[1] 他的推断类似于由"贝尔定理"所包含的思索，"贝尔定理"是基于双电子神秘共振行为的原理，这一行为表明，所有事物不管空间上如何分离，都可能以某种隐含的因果方式相联系。[2]

由此产生的"全息相片范式"术语，作为对现实全新领悟的称谓。从那时起，普里波拉姆、玻姆和他们后继者的工作为快速展开的争论提供了资料。普里波拉姆的理论赢得了越来越多人的支持且没有受到严重的挑战。[3] 它激发了哲学家和人类心理学家的兴趣。[4] 普里波拉姆博士认为，这一范式的改变将囊括整个科学并且清楚地阐述一个多层面的理论，这一理论可以将感觉的现实解释为一个特例，就如同牛顿力学现在被认为是特例而不是对真实世界的完全解释一样。感觉的现实由此是由大脑的数学能力建构之物，而实际上来自超越时空之外的一个领域，那里只存在频率。[5]

这种新观点解释和连接了诸多孤立的观察，比如德日进（de Chardin）的心智层概念（noosphere）和莱布尼茨的"单子论"系统（非常

---

① K Willber. The Holographic Paradigm and Other Paradoxes. Boulder, 1982: 2.

② G Zukav. The Dancing Wu Li Masters: An Overview of the New Physics. New York, 1979: 281-307; M Ferguson. The Aquarrian Conspiracy: Personal and Social Transformation in the 1980s. Los Angeles, 1980: 171-172; F Capra. The Turning Point: Science, Society and the Rising Culture. New York, Simon & Schuster, 1982: 83-85. Zukav 引用物理学家 Heirt Stapp 的描述：贝尔定理是"科学的最深刻的发现"（该书第229页）。

③ G Zukav. The Dancing Wu Li Masters: An Overview of the New Physics. New York, 1979: 7.

④ Ibid., p.25.

⑤ Ibid., p.7.

有趣的是,正是莱布尼茨的积分发现使全息技术的发明成为可能)。①它的几支分流完全吻合同步性原理,这表明,即使是随机的分布也是基于全息技术的原则,因此是已经被确定了的。"事件发生的不确定性仅仅是表面的……"②,它使得 20 世纪天文学家比如金斯爵士(J. Jeans)和爱丁顿耐人寻味的评论更富有启发性。金斯曾说过,宇宙更像一个大思想而非一个大机器;而爱丁顿得出的结论是:宇宙的基本素材是精神素材。全息照相范式在一个超级理论中将这些理解联系在一起,这种超级理论认为,"我们的头脑通过一种频率从解释超越时间与空间的角度在数学上建立了'坚实'的现实。头脑就是一张全息照片,反映整个全息的宇宙"③。

很明显,全息的隐喻不可能是新世界观的终点,那只是一个隐喻。它服务以下目的:在经验主义支配思想的时代人们能够把握一些概念,没有这个隐喻,这些概念将会溜掉。当它的局限带来麻烦时,它将完成使命,对于正在形成的范式,一个新型可操作的隐喻将出场。最后,我们将达到这样一个阶段:人们可以直接面对新的现实,而无须借助隐喻。

四、变化着的人的意象

与绝大多数其他形式的社会变化不同,文化的复兴看起来需要该社会的部分个人成员的特定意图。没有这种意图,必要的转变不会发生;怀有这种意图,更新往往在一代就会实现。④

进行此种努力的动机是出于个人减少紧张程度的感觉需要。由社会文化危机产生的文化扭曲以紧张与冲突的形式转移到社会个人成员。根据人类学家华莱士(Wallace)的观点,"为了在行为上减少系

---

① M Ferguson. The Aquarrian Conspiracy: Personal and Social Transformation in the 1980s. Los Angeles, 1980: 183.

② K Wilber. The Holographic Paradigm and Other Paradoxes. Boulder, 1982: 10.

③ Ibid., p. 22.

④ Stanford Research Institute. Changing Images of Man. Menlo Park, 1974: 184.

统中所有层面的压力,社会中每个人都有必要在功能上维持社会、文化、自己身体及行为常规性的精神意象"①。个人实现这种社会与文化的观念变化,以便更有效地减少压力,这种努力本身就是复兴事业,人们努力的合力称为复兴运动(Revitalization Movement)。②

在我们这个时代,大批人有这样一种特别意图和这样的运动,以至于当社会被感觉型文化崩溃的症状——上文提及的趋向性特征——推向新范式时,它同样也被人类的新意象引向新的整体主义的或"系统"范式。一方面,智识与哲学的变化是由旧范式的不合理性导致的;另一方面,社会变化同时也是由个人的变化过程促成的。社会转变是个人转变的结果,即一种由内向外的转变。③ 个体的男人与女人奋力减少生活中的紧张与冲突,这种紧张与冲突是人的意象失调所致,而人的意象失调与旧范式相关联:人成为消费者,成为机器或心理上受强制的动物。旧的图景受到诸如催眠术(它表明人类具有控制痛苦的能力及传统上认为个人控制能力之外的其他能力)的发展的挑战。对于心身(Psychosomatic)的疾病与安慰剂作用的日益理解,也表明人类对于消化、循环和身体伤害的治愈等过程含有意识控制的能力。汤姆逊(W. I. Thompson)写道:"当拉玛(S. Rama)在精确的科学观察之下在门尼格(Menniger)研究院停止心跳 17 秒时,他终结了西医的一个篇章,并表明在物质和精神之间旧式——笛卡尔式的分立,依照自主和自发神经系统在我们的医学教科书中得到运用。"④在苏联已达到一定深度的灵学(Parapsychology)的研究,得到广泛的承

---

① Stanford Research Institute. Changing Images of Man. Menlo Park,1974:184.

② Ibid. , pp.184-185.

③ M Ferguson. The Aquarrian Conspiracy: Personal and Social Transformation in the 1980s. Los Angeles,1980:18.

④ W I Thompson. Passage About Earth: An Exploration of the New Planetary Culture. New York,America,1974:94.

认,在受教育较高的人们中尤其如此。① 这与经验-分析科学的前提直接对立,这种科学认为,人只能通过物理感官获取知识,意识不过是人脑中物理和生物化学过程的附属作用,意识活动对机体外的物理世界没有影响,可被任何人感知的客观世界与只能为个人头脑所感知的主观经历存在明显区别。②

所有这些现象的研究是整个人类意识新科学的一部分,除了已提及的领域外,还包括新"人本主义"心理学,普里波拉姆博士作为全息照片的人脑神经病理学研究,个人与团体的超经验主义实验和对所谓的"终极实在论哲学"(Perennial Philosophy)(指从柏拉图、亚里士多德和阿奎那到他们现代继承者的世界思想家们研究终极实在时强调神秘主义的哲学传统,与怀疑主义哲学相对——译者注)的兴趣的复兴。最后一个主题据称既不是哲学,也不是形而上学;既不是意识形态,也不是宗教信仰。它体现于世界绝大多数主流文化中,包括传说的世界各地原始民族传统经验知识。根据"终极实在论哲学",在一定条件下的人能获得更高的知觉,这种知觉可使他对于隐于物理世界背后的真实获得顿悟,正是从这种现实产生了个人成长所需要的经验与关系,这种经验与关系通过个人意识以某种方式吸引他,尽管它们有时似乎很偶然。灵感与创造力是这一更高进程的必要突破口。随之而来的观点是,人类的潜力是无限的,通过头脑的自我反思最终可以获得所有的知识与力量,唯一的界限在于那些我们加在自己头脑上的东西。据说,假如我们成功地获得这一高层次的知觉,我们将对生活

---

① W I Thompson. Passage About Earth: An Exploration of the New Planetary Culture. New York, America, 1974:364. 据现在住在西方的苏联学者 Lanssa Vilenskaya 讲,在这一领域的苏联学者对动物和低等生物组织进行了重要试验,包括在一定时间停止青蛙和老鼠的心脏,使病毒疾病在传染域以外的动物种群中传播,对一群老鼠进行饥饿试验,同时观察另一群老鼠的反应等。以人类为实验对象,项目涉及远距离重击和捆绑、皮肤灼烧以及其他影响行为的传感。也有一些关于外国政府领导人远距离相互影响的实验,但是一些研究者拒绝对此及相似的活动予以合作。这种研究的负面结果便是成为影响 Lanssa Vilenskaya 寻求移民许可的一个因素。R Tag, K Harary. The Mind Race. New York, 1984:249-260. 与其他事情非常的不同,她的报告表明苏联政府在这一领域的实验是非常认真的,可能比西方还要认真。

② W W Harmen. An Incomplete Guide to the Future. Stanford, 1976:95-96.

采取新态度并产生有意识参与的新期望,以服务革命的进程和人的实现。①

　　感觉型文化晚期的压力、紧张和不可解决的悖论与矛盾,使终极实在论哲学获得新生与活力。通过为那些渴望生活意义与目的的人们展现一条道路,这种哲学提供了一种减少内部冲突的途径。② 这种渴望很可能是 20 世纪人类生活隐含或明确存在的主要事实。在极权主义社会,对现代生活的这种隔阂的补救办法是要求人们服从国家计划的执行,这种国家计划旨在支配世界或美其名曰"统一"。③ 其他社会迄今未能提出正面的理由来与这些恶意的设计相抗衡。自由民主的自由市场体制很可能是使人们得以确定优先权循序的最佳方法,不管这些优先权是物质的或非物质的,但自由市场体制运行本身不能作为产生这些优先权的意义、目标或价值的源泉。④ 它从来无意如此。自由市场体制的存在曾经基于的假定是,基督教可以为社会提供伦理、意义和目标支持。在那时那很可能是事实,但现在通常不再是那样。

　　意识新科学和终极实在论哲学的复兴所带来变化着的人的意象尚未广为人知。如弗格森(Ferguson)所言:"当革命暗中进行,电视镜头和报刊记者不能涉及它,在许多方面,革命变得不可见了。"⑤上述观点远未获得普遍承认。库恩坚持认为,成名的科学家绝不会转向科学新范式。他们最终将只是在数量上被超过。但是,据说对于人类新观念在科学上的反对会逐渐被克服——一方面是由于证据的积累,而

---

①　Ibid. , pp. 101-107.

②　W W Harmen. An Incomplete Guide to the Future. Stanford,1976:107.

③　A Hitler. Mein Kampf. Vol. 2, 1926, Chs. 1,5, 14. 在近几年苏联政府对这个所谓的"主观因素"日益加以强调,作为在苏联的领导下完成世界最后统一的一条途径:R J Mhchell. Ideology of a Superpower. Standford, 1982:13, 65, 67, 130.

④　F A Hayek. The Road to Serfdom. Chicago, 1944:89-92. 哈耶克的研究结论是,在经济动机和其他动机之间所声称的区别是虚幻的。不存在独立的经济动机,而只有一些经济动机的因素限定我们对本身不是"经济性的"其他目标的奋斗。

⑤　M Ferguson. The Aquarrian Conspiracy:Personal and Social Transformation in the 1980s. Los Angeles, 1980:59.

另一方面是科学观自身的变化。① 从人类本性与存在的新概念中已经涌现出一些新的伦理观念。一是生态学伦理,我们与整个自然认同的必然结果。整个环境包含我们人类,但迄今为止,生态伦理仅在关系到我们对自然环境的互动方面上获得了普遍的承认。还有自我实现伦理(与反文化的自我放纵伦理相区别)。自我实现意味着个人努力的合理归宿是个人知觉的发展。这将转而有助于人类的进化以提高意识与整合层次。② 这一称谓有些误导,因为这一目标是超越自我,而不是包含在自我之中。这一伦理在马斯洛(A. Maslow)首创的新伦理学中找到了支持。他反对弗洛伊德关于所有动机源于低级本能的见解,并批评弗洛伊德完全依赖从神经质和精神病人身上获得的证据。同时,他通过对动物的实验研究行为心理学,这一研究得出的结论是,人类无非是一种对外界刺激自动反应的复杂动物。他以健康个人和人类行为的积极方面的研究为基础,提出了人本主义心理学,尤其强调个人发展和自我实现。同时,罗杰斯(C. Rogers)也在发展一种心理疗法的新方法,这种方法是间接的,并认为病人(现在称为客户)是一个有能力成长和自我实现的人。③

五、对于法的某些含义

人本主义心理学是探讨人类特质新意象的一个学科,至今已吸引法律家积极加以研究。像名为斯特琳森林组织(Sterling Forest Group)中许多学者和正执业的纽约律师,已经召开若干会议,探索正在涌现的伦理价值对于法学教学与实践的含义。像其他地方可选择的争议解决(ADR)团体一样,他们一直寻找提高法律家作用的方式,以使其更积极和富有建设性,同时又不至于使其感情化到忽略委托人

---

① W W Harmen. An Incomplete Guide to the Future. Stanford, 1976: 109-110.

② Ibid. , pp. 119-121.

③ F Capra. The Turning Point: Science, Society and the Rising Culture. New York, Simon & Schuster, 1982: 34-35.

权利的地步。^① 最称职的法律家总是这样做的,而现在这种方法可在整个职业群体中推广。斯特琳森林团体并不限于人本主义心理学,已开始就法律的含义探索以下问题,即倾向将双方对立看作中国"道"的边缘,而不看作自相矛盾。由于法律诉讼必然或赢或输的特性(假如不是在判决前就解决的话),使得这种西方非此即彼的两极观点在法律语境中特别突出。迄今为止,该团体及相类似的团体更多的是提出问题,而不是提供答案,但是这些团体也许正在揭开一个开端,使得对法学教育与实践的争论超出了过去的不成熟战线,即一方面是对现状不假思索的卫护,另一方面是怒气冲冲地促成阶级战争。

对于伦理与法律,人的新意象所主张的并不仅仅是新的实体规则,而是作出伦理决定的新方法。对弗洛伊德理论的承认,导致潜意识动机的现实性在法学和刑罚学等其他领域得到了广泛承认。这种新意象通过利用荣格心理学关注的超意识选择(Supra Conscious Choice)而建立起来。超意识选择包括直觉、预感、创造性想象、美学判断等经验。^② 荣格的分析法试图以潜意识选择会导致追随这一特点为基础,把意识选择与最可辨识的超意识选择紧密地联系在一起。^③ 训练个人形成超意识选择的技术,已经在美国20多个州和澳大利亚新南威尔士州监狱系统中广泛运用。这通常包括邀请最难对付的累犯去学习沉思冥想技术,以使他们与存在的更高层次对话。一位名叫洛佐夫(B. Lozoff)的监狱福利工作者,与美国最顽固、最危险的罪犯在一道相处10年,帮助他们把判决看作提高他们整体意识和存在的

---

① E Dvorkin et al.. Becoming a Lawyer. St Paul,1981,Ch.5.

J Himmelstein. Reassessing Law Schooling:An Inquiry into the Application of Humanistic Educational Psychology to the Teaching of Law. N. Y. U. L. Rev 53,1978:514.

J Himmelstein. Reassessing Law Schooling:The Sterling Forest Group. N. Y. U. L. Rev 53,1978:561.

② W W Harmen. An Incomplete Guide to the Future//W Harman,H Rheingold. Higher Creativity:Liberating the Unconscious for Breakthrough Insights. Los Angeles,1984.

③ Ibid.,p.122.

一个机会。他发明了一个名为"监狱修行所计划",帮助这些人像修道院里的修道士或山洞中的瑜伽修炼者那样打发时间。这些方法的运用,不是旨在像伯吉斯(A. Burgess)的小说《发条橘子》(A Clockwork Orange)中所描写的那样"限制"或剥夺自由意志;与此相反,目的是帮助个人提高自己作出决定的质量。结果获得非常奇特的效果:减少了焦虑、压力和敌意的程度,改进了睡眠方式,消除了对毒品的依赖性。更重要的是,使重新犯罪率呈现明显、长期和前所未有的下降趋势。[①] 在本来无希望的刑罚学道路上,唯有这方面成果作为本领域发展的希望之光。在监狱中实行严格的纪律和有许可的接触,是旧式牛顿-笛卡尔范式所鼓励的两种操纵模式,这两种模式已彻底失败。

正如全息的世界观倡导者们所见,此新范式将直接触及产生有形世界的能量,这样一种传统上被描述为爱的能量的力量。[②] 据说,这个过程正在清除被无数虚幻自我群体所造成的污染……由他们分离的错位意识和天生的自我优越错位感而造成的污染,导致普遍的冲突和悲哀。[③] 其中暗示一种获得伦理与法律引导的方法,这种方法与近两个世纪中纯粹经验的和通常精英的方法截然不同。我们所能学会"看到"的表象、知觉和可选择的现实(表象)重新整合我们。[④] 通过一个全方位的计划过程,人们将改变体制、结构和法律。范围广泛的社会弊端的纠正和个人的学习将成为这种变化的前导。[⑤]

上面我们所概述的内容是科学与哲学争论的主流,这种争论显示了西方整个文化与社会的一个新起点。除了这些,还有许多在新时代

---

① G A Ellis. Inside Folsom Prison. Palm Springs. 1979, Ch. 15. B Lozoff. We're All Doing Time. Durham, N. C. (Hanuman Foundation/Prison—Ashram Project), 1985.

② R Weber. Field Consciousness and Field Ethics//K Wilber. The Holographic Paradigm and Other Paradoxes. Boulder, 1982: 35, 38.

③ Ibid., p. 39.

④ L Duhl. Experiencing Holography//K Wilber. The Holographic Paradigm and Other Paradoxes. Boulder, 1982: 150, 152.

⑤ 通过全民公决进行直接立法的制度在这里扮演很重要的角色。见 G Walker. Initiative and Reference of General Systems Theory//K Wilber. The Holographic Paradigm and Other Paradoxes. Boulder, 1982: 189.

主题下反映出来的不够活跃的支流。这些支流包括自愿恪守简朴生活方式、与组织形式的等级制相对立的网络化、冥思苦想与先验意识、通过开发内部资源的自我提高技术和与集权相对立的权力分散、软技术、整体主义的健康与治疗、灵学及难以计数的其他方法。虽然这些其他支流在某些情况下尚欠科学性，且部分可能是个人崇拜的、肤浅的或者欺骗性的，但是它们以自己的方式，成为现实中新前景的迹象。

六、价值体系变化的展望

如果这些就是索罗金所认为的新的理念型或理想型价值体系的开始，那么我们应该庆幸我们能看到它已经出现，同时它也有可能拯救感觉文化晚期的某些精华。这种重大前期转变导致在开始更新以前，感觉文化沉沦到比现在英语国家所面对的情况还要低得多的灾难与混乱的地步。然而，现在这种新范式在许多前沿都是旧范式的明显竞争者，对一种有效体系的一种意识上的挑战本身便是迫近变化的重要征兆。①

但是，我们还不能肯定这种新范式的时代已经到来。其他一些价值体系正与其竞争支配地位。它们包括主流感觉型晚期的西方文化，这一时期西方文化在结构上是等级制的，但是本质上是宽容的和自由的，并且已经采纳新范式的一些形式；新宗教原教旨主义是末世学的，并且局限于神灵启示的源泉，但它却与全息范式一道反对机械世界观；对于机械世界观，它本身几乎是纯粹的对抗；还有反文化，它发端于20世纪早期艺术家与哲学家的思想，在20世纪60年代及以后得到广泛传播。同样，反文化也攻击感觉型文化晚期的价值，但它本质上是不宽容的，是权力本位的和消沉的，因为，它的价值的形成仅仅简单地依靠颠覆主流感觉文化的价值，并加上一种不成熟的卢梭式的

---

① T S Kuhn. The Structure of Scientific Revolutions(2nd ed). Chicago，1970，Ch. 7.

"高尚的原始"(Noble Savage)浪漫主义。^① 这种思想几乎没有潜力来构建一种更好的未来，因为它更适合破坏旧事物而不是创造新事物，并且还不止于此。汤普森再次重申："采取杀死马匹的方法变革农业社会并不能创造出汽车，通过炸毁炼油厂来变革机动车社会也不能创设出一个不需要汽车的城市。"^②然而在今天，反文化却是真正的主导性体系。因为它不仅有很多有力支持，而且也成功地利用自己的许多思想影响主流的感觉型文化。^③

即便假定新的范式被有效地广泛接受并且通过适当过程改变整个西方智识观，那么，它就是暗示索罗金的新理念型价值体系开始的新周期那种全新的变革吗？韦尔伍德(J. Welwood)认为："它仍旧只是一种模式，一种概念形式，这种概念形式显然永远不能代替通过直觉和以觉醒或启蒙这种最彻底的形式所发现的直接知识和经验性认知。即使智识性科学方法能够为启蒙提供一条现代的途径，但是，认为任何一种新科学范式都能够起到与西方精神圣哲相当的作用都是错误的。"他利用尼德拉曼(J. Needleman)反对任何新范式倾向的警告，以强化对我们思想内容的关注，而不是鼓励我们去观察那些超过我们思想模式的难以名状的现实。如果人们采纳的思想与精神方式的管教联系在一起，而人们自己并不服从这些管教，则是危险的事情，人们会把认识力量转变成"自我主义发动机的燃料"，充其量在致使"人类奴役的车轮向孤立的理智的新型转变中"获得成功。^④

施宾格勒先生曾是芬德霍恩(Findhorn)的指导人之一，也是所有新时代思想者中最有远见者之一，倡言不同的一种警觉。他警告说，我们根据转化来考虑新价值体系出现，这种倾向本身便是旧式思维方式的遗迹，这种旧式思维方式会减弱新意识的再生力量。

---

① L von Bertalanffy. Response//E Laszlo. The Relevance of General Systems Theory, p.189.

② W I Thompson. Passage About Earth: An Exploration of the New Planetary Culture. New York, America, 1974: 33-34.

③ D Bell. The Cultural Contradictions of Capitalism. New York, 1976: 73-74.

④ Welwood. The Holographic Paradigm and the Structure of Experience//K Wilber. The Holographic Paradigm and Other Paradoxes. Boulder, 1982: 127, 134.

我们很容易把新时代看成一个事件并且根据变化来思考它(我发现,这很普遍)。但是,新时代不只是时间与空间上的事件,也不只是从一个国家或意识到另一个国家或者意识的转变,而是根植于基本现实中。然而,我们可能错过更深层的现实,结果减缓了转变的力量,因为我们的思想与感情即我们的整个观念框架如此倾向于把发现变化、增长和演进看成是一系列因果关系的过程。我们这个时代重要的问题也许不是"我们正在变成什么"或者"转变的过程是什么",重要的问题也许是:"转变意味着什么"或"当我们看到转变的过程时我们能真正认识这个过程吗？变化本身是什么?"①

与上述不同意见、包括施宾格勒在内许多感觉十分敏锐的观察家,都相信变化已经开始了。根据汤普森的说法,"某些事情来势如此之猛,以至于我们用人类所有社会科学的描述都无法说明它。文明的记录结束了,正像唱片到了末尾,唱针划着音槽的噪声还在继续。"②像赫曼一样,他认为,这个转变过程可以在 10 年或者 20 年内完成。在 1973 年的作品中,他估计:"创造出一个全新的自然科学与思维范式,花费的时间不会超过 10 年或者 20 年。虽然我们脱离疯狂的阶段而进入艺术的时代,但是,不久我们也许就会进入专家的第三阶段。"③他的预言至今仍可信。物理学家拉塞尔(P. Russell)观察到转变的速度增长非常之快,认为这可能预示着"在不远的将来会发生某种重要转变"。普里戈金(Prigogine)的推断是,我们今天的危机可能导致"向更高层次的革命性推进"④。通过将有关新时代意识的组织成员的资料及与该主题有关著作和杂志目录绘成图表数据,拉塞尔发现它们是一个比信息工业显著增长过程的轨迹斜率更大的指数曲线。事实上"它

① D Spangler. Revelation：The Birth of a New Age. San Francisco，Rainbow Bridge，1976：238.

② W I Thompson. Passage About Earth：An Exploration of the New Planetary Culture. New York，America，1974：11.

③ Ibid.，p.172.

④ P Russell. The Global Brain：Speculations on the Evolutionary Leap to Planetary Consciousness. Los Angeles，1983：105.

看起来好像关于社会所能看到的一条最陡的增长曲线"①。他认为,单纯的数字不如总体上的增长率那么重要。

在最近 20 年里,在各阶层中迅速传播的冥想技术便可能是一个独立的线索,几乎所有社会观察家都对这一现象本身有所评论。也许这种经常带有等同于东方神秘主义特征的新科学哲学范式有助于增加我们对蕴藏其中的意识而不是其思维内容的兴趣。

不论是在工业化国家还是在第三世界,这种新范式对于持各种各样先前观点的人都是可完全接受的。这种新范式便是以此种优势开始的,并与世界上传统的信仰体系都能相容②,是宽容的和非威权主义的,它不威胁任何人——它不要求任何个人或者团体被专断地压迫、剥削或者清洗;恰恰相反,那些反对这种新世界观的人被允许自由地寻找新路。对错误(如果证明是错误的话)唯一的惩罚是受到孤立。政治性煽动,直到今天一直被称为社会重构的关键,现在看来只能使事情更糟。鲁宾(J. Rubin)是"芝加哥八人案"人物之一、20 世纪 60 年代最著名的激进活动家,后来说道:"真正的革命是精神上的运动。没有自我觉悟,政治的能动主义只能使愤怒永久循环……我只有改变自己,才能改变他人。"③汤姆森表达了相似的看法,他预言:"将来的政党在功能上将一半如同现在的教会。"④

与反文化不同,同新范式相联系的新时代意识不必然就是反商业的(尽管有些个人作者或追随者这样)。它甚至不反对大商业,例如,它只是要求公司和市场体系由一种新的精神所激励——这种精神用新的生态学伦理和自我实现伦理把旧日基督教道德消亡所留下的空白予以填补。⑤ 在一些管理得比较好的公司里,这种变化已经在某种

---

① Ibid., p.182.

② W W Harmen. An Incomplete Guide to the Future. Stanford, 1976:37.

③ M Ferguson. The Aquarrian Conspiracy: Personal and Social Transformation in the 1980s. Los Angeles, 1980:206.

④ W I Thompson. Passage about Earth: An Exploration of the New Planetary Culture. New York, America, 1974:61.

⑤ There is thus a "New Age Right": D. Beers. Buttoned-Down Bohemians. Image 3, 1986:14.

程度上早就发生了。生态环境观现在通常得到立法的支持,但是在它受到普遍关注之前,在西澳大利亚的巴罗岛开发油田的石油公司已经采取积极的步骤保护当地动物群的栖息。1983 年,一群纽约银行家邀请名为桑德(R. Thunder)的切罗基族药师开展了一系列研讨,以研究怎样把印第安人的精神教义运用到金融领域。许多企业被无休止的工业关系争吵搞得疲惫不堪,它们多年来一直探索自我实现的思想,其中一些已经取得很大的成功。从大到通用、福特和克莱斯勒,小到只有两三名雇员的公司都已经发现,通过提高工人的信心、为工人提供更多关于他们所从事工作的信息和邀请他们提出改进工作建议,公司可以鼓励他们更充分地利用个人的知识和能力,结果是士气更高、决策更好、旷工减少和产量更高。[1] 这种新意识表明,那些不能成功地适应这些新价值观的企业将不自觉地为此付出代价。除非依靠立法,这些企业将渐渐被客户抛弃,且很难找到好雇员。

我们社会中一些素质良好和受教育程度最高的人才来探索这种新范式及其他含义,这个事实本身便是有意义的。索罗金认为,一个旧式感觉体系的瓦解和新体系的产生以以下特征为标志:对感觉文化及其价值观的背叛人数不断增加及向其他形式文化、理念或者理想的忠诚转移。[2] 对感觉文化有一种一贯的背叛传统,主张感受未被欣赏事物的艺术家文化尤其如此。20 世纪 60 年代,这种潮流随着反文化的发展而迅速膨胀,但是这次运动主要是负面的,恰是这次运动所要反击的价值体系的一种表现。但是自从 20 世纪 70 年代,有相当数目十分成功的科学家和药学家(爱因斯坦的同事们及玻尔的追随者们,这些感觉文化的忠诚卫士和禁卫军)走到了一起,追求新的世界观,而没有从超越逻辑的含义中退缩。这是一群不应被严厉指责为出于沮丧、愤恨、自我放纵、自恋、怀疑一切和恐惧的动机而行动的人。他们是科学集团的领导,是西方社会中真相的公断人。他们对这项事

---

① T J Peter,R H Waterman. The Search for Excellence. New York, 1982, Ch. 8; J Simmons, W Mares. Working Together. New York, 1983.

② P A Sorokin. The Crisis of Our Age. New York, 1941: 198, 305.

业的支持本身便证明了一个重大变化正在临近。

加州理工学院的斯佩里(R. Sperry)由于在人类脑分裂的研究成就而获得了诺贝尔奖,他在1982年的一篇论文便是一个典型的例子。在论文中,斯佩里认为科学已经成为人们摆脱高级文明恶性循环的首要希望,不是因为科学引起技术的提高,而是因为科学在塑造伦理价值方面具有无与伦比的潜力。他指出了最终的信仰:关键是依靠一些概念。这些概念是有关意识本身、思想大脑关系以及这些观念所允许的各种生活目标和宇宙观。例如,社会价值直接或者间接依赖于:意识是被认为暂时的、永恒的、可再生的,还是无穷无尽的;意识被认为是局部的和在大脑范围内,还是本质上是普遍存在的……现行思想-大脑关系的概念与确立已久的唯物主义和行为主义学理截然不同。这种新的解释不是摒弃或者忽视意识,而是充分承认作为因果关系现实之内的至高地位。①

比上面文字本身更令人印象深刻的是这些观点已获得承认。前些年,这些观点在科学圈子内所得到的光顾是从怜悯到公开嘲笑。但至1982年和1983年,反映却是平静的甚至是赞许的。也许斯佩里教授的许多同事们还不能接受他所阐述的那些观点,但是他们好像正在思考有足够的机会来证明斯佩里教授是正确的,与其争论是不明智之举。他们不想冒险看到他们的指责在10年后作为"著名的定论"而公诸于世。

正如斯佩里教授的评论中所表明的,在经验科学中新范式的前身在像我们这样的智识氛围下具有优势,它可以向那些只相信概念知识的学者提出建议,指出可能有认识事物的另一种途径。② 但是,然后是什么呢?玻姆教授好像毫无疑问地认为下一步,同时也作为对威尔伍德反对意见的回答,是走出去(而不是走进来)寻求直觉的经验知识,

---

① Institute of Noetic Science Newsletter. 1982(2):6. 关于这一主题更广泛的科学论述,见 K Wilber. Quantum Questions:Mystical Writings of the World's Great Physicists. Boulder,1984.

② Welwood. The Holographic Paradigm and the Structure of Experience//K Wilber. The Holographic Paradigm and Other Paradoxes. Boulder,1982:135.

而威尔伍德主张的途径则是神秘主义和圣哲古老时代的冥思苦想。他认为，这种新科学范式仅是一个桥梁，或者更好一点，是一个码头。它使我们缩短一定的距离，但是这之后，我们必须抛弃这些概念式思想，亲自投身到我们自己的海洋之中。①

七、法治危机的肯定方面：总结与结论

我们好像离开法治论题走得很远，但是现在由新的物理学和意识科学所改进的思想至少在七个方面与法治相关联。

（一）新范式将改变法的以往作用

如果这些思想和价值继续聚集力量，它们将不可避免地改变法律得以运行的哲学、社会、经济环境。因为法律总是既定价值的一种反映，不管这种价值是民众的还是精英的，法律家需要提前注意这种移转的法律环境中可能的变化。今天一个可以接受的观察法律的方法是法律实证主义（包括法律现实主义学说）。这种学说对法律是什么、它的恰当的范围是什么及怎样运用和形成法律等观念有根本性影响。但是，实证主义是早期科学和哲学范式的反映和运用，是一种机械主义模式。既然科学家和哲学家正转向一种新型世界观，那么法学理论遵循一种对法律适当和新的态度，形成一种整体法哲学（Holonomic Philosophy of Law）（如果你喜欢的话），它与现今权力本位的实证主义工具理论相对立，只是时间问题。

（二）像 17 世纪科学范式一样，新范式将根本改变法的性质

这种新世界观将改变我们未来数个世纪的法律和我们思考法律的方式。像在 17 世纪中叶科学革命中黑尔爵士所开始的进程一样，步入新的视野中的未来几代法律家将会如此彻底地重塑我们的法律，

---

① D Bohm. The Enfolding-Unfolding Universe//K Wilber. The Holographic Paradigm and Other Paradoxes. Boulder, 1982：44，103-104.

以至于将来再看我们现在的法律秩序会认为它混乱、愚昧和残酷,就像我们今天看待中世纪的法律一样。最终只有法史学家才能将新的法律根源一直追溯到 20 世纪。未来一个普通的律师翻阅 1987 年《英联邦法律汇编》或《美国法典注释》时也会像今天看利特尔顿(Littleton)的《土地保有》(Tenures)或 15 世纪的《年鉴》一样感到困惑与觉得可笑。

在适应 17 世纪新科学范式的法律中,我们的法律制度获得了许多我们最熟悉的现代特征。我们还是借助黑尔为我们所作的实体法与程序法、民事法律与刑事法律分类的方法来寻找法律。这些取代了旧的分类,即主要是武断地按照字母顺序将法律的主题排列,每一个主题都互不联系且同等重要。[①] 17 世纪的科学范式也同样赋予我们一种超合理性的法律证据标准[②],代替了旧式追求绝对确定性的标准。这种科学范式发展了或然性(Probability)来评价目击证人的证明力,该方法优于古老思想,后者将所有合适的宣誓证据同等对待。[③]

我们只能推测这种新范式将会怎样重塑我们的法律和法哲学。然而在我们已知的基础上,我们可尝试做出一些猜想。我们能够预见相关性、同步性以及其他关于事件联系与分类的新思想,将重塑我们关于因果关系、证明和证据等观念。这种新意识的科学将改变我们构筑价值的方式,而这种价值构成新型法治的基础,并且能够彻底改变现行呆板的刑罚学。系统论能够激发人们对立法后果予以更负责任的认知,并最终结束压力集团对立法的破坏。用较少冲突的方法避免和解决公民间或者公民与政府间的法律冲突的现象将逐渐显现出来。一旦贝尔定理的含义连同它关于所有物质和能量相互关联的解释宇宙的含义,得到充分发掘并成为共同的文化财富,政府和立法机关便再也不能把自己扮演成一个独立于人民或凌驾于人民之上的角色了。

---

① B Shapiro. Law and Science in Seventeenth-Century England. Stan. L. Rev 21, 1969:727, 745-747.

② Ibid. ,pp. 753-760.

③ Ibid. , p. 757.

（三）法治原理与新范式尤其相容

法治原理更强调平衡而不是冲突，更强调法律面前的一致和平等而不是区别和特权。与今天所接受的传统上法律概念相比，法治原理与正在涌现的世界观更和谐。现行的法律概念属于权力王国而非法律王国，它把法律看成立法者改变世界的工具，而立法者却置身其外。这种立法者与法律分离的现象，就像实验者与所观察现象分离一样，是旧式牛顿-笛卡尔机械宇宙观的原形。这种现象是正在衰落的感觉科学的一种仿效、一种产物。

新范式引进了一种对待权力的新态度，一种与法治导向和谐一致的姿态。与20世纪60年代的反文化不同，这种文化寻求权力（还在寻求）抱有最终单独德治的目的[①]，新时代意识寻求权力只是为了消解权力。[②] 弗格森（M. Ferguson）称为"宝瓶同谋"（Aquarian Conspiracy）的新范式对任何人都没有威胁。这种新范式把未知看成友好的、有趣的领域，但是既无意也无须强迫其他人分享它的观点。范式的转变不是寻求确定不变而是对已经存在的事物重新解释和建构的一种变化形式。"在范式变化中我们认识到我们以前的观点只是全景的一部分，我们现在所知也只是我们以后将知的一部分。"[③]这种变化与钟摆式的变化有明显的不同。钟摆式变化是一种为得到相反的结果而抛弃一个封闭的和确定的系统的变化，不能与过去正确的东西相整合，也不能从它夸张的形态中辨别出新的价值。弗格森指出："钟摆式变化抛弃了它自己以前的经验，从一个半瓶子的知识到另一个半瓶子的知识。"[④]

法治与新世界观相和谐的第三个方面达到了如此程度，以至于它几乎就是新世界观的产物，这就是法治的谦逊特性。法治不宣称无所

---

① M Ferguson. The Aquarrian Conspiracy：Personal and Social Transformation in the 1980s. Los Angeles，1980：205-208；D Lebedoff. The New Elite. New York，1981：67，97.

② Ibid.，p. 23.

③ Ibid.，p. 72.

④ Ibid.

不知或拥有绝对真理,故法治以处理个案本身为目的,而不是作为目的的手段。案件中每一方都同样重要,每一方都有资格使他或她的冤情通过将确定的法律原则运用于具体事实和根据自然正义的原则得到解决。在法治下每前进一步,可能自相矛盾的是,这种进步似是绕路而行的。正如波拉克(F. Polak)在《未来的意象》中所言,就算"勇敢的幻想本身便是有效的社会变革的先决条件",但在适当进程中,幻想必须转换成具体现实。勇敢的幻想在这一层面都采取不同的形式。正如勃兰德(S. Brand)所指出的:"如果你只关心抽象,那么细节会击垮你;但是如果你关心细节,那么抽象会自行其道。"①在这个意义上,法治体现了一种对禅宗思想的认同,即根据超验的真理,在尘世中的大多数行为与在宇宙中的大多数行为一样有意义。当一个新的信徒来到禅宗老师面前求问宇宙的秘密时,第一课内容可能是发一把扫帚,然后被礼貌地分派去扫地。

(四) 对法治的攻击源于正在消亡的范式

随着文章的深入,我们会看得更清楚,对法治的所有攻击都有它们共同的哲学基础,即狭窄的、感觉后期的和机械论的思想。不论是主张为了遵循"反对罪犯的战争"而剥夺公民自由的右翼活动家,还是从事批判法学研究活动的左翼批评家——把法治看成强行重构社会已过时的障碍,都从单一狭隘的感觉思想的视角看待法律。虽然后一派人物认为自己更进步,但实际上只是以它最极端的形式瓦解感觉型秩序的一种表现。它并非新时代萌芽的绿枝,而是枯木朽枝上艳丽的真菌。

当"进步"的批评家将法治讥为过去年代的残骸时,他们仅仅在有限的意义上是正确的。我们今天法律制度还在凭依的法治模式,用索罗金的话,是一个理想主义时期社会-文化周期的产物。但是那并没有什么错误。今天我们社会的大多数体制都源于那个时期或者(像大学和代议制议会)那个时期之前的理想主义时期。例如,感觉型科学

---

① Institute of Noetic Sciences Newsletter1. 1983:26.

本身不能创造它在过去两个世纪中每天都使用的理论，这些理论今天也一直被用于完成诸如太空开发之类的复杂任务。这些理论是由植根于形而上学中的观点产生的。开普勒和莱布尼茨都是属于理想主义价值体系中的神秘主义者①，至于牛顿，被称为"最后一位术士"②。他们对宇宙自然规律的研究是从形而上学的前提出发的，在那个时代是革命性的，即上帝创造了本身以外，还创造了独立于精神秩序的作为实体的自然宇宙。作为一个规则制定者的角色，上帝曾受某些规则——人类能够通过理性和实验来发现的规则——的支配。那些规律的完美性和绝对可预见性将是上帝完美的体现。关于这一点对于西方科学意味着什么，伦纳德（G. Leonard）予以最好的总结：

一种确定范式的主导地位甚至独断的地位是赋予科学巨大权力的东西。这种范式为科学家提供了一种牢固的地位。它局限于并集中于科学家的活动领域。它告诉科学家去实施什么样的实验和通常希望从这些实验中得到什么。没有一个指导性的范式，每一个实验都将有同样的价值，每一个事实都需要得到同样的关注，对真理的探索将在随机的活动中消亡。甚至一个范式的正确性或者错误性并不必然地赋予范式以生命力和权威性。正如培根在《新工具》中所评论的那样："真理更多的是源于错误，而非混乱。"③

直到新物理学的到来④，经验分析科学（Empirical-analytical Science）才可能嘲笑任何像牛顿理论那样形而上学的推断。因此，没有理由相信统一的自然规律的存在，也没有理由去探索他们。宇宙本身是一个纯粹偶然的结果，是一连串甚至难以置信的偶然巧合所遗留下的沉淀或者凝结物。

---

① A Koestier. The Roots of Coincidence. New York，1972：90.

② F Capra. The Turning Point：Science，Society and the Rising Culture. New York，Simon & Schuster，1982：90.

③ G Leonard. The Transformation：A Guide to the Inevitable Changes in Humankind. Los Angeles，1972：125.

④ 根据 Auther Eddingtun 的观点，"大约在 1927 年宗教可能被理性的科学人所接受"；A D Riencourt. The Eye of Shiva：Eastern Mysticism and Science. New York，1981：32.

此外,缺少这样的基本前提也可能有助于解释为什么在牛顿-笛卡尔革新之后,伊斯兰科学落到了它本来曾经超过的西方基督教科学的后面。伊斯兰教的观点认为,真主的创造物与真主本身并不分离,真主无所不在、无所不能,直接统辖万事万物。既然真主的权能不服从于任何法则,自然现象也不服从不变的法则,那么研究这些法则也就没有必要了。中世纪的伊斯兰科学家通过从希腊和埃及的传统中引入基本概念并最大限度地赋予它们以含义,创造一些奇迹。直到牛顿革新,西方社会才从希腊与埃及的传统中演化出了数学、化学、天文学和医学。但是当伊斯兰科学一旦用完它所积蓄的古代原材料,也就耗尽了发展潜力。它的世界观如此,以至于向何处去。

同样,一种纯粹的感觉型价值体系不能产生像法治这样的原理,法治原理形成的前提是,存在一个比成文法和每周都出版的案例汇编更高级的合法性(Legality)。这种合法性体现在确定的原则、制度和程序中,但又不受制于它们。在感知阶段,法律和法律改革基于短期功利主义权宜之计的考虑,而不能超越这些考虑。在这个时期,索罗金认为,"法律的规范是相对的、变化的和有条件的"。

为一种环境或者一个团体所制定的权宜之计的规则,在另一种环境下或者对另一个团体将变成无用,甚至有害。因此这些规则必然处于不断的变化之中。在这样的法律制度中不会含有永恒的或者神圣的东西……这样的法律制度的规则和程序是弹性的、可变的和摆脱理想型法律的僵化形式。人们的人身与财产关系之受支配,完全以整个社会或者占支配地位集团的权宜之计、功效或者感官上的快乐为基点。①

我们所利用的法治模式之所以能像它过去那样发展,是因为 17 世纪是由理想主义价值体系所支配着。在这个价值体系中还遗留有许多古老的普遍主义的思想形式、综合和感知归纳的方式。正如荣格所指出的,"当哲学化的思维认为它可以超越经验证明的事物而做出结论时,那么还是在中世纪。那是一个具有大视野的时代,这个时代

---

① P A Sorokin. The Crisis of Our Age. New York, 1941: 152-153.

不叫喊着要停止,也不认为科学的筑路者们就要达到大自然的极限以至于不得不暂时停止步伐。"①这个年代有一套思想,这种思想允许法律家阐述一种假定超越法律范围的理论。

虽然这些批评家们错误地下结论说,在感知的法律制度下,法治没有它的位置,就像现代的科学家——如果他们不接受形而上学思想便反对牛顿力学仅仅简单,因为牛顿力学以形而上学为前提——被认为是错误的一样,但是在这个理论上,批评家把法治看成一种过时理论的态度可以被谅解。不过,当把法治与正在产生的整体论的范式放在一起,连同它关于产生明确和公开秩序的潜在和隐伏秩序的思考,再加上这种法治的推测性结论,即存在一种将所有现象和事件都统一起来的潜在现实,法治原理看起来并不是那么肤浅过时。整体与整体各部分密切相关——这种新观点与我们正在描述的合法性的宏观原理颇为一致,实际上,这种现实可以创造出比现行法治模式更好的法治模式,现行法治模式渊源于 17 世纪的法律。

(五) 法治原理特别适合于一个转变和试验的时代

法治和范式转变互相依赖。因此,我们的法治模式作为未来的前景比现在操纵的泛法条主义者导向的法律更适合未来试验与转变的时代。我们似乎进入了这样一个时代:其中新世界观的含义将需要在范围几乎无限的环境中显现出来。任何一个像这样的新范式,开头都难免看起来混乱与怪异,甚至它的发现者也对它所知甚少。这就意味着在最前沿,"如果你完全了解它,它可能就不是最前沿的东西"②,正如普里波拉姆所指出的。这表明新制度和新型个人与团体关系的模式只有通过在一个具体环境中实际的运用才能发展起来。这只能发生在一个人们可以自由地实践他们新思想和新制度的法治状态下的自由社会里。探索不同方法的不同人们和团体都需要法律关系的

---

① C G Jung. Synchronicity. Princeton, 1960: 13.

② M Ferguson. Karl Pribram's Changing Reality//K Wilber. The Holographic Paradigm and Other Paradoxes. Boulder, 1982: 15, 20.

合理确定性和一个受到保障的自由活动领域。为了立法而选择一个模式并将它强加于全部其他模式之上,不但阻止转化的进程,而且由于导致法律与变化着的公众舆论相距太远而削弱了维护法治的条件。我们需要法治来保护试验,法治不仅是为重构社会而获得新视野和发展新价值的手段,而且也是减少新范式倡导者与旧范式维护者之间以及在每一阵营中不同学说之间敌对紧张气氛的方法。汤普森总结道:"我们不需要由瑜伽气功师来主持的尘世国家的新市民宗教。我们需要在一种世俗的法律文化中防止宗教对精神的侵害,在这种法律文化中,防止信奉者的另一种极端狂热。"①

另外,除非一种新型超验的世界观使我们的社会重新充满活力,否则法治不可能长时间存在。倘若新范式或类似东西未能巩固,包含法治在内的感觉文化将趋于瓦解。因此,如同新世界观的繁荣需要法治一样,法治的生存也需要新世界观。

(六)反过来说,与一个比较稳定的时代相比,任何抛弃或者破坏法治的倾向在这个关键时期将产生更加严重的后果

此时,无法状态或压制状态的出现,将加剧与变化相关的混乱与困苦,以至于不安定的压力将加剧。社会的转变将会彻底失败。这将导致我们科技能力的减弱,体制的总体崩溃和解体。② 伦纳德警告说:"一旦一个伟大的文化消失在真空中而没有任何东西填补它,混乱的发生几乎不可避免。"③索罗金、特雷弗-罗伯(Trevor-Roper)④、赫曼、李约瑟等都强调指出,关于社会或文化的更新从来都不是自发的。没有找到

---

① W I Thompson. Passage About Earth: An Exploration of the New Planetary Culture. New York, America, 1974: 180. 我要特别指出,传统对法治的批判错误之一是未能将法治从不断侵蚀它的感觉潮流中区分出来。见 A Hutchinson, P Monahan. The Rule of Law: Ideal or Ideology. Toronto, 1987: 111-112.

② W W Harmen. An Incomplete Guide to the Future. Stanford, 1976: 35.

③ G Leonard. The Transformation: A Guide to the Inevitable Changes in Humankind. Los Angeles, 1972: 233.

④ H Trevor-Roper. The Rise of Christian Europe. New York, Harcourt, Brace & World, 1965: 195.

和采纳新范式的感觉文化的后期可能会自责几个世纪不光彩的施宾格勒所谓的埃及、阿拉伯国家农民的生存方式[1]，他们没有把握自己的命运，只是在其他民族的历史剧中跑龙套，或者这种文化干脆彻底消失。

（七）新范式解释了许多法律失误

在一般系统论以及社会生态学的帮助下，我们能够理解为什么这么多意愿良好的立法项目或者司法创议都没有现实目标，甚至随之而来的是与初衷不同甚至相反的结果。经济学家经常因为法律家天真的信奉"完全的弹性等于零"而指责他们。因为法律家认为，通过立法命令控制价格而不触及供求过程是可能的。当立法的调整目标是更复杂的社会关系，全部联成反馈环路系统，那么，出现不可预见结果的可能性会更大。在不改变社会其他方面而试图通过法律改变社会某一方面，简直不可能。因此，立法者应该像他们期望他人尊重自然生态一样尊重社会生态。

如下文所示，立法者过分高估立法的积极力量而低估对立法的阻力，这种倾向不仅减弱了特定立法方法的作用，而且破坏了法治本身。一旦我们感到公众遵守一项特别法的倾向是统计学上的有机联系而不是线性联系，我们便不再感到惊奇。因此，政府和立法机关面对一个社会问题在考虑采取何种行动时，正如汤普森所言，应该记住，任何"快速""固定"的解决方法对自然与文化都会有负面的反馈。[2]

（本文原载《清华法治论衡》，第一辑，2000，第 456-513 页）

---

① O Spengler. The Decline of the West. New York，1932，2：105. Spengler 将埃及的农民作为那些在其文明衰落后失去自尊的人的原型，这种做法是适宜的。现在埃及人口中的 90％是由这种农民组成的，他们是或多或少直接从法老时代的埃及人传下来的闪米特人。阿拉伯人只占人口的 8％-9％，然而政府却称他们的国家为"阿拉伯共和国"，甚至不承认非阿拉伯人的存在。最近几十年的人口普查只简单地把他们认作"埃及阿拉伯人"。上述引用数据参见 Institute National de la Statistique et des Science Economoques. Paris，Méménto Economique，L Egypte，1950：37.

② W I Thompson. Passage About Earth：An Exploration of the New Planetary Culture. New York，America，1974：83.

02　全球的布科维纳：世界社会的法律多元主义 [*]

托依布纳[**]著　高鸿钧[***]译

自从远古时代起，法律发展的重心就一直不在于国家的活动，而在于社会本身，在当代也必须基于社会本身这种重心。

——欧根·埃利希

一

比尔·克林顿与欧根·埃利希，谁的主张正确？一位是美国的总统，一位是几乎被人遗忘的法学教授——他曾经住在奥地利帝国东部的布科维纳(Bukowina)的切尔诺维兹(Czernowitz)，他们两人对全球法律秩序各有乌托邦式构想。在克林顿《新的世界秩序》中，美国主导

[*]　本文载于 Gunther Teubner, ed., Global Law Without a State. Dartmouth Publishing Company Limited, 1997, Chapter 1. 本文的翻译得到了托依布纳教授的惠允，北京大学法学院张骐教授代为联络，玉成其事，在此一并向他们表示感谢。

[**]　托依布纳(Günther Teubner)是德国著名法社会学和法理学家，伦敦经济学院比较法和法律理论奥托·卡恩-弗伦德讲席教授。他把卢曼的法律系统论运用于各个具体法律领域，发表了许多具有广泛影响的著作。其主要著作有：《Law as an Autopoietic System》(1993)(中译本《法律：一个自创生系统》，张骐，译，北京，北京大学出版社，2004)。他自选的一部法律社会学论文集已经译成中文，参见[德]贡塔·托依布纳. 魔阵·剥削·异化——托依布纳法律社会学文集. 泮伟江，高鸿钧等译. 北京：清华大学出版社，2012.

[***]　清华大学法学院教授。

的秩序将是法治全球化的模式。他所主张的全球法基于政治、军事和道德的世界霸权。在欧根·埃利希所主张的"全球化的布科维纳"的图式中，是市民社会本身将其法律秩序全球化，这种秩序远离于处在"勇敢的新世界秩序"的维也纳的政治权力。虽然欧根·埃利希的理论由于奥地利民族国家法律的形成而被证明是错误的，但我认为，由于新涌现的全球法，它在经验和规范上将被证明是正确的。在经验层面，因为政治、军事和道德综合权力将缺乏权威，无法控制世界公民社会的多中心趋势，故而他的观点是正确的。在规范层面，因为就民主而言，只要政治最大限度地受到地方情境的型塑，无论如何都是可取的，故而他的主张是正确的。

　　商人法（Lex Mercatoria）即经济交易的跨国法是没有国家的全球法的最成功范例。① 全球的布克维纳所涉及的远不止经济法②，也不仅仅限于经济领域，而是涉及正在发展自己的全球法的世界社会的各个领域。正如吉登斯所指出的，它们是在以"相对脱离"国家、官方国际政治和国际公法的条件下进行的（Giddens，1990：70）。跨国企业的内部法律体制是没有国家的全球法的首要和强有力的替代者。③ 全球化与非正式法律的类似结合可以在劳动法中发现；在那个领域，作为私方的企业和工会是主要的法律制定者。④ 技术的标准化和职业的自我管理与世界范围的官方国际政治最低程度的干预协调一致。人权

---

　　① Hans-Joachim Mertens. Lex meicatoria: a self-applying system beyond national law//Gunther Teubner. Global Law Without a State. Dartmouth Publishing Company Limited，1997，Chapter 2.

　　② 本文的"经济法（economic law）"与国内狭义的"经济法"含义不同，是指与经济全球化有关的法律，其中主要是指与跨国公司有关的新商人法。——译者注

　　③ Jean-Philippe Robé. Multinational enterprises: the constitution of a pluralistic legal order//Günther Teubner. Global Law Without a State. Dartmouth Publishing Company Limited，1997，Chapter 3；Perter T Muchlinski. Normative bricolage: informal rule-making by accountants and lawyers in mega-insolvencies//Gunther Teubner. Global Law Without a State. Dartmouth Publishing Company Limited，1997，Chapter 4.

　　④ Jean-Philippe Robé. Multinational enterprises: the constitution of a pluralistic legal order//Günther Teubner. Global Law Without a State. Dartmouth Publishing Company Limited，1997，Chapter 3；Perter T Muchlinski. Normative bricolage: informal rule-making by accountants and lawyers in mega-insolvencies//Gunther Teubner. Global Law Without a State. Dartmouth Publishing Company Limited，1997，Chapter 4.

话语业已全球化,它正在要求有其自己的法律,其不仅来自非国家的渊源,而且来自与国家法律相悖的渊源。① 特别是在人权领域,"如果法律任由地方政治擅断",则被认为是"不可忍受的"(Luhman,1993:574ff.)。同样,在生态方面,也有一种相对脱离国家制度的法律全球化的趋势,甚至在体育领域,人们也在讨论国际体育法的涌现(Simon,1990;Nafziger,1996)。

由此,我发现大量方兴未艾的全球法形式,它们全都不是国际创制的。就此而言,我希望提出以下三个观点。

其一,只有法律多元主义的理论才能适当解释全球法,这种多元主义新近已经成功地从殖民社会的法律中演变而来,它们是现代民族国家中不同伦理、文化和宗教共同体的法律。这种法律需要进行另一种转向,即从团体转向商谈(Discourse)②。它应集中关注新的法律体系,即从公民社会的不同领域的全球化过程中涌现出来的那种法律体系,这种法律体系独立于民族国家的法律。

其二,正在涌现的全球(不是国家内部)法律本身就是一种法律秩序,不应以国家法律制度的标准衡量之。它不是通常所理解的那种相对于民族国家法律而言具有某种结构性缺陷的不发达的法律体系,而是完全成熟的一种独特的法律,它区别于民族国家传统的法律。世界社会本身的内部分化可以解释这些特征。虽然全球法缺少全球范围的政治和制度性支持,但它与全球化的社会-经济过程密切耦合。

其三,全球法相对脱离国际政治这一特点并不妨碍它重新政治化。相反,全球法律过程的社会和经济交易的重构将会损毁它的非政治特征,并成为它重新政治化的基础。但这将以新的和意想不到的方式出现。③ 我们可以期待,全球法的政治化不是通过传统的政治制度

---

① Andrea Bianchi. Globalization of human rights: the role of non-state actors// Günther Teubner. Global Law Without a State. Dartmouth Publishing Company Limited, 1997, Chapter 7.

② 根据语境,本文 Discourse 一词有时译作话语,有时译作商谈。——译者注

③ 尤其是对全球-地方区分的重新界定,即抵制全球化。关于这个问题的讨论见 Lisa Wilder. Local futures? From denunciation to revalorization of the indigenous other//Gunther Teubner. Global Law Without a State. Dartmouth Publishing Company Limited, 1997, Chapter 8.

而是在各种过程中实现的，在这些过程中，法律与高度专业化的话语实现结构耦合（Structural Coupling）。

二

就比尔·克林顿而言，他有伟大的思想家作为可诉诸的权威——来自哥尼斯堡（Konigsberg）的伊曼努尔·康德。康德关于永久和平的哲学设计，是新的美国主导模式的合法化的原型，即使这种模式现在已经违背康德的基本原则——当然是次要的一些原则，如不干涉原则（Kant，1795：346）。对于康德而言，法律的全球化即"公法的超越性公理"，将是国际政治法律化的结果。如果主权国家同意有拘束力的国际协议中的某些法律原则，一种新的和公正的全人类的法律秩序将会发展起来。美国人认为，他们所构想的"新的世界秩序"可以从以下根基发展起来：伴随以法治为基础的美国政治的全球化，全球法将得以形成。伊曼努尔·康德一定会高兴地看到他的书名被用作描述新秩序的符号：一座荷兰旅馆的招牌上画着一片坟场，上面写着——"走向永久和平"①。

但是，我们今天能够看到，历史已经否定政治哲学家康德和克林顿的预言。当今之世，全球化无疑变成了现实。② 但它是一个动态的行进过程，其模式相当不同于康德和克林顿所预期的那种模式。在康德看来，只有根据共和制的宪法形成的一种政治联邦的民族国家，社

---

①　此语出自康德，见［德］伊曼努尔·康德. 永久和平. 何兆武，译. 上海：上海世纪出版集团，2005：3. ——译者注

②　全球化一词是有点误导。它暗示大量由国家组成的社会现在正在转向一个单一的国际社会。不过，它更适合用于在时间上标明世界社会的存在，这种世界社会来自人们的交往具有世界性的历史发展。由此民族国家不再标示各个社会，而是根据一个世界社会领土分化的原则而存在。正如我们今天所经历的，全球化意指主要分化原则的一种突变：一种在世界范围从领土分化到功能分化的转变。Luhmann，1982，1993；Anton Schüz. The twilight of the global polis: on losing paradigms, environing systems and observing world society//Gunther Teubner. Global Law Without a State. Dartmouth Publishing Company Limited，1997，Chapter 9.

会诸多领域统一的全球化才是可能的,例如,作为一种世界公民权利的友好之权(Kant,1795:357)。但是,现代的经验是片断化的,而不是一种统一的全球化。今日的全球化不是在国家间政治主导下世界社会的逐渐涌现过程,而是高度矛盾的和高度片断化的过程,其中政治已经丧失主导作用。尽管国际关系、国际私法和国际公法日益重要,但政治和法律的重心仍然在民族国家之中,甚至仍有强劲的与全球化相反的趋向,即强化地区和地方政治特色。其他社会领域在走向全球化的道路上明显接收了政治和法律,并正在构建独立于政治的全球村。

这里我们明显地遵循沃勒斯坦对"国际关系"的批评,但是我们把他关于对"世界经济"标新立异的阐释转变为世界片断化的话语概念。非政治的全球化不是完全由资本主义经济领域的内在逻辑而生发出来的,而是由多元的社会子系统的内在动力而驱动的(Walerstein,1979;Giddens,1990:65ff.;Luhmann,1982)。"资本绝不允许其欲望受到国家边界的阻抑":其他"文化领域"也有着全球性的诉求,卡尔·曼海姆曾将这些领域称作自主的社会领域。在当今时代,不仅经济而且包括科学、文化、技术、卫生系统、社会服务、军事领域、交通、通信媒体和旅游在内的诸多都是沃勒斯坦意义上的自我繁衍的"世界体系"——它们是民族国家政治的成功的竞争者。同时,政治过程仅仅在涉及"国际关系"方面才触及全球性,这是一种以国家为单位的系统之间的关系,其中只含有较为微弱的跨国因素。其他社会子系统业已开始形成真正的全球社会,换一种更合适的说法,正在形成一种大量片断化的多元全球社会。

这种全球化的多面场景对于法律来说意味着什么?在全球层面,欧根·埃利希的预见似乎得到证实,即相对实际判决中的"法律职业者",尤其是相对布科维纳的"活法"而言,一种由中心生成的政治性法律被边缘化了(Ehrilich,1913)。由此,在理解法律全球化问题上,政治性的法律理论几乎毫无用处。强调国家法律整体性的法律实证主义理论在这方面也是如此,那些倾向把法律还原为权力政治的批判理论亦不例外。国际政治中的全球化政治领域起初迷恋权力斗争,在那种场合,法律的全球化至多也发挥部分作用。上述理论没有注意到在其他领域的动态过程,在那里,在相对脱离政治的情况下,全球的法律现象正在涌现。这里的关键之处在于,"法律与政治构成性结构耦合在世界社会层面已不复存在了"(Luhmann,1993:582)。

这与法律自主性的理论有何关系?全球化的法律动力是否与埃利希所说的法律职业者之法相一致(Ehrich,1913)?我们是否如同沃勒斯坦观点的扩展所可能暗示的那样,见证了类似自主性法律的全球化现象,而这种现象属于全球系统分化的概念?历史的经验贫乏,几乎没有强劲的、独立和大规模真正的全球性法律制度发展的迹象,在国际法院方面尤其如此。海牙的经验并非令人充满希望,在延续世界法庭的纽伦堡传统方面,新近的努力似乎由于财政和政治的灾难而告终。因为国际公法的局限和政治区域主义,世界范围的立法是一种困难重重的过程。尽管存在各种国际组织,全球性的行政机构却很少存在。在法律的帝国本身,可能最有趣和最富有动力的是世界性私人法律机构的发展——跨国法律事务所——它们倾向于以全球的视角解决纠纷(Flood,1995)。

这样,如果走向法律全球化之路的法律既不是埃利希所说的国家法也不是他所主张的法律职业者,那么,他所看重的"活法"似乎就是最好的替代物:"自从远古时代起,法律发展的重心就一直不在于国家的活动,而在于社会本身,在当代也必须从社会本身这种重心。"(Ehrich,1936:390)当然,埃利希所着眼的是小型乡土社会、习俗和惯例在法律产生方面的作用,这种视角不无浪漫色彩,在当前的全球化过程中,他的"活法"概念似乎具有巨大的意义,这是基于冷酷的技术过程,而不再是基于温情脉脉的共同纽带。因为驱动我们朝向各种片断化话语的全球化力量不是政治而是公民社会。法律全球化注定是这些发展过程的伴随产物。从这个意义讲,主要命题是:全球法将主要从社会外缘发展起来,而不是从民族国家和国际体制的政治中心发展起来。一种新的"活法"源自片断化的社会体制,这种社会体制已经遵循自己的路径朝着全球村行进,而这种"活法"似乎是全球法的主要源泉。这就是为何对于一种恰当的全球法理论来说,法律的政治理论或自主法的制度理论均不合时宜,而需要代之以法律多元主义之缘由。①

　　不过,在上述法律多元主义与埃利希的布科维纳的"活法"之间存有巨大的差异。新法律多元主义理论一直防止殖民情势,正在关注民族国家之法与各种伦理、文化和宗教共同体之法之间的内部关系。②如果这种理论与世界法律多元主义相契合,那就也应进行另一次转向。新的全球"活法"并非像古老的地方法和晚近的少数族裔法律那样从伦理共同体那里获取力量。显然,不同团体和共同体的"生活世界"不是全球法的主要源泉。法律多元主义理论应重新阐释其核心概念,将重心从团体和共同体转至商谈和交往网络。全球法的社会源泉不是全球化的个人网络的生活世界,而是专门化的、组织化的和功能性的网络的原生法(Proto-law),这种网络正在形成全球性的但明显有限的认同。新的世界活法不再受传统资源的滋养,而是源于高度技术化的、专门化的通常是组织化并且狭窄限定的全球网络持续的自我繁衍,这种网络是经济、文化、学术或技术性的。

　　由此,我们可以设想全球法具有十分不同于我们关于民族国家法律的经验。

　　(1)边界。全球法的边界不是由维护核心"领土"而形成的,也不是由康德所说的、通过对民族国家基础上的联盟扩展而形成的,而是由"无形的学院""无形的市场和分店""无形的职业共同体"及"无形的社会网络"形成的,它们超越领土边界但却要求以真正的法律形式出现。一种新的冲突法正在系统之间而不是国际冲突的基础上涌现出来(Teubner,1993:ch.5;forthcoming)。

　　(2)法律渊源。随着全球化的发展,一般的立法机构将变得更不重要。全球法是在自组织化的过程生成的,这种过程是法律与进行中

---

① Jean-Philippe Robé. Multinational enterprises: the constitution of a pluralistic legal order//Günther Teubner. Global Law Without a State. Dartmouth Publishing Company Limited,1997:Chapter 3.

② Santos,1984,1987;Fitzpatrick,1984;Henry,1983;Macaulay,1986;Griffiths,1986;Merry,1988,pp.87ff.

的高度专门化和技术性的全球化过程的"结构耦合"。

（3）独立。虽然至少在某些民族国家中，法律过程已经在制度上发展到相对高度独立的程度，但全球法在可预见的未来可能仍然表现为分散的但却深度依赖它们各自专门化的社会领域，它们全都伴随着颇成问题的负面效应，外在的利益笼罩其上，正当程序和法治较为微弱等便是这方面重要的例子。显然，这创造了变革法律的强烈需要。

（4）法律统一性。在过去的国家构建中，法律的统一性是主要的政治资产之一，即一种国家认同的符号，同时也是一种（几乎）普遍正义的符号。但是，世界法律的统一将会对法律文化构成一种威胁。对于法律的演进而言，关键在于如何确保在全球统一的法律中维持适度的法律渊源的多样性。我们甚至可以期待，通过有意识的政治努力（如在地区范围内）把法律变异（Legal Variation）制度化。

三

一种"信仰之战"正在席卷国际经济法领域。自 20 世纪 60 年代以来，国际法律职业者已经为全球商人法的独立奋战 30 余年。商人法本身是否构成实在法？还是仅仅可由有关民族国家的司法判决而被转变为法律的那些社会规范？

这是一种争夺地位之战，这种争论具有典型特征。这不仅对全球贸易法本身具有重要意义，而且对全球法的其他领域也是这样，在这些领域，法律正在表现出相对脱离官方国际政治的趋向（参见本文第一部分）。对于这些没有国家的全球法的新领域，商人法具有例证性意义。在它的漫长历史中，可以回溯到古代中世纪的商人法，作为自主的非国家法律体系，它业已积累了丰富的经验。[①] 那么，商人法对于其他全球法律体系的启示何在？

关于商人法的争论是为数不多的事例之一，其中实际涉及的是司法判决直接依赖法律理论。但令人感到惊讶的是，它的理论基础实际

---

① 关于它的历史，见 Baker，1979；Berman，1983，pp. 3ff；Meyer，1994，pp. 48ff.

上十分薄弱。整个争论陷入了僵死的法律理论范畴,对于这些范畴,法律实务者似乎是从他们的法理学课程中得来的。一旦采用当代法律理论的一些关键概念,我们是否会对商人法和其他形式没有国家的全球法获得更多的洞见?

一方面,我们发现律师(主要是法国)把新商人法作为一种正在涌现的全球法律秩序。对于他们而言,这种实在法的渊源包括全世界的商业实践、单一指令、格式合同、全球协会的活动、行为准则和国际仲裁庭的裁决。他们宣称,这种法律秩序独立于任何国家主权。[①]

这些商人法律师已经发展了理论观点,其中缺少的是与之匹配的概念限定。一种思路是尝试激活习惯法理论(Goldman,1986:114)。但发现习惯法(Consuetudo Lunga)的经验性证据的操作标准是什么?无法在全球范围把"法律确念"(Opinio Juris)进行适当的概念化,在现代法律实证主义的条件下,也无法尝试阐释习惯法的合法性(Esser,1967;Freitag,1976;Zamora,1989)。另一种思路是尝试利用20世纪早期的意大利和法国式的制度主义(Romano,1918;Hauriu,1933)。他们对适用于全球经济行动者的法国同业公会法(Droit Corporatif)加以解释,将其与中世纪的商人法做模糊类比(Goldman,1964;Fouchard,1965,1983;Kahn,1982)。这种制度主义视角把密切结合的世界商人共同体(商会)几乎作为正式的组织。一些人把它与扶轮社(Rotary Club)相比较,另一些人将它与古老的商人行会相比较,这种组织形式使之具有凝聚力,其法律是一种"协会内部的法律",具有纪律准则和组织制裁,诸如列入黑名单和取消成员资格等。对于当今世界市场的竞争性动力,说得婉转些,这类全球规模的法团(Corporatism)似乎有些不合时宜了。第三条思路已经发展出对无法律合同(Contrat Sans Loi)的冒险解释,这涉及的是一种被称作"自我管理的合同",无须任何国内或国际法基础就得以成立。但是,当试图把这种解释与传统法律渊源的原理相协调时,就注定要失败。按照这

---

① Goldman, 1964, 1979, 1986, 1993; Fouchard, 1965, 1983; Kahn, 1982, 1992; Loquin, 1986; Osman, 1992.

种思路，国家法被认为赋予合同自由，人们可以选择非国家的全球法的形式（Schmithoff，1964；1982；Cremades and Plehn，1984：328ff）。

另一方面，我们主要发现英国和美国的律师往往诉诸民族国家的主权，以便把商人法作为"法律拟制"（Law Fiction）予以攻击，并将其讯为"一小撮投机取巧的巴黎大学教授以魔法操纵的幻影"①。他们的观点基于19世纪法律与国家统一的观念：所谓"非国家"之法是不可想象的！基于这种观点，世界的任何法律现象都必须"植根"于国家的法律秩序，至少需要与国家法存有"最低限度的关联"。由此，商人法将永远不会发展成为真正的法律秩序，因为它不具有以强制权力为后盾的专属领地。商人习惯本身不能够创制法律；它们只能通过主权国家的正式行为转变成法律。对于格式合同也作如是观，它们应服从国家法律秩序的政治控制。私人协会依次可以创制他们的准法律，但这样的法律没有拘束力。最后，根据这种观点，国际仲裁不能发展成为具有先例价值的真正判例法，因为仲裁裁决始终可以通过诉诸法院而受到挑战，并受到国家内部认可程序的限制。只有业已接受的古典冲突法理论即国际私法，才能够适当地处理任何经济事务方面的国际法律冲突。如果法律全球化确实必要，那么这种观点主张，仅有的合法渊源是依据国际公法权威的条约和惯例。

这种激烈的争论表明，我们正在触及这种在法律的实践、学理和理论中业已根深蒂固的禁忌。这也表明，埃利希的全球布科维纳在法律界所必须面对的强烈反对，在概念上仍受到民族国家的支配。以下一段以近乎天启的口吻对商人法的批评表明了这种禁忌如何根深蒂固。

很难想象一种比这种观点更危险、更不受欢迎和更缺乏根据的观点，这种观点竟否认任何可预见性和确定性的标准，并主张将法律制度所不允许和法院所行使的权力授给国际商事合同的当事人或其仲裁员（Mann，1984：197）。

---

① Mann，1968，1984；Kassis，1984；Mustill，1987；Delaume，1989；Highet，1989；也见 Bar，1987，pp. 76ff.；Sandrock，1989，pp. 77ff.；Spickhoff，1992.

实际上,商人法打破了关于法律与国家必存关联的双重禁忌。第一,它通过以下方式做到了这一点,即它暗示仅仅"私秩序"(合同和协会)就可产生有效的法律,而无须来自国家的授权和受到国家的控制。自萨维尼以来,合同一直被否认具有法律渊源的严肃性,只是被认作事实现象,它已经转移到实证社会学领域(Savigny,1840:12)。因为商人法是没有法律的合同,在这种意义上它是非法之法(Lex Illegitima)。第二,商人法也打破了另一种禁忌的要素,其方式是宣称处于民族国家之外和甚至处于国际关系之外的规则和约定有效。在没有国家权威、没有它的制裁权力、没有它的政治控制和没有民主程序合法性的情况下,真正的法律如何能够"自发地"在跨国范围涌现出来?是否存在全球的"基础规范"(Kelsen,1960)?是否有全球的"承认规则"(Hart,1961:92ff.)?

四

当代法律社会学理论将如何看待商人法和没有国家的其他全球法形式?当然,法律理论在其确定何者为法律和何者不为法律时,不应受到商人法的法律实践的"拘束"。① 不过,也有一种明显依赖法律实践的法律理论,它观察法律的方式是把法律作为自动界定其边界的自组织过程。这被称为二阶观察(Luhmann,1993:61),它观察法律实践本身如何观察世界。这种理论并不试图界定法律内外的边界,而是提供一种观察工具。它对法律实践的观察进行观察。法律实践转而通过这些观察所获得的信息而获益。

这样一种理论将不会直接拒斥实证主义的以下主张,即商人法赖以存在的基础是民族国家正式的法律行为。信仰之战可用于和平的目的,其条件是法律的"全球延伸"不再被作为一个学理界定的问题,

---

① Hans-Joachim Mertens. Lex meicatoria: a self—applying system beyond national law? //Gunther Teubner. Global Law Without a State. Dartmouth Publishing Company Limited,1997,Chapter 2.

而被作为允许各种变通的经验问题。我们所限定的问题将是：哪里实际产生具体规范？它们是否处于国家政治和国际政治关系之内？它们是否在民族国家和国际法院的司法程序之内？或者它们是否源于全球经济或其他社会过程？这样的预设似乎也可很好地证之于法律经验：全球经济法正在三个维度展开。[①]　当然，这以多元主义的规范生成理论为前提，这种理论把政治的、法律的和社会的法律生成置于平等的地位（Teubner，1992；Luhmann，1993：100ff.，320ff.；Robé，1997）。

　　然而，如果考虑到各种各样社会系统片断化的全球化，这种理论对于这些规范的生成就具有相对不同的重要性。一种法律多元主义理论将把全球经济法作为高度不匀称的法律自我繁衍过程。全球经济法是一种"中心"欠发达和"外缘"高度发达之法。更准确地讲，它是一种其"中心"由"外缘"所创制并依赖外缘的法律。[②]　那么，商人法便代表了全球经济法的一部分，这种经济法在外缘运行，直接与全球的经济组织和交易在"结构上耦合"。它是一种从律师业务中形成的规则，这种规则产生于"法律的边缘"，在它的边界围绕着的是经济与技术过程（Braeckman，1986）。

　　这种视角将允许我们识别大量处于全球商法中的现象，根据传统实证主义理论，这些现象具有明确的国家和国际基础。为使其国内法符合全球化的要求，各国往往通过国际条约以及由国内机构和法院对商法进行统一和协调，这种尝试是这方面的例子。但就商人法本身而言，在非政治和非国家基础上，多元主义的法律生成是否面临更为困难的境况？

　　我们要识别的现象是自我繁衍的、世界性法律话语，它通过运用法律/非法律的二值代码（Binary Code）封闭了自己的意含边界，通过特殊的程序把全球（不是国内）有效性的符号加以处理和转换，从而实现自我繁衍。第一个标准即二值代码，界定了全球法不同于经济的和

---

① 见 Schanze，1986，pp.34ff. 关于国际经济法的分类。
② 关于中心与外缘的内部分化，见 Luhmann，1993.

其他社会进程；第二个标准即全球的有效性，界定了全球法不同于国家和国际的法律现象。这两个标准是上文所言的第二级秩序的观察工具。法律如何对自己进行观察，就我们所讨论的论题而言，这里所涉及的是指全球法如何在它的国家法律秩序和全球社会系统的环境中观察自身。

这种界定得益于社会学的"语言转向"（Linguistic Turn），并把这种转向运用于探索法律与社会的关系。据此，规则、制裁和社会控制这类经典法律社会学概念的核心，都隐退到背景中去了。言语行为（Speech Acts）、陈述（Énoncé）、代码（Coding）、语法（Grammar）、差异转变（Transformation of Difference）和悖论（Paradoxes）是当代关于法律与社会争论中所使用的新的核心概念。[①] 它们有助于深化对于商人法和全球法律多元主义的理解。

"制裁"正在丧失其地位，而它曾经是用于界定法律的中心概念，即为了界定法律规范不同于社会规范以及全球的规范不同于国家的规范。当然，这个概念传统上曾经发挥了重要的作用，如在约翰·奥斯汀的法律（以制裁为后盾的命令）理论中和在马克斯·韦伯的法律（由法律职业者实施的）概念中（Weber，1978），在欧根·埃利希关于法律与非法律规范的区分中（Ehrlich，1913），以及在奥多尔·盖格尔（Theodor Geiger）的行为主义（选择/服从/制裁）理论中（Geiger，1964：68ff.），均是如此。在当代的争论中，有人把制裁仅仅看作对规范性的诸多符号性支持之一（例如 Luhmann 就持此种观点，见 Luhmann，1985，ch. II. 3）。在这些争论中，有人认为法律有效性的符号现实不是由制裁界定的。

商人法法律不依赖国家法院制裁，在有关商人法的争论中，有人

---

① 尽管各种后结构主义法律理论内部存在差异，但观察到它们的分析工具在多大程度上彼此相似，则令人感到惊异。关于后现代理论，见 Lyotard，1987；Derrida，1990；Arnaud，1990；Ladeur，1992；Douzinas and Warrington，1994；关于商谈（话语）理论，见 Jackson，1988；关于批判理论，见 Habermas，1992；Wiethölter，1989；Lenoble and Berten，1990；关于系统理论，见 Luhmannn，1993；Schütz，1994；关于博弈理论，见 Kerchiove and Ost，1988，1992。

一直把这一事实用作反对它具有真正全球特征的一个论据（例如，Kassis，1984：332ff.；Bar，1987：80f.；Schlosser，1989：152ff.）。如果一种专门化的法律话语诸如商法话语主张世界性的效力，那么，借助于制裁对于该主张的符号性支持是来自地方、区域抑或国家的制度，则无关紧要。决定该话语具有全球性的是在一种话语内部所形成的现象学的世界建构，而与这种力量的源泉来自何处这一事实无关。

　　与此相似，"规则"也丧失了它们曾经具有的作为法律核心要素的重要地位（Kelsen，1960；Hart，1961）。在从结构向过程的转变中，法律秩序的核心要素是陈述、交往事件和法律行为，而不是法律规则。试图寻找用以界定社会规范与非法律规范之间界限的标准，是一种无望的进路。两者之间决定性的转变不可能在规则固有的特征中发现，而只能在内含于不同话语语境中的行为过程中发现。一旦出现一种交往事件，而它使用二值代码并导致法律结构的微变，规则就变成法律性质的了。

　　此外，商人法的规则具有不确定性，在商人法的争论中，有人一直把这一事实用作反对它独立存在的一种论据（Langen，1973；Berman，1983：51；Kassis，1984：393ff.；David. 1977：17；Bar，1987：79；Mustill，1987：778ff.；Sandrock，1989：77）。但规则的不确定性这种标准是一种误导的标准。是否存在精致的规则体系对于确定法律的属性并不具有决定意义。真正重要的是法律行为和法律结构相互构成的自组织过程（具体论述见 Teubner，1992）。

　　对于我们的任务而言，即在商人法中识别其本身的法律话语要素，"社会控制"的概念同样是不够的。今天的一些法律多元主义者倾向于以社会控制代替法律本身（Griffiths，1986：50，fn. 41）。在他们把商人法作为一种社会控制形式的阐释中，他们把全球的商业习惯和惯例、交易模式以及跨国企业组织的日常活动都包括在法律多元主义之中。他们甚至把全球市场中纯粹经济的迫切需要和赤裸裸的权力压力也包括其中。但是，如果法律多元主义承担所有社会控制所具有的功能，它就会蜕变成为任何一种包罗万象关于社会强制的多元主义并无二致（Cohen，1983：101）。

为何法律多元主义仅仅从社会控制的功能角度来界定（Griffiths，1986：50），而不从私人正义理论所建议的"冲突解决"的功能角度来界定（Henry，1983）？为何"协调行为""权力积累"或"私人管理"等这些私人治理理论所强调的功能（Macaulay，1986）却不能用于界定法律多元主义？为何不用"规训与惩罚"的概念来界定多元主义——这种概念包括弥漫于社会生活中所有规训性微型权力机制？这些功能的每一种都会把全球市场和跨国组织中不同的社会机制带入法律多元领域。这种功能分析并不适于为商人法提供一种标准，界定其法律与和非法律的界限。

现在，如果我们依循语言转向的路径，我们的关注点就不仅从结构转向过程，从规范转向行为，从整体性转向差异，而且对于我们识别法律本身最重要的是，从功能转向代码（Ladeur，1992；Luhmann，1993：ch. 2；Teubner，1993）。这种转变使得世界的法律多元主义具有动态的特征，同时明确界定了"法律的行为"区别于其他社会行为的不同界限。那么法律多元主义不再局限于一套冲突的社会规范，而是特定社会领域中多重不同的交往过程，这个过程根据合法/非法的二值代码观察社会行为。纯粹经济的算计被排除出去，如同纯粹的权力压力和传统的或道德的规范、处事模式或组织安排被排除出去一样。一旦根据合法/非法这种区分指令对这类非法律的现象以交往行为的视角进行观察（Luhmann，1992），它们就在法律多元主义的博弈中占有地位。法律代码或明或暗的诉求是构成法律多元主义的现象，这种现象包括从国家官方法律到世界市场的非官方法律。

为了避免误解，我必须补充指出，合法/非法这种二值代码并非专属民族国家之法。它绝非"法律中心主义"（Griffiths，1986：2ff.）的观点。它在概念上否定任何以下主张，即民族国家、联合国或国际组织的官方法律制度享有位阶上的优位；相反，它所造就的是不同法律话语并驾齐驱的局面。

一种全球商人法将属于大量的片断的法律话语，无论这些话语是国家法律、私人性司法规则（Private Justice）还是私域管理的规定，只要在全球社会领域中行为和结构互相构成的动态过程中发挥作用，就属于这种话语。决定这些话语是属于地方、国家或全球性质的，也不是民族国家的法律，而是该有效性要求的符号体现形式。法律多元主义的多重秩序总是产生规范性期待，但这却排除了社会习俗和道德规范，因为它们不是基于合法/非法的二值代码。当然，它们可以发挥许多功能，如社会控制、冲突解决、期待确认、社会管理、行为协调或身心规训。在地方和全球法律多元主义中界定何为"法律本体"的既不是结构也不是功能，而是二值代码。

五

至此我们业已阐明，法律多元主义能够识别全球范围出现的真实法律现象。但随之而来的问题仍然令人不解：既然缺少全球的政治制度和法律制度不植根于国家的法律而基于全球有效性符号的二值代码，如何能够形成全球的法律话语？其答案何在？全球经济法形成的背后存在一种悖论，即一种自我生效合同的悖论。只有在这种合同自我指涉的悖论被成功地"解悖论"（De-paradoxfied）的条件下，经济事务方面的全球法律制度才能启动。

在商人法中，是合同实践超越了国家的边界，并把仅仅属于国家的法律生成转变成全球的法律生成，如大量的国际商事交易、国际职业协会的格式合同、国际组织的范式合同（Model Contract）以及发展中国家的投资项目合同等。但是，一旦这些合同主张具有跨国的效力，它们就不仅切断与国家的关联，而且也切断与任何法律秩序的关联。这一点至关重要。宣称某种无法律的合同，对于法律职业者来说是不可想象的，因为任何合同都必须植根于既存的法律秩序这种理念，不过是法律常理。社会学家也会反对无法律的合同。自埃米尔·涂尔干以来，社会学界对于自主合同论一直持强烈的反对意见，这种合同论主张，合同的效力需要植根于广泛的社会情境（Durkheim，1933：ch.7）。针对商人法合同，社会学家会对著名的涂尔干提出这样一个问题：全球合同的合同之外的前提何在？

为何合同的前提不在其本身呢？这种思路明显是死路一条。因为任何效力自赋的合同(Self-validation of Contract)都会直接导致自我指涉的悖论,成为克里特岛人说谎者悖论在合同方面的翻版(参见Dupuy and Teubner,1990)。在肯定意义上("我们同意我们的同意有效"),这是一种纯粹的同义反复。在否定意义上("我们同意我们的同意无效"),这是典型的自我指涉的悖论,只会陷入永无止境的循环("有效—无效—有效……")和封闭,其结果无法确定。这种潜在的悖论正是法律职业者以及社会学者认为效力自赋的合同是不可想象的主要原因,也是他们认为商人法无法独立存在的主要原因。

然而,社会实践比法律原理和社会理论更具有创造性。决疑法理(kautelarjurisprudenz)即国际商业专业人士的实践已经以某种方式隐蔽效力自赋的悖论,以致全球性合同能够为不能为之事。全球性合同正在创建其自身的非合同基础。它们已经发现三种解悖论(De-paradoxification)的方法,即时限、位阶和外部化(外部转移),它们互相支撑,并在无须借助国家之力的条件下,使得全球的经济法能够从外缘创建其法律中心。

从经验上,我们在某些商务合同中发现了最完美的解悖论,这就是创设所谓封闭循环仲裁的商务合同(Cremades and Plehn,1984)。这是一种自我管理的合同,它远远不止是一种特定的商事交易,创建了一整套在全球有效的私域法律秩序。除了实体规则,它还包含一些关于将冲突提交仲裁"法庭"的条款,这种仲裁"法庭"是一种私制度,而它对"立法"性的范式合同负责。这就是封闭循环。

首先,这些合同确立了合同规则的内部位阶。它们不仅包含哈特意义上的规定当事人未来行为的首要规则(Hart,1961:77ff.),而且包含确认首要规则的次要规则,即关于首要规则的识别、解释和解决冲突的程序。由此,效力自赋的悖论仍然存在,但它却在位阶层次、规则层次和元规则的分别中得到隐蔽。虽然规则和元规则都有其同样的合同渊源,但与规则不同,元规则是自主的。位阶是互相交织的,但这并不妨碍它们有高低之别。

其次,合同限定了其中悖论的时限,并将合同效力自赋的循环转变成反归的法律行为过程,转变成一个法律行为和法律结构互相构成的回归系列。当下的合同延伸到过去和未来。它涉及对既存规则的标准化，涉及未来的冲突解决，并由此将合同转变成进行自我繁衍过程的状态，在这个过程中，诸构成要素的网络创建制各种制度要素。

再次，这也是最重要的，自我指涉的合同使用外部化的解悖论技术。它通过将有效的条件和未来冲突诉诸外部的非合同制度，把至关重要的合同效力自赋加以外部转移，而这些非合同制度无论如何都具有合同的性质，因为它们纯粹是合同内部的产物。这类自我创设外部制度的最突出例子是仲裁，仲裁必须判断合同的效力，虽然它的效力本身基于合同，即根据合同才能判断仲裁的效力。这里，合同效力自赋的恶性循环转变成为两种法律过程的良性循环，即订立合同与诉诸仲裁。一种内部循环关系被转换成外部循环关系。正如斯坦因所言，在合同与仲裁制度两极之间的循环关系中，形成一种"反身机制"（Stein，1995:164ff.），在这里我们可以发现正在涌现的全球法律话语的核心，这种话语运用专门的合法/非法的二值代码，也可以发现正在涌现的非国家（甚至非国际）的具有全球有效性符号正在形成的过程。这里涉及的准法庭的一种附加的外部转移牵涉到准立法性机构，即设在巴黎的国际商会、设在伦敦的国际法律协会和设在安特维普的国际海事委员会以及其他各种国际商业协会。由此，跨国交易已经实现无中生有，创建了一种私人裁判、立法和缔约的制度性三角关系。

为何这种通过"反身机制"而促成的外部转移机制对于真正全球法的创建如此重要？其答案不仅因为这种外部转移机制促成了合同效力自赋的解悖论，而且因为它创造了官方与非官方法律秩序之间形成互动的动力，后者是为现代法律制度所构建起来的。这种外部转移机制在组织化的和自发的法律生成之间形成一种内在的分化，创建了在功能上等同国家情境下的"国家法律"和"合同"之物。例如，仲裁机构和私人立法极大地改变了国际合同本身的作用。虽然仲裁和标准合同本身基于合同，但它们把合同权利与义务的创设过程转变成非官方法的过程，这种法律现在由仲裁机构的官方法所控制和规制。私人仲裁和私人立法变成了决定体系（Decision System）的核心，这种决定体系开始构建规范的和组织机构的位阶。它使得商人法具有反身的性特征成为可能(Stein,1995:164ff.)。

全球法律话语就以这种方式建立在合同效力自赋的基础之上,并使其分化成官方和非官方法律秩序。与那些为商人法辩护的观点不同,这种全球法律话语与习惯法并无关联。因为经验性证据表明,它不是基于法律确念所滋育的实践。与其他各种形式的非习惯法一样,它是基于实在法的立法决定。它是一种以私人立法、裁判和缔约形式而形成的实在法。当然,确有一些作为商事惯例形式的习惯被吸收到合同之中。对于这种法律而言,这些商事惯例虽然有其作用,但作用有限。

我们也不应将商人法等同于中世纪的行会法。在世界市场中,不存在任何类似能够约制其成员的统驭全局的商人行会。当然,存在一些正式组织化的职业组织,但并不存在正式组织化的商事共同体,即能够通过成员组合和进出机制产生内部写作的法律。有效法律的正式源泉世界市场的交易行为,这种市场在结构上不同于正式的组织。

最后,商人法与某些国际法学家所说的无法律合同几乎没有共同之处(Schmithoff, 1964; 1982; Cremades and Plehn, 1984:328ff.; Metens, ch.3)。当然,商人法的预设前提是,合同是有效交易的决定性机制,国家法、商事习惯或任何形式的全球法团则不是交易有效性的基础。不过,一些法学家仍试图在国家法中发现自我管理合同的合法性:

> 如果国家法允许当事人通过订立合同选择适用于他们合同之法,那么它仅有的逻辑就是,也必须允许他们充分设立合同条件,以致达到不再给适用国家法留下任何余地的程度(Schmithoff,1964:69)。

显然,这是不符合逻辑的。允许法律选择,即在现存国家法之间进行选择,绝不包括允许在任何国家法律之外创造一种新的法律秩序。民族国家主权的礼让原则会使一国尊重其他国家的法律,但并不涉及非国家的法律秩序。相比之下,我们的全球法律多元主义的概念不是基于不是国家权力默示授权的预设前提,而是基于两个根本而之上。第一个预设前提涉及传统的法律渊源理论。在全球的情境下，没有先在的法律秩序能够作为全球合同有效性的渊源，这种情境迫使我们把合同本身界定为法律渊源，即与法官法和议会立法具有同等地位的法律渊源。在我们所讨论的情形中，合同甚至是法律的主要渊源，并且是其本身准裁判和准立法的根基。第二个预设前提涉及法律的合法性理论。"承认规则"无须一定由独立的公共法律秩序从外部生成，然后适于私人合同协议。这里我们所面对的是合法性自赋的情形，这无疑是一种针对流行观念的革命，这种观念认为法律的第一推动力是法律创造的——如同世界第一推动力来自造物主一样（Resta，1984:10;1985:59ff.）。显然，商人法的无声革命如同所有基于革命行为的法律一样，需要得到其他法律秩序的承认，但这只是第二位的考虑。承认并不是一种法律秩序存在的构成性要件。

六

如果根据民族国家的法律秩序标准来衡量商人法，从而把商人法所具有的独特性视为其内在的缺陷，并得出结论说，它是全球范围内一种尚不发达的法律秩序，则是一种严重的错误。其虚弱的制度中心依赖于强劲的经济外缘，这种不匀称性不仅仅因为其具有过渡的性质。这是由于它们所处的全球环境，即一方面由于全球化的市场和那些向全球延伸的企业，另一方面由于与国际关系联成一体的地区政治。由此可以预见，一种全球的经济法话语将在其自身找到稳定性的动力，并且将发展出必须按其自身标准来理解的特征值（Eigenvalues）。

（一）与全球经济过程的结构耦合

这是商人法最重要的特征。它是一种根据全球经济交易和组织之需而发展和变化之法。这使得它面对经济过程中的利益和权力压力极其脆弱。因为它在准立法和准裁判之间没有制度性的隔离机制，故而对于它来说，无法达致历史上民族国家法律秩序所具有那种相对自主性和独立性。就可预见的未来而言,按照拉丁词腐败(Corrumpere)一词的字面意思,商人法将是腐败之法。同时,缺少制度性的自主使得这种法律面对其政治合法化的压力显得有些脆弱。

(二)片断性

自我繁衍的法律系统由互动的片断构成,这些片断在第二级交往循环(先例、法律学理或法典编纂)中彼此关联。这种循环是实现稳定化的演进性机能的核心(Teubner,1997;1993:ch. 3)。这是商人法的弱点,因为它是由较为虚弱的交往链条组成的。我们发现有无数高度成熟的合同形式,如在关于发展中国家投资项目方面的合同形式(Schanze,1986),它们对整个该地区的经济和政治具有极其重要的意义。但是,这些合同的联盟形式较为脆弱,以致全球的法律帝国有些类似德意志民族神圣罗马帝国———一种诸多小邦不协调的合唱,一种法律体制的拼接。在它们之间的主要连接机制仍然是由私人协会提供的,这些协会负责形成范式合同(Schmithoff,1990;Stein,1995:ch. 3)。

在生成片断的商人法方面仲裁机构同样表现强劲,而在将不同的片断联系起来方面则表现出虚弱的特征。在仲裁事务方面,显示出某些先例制度的迹象,如已开始公布合理的仲裁裁决,并把古老的裁决惯例用作先例(Carbonneau, 1985; Paulsson, 1990; Berger, 1992; Stein,1995:165ff.):

> 仲裁裁决持续不断的流程正在滋育一种新的法律秩序,这种秩序生成并适合于规制世界商务。贸易惯例和习惯以及行规一旦在仲裁决定的形成中得到具体的体现,就将取得法律的地位(Cremades,1983:533)。

然而,在这方面真正判例法的系统发展也存有结构上的障碍,更不用说仲裁法庭上下等级的构成了,而只有这种等级制的构成才能在第二交往循环的内部形成一致性。由此,那种将导致商人法自主的法律演进的变革就会微乎其微。虽然法律的变异和选择机制实际上仍在发挥作用,但是稳定化的机制是如此不发达,以致在可预见的未来,这种法律的发展将遵循经济系统"外部"演进的路径,而不能发展成一种自身的"内部"演进路径。①

从长远的角度看,商人法可能充分发展出某些制度化的机制,以将其片断连接起来,通过这种连接才可能形成路径依赖的演化。但是,人们从当代的趋向中可以推断,这些连接机制将与它们在国家层面的等同物——法院的等级体系和议会立法——大不相同。如上所述,在商事仲裁中,正在涌现出先例和遵循先例的实践。然而,在商人法领域,缺乏任何能够在某种程度确保规范一致性的制度化法院等级体系,但这一点却得到以下因素的弥补:仲裁机构日益依赖互相观察和彼此适应;在国际商事仲裁中日益诉诸"强大的第三方",如国际商会、伊朗－美国索赔法庭以及解决投资争议国际中心等(Stein,1995:167)。声誉的等级将替代组织的等级。

相似地,将裁判的片断同立法的议会机构相连接的政治机制,即我们从民族国家那里所感知到的连接机制,在有关全球经济的法律中将不会再现。与此相反,参照系将是私人形式的立法者,即经济的和职业的协会以及整个公共或私人的非等级式(Heterarchical)国际组织网络。从对这些片断的多重连接机制来看,商人法有可能获得一种发展能力,超越它变异机能和选择独立自我维持的机能,这种相互影响会导致生成一种法律进化的自主路径。

(三)软法

商人法的规范性内容是极其不确定的。它不再是精致的私法规则,而是由宽泛的原则构成,它们在适用中因案而异(Mustill,1987:17ff.;Hoffmann,1987:220ff.)。这就是某些法律职业者从根本上否认它们作为法律的原因之一(Bar,1987:79)。从上述的讨论中,我们认识到为何他们是错误的:他们是在寻找作为自主法律秩序"实体"的规则体系,而不是着眼于交往过程,这种过程根据二值代码来移动有效性的符号。虽然有过对全球经济法进行法典编纂的几种尝试

---

① 关于法律外在和内在进化的概念,见 Teubner,1993,ch.4.

(Unidroit,1994),但商人法的柔软性仍然是明显的。它更多的是价值和原则之法而非结构和规则之法(Meyer,1994:128ff.)。但柔软性是弱点抑或优点?这里我们再次不应把这种特性看作缺陷,而应看作全球法的一种典型特征。这种特性弥补了全球法缺乏可执行性的缺点;使得这种法律更灵活和更能适应变动不居的环境;使得这种法律更能适应全球的法律统一。① 同时,这种特性使得这种法律被违反的情况下,能够较大程度地抵制对于符号的毁损。商人法稳定性源于其柔软性,它是软法,但不是弱法。

七

从长远的视角看,欠发达的渊源及其非政治的特征不能阻止商人法的重新政治化;相反,经济关系的法律化会引起政治的干预。虽然在国内政治和国际关系的任何政治过程中,干预全球经济交易或跨国组织将变得极其困难,但是伴随法律化的进程,情势将发生巨大的变化。一旦合同机制将法律与经济的结构耦合加以稳定化,政治过程就会倾向利用这种耦合的结果去实现自己的目的。这是一种在商人法中可观察到的情况,它一直无法阻止自己免受国际政治巨大力量的影响,在将来也很少能够做到这一点(Joerges,1974:41;Bonell,1978;Karnell,1985;Beguin,1985;Stein,1995:247ff.)。

商人法的重新国家化是一个问题。在全球经济中,国家或区域经济圈的竞争性问题越多处于国际政治的前沿,商人法就越多屈从国家经济政策的压力。国际范围知识产权法的发展是这个方面很好的例子(Nimmer,1992)。无论如何,商人法将变成一个明显政治化的法律领域,在那里,国际组织的政治作用会处于前沿。

北南之分是另一个问题,它将不允许商人法保留其自发质朴的私

---

① Hans-Joachim Mertens. Lex meicatoria: a self-applying system beyond national law//Gunther Teubner. Global Law Without a State. Dartmouth Publishing Company Limited, 1997, Chapter 2.

法地位。关于新的世界经济秩序的讨论业已对全球经济法作出反应。
联合国关于买卖法的法典编纂，即《联合国欧洲经济委员会范准合
同》，是商人法重新政治化的很好例证。

　　但是，这些重新政治化的机制对于商人法本身来说仍然是有些外
在的，一旦这种全球的法律生成过程的内在机制被重新政治化，这方
面的政治就将经历实质性的变化：那时，法律创制的内在结构和过程
即国际私人协会领域的立法机构和仲裁机构的构成和程序，将处于公
共的监督之下和争论之中。

本文参考文献

[1] Arnaud Andre-Jean. Legal interpretation and sociology of law at the beginning of the post modern era. Onati-Proceedings 2，1990：173-193.

[2] Austin John. The Province of Jurisprudence Determined. London，Weidenfeld & Nicolson，1954.

[3] Baker J H. The law merchant and the common law before 1700. Cambridge Law Journal 38，1979：478-538.

[4] Bar Christian von. Internationales Privatrcht I. Munich，Beck，1985.

[5] Beguin Jacques. Le développement de la lex mercatoria menace-t-il l'order juridique international. McGill Law Journal 30，1985：478-538.

[6] Berger Klaus-Peter. The international arbitrator's applications of precedents. Journal of International Arbitration 9，1992：4-22.

[7] Berman Harold J. The law of international commercial transitions（lex mercatoria）//W S Surrey，D Wallace jr. Lawyer's Guide to International Business Transactions：The Law of International Commercial Transitions（lex mercatoria）. Philadelphia，American Law Institute/American Bar Association，1983.

[8] Bonell Michael Joachim. Das autonome Recht des Welthandels-rechtdogmatische und rechtspolitische Aspekte. Rabeles Zeitchrift 42，1978：485-506.

[9] Braeckmans BHerman. Paralegale Normen en lex mercatoia. Tijdschrift voor Privatrecht 23，1986：1-70.

[10] Charbonneau Thomas E. Rendering arbitrial awards with reasons: the elaboration of a common law of international transitions. Columbia Journal of Transitional Law 23, 1985: 579-814.

[11] Cohen Stanley. Social-control talk: telling stories about correctional change//D Garland, P Young. The Power to Punish. London: Heinemann, 1983: 101-129.

[12] Cremades Bernardo M. The impact of international arbitration on the development of business law. American Journal of Comparative Law 31, 1983: 526-534.

[13] Cremades Bernardo M, Steven L Plehn. the new lex mercatoria and the harmonization of the law of international commercial transitions. Boston University International Law journal 2, 1984: 317-348.

[14] David Rene. La droit du commerce international: une nouvelle tache pour les legislateur ou une nouvelle "lex mercatoria" in Unidroit. New Directions in International Trade Law, New York: Oceana, 1977: 5-20.

[15] Delaume Georges R. Comparative analysis as a basis of law in state contracts: the myth of the "lex mercatoria". Tulane law Review 63, 1989: 575-611.

[16] Derrida Jacques. force of law: the "mystical foundation of authority". Cardozo Law Review 11, 1990: 919-1046.

[17] Douzinas Costas, Ronnie Warrington. Justice Miscarried: Ethics and Aesthetics in Law. New York, Harvester Wheatsgeaf, 1994.

[18] Dupuy Jean-Pierre, Gunther Teubner. Paradoxes of self-Reference in the Humanities, Law and the Social Science. Stanford, Anma Libri, 1990.

[19] Durkheim Emile. The Division of Labor in Society. New York, Free Press, 1993.

[20] Ehrlich Eugen. Grundlegung der Soziologie des Rechts, Nachdruck 1967, 4, aufl. 1989, Duncker & Humblot, English translation, Principles of the Sociology of Law, Cambridge, Harvard University Press,1936.

[21] Esser Josef. Richterrecht, Gerichtsgebrauch und Gewohnheitsrecht. Festschrift für Fritz von Hippel. Tübigen, Mohr & Siebeck, 1967: 95-130.

[22] Fitzpatrick Peter. Law and societies. Osgoode Hall Law Journal 22, 1984:

115-138.

[23] Fitzpatrick Peter. The impossibility of popular justice. Social and Legal Justice 1, 1992: 199-215.

[24] Foucault Micheal. Discipline and Punish. New York, Vintage/Random House, 1979.

[25] Fouchard Philippe. L'arbitrage commercial international. Paris, Libairie & Dalloz, 1979.

[26] Fouchard Philippe. La loi regissant les obligations contractuelles en droit international prive fangcais//F Klein, F Vischer. Colloque de bale sur la loi regissant les obligations contractulles. Basel, Helbing & Lichtenhahn, 1983: 81-114.

[27] Flood John. The cultures of globalization : professional restructuring for the international market//Y Dezalay, D Sugarman. Professional Competition and Professional Power. London, Routledge, 1995.

[28] Otto Freitag. Hans Gewohnheitsrecgt und Rechtssystem. Berlin, Duncker und Humblot, 1976.

[29] Geiger Theodor. Vorstudien zu einer Soziologie des Recht. Neuwied: Luchterhand, 4, Aufl. 1987, Berlin: Duncker & Humblot,1964.

[30] Giddens Anthony. The Consequences of Modernity. Stanford, Stanford University Press, 1990.

[31] Goldman Berthold. Frontières du droit et "lex mercatorian". Archives de Philosophie du Droi 9, 1964: 172-192.

[32] Goldman Berthold. La lex mercatoria dans les contrats et l'arbitrage international: réalite et perspectives. Journal du Droit Internatioanl (Clunet)106, 1979: 475-505.

[33] Goldman Berthold. The applicable law: general principles of law-the lex mercatoria//F D M Law. Contemporary Problems in International Arbitration. London: The Eastern Press, 1986: 113-125.

[34] Griffiths John. What is legal pluralism?. Journal of Legal Pluralism 24, 1986: 1-55.

[35] Habermas Jürgen. Fakttizitat und Geltung. Frankfurt, Suhrkamp, 1992.

[36] Hart Herbert L A. The Concept of Law. Oxford, Clarendon, 1961.

[37] Hauriou Maurice EugeneAu. source du droit: le pouvoir, l'ordre et la

liberté. Paris, Blond & Guy, 1933.

[38] Henry Stuart. Private Justice. Boston, Routledge and Kegan Paul, 1983.

[39] Henry Stuart. The construction and deconstruction of social control: Thoughts on the discursive production of state law and private justice//J Lowmann, R Menzies, T Palys. Transcarceration: Essays in the Sociology of Social Control. Aldershot, Gower, 1987: 89-108.

[40] Higgin Rosalynn. Problems and Process: International Law and How We Use It. Oxford, Clarendon, 1994.

[41] Highet Keith. The enigma of the lex mercatoria. Tulane Law Review 63, 1989: 613-628.

[42] Hoffmann Bernd von. Grundsatzliches zur Anwendung der " lex mercatoria" durch internationale Schiedsgeriches. Festschrift für Gerhard Kegel. Stuttgart, W. Kohlhammer, 1987: 215-233.

[43] Hofstadter Douglas R. Gödel, Escher, Bach: An Enternal Golden Braid. New York, Basic Books, 1979.

[44] Hofstadter Douglas R. Normic: a self-modifing game based on reflexivity in law//D R Hofsdter. Metamagical Themas: Questing for the Essence of Mind and Pattern. New York, Bantam, 1985: 70-86.

[45] Jackson Bemard J. Law, Fact and Normative Coherence. Liverpool, Deborah Charles, 1988.

[46] Joerges Christian. Das Rechtssyste, der transnationalen Handelsschiedsgerichtsbarkeit. Zeitschrift für das gesamte Handels-und Wirtschaftsrecht 138, 1974: 549-568.

[47] Kahn Philippe. Droit international économique, droit du dévelopment, lex mercatoria: concept unique ou pluralism des orders juridiques? //B Goldman. le droit des relations economiques internationals. Paris: Libairies Techniques, 1982: 97-107.

[48] P Kahn Hilippe. La lex mercatoria: point de vue francais après quarante ans de controveres. McGill Law Journal 37, 1992: 413-427.

[49] Kant Immanuel. Zun Ewigen: Ein philosophischer Entwurf. Konigsberg, Nicolovius, 1795.

[50] Karnell Gunar. Will the consumer law field be the Waterloo of the new lex mercatoria. Svensk Juristtidning, 1985: 427-437.

［51］ Kassis Antonie. Théorie généale des usages du commerce. Paris，Libraie générale de droit et dejurisprudence，1984.

［52］ Kelson Hans. Reine Rechtslehre，2，Aufl. ，Vienna，Denticke，1960.

［53］ Kerchove Michel van de，Francois Ost. Le sys tème juridique entre ordre et désordre. Paris，Presses Universitaires de France，1988.

［54］ Kerchove Michel van de，Francois Ost. Le droit ou les paradoxes du jeu. Paris，Presses Universitaires de France，1992.

［55］ Ladeur Karl-Heinz. Postmoderne Rechtstheorie： Selbstreferenz-Selbstorganisation-Prozeduralisierung. Berlin，Dunccker & Humblot，1992.

［56］ Langen Eugen. Transnational Commercial Law. Leiden，Sijthoff，1973.

［57］ Lenoble Jacques，Andrè Berten. Dire la norme： droit，politique et énonciation. Bruddels，Story-Scientia，1990.

［58］ Loquin Eric. L'apport des règles anantionales dans l'aibitrage commercial international. L'apport de la jurisprudence arbitrale，1986：67-122.

［59］ Luhmann Niklas. The word society as a social system. International Journal of General Sysytems 8，1982：131-138.

［60］ Luhmann Niklas. A Sociological Theory of Law. London，Routledge，1985.

［61］ Luhmann Niklas. The coding of the legal system//A Febbrajo，G Teubner. State，Law and Economy as Autopoietic Systems：Regulation and Autonomy in a New Perspective. Milan，Giuffre，1992：145-185.

［62］ Luhmann Niklas. Das Recht der Gesselschaft. Frankfurt，Suhrkamp，1993.

［63］ Lyotard Jean-Francois. The Differend：Phases in Dispute. Manchester，Manchster University Press，1987.

［64］ Macaulay Steward. Private government//L Lipson，Wheeler. Law and the Social Sciences. New York，Russell Sage，1986：445-518.

［65］ Mann Frederick. Internationale Schiedsgerichte und nationale Rechtsordnung. Zeitschrift für das Gesamte Handelsrecht 130，1968：193-198.

［66］ Mann Frederick. England rejects "delocalized" contracts and arbitration. International and Comparative Law Quarterly 33，1984：193-198.

［67］ Merry Sally E. Legal pluralism. Law and Society Review 22，1988：

869-901.

[68] Mertens Hans-Joachim. Lex meicatoria: a self-applying system beyond national law? //Gunther Teubner. Global Law Without a State. Dartmouth Publishing Company Limited, 1997, Chapter 2.

[69] Meyer Rudolf. Bona Fides und lex mercatoria in der europäischen Rechtstradition. Göttingen, Wallstein, 1994.

[70] Mustill Michael J. The new lex mercatoria: the first twenty-five years. Arbitration International 4, 1987: 149ff.

[71] Nafziger James R. International sport law as a process for resolving disputes. International and Comparative Law Quarterly 45, 1996: 130-149.

[72] Nimmer Raymond. Globalization of law: commercial and intellectual property markets. Paper presented to the Law and Society Conference, Amsterdam, 1992.

[73] Osman Filali. Les principes génenaux de la lex mercatoria. Paris, 1992.

[74] Paulsson Jan. La Lex Mercatoria dans l'arbitrage C. C. I.. Recht der Arbeit, 1990: 55-100.

[75] Resta Eligio. L'ambiguo diritto. Milan, Franco Angeli, 1984.

[76] Resta Eligio. La struttura autopoietica del diritto moderno. Democrazia e diritto 25, 1985: 59-74.

[77] Robé Jean-Philippe. Multinational enterprises: the constitution of a pluralistic legal order//Gunther Teubner. Global Law Without a State. Dartmouth Publishing Company Limited, 1997, Chapter 3.

[78] Romano Santi. L'ordinaemnto giuridico, (2nd edn), Firenze, Sansoni, 1918.

[79] Sandrock Otto. Die Fortbildung des materiellen Rechts durch die internationale Schiedsgerichtsbarkeit//K H Bockstiegel. Rechtsfortbildung durch Internatioanle Schiedsgerichtsbarkeit. Koln, Heymann, 1989.

[80] Santos Boaventura de Sousa. Models of production of law and social power. International Journal of the Sociology of Law 13, 1987: 299-336.

[81] Santos Boaventura de Sousa. Law: a map of misreading. Toward a postmodern conception of law. Journal of Law and Society 14, 1987: 279-299.

［82］ Savigny Friedrich Car de von. System des heutigen Römischen Recht. Bd. 1. Berlin, Veit. English trans. , System of the Roman Law, Madras, Higginbotham, 1867.

［83］ Schanze Erich. Potential and limits of conomic analysis: the constitution of the firm//T Daintith, G Teubner. Contract and Organisition: Legal Analysis in the light of Economoic and Social Theoty. Berlin, de Gruyter, 1986: 204-218.

［84］ Schlosser Peter. Das Recht der internationalen privaten Schiedsgerichtsbarkeit. Tübingen, Mohr & Siebeck, 1989.

［85］ Schmithoff Clive M. Das Neue Recht des Welthandels. Rabels Zietchrift, 1964: 47-77.

［86］ Schmithoff Clive M. Nature and evolution of the transnational Law of commercial transactions//N Horn, C M Schmithoff. The Transitional Law of International Commercial Transactions. Deventer, Kluwer, 1982: 19-31.

［87］ Clive M Schmithoff. Schmithoff's Export Trade: The Law and Practice of International Trade. (9th edn), London, Steve, 1990.

［88］ Schütz Anton. Desiring society: autopoiesis beyond the paradigm of mastership. Law and Critique 2, 1994: 149-164.

［89］ Siehr Kurt. Sachrecht im IPR, transnationales Recht und les mercatoria// W Holl, U Klinke. Internationales Privatrecht, internationals Wirtschaftsrecht. Köln, Heymann, 1985: 103-126.

［90］ Simon Gérald. Puissance sportive et ordre juridique étatique. Paris, 1990.

［91］ Spickhoff Andreas. Internationales Handelsrecht von Schiedsgerichten und staatlichen Gerichten. Rabels Zeitschrift fur ausländisches und internationals Privatrecht 56, 1990: 116-141.

［92］ Stein Ursula. Lex mercatoria: Realität und Theorie. Frankfurt, Klostermann, 1995.

［93］ Stichweh Rudolf. Zur Theorie der Weltgeselschaft. Soziale System 1, 1995: 29-45.

［94］ Suber Peter. The Paradox of Self-Amendment: A Study of Logic, Law, Omnipotence and Change. New York, Peter Lang, 1990.

［95］ Teubner Gunther. Episodenverknüpfung: Zur Steigerung von

Selbstreferenz im Recht//D Baecker, J Markowitz, R Stikweh, H Tyrell, H Willke. Theorie als Passion, Frankfurt, Suhramp, 1987: 423-446.

[96] Teubner Gunther. Autopoiesis und steering: how politics profits from the normative surplus of capital//R Veld, L Schaapp, C Termeer, M van Twist. Autopoiesis and Configuration Theory: New Approaches to Social Steering. Dordrecht, Kluwer, 1991: 127-141.

[97] Teubner Gunther. The two faces of Janus: rethinking legal pluralism. Cardozo Law Review 13, 1992: 1443-1462.

[98] Teubner Gunther. Law as an Autopoietic System. London, Blackwell, 1993.

[99] Teubner Gunther(forthcoming). De collisione discursum: communicative rationalities and the law. Cardozo Law Review, 14.

[100] Unidroit. Principles of International Commercial Contracts. Roma, Unidroit, 1994.

[101] Virally Miccchel. Un tiers droit? Réflexions théoriques//B Goldman. Le droit des relations économiques internationals. Paris: Librairies Techniques, 1982: 373-385.

[102] Wallerstein Immanuel. The Capitalist World Economy. Cambridge, Cambridge University Press, 1979.

[103] Weber Max. Economy and Society. Berkeley, University of California Press, 1978.

[104] Wietholter Rudolf. Proceduralization of the category of law//C Joerges, D Trubek. Critical Legal Thought: An American-German Debate. Baden-Baden, Nomos, 1989: 501-510.

[105] Zamora Stephen. Is there customary international economic law?. German Yearbook of International Law 32, 1989: 9-42.

03　走向共同体法治：一种构想

高鸿钧 *

历史上，许多理想主义者都表达了对现实社会的强烈不满，无情地揭露、批判了当时社会的种种弊端与罪恶，并构想、设计了超越现实社会的理想方案，其中一些人甚至进行了大胆试验。无论是柏拉图的"理想国"还是莫尔的"乌托邦"，无论是基督教的"千年王国"还是康有为的"大同世界"，都属于这类理想方案。对于这些方案的利弊得失，学界早有详细评说，这里只想指出两点，第一，任何理想方案都只能从社会现实中寻求，而不应建立在世外桃源之类的幻想基础之上；第二，对现实社会的任何超越都必须立足于现实，理论上可能的世界并不等于现实可能的世界，局部经验的成功并不一定具有普适性。因此，任何脱离现实的超越，理想的翅膀飞翔越高，实践中可能会跌得越重。

还必须强调指出，任何理想的社会方案都必须考量人的需求。如果人们的所有需求（包括生理、利益、信仰、爱好、情趣等）是共同的，就可能存在对于每个人来说都是最佳的社会安排和最好的生活方式。如果人们在需求上存有差异或偏好，那么就不可能存在某种对于所有人来说都是最佳的社会安排和最好的生活方式。[1] 历史上，各个社会

＊ 清华大学法学院教授。本文是笔者《现代法治的出路》(清华大学出版社)第7章最后一部分。当时，虚拟技术的发展还刚刚起步，人工智能的研发和应用前景尚不明朗。因此，文中尚未展示虚拟社会的广阔空间，更未探索区块链对社会结构、关系和价值可能带来的巨大影响。但是，自愿社会共同体的概念很可能与新科技革命的社会模式具有某种契合。

① 对此，诺齐克早有系统论述：[美]罗伯特·诺齐克. 无政府、国家与乌托邦. 何怀宏，等译. 北京：中国社会科学出版社，1991：308-310.

都试图通过经济、政治、法律、宗教、文化等组织体制或意识形态来统合和消解差异，但都没有获得完全的成功；各种适用于全人类的统一理想方案也都最终在现实中纷纷碰壁。虽然人们具有某些基本共性，但是，人们在生理①、利益、信仰、爱好或情趣等方面存在明显的差异；虽然人们有某些共同的基本需要，但是，每个人可能都会表现出对不同需要的偏好。如果承认上述差异或偏好，人类秩序就应尽量避免扼杀具体的差异或遏制个体的偏好，而应致力于寻求一种能够有利于各种差异并存、各类偏好共容的秩序类型。然而，现代社会统一的社会结构、社会关系和价值取向却试图通约人们的价值、消弭个体的差异、遏制个人的偏好，由此造成对多元的扼杀和对个性的压抑，并引发诸多社会冲突。这些冲突对现代社会秩序构成严厉的挑战。

为了消解基本价值紧张关系、缓解各种社会冲突、寻求一种更具正当性的社会秩序，我们也许有必要考虑某种新型的社会组织形式，其中可供选择的思路之一就是由人们根据自己的利益、信仰、爱好或情趣等自愿组成社会共同体。

一、社会共同体的重构

社会共同体是一种社会组织形式。19世纪，德国社会学家滕尼斯对共同体曾经进行过系统研究。他认为："共同体是持久的真正的共同生活……应被理解为一种生机勃勃的有机体。"②当代英国法社会学家科特雷尔试图通过组建共同体来消解现代西方法治的冲突。他认为，现代西方法治的冲突主要是源于现代法的内在冲突，这些冲突表现为秩序与正义之间的冲突，意志与理性之间的冲突，以及主权国家强加的等级结构的统治权与成员以协议和以价值共识为基础的合作性社会共同体之间的冲突。消解冲突的方式是建立各种以信任为基

---

① 如同性恋与异性恋的差异，就是基于生理而产生的。

② ［德］斐迪南·滕尼斯. 共同体与社会——纯粹社会学的基本概念. 林荣远，译. 北京：商务印书馆，1999：54.

础和以道德或价值共享为纽带的社会共同体。通过社会共同体之间以及它们与国家之间的良性互动,通过官方法与共同体民间法的良性互动,消解法律内部的价值冲突。①

社会共同体作为一种个人自由与群合的统一体,既不同于散在的个人集合,也不同于松散联系的临时性人群聚合,它是具有内聚力的一种较为持久的社会组合。滕尼斯将共同体分为三类,即血缘共同体、地缘共同体和精神共同体,并认为精神共同体"可以被理解为真正人的和最高形式的共同体"②。实际上,作为社会组织形态,共同体的范围远远超出这三种类型,如中世纪西欧的行会便主要以共同利益作为基础,从而超出这些范围。我们可按不同标准对共同体进行划分:按照规模大小,可分为家庭共同体、氏族共同体、部落共同体、国家共同体、跨国家共同体以及国际社会共同体;依照聚合的内在要素,可分为血缘共同体、民族共同体、种族共同体、利益共同体、信仰共同体、爱好共同体、情趣共同体、地域共同体等;基于承担的功能,可分为政治共同体、经济共同体、文化共同体、宗教共同体、伦理共同体以及法律共同体等;根据是否出于个人自愿,可分为自愿共同体与非自愿共同体。由此可见,共同体是一个具有广泛包容性的概念。

（一）道同而谋：自愿共同体

如上所述,人们在生理、信仰、利益、爱好或情趣等方面存在较大的差异。无视这些差异,试图以整齐划一的价值、规则和体制将人们打造成"标准化产品",无疑会压抑个性,扼杀多样性,遏制创造性。即便确实存在一个最好的世界,但是,"所有可能世界中对我最好的世界,将不会是对你最好的世界""在所有我能想象出来的世界中,那个

---

① R Cotterrell. Law's Community: Legal Theory in Sociological Perspective. Clarendon Press, 1995: 315-337.

② [德]斐迪南·滕尼斯. 共同体与社会——纯粹社会学的基本概念. 林荣远,译. 北京:商务印书馆,1999: 65.

我最愿意居住的世界,将不会恰好是你将选择的世界"。① 再退一步讲,即使绝大多数人在所有方面的需求都是共同的,存在差异的是极少数,出于对人权的普遍保护(其中当然包括对少数人的保护②),我们也不应无视他们的需求,也不应像功利主义所主张的那样,为了实现"大多数人的最大福祉"而竟可置少数人的权益于不顾。另外,人作为一种社会动物,必定生活在特定的关系中,个体的自由在群体的互动中得到保障,个体的生活在社会的关联中获得归属感,个体的生命在社会和文化的认同中共享意义感。既然个人无法摆脱社会而独立存在,独往独来,那么,随之而来的问题就是,什么样的社会组织形式既能最大限度地确保个人自由,又能最行之有效地维持群体互惠合作?显然,并非所有社会共同体都能负载这项使命,例如,一切非自愿共同体都无法确保个人自由。这样,我们便把目光转向自愿共同体。

相对于非自愿共同体,自愿共同体是在自愿群合基础上形成的一种社会组织模式。正是在这个意义上,马克思和恩格斯认为非自愿共同体不是真正的共同体,作为非自愿共同体的国家是一种"虚幻的共同体""冒充的集体"③,而带有随机组合特性的共产主义社会的"联合体"才是一种真正的自愿共同体。不过,这种自愿共同体需以理想的物质条件作为存在的基本前提。英国学者泰勒所提出的共同体概念,已具有自愿的特征:①成员享有共同信仰和价值;②成员间的关系是直接的和多面的;③成员之间的关系在严格意义上是互惠的,即成员之间共享、不计功利和互助。④ 但这种共同体模式只限于规模较小、成员关系较为固定的共同体,无法成为具有普适意义的社会组织模式。

---

① [美]罗伯特·诺齐克. 无政府、国家与乌托邦. 何怀宏,等译. 北京:中国社会科学出版社,1991:308-310.

② 关于对少数人的保护:周勇. 少数人权利的法理. 北京:社会科学文献出版社,2002. 该书不仅系统论述了"少数人"的含义、少数人权利的正当性以及当代国际社会对少数人权利保护的现状,而且在附录中选编了有关保护少数人权利的重要文献。

③ 马克思恩格斯列宁斯大林著作编译局. 马克思恩格斯全集(第3卷). 北京:人民出版社,1965:83-84.

④ M Taylor. Community, Anarchy and Liberty. Cambridge University Press,1982:25-33.

哈贝马斯的沟通共同体虽然突出强调成员的自愿参与、平等对话和自由沟通，但它是指非实体性的、联系松散的沟通网络①，不是真正意义上的实体性共同体。科特雷尔主张把信任作为共同体的基础②，这使得他所构想的共同体也具有自愿的特性。但是，这一前提条件过于严格，许多共同体（例如利益共同体）很难建立起来真正的信任关系。诺齐克将共同体设想为一种乌托邦结构，在这种"乌托邦中，将不是只有一种共同体存在，也不是只有一种生活方式"③，"乌托邦将由各种乌托邦组成，其中有许多相当歧异的共同体，在这些共同体中，人们在不同的制度下过着不同的生活"④。他还进一步指出，共同体基于人们的"自愿联合"；人们可以自由组建、加入或退出。⑤ 可见，在诺齐克的思想中，共同体是实体性的社会组合，并具有自愿的性质，"乌托邦"一词也被赋予积极意义。从寻求具有充分正当性秩序的角度讲，诺齐克所构想的作为乌托邦结构的自愿共同体，确是"一种令人振奋和鼓舞的理想"⑥。

　　基于以上论述，我们可把自愿共同体的基本特征概括如下：①以成员的自愿协议为基础；②向所有人开放，成员可自由加入、退出；③成员间"道同而谋"，互惠合作，相互认同；④所有成员地位平等，管理者由直接选举产生，并可依一定程序及时撤换；⑤事关共同体的一切重要事务都由全体成员讨论，在程序化的平等协商、自由沟通的基础上做出决定；⑥所有决定都对全体成员公开，随时接受成员的建议与批评。

---

　　① J Habermas. Between Facts and Norms（Contributions to a Discourse Theory of Law and Democracy）//W Rehg, Polity Press, 1996：402-407.

　　② 这体现在他的共同体概念中："共同体可被理解为人际高度互信而结成的社会互动形式。"R Cotterrell. Law's Community：Legal Theory in Sociological Perspective. Clarendon Press, 1995：332.

　　③ ［美］罗伯特·诺齐克. 无政府、国家与乌托邦. 何怀宏，等译. 北京：中国社会科学出版社,1991：311.

　　④ 同上。

　　⑤ 同上。

　　⑥ 同上注,330页.

对上述概括需做以下说明：第一，所谓"道同"是指具有共同利益、信仰、爱好或情趣等。人们道不同，不相为谋；"同道相谋"，组成共同体，并在交往互动与互惠合作中实现利益追求，获得群体归属感，分享生命意义感。此外，个人通过参加共同体，与他人合作，可以实现"道同互助"，从而获得群体力量的支持。在这方面，工会、妇联、残联、教会等共同体提供了成功的范例。第二，自愿共同体是自我组织的群合，它们基于利益、信仰、爱好或情趣等而组成，有各种各样的名称，大小不一，形式多样，可以是一个村社，也可以是一个城镇社区；可以是一个律师协会，也可以是一个球迷协会；可以是一个环保组织，也可以是一个和平组织；可以是一个宗教组织，也可以是同性恋组织；可以是一个欧盟那样的跨国家共同体，也可以是基于条约或协定而形成的国际社会共同体……一个人可以加入一个共同体，也可以同时加入数个共同体；在不同共同体中，他的不同层面的多种需求能够得到满足。第三，自愿共同体具有一定的组织结构；管理者通过选举产生，有一定的任期限制；重要事务通过全体成员协商决定。这种共同体通常有规章和制度，而这种规章制度就是共同体的法律。这种法律的强制性与国家法律的强制性不同，它是在性质上建立在自愿基础之上的自律性约束，不同意这些约束，人们可不加入或随时退出该共同体。

随之而来的一个问题是，对于规模较大尤其是跨地区、跨国家的自愿共同体来说，无法进行面对面的交往沟通，在此情况下，如何能够实行直接选举？如何能够在信息对称的基础上进行平等协商？如何确保所有成员都能够参与共同体重要事务的决策？关于诸如此类的问题，过去一直没有找到切实可行的解决办法。实践表明，无论何种形式的共同体，只要在人数上达到一定规模，或在空间上超过一定距离，都无法通过直接民主的方式进行管理，也无法保证平等协商和自由沟通，不得不通过代议制的形式做出决策，并授权科层制的等级体制进行管理。其结果，共同体中的人们仍然无法摆脱等级科层制权力的统驭和操控。

幸运的是，当代信息技术特别是计算机网络的迅速发展，似乎为解决这一难题提供了技术性的契机。计算机网络的广泛使用和发展，不仅为人际联系提供了便利的媒介，而且为远距离的交流提供了迅捷的载体。以计算机网络为主要载体的信息技术，将人们的心智与技术巧妙地结合了起来，在真实与虚拟、现实与象征、抽象与具体、符码与意义之间，形成了有机的链接与良性互动，打破了传统的空间界域与时间流序①，颠覆了科层制的权力体制，解构了官方垄断的霸权话语，实现了个人化的多维交流和水平沟通。历史上，生产工具特别是技术的重大改进通常都带来了社会的重大变革，与以往任何一次技术革命相比，现代信息技术的迅速发展对社会结构、社会关系和社会价值的影响都来得更巨大而深远。

借助互联网的技术，规模较大或距离较远的共同体成员可进行直接联系与沟通，互惠地交流信息，互利地分享经验，自由地商讨共同体的事务，合理地制定活动计划和方案，及时地确立和改进协商程序与规则，有效地进行直接投票选举，民主地评估管理业绩及其他事项等。计算机技术与网络系统的迅速发展与普及更便于人们获取信息、交换意见、交流思想，从而有利于形成直接民主的"网络共和国"。在这方面，全球性的绿色和平组织的发展提供了成功的范例。②

至于计算机与网络本身存在的缺陷，可通过技术的改进逐渐得到解决；网络中虚假的信息、群体极化以及可能出现的其他负面因素，可通过公开的讨论、批评机制以及共同体的自律性规范加以抑制和消除。③

自愿共同体是一种社会组合，借助这种组合形式，人们可以进行互助合作、互动参与以及互惠交流；可以进行平等协商、及时沟通和自

---

①　关于信息技术对传统的空间和时间观念的影响.[西班牙]曼纽尔·卡斯特.网络社会的崛起.夏铸九，等译.北京：社会科学文献出版社，2001：466-568.

②　[西班牙]曼纽尔·卡斯特.认同的力量.夏铸九，等译.北京：社会科学文献出版社，2003：127-154.

③　关于计算机网络问题，本书参照了[美]凯斯·桑斯坦.网络共和国：网络社会中的民主问题.黄维明，译.上海：上海人民出版社，2003.[西班牙]曼纽尔·卡斯特.网络社会的崛起.夏铸九，等译.北京：社会科学文献出版社，2001.[西班牙]曼纽尔·卡斯特.认同的力量.夏铸九，等译.北京：社会科学文献出版社，2003.[西班牙]曼纽尔·卡斯特.千年终结.夏铸九，等译.北京：社会科学文献出版社，2003.

由讨论。通过这种合作、参与、交流、协商、沟通和讨论,共同体成员能够获得集体协作的力量感、社会管理的主人感、群体生活的归属感、特定价值的认同感、生活意义的共享感以及真实自我的实现感。同时,这种组合是完全基于个人的自由选择、自主决定,人们只服从自己施加的限制与约束,并且可自由进出。因而,每个人又都保持充分的独立和自由。这种共同体能够最大限度地实现人际协调和个人与群体之间的良性互动,从而实现个人自由与群体合作的有机统一。

虽然效率导向的利益共同体会继续存在,但是,大量基于信仰、爱好或情趣等非功利性自愿共同体会得到鼓励和发展,而这会消解效率在现代社会价值体系中所占据的中心地位,将拥挤与拼争在效率狭路上的人们疏散开来。在非功利性自愿共同体中,人们在能够维持基本生活条件的情况下,充分寻求心性充盈、精神满足和情趣愉悦,尽情地享受生活,体验生命,感受自然。在共同体内部,每个成员都会受到平等对待,因为那里不存在等级特权。如果某个共同体出现不公平的格局,多数成员会"以脚投票",退出该共同体,而这将导致该共同体的自然解体。这样,效率与公平之间的紧张关系就可以得到实质性的缓解。

这种自愿共同体的形成与发展,也会对现代社会关系发生重要的影响。在大量非功利性自愿共同体中,人际交往是旨在促进互相理解与彼此认同,加强互惠合作与团结互助,不再受功利性金钱关系的支配。自愿共同体的平等参与机制和开放机制,足以弱化现代社会中实际存在的等级权力关系。这种自愿共同体的发展会改变传统社会与现代社会的基本结构。如上所述,无论是特权身份制的传统社会,还是契约身份制的现代社会,其共同特点是人们存有标示着社会等级的身份差别。不管身份建立在何种基础之上,也不管身份是公开的还是隐蔽的,是固定不变的还是变化流动的,只要身份实际上与等级的权力相关联,个体的自由就无保障,实际的不公平和不平等就不会得到有效抑制。自愿共同体呈现出一种扁平的或平面的社会组织模式,可消除任何官僚制或科层制的等级权力结构。在那里,如果说"身份"还继续存在,那么,它的含义已经发生了根本变化:它不再标示人们的社会等级,而只具有标示共同体成员体貌、性格、情趣、偏好等特征的意义。由此,在自愿共同体内部,统治与被统治、命令与服从的对立已不复存在。

(二)道并行不悖：社会多元

人们不禁要问,这种自愿共同体之间是否会存有冲突,倘若回答是肯定的,如何解决共同体之间的冲突?首先,共同体就本身事务享有高度的自主与自治权,但要服从一个限制,即不得妨害或侵犯其他自愿共同体、个人或组织的权益。如果发生这种冲突,首先应通过协商解决。如果协商不能达成一致意见,则交付国家或国际社会共同体进行公正的裁决。由此,这便引出了共同体与国家、国际社会的关系问题。

尽管个人、社会共同体以及国际组织①等对国家主权的制约日益增加,但世界各国发展极不平衡,国际政治、经济及军事竞争十分激烈;在一个国家内部,民族、种族、宗教、文化等方面的隔阂、歧见与冲突明显可见。在未来相当长的时间里,国家仍然会继续存在。这就提出了一个问题,即在国家存在的条件下,自愿共同体与国家会是怎样一种关系?大量自愿共同体的存在可能会弱化国家的权力。但是,国家权力的强大并不等同于国家强大。一般说来,与民主制下的国家权力相比,专制极权体制下的国家权力更显强大,但专制国家并不比民主国家更强大。一个社会可分为公域与私域。在公域中,包括属于国家权力管理范围的公域与个人联合组成的公域。自愿共同体属于后一种公域。这种公域的存在与发展,可通过自愿群合来整合社会:它把分散的个人联合起来,借助平等协商和自由讨论的决策程序达成基本共识,然后把这种体现他们意志与愿望的共识集中输入属于国家权力范围的公域,再通过协调、论证的过程,将其中的合理意见与建议纳入国家的立法、行政决策与司法中去,然后由国家回馈社会。通过这样一个过程,可以实现私域与公域的良性互动,国家权力范围内公域

---

① 如联合国组织、欧洲联盟、世界贸易组织、国际货币基金组织和世界银行等。

与非国家权力（主要是自愿共同体）范围内公域的良性互动。非国家权力公域的大小，通常反映一个社会的民主发达程度，当国家权力范围内的公域完全消解在非国家权力的公域之中，民主便得到最大限度的体现；反之，当一个社会的公域和私域完全由国家权力加以垄断，其民主便极其有限。

当然，自愿共同体也可能与国家利益发生冲突。如果出现这种情况，首先要对属于国家利益的性质与范围进行充分讨论和适当界定，然后就特定共同体的行为是否有损国家利益进行广泛讨论。通过讨论和论证，各共同体之间以及共同体与国家之间达成共识，至少达成合理的妥协。

此外，不能设想所有的社会成员都一定会加入自愿共同体，即便在一个共同体成为主导社会组织形式的社会，也还会存在不属于任何共同体的个人。同时，也可能存在非自愿共同体以及非共同体性质的社会组织。但是，由于自愿共同体能够最大限度地消解自由与群合的紧张关系，并能够使效率与公平的紧张关系得到实质性缓解，伴随民主的发展，它将成为人们乐于接受的政治管理模式与社会组织形式。

有人也许会问，大量非功利性自愿共同体的成员如何获得作为维持生计的基本物质条件？首先，以信仰、爱好或情趣为基础的共同体虽然不以利益为主要的追求目标，但并不意味着共同体成员完全鄙弃和拒斥任何物质利益，而只是意指他们已不再把追求现实物质利益作为首要目标，更重视非功利性需求的满足。这些共同体的成员如果能够把非功利性追求与谋生相结合（如文体爱好者从事有报酬的表演等），无疑更好。但如果不能做到这一点，他们仍需为谋生而从事某些劳动。在能够保障生活基本条件的前提下，他们将更多地关注并从事自己所真正热爱的非功利事业。其次，社会保障制度以及各种基金的设立和扩展能够为社会成员提供基本的生活条件，使人们能够有更多的机会从事非功利性事业，而无须在效率轨道上角逐永无止境的物质利益。那些更看重信仰、爱好、情趣的人们，在物质方面享受的某些缺憾可从非功利性的精神追求与情趣满足中获得补偿。最后，现代科技特别是高科技的发展，使得社会生产力空前提高，单位时间的劳动报酬大大增加。人们通过一小部分时间的有效劳动,能够获得用以维持生计的生活资源,这可使得他们能够在其余大部分时间从事非功利性的活动。

值得注意的是,近几十年来,非营利性组织在全球得到迅速的发展,它们被冠以各种名称,包括大学、社会俱乐部、咨询服务机构、职业培训中心、人权组织以及环保组织等。这些组织通常具有以下特点:①具有一定的制度性结构;②是与国家分离的民间组织;③不以营利为目的;④独立自主,高度自治;⑤成员自愿参加。① 相关研究表明,这些非营利组织的涌现,"构成了整个世界多元社会的规模宏大、高度活跃的组成部分。这些机构不仅满足着人类的重要需求,而且组成了一支重要的、蒸蒸日上的经济力量,不仅对社会生活也对经济生活发挥着重要的作用。"②

二、具有充分正当性的秩序：共同体法治

上文描述了自愿共同体的基本特征和结构形式,分析了共同体之间的关系以及它们与国家等非自愿共同体之间的关系。现在我们拟对自愿共同体的治理模式进行讨论。

自愿共同体实行高度自治,只有涉及共同体以外的事务才与外界发生联系。自愿共同体直接民主的气质与平等协商和充分讨论的特性,使得它更有可能诉诸规则的权威:因为规则是它的成员通过协商与协调达成的意志共识,是在特定情境下人们根据需要针对面临的问题所形成的解决办法,其中某些禁则与制裁是经过每个成员同意自我施加的限制与约束。对于虚假信息的误导、意识形态的操纵以及个别管理者或成员的不当影响,除了规则形成过程中某些程序机制的制约

---

① [美]莱斯特·M.萨拉蒙等.全球公民社会——非营利部门视界.贾西津,魏玉,译.北京：社会科学文献出版社,2002：3-4.

② [美]莱斯特·M.萨拉蒙等.全球公民社会——非营利部门视界.贾西津,魏玉,译.北京：社会科学文献出版社,2002：37. 关于第三世界非政府组织的发展：[美]朱莉·费希尔. NGO与第三世界的政治发展. 邓国胜,赵秀梅,译. 北京：社会科学文献出版社,2002.

之外，成员可采取各种方式进行批评，并可"以脚投票"的方式作为最终抗议。自愿共同体如此形成的这些规则就是他们的法律。对于这种法律，每个成员既都是立法者，同时又都是守法者。如果共同体内部成员之间以及不同共同体成员之间发生冲突与纠纷，主要通过协商、调解和仲裁的方式加以解决，只有在协商不成或事关社会、国家整体利益的情况下，才诉诸国家的正式司法。制裁更多地是诉诸民事的和行政的手段，而刑事制裁的范围、种类和强度将大大减少。现代社会的许多犯罪与纠纷都源于利益冲突，大量非功利性自愿共同体的存在与发展，将弱化人们的逐利意识，基于利益的冲突可能随之大大减少，与此相关联的纠纷和诉讼也将随之大大减少。

由此可见，作为自我立法模式的自愿共同体法律是一种具有充分正当性之法；与现代法治相比，自愿共同体的法治是一种正当性更充足的秩序。

自愿共同体的法治对所有成员完全开放，规则不再仅仅是由一部分成员（主要是社会精英）制定然后强加给整个社会的官方规则，而主要是共同体所有参加者的自我立法；规则不再仅仅是高度技术化的"行话"，而主要是成员自己能够理解的生活话语；程序也不再仅仅是由职业人士操纵的神秘"魔法"，而主要是成员同意并熟知的协商或调解过程；法律不再仅仅成为人为封闭的领地，而是向所有人开放，与人们日常生活中的道德情感和正义观念融为一体。

这种法治是共同体内生的，不是等级的权力体制自上而下从外部强加的。共同体成员在形成它们的法律时，定会将它们的信仰包含其中，定会将它们对生活与生命意义的理解包含其中。因此，这种法治下的法律不仅是人们的行为规则，也是人们的生活与生命意义的载体。这种法律是人们自己制定的规则，表达的是自己的意志、愿望与要求，其中某些禁则也是为了实现互惠合作而自我施加的限制与约束，遵守这样的规则不会有受迫与压抑之感。如果说共同体仍然存在刑罚，那种刑罚也是一种合乎人性的刑罚，因为"在合乎人性的关系中，刑罚将真正是犯了过失的人自己给自己宣布的判决，谁也想不到要去说服他，使他相信别人加在他身上的外部强力就是他自己加在自己身上的强力"①。

在这样的法治中,人们不会感到法律的束缚,因为人们意识到,只有服从这种自我约束,互惠合作才能存续,个人自由才能得到保障。人们不会对法律感到陌生,因为这种法律是从生活中生发、成长起来的规则,是一种名副其实的"民法";人们更不会对禁则与制裁感到恐惧,因为人们事先已经同意接受这些禁则与制裁的后果。与国家体制下的现代法治相比,这种法治中的法律如同在日常生活语言中发展起来的"语法"一样,是人们行为与观念的理性结晶,是外在行为规则与内在信仰的统一。只有这样的法律才能真正成为人们信仰的法律,因为这样的法律既区别于自上而下强加的"官法",也不同于自外输入的"洋法",它生发于特定共同体中人们的信仰,本身就是信仰的结晶和信念密不可分的组成部分。由此现代法治中的内信与外迫的冲突就得到消解。

这种法治也能消解现代法治中确定与无常之间的冲突。自愿共同体法治寻求的不是绝对的确定性,而是情境化的确定性,即共同体的法律相对于特定情境是确定的。当情境发生变化时,相关的人们能够根据情势的变化通过协商及时调整规则,使规则与情境相一致。在对变化着的情势做出法律回应时,这种回应一定会包含相关人们的特定经验,而这种经验本身又是该共同体传统的组成部分。这样,现实的法律是传统的延伸,但又不完全拘泥于传统;未来的法律是现实的延伸,但又不完全羁縻于现实。由于规则是从日常生活中自然生长起来的"生活语法",生活于特定情境中的人们对这种"语法"规则的含义烂熟于胸,了如指掌。即便出现意想不到的突发情况,特定情境中的人们也能通过慎思与协商、沟通与讨论做出及时的、合适的法律回应。

① 马克思恩格斯列宁斯大林著作编译局. 马克思恩格斯全集(第2卷).北京：人民出版社,1965：229.

由此,"确定"就被置于特定的情境之中,获得适当的变通;而"无常"因为情境化的协商和讨论机制,也变得易于应对。

同时,与国家这种高度复杂的、异质的社会组织模式不同,每一自愿共同体内部都结构简单,在价值取向上同质性较高,因为人们通常是基于某种价值的认同或偏好而组合在一起。对于该共同体来说,体现这种价值共识的法律具有真正的普适性。换言之,自愿共同体的法治寻求的不是国家法模式那样跨民族、种族、宗教以及文化的统一或广泛的普适性,而是适用于本共同体全体成员的特定普适性,即共同体的法律具有情境化的普遍性。这样,自愿共同体的法治便能够避免现代法治中普适与特惠之间的冲突。

自愿共同体的法治也可以消解规则与事实的紧张关系。因为在这种共同体中,规则是从具体的生活事实中产生的,而不是任何机构或个人从外部强加的。每个自愿共同体由于在价值取向上存有同质性,所面对的事实通常较为简单,冲突较少。生活其中的人们熟悉自己的生活事实,他们根据这些事实平等地参与规则形成的过程,通过民主协商和自由讨论,能够制定出与事实相符的规则。如果事实发生变化,人们也能够及时调整规则,回应事实的变化。在自愿共同体法治中,事实是规则的母体,规则是事实的体现;事实是规则的土壤,规则是事实的苗木。事实与规则一道构成人们的生活方式。当然,与规则相比,事实的变数较多,因此,规则与事实之间仍然会存有某种张力,但是,自愿共同体的法治将会最大限度地消解现代法治中所存在的规则与事实的冲突。

读了以上描述之后,人们也许会产生这样的疑问:自愿共同体法治是否仅仅存在于理想之中,而无任何现实的可能性和实际的可操作性?如果是这样,笔者所探讨的新型法治秩序不过是向人们展示一个想象的乌托邦而已。实际上,历史上就存在这种自愿共同体的雏形,例如中世纪西欧的商人团体,便是以利益为基础形成的自愿共同体。它在商业实践的基础上形成自己的法律即商人法,并组成商事法庭,

裁决商事纠纷。① 基督教教会②和伊斯兰教产生初期所建立的称作
"乌玛"的伊斯兰公社③，最初都是以信仰为基础的自愿共同体，形成了
自己的法律，并确立了裁决纠纷的机制。后来，它们都异化为与国家
同质的特权官僚体制。在统一的国家法模式下，仍然存有共同体的法
律自治，例如，在实行普通法的英国，存在适用大陆法的苏格兰地区，
美国的路易斯安那州和加拿大的魁北克省也都是普通法领土中的适
用大陆法的法律共同体。在当代中国，统一的法治中存在两个高度自
治的共同体——香港特别行政区和澳门特别行政区，它们被授权适用
不同于中国大陆的法律：前者继续适用深受英国法影响的普通法；后
者仍然沿用明显带有葡萄牙法印记的法律。这两个地区在立法、司
法高度自治方面所取得的成功经验，为如何协调共同体法与国家法以及
不同共同体之间法律的冲突，提供了典型的范例。

此外，欧洲经济共同体（现称欧洲联盟）基于共同的文化传统和共
同的利益对各成员国法律进行了协调、整合与统一，并取得了重要的
进展，展现出形成一种"新欧洲普通法"的乐观前景。④ 这暗示着，超越
国家主权的自愿共同体法治可能存在和发展。还有，国际上一些和平

---

① ［美］伯尔曼. 法律与革命——西方法律传统的形成. 贺卫方，等译. 北京：中国大百
科全书出版社，1993：406-433.

② ［美］威利斯顿·沃尔克. 基督教会史. 孙善玲，等译. 北京：中国社会科学出版社，
1991；［美］伯尔曼. 法律与革命——西方法律传统的形成. 贺卫方，等译. 北京：中国大百科
全书出版社，1993.

③ ［美］希提. 阿拉伯通史（上册）. 马坚，译. 北京：商务印书馆，1990；金宜久. 伊斯兰
教史. 北京：中国社会科学出版社，1990：56-80. 关于伊斯兰公社的法律可参见：高鸿钧.
伊斯兰法：传统与现代化. 北京：社会科学文献出版社，1996：第1，9章.

④ 自12世纪，西欧大学的法学研究就致力于在复兴罗马法的基础上，建构通行于欧
洲各国的普通法（Ius Commune），这种努力由于后来民族国家的兴起以及法律的民族化进
程而终结。颇有意味的是，20世纪后期以来欧洲共同体的形成与发展又使这种努力重新得
到了回应。伴随着欧洲经济共同体（现称欧洲联盟）经济、政治的一体化，各成员国的法律也
开始逐步趋同，虽然各成员国的法律目前仍然存在重大差异和诸多冲突，但在商业贸易以及
人权领域中的法律协调与统一工作已经取得颇为显著的成就。关于"新欧洲共同法"：Kjell
A Modeer. European Legal Cultures：Traditions and Cultures in Contempory Europe//Tuuli
Forgren, Martin Peterson. Cultural Crossroads in Europe. Uppsala, Produktion, Ord &
Form AB, 1997：73-75.

组织和环保组织等非政府组织的大量涌现与迅速发展,为本文所构想的自愿共同体提供了令人鼓舞的现实范型。

综上所述,自愿共同体的法治是一种正当性更为充足的秩序,它能够最大限度地消解现代法治中封闭与开放、内信与外迫、确定与无常、普适与特惠以及规则与事实之间的内在冲突。

本文对自愿共同体法治正当性的论证,是从一种理论和逻辑的角度展开的,难免带有理想化的色彩。显然,这种对法治正当性的追问潜含着对人类社会秩序的终极关怀。笔者虽然对自愿共同体的法治加以肯定,但并非指望所有国家和社会都立即全面共同体化。因为现代社会的不同国家或地区在政治、经济和文化传统等方面存有重大差异,各自所处的现代法治阶段并不相同,法治的具体形态也各有特色,因此,上述关于法治的总体性分析,无意取代对特定社会法治问题的具体研究,也更无法取代不同社会中的人们根据自己的需要所做出的实际选择。这种选择是历史与现实、国内与国际等各种复杂因素交互作用的结果。

在主权国家仍然占据支配地位的当代世界,自愿共同体的自治必定会受到种种限制。尽管国际组织、全球化浪潮和非政府组织的发展限制了传统意义上的国家主权,但如上所述,国家在近期仍然不会消亡。除了对外维护安全之外,国家还担负着对内维护社会治安、组织生产、协调利益以及解决冲突等职能。在此种境况下,试图以自愿共同体模式的法治立即取代国家模式的法治是不现实的,较为可行的思路是加强自愿共同体的自我立法,并使自愿共同体之间以及它们与其他社会组织的立法相协调,国家应为这种协调提供协商的渠道和沟通的平台。通过自愿共同体之间以及它们与其他社会组织之间的协商与沟通,在逐渐达成基本共识的基础之上,确立国家层面的以宪法为核心的基本法律,不同共同体根据这些基本法律在协商的基础上形成符合自己真实需要的具体法律。这样,就可以实现具有重要意义的转变:变政府或社会精英为民众立法为民众自我立法;变"送法下乡"为"下乡寻法","送法入朝",在对来自民间的"民法"加以协调的基础上形成"国法",然后再将"国法"回馈民众,实现"民法"与"国法"的双向良性互动。

　　实际上，我们的祖先早就提出了以民为本的民本思想，从"民惟邦本，本固邦宁"①的"祖训"，到"天视自我民视，天听自我民听"②的明言；从老子"圣人无常心，以百姓心为心"③的观点，到孟子"民贵君轻"④的立场，都体现了这种民本思想。在当今的民主社会，作为一切权力属于人民的民主国家不更应该"国视自我民视，国听自我民听"吗？不更应该"以百姓心为心"吗？实际上，在以民主制为基础的法治社会，"还法于民"是"还政于民"的重要体现，是民主的精义所在。这样，在国家层面，法律应最大限度地成为私域与公域协调意志的表达，成为市民社会与政治国家协调意志的体现；在市民社会层面，自愿共同体的法律应成为特定人群真正属于自己的法律。

　　当然，由于现代社会存在科层制的等级权力结构，由于人们的价值取向存有差异，国家层面的法律还会存在封闭与开放、内信与外迫、确定与无常、普适与特惠以及规则与事实之间的冲突。不过，自愿共同体的法治为摆脱这些困境提供一种出路。在现阶段，通过共同体法、国家法以及国际法的多元良性互动，形成一种新型法治模式。在这种法治模式下，不同层面的法律"和而不同""道并行而不相悖"。

　　行文至此，笔者忽然想起了老子"治大国若烹小鲜"一语，遂吟以下一段作为全文结尾：

> 绿茵泛幽谷，
> 牧笛飘古谣。
> 风止尘不动，
> 水流瓢自漂。

　　（原文载高鸿钧：《现代法治的出路》，北京，清华大学出版社，2003，第七章。）

---

① 《尚书·五子之歌》。
② 《尚书·泰誓》。
③ 《道德经·德经》。
④ 《孟子·尽心下》："民为贵，社稷次之，君为轻。"

04　算法社会与人的秉性

於兴中*

一、引言

算法已经成为我们这个时代的迷思。算法为我们指引方向；算法为我们筛选研究成果；算法为我们确定该由机器还是人给我们做手术；算法也能为我们吟诗作乐。更为厉害的是，算法还可以自己学习改进，精益求精。算法助人为乐，给人提供服务的前景好像一片光明。然而，算法到底是什么？它们是如何做到上面所说的这一切的？算法可以解决任何难题吗？算法有什么负面作用？这些问题计算机和人工智能的专家们到现在也还没有统一的答案。②

有人认为，算法大体上是可以界定的。但普遍意义上的严格的定义却也不太可能，因为存在不同种类的算法，不同侧重点的算法，而算法是在不断扩展变化的。这种变化不仅是某一种算法自身的演进，而且会有新的种类的算法被不断发掘出来。这就使算法的概念变得很难确定。比如，除了历久不衰仍在运用的经典的顺序算法（Sequential Algorithms），现在已有的算法包括平行算法（Parallel）、互动

---

* 康奈尔大学法学院 Anthony W. and Lulu C. Wang 中国法讲席教授；杭州师范大学、西北政法大学特聘教授。

② Barocas Solon, Hood Sophie, Ziewitz Malte. Governing Algorithms: A Provocation Piece. https://ssrn.com/abstract＝2245322 or http://dx.doi.org/10.2139/ssrn.2245322, March29, 2013. 关于算法的文献请参阅 https://socialmediacollective.org/reading-lists/critical-algorithm-studies/, March29, 2013.

（Interactive）、分布式（Distributed ）、实时（Real-time）、混合（Hybrid）、量子算法（Quantum）等。新型的算法很有可能还会出现。当然，这并不意味着给算法赋予严格的定义是绝不可能的事。[①] 集所有算法于一身的模范算法是算法研究者的梦想。算法虽然难以界定，但有人说我们已经进入算法社会，人工智能，互联网、物联网这些只不过都是算法社会的序曲。[②] 一时间，算法社会、算法文化、算法之治、社会算法这些新词成为学界热议的话题。那么，算法社会到底是一种什么样的社会？人在算法社会中占据何种地位？算法之下，人还有没有隐私？人还有没有活路？

我们已经生活在算法社会，而且很多人认为这是一件好事。从经济的角度来看，机器学习的算法可以刺激创新和生产增长。有研究表明，用于机器学习算法的大数据能够为很多行业带来增长点，诸如广告业、医疗卫生、基础设施、物流、交通运输等。就日常生活而言，算法可以帮助我们节省时间和精力，比如网上搜索工具，网上银行以及智慧手机的程序等。最近人们期待的数字个人助手很可能几年后比手机更为抢手，因为数字个人助手可以整合各种适合我们的信息，并且预料我们会有什么样的需要。

然而，算法的广泛使用也给一般人造成威胁。如果大企业可以通过大数据和算法事先了解我们的需求，那么这就对自主选择和个人隐私带来很大不便。我们的信用评估、健康记录等现在都由机器来承担。这对大企业来讲是大好事，可以使企业更加有效率，而且有可能降低价格。在法律领域里拟真法律助手也越来越常见。ROSS 系统已经进入多家律师事务所。Lex Machina 也成为法律人越来越依赖的研究平台。由于算法技术的发展，法律领域里事实上正在发生一场大的变革。法律人所从事的事业实际上需要根据所掌握的信息作出判断。无论根据规则推理还是根据案例推理，都需要大量数据作为判

---

① Yuri Gurevich. What Is an Algorithm? (Revised). https://www.microsoft.com/en-us/research/wp-content/uploads/2017/01/209a. pdf. ，August9, 2018.

② Balkin Jack M. The Three Laws of Robotics in the Age of Big Data. https://ssrn.com/abstract＝2890965，August 27, 2017.

断的基础。大数据的出现为法律人提供了非常好的机会。目前人们推崇的"定量法律预测"(QLP)很可能会越来越重要。然而,对于法律消费者来说,大数据和算法并不总是福音。虽然某种算法设计之初动机是中立的,但也有可能产生偏见。可能由于编程者下意识地把自己的偏见编进程序,但也有可能数据本身就反映相应的社会偏见。

比如,在就业方面,大数据已经广泛用于帮助雇主挑选理想的工作人员,算法根据自己的运作方式将应聘工作者进行筛选,并为雇主提供一份理想人选的名单。已经有很多例子表明,通过算法提供的名单同样会有歧视的现象。在美国的环境下,如果一个人的名字听起来不像英美人常用的名字,则有可能成为算法歧视的对象。①

对于同一事物,由于关注的重点不同、观察的视角不同,所看到的结果也就不同。就互联网而论,生意人关注的是网上的商机,自由主义者关注的是网上的权利,政府工作人员则更感兴趣网上内容的治理。网络已经渗透到我们生活的各个角落,离开网络,似乎已经很难生存下去。互联网起到了重新界定人生意义的作用,而网络空间也发展成为另一个世界。

本文拟就算法社会的利与弊做点非专业性的评论,旨在强调人工智能的限度就是人的限度,算法社会并不是理想的社会。它们只是人的智性单向度发展的最新成果,科技乌托邦并不是人类的未来。理想的人类社会应该是人的智性、心性和灵性都能得到高度发展的社会。算法社会只能使人的智性过度发展,从而使人丧失人性中更为宝贵和自然的组成部分,如心性和灵性。因此,必须以警惕的态度审视目前正在不断升温的人工智能万能论。

本文不是严格意义上的学术论文,在论及有关学者的见解时只是略有议论,但并未做出学术性的分析和批判。

---

① Marina Bradbury. There's an algorithm for that. Or there soon will be. http://oecdinsights. org/2016/05/18/theres-an-algorithm-for-that-or-there-soon-will-be/, May 18, 2016.

二、算法社会利弊论

今天，几乎我们从事的所有事情都由算法决定。谷歌决定我们每天首先读什么，亚马逊决定我们买什么书，找房子、找工作或者找朋友都离不开各种各样的网络服务商提供的平台，有意无意地遵从别人为你安排好的选择，尽管你可能不愿意让一台机器为你做决定。我们在网上的行为和交易都会留下足迹。无论买书、搜餐馆还是在网上跟银行打交道，都会成为"大数据"，网商将会根据你的喜好和购物习惯给你推荐物品。

算法本来只是由编程员编写的一些电脑程式，但今天的算法已经能够自学，自我完善。它们接受的数据越多，读懂人的行为的概率就越大，在人工智能的路上就更进一步，尽管我们无法判断在这条路上走下去是好是坏。故此，霍金说，"成功创造人工智能是人类有史以来最重大的事情；然而，不幸的是，这也可能是最后一次，除非我们学会如何避免危险"（"Success in creating AI would be the biggest event in human history""Unfortunately, it might also be the last, unless we learn how to avoid the risks."）[1]。

如上所述，在算法社会，大数据、算法以及人工智能的运用与人的命运息息相关。人们的生活、就业及各种机会都受制于这些因素，而受惠于这些因素的主要是政府和企业。算法社会为政府和企业提供了大量的收集个人信息，并且监视控制个人的机会。政府通过各种渠道不仅可以有效地控制个人的网上信息和行为，也可以迫使企业就范，利用企业的基础设施和技术，帮助并参与对个人信息和网络的控制。因此，在数字时代，个人的言论自由面临的不仅是政府的监控，同时也受到企业的监控，而且企业的监控无远弗届。当今的主要网络提

---

[1]　The Independence. 2016-10-20. http://www.independent.co.uk/news/people/stephen-hawking-artificial-intelligence-diaster-human-history-leverhulme-centre-cambridge-a7371106.html.

供商都是大型的跨国公司,它们的手臂可以伸到世界的每个角落。换句话说,在监控资本主义的视野内,作为个人的算法与网络消费者是无处逃遁的。①政府的手脚力所不能及的地方,企业却更为有效。当然,政府和企业的合作是建立在利益基础上的,而政府和企业之间的利益也并不一致。政府需要借助企业的基础设施和技术力量达到自己的目的,而企业则为了免于干扰或获得更多资源的目的与政府合作。尽管政府用纳税人的钱支持商家开发人工智能的做法是否正确很值得怀疑,但这种事情往往会以高大上的借口证成,比如国家的战略、民族的大计等。在政府、企业和个人这个三角关系中,个人没有多少发言权,只能是牺牲品。对个人权利(尤其是隐私权和言论自由)的威胁来自多方面的渠道。②因此,在算法社会,消费者的权益变得尤其重要。

　　智能机器系统正在改变我们的生活。它们可以帮助人们安排日常事务,操持家务,从事研究,提供翻译,判断真假,协助断案,甚至进行艺术创作。随着人工智能在生活中的普及和不断提高,人类的生活会变得越来越有效率,越来越丰富。与此同时,随着人工智能以各种各样的形式走入我们的生活世界,人们开始担忧它可能带来的麻烦。如果机器人违反法律或者伤害人身或财产,谁来承担责任? 如何控制机器人产品的质量? 如果自然人损坏机器人,应该如何赔偿? 无人驾驶的交通工具出事故该如何问责?③如何对待不良商家借人工智能热牟取暴利? 如何应对人工智能热引起的业界的乱象和泡沫? 如何规制人工智能的科学探索,从而避免使其走向反人类的方向? 诸如此类

---

①　John Bellamy Foster, Robert W McChesney. Surveillance Capitalism: Monopoly-Finance Capital, the Military-Industrial Complex, and the Digital Age. Monthly Review 66, 2014.

②　Balkin Jack M. Free Speech in the Algorithmic Society: Big Data, Private Governance, and New School Speech Regulation. 2017-9-9. https://ssrn.com/abstract=3038939 or http://dx.doi.org/10.2139/ssrn.3038939.

③　Pasquale Frank A. Toward a Fourth Law of Robotics: Preserving Attribution, Responsibility, and Explainability in an Algorithmic Society. 2017-7-14. https://ssrn.com/abstract=3002546.

的问题使得要不要制定专门的人工智能法成为一个重要的话题。姑且不说像人工智能是否会取代人工、通用人工智能会不会超越人类等这类大科学家、思想家和企业家所担心的终极问题。

当然，目前人们最担心的还是自己会不会丢掉工作。这种担心不光体力劳动者有，脑力劳动者也有。人工智能的发展会不会带来大量的失业？货运卡车行业很明显地已经受到冲击。当人们热议龙·马斯克的自动驾驶汽车如何了得之时，可以预见的问题是卡车司机、出租车司机该怎么办？自动化将会带来更多的人失去工作机会，包括办公室工作人员。有多种研究已经表明，未来 20 年，大量的流水线工作人员、人文含量不高的工作岗位都会面临被机器人代替的危险。理想地说，自动化在某种意义上说是一种解放生产力或者还人以自由的动力。被解放出来的人也许可以从事更有意义的工作或研究。一种乐观的态度认为，新技术革命初期会带来失业潮，但最后都会创造更多的机会。但没有人非常肯定地说这次也会如此。

另一个令人担心的问题是不平等。大数据、人工智能、算法、数据解析、机器学习、区块链，这些概念每天都在轰炸着我们。可是，真正理解它们却需要很好的教育背景。算法社会对人的科技素质的要求非常高，没有相当的教育水准是难以适应的。这就注定算法社会一定是科技精英社会。少数人会成为主宰，而大多数人只能顺从。我们可能正在期望一个比现有社会更不平等的社会。这种不平等是从起点到结果的全方位不平等，这是罗尔斯、桑德尔和森加起来也无法对付的。

这种不平等首先是对资源占有的不平等。在数字时代，数据是最重要的资源。对数据的占有是成功与否的基础所在。目前的状况是，只有为数不多的几家公司具有能力占有大量的数据，竞争也只能在很小的圈子里进行。脸书、谷歌、亚马逊、苹果及微软这五家互联网与人工智能开发的巨头在业界早已形成垄断之势。[1]其次是对机器创造的

---

① 2018-8-9. http://battellemedia. com/archives/2017/05/the-internet-big-five-is-now-the-worlds-big-five. php.

财富的分配。由于机器的广泛应用，大量人工被代替。资本家利用机器创造的财富分配给被取代的人员的可能性并不大。财富最终自然而然地掌握在少数拥有人工智能的大公司的所有者和支持他们的当权者手中。贫富差距正在而且将会被进一步拉大。所谓"后劳工"社会就是数字技术上有优势的寡头及其技术精英团队和当权者同谋共赢的社会。思之，令人悲伤不已！

机器对于人的行为的影响也是令人担忧的一个问题。智能手机的发明给人们的生活带来了无与伦比的方便，但也几乎把人变成了瘾君子。很多抵抗力较弱的人已经沦为手机的奴隶，每天机不离手，几乎分分秒秒都在看手机，或收发短信，或玩游戏，或看节目。美国佛罗里达州的一位母亲沉迷于手机游戏，不顾孩子。孩子一哭，便对她施加暴力，致使孩子死亡，做母亲的后悔莫及，而且还要面对法律的制裁。这样的悲剧在美国不止一次地发生过。[①]今天人们对机器的沉溺比当年人们吸食鸦片可能有过之而无不及，所不同的是今天人们对迷恋机器的危害还没有充分认识。

任何先进技术都是一把"双刃剑"。可以被用来造福人类，也可能被用来毁灭人类。人工智能研究的最新最尖端的成果恐怕都是首先用于军事方面。各国出于保护自己利益的需要，争先恐后地发展人工智能武器装备。无人驾驶飞机成为新一轮军备竞赛的主要装备。现在，拥有杀人机器人的国家已经不少，而且在不断增加。人工智能武器已经成为军火商贩卖的新式武器。主权国家一边在指责别的国家恶意攻击它们，一边在以防御的借口大肆发展人工智能武器。人工智能武器不光指杀人的机器人，或者用机器人代替人去当兵，而且更重要的是人工智能对网络系统和其他智能系统的瘫痪性的攻击。网络安全因之是非常重要的安全问题。

然而，更为吊诡的而且也是无法预料的是人工智能自身的发展有可能超出人类的掌握。也许在某一个环节，人类创造的人工智能走上

---

① Inquisitr. 一位佛罗里达妈妈因孩子妨碍她在脸书上玩游戏将其摇抖致死. 2010-10-28. https://www.inquisitr.com/88682/alexandra-tobias-farmville/.

独立自主的道路,完全脱离人的掌控而自行其是,成为人类的敌人或者从事不利于人类的活动。就像传说中的只喜欢制造曲别针的机器人,一切在它的眼中都是制造曲别针的原料,连人也不能幸免。更不用说,如果库兹韦尔等翘首以待的"奇点"成为现实,人与机器的关系将会发生何种翻天覆地的变化![1]

三、奇点:科技乌托邦的天堂,人的地狱?

所谓奇点,我们知道这是广义相对论里面的观点,后来也不断地有人在用,库兹韦尔把它推到了极致。意思是什么呢? 奇点实际上就是虚实相交的点,海天结合的地方,时间和空间结合的地方。既存在也不存在,充其量只是一种理论假设。库兹韦尔写了一本书就叫《奇点临近》,提出所谓"奇点理论",宣称 2045 年将出现"奇点"时刻,人类文明会走到终点,生物人将不复存在,取而代之的是一个叫作"奇点人"的新物种。[2]换言之,库兹韦尔预测 2045 年人类将与机器融合,获得永生。在《未来简史:从智人到神人》中,赫拉利把人完全划约为算法,认为每个人真正的实质性的构造是算法。[3]如果人真的只是由算法构成的,那人工智能超越人是毫无疑问的,因为人不会比机器算得更快。这是一种非常可怕的理论,幸运的是,相信这种理论的人并不多。对奇点的痴迷也是对人工智能的迷思。有些人认为超级人工智能的来临已经是板上钉钉的事。但更多的学者专家则认为,目前还没有迹象表明近期会有超级人工智能的出现。就目前来看,人工智能可以解决的问题还是很有限的。

诚然,未来学家在想象的空间里可以任意驰骋,勾勒人类未来的

---

① Weforum. 人工智能的九个伦理问题. 2016-10-21. https://www. weforum. org/agenda/2016/10/top-10-ethical-issues-in-artificial-intelligence/.

② Ray Kurzweil. The Singularity Is Near: When Humans Transcend Biology. Viking, 2005.

③ Yuval Noah Harari. Homo Deus: A Brief History of Tomorrow. Harper Collins Publishers, 2017.

蓝图。但技术乌托邦已经从乐观走向悲观。库兹韦尔和赫拉利在他们的书中陶醉在对技术的膜拜之中,而对人类的命运仅仅给予漫不经心或者轻描淡写的关注,好像人类的未来并不那么重要,只要他们心中的人即算法或者"奇点"的临近即刻成为现实。技术乌托邦的推动者认为技术可以解决一切问题,实际上是对理性的过分依赖。技术乌托邦首先是一种思维方式,这种思维方式代表的是进步史观,而这种进步主要是科技的进步。进步史观在人类发展史上发挥过至关重要的作用,但也受到过尖锐的批判。在 18、19 世纪,人们觉得世界是进步的,今天比昨天好,明天会更好。然而,无数历史事实证明进步并不是绝对的。从几千年来的历史来看,人性可能没有发生很大变化。赞成技术乌托邦的人想要找出一种科技模式来,并用这个模式统御制度设计,使人类社会更加完美,人们的生活过得很好。一旦能够通过计算的方式把这些制度做出来,这就是最理想的社会。可是大家都知道这是非常天真的想法,因为人不仅仅是计算型的/理性的,而且还是随情感和情绪变化的、非理性的。历史证明,人类社会的发展,一如个人的成长,起关键作用的往往不是理性的设计,而是非理性的激情和偶然性。植根于逻辑推理的技术乌托邦并不是一条出路。

换个角度看问题,我们应该重新思考如何能够重拾信心,重新发现立足点。这个立足点不仅仅是对人工智能的认识,而且是对人的认识,对人类社会的认识,对现存的各种各样制度的认识。再一种可能的情况就是如何能够使人的心性、智性、灵性全面发展,从而避免单向度的发展。应该充分认识到,如果自然人会被机器人代替,那恰恰就是因为人的智性被发展到极端,而湮没人的心性和灵性。

四、机器人可有心性与灵性?

机器人会不会有一天彻底占领地球?机器人会不会全方位超过人类?截至目前,我们看到的对这个问题的回答大体是从理性、科技及利益的角度给出的。算法的特性诸如输入输出、明确性、有限性和有效性可能已经为算法预设局限性。也就是说,算法是可以被人控制的。但是机器学习的算法却有可能超出人的掌握而自主发展。一旦算法自主发展，机器人超过人类就不是天方夜谭。但是，如果从人的秉性出发来看问题，笔者认为机器人是无法全方位超越人类的。所谓人的秉性是指人摄取精神价值资源的天赋。传统上，它被理解为包括理性和非理性两部分。但笔者认为非理性还可以进一步分为感情和信仰。合而观之，人的秉性包括理性、感情和信仰三个层面（或三个维度）。笔者称这三个层面为智性、心性与灵性。人不光具有智性，还有心性和灵性。一般有经验的人做决定虽然主要靠理性，但心性和灵性的影响也不可忽视，有时可能更为重要。人工智能如要超越人类，它必须具有心性和灵性，只有智性是远远不够的。

人的心性是感情、情绪、感觉的发源地，属于完全不同于智性的领域。截至目前，尚无报道声称已经发现某个机器人为情所累。即便是克隆人，也可能只是一种结构性的存在，即可以作为躯体存在，但却无法复制一个人的历史，生活的内容及其兴趣爱好。机器人更不可能做到这些。

智性的存在表现在合理性、可计算性、规则性、功利性和经验上。合理性就是因果关系，比如得失规划等。合理性的行为是排除非理性因素干扰的行为。规则性是智性的另一体现，一种活动或者设想，只有把它规则化以后，才好把握，才好便于认识和重复。功利性是智性的另一体现，一件事可为或不可为、有利或无利，需要智性予以判断，智性禁止得不偿失的行为。经验是智性的另一个角度，对某一事物的认识和处理，在无法直接推理的时候，只有借助经验。经验证明是可行的则可行，经验证明是不可行的则避免之，这四者合而为一便是智性。人工智能的概念涵盖逻辑推理、可计算性、规则性、功利性和经验，无疑是人类智性的体现。

灵性是一个难以捉摸的维度，非常难把握。但是我们每一个人都具有灵性，只是程度的不同而已。很多人出家、信教，很快就能修成正果，但不是所有的人都可以，有些人一辈子都无法修成正果。灵性又可包括恐惧感（或畏惧）、崇拜、生命倾向、神秘性、神圣性和普世的爱等方面。

人类的心性、智性和灵性是相辅相成且互相制衡的。正如在现代政治制度的安排方面宗教要受到理性的限制，人工智能的发展也应该受到人的心性和灵性的制约。如其不然，好莱坞的科幻大片里智能人占领世界的预言就可能会成为现实。

现在人工智能还处于弱人工智能阶段，机器人还不能自己思考。根据300多个人工智能科学家的推测，强人工智能的出现至少也要45年以后。但研究人工智能可否拥有感情的问题，即人工情能（Artificial Emotional Intelligence）的研究，已经成为一个热点。①但是，根据目前的研究来看，机器人是否会具有心性和灵性依然是一个可想但不可及的问题。

五、法律的作用

18世纪，意大利思想家维克指出，历史上曾经存在过神的时代、英雄的时代和人的时代。与此相适应产生了三种不同的法律：神学指导下的法律、英雄的法律和自然人性法。②今天，我们进入了机器的时代。机器时代召唤与之相适应的法律和与之相匹配的法律认识论和法律方法论。机器时代的法律或可被称为人-物关系法、科学自然法、抑或文理混合法。不管怎么称呼，这种法律所要调整的主要对象是人和自己制造的工具的关系，包括有生命的或无生命的工具，或类人的工具，而这种关系并不是一种财产关系。如同前三类法律的发展变化一样，机器时代的法律也是建立在已有法律基础上的，并不是一种完全没有传统支持的新型法律。

然而，传统法律的局限也是显而易见的。法律的主要内容是契约、财产和权利义务。就契约而论，在以太坊区块链平台上广泛应用

---

① Richard Yonck. Heart of the Machine: Our Future in a World of Artificial Emotional Intelligence. Arcade Publishing, 2017.

② Willem J Witteveen. Reading Vico for the School of Law. http://scholarship. kentlaw. iit. edu/cklawreview/vol83/iss3/6. T Bergin, M Fisch (tr.). The New Science of Giambattista Vico. Cornell Univ. Press, 1968.

的智慧契约本身就是运算代码的一种反应。传统契约法对它一筹莫展。就财产而论，拟真财产性质的确定是相当困难的事情。到底是拟真资源还是拟真财产尚存在争议。更何况，该用何种法律调整拟真资源或财产也是没有定论的问题。契约法、劳动法、知识产权法以及物权法都可能适用。就权利的主体而言，当今时代，动物有权利、山川草木皆有权利，连机器人都可能有权利。这完全颠覆了传统的权利学说。需要一种新的权利学说来解释并证成这些权利的合法性。更为重要的是，网络技术、人工智能技术等科学技术本身具有自己的规律，人为的法律可能鞭长莫及，无法发挥有效的作用。这个领域中有效的调整工具可能更多的是人们所熟悉的代码（Code），而非法律。简言之，机器时代给现有的法律及其制度提出了难题，需要人们从新的角度认真对待。传统的源自 19 世纪的法律思想和法典意识是无法应对 21 世纪新型的动态法律关系的。

另外，法律如何反映机器时代新的道德和伦理则是更大的课题。人的伦理、职业伦理、生物研究的伦理、机器人的伦理、人工智能的伦理等都与法律密切相关。这些都可能是机器时代立法和司法必须遵循的指导原则。今天的法律人所面临的学习任务是非常艰巨的。

有些人认为，现有的法律已经足以应对人工智能引起的和可能引起的新的法律关系，或者调控由人工智能引发的法律后果，并不需要新的专门的法律调控。持这种观点的人主要把人工智能看作一种产品，并且认为现有的产品责任法就足以应对人工智能引起的法律问题。具体而言，如果一个机器人侵犯别人的利益，或者导致别人的经济损失，机器人的制造者、所有者或者编程者就应该承担法律责任。然而，机器人并不是单纯的一般意义上的产品。现有产品责任法中关于产品的概念，并没有预设针对智能活动产品的内容。

无论如何，如果要规管人工智能和算法的研发，就必须赋予人工智能一定的法律地位。虽然有些国家的法律已经试图赋予机器人一定的法律主体资格，比如韩国的机器人法案提倡机器人应具有相应权利义务的电子人格，爱沙尼亚的人工智能立法把机器人看作人的代理，介于独立人格和财产之间，但很多研究者都不愿意把人工智能看作具有主体性的存在，而仅仅把它看作一种工具或者产品，不具有主体资格。

制定法律等于建立一种社会制度。制度建立的资源和途径大致有三：一是把行之有效、持之以恒的实践制度化。比如市场的出现，开始并没有固定的市场的概念。但人们习惯于在一定的时间和一定的地点交易，久而久之就产生了市场和调节市场的规范系统和制度。二是把精确可行的概念和理论制度化。人类社会有些制度的诞生和发展建基于伟大思想家的理论和学说。这方面的例子不胜枚举。三是向别人借鉴学习。比如法律移植。有史以来人们对法律、习俗、道德等规范系统的相互借鉴从未停止过。

就实践而言，人工智能研究和运用突飞猛进的历史并不长。实践中尚未积累起足够的经验，也未发展出可以类型化的比较成熟的牵涉人工智能法律关系。因此，无法进行制度化。也就是说，目前不可能制定出有关人工智能完善的法律。从理论与学说的角度来看，无论描述性的还是预测性的，目前的理论界尚未就什么是人工智能的问题达成一致认识，而且也缺乏主要的概念范畴。因此，把理论或者学说制度化的前景也并不十分乐观。从借鉴移植的角度来看，截至目前世界上也还没有一部被命名为"人工智能法"的法律问世。但是，调整人工智能某些方面或某种形式的法律却早已存在。比如，有关网络平台管理、机器人以及网上交易等方面的法律，诸如欧洲议会"关于制定机器人民事法律规则的决议"，韩国的"智能机器人法"，美国众参两院的"自动驾驶法案"等。

毫无疑问，制定单项的或专门的法规调控人工智能的某一具体方面或形式是既有实践，但这并不排除制定一部综合性的概括性的"人工智能法"的可能性。当人们不能完全掌握所需信息的情况下，可以先制定一部原则性的简短的法律，随着实践的深入再制定详细的实施细则。法律是在不断发展变化中实现其生命价值的。比如，工伤的赔偿最初大部分国家都采取严格侵权责任制。当一个工人受伤，雇主有过错就要给予赔偿，雇主无过错就不用赔偿。这种侵权的赔偿制不能够涵盖工伤的各种情况，各国不停改革，找出新的解决办法——社会保险制度。通过社会保险制度来弥补侵权补偿的不足,使工伤赔偿更加人性化。后来又发展到不管雇主有无过错,只要有工伤都要赔偿。这就要拿出一笔基金来处理工伤。在特别发达地区,只要是与工人有关,哪怕是在路上出了车祸,也要赔偿。人工智能法对机器人行为的规管也会有一个逐渐完善的过程。

如果要制定一部概括性的人工智能法,这部法律至少应该明确立法的目的、指导原则以及鼓励和限制的范围和内容。在精神上至少应该反映出人类对自己的创造物掌握的能力和对科学技术规律的充分尊重。这部法律同时应该设立一个监管人工智能研发的专门机构,并赋予其相应的权力,诸如质量认证的权力,进一步制定实施细则和计划的权力,起诉违法的权力以及行政处罚的权力,并且针对这些权力大致规定实施的程序和大体要求。这个机构一定要吸收有关专家作为成员。纽约市议会新近通过的"算法问责法案"里就有专项规定,要求成立一个由自动化决策系统专家和相应的公民组织代表组成的工作组,专门监督自动决策算法的公平和透明。①

六、结语

世界正在发生翻天覆地的变化。我们正处在大转变的开端。这次的变化在人类历史上从未有过类似的先例。有些人用第×次工业革命来形容这次转变不够传神,因为这次转变要比工业革命意义深远得多。这次变化的后果现在尚难以预料,但很多科学家、学者和商业人士都纷纷表示为人类的未来担忧,而未来学家、技术乌托邦主义者则非常向往这一时代的君临。

人类历史上曾经有过划时代的巨变,诸如宗教改革、文艺复兴、工业革命、启蒙运动,以及法国大革命、美国独立革命、俄国革命、中国的

① Zoë Bernard. The first bill to examine "algorithmic bias" in government agencies has just passed in New York City. 2017-12-19. http://www.businessinsider.com/algorithmic-bias-accountability-bill-passes-in-new-york-city-2017-12.

两次革命,以及世界上其他国家的革命、独立、合并等这些不可不称为伟大转变的事件等。然而,这些历史巨变比起正在发生的和将要发生的巨变,真是小巫见大巫。因为以往的巨变无论如何都是以人为中心发生的变化,人类并没有对自己的未来失去控制,而今天孕育着的变化却指向反人类、非人类乃至灭绝人类的后果。这就是所谓后人类时代的降临。

这种后人类状况的来临虽然是 21 世纪初的事,但其种子早就孕育在 20 世纪的社会制度和文化思潮中了。一言以蔽之,人对自己的状况始终不甚满意,一直在追求更高品质和素质的生活,试图改变现有的状态,无论经济状态、生活状态、政治状态还是个人状态。也就是在这种不断追求完美和完善的过程中,人类迎来了后人类时代。近现代以来不断改进的宽容与反思的文化环境,给了人们不断认识、解放自己的机会,使个人的追求摆脱了传统的束缚,自由放任、无拘无束地从事自己的研究。从宗教宽容到政治宽容再到文化宽容,现代社会鼓励人们追求快乐幸福,自我实现。这使得人们追求完美的事业从形象到职业,从生活方式到科学研究成为正当而有意义的工作,使自己变得更美更健康的人类增强工程方兴未艾。化妆保养整容,采用激光除痣或美肤,机器强身已经成为普遍现象。这预示着如果有一天,体内植入芯片或者其他异物能够使人变得更聪明,更强健或更美丽,人们是不会拒绝的。如此一来,人就把自己从自然人变为后人类了。与此相联系,人对自己本身的认识也有了很大发展,因此才有了各种性倾向的展露和模糊。另外,由于所谓启蒙、现代化、科学的发展而导致现代单向度社会环境的存在,而单向度的环境则孕育了单向度的人。一言以蔽之,这些人基本上是理性-科学-经济-法律人。在这样的框架里面,人的理性越来越发达,而心性和灵性则受到毁灭性的打击。如果不做有意识的努力以遏制人的智性无限制的发展,算法社会将进一步打击并有可能毁灭人的心性和灵性。那也就意味着人的末日的来临。

(原文载《中国法律评论》,2018(2):57-65。)

05　智能互联网时代的法律变革

马长山[*]

当今世界正在经历的信息革命推动着从桌面互联网到移动互联网再到智能互联网的飞跃发展,引发包括价值观念、生产方式、生活方式、社会关系、社会秩序等在内的全方位重大变革,甚至是颠覆性替代。从法学角度来看这场信息革命,现有的法律制度面临着日益频繁的"破窗性"挑战和"创造性破坏"。在一定意义上,这已不再是应对新问题、新挑战、新领域那么简单,而是一场涵盖法学理论、规范制度及司法实践的"法律革命"和升级转型,需要认真对待和有效回应。

一、法律制度面临的"破窗性"挑战

智能互联网是基于物联网技术和智能平台等载体,在智能终端、人、云端服务之间进行信息采集、处理、分析、应用的智能化网络,具有高速移动、大数据分析和挖掘、智能感应与应用的综合能力。[①] 它催生了新型经济关系和社会关系,进而产生了革命性的后果。

首先,双层空间、虚实同构。纵观人类发展史,每次重大的社会革命都会对人类生活产生深刻的乃至颠覆性的影响。但早前的农业革

＊ 华东政法大学教授。本文系"研究阐释党的十九大精神"国家社科基金专项课题"新时代共建共治共享的社会治理法治化机制研究"(18VSJ033)的阶段性成果之一。原文发表于《法学研究》2018 年第 4 期,第 20-38 页。

① 史忠植,等. 智能互联网. 计算机科学,2003(9): 1.

命和工业革命,在根本上乃是通过技术工具来大幅提升人的自然活动能力和范围,自古以来人类所赖以存活的、天然给定的物理空间并未因其发生改变。正在发生的信息革命则彻底打破了这一状态。它不仅使人类在既有物理空间中的活动能力和范围得到了空前提升与拓展,还创造出一个天然给定之外的无限延展、异常丰富、能量无际的虚拟电子空间。在这个目前尚难以准确描述的扁平化、自由化空间之中,人们尽情体验着即时通联全球的身份流动、场景模拟、网络表达、匿名交友、快捷购销、虚拟娱乐、智能服务等,以至于早期的网络自由主义者浪漫地宣称:"我们正在建设的全球社会空间,将独立于你们想对我们进行的专制统治""你们的财产、表达、身份、活动和条件的法律概念不适合我们。这些概念建立在物质基础上,而我们这里没有什么物质"。① 由此,物理世界-数字世界、现实生活-虚拟生活、物理空间-电子空间的双重构架得以形成,两者相互影响、相互嵌入、相互塑造,形成了虚实同构的政治、经济、文化和日常生活,基于线上/线下融合发展的众多创新业态和创新商业模式也纷纷涌现。这深刻地改变了人们的生产、生活、行为方式和社会关系,给经济发展、公共治理和社会秩序既带来了新机遇、新问题,也带来了前所未有的挑战。

其次,人机共处、智慧互动。随着人工智能技术的快速发展,智能机器人开始步入人们的现实生活。它并非是对以往机械自动化生产的简单升级,而是通过深度学习和训练来进行"类人化"的智慧工作。换言之,当今时代的机器"活"了,人机之间就不再是简单的"人与工具"的关系,而是伴有智慧化的互动情境。虽然它还处于初级发展阶段,只是替代简单的、重复性的人工操作,但由于各科技强国都在加大对人工智能的研发和竞争布局,在可见的未来,服务机器人、医疗机器人、投顾机器人、陪伴机器人、情侣机器人将会大量涌现,并承担起劳动替代、任务合作、智能决策、"情感"互动等角色,人机共处随之成为

---

① [英]安德鲁·查德威克. 互联网政治学:国家、公民与新传播技术. 任孟山,译. 北京:华夏出版社,2010:42.

生产生活关系的常态。这样,"当机器人变得足够复杂的时候,它们既不是人类的仆人,也不是人类的主人,而是人类的伙伴"①,智能互联网也会成为"一个人机混合体,人的很多行为和认知与机器融合在一起,这时候我们就需要在人机混合'系统即社会'中制定规范"②。这必然会引发关于主体身份、权利义务关系和法律责任等方面的重大法律变革与秩序重建。

最后,算法主导、数字生态。在智能互联网时代,人们面对着海量的基本数据、交易数据、观察数据和动态数据,"对这些数据进行系统地加工并且正确地阐释,使得人们可以通过这些数据对个人或者群体及其行为进行深入的推断"③。这将形成以算法为核心、以信息(包括知识和数据)为资源、以网络为基础平台的全新经济形态,开创平台化、数据化、普惠化发展新模式,促进经济体量的爆发式增长。对于个人而言,"网上的个人信息全方位覆盖了你从摇篮到坟墓的全部私人生活,慢慢地积累所有数据,直至在计算机数据库中形成一个'人'"④。人们不得不置身于大数据的环境来进行信息分享和使用,以适应信息化、智能化、数字化的当代生活,"用失去隐私、丧失个人生活和失去批判精神的代价换取可预测性、安全性,以及人类寿命的延长"⑤。对于社会而言,"数字技术掀起了一场革命,让企业家们利用光纤在一个不受管辖的世界里凭空建立起他们的王国。他们已经向政府和它的传统权威发起了挑战。这种挑战不是故意的,完全是技术进步的偶然结果"。⑥ 其中,数据和信息成为重要的新型资产,而算法也从最初的"提

---

① [美]约翰·马尔科夫. 人工智能简史. 郭雪,译. 杭州:浙江人民出版社,2017:208.

② 陈钟. 人工智能与未来社会:趋势·风险·挑战. 探索与争鸣,2017(10):6.

③ [德]罗纳德·巴赫曼,吉多·肯珀,等. 大数据时代下半场——数据治理、驱动与变现. 刘志则,等译. 北京:北京联合出版公司,2017:引言,9.

④ [英]约翰·帕克. 全民监控——大数据时代的安全与隐私困境. 关立深,译. 北京:金城出版社,2015:14.

⑤ [法]马尔克·杜甘,克里斯托夫·拉贝. 赤裸裸的人——大数据、隐私与窥视. 杜燕,译. 上海:上海科学技术出版社,2017:144.

⑥ [美]德伯拉·L.斯帕. 技术简史——从海盗船到黑色直升机. 倪正东,译. 北京:中信出版社,2016:XII.

炼自这个世界,来源于这个世界"转向"开始塑造这个世界"。① 这就形成了涵摄政治、经济、文化与社会发展的数字化生态,塑造了以数据和算法为基础的新型法权关系,实现对人类社会秩序的深度变革与重构。

上述三方面重大而深刻的社会变革,使得新型经济关系和社会关系迅速涌现,并对传统生产生活关系产生了很大程度的替代、覆盖甚至颠覆。这将给法学理论、法律制度和司法体系带来极大冲击和"破窗性"挑战。

其一,既有法律规范难以有效涵盖和调整新的法益。随着智能互联网的飞速发展,淘宝平台、P2P、滴滴打车、分时度假等各种新业态、新模式喷涌而出。于是,"产品与服务、分销体系、定价方法及广告与促销模式均从原本集群、聚合式的商业权力体系中剥离出来,放弃满足各类需求的经济结构,转而向小型、分化、具体及定制平台进行一对一式运营"②,经济发展业态开始全面迈向去中心化的分布式升级,呈现出指数级的巨大范式转换。从开车到股票交易再到公司人员配置等一系列重大决策权,正在"从人手中转移到算法手中"③。掌握了数据就意味着掌握了资本和财富,掌握了算法就意味着掌握了话语权和规制权。数据和算法已成为智能互联网时代的重要生产要素,进而孕育了新型的生产力和生产关系。这不仅使得现代性的"理性人"转化成依托数据挖掘的可计算的"微粒人",并"将会在这个数字和程序算法的世界里发展出一种新的人性形态"④;同时,诸如虚拟财产、虚拟货币、智能合约、数据权利、智能机器人"行为"、算法黑箱等形成了前所未有的利益关系和权利义务构架。与以往社会变革的一个重大不同

① [美]卢克·多梅尔.算法时代:新经济的新引擎.胡小锐,等译.北京:中信出版社,2016:214.
② [澳]史蒂夫·萨马蒂诺.碎片化时代:重新定义互联网+商业新常态.念昕,译.北京:中国人民大学出版社,2015:4.
③ [美]克里斯托弗·斯坦纳.算法帝国.李筱莹,译.北京:人民邮电出版社,2017:197.
④ [德]克里斯多夫·库克里克.微粒社会——数字化时代的社会模式.黄昆,等译.北京:中信出版社,2018:XII.

是,它们涌现速度快、颠覆性强、复制度高、连锁扩张势头迅猛,因此,这并非某一领域的、某一行业的常速发展,而是呈现出全面的、深度的、爆发式的增长。面对这些新生事物、新生关系、新生法益,既有的法律概念、规则和原则难以对其予以有效涵盖,也难以对其做出及时有效的规制调整。即便通过修改法律条款、扩张性解释或者类比适用,也会遭遇捉襟见肘的困境。立基于工商业革命的现代性法律在当下双重空间、人机共处、算法主导的信息革命面前遭遇了严重的危机,需要适时予以变革甚至重构。

其二,既有规则逻辑的解释力日显困难。法律并非抽象的机械规则,而是承载着一定的社会价值,反映着人们的行为规律和生活经验。因此,它所形成的规则逻辑才对规制过程及其后果具有正当合理的解释力和适用性,从而获得社会认同并产生公信力。当今法律体系是在工商业革命进程中不断发展而来的,当它遭遇智能互联网所带来的双层空间、人机共处和算法主导的生活场景时,必然会出现某些难以适应的困境。

在民商法领域,数据资源日益成为重要生产要素和社会财富,华为与腾讯、阿里巴巴和顺丰等企业巨头之间的数据之战不断上演,但数据和信息的性质、分类、权属、使用规则、法律责任等,却难以在现有民商法理论和规则中获得有效说明。司法实践中则更多采取行为保护(不正当竞争)或者法益保护(商业秘密)而非数据财产(权利)保护的进路。[①] 然而,即便是号称史上信息保护最严禁令的欧盟《一般数据保护条例》(GDPR),也在维护传统权利观念和信息安全的同时增设了删除权(被遗忘权)、可携带权、免受自动化决策权(数据画像)、访问权等新型权利,不得不去顺应新的数字经济生态。[②] 同样,智能合约的代码书写、不可更改、自动执行等特征,使得要约和承诺的理论与规则逻辑难以沿用,也难以对其作出合理阐释。有学者指出,"数字化经营的

---

①　许可. 数据保护的三重进路——评新浪微博诉脉脉不正当竞争案. 上海大学学报(社会科学版),2017(6):15.

②　京东法律研究院. 欧盟数据宪章——《一般数据保护条例》(GDPR)评述及实务指引. 北京:法律出版社,2018:25.

产品则几乎具有信息的量子属性,无形,无法量化,可以永久性复制,永远在转换过程中;似乎没有几种(如果有的话)常见的实体商务的规则可以实际运用于此"①。这需要探索反映数字经济发展规律的新理论和新规则。

在刑事法领域,快播案被视为刑法介入网络平台规制的典型案例。从技术上说,快播是在 P2P 模式取代了 C/S 模式(客户/服务器)后所出现的去中心化的互动共享机制。该案一审判决和二审裁定虽然都区分了 P2P 共享与 P2P 缓存,却未能进行分别评价,特别是对 P2P 共享的中立性未予考量。国家对旧商业模式和旧法律的不恰当依赖,难免会导致"寒蝉效应"。② 在更多的个案中,由于往往是按照传统刑法的既有理论和规则逻辑来规制互联网中立行为③,其解释力和说服力亦明显不足。此外,诸如非法侵入计算机信息系统罪,非法获取计算机信息系统数据、非法控制计算机信息系统罪,提供侵入、非法控制计算机信息系统程序、工具罪,破坏计算机信息系统罪等,也基本上是按照物理空间思维来"外在化"地笼统设定犯罪构成,并不是以数据信息属性和智能互联网的运行逻辑来"内在化"地作出细分,如盗窃游戏装备等虚拟财产犯罪只能被认定为计算机领域的犯罪。这种规则逻辑难以对窃取数据信息、侵犯虚拟财产、刷单炒信等行为实施有效规制和处罚。

在行政法领域,"平台经济"的崛起造就了全新的市场主体——平台企业。企业通过接入平台可以向消费者提供"面对面"的直接服务,体现着参与性、分享性和普惠性。一方面,智能互联网带有明显的自由化、扁平化和去中心化的倾向,呈现出分散的大众和"微粒化"的消费者;另一方面,苹果、谷歌、微软等平台公司在"赢者通吃"的商业生

---

① [美]安德鲁·V.爱德华. 数字法则——机器人、大数据和算法如何重塑未来. 鲜于静,等译. 北京:机械工业出版社,2016:120.

② 高磊. 论 P2P 共享服务提供者的刑事责任——以快播案为视角. 环球法律评论,2017(5):81.

③ 车浩. 谁应为互联网时代的中立行为买单. 中国法律评论,2015(1):47;陈洪兵. 论中立帮助行为的处罚边界. 中国法学,2017(1):189.

态下,塑造了复合式、庞大"多环状生态圈"和覆盖式发展[①],形成了"要么利用平台,要么就被平台消灭"的发展态势,进而又形成了平台的"再中心化"。它们基于业态属性和运营需要,本身就拥有对平台市场营销秩序的自律管理权,而国家由于无暇、无力监管庞大多变、技术性强的平台交易,又以法律法规或规章形式来赋予它们审查管理权(审查管理义务)。例如,《中华人民共和国刑法》(以下简称《刑法》)第286条设定的"拒不履行网络安全管理义务罪"以及《中华人民共和国网络安全法》《中华人民共和国反恐怖主义法》(以下简称《反恐怖主义法》)、《关于加强网络信息保护的决定》《电信和互联网用户个人信息保护规定》《计算机信息网络国际联网安全保护管理办法》等法律法规和政府部门规章所要求的平台实名认证、信息审查、配合执法等管理权(监管义务),其中就包括制定平台规则、处罚平台违规行为、解决平台纠纷等"准立法""准执法"和"准司法"权力。这种具有准公权力的平台横亘在政府与市场之间,形成由分散的大众、多元的电商、集中的平台、实施负面清单制的国家所组成的多方博弈结构,这无疑对政府干预与市场自律的传统构架带来巨大的冲击,行政法理念、原则和规制方式也随之遭遇挑战。此外,"淘宝小二叫板工商总局"等事件中关于假货是线上问题还是线下问题、政府监管责任还是淘宝打假责任的争论[②],也凸显出行政法理论与规制逻辑遇到的全新难题。

其三,既有司法解纷机制遭遇明显障碍。智能互联网时代对司法制度形成的冲击以互联网领域民事纠纷和刑事案件最为典型,传统的级别管辖和地域管辖出现失灵,迫使我们不得不重新思考网络空间的法律效力。[③] 同时,互联网犯罪的智能化、层级化、碎片化使建立在传统地域和级别管辖基础上的犯罪侦破体系也难以适应,网络诈骗等犯罪的侦破率很低、成本很高。刚刚生效的欧盟《一般数据保护条例》

---

① 陈威如,余卓轩. 平台战略——正在席卷全球的商业模式革命. 北京:中信出版社,2013:220.

② 淘宝质疑国家工商总局背后:淘宝运营小二是谁? 新华网. 2018-6-18. http:www.xinhuanet.com/fortune/2015-01/29/c_127435105.htm.

③ 刘艳红. 论刑法的网络空间效力. 中国法学,2018(3):89.

(GDPR)通过其属人化的数据保护设定,则突破了以往在物理空间的主权管辖范围,实现了在虚拟空间的属人性扩张,国际司法的许多制度设计必然会面临挑战。目前,我国虽然在杭州建立了互联网法院,但与海事法院、知识产权法院等不同,它没有自己的体系和清晰职责,在管辖范围、审级程序、案件审理、裁判执行等方面也有较多的问题需要解决。

总之,这场信息革命给人类带来了超过以往任何时代的想象与创造空间,它将使我们都成为被算法所定义的"数据人"。在这里,"人类变成了制定规则的上帝,所有伴随人类进化历程中的既定经验与认知沉淀将遭遇颠覆性挑战"①。对于法律制度而言,尽管稳定是应该固守的本分,但面对瞬息万变、颠覆创新的智能互联网的变革发展,容不得我们"守成待毙"。这诚如霍姆斯所言,"在法律的故纸堆里皓首穷经之人或许眼下大行其道,运用统计学之人以及经济学的行家里手则引领未来"②。

二、深度法律变革的三个主要方向

智能互联网时代的深度法律变革是一个没有预设蓝图和结果的探索过程,但这并不表明它混沌无序;相反,它呈现了从工业社会迈向信息社会制度转型升级的趋向。

(一)法律价值上的深度变革

法律价值是其所处时代社会价值观的映射,为法律规则的制定和运行提供着必要的价值指引。随着信息革命的到来,法律价值也必然会面临深度变革,特别是数据正义观、代码正义观和算法正义观将逐渐走上前台,成为现代性正义价值"家族"的新面孔。

1. 数据正义观

如今,人们不仅每天都要面对海量的信息浏览和数据应用,而且

---

① 王天一. 人工智能革命:历史、当下与未来. 北京:北京时代华文书局,2017:192.
② [美]霍姆斯. 法律之道. 姚远,译. 厦门大学出版社,2015:166.

每个人的一言一行也都会在网络上不断生成数据,数据正义问题随之凸显出来。

其一,数据的公平占有与合理使用。在大数据时代,原始数据生产、加工和使用的过程几乎同步发生,且流程复杂。然而,"作为数据生产者和使用者参与'大数据基本循环'的普通公民,对于这里所使用的信息技术基础设施既无法把握又无法施加影响"①,常常处于"所有的数据都由我们自身产生,但所有权却并不归属于我们"的尴尬境遇之中②,甚至还会出现数据阶层分化和数字鸿沟。近年来出现的"大数据杀熟"现象再次向人们提出了警示。实践中,主要是商家和政府在运用数据挖掘技术来实施对原始数据的抓取、整理、分类、匹配和赋值,并据此为客户设计和提供相应的产品与服务,或者建立起规范新技术的社会管理模式。此时,就会形成基于数据资源的利益关系和社会关系。"如果要避免价值和权力落到少数人手中,我们就必须设法平衡数字平台(包括行业平台)的效益与风险,确保其开放性,并为协作式创新提供机会。"③因此,在数据原生者、衍生者、交易者、使用者等角色之间,谁是这些数据权利的主体、数据权利义务如何分配、如何公平占有数据和抑制数据垄断、如何合理使用数据、数据权利和个人隐私受到侵犯如何进行救济等,都是必须回答的时代课题。

其二,数据阐释的价值判断。从大数据分析需要来看,人类决策难以摆脱偏见和信息不充分等因素的影响,进而可能影响结果的客观性和公正性,因此,需要用一切皆可量化的大数据分析予以补充。然而,大数据分析离不开分析者的技术取舍(如数据清理、数据集成、数据变换、数据归约)、数据赋值和数据阐释,而"数据阐释并不是理性的,这不能测量,也没有是非对错的终极判断。阐释永远是主观的,是依赖直觉的,而且也与周边环境紧密相关。同样的数据在不同的环境

---

① [德]罗纳德·巴赫曼,吉多·肯珀,等. 大数据时代下半场:数据治理、驱动与变现. 刘志刚,刘源,译. 北京:北京联合出版公司,2005.

② 王天一. 人工智能革命:历史、当下与未来. 北京:北京时代华文书局,2017:184.

③ [德]克劳斯·施瓦布. 第四次工业革命——转型的力量. 李菁,译. 北京:中信出版社,2016:11.

内容中可以有截然不同的意义,这些意义并非数据所固有,而是人们在特定环境中分析数据并将意义赋予了数据"[①]。受此影响,面对相同的数据材料常常形成不同的算法,并得出对问题的不同解释和不同的行动方案。这样,数据阐释就不再是一个技术问题,而是内含一定的价值判断,潜藏着不同的利益诉求和权利主张,需要构建相应的数据正义观予以指引。

2. 代码正义观

在计算机时代,人类通过编写代码来下达指令,让计算机去完成人类赋予它的各项工作。互联网的融合化、实体化、智能化发展造就网络空间的软件和硬件越来越实际地控制和规制着该空间,而"代码就是法律"[②],代码正义会变得越来越引人注目。

首先,代码规制的正当性与合理性。在互联网创生之初,网络自由主义者曾宣称要拒绝国王、总统和投票,他们只坚信基本的共识和运行的代码。但事实上,网络空间从来都不是没有规矩的"自然状态"。其中,在知识产权、隐私和言论自由等方面,制定标准和编写代码就是一种新型的规制形式和控制力量。这意味着,"代码如何规制,代码作者是谁,以及谁控制代码作者——这些是在网络时代实践正义必须关注的问题。其答案会揭示网络空间是如何被规制的"[③]。为此,就要求代码必须有一定程度的开放与透明,以至于"开源代码的斗争不亚于争取民主的斗争,不亚于反对国家权力可能被滥用的斗争",它已成为"开放社会的基础"[④],从而使代码规制能够保持必要的正当性与合理性。

其次,代码编写的价值偏好。从技术上看,程序员按照设定任务

---

① [德]罗纳德·巴赫曼,吉多·肯珀,等. 大数据时代下半场:数据治理、驱动与变现. 刘志刚,刘源,译. 北京:北京联合出版公司,2017:205.

② [美]劳伦斯·莱斯格. 代码2.0:网络空间中的法律. 李旭,等译. 北京:清华大学出版社,2009:6.

③ [美]劳伦斯·莱斯格. 代码2.0:网络空间中的法律. 李旭,沈伟伟,译. 北京:清华大学出版社,2009:89.

④ [英]詹姆斯·柯兰等. 互联网的误读. 何道宽,译. 北京:中国人民大学出版社,2014:122.

(应用)来编写源代码(源程序),并经由编译程序转换为目标代码或可执行代码,进而指挥计算机的每一个动作以解决某个算术或逻辑问题。因此,在代码编写中就必然会带有程序员(或雇主)的思想理念,在这里并没有中间立场。特别是在商业运营软件、产品服务软件、政府管理软件的编程中,预定任务和目标的价值偏好是不可避免的,"代码作者越来越多的是立法者。他们决定互联网的缺省设置应当是什么,隐私是否被保护,所允许的匿名程度,所保证的连接范围。他们是设置互联网性质之人。他们对当前互联网代码的可变和空白之处所做出的选择,决定了互联网的面貌"①。代码编写的背后是代码所圈定的商业利益和政府管理模式,而广大客户或服务对象则处于话语权缺失状态和弱势地位,在商业建模面前只有选择"用"或"不用"的权利,这无疑都会或隐或显地制造和加剧社会等差与不公平。因此,抑制代码编写的价值偏好就成为实现代码正义的必然要求。

最后,对"恶意代码"的控制。尽管为了应对 21 世纪"代码管理危机",出现了代码管理工具和管理系统,也对程序员提出了"责任与义务""不行损害之事"等专业伦理要求②,然而,在商业利益和不良动机的诱惑下,仍存在大量的内核套件、流氓软件、勒索软件、间谍软件、病毒软件等"恶意代码"程序,严重破坏了互联网秩序并侵犯了用户的合法权益。据此,必须开发新的恶意代码分析、控制技术,并扼制恶意代码编写者的技术回应③,从而控制"恶意代码"软件的泛滥,维护代码正义和网络秩序。

3. 算法正义观

在智能互联网和"赛博新经济"时代,"算法定义经济""算法统治世界"成为一个明显的趋势。算法正义已成为直接影响商业交易和社

---

① [美]劳伦斯·莱斯格. 代码2.0:网络空间中的法律. 李旭,沈伟伟,译. 北京:清华大学出版社,2009:89.
② [美]Robert C. Martin. 代码整洁之道——程序员的职业素养. 余晟,等译. 北京:人民邮电出版社,2016:8,10.
③ [美]斯科尔斯基,哈尼克. 恶意代码分析实战. 诸葛建伟,等译. 北京:电子工业出版社,2014:4.

会关系的重要问题。

一是算法偏见或歧视。大数据、人工智能的广泛应用，促使一些制造商和商业平台通过运用数据挖掘和算法，来对用户进行"量身解读"和行为模式归纳，从而做出有针对性的"私人定制"和提供个性化服务，并承诺算法的客观性、精准性、可靠性。这样，用户就把决策权交给了商业算法。然而，美国一些警务实践表明，算法设计者对犯罪威胁或风险预测、违规自动监控等的相关性赋值与权衡却带有偏见乃至错误，例如，与面部识别技术相关的算法对男性的识别率高于女性，对非白人的识别率高于白人。这表明，"在数据集中，杂乱无序的各种相关性暗含着隐秘的规律性，其中很可能就存在某些偏见"，导致"人们有可能在完全不知情的情况下触犯法规"。在谷歌地图的应用上也是如此，"如果算法不关注人们现在所处的位置，而只关心广告商最终希望他们前往的位置，那么依靠算法决定行动方向的人，可能会被导向固定的路线，就像演员只能照着剧本表演一样"①。在我国，同样存在"数据杀熟"、算法偏见或歧视的问题。例如，一些打车软件会基于用户的消费习惯和能力的算法，来对用户进行差别定价，高消费能力的会有更高的价位，但低消费能力的抢单机会则会降低。由于商家有选择的、利益至上的营销方案，这种算法偏见会在事实上形成一个"鄙视链"，严重侵蚀了社会公平和正义。

二是算法黑箱。互联网＋、大数据和人工智能的加速融合发展，使"人类正在进入一切皆可计算的时代"②。表面上，似乎只要输入数据就能得到结果，但实际上却存在算法黑箱问题，算法决策面临着一定的风险和不公："打开黑盒子，设计者与用户面对的将是一堆可以得出某种答案的主观偏见与程序。而合上之后，它体现的就是客观性——一种无须满足任何更多的条件即可生成'是'与'否'的二元选项的机器。"依赖这些算法做决策的人"根本不知道他们做出的决定是

---

① ［美］卢克·多梅尔. 算法时代：新经济的新引擎. 胡小锐，钟毅，译. 北京：中信出版社，2016：134，138，126，127.

② 徐恪，等. 算法统治世界——智能经济的隐形秩序. 北京：清华大学出版社，2017：323.

否正确,制定的政策是否公正,有没有歪曲事实"①。事实上,商家运用算法作为销售工具的趋向已经势不可当,各种建模和算法很可能已经巧妙地"将你的生活转化成他人的商机"②,甚至还会出现 20 世纪 90 年代末金融市场上的"算法战争"和私人市场"暗池"。在公共政策或公共服务自动化中的算法设计中,"程序员们被赋予了过多的决策权,而且不受到任何审查"③,不仅算法黑箱和错误不可避免,甚至还可能出现失控的"算法自主"现象。这样就需要努力推进算法的透明性、公开性和建立算法审计机制,让"那些对结果抱有怀疑的人可以掀开'引擎盖子'看个究竟"④,而如何通过算法审计机制,来让算法遵循"善法",就成为维护算法正义的重要方面。

总之,一旦生活中的众多事务都由数据分析、代码编排和外部算法来管理,人们就很难再找回过去的隐私、自由和权利,而数字鸿沟、数据垄断、算法偏见、算法黑箱等又会加剧社会分化。这样,传统自由主义基于物理空间所推崇的"人类生命及人类体验神圣不可侵犯"的自由、平等、人权、公平等信念,将会遭受致命的打击,甚至会出现"崩溃"之势。⑤ 这就呼唤确立智能互联网时代的新型正义观和价值观,"对于关乎个体权益的自动化决策系统、算法和人工智能,考虑到算法和代码,而非规则,日益决定各种决策工作的结果,人们需要提前构建技术公平规则,通过设计保障公平之实现,并且需要技术正当程序,来加强自动化决策系统中的透明性、可责性以及被写进代码中的规则的准确性。"⑥

---

① [美]卢克·多梅尔. 算法时代:新经济的新引擎. 胡小锐,钟毅,译. 北京:中信出版社,2016:220,139.

② [美]皮埃罗·斯加鲁菲. 智能的本质——人工智能与机器人领域的 64 个大问题. 任莉,等译. 北京:人民邮电出版社,2017:170,171.

③ [美]卢克·多梅尔. 算法时代:新经济的新引擎. 胡小锐,钟毅,译. 北京:中信出版社,2016:220,141.

④ [美]弗兰克·帕斯奎尔. 黑箱社会——控制金钱和信息的数据法则. 赵亚男,译. 北京:电子工业出版社,2015:262.

⑤ [以色列]尤瓦尔·赫拉利. 未来简史. 林俊宏,译. 北京:电子工业出版社,2017:294,315.

⑥ 曹建峰. 人工智能:机器歧视及应对之策. 信息安全与通信保密,2016(12):19.

（二）法律关系上的深度变革

信息技术革命与历次技术革命的一个根本不同，就是打造了前所未有的物理空间-电子空间、现实生活-虚拟生活的交融同构生态，突破了物理空间上的生产生活限制。这样，在既有社会关系发生重大变革的同时又产生了很多新的社会关系，法律关系也随之发生深度变革。

1. 新型法律关系主体和客体日益涌现

在智能互联网社会，互联网平台、数据公司等新兴商业组织塑造着全新的经济业态、商业模式和交易规则，成为日益重要的新型法律关系主体，它具有此前法律关系主体所不可想象的"准立法权""准行政权"和"准司法权"，淘宝、京东、腾讯等每年都会处理数十万件纠纷。更为重要的是，人工智能技术的飞速进步开启了人机共处的新时代，从而不断冲击我们赖以建立传统世界的那些确定性。由此，智能机器人是不是"人"的问题就日益突出。"主体做出行为，客体承受行为——但一个行为着的客体算什么呢？ 对于法律而言，这种不确定的区分将引发一个又一个难解之题。"①但是，鉴于智能机器人自主意识方面的技术飞跃和它在商业活动及社会文化生活中越来越重要的角色，智能机器人摆脱人类的纯粹工具地位而获取主体身份，将是一个必然的趋势，相关的法律关系主体制度设计也将面临重大变革。

在全球信息化的秩序转型中，电子技术把所有交易模式都融入一个巨大的系统之中，数据、代码、算法、炒信平台侵犯的法益、虚拟财产等新的法律客体及财产类型不断出现。② 这使得学界曾经公认的"凡是人以外的不具有精神、意思的生物归属于物，是为权利的客体。主客体之间这种不可逾越的鸿沟"现在发生动摇。③ 传统法律关系主体、客体范畴的定义、内涵、外延、法律属性等均遭受着重大冲击和挑战。

---

① ［德］克里斯多夫·库克里克. 微粒社会——数字化时代的社会模式. 黄昆，译. 北京：中信出版社，2018：133.

② 余盛峰. 全球信息化秩序下的法律革命. 环球法律评论，2013(5)：106.

③ 吴汉东. 人工智能时代的制度安排与法律规制. 法律科学，2017(5)：131.

2. 权利与义务关系正面临着根本性的重塑

"数字化＋智能化"的加速融合发展使得大数据分析和算法逐渐塑造了大平台与微时代、集中化与碎片化、虚拟化与现实化之间复杂交织的新型社会关系，"它改变了我们对位置、信任、空间、时间和联系的定义"①。

一是新型权利大量出现，突破了既有的权利义务范畴所能界定与证明的范围。在法律发展史上，因经济发展和社会进步而产生新权利，一般都是以缓慢的、个别方式来呈现的；而智能互联网发展所引发的新权利则表现出急速迸发的态势，如信息权、数据权、访问权、被遗忘权、可携带权、免受自动化决策权、虚拟财产权、智能体的作品权利等。面对日新月异的智能技术进步及其在日常生活中的广泛应用，人们也许并不需要对法律做太多激进的修改就可把法人地位延伸到智能机器人领域。然而，"更困难的问题是给予智能系统的可能的权利"②，这种新型权利无疑对传统法律理念、理论和制度都构成严重挑战甚至颠覆。这些新型权利义务（权责）关系，尤其是区块链、比特币、自动驾驶等的数字化、智能化发展，难以在既有理论和制度的框架内得到证明和实践。以自动驾驶造成的交通事故为例，它会涉及汽车制造商、软件开发商、程序员、汽车所有者、交通事故当事人，"可能的肇事者链变得越来越长，而且很难再被一一辨析清楚。此外，软件由成百上千名程序员编写，无时无刻不在更新"，其结果很可能是"所有人都会被控告"却"最后无人担责"。③ 智能系统面对危急时的复杂路况——当交通肇事无可避免时，是优先保护妇女儿童还是老人、车内乘客还是路人、少数人还是多人？倘若要将人类伦理转换成智能系统的决策程序和算法，其所涉及的权利义务（权责）关系将更是传统理论

---

① ［美］尼克·比尔顿. 翻转世界——互联网思维与新技术如何改变未来. 王惟芬,等译. 杭州：浙江人民出版社,2014：237.
② ［美］温德尔·瓦拉赫,科林·艾伦. 道德机器——如何让机器人明辨是非. 王小红,等译. 北京：北京大学出版社,2017：181.
③ ［德］克里斯多夫·库克里克. 微粒社会——数字化时代的社会模式. 黄昆,译. 北京：中信出版社,2018：134.

及其制度实践所无法回答和解决的,理论和制度的创新迫在眉睫。

二是传统权利义务关系因嵌入数字化、智能化要素而发生了根本性改变。智能互联网使得数据、代码、算法和建模嵌入了社会关系和社会生活之中,导致"一方面权利被扩大,另一方面权利被削弱"①。例如,数据挖掘会实现对消费者的"量身订制"和优质服务,但也会成为杀熟的工具;各个行业的智能化发展为消费者提供了便捷舒适、自由选择的商业环境,但同时各种算法的不透明也会导致"黑箱社会",甚至"某些老练的法人实体可能正在利用这些算法为自己牟利"②;区块链应用领域中的智能合约,带来了透明、安全、高效、去中心化的信任共识机制,但"危险在于没有人能确保该算法设计准确,尤其是当它与众多算法交互时"③,人们只能接受算法的决策和承担相应的后果。这些并不是简单的新生事物利弊问题,其深层正是传统权利义务属性的改变、放大和限缩,展现着"被赋权和剥夺权利"两者间相互作用的趋势。传统权利义务的对应关系、平衡关系及其制度实践随之发生了重大改变,平等、自由、公正和民主原则都将遭遇重大挑战。

三是权利义务分配及其实现方式不断被解构和重构。各种新业态以数字化、智能化、平台化的全新价值理念、商业模式和管理方式,推动着对传统行业和制度的"创造性破坏"。由此所形成的利益诉求和社会关系,不断地解构和重构着传统的权利义务设定和分配格局。

首先,法权观念的更新与重构。移动互联网使人们迎来一个"无分享不生活"的时代,"过去既求所有又求所用的消费观念,变成了不求所有但求所用"④。随着发展方式从独享经济迈向分享经济,那些关注财产的实体性、当下性,强调占有、控制与积累的传统法权观念受到重大冲击,而注重信息财产的虚拟性、衍生性和未来性,强调分享、利

---

① 〔德〕克劳斯·施瓦布. 第四次工业革命——转型的力量. 北京:中信出版社,2016:97.

② 〔美〕卢克·多梅尔. 算法时代:新经济的新引擎. 胡小锐,钟毅,译. 北京:中信出版社,2016:144.

③ 〔美〕皮埃罗·斯加鲁菲. 智能的本质——人工智能与机器人领域的 64 个大问题. 任莉,张建宇,译. 北京:人民邮电出版社,2017:169.

④ 李光斗. 互联网下半场. 北京:中国人民大学出版社,2017:115.

用与流通的全新法权观念则悄然兴起。① 近年来迅速崛起的短租平台、分时度假等新业态、新模式,塑造着共享模式的权利义务关系和实现方式,传统法律制度对此难以有效处理,法律制度和社会秩序的顺应变革就成为必然。

其次,法权界定的难题日益增多。任何时代的法律都会遭遇到新社会关系中的法权界定难题,但它是少量的、偶发的。当今的普惠金融 P2P 模式、众筹模式、网络名誉侵权乃至一些互联网犯罪等则是批量的、经常性出现的。它们所带来的新的交易形式、利益关系、责任归属和救济方式等问题,都难以再沿用以往的权利义务关系理论和制度安排,其法益性质与范围也难以厘清,如仅凭点击量来认定网络名誉侵权是否合理、炒信行为如何认定、盗窃网络信息如何处理等。这些法权界定的难题都需要理论和制度上的创新来解决。

最后,通过软件植入实现了对既有权利义务关系的即时改写。网约车、抢票软件的兴起,其实质是凭借数字化、智能化技术实现了在现有制度中的"植入"。这些"植入"一方面通过"创造性破坏"提供了社会进步的便捷与福利;另一方面,也直接"改写"了既有出租车管理制度、购票制度中的相关权利义务关系。例如,将"黑车"洗白、高峰"加价"改写"定价"、软件"叫车"对路边"扬招客"的"优先权"、购票软件以智能化"插队"方式获取绝对优势的购票机会等,都使得既有权利义务的分配格局被打破,权利义务的实现方式也被更改,制度规范的效力就难免出现危机,迫使政府不得不进行回应和变革。

3. 权力与权利的关系发生结构性转向

其一,私权利与公权力的同步增长。网络空间带来了空前的自由空间和自我赋权,但各国都在凭借技术手段来规制互联网,并导致"监控国家的诞生"②。因此,尽管互联网带来的好处是如此惊人,但"在20 世纪的所有发明中,它是对个人生活侵犯得最厉害的"③,自由与控

---

① 余盛峰. 全球信息化秩序下的法律革命. 106 页.

② [美]弗兰克·帕斯奎尔. 黑箱社会——控制金钱和信息的数据法则. 259.

③ [英]约翰·帕克. 全民监控——大数据时代的安全与隐私困境. 299.

制、私权利与公权力是双向运动的。

其二,私权利扁平化与私权力崛起相交织。在智能互联网时代,一方面是"集中化的时代已经过去,现在的世界充满了更多的商机,以及更加分散的事物"①,呈现分布式、多中心、人性化的分享发展趋势,消费大众及其权利日益碎片化、扁平化;另一方面,平台经济成为当今社会的主导形态,这些商业平台基于自身利益和运营需要,制定了各种交易程序、交易规则和纠纷解决机制,而这些程序和规则呈现在消费者面前的,主要是概括性同意与否而不是菜单式选择。"传统的消费者不会回来了"②,而政府管理部门无力面对海量的信息和交易,便把一些公法审查义务交给网络服务提供者,进而赋予其公法审查权力,并造成了"避风港原则"与"防火墙"之间的内在张力。于是,平台就具有自身运营的管理权和政府转加的公法审查权,形成了日益庞大的、具有某种公权特征的私权力。而"所谓的平台效应也在加剧利益和价值向少部分人手中集中"③。

其三,公权力、私权力与私权利之间的复杂博弈。社会权力的崛起改变了传统的国家与社会的二元对立框架,形成了智能互联网时代的公权力-私权力-私权利三元博弈新格局:①国家公权力承担着公平正义和社会秩序的公共使命,社会私权利也会对国家寄予一定理想期盼,因此,两者会具有抑制社会私权力、防止垄断和促进社会公平的共识,以实现消费者权益保护和民生权利维护;②国家公权力与社会私权力在一定条件下,会为了经济发展和社会稳定,形成一定的共谋治理机制,来防止社会私权利的膨胀和滥用;③社会私权力与私权利,同样会基于税负、精英自由、市场自律等诉求,形成一定的合作,来共同抑制公权力的扩张和滥用,促进法治秩序的形成。这就改变了以往国家与社会、权力与权利的关系结构与系统功能。"一种形式的权力或许被摧毁了,但另一种正在取代它"④,这意味着迈向多元治理的结

---

① [澳]史蒂夫·萨马蒂诺. 碎片化时代:重新定义互联网+商业新常态. 296.
② [美]尼克·比尔顿. 翻转世界——互联网思维与新技术如何改变未来. 237.
③ [德]克劳斯·施瓦布. 第四次工业革命——转型的力量. 10.
④ [美]劳伦斯·莱斯格. 代码 2.0:网络空间中的法律. 89.

构性转向,会引发法律关系的深刻变革。

(三) 法律行为上的深度变革

1. 跨越双重空间

互联网开辟了传统生活之外的虚拟空间。游走在虚实交错的商业交易、信息服务、社会交往和文化生活中,法律行为也因此发生深刻变化。

其一,法律行为后果上的重大差异。在千百年来的现实空间中,人们的法律行为主要发生在可接触、可知情、可理解的人与人、人与物之间;而如今,网络虚拟空间则是具有扁平性、匿名性、分布性、流动性的无限场域,是"一个与现实世界有些相似的世界,是一个既存在于现实世界,又存在于现实世界之外的无法界定的地方"①。这样,法律行为的社会影响就会被无限量放大,甚至会发生实质性改变。例如,虚假信息散布行为一旦从线下转移至线上,其社会影响和危害性就会发生显著增长;而 P2P 借贷、股权众筹融资等行为在线下因缺少必要的审批环节是非法的甚至会成为犯罪,但同样情形在线上却是受欢迎的,并未被法律禁止的金融新业态。同一法律行为在虚实不同空间中的不同行为后果,是因为行为的表现形态和社会影响程度发生了根本改变。

其二,法律行为的动机、目的和因果关系复杂难辨。由于网络虚拟空间具有扁平化、自由化、匿名化等特殊属性,发生其中的法律行为的动机、目的和因果关系呈现出快速流变性、深度隐蔽性和边界模糊性,对很多法律行为都难以套用传统理论和司法实践经验。例如,在"双十一"将竞争商家的大量商品放进"购物筐"、节后再放回网店售架,餐饮店通过打折来换取客户在网上的好评,打车软件利用数据分析和自动算法来对客户"杀熟"等,其中电子化、信息化、数据化且虚实交错的意思表示、行为表现、证据链条和因果关系就显得十分复杂。

---

① ［美］劳拉·昆兰蒂罗. 赛博犯罪——如何防范计算机犯罪. 王涌,译.南昌:江西教育出版社,1999: 1.

最高人民法院、最高人民检察院发布的《关于办理利用信息网络实施诽谤等刑事案件适用法律若干问题的解释》将网络空间视为"公共场所"，其实大小不等、分布海量的 QQ 群、微信群、微博粉丝群等很难界定哪个属于"公共场所"、哪个属于私聊空间；虚拟空间的"线上"行为产生现实空间的"线下"危害后果，"线上"扰乱"线下"或者"线下"扰乱"线上"秩序，其因果关系也要经历虚实两个空间的立体穿越和复杂转换，而不是平面的因果逻辑套用所能阐释清楚的。

其三，社会行动方式上的深刻改变。"网络空间不是一个同质的场所，在各种不同网址上发现的群体和活动都是独具特征的，因而每一区域都会发展一套独特的规则。"[①]相应地，价值观念和行为方式也出现了巨大分化，社会交往更加自由、便捷和展现个性，使得特定的人群不再一致，一致的人群不再特定，这就使得集体行动的成本大幅降低，而动员能力却急剧提升，促进了互联网运动和亚文化的扩展与繁荣。因此，互联网一定程度地从技术上突破了代议民主的限制条件，使直接行动、直接参与、直接民主成为可欲的目标，但网络民粹主义和多数人的暴政相互助长也成为它的副产品，甚至还会扭曲民主的精神实质和现实途径。"跨国界的范围、无边界的规模、分散的控制、新型机构、集体行动能力的急剧变化"，正在"转变通信与信息政策领域的国家控制与主权"[②]，也改变了国家介入社会的方式和范围，促发着社会治理与国家治理模式的发展变革。

2. 呈现人机混合

在以往的社会生活中，人们的行为是在一定目的、欲望、意识、意志支配下所做出的外部举动，其中具有法律意义、能够发生法律上效力或产生一定法律效果的就是法律行为。然而，当今的人机共处将会对法律行为产生一定的革命性挑战。

首先是意思衔接。自工业时代以来，人们就一直跟机器打交道，

---

① [美]彼得·德恩里科. 法的门前. 邓子滨，译. 北京：北京大学出版社，2012：398.

② [美]弥尔顿·L.穆勒. 网络与国家——互联网治理的全球政治学. 周程，等译. 上海：上海交通大学出版社，2015：6.

包括自动化的机器。然而,智能机器人与以往机器的根本不同在于,它们被赋予了人工智能(算法),在人类的设计规划下接替人类的一些工作。例如,利用智能机器人进行股票分析和交易、智能医疗、自动驾驶等,这把"原本对于不同情境的个人化处理,如今变成了制度的公开决断""它使用隐藏的算法进行那些我们无法理解的论证,不断给出可以决定我们生活的得分"。[①]于是,人类的研判和决策就通过智能机器人得到了广泛延伸。此时,算法黑箱、算法自主、智能机器人的深度学习等问题,就使得一些法律上的意思表示出现了人机衔接问题。例如,智能机器人的决策是使用人(操作人)的意思表示,还是纯粹机器人算法的"意思表示"? 智能机器人下棋、作画、写诗是纯粹机器人的"算法意识",还是被输入算法的众多棋手、画家和诗人智慧的"集体意识"? 通过运用人工智能机器深度学习技术训练机器,使其像"阿尔法狗"一样自主操作识别图片验证码,轻松绕过互联网公司设置的账户登录安全策略来实施盗取信息犯罪[②],是犯罪人的意志还是机器人自主学习的"意志"? 当然,此时可以继续(或者扩展)沿用"知道或者应当知道"学说来归责,但以往的"知道或者应当知道"都是行为人凭借生活经验、知识传承等可以理性预测的且比较确定的情况,而机器人自主学习则是人类智慧的技术延伸,它"破坏了机械和有机之间的界限"[③],会出现连程序员都无法理解的高度不确定性和难以控制性。这种"不按套路出牌"的自主学习,已远超行为人可以理解和预知的范围,会给法律行为的认定带来重大挑战。

其次是行为协同。随着智能互联网的深度发展,"计算机系统从一种工具变成了代理人",甚至在劳动力与服务业等很多方面都已经取代人类。"既然认识到计算机已经取代了那些本该具有道德约束的人类服务人员,再去避免谈及对计算机系统类似的道德约束就显得不

---

① [德]克里斯多夫·库克里克. 微粒社会——数字化时代的社会模式. 136,189.

② 刘甦. AI犯罪? 数据黑产技术升级. 财经,2017(25).

③ [英]约斯特·房龙. 人工智能复制时代的虚拟风险. [英]芭芭拉·亚当等. 风险社会及其超越:社会理论的关键议题. 赵延东,等译. 北京:北京出版社,2005:270.

合适了。"①之所以如此,很大程度上是因为人机共处背景下的行为混同。例如,自动驾驶程序在难以判断的危机时刻,就会通过"切换"交还给人工操作,但"关于'切换'问题,越来越多的研究人员就一个观点达成了一致——自动驾驶在紧急情况下返回人类驾驶的问题也许根本无法解决"②。人机配合、协同和传递的问题,在理论和实践上对法律行为理论和制度提出了挑战。

最后是后果混同。随着智能机器人承担越来越多的人类工作,如何界定和对待智能机器人与人类的关系就成为一个十分紧迫的问题。有学者认为,不能将计算机系统仅仅理解为被设计出来的产品,而应看到计算机系统也有行为,它们的行为能够影响人类,并且可以在评价它们的设计者的行为之外对其单独评价。"设计师做的事和计算机做的事(在一个特定的环境下)是不一样的,尽管联系很紧密。认为只有人类设计师才是道德主体是没有认识到科技和计算机系统限制、简化且大体上塑造了人类行为。"③计算机和用户之间是通过算法而形成的道德关系,是一种机器代理。这样,智能机器人也就存在无法完成追求它们用户利益的任务的可能,乃至可能代表它们的用户在工作中做出不当行为。于是,"随着机器在普通人的生活和工作中的普及,通过机器使行为和责任脱钩日益成为普遍现象。越来越多的人将失败的责任转嫁到机器身上"④。在利用智能机器人的医疗事故、自动驾驶的交通事故、智能交易的重大失误、无人机误判恐怖分子错杀平民等问题上,"谁来为机器的行为负责",是技术故障、操作不当还是设计缺陷? 计算机系统的道德代理并不意味着对机器设定责任、义务或是责备是合理的,恰是"计算机系统中的错误或不当行为的来源可以原则

---

① [荷]尤瑞恩·范登·霍文,[澳]约翰·维克特. 信息技术与道德哲学. 赵迎欢,等译.北京:科学出版社,2014:223.

② [美]约翰·马尔科夫. 人工智能简史. 郭雪,译. 杭州:浙江人民出版社,2017:163.

③ [荷]尤瑞恩·范登·霍文,[澳]约翰·维克特. 信息技术与道德哲学. 221.

④ [美]皮埃罗·斯加鲁菲. 智能的本质——人工智能与机器人领域的64个大问题. 165.

上回溯到对软件设计做出决定的人，无论合理与否"①。遗憾的是，"我们都知道一个产品可以追踪属于哪个厂家，但程序是不一定的，有可能是由众多的人共同开发的，程序的产生可能无法追踪到某个具体的个人或组织"②。这样，人机共处和协同所产生的后果问题就陷入了困境，人机混合必然要求进行相应的理论创新和制度重构。

此外，法律思维与法律方法也会发生相关性替代因果性、信息专业化解释、司法执法智能化等方面的深度变革。因此，人们必须认识到它所推动的"新的社会关系的革命性潜力"③。

三、法律变革的应对之策

早在 1996 年国际上就曾出现关于互联网法是否为法的"马法之议"④，而互联网法现在已成为不争的事实。当下这场波澜壮阔、创新升级的信息革命，必"将使 18 世纪工业革命以来围绕能量与物质构建的法律秩序向围绕信息构建的法律秩序全面转型"⑤。法学研究应改变以往基于单元物理空间和科学逻辑的思维方式，转到基于双重空间、人机混合、算法主导的信息逻辑的思维向度，并重塑罗马法权观念和现代性法律理念。具体而言，应立足智能互联网时代的客观要求，确立新型正义观，构架新型权利义务关系，促进权益的平衡共享发展，推动法律制度与规则秩序的转型升级。

（一）构建一体融合的法律体系

目前，包括中国在内的很多国家都已走出"马法之议"的阶段，大多采取"并行主义"策略。其基本做法是采取二元规范进路，即一方面按照现有法律理念和规则逻辑补充立法、扩展司法解释，以尽量囊括

---

① ［荷］尤瑞恩·范登·霍文，［澳］约翰·维克特. 信息技术与道德哲学. 221.
② 王利明. 人工智能对民法的挑战. 中国城市报，2017-9-11(22).
③ ［美］弥尔顿·L.穆勒. 网络与国家——互联网治理的全球政治学. 7.
④ 刘品新. 网络法是"马法"吗. 检察日报，2007-9-5(6).
⑤ 余盛峰. 全球信息化秩序下的法律革命. 106.

和适用于智能互联网的新问题、新挑战；另一方面又建立互联网法律体系和互联网法院，与既有的法律体系分立并行。这固然要比单纯按照物理空间的规则逻辑来处理智能互联网案件的做法好得多，但这仍然有很大的局限。当今的社会关系、交往行为及其后果，有些仍然限于单纯的物理空间，有些限于单纯的虚拟空间，但绝大多数则虚实混合。不仅线上线下、虚拟现实、人机交错的商业交易、社会交往和互动过程难以进行清晰二分，而且彼此融合延伸的法律关系、法律行为也难以进行二元分立处理。因此，"面向智能革命时代，我们应在认识和分析现行法律困境的基础上，探索与科学文明相伴而生的制度文明，创制出有利于人工智能健康、有序发展的社会规范体系"①。这需要从更高、更抽象的层面上，来整合并达致现代性法律与智能互联网新型关系的法益共识。特别是要尊重法律变革进程中的新兴权利和法益诉求，内在地反映双重空间、人机混合、算法主导时代的行为规律和新型法律关系，在法律概念、法律规则、法律原则中融入智能互联网元素，探索从二元规范走向一体融合规则体系的制度安排，从而塑造信息时代的新型法治秩序。当然，这绝不是对现代性法律的抛弃或替代，而是继承和发展；这更不是一蹴而就的，也不可能依赖人为设计，而是立足智能互联网生活实践的一个长期的、复杂的试验探索、规则提炼、命题验证的转型升级过程。这与农业时代法律体系向工业时代法律体系的转型升级有相似的历史逻辑。

（二）探索新型的代码规制方式

在数据和算法成为重要的生产要素的宏观背景下，大量的生产生活关系将会由代码来设定、建构和维护。当传统物理空间的规则逻辑遭遇虚拟空间和建模算法的规则逻辑并产生冲突时，以前者强行干预或者替代后者，就会出现很多尴尬和困境。例如，在快播案中法院对快播的规制，属于对算法结果进行的规制。这种规制希望通过对平台施加责任，促使快播自行清除淫秽视频，但其主要问题在于"取证及论

---

① 吴汉东.人工智能时代的制度安排与法律规制.133.

证的不足,监管方式的正当性,以及最根本的,平台对技术问题的把持。如果希望突破这些局限性,更好地控制算法本身,势必要深入技术黑箱,对算法设计进行干预"①。这意味着,智能互联网时代的法律规制需要放弃传统习惯上的强行干预方式,而更多地采取技术主义路线和策略,把法律规制转换成与之对应的法律技术化规制。这样,代码无疑就是最基本的转换工具与中介平台,代码也成为规制行为和塑造治理秩序的一个重要的新型途径,在相关领域出现从"代码即法律"到"法律即代码"的转向。"这些代码具有自我执行的属性,规则创制、规则执行和规则司法在代码这里是三位一体的。"②

　　目前,美国等西方发达国家开始探索法律代码化,进而以法律技术规制信息技术发展的规制策略,并取得了良好的成效。"由于算法强调按部就班的程序,因此,法律编码化应该可以保证具体判决的跟踪、审核、验证工作更加简单明了,至少比有人为因素干扰时要好得多。从理论上讲,算法可以详细地描述应用于每个小的决定(进而形成最终的重要决定)之中的那些具体规则。"③纽约市议会已针对法院、警方等使用的自动化决策系统,提出了以算法透明、解释权以及救济权为核心的算法规制策略。④ 当然,在诸如征信规则、量刑规则、保险规则等被代码化而写进程序的过程中,算法和代码的设计都是编程人员的主观判断和选择,编程人员可能并不知道公平的技术内涵,也缺乏一些必要的技术公平规则指引他们的程序设计,他们是否可以不偏不倚地将既定的规则和政策原封不动地编写进程序就需要审慎对待。⑤ 比如,2004 年 9 月至 2007 年 4 月,来自私营公司的程序员曾将900 多条不正确的规则植入科罗拉多的公共福利系统,"他们的错误非常严重,对政策进行错误的编码导致成千上万人遭遇不公正的对待,

---

　　① 邱遥堃. 法院如何规制算法. 北京:法律出版社,2017.

　　② 余盛峰. 全球信息化秩序下的法律革命. 112.

　　③ [美]卢克·多梅尔. 算法时代:新经济的新引擎. 139.

　　④ 2017 全球人工智能政策十大热点. 搜狐网,2018-6-18. http://www.sohu.com/a/215305327_389636.

　　⑤ 曹建峰. 人工智能:机器歧视及应对之策. 15.

造成这个问题的全部原因就是编码的人没有相关的背景知识",其"错误的编码导致法律条文被严重扭曲,其效果也发生了改变"①。规则代码化还伴有不透明、不准确、不公平、无法审查等问题。但无论如何,规则代码化的技术主义规制进路和策略已成为智能互联网时代不可阻挡的规制发展趋势。

(三) 塑造高度自主的精细化治理秩序

自近代法治精神与原则确立以来,政府与市场、自由与干预、国家管制与社会自治一直是社会变革发展的主题,其核心问题乃是国家进入社会的边界、程序、使命和目标。智能互联网时代彻底打破了单一物理空间的平面关系,进入了双重空间、人机混合、算法主导、颠覆创新的多元立体发展时期。这不仅出现了错综复杂的线上线下监管态势,也出现了国家与社会之间双向建构秩序的发展格局。也就是说,"互联网的治理系统是市场自由主义、国家监管和共同决策趋势的结合。如此一来,我们告别了互联网'有监管'和'无监管'两极分化,走向一套有着细微差别的不同规制模式:法规的/自愿的、正式的/非正式的、国家的/超国家的、等机制的/分散的。"②这需要塑造国家规制导引下的高度自主的治理秩序,以便与新时期的法律变革相契合。

一是规则精细化。智能互联网使得万物相连、一切皆可计算,人们试图利用算法、模型、机器学习等数学方法来重塑更加客观、更加智慧的世界。其中,网络平台营销、大数据分析、建模算法等新技术创造了去中心化、个性化的"量身定制"商业交易模式,这必然会出现五花八门、异常丰富的"定制化"交易关系,呈现差异性的权益关系。这就要求精细化的自主规则来塑造新型治理秩序。淘宝、腾讯、滴滴等平台十分丰富的治理规则就是精细化的突出表现。这种精细化的规则不可能通过程序复杂、保守稳定的国家立法来实现,而是由民间的自主规制来承担,"互联网的程序、协议和平台并不是和规制分离的,它

---

① [美]卢克·多梅尔. 算法时代:新经济的新引擎. 140.
② [英]詹姆斯·柯兰等. 互联网的误读. 128.

们本身就是规制的一部分"①。国家法律则在宏观上为其提供指引、督导和协调,采取追惩制而非预防制,体现出社会治理的民主性、灵活性和创新性。

二是正义场景化。随着智能互联网的飞速发展,普遍性、一致性、抽象逻辑化的生活方式逐渐淡去,而根据特定情形、地域和对象的数据分析、场景定制、程序建模,则逐渐成为一种发展趋势,诸如线上线下量身定制的医疗健康方案、个性化的精准服务、按照消费者需求定制产品等成为家常便饭,形成了自动化、场景化甚至一事一议的商业交易。这样,面向应用场景的描述、主体责任伦理以及权利伦理就凸显出来。② 因此,正义价值也会在这种定制场景中得以展现和接受考量,尽管基本的正义原则仍然发挥指导作用,但很多具体的正义权衡则需要基于定制场景来完成,它成为智能互联网时代社会治理的一个重要动力和支撑。

三是治理平台化。"要么利用平台、要么被平台消灭"的平台经济时代,形成了"政府—平台—大众"的多元互动构架。平台不仅是商业交易和经济发展的重要载体,也是社会治理和秩序构建的重要载体。首先,政府通过制定监管规范、强化平台责任、发布指导政策等方式,促使平台借助数据分析、代码和算法来强化自身管理、平台治理和纠纷解决机制,它"由政府和商务共同推动,正在构筑一种能够实现最佳控制并使高效规制成为可能的架构"③,以达到规制商业交易和社会秩序的目标。其次,广大消费者也通过大众点评、批评建议、参与纠纷解决机制等方式传递消费者诉求,进而影响平台治理决策,并反馈给政府监管部门,以促进政府治理机制的改进。再次,平台治理在上传下达的同时,其本身也对公权力扩张设置了一种制约机制,促进了规制方式的多元化、自主化和回应性。最后,社会大众通过向监管部门反映情况和投诉维权、向司法机关提起诉讼、发起舆论批评等方式,对平

---

① [英]詹姆斯·柯兰等. 互联网的误读. 121.
② 段伟文. 人工智能的道德代码与伦理嵌入. 光明日报,2017-9-1(15).
③ [美]劳伦斯·莱斯格. 代码 2.0:网络空间中的法律. 5.

台治理进行必要的社会监督,也推动了国家层面对平台治理的良善监管。基于此,在平台治理过程中,就形成了国家与民间互动、软法硬法并重、双向多元构建的社会治理机制,促进法治秩序的时代转向。

(四)促进执法司法的智能化发展

智能互联网时代的法律变革,要求执法司法方式进行与其相适应的转型升级。此前人们也会通过技术手段设计开发一些自动化系统,但它们都是按照预先设计的程序进行的简单机械作业。随着人工智能的飞速发展,基于数据和算法、反映智能互联网发展规律的智能化执法司法方式,会成为社会治理的一种变革趋势。一是智能辅助,如智能辅助司法、智能辅助政务中的图像识别、身份识别、证据认定、瑕疵审查等;二是智能服务,如智能化的大数据分析、政策咨询服务、电子查询系统等;三是智能执行,如智能化公共福利系统、智能化电子交警等。对于新兴的区块链技术,"则基于法律框架,不仅通过预设自动执行的智能合约,在约束并引导人们的行为时引入技术,而且依靠技术使信息更加透明、数据更加可追踪、交易更加安全成为现实,大大降低了法律的执行成本,呈现出法律规则和技术规则协同作用、相互补充,法律与经济融为一体、逐渐趋同的态势,法律的约束与执行逐渐走向智能化"[①]。

需要指出的是,执法司法的智能化目前并不是很成熟。以智能辅助司法为例,"算法有可能胜任法庭上的多项工作,甚至可以有效地提高现行法律制度的公平性,但是它们无法胜任判决工作",特别是"由于程序员偷懒或者疏忽,不少被编码的法规与书面法规相比,确实存在精细度不够的问题"[②],这就难免使执法司法的智能化面临很多问题和挑战。

(五)嵌入风险控制的制度机制

一是防控新技术的负面后果。目前,智能互联网的负面后果已较

---

① 唐文剑等. 区块链:将如何重新定义世界. 北京:机械工业出版社,2017:47.
② [美]卢克·多梅尔. 算法时代:新经济的新引擎. 141,145.

为突出,如信息链接与国家安全问题、大数据与隐私保护问题、区块链与金融风险问题、算法决策错误带来的重大损失(损害)问题、数字鸿沟与两极分化等,甚至智能机器人大量替代人类工作之后,还会形成政治精英、资本精英、技术精英与"无用"大众之间的深刻矛盾。 在数字化世界,即便是一些微小的疏漏,也可能产生让人无法预料的连锁性事故,这就使得"人们会面临表面相关性、错误阐释和错误决策的风险"②。因此,"我们需要制定和论证新政策(法律、法规和关税)以规范各种新情况。有时,我们可以预见技术的使用将产生明显的不可取的后果,尽可能多的是,我们需要预见这些后果并制定政策,最大限度地减少新技术的有害影响"③。

二是防控智能互联网的异化发展。人类已经由工具运用文明、技术统治文明进入技术垄断文明阶段,其结果是,"互联网不仅没有受到公众的控制,反而摇身一变成了控制者"④,人工智能"这些自动化系统已经由简单的行政管理工具变成了主要的'决策者'"⑤。如果说工业革命是机器战胜人类的肌肉,那么今天的人工智能革命则是机器与人类的大脑角力。它兼具大脑和肌肉,"我们都正在面对'被我们的造物完全取代'的未来"⑥。尽管这些带有预测性的警示未必准确,但应该对那些不可控的异化因素予以重视和及早防范。此外,利用互联网和智能机器人进行高技能犯罪的现象越来越突出,打击犯罪的压力越来越大。这需要对网络犯罪、黑客、暗网、流氓软件等进行必要的打击和风险防控,对人工智能机器人的设计进行规范,尤其要对其所包含的程序进行一种事先的审查,防止其被植入恶意程序,以有效控制人工智能可能引发的异化影响,有些重要的高风险领域甚至可以适当地提

---

① [以色列]尤瓦尔·赫拉利. 未来简史. 311.
② [德]罗纳德·巴赫曼,吉多·肯珀等. 大数据时代下半场——数据治理、驱动与变现. 211.
③ [荷]尤瑞恩·范登·霍文,[澳]约翰·维克特. 信息技术与道德哲学. 关立深,译. 北京:金城出版社,2015;29.
④ [英]约翰·帕克. 全民监控——大数据时代的安全与隐私困境. 299.
⑤ [美]卢克·多梅尔. 算法时代:新经济的新引擎. 137.
⑥ [美]约翰·马尔科夫. 人工智能简史. 86.

前实行法益保护。

三是防控文化价值的流失。智能互联网和大数据分析数字化地解构了人的存在与生活及交往方式,智能算法替代了人类的决策,但是,"如果人所有的行为、所有的感情、所有经历的事情、所有认识的人都可以进行量化,变成一组数据,那人类存在的价值在哪里?"①如何在算法时代保持人性?有学者指出:"我不担心人工智能让计算机像人类一样思考问题,我更担心的是人类像计算机那样思考问题——摒弃同情心和价值观,并且不计后果。"②这就需要在法律体系中对数据使用、算法审计、权利义务和法律责任等做出合理的制度安排,确立有效的数据正义观、代码正义观和算法正义观,从而使机会和风险得到必要的、恰当的权衡,更好地促进智能互联网时代的法律变革与转型升级,塑造人类社会的美好未来。

(原文载《法学研究》,2018(4):20-38。)

---

① 王天一. 人工智能革命——历史、当下与未来. 206.
② 库克:人工智能并不可怕,怕的是人像机器一样思考. 中华网,2018-1-21. http://finance. china. com/industrial/11173306/20170612/3706950. html.

06 数据新型财产权构建及其体系研究

龙卫球[*]

一、问题的提出：大数据时代数据资产化背景下的法律 变革问题

"大数据"(Big Data)概念，最先出现在经历信息爆炸的天文学和基因学领域，大约 2009 年开始成为互联网信息技术行业的流行词汇，用来描述和定义信息爆炸时代产生的海量数并命名与之相关的技术发展与创新。[①] 2012 年是大数据时代标志到来的重要年份，随着互联网公司及其技术高度发达，特别是移动互联网、云计算技术等出现，巨量级的网络社区、电子购物、物流网等得到前所未有地开发，数据收集系统不断普及，产品服务智能化不断升级，网络信息开始出现海量集聚，真正的大数据时代由此而生。[②] 大数据成为"人们获得新的认知、创造新的价值的源泉；大数据还是改变市场、组织机构，以及政府与公

---

* 北京航空航天大学法学院教授、博士生导师。此文原载《政法论坛》2017 年第 4 期，系笔者承担国家社会科学基金重大项目"信息法基础"(16ZDA075)的部分研究成果。本文在写作和材料收集整理上，得到丁道勤、林洹民、李美燕等协助，在此一并致谢。

① 参见 2008 年 9 月 4 日《自然》推出的名为"大数据"的专刊。转引自[英]维克托·迈尔-舍恩伯格，肯尼思·库克耶. 大数据时代：生活、工作与思维的大变革. 盛杨燕，等译. 杭州：浙江人民出版社，2013：8.

② 《纽约时报》2012 年 2 月 12 日一篇专栏称："大数据"时代已经降临，到 2012 年为止，人类生产的所有印刷材料的数据量是 200PB，全人类历史上说过的所有话的数据量大约是 5EB。See Steve Lohr, "The Age of Big Data", http://www.nytimes.com/2012/02/12/sunday-review/big-datas-impact-in-the-world.html?_r=1&pagewanted=all, Aug 18, 2015.

民关系的方法"。①

　　大数据时代出现之后,数据经济突飞猛进。从业者通过新的数据技术,可以收集大量有价值的数据,产生利用这些数据的强烈的利益驱动力,大数据被演化成为创造巨大价值的新型资源和方法,数据不断发展为新型资产,同时也越来越被市场赋予巨大的商业价值。在这种情况下,数据的应用效应激增,数据的商业价值得到激发,大数据概念和数据经济活动进入兴盛时期。IBM 的研究称,整个人类文明所获得的全部数据中,有 90% 是过去两年内产生的,而到了 2020 年,全世界所产生的数据规模将达到今天的 44 倍。② 大数据信息成为新经济的智能引擎,各行各业包括零售、医疗卫生、保险、交通、金融服务等,都在完成所谓的数据经济化,它们通过各类数据平台开发智能,使得生产、经营和管理越来越高度智能化,给新经济带来极大的成本降低和效率提升。③ 硅谷战略领袖杰弗里·莫尔甚至认为,今天资产信息比资产本身更值钱,他说"在这个世界中,信息为王。你拥有的信息越多,你的分析能力越好,速度越快,你的投资回报将会更高。"④ 即使如此,数据经济的威力也只是刚刚发挥,可谓十不及一,其巨大潜力尚不可限量。⑤

　　大数据带来的数据经济发展和数据资产化加速的趋势,导致一个如何顺应这种时代变革而及时进行法律制度变革的崭新课题。数据经济本身呈现了一种复杂的利益关系,一方面是用户对于其个人信息

---

　　① [英]维克托·迈尔-舍恩伯格,肯尼思·库克耶. 大数据时代:生活、工作与思维的大变革. 盛杨燕,等译. 杭州:浙江人民出版社,2013:9.

　　② 大数据:抓住机遇保存价值. 中国大数据网,2015-08-18. http://www.thebigdata.cn/YeJieDongTai/11104.html.

　　③ [法]伯纳德·利奥托德,[美]马克·哈蒙德. 大数据与商业模式变革:从信息到知识,再到利润. 郑晓舟,等译. 北京:电子工业出版社,2015:7.

　　④ [英]维克托·迈尔-舍恩伯格,肯尼思·库克耶. 大数据时代:生活、工作与思维的大变革. 盛杨燕,等译. 杭州:浙江人民出版社,2013:5.

　　⑤ IBM 研究人员的结论认为,目前只有 7% 的数据被企业在做战略决策之时主动采用,企业掌握的大量数据还没有被利用和发掘. 参见[法]伯纳德·利奥托德,[美]马克·哈蒙德. 大数据与商业模式变革:从信息到知识,再到利润. 郑晓舟,等译. 北京:电子工业出版社,2015:6.

的保护需要,另一方面则是经营者对于个人信息数据化利用的需要,即需要通过对个人信息收集和加工来形成某种数据资产。所以,如何从法律上设计或处理好用户和经营者之间的这种利益关系,就成为当前数据经济及数据资产化能否得到有效而合理开展的基本前提。遗憾的是,我国立法迄今为止并没有对此提供一种清晰而合理的解决方案。

我国在《民法总则》之前,全国人大常委会 2012 年《关于加强网络信息保护的决定》是该领域的一项重要立法文件。该决定实际将个人信息视为用户的一种绝对利益,并以此简单立场来处理用户和网络经营者之间关于个人信息保护及其利用发生的利益关系。《决定》第 1 条规定:"I,国家保护能够识别公民个人身份和涉及公民个人隐私的电子信息。II,任何组织和个人不得窃取或者以其他非法方式获取公民个人电子信息,不得出售或者非法向他人提供公民个人电子信息。"从中可以看出,其赋予了用户对自己的个人信息以一种类似具体人格权的地位,其中最重要的是具有排除他人非法获取、非法提供的权能。

但是,这一简单的规定并不能适应复杂的现实调整的需要,特别是在大数据现象以及数据经济旋即得到前所未有的爆发之后,其局限性越加明显。这一决定的规定没有明确用户是否可以对个人信息享有积极自决权能,即得允许他人利用。但网络经营者在实践中为了使得网络服务成为可能,并取得对用户个人信息的收集、加工和商业化利用,通过设置用户协议的方式,引导用户建立一种有关个人信息的授权关系。这种方式很快得到实践的广泛认同。有关政策规章文件也陆续出台,在贯彻保护用户个人信息的基本立场上,允许其利用自决,并对商业化利用之下保护的强度进行一定程度的软化和变通。例如,国家质量监督检验检疫总局、国家标准化管理委员会在 2012 年 11 月 5 日批准发布的《信息安全技术公共及商用服务信息系统个人信息保护指南》(GB/Z 28828−2012)第 5.2.3 条规定,"处理个人信息前要征得个人信息主体的同意,包括默许同意或明示同意"。我国现行有关部门的指导性意见中,较有代表性的还有 2013 年工信部出台的《电信和互联网用户个人信息保护规定》。

司法实践也不断尝试进行突破。第一次的重要突破，体现在 2012 年《关于审理利用信息网络侵害人身权益民事纠纷案件适用法律若干问题的规定》的司法解释。第 12 条规定，利用信息网络侵害个人隐私和个人信息，其是否构成侵权，应当看是否符合"利用网络公开个人隐私和个人信息的行为"和"造成损害"的特殊要求。如果"欠缺公开性"，即构成侵权的排除规定。[①] 这一司法解释，在相当意义上重塑了用户个人信息保护关系，破除了个人信息人格权保护的绝对格局，赋予数据经济中的数据从业者一定的收集、加工和利用空间。第二次的重大突破，则是在 2015 年 6 月"北京百度网讯科技公司与朱烨隐私权纠纷案"（简称"百度隐私侵权案"）的终审判决[②]，南京市中级人民法院认为，网络服务商或数据从业者对于用户浏览信息的自动抓取收集行为以及个性化推荐行为不构成隐私侵权，因此更加明确赋予了数据从业者在收集和利用用户个人信息方面具有相当的自由空间，引起广泛的关注度。该案终审判决，援引最高人民法院前述司法解释第 12 条等规定，以上诉人行为欠缺公开性，以及被告通过《使用百度前必读》已经明确告知网络用户可以使用包括禁用 cookie、清除 cookie 或者提供禁用按钮等方式阻止个性化推荐内容的展现等理由，认为网络服务商尊重了网络用户的选择权，因此不构成侵权；判决还在裁判依据上，直接引入《信息安全技术公共及商用服务信息系统个人信息保护指南》，允许将用户同意扩展为包括默示的规定，作为根据支持判决。[③]

上述企业实践、有关规章文件的变通规定以及司法的突破性实践，以某种不尽完美的方式提出了一个疑问：在当前数据经济背景下，我国用户和网络经营者或数据从业者之间的法律关系，是否应该重塑，是否应该结合数据经济蓬勃发展的合理需求来放宽对于数据从

---

① 美国法学家波斯纳有一种相似论说，他认为机器程序不会诽谤，不会"八卦"，不会关心用户个人的私生活事务，因此，也很难说用户的浏览记录被他人所知晓——"这些只是根据指令运作的逻辑机器而已"。See Richard Posner. Our Domestic Intelligence Crisis. Washington Post, December 21, at A31,2005.

② 参见"江苏省南京市中级人民法院 2014 宁民终字第 5028 号民事判决书"。

③ 参见"江苏省南京市中级人民法院 2014 宁民终字第 5028 号民事判决书"。

业者的行为限制?① 甚至是否可以走得更远,突破目前"用户个人信息人格权保护＋用户协议"模式②,赋予数据从业者对于数据加工或者数据产品某种特殊的法律地位,进而重新平衡数据经济开展中的利益关系呢?③ 2016 年 12 月出台的《网络安全法》限于立法特殊定位,第四章对用户个人信息从安全保障的特殊角度做出了一些基本规定,但对于个人信息的法律地位及相关利益关系本身却未涉及。2017 年 3 月刚刚出台的《民法总则》,对于这个问题进行了一定的立法思考,但是最终鉴于该问题的复杂性和分歧较大,没有形成立法定论。一方面,立法一开始就意识到个人信息和数据资产的区分性;但是另一方面,却就如何确定二者的法律利益关系存在严重分歧。二审稿曾经有过将数据资产和网络虚拟财产纳入作为一种新型知识产权客体的思路,但旋即受到激烈反对而未果。最后,《民法总则》以第 111 条和第 127 条两条规定④,在区分规范个人信息与数据和网络虚拟财产的基础上,简单地做出了开窗式的立法授权规定,从而预留下继续研究的巨大空间。⑤

二、传统法律架构调整个人信息和数据利益关系的基本思路

传统法律架构下,关于个人信息和数据资产利益关系的处理,主

---

① 有关评论报道,请参见《财经》报道:Cookie 隐私第一案终审:法院判百度不侵权. 新浪网,2015-07-09. http://tech. sina. com. cn/i/2015-06-12/doc-ifxczyze9463119. shtml.

② 我国有关部门近期以来开始注意对于网络服务商进行一些特殊地位的确认,例如 2013 年工信部出台的《电信和互联网用户个人信息保护规定》,以便在保护用户个人信息的同时,也注意赋予网络服务商一定的积极行为空间. 但是,这种规范性文件级别很低,权威性和系统性远远不足以满足现实数据经济对于制度创制的高位需求。

③ 终审判决在表述中也提到要处理好严格遵循侵权构成要件和正确把握互联网技术,妥善处理民事权益保护和信息自由利用之间的关系。

④ 《民法总则》第 111 条规定,"自然人的个人信息受法律保护";第 127 条则规定,"法律对数据和网络虚拟财产的保护有规定的,依照其规定"。但是,就如何予以具体的法律保护,均未予明确,而留待单行法解决。

⑤ 限于篇幅和简化必要,本文研究主要限于数据经济即数据商业化应用领域,并不涉及公共权力部门的数据运用和管理的规范问题,也不探讨一些特殊领域例如广电事业领域的数据规范问题,同时也有意略过敏感信息和非敏感信息的区分规范问题。

要是从用户角度出发,将个人信息简单纳入隐私权或通过确立一种独立人格权来加以保护,然后在此基础上变通赋予自决功能等特殊效力,允许数据活动关系人通过用户协议(个人信息授权合同)方式建立数据收集、利用的债的关系,有时还辅助以某些管理规范。但是,这些方式无论是单独还是结合起来,其实无法合理适应当前数据利益关系调整的复杂需求。

(一)美国模式:变通隐私权保护的宽松模式

美国作为公认的互联网起源之国,对于个人信息问题,很早就定位在立足于用户的角度、通过援引和变通隐私权保护来加以处理的模式。具体的做法是,原则上援引现有判例法关于隐私侵权的规定,来处理互联网上面用户个人信息的规范定位和法律地位问题,以此保护用户个人信息和规范网络信息控制者、处理者的行为界限,但是同时根据网络信息实践开展的实际需要,进行一定的变通,以更加务实地调整用户和网络经营者之间基于个人信息的利益关系,并由此认定网络经营者接触、收集或者处理个人信息的行为是否构成侵权。随着数据经济的日益发展,美国司法实践越来越注意立足网络从业者对于网络整体事业促进的重要性,兼顾网络营运商的合理需求,对隐私权保护模式尽可能进行软化或变通处理,留有余地;必要时还引入宪法来支持网络运营商的“法不禁止即自由”的行为空间,平衡网络从业者和用户的利益关系。

美国司法实践支持了将用户个人信息纳入隐私保护的做法。侵权法一直在美国隐私权保护当中扮演着极为重要的角色。[①] 美国《第二次侵权法重述》规定了四种隐私权侵权类型:(1)侵入公民的隐居所;(2)向公众揭露私人事实;(3)在公众面前传播错误信息;(4)未经

---

① Paul M. Schwartz and Daniel J. Solove. Information Privacy Law. Aspen Publishers,2006:9.

允许的对他人姓名或喜好的揭露。① 这四种类型区分了美国法对隐私的保护。美国有关法院对于这种隐私保护施加了一些必要限制。例如,美国法院认为,在认定被告的行为是否侵犯隐私时,其行为必须符合"高度侵犯性"的要求;②就揭露私人事实而言,还要求被揭露的事实被广为传播(widespread disclosure);③对于"未经允许揭露他人姓名和喜好"这一最有可能体现为保护个人信息的类型——法律对其限制更是严格:该规范仅仅适用于那些希望利用自己隐私的人。④ 亦即该类型只能适用于那些不寻求隐私保护,但是意在吸引公众注意的人,因为名人的状态具备着某种财产性的利益。⑤ 比如某著名球星的一组照片本欲张贴在 A 网站上,但是却被未经允许地传播在了 B 网站上。这可能使得 A 网站的访问量因此降低,由此球星便可主张隐私权受到侵害。

但是,随着网络的发展,美国司法实践认为,网络个人信息保护问题具有特殊性。如果要使得网络经营得以持续、用户便利得以扩大,必须对网络个人信息保护在援引隐私权规则方面进行适度软化,且不能简单套用上面这种类型化规制,因此产生了很多特殊议题。首先,对用户就其个人信息的权利应赋予一种可自决利用的功能。传统隐私权通常属于自我享受的一种消极权利,通常被认为不具有积极的自决利用功能,但是美国司法中认为,网络环境下的个人信息却不同,从实践上来说,个人信息以其作为网络必要载体,如果严格按照不能自决处理,必定使得数据从业者无法获得授权去触及、收集和利用,所以应允许用户为此项自决。实践中,美国网络环境下的信息从业者,早就采取各种办法特别是取得用户协议同意的办法,不断突破一般隐私权的消极性,以便对用户个人信息展开积极的收集和利用。行业协会

---

① Restatement (Second) of Torts, §652A-D (1977): (1) intrusion upon one's seclusion; (2) public disclosure ofprivate facts; (3) publicity that places one in a false light before the public; and (4) appropriation of one's name or likeness without permission.

② Restatement (Second) of Torts, §652A-D.

③ Restatement (Second) of Torts, §652D.

④ Restatement (Second) of Torts, §652E.

⑤ Dan Dobbs. The Law of Torts. West Group, 2000: 1198.

甚至明确以做出必要的合理限制为限,承认这种积极利用,这就是所谓的"知情同意原则"(notice and consent)。根据该原则,网站在明确告知用户信息或数据的收集和使用状况,且获得用户的明确同意的情况下,可以收集和使用用户信息。美国司法实践最终在原则上确认了"知情同意"原则,赞成有必要赋予用户对其个人信息以积极的自决功能,进而能够授权他人去收集和利用。① 其次,关于隐私侵害的"隐蔽性"以及"极为重要性"的要求,加以适当软化。传统隐私权保护中,就是否构成对公民的滋扰而言,以侵入到"隐蔽所"(seclusion)为认定。虽然法律没有要求该隐蔽所一定要有物理形态,但是美国法院一般认为,公共场所不在隐蔽所的射程范围之内。② 但是,网络社会具有天然的开放性,似乎可视为公共场所,这使得利用隐私权保护网络个人信息具有困难。此外,美国法院对于一般隐私往往倾向于对于"极为重要"的隐私信息的保护,而网络不同个人信息其私密重要程度却有所不同。③ 例如,美国一些法院认为,未编入成册的电话号码④、对直邮公司的订单表⑤、个人过去的保险记录⑥等都不符合"极端重要"的标准,因此对此使用并不构成侵犯隐私。那么,应当特殊对待网络个人信息保护中关于私密性和重要性的要求呢? 美国法院对此呈现一种放宽的趋势,以此认定哪些网络个人信息非属"公开"(publicity)以及哪些属于极为重要的隐私。⑦ 最后,有关隐私保护中"高度侵犯性"的要求,也在用户个人信息保护中得到放宽。绝大部分数据信息的搜集和使用都是在用户完全不知晓的情况下进行的,在这种情况下对个人上网信息的搜集和使用,似乎难以认定为"高度侵犯"。况且数据搜集

① Anupam Chander. How Law Made Silicon Valley. Emory Law Journal 63, 2014: 639-694.

② Muratore v. M/S Scotia Prince, 656 F. Supp. 471, 482-83(D. Me. 1987).

③ Remsburg v. Docusearch. Inc. , 816 A. 2d 1001 (N. H. 2003).

④ Seaphus v. Lilly. 691 F. Supp. 127, 132 (N. D. Ill. 1988).

⑤ Shibley v. Time. Inc. , 341 N. E. 2d 337, 339 (Ohio Ct. App. 1975).

⑥ Tureen v. Equifax. Inc. , 571 F. 2d 411, 416 (8th Cir. 1978).

⑦ Purtova Nadezhda. Property rights in personal data: Learning from the American discourse. Computer Law and Security Review 25, 2009: 6-9.

的目的也并非决然对用户不利,此时更难说用户正在被高度侵犯。

当然,隐私权在美国被认为是一种反抗非法搜查和逮捕的权利,因此美国法官和学者也经常将宪法和隐私保护结合起来,坚持隐私权同时也具备特殊的宪法价值。一些人希冀借助于宪法隐私保护的力量,来加强对网络个人信息的保护。但是另一方面,许多美国法官和学者也注意到,这种宪法上的隐私保护具有限定,主要涉及的是对政府权力的限制问题,而没有处理网络企业和用户的关系,而所谓"法不禁止即自由"对于网络经营者反而具有特殊积极意义。美国宪法与隐私权有关的条文,包括宪法第十四修正案、第四修正案和第五修正案。第十四修正案,主要强调的是正当程序原则(Substantive Due Process Clause),亦即禁止非经正当程序对生命、自由和财产的侵害。在 1977 年的 Whalenv. Roe 案中,美国最高法院将这种保护延伸到了网络个人信息方面,认为是否公开个人信息也是公民的一种自由,因此未经正当程序不能强制要求其公开个人信息。然而,如同在该案中强调的那样,最高法院认为这里面的个人信息仅限于"从未公布的信息",如果已经为第三人知晓,则不属于第十四条修正案的保护范畴之内。个人信息的采集往往是在公共场合,所以无有该条之适用余地。第五修正案,涉及"不可强迫自证其罪原则"(against compelled self-incrimination)。该修正案关注的是刑事案件,因此不能阻止政府要求公民公布和犯罪无涉的信息,更遑论限制公司对于个人信息的搜集和使用的问题。[①] 第四修正案涉及的,是反对非法搜查和逮捕的问题,且不论该修正案主要是针对政府与公民之间的问题,对该条修正案的理解在美国也饱受争议。有学者认为,该条涉及的是对当事人造成极大困扰(burdensome)的搜查,如果并未对当事人造成困扰,那么就无该条之适用余地。亦即如果采用蠕虫(Worms)模式,公民甚至感受不到自身在被搜查,此时无所谓"困扰",因此政府对公民的信息监控并不违背宪法第四修正案。可见,美国宪法对网络个人信息保护是有特定语境局限的,其重在限制政府权力以保障公民自由,因此对

---

① 112 Couch v. United States. 409 U. S,1973;322.

于网络经营者来说,这种限制不可任意套用,相反在崇尚自由的美国,"法不禁止即自由"的观点,"为信息的自由流动提供了基础的思想支持"(a basic regulatory philosophy that favors the free flow of information)。^① 所以,只要法律未对其进行限制,那么商业对个人信息的收集、处理和使用就应该不言自明地具有合法性。

美国联邦政府从 1973 年就开始考虑通过联邦立法来规范网络个人信息的保护的问题,但是由于立法权和立法机制的有限,这方面难度一直很大,收效甚微。美国健康、教育和福利委员会在 1973 年曾经提出了一份名为《记录、计算机和公民权利》的报告(Records, Computers, and the Rights of Citizens;HEW Report)。在该报告中该委员会提出了制定《公平信息操作法》(Code of Fair Information Practices)的主张,并提供了相应草案。^② 该草案规定了个人信息使用的五项基本原则:(1)不能秘密存储个人信息;(2)公民必须能够了解自己信息的保存和利用情况;(3)公民必须能够了解自己的信息是否在不经自己同意的基础上被使用;(4)公民必须能够修改或补充关于自己的个人信息;(5)建立、维持、使用或传播个人信息的机构必须对信息的使用负责,并且防止信息的滥用。^③ 这个草案的根基,显然是普通法对于隐私或个人信息绝对保护的思维,所以体现为不能秘密储存以及必须保障用户知情、同意、修删(遗忘)以及安全的利益。尽管美国一些学者倾向该草案所设定的原则,但是该草案最终未能生效。究其原因,就该草案本身而言,公权力部门认为其将限制自己职能的发挥,企业则主张其对于商业运行是一种不合比例的负担。当然其中联邦立法权的局限以及网络服务商的集体抵制是最主要的。所以,美国

---

① Schwartz & Reidenberg. Conceptualizing Privacy. Cal. L. Rev 90,2002:1087.

② U. S. Department of Health. Education and Welfare, Secretary's Advisory Committee on Automated Personal Data Systems, Records, Computers, and the Rights of Citizens viii. 1973:29-30, 41-42, 2015-05-03. http://www. webcitation. org/5J6lfi8l6.

③ U. S. Department of Health. Education and Welfare, Secretary's Advisory Committee on Automated Personal Data Systems, Records, Computers, and the Rights of Citizens viii,2015-05-03. http://www. webcitation. org/5J6lfi8l6.

联邦所以始终没能出台统一的个人信息保护立法,也未能设立统一的相关独立监督机构。

最终,美国决定对涉及个人信息的私主体关系和公权力关系做出区别的立法对待。就私主体之间的数据使用和交易,美国联邦考虑到由于无法达成整体立法,所以尊重行业自律规范,鼓励通过依赖和改进行业自治(self-regulation)自我约束业者行为的办法来达到有效保护个人信息的目标。针对公权力关系领域,美国联邦最终制订了有关单行法,即在 1974 年出台了《隐私权法》,专门规范公权力使用个人数据的问题。此外,美国将个人信息区分为敏感信息和一般信息,并对前者采取更为严格的保护制度。针对敏感信息特别保护的需要,美国联邦在特殊领域出台了一些特别法,包括 1988 年的《影视隐私保护法》、1998 年为了保护儿童隐私的《儿童在线隐私权保护法案》等,确立对特殊主体敏感信息的公共保护原则。2013 年 7 月 1 日,美国联邦贸易委员会(FTC)修订了《儿童在线隐私保护法案》(COPPA)规则,旨在确保父母能够全方位参与到儿童的在线活动过程,并且能够对任何人收集儿童信息的行为有所知晓,同时也注重保护网络创新,以便互联网能够提供更多的在线内容供儿童使用。有关规则要求:专门针对儿童的应用软件和网址,在儿童父母未知、未获得其同意的情况下,不允许第三方通过加入插件(plug-ins)获得儿童信息。2013 年 9 月 23 日,美国加州通过本州的《商业和专业条例》,明确规定,18 岁以下未成年人有权要求网络服务提供商删除个人信息。

(二)欧盟国家模式:专门确立个人信息人格权保护的严格模式

欧盟以及相关国家由于特殊立法体制,在对个人信息保护的制定法方面,相比美国显得更加积极而有为,在法律理念方面,采取了确立个人信息人格权的较为严格的保护模式,明确用户在相当于隐私权的意义,对其个人信息具有人格权地位,以此对互联网从业者进行严格的行为规范。①

　　欧盟在成立不久之后,考虑到欧盟国家个人数据流动的实际,较早便决定在一体化进程下统一个人数据保护立法。② 1995 年 10 月 24日,通过《关于在个人数据处理过程中保护当事人及此类数据自由流通的 95/46/EC 指令》(以下简称《隐私权指令》或者《个人数据保护指令》),旨在促进人权保护、统一欧洲数据保护,要求各国采取统一立法模式,建立独立的数据保护机构,对于个人信息数据进行充分保护。此后,欧洲议会及欧盟理事会在 1997 年 12 月 15 日又通过《有关电信行业中的个人数据处理和隐私权保护的 97/66/EC 指令》(以下简称《电信业隐私权指令》),适用特定的电信行业。两项指令的内容涵盖了在网络环境下有关消费者个人信息数据采集及处理的各个方面,并且为其保护规定了具体措施。2002 年 7 月 12 日,欧盟理事会和欧洲议会共同颁布了新的《关于在电子通信领域个人数据处理及保护隐私权的 2002/58/EC 指令》,简称电子隐私权指令,于 2004 年 4 月起在欧盟成员国生效实行,取代此前的电信业隐私权指令。③

　　上述立法或指令都是站在确立个人信息人格权并予以较为严格保护的立场来解决问题的。欧盟认为,面对网络时代个人数据保护的压力,应该从“二战”以后人权保护观念的角度来寻求解决之道,于是决定赋予个人信息以人格权地位,引入相当于隐私权的保护并提升到基本权利的高度,同时适用消费者特殊权益保护,以此规范和引导网

---

　　① 相关研究,可以参见刘敏敏. 欧盟《个人数据保护指令》的改革及启示. 西南政法大学 2011 年硕士学位论文.另参见齐爱民. 论个人信息保护基本策略的政府选择. 苏州大学学报(哲学社会科学版),2007(4);洪海林. 个人信息的民法保护研究. 北京:法律出版社,2010;周汉华. 个人信息保护前沿问题研究. 北京:法律出版社,2010.

　　② Graham Pearce and Nicholas Platten. Achieving Personal Data Protection in the European Union. Journal of Common Market Studies, Vol. 36, No. 4, 1998: 532.

　　③ Bainbridge, D. , Pearce, G. EC "Data Protection Law". Computer Law and Security Report, Vol. 12, No. 3, 1996: 160-168; European Commission, Growth. competitiveness and employment—the Challenges and ways forward into the 21st century. December 1993; Europe and the Global information society. High—level Group chaired by European Commissioner Martin Bangemann, 1994;刘敏敏. 欧盟《个人数据保护指令》的改革及启示. 西南政法大学 2011 年硕士学位论文.

络社会的发展。在这种情况下,企业关于个人信息的利益问题便被置于被相对漠视的地位。首先,按照隐私权的模式,确认个人数据权并加以绝对化保护,重点赋予了查阅权、拒绝权、获得救济权等具体权利,并要求各成员国将之提升到保护自然人基本人权和自由以及消费者特殊权利的高度。^① 其次,推导设立严格的数据行为规范,确立了对个人数据收集和控制活动的限制原则,明确信息收集或控制者的行为模式。^② 再次,建立专门保护监督机构,强化保护机制,重点监督数据收集和控制者的行为。最后,规范信息跨境流通,强化数据保护机构之间的合作机制。可见,欧盟采取了比美国更加严格的人格权保护路径,尤其强调个人信息作为基本权利和自由的崇高定位,使得互联网企业活动空间十分有限。例如,美国试图隔离网络中间商,使其免于对用户的不当行为担责,而欧洲却为网络服务商创立了特别责任,平台在欧洲遭遇诉讼的风险极高,简单一条禁令就可以要求企业对现有体系进行重构,导致其无法有效运行,涉身其中的程序员则甚至可能因此入狱。^③

当然,面对企业和网络服务者经营或利用个人信息日益增长的需要,欧盟也逐渐采取了一些变通姿态,包括:突破人格权不可让渡的原则,即将个人信息权由消极人格权向积极自决人格权方向加以改造;允许用户通过合同方式,约定或授权网络服务商收集、控制、使用甚至处分数据,使得数据从业者从事数据活动得到一定程度的容忍,特别是可以通过合同方式获得对个人信息收集、处理。^④ 此外,1995年以来的指令,不再以强制性条款规范数据交易和使用市场。此前,

---

①　Graham Pearce and Nicholas Platten. Orchestrating Transatlantic Approaches to Personal Data Protection: A European Perspective. Fordham International Law Journal, Vol. 22. Issue 5, 1998, p. 2222.

②　[德]库勒. 欧洲数据保护法. 旷野,等译. 北京:法律出版社,2008:30-31. 包括合法原则、终极原则、透明原则、适当原则、保密和安全原则、监控原则等。

③　Anupam Chander. How Law Made Silicon Valley. Emory Law Journal 63, 2004: 639-694.

④　Cuijpers. Privacyrecht of privaatrecht? Eenprivaatrechtelijkalternatiefvoor de implementatie van de Europeseprivacyrichtlijn. The Hague, Sdu 2004.

1991 年的欧洲《计算机系统指令》第 9 条第 1 款规定,任何合同条款违背第 6 条或者第 5 条第 2 款和第 3 款的即为无效;①《欧盟数据库指令》第 15 条也规定,任何合同条款违反该法第 6 条第 1 款和第 8 条的将被认定无效。②

　　欧盟委员会在 2010 年起启动了对于《个人数据保护指令》的修订计划,希望在数据的一般规范领域,总体上做出一些有利于数据经济关系现实的规范调整,能够更好适应新信息技术条件下个人数据保护及流通要求。③ 2012 年 1 月 25 日,欧委会发布了《有关"涉及个人数据的处理及自由流动的个人数据保护指令"的立法建议》(简称数据保护指令修正案),提出了个人数据保护立法一揽子改革计划。④ 但由于框架基础保守,特别是对于数据财产化趋势重视不足,在此后的通过过程遇到很大的阻力。欧洲数据组织(Digital Europe),成员包括美国互联网巨头包括谷歌、亚马逊、脸书等公司在内广泛进行游说,批评修改内容中存在许多不合理的地方,给行业企业在控制和处理隐私数据时造成许多没有必要的负担,⑤例如要求大企业必须进行风险影响评估更是"作茧自缚",此外其他方面的规定也使得数据外包处理的工作

---

① Council Directive 91/250/EEC of 14 May 1991 on the legal protection of computer programs, OJ 1991 L122/42. Art. 9(1): "any contractualprovisions contrary to Article 6 or to the exceptions provided for in Article5(2) and (3) shall be null and void."

② Directive 96/9/EC of the European Parliament and of theCouncil of 11 March 1996 on the legal protection of databases, OJ 1996 L 077/20,Art. 15: "Any contractual provision contrary to Articles 6 (1) and 8 shall benull and void."

③ 欧盟在具体方面的一些修订,保持了过去的惯性,如电信网络信息风险领域,就在原有框架下有针对地强化对个人信息隐私的保护。

④ European Commission. Safeguarding Privacy in a Connected World a European Data Protection Framework for the 21st Century. Com(2012) 9 final, Jan 2012;刘敏敏. 欧盟《个人数据保护指令》的改革及启示. 西南政法大学 2011 年硕士学位论文:第 31 页以下;何治乐,黄道丽. 欧盟《一般数据保护条例》的出台背景及影响. 信息安全与通信保密,2014(10).

⑤ 吴琼. 欧洲议会司法内政委员会通过新版数据保护法欧盟数据保护立法取得重大进展. 法制日报,2013-10-29;王融. 欧委会推动欧盟个人数据保护立法重大改革. 中国征信,2015(3).

面临过多限制。① 数据商的游说拖延了立法改革通过进程,而且推动了一些缓和性再调整的发生。② 最终,2016 年 4 月 14 日,欧洲议会投票通过了商讨四年的《一般数据保护条例》(General Data Protection Regulation),该条例将在欧盟官方杂志公布正式文本的两年后(2018年)生效。欧盟并非没有认识到大数据的市场化价值,但是,总体上立法中法律传统力量保持了强大的惯性,此外欧盟本身在数据经济竞争上存在与美国难以势均力敌的忧虑,或多或少具有隔离自保的考量。③

三、传统法律体制的弊端和数据财产化的理论确立

(一) 传统法律体制关于个人信息保护的弊端

美国和欧盟援引隐私权保护或确立个人信息人格权保护的方式,其落脚点都是以个人信息为基础,将用户视为唯一绝对的主体。这种模式的形成,除了路径依赖之外,很大程度上也是早期互联网活动视野下可以理解的一种法律思考。

早期互联网的个人信息问题,并不是以我们今天这样具有显而易见卷入复杂的经济利益关系的问题来呈现的。一开始,人们对于网络个人信息问题,关注点不是其具有的经济价值,而是其作为网络活动内容所具有的社会公共意义或者某种个体关切的意义。后来随着网络经济活动和利益的出现,私法的问题渐渐也产生了,但首先映入人们眼帘的是却是个人信息保护的单边问题:人们依赖和利用网络,从事网络购物、浏览网页、购买飞机票等,输入个人信息甚至是隐私信

---

① 欧洲数据组织组织负责人约翰-希金斯(John Higgins)在发表的一份声明中表示:"欧盟方面所实施的针对一些敏感数据的保护措施本身确有其必要性和务实性,但与此同时这些措施也阻碍了那些低风险数据的流动和利用,这对于本行业企业来说无疑是增加了不必要的发展负担。"参见隐私数据监管有所放松受到 IT 企业欢迎. 赛迪网,2015-08-21. http://www.ccidnet.com/2014/1012/5631091.shtml.

② 隐私数据监管有所放松受到 IT 企业欢迎. 赛迪网,2015-08-21. http://www.ccidnet.com/2014/1012/5631091.shtml.

③ 2015 年 10 月 6 日,欧盟法院(Court of Justice of the European Union)宣布已运行15 年的欧美数据共享协议立即失效,这就是一个欧盟在数据上试图隔离自保的典型例子。

息,处处留下各种触网"痕迹",这些都被无所不在的网络及电子设备所记录,所以用户不免关心,在享受网络方便的同时,这些个人信息和痕迹怎么办? 在这种情况下,关于网络个人信息问题,公法上主要立足信息社会构建和网络信息安全防控两个方面,私法上则主要站在用户焦虑的角度,基于个人信息的人格权保护思维,对信息活动进行相关约束或规范,综合表现为一套严格的人格权保护以及相应严格的信息活动行为规范,严格规制对个人信息的制造、收集、控制和传播等活动。

但是,随着网络的发展,特别是在大数据出现和数据经济关系兴起之后,这种简单的单边处置方式明显具有不合时宜性。首先,不断升级的网络经营对于信息处理产生日益强劲的需求,不仅存在分析、收集、利用用户信息的必要,有时甚至是应该负有义务和职责,这种情况下如果一味强调个人信息人格权单边保护,很不利于网络平台、网络服务的提供和经营,结果是网络服务恐怕难以为继,用户自身最终也会失去网络便利。其次,随着数据经济的蓬勃发展,数据资产化的经济利益越来越巨大,在这种情况下,个人信息人格权保护简单模式,与数据经济的实际运行要求也直接发生抵牾,难以有效调和用户和网络经营者基于个人信息和数据的利益关系,网络经营者的数据经营的保障和动力都很脆弱,不利于其发挥创造性。

(二) 莱斯格(Lessig)教授的数据财产化理论的提出

传统法律架构对用户个人信息赋予人格权保护的简单立场,不能适应互联网日益发展的需要,对于逐渐复杂化的数据活动来了巨大障碍。于是,一种需要法律发展的意识产生了,引发进一步改革创制的呼声,要求理论上尽快提出与数据活动尤其是数据经济发展需要相符的新方案,以便在保护用户隐私或者个人信息的同时,能够合理促进数据活动的开展。数据活动,从本质上即要求数据的大规模收集、处理、报告甚至交易,不宜简单站在用户立场,只为了保护个人信息而保护个人信息,而对数据活动进行简单粗暴的限制。① 数据财产化(data propertization)理论于是应运而生,并很快在数据经济界得到呼应。

20世纪70年代初,就有美国学者提出,应当将数据视为一种财产。② 然而,公认为系统提出数据财产化理论的,当属美国的劳伦斯·莱斯格(Lawrence Lessig)教授。③ 莱斯格在1999年出版《代码和网络中的其他法律》(Code and Other Laws in Cyberspace)一书,被誉为当时"最具影响力的关于网络和法律的著作"。④ 该书首次系统地提出了数据财产化的理论思路。

莱斯格认为,应认识到数据的财产属性,通过赋予数据以财产权的方式,来强化数据本身经济驱动功能,以打破传统法律思维之下依据单纯隐私或信息绝对化保护过度保护用户而限制、阻碍数据收集、流通等活动的僵化格局。即应该按照数据活动的要求,通过一种赋予个人信息以财产权品格的新的设计,使得数据活动更加方便和顺畅。⑤"法律将会是隐私方面的一种财产权。个人必须具有能够方便地针对隐私权和隐私权所享有的权能进行协商的能力,这就是财产权的目的:财产权所界定的是,凡是想要取得某些东西的人,就必须在取得之前先进行协商。"

应当赋予谁以数据财产权呢?是用户还是数据经营者呢?莱斯格和其追随者认为,应当授予用户(事实的数据主体)以数据所有权,因为通过法律经济学分析,数据财产权应该赋予用户,这样才更为有

---

① Daniel D. Barnhizer. Propertization Metaphors for Bargaining Power and Control of the Self in the Information Age. Clev. St. L. Rev. 54, 2006; 113. "Data is the breath of the Internet and the blood of theinformation economy, and it is in the nature of the beast to collect, collateprocess, and report this data."

② Alan Westin. Privacy and Freedom, The Bodley Head Ltd. , 1970.

③ Paul M. Schwartz. Beyond Lessing's Code for Internet Privacy: Cyberspace Filter, Privacy-Control, and Fair Information Practices. Wisconsin Law Review, 2000: 746.

④ Henry H. Perritt Jr. and Lawrence Lessig. Code and Other Laws of Cyberspace. Conn. L. Rev 32, 2000: 1061.

⑤ [美]劳伦斯·雷席格. 网络自由与法律. 刘静怡,译. 台北:商周出版社,2002: 396. 本书英文名为Code and other Laws in Cyberspace,中文译者台湾学者刘静怡为了表达形象起见,将该书名字做了转换。雷席格,在本文按照大陆地区习惯译名为莱斯格。

效率。[①] 可以比较一下,如果将数据财产权授予数据收集者即经营者,那么事实上的数据主体(data subjects)即用户,就要花费大量的成本才能发现信息是否被搜集以及正在被如何使用,而数据收集者将不需要支付任何成本,因为其已经占据并使用着数据。此外,与数据收集者不同,用户(事实上的数据主体)面临着集体行为的困境(collective action problem),这一点在对企业的监控成本过高时显得特别明显。一旦通过法律认可了用户对自身数据的财产权利,要获得用户的个人数据就只能通过合同或侵权两种路径。前者(即合同路径)是一种合法的行为,数据收集者必须与用户签订合同,征得数据主体对其收集、使用、处理或出售数据的明确同意。依据美国合同法理论,一个有拘束力的合同原则上是应当有对价(consideration)的,即数据使用者必须给予用户一定的补偿。后者(即侵权路径)则是一种非法行为,当数据收集者未经用户的允许而径自收集其个人数据时,即构成了对于用户数据财产权的侵犯,因此应当按照侵权路径追究数据收集者的相关责任。

一旦承认了用户具有数据财产权,那么就会迫使数据使用者主动与数据主体进行商议,如此改变了用户在数据市场被忽视的境地,使得用户获得了一定的议价能力(bargaining power)。更何况,技术也降低了数据经营者和用户协商的成本。例如,网络技术的发展就使得隐私强化技术成为可能,其中最为典型的就是隐私参数平台协议(Platform for Privacy Preferences),简称 P3P。另外,一方面网络技术的发展使得数据主体和数据收集者之间的议价成本降低,另一方面网络技术的应用也需要法律为其提供足够的助力。当然,这无疑需要法律的支持。[②] 莱格斯教授认为,只有承认用户对数据的财产权,才能

---

① J. Kang. Information Privacy in Cyberspace Transactions, Stan. L. R. 50, 1998: 1193.

② 关于 P3P 技术和隐私强化的关系,参见 Joseph M. Reagle Jr.. P3P and Privacy on the Web FAQ. Version2. 0. 1(1999),2016-05-23. http://www. w3. org/P3P/P3PFAQ. html. 引自[美]劳伦斯·莱斯格. 网络自由与法律. 刘静怡,译. 台北:商周出版社,2002: 399 页注 51.

够使得该诉求得到法律的支持,才能够借助既有的法律应对新时代中
的数据纠纷。①

　　莱斯格认为,赋予用户数据财产权,除上述作用以外,对于个人数
据的保护还有以下两种优势:其一,数据财产化可以满足不同人的隐
私需要。无论是依赖于行政管制还是刑法规范,其都是一种"责任路
径"。但是,"责任路径"是使用客观价值来评价个人数据的,虽然实际
上不同人对自己的个人数据会有不同的认识。以电话号码为例,对一
个学生而言,其手机号码被公布或许不是什么大不了的事情,但是如
果是影视明星、政府官员的手机号码被公开,对他们而言或许就是不
小的麻烦了。实证的研究也表明,人们对隐私保护的态度不一。② 面
对着这一现状,如果采用财产路径,便能够使得公民对其个人数据的
不同"定价"得到实现,而如果仅仅只有责任路径,"客观价值"或多或
少都会让人感到失望。其二,"财产路径"可以起到预防之效。法律规
范行为主要有两种机制:事前(ex ante)和事后(expost)。③ 后者是反
应型的,即对某一事件做出反应;前者则是预防型的,即预测并防止一
事件的发生。现代社会越来越倾向于预防型规制。例如,以往对犯罪
嫌疑人的侦查,只有在事实发生且特定人有重大嫌疑的情况下才能为
之;而机场对人体的搜索则是在没有安全事件发生之前进行的。先进
的技术使得工作人员可以透过衣服观察人们是否携带违禁品。对于
个人数据的保护,也应该侧重于事前预防而非事后救济。"责任路径"
着眼于在事件发生之后给予适当的补偿,而财产路径则要求在获得财
产之前进行协商。财产制度的关键是给所有人以控制信息的权利,其
允许人们拒绝转让信息财产。财产路径重视选择,而责任路径重视赔
偿。莱斯格教授认为,只有承认数据是一种财产,才会使得对数据市

　　① Lawrence Lessig. Code. Basic Books, Inc. , 2006:226.此书为刘静怡中译的劳伦
斯·莱斯格《网络自由与法律》2006 年再版.

　　② Lior Jacob Strahilevitz. A Social Networks Theory of Privacy. University of
Chicago Law Review 72, 2005:919-921.

　　③ Guido Calabresi and A. Douglas Melamed. Property Rules, Liability Rules, and
Inalienability:One View of the Cathedral. Harvard Law Review 85,1972:1105; Lawrence
Lessig. Code and Other Laws of Cyberspace. Basic Books, 1999:160-161.

场的规范由事后变为事前,才能预防大规模损害公民个人数据现象的发生。[1]

莱斯格的数据财产化理论,直接回应了数据活动和数据流通的财产化需要问题。网络社会初期,网上的信息活动更多只是在信息社会层面进行开展,网络信息经济化程度不高,"网络信息"在财产上的意义还没有显示出来。[2] 在这种情况下,一般意义的权利规范、行为规范、管理规范稍加修改调整,似乎便可为依据。但是,随着商业化数据活动的开展日益增加,单纯的个人信息人格权的规范模式的悖谬和捉襟见肘感,已经显得十分强烈,即使进行了种种变通,也仍然无法消除其牵强性和不适应性。在这种情况下,简单地把个人信息在价值属性上仅仅看成只具有人格价值属性,显然不符合实际,与其扭扭捏捏赋予人格权具有自决性和商业化品格,不如直接采取赋予其财产权的方式,这样更加顺畅也更加合乎时宜。

莱斯格的数据财产化理论提出后,引起美国法学界的广泛关注和热烈讨论,对该理论的正反方面的反响巨大。[3] 这一理论发展为现实中的数据活动注入了新鲜要素,一些相关的财产化新规则逐渐演化出来。其中,最重要的当属数据红利共享制度的发展,旨在保障数据主体能够从对自身数据的收集和使用当中获益。奥巴马政府在 2011 年就推出了"绿色按钮"计划,"要求必须使得顾客能够以一种可下载的、标准的容易被使用的电子形式查询自己的能源使用信息"[4];2011 年 9月,美国首席技术官要求工业必须"以在线且可被机读(machine

---

[1]　Lawrence Lessig. Code. Basic Books, Inc. , 2006: 228-230.

[2]　早期个人信息保护法的侧重点确实是在公法规范的角度展开关于数据的规范,即除了确立个人信息的人格权和基本权利地位之外,重点在于规范和限制公共机构对个人数据的处理行为. 例如美国 1974 年《隐私权法》,德国 1977 年《联邦数据保护法》,都是如此。

[3]　Julie Cohen. Examined Lives: Informational Privacy and the Subject as Object. Stan. L. Rev. 52, 2000: 1373.

[4]　National Institute of Standards and Technology. Green Button Initiative Artifacts Page, 2016-02-19. http://collaborate. nist. gov/twiki-sggrid/bin/view/SmartGrid/GreenButtonInitiative.

readable)的方式公布用户数据,并且不能限制用户对这些数据的再利用。"①数据的可下载化、可机读化,促使企业纷纷开发相关的技术以吸引消费者,如能源管理系统和相关的智能手机应用等,使得消费者获得便捷地应用程序以合理规划他们的能源使用。美国许多企业在政府引导下积极实施数据红利共享计划,给用户输送切切实实的经济利益,使其对于数据的控制执着转化为分享大数据红利的交换动力。以Personal.com 网站为例,该网站致力于使得个人从自己的数据中获益,它提供给用户个人以在线的"数据保险库"(Data Vault),以存储自身的很多个人信息,如消费习惯、旅行记录、在各种网站的登录记录以及地理位置等信息,用户可以与他们的朋友、家人、顾客或同事分享这些信息。更重要的是,用户可以收费的方式给商家提供适当的接口以了解这些信息,从而获得直接的经济利益。当然网站也不吃亏,收取10%的手续费,并且通过付费地方式接入连接,许可连接者利用这些特定的信息进行精准化营销、市场预测等。②

(三) 莱斯格数据财产化理论的完善及其方向

但是,莱斯格的理论具有一种令人遗憾的单向性不足。其虽然赋予个人信息以财产化的私权构建,却仍然属于立足用户的一种单边构建。其所谓的经济分析论证,只是简单地在用户和网络运营者之间,就数据财产化利益进行了一次非此即彼的决断,赋予了用户个人以个人信息财产权,却排斥了数据从业者应有的财产地位和利益诉求。当然,莱斯格并非有意对数据从业者的作用视而不见,他提出该理论时(1999 年)时间还太早,数据经济尚在初始阶段,数据从业者和商业组织对于数据经营的作用和意义尚未得到充分展示,数据经济内在复杂

① Aneesh Chopra. Remarks to Grid Week. (2011-09-15)[2016-03-23]. http://www.whitehouse. gov/sites/default/files/microsites/ostp/smartgrid09-15-11. pdf.

② Thomas Heath. Web site helps people profit from information collected about them. Washington Post. (2011-06-26)[2016-03-23]. http://www. washingtonpost. com/business/economy/web-site-helps-people-profit-from-information-collected-about-them/2011/06/24/AGPgkRmH_story. html.

的结构特点凸显尚待时日。

随着大数据时代的到来,我们很容易就发现,莱斯格这种基于用户个人信息单方面的财产化理论,其实并不能反映数据经济结构关系的实际特点和内在需求。随着数据经济的发展,数据从业者的重心地位日益凸显,这种单向性不足越来越明显。互联网企业面向大数据时代,开发储存、分析、服务的各种新技术、新平台,如云计算、hadoop、MapReduce、NoSQL 等,持续提升数据收集、储存和分析能力;工业企业、电商、服务企业等不断拓展大数据在工商业和管理上的应用;一些专门的数据营运商、经纪商也出现了,数据交易平台逐渐涌现。在这种复杂背景下,数据经济逐渐体现为一种围绕数据经营和利用而展开的复杂关系,于是一种以数据运营者为重心的双向动态结构显示出来,即数据经济的本质结构即在于,数据经营者以数据资产化追求为中心,围绕数据收集、利用、开发甚至经营,展开活动,由此而形成复杂而动态的数据活动和利益关系。① 就目的而言,是通过数据经营活动,即对数据的利用、开发和经营,最终达成创造和实现数据财产化利益的效果;从行为上说,是对数据开展大规模收集、处理、加工、利用乃至交易活动;从结构上说,具有显著的双向性和重心偏向性,从业者和用户属于活动和利益紧密相关的双方,其中数据从业者处于结构重心,是数据活动的关键驱动所在。② 可见,莱斯格及其追随者立足用户角度的单向财产化方案,并没有反映数据经济的双向结构和动态开展的关系本质,特别是没有切合数据从业者处于重心驱动位置的实际特点,所以虽然解决了对于用户初始数据的财产利益确认,但不能却满足数据经济作为整体上的财产利益机制建构要求,特别是数据从业者作为经济关系重要一方的结构性需求。

---

① J Kang. Information Privacy in Cyberspace Transactions. Stan. L. R. 50, 1998: 1193.

② Daniel D. Barnhizer. Propertization Metaphors for Bargaining Power and Control of the Self in the Information Age. Clev. St.L. Rev. 54, 2006: 113. "Data is the breath of the Internet and the blood of the information economy, and it is in the nature of the beast to collect, collateprocess, and report this data."

四、当前数据新型财产权的合理化构建及其体系展开

（一）数据新型财产权的构造基础

当前数据资产化势不可当的前提下，一种数据新型财产权制度的构建极为迫切，堪称"供给侧改革"之急需。这种数据新型财产权的制度设计，必须结合数据经济的双向动态结构，特别是数据经营者的重心驱动作用，如此才算完整。换言之，应该立足数据经济的合理本质，重新平衡用户和数据从业者以及其他关系人复杂利益关系，确立更加复杂的数据新型财产权体系。数据经营者和用户进入数据交易关系，只是数据经济的初始环节；从其全部环节看，数据从业者合理开展数据经营、实现数据资产化、创造数据财富和应用价值，才是大数据时代数据经济的意义所在，体现为一个动态复杂的关系结构和活动过程。

首先，从主体角度来说，就数据经济的利益关系而言，存在用户和数据从业者的双向性，或者说存在个人信息和数据资产的区分性。一方是用户，其既为个人信息原初主体，也是数据经济的初始数据的供给主体或曰生发主体，其自身或者基于网络活动产生初始数据，由此成为初始数据的实际生发者，并可以因为授权原因而成为该初始数据的供给者或输出者；另一方是数据从业者，包括专门的数据商以及其他依法从事数据活动（收集、控制或处理数据）的主体，它们以数据活动为业，首先通过初始交易关系或服务平台取得用户的初始数据，成为被授权人或受供给者，继而通过数据集合、利用、加工、交易，成为数据进一步的占用者、数据产品的加工者和持有者，数据资产的经营者和获益者等。其次，从数据经济的过程来说，存在从数据收集、集合、加工、利用到数据资产交易的动态性。首先，是数据采集，原初数据交易处于这一环节；其次，是数据整理、利用、加工等活动，其中基于数据整理或加工，通常也形成数据库、数据平台和数据决策等各类数据资产；最后，是数据应用或交易，数据资产持有者对于其数据资产进行应用或交易，以实现数据资产的使用价值或交易价值，取得效益或收益。

总之,数据经济双向动态,且以数据从业者为主要驱动装置的结构性质,要求数据新型财产权构造也应该呈现双向动态和以数据从业者为重心驱动的结构特点。

(二) 数据新型财产权的阶段和类型

数据新型财产权从体系上说,应该在区分个人信息和数据资产的基础上,进行两个阶段的权利建构:首先对于用户,应在个人信息或者说初始数据的层面,同时配置人格权益和财产权益;其次对于数据经营者(企业),在数据资产化背景下,基于数据经营和利益驱动的机制需求,应分别配置数据经营权和数据资产权。

1. 用户基于个人信息的人格权和财产权

从用户而言,其作为初始数据的个人信息事实主体,基于数据经济环境的依存性,体现出人格化和财产化的双重价值实现面向。所以,可以赋予其基于个人信息的人格权和财产权的双重性权利。这一阶段,有关配置基础,无论是基于传统的私法正义理论,还是依据现代的法律经济学方法,都应该配置给用户。在这里,个人信息的人格权和财产权配置上相互分立,各自承载或实现不同的功能。其中,信息人格权近似于隐私权,又应当区分敏感信息和非敏感信息,在保护上前者严格于后者;而信息财产权则近似于一种所有权地位的财产利益,用户对其个人信息可以在财产意义上享有占有、使用、受益甚至处分的权能。

2. 数据经营者基于数据的经营权和资产权

从数据经济的整体而言,基于数据从业者的结构需求和在数据经营事业中的重心驱动作用,同时基于数据从业者的经营活动的动态过程性特点,对于数据从业者也应进行相关权利配置。这种配置不同于一般的静态权利配置,它需要根据数据活动的规律,结合数据活动的目的和阶段价值需求,除了达成数据活动的规范功能,更重要的是达成对动态中的数据利益的合理配置功能,从而明确界定数据经济活动过程中数据从业者对于数据的地位和利益关系。总体上,应当赋予数据从业者数据经营权和数据资产权两种数据新型财产化权利。

　　这些权利近于物权设计,具有绝对性和排他性,其中数据资产权也与工业知识产权有一定的相似性。这些财产权类型之所以要予以绝对性、排他性构建,在于一般性的债权地位不能支撑现代数据经济的内在动力和保障需求。数据从业者对于经营中的数据利益,仅仅具有依据用户授权合同而取得的债的地位,是一种微弱而不具有绝对保护的财产地位,显然难以支持和保障数据开发和数据资产化经营的需求;相反,绝对财产地位的构建,则可以使得数据从业者获得一种有关数据开发利益的安全性市场法权基础的刺激和保障,使得数据经济得以置身于一种高效稳定的财产权结构性的驱动力和交易安全的保障之中。

　　首先是数据经营权。这是一种关于数据的经营地位或经营资格。数据经营权是互联网条件下确立的一种新型经营权,从理论上来说,基于对数据经营的效率和安全特殊考虑,是一种经营限制权。从功能上讲,法律通过数据经营权的确认,不仅为数据经营者提供了从事经营的结构性的驱动力和保障,而且还给予了享受特定倾斜扶持政策的机会。数据经营者据此可以对他人数据以经营为目的而从事各种活动,具体包括收集、分析、整理、加工等。数据经营权具有某种专营权(专项经营权)的性质,具有特定事项的专向性和排他性,这与网络企业一般性取得网络经营许可不同。初期,为了减少过度竞争,加上严格保障数据安全和效率的谨慎考虑,有关国家不仅采取严格许可制方式加以限制,而且往往还进行各种政策配套和其他方面的扶持。

　　数据经营权是否必要设置,主要看有关国家对于数据经济的管理立场。从一般的市场化原则出发,应当欢迎经营自由而不是经营限制,但是我们在数据经济活动中发现,数据经营其实存在效率和安全的复杂问题,所以不是那么简单。数据经营,在效率上需要依赖一定的技术条件和管理基础,在安全上存在予以特殊保障。数据安全是一种现实的威胁,这种安全既可对个人,也可对社会或者国家。在这种情况下,可以通过特别的资格管控来达成目标,所以可以考虑引入经营限制,对于我们这样一个市场信用尚欠发育的国家来说尤其值得考虑。

经营限制有行政直接限制和私权限制两种方式，比较起来，后者当然更加灵活，也接近市场化机制，这就是私法意义的特定化的经营权。私法上特定化经营权通过法律规定或者特定机构依法授予或许可而产生，通常存于特定效率或者安全考虑的事业中，我们常见的比如矿业权、建筑执业权、金融特许经营权、出租车经营权、公用事业特许经营权等。需要注意的是，数据经营权设置，应当限于数据资产化经营的企业，且尽可能贴近经营自由而合理规范设立许可规则和监管规则，避免任意和任性。对于公共数据从业者，则应该基于公共利益和维护个人信息的特殊考虑，依据法律授权或者行政特许方式，严格管制其数据活动；而对于数据自用或者自营的企业则应该不受数据经营权限制，可以立于经营自由而活动。

其次是数据资产权。这是数据经营者对其数据集合或加工产品的一种归属财产权，是一种近似于所有权的法律地位。数据经营者据此权利，对自己合法数据活动形成的数据集合或其他产品（数据库、数据报告或数据平台等），可以占有、适用、收益和处分。从功能上说，数据资产权是法律对数据经营者的数据资产化经营利益的一种绝对化赋权，既是对其经营效果的一种利益归属确认，更是通过提供便利和安全的保障而鼓励数据资产化交易的一种制度基础。数据资产权不仅促进数据产品交易本身，也特别促进了数据加工的开展，直接鼓励了数据经营和数据资产创造，因为这种绝对化赋权立足劳动正当论，使得数据加工活动及其添附价值得到格外重视，数据从业者可以凭借其极具有价值创造意义的数据加工活动，取得对于其数据产品的绝对权并进而获得其财产利益。

数据资产权的客体，不是物权法上一般意义的有体物，而是作为无形物的信息或数据，严格说从法律形态上独立于个人信息的原初形态，是具有特定功能或者利用价值的数据集合或者数据产品。而且，数据具有很强的时效性，所以数据资产权客体从其经营的特点，在本质构成上往往只能相对确定而具有浮动性，随着时间发展可以不断变化，而且往往只有不断变化升级才能维持或提升价值。这一客体的特点，有点类似浮动担保，所以也需要借助隶属经营主体的固定来相对确定,同时需要借助登记来加以区隔特定化和进行公示。数据资产权基于客体的特点可以多层次化,对于他人数据产品的合法整理和加工,达到一定的价值创造程度,便可以形成新的数据资产权的客体而获得独立性。这些都可以通过具有公信力的登记来进行区隔,以实现不同数据利益的精准划分和归属。数据资产权建立在整理加工基础上,从性质上接近物权,但是其以一定的价值添附创造为基础,又与工业知识产权有相似性。所以,数据资产权是具有一定垄断性的权利,在权利设计和保护上应引入工业产权的某些规则,特别是基于鼓励数据流通、数据公共使用和数据再创造的需要,应当对其在必要时在一定条件下确立强制流通、强制使用和允许他人再创造的规则。

数据经营权和数据资产权兼有保护型权利(共益权)的特点,兼具以私权名义促进共益的一面。法律基于数据事业的特殊性,赋予从业者数据经营权、数据资产权,其目的也在于:以这种权益刺激的方式,可以在鼓励数据从业者进行加工创造,以此推进数据产业发展,同时可以确立一定的权利门槛,维护市场合理竞争,最终维护用户和消费者利益,造福商业和国家社会。正因如此,数据经营权和数据资产权的构建,本身也负有诸多义务,包括促进数据共益,维护数据安全,保护个人信息,等等。

(三)数据新型财产权的体系动态关系

数据经济的各种权利之间相互形成一种共存叠生、动态依存的体系关系。数据经济的双向结构和动态发展性,使得用户和数据经营者之间、不同层次的数据经营者内部之间,各种权利在行使上处于一种相互配合、相互限制的动态体系关系之中,彼此围绕数据经济的合理关系和生态结构而布局。其中,数据经营权、数据资产权应以个人信息权为基础和前提。

数据经营在涉及对个人信息采集、利用或加工时,除非法律有特殊规定可以依据其他方式,原则上需要取得个人信息权主体同意。当然,有关同意方式,应该结合网络经营的特点来规定,在特定情形如基于公共利益或数据共益的考虑,在有数据安全的保障机制前提下,同意的方式可以适度宽松化,比如放宽授权的形式要求、允许默示,甚至特定情形允许自动采集。同时,数据经营过程有关权利行使和其他活动,也不得超出数据经营的目的和个人信息权人的授权范围。此外,个人信息的授权,应该限于财产利益本身,有关人格权利益并不因此让渡,应该继续得到保护,所以数据活动中,个人信息的人格权保护必须贯彻于始终,且具有公共秩序的高度属性。所以,个人数据安全保护,始终是数据从业者的一项秩序义务。

五、结论:数据新型财产权构建正逢其时

利益法学派鼻祖耶林曾言,法律应该是一种合乎社会目的的存在,且"是通过国家权力作为外在强制保障的社会存在条件的总和。"①法律在与社会现实关系上,应该努力适应而不是裹步不前,"制定法本身和它的内在内容,也不是像所有的历史经历那样是静止的,而是活生生的和可变的,并因此具有适应能力"。

有关法律创制的机遇,往往都是在新的社会经济方式或者社会经济关系出现形成之时,历史上,各种物权或者债的关系的出现,都是与现实经济关系互动的结果。当前我们正置身于大数据时代,这一时代因为互联网和数据技术的飞速发展,导致数据经济突如其来,使得我们面临法律创制的重大挑战。但是,任何新事物登场后都具有两种可能,或者是得到合理的、及时地调整和规范,或者是得不到合理的调整和规范。我们现在对于数据经济,尚处于不及跟进立法供给的尴尬境地。既有的做法,主要依旧囿于传统法律框架,在确立用户个人信息人格权保护基础上,进行单边式规范调整,即使做出了一些必要变通,但仍然远远不能适应数据经济的合理需要。

由此,数据新型财产权构建正当其时。从数据经济关系具有双向、动态特点和数据从业者处于重心驱动位置的复杂结构来看,有必

---

① Zweckim Recht, 2d ed., Vol. i, 511. 转引自 Munroe Smith. A General View of European Legal History and Other Papers. New York, Ams Press, Inc. 1967: 154.

要将个人信息和数据资产加以区分,并在此基础上进行财产权化的双阶段权利构建。值得补充说明的是,引入数据经营权、数据资产权等财产权化配置,因为财产权形式的特殊性,具有市场的和公平配置的双重意义。首先,它们是一种市场化法权。财产权这种法律形式,本身就包含市场化自由的理念,所以数据经营权和资产权构建,不仅可以奠定数据经济市场化的权利基石,同时作为财产权机制也可以为国家调控或监管数据经济提出市场化的框架前提。其次,数据新型财产权兼具分配正义的规制作用。财产权在性质上属于绝对权,比较起债权这样的相对权,可以更好体现分配正义原理,可以同时平衡好自由、效率、安全和公平等各种价值,发挥对资源和利益的制度配置功能。[①]

(原文载《政法论坛》,2017(4):63-77。)

---

① 亚里士多德最早对分配正义做出经典阐述。参见亚里士多德. 尼各马可伦理学:第五卷"正义论",第六节"分配的正义". 邓安庆,译. 北京:人民出版社,2010.

07 破解技术中立难题

——法律与科技之关系的法理学再思

郑玉双*

在当前社会,技术在食品、医疗、卫生、交通和信息分享等各个方面带来了空前的福利,也产生了复杂的困境和新兴的挑战。2015 年,英国上议院通过一项法案,允许培育具有两个基因母亲和一个基因父亲的婴儿。该法案授权人类受精及胚胎管理局(HEFA)对能够进行此项技术的机构做出许可。该技术利用"粒线体转移"技术将原有粒线体缺陷的受精卵取出,转移植入第三人的正常的粒线体基因,避免基因缺陷而产生有残缺的婴儿。[①] 无独有偶,2016 年 4 月 6 日,世界上第一例经过核移植操作的"三亲婴儿"哈桑在墨西哥出生。哈桑的诞生得益于卵母细胞核移植技术,同时涉及对人类遗传物质的改造和优化,即其母亲线粒体的全部 37 个基因被替换成卵子捐献者的线粒

---

* 中央财经大学法学院副教授,法学博士。本文系作者主持的教育部人文社会科学基金青年项目"法律道德主义的证立结构和实践研究"(16YJC820054)和中国法学会 2017 年度部级法学研究自选课题"犯罪化的道德界限研究"(CLS(2017)D07)的阶段性成果。本文曾提交大连海事大学法学院 2017 年 8 月举办的第七届"新法学·青年论坛"和 2018 年 1 月西北政法大学举办的人工智慧与未来法治研讨会,感谢张青波、张力和马治选等老师提出的宝贵意见。

[①] 英国将诞生世界上首个"三亲婴儿". 腾讯太空网,2017-12-14. http://tech. qq. com/a/20151031/011476. htm. 石萌萌. 线粒体 DNA 替代疗法法案惹争议——世界首个"三亲婴儿"或将诞生. 科技导报,2015(4):9.

体基因。① 这代表着生殖技术的进步和成就,但同时引发激烈的伦理
争议。争议主要有两个方面,一是该技术使得受试婴儿得到了来自父
母和第三人的遗传物质,因此在理论上拥有一个父亲和两个母亲。二
是这种基因技术潜在的安全风险,既体现在该技术对婴儿未来成长可
能的损害风险,也包括研究者的担忧,他们担心这种技术会引发更多
的医学研究人员将基因技术运用到生殖领域,引发更多的伦理风险。

在这种有争议的技术进展面前,法律应该保持何种态度? 法律与
科技之间的关系一直是法理学所关注的主题。② 在近几年,宏观探讨
渐趋减少,而部门法实践中的技术问题不断出现,其中,技术中立问题
引发热议。特别是在关于互联网服务商的侵权责任划定上,技术中立
作为一项重要的原则被探讨。③ 在一些司法案件中,技术中立难题也
有所呈现,最典型的是发生在 2016 年年初的快播案。快播公司开发
的快播播放器一方面以技术手段便利了互联网用户的视频需求,另一
方面又因其缓存技术而储存了大量的淫秽视频。快播公司 CEO 王欣
和另外三名高管被以传播淫秽物品牟利罪被提起诉讼。在庭审中,王
欣所提出的“技术无罪”论在网络上引发热议,也引出关于技术中立的
法律意义的争论。④ 要破解技术中立难题,至少需要解决三个问题:
什么是技术? 技术中立的含义是什么? 在法律实践中,技术中立是成
立的吗? 本文首先对技术中立难题的内涵进行界定,其次构建三种理
解法律与科技之关系的法理学模式:管制模式、回应模式和重构模
式。本文为重构模式辩护,重构模式主张法律针对技术价值的不同面

---

① 三亲婴儿,与众不同?. 南方周末网,2017-12-24. http://www.infzm.com/content/
120618.

② 比较早的探讨,参见苏力. 法律与科技问题的法理学重构. 2017-12-24. 中国社会科
学,1999(5);易玉. 对现代社会中法律与科技的关系的法哲学阐释. 法学杂志,2007(6). 在
日常用语中,技术含义非常宽泛,包括科学技术、加工技术、烹饪技术和绘画技术等,但本文
在限定的意义上使用这个词,主要指科学技术,也就是以科学知识为理论支撑和知识基础的
实现特定目的的方法系统. [美]布莱恩·阿瑟. 技术的本质. 曹东溟,王健,译. 杭州:浙江
人民出版社,2014.

③ 梁志文. 云计算、技术中立与版权责任. 法学,2011(3).

④ 桑本谦. 网络色情、技术中立与国家竞争力——快播案背后的政治经济学. 法学,
2017(1).

向而进行自我调整,在技术价值和法律价值世界的碰撞中进行重构,能够更好地解决技术所引发的归责原理和规范建构困境。

一、技术中立难题之界定

(一)什么是技术?

技术受科学的客观性之影响而具有客观面向,但技术有其自身的发展模式和逻辑,因此能够成为服务于人类社会的可把握和依赖的工具。同时,技术并非独立于人的精神世界,甚至在法兰克福学派的代表者哈贝马斯看来,技术和科学都是意识形态。① 此外,技术虽然包含一个客观结构,但技术服务于人的目的理性活动,因此技术存在目的性和社会性两个维度。但技术的客观属性与技术的社会性之间的关系是什么,却是一个单纯依靠技术本身的属性无法回答的问题。

当代的技术哲学理论对这个问题做出了大量的讨论。一方面,技术自身的属性和逻辑具有相对的客观性,即使现代科学研究仍然对一些问题无法给出最终的答案,比如转基因食品到底安全与否,人工智能是否能够超越人的智能等,但绝大多数技术有着可靠的技术原理作为支撑,经过技术试验和改进可以产生稳定可预期的效果。因此,科学理论可能是存在不确定性的,但技术自身的客观属性和功能意义并不存在太大争议,典型的如转基因问题。② 按照布莱恩·阿瑟的界定,技术的本质是"被捕获并加以利用的现象的集合,或者说,技术是对现象有目的的编程"③。通过对光学、量子、电学等现象的捕捉,人类发展

---

① 参见[德]哈贝马斯:《作为"意识形态"的技术与科学》,李黎、郭官义译,学林出版社1999年版,第38-83页。

② 陈景辉. 面对转基因问题的法律态度 ——法律人应当如何思考科学问题. 法学,2015(9). 科学理论自身的争议性产生了法律上的问题,比如科学知识的不确定性、科学研究自身的局限性等,需要法律实践在制度上加以回应。而技术本身的客观属性并不会产生法律实践上的困难,真正引发争议的是技术的社会意义和价值属性。因此,目前热议的转基因食品的法律规制困境主要是一个关于科学的难题,而非关于技术。

③ [美]布莱恩·阿瑟. 技术的本质. 曹东溟,王健,译. 杭州:浙江人民出版社,2014:53.

出互联网、太空探索和基因改造技术，人们根据社会需要，在科学研究的基础上不断更新和改进这些技术，因此技术是对现象的有目的编程。

技术本质的目的性引发了另一个方面的问题：技术作为一种客观的、无主体意识的编程方式，其目的性体现在哪里？技术促进了经济繁荣和改变了人类的生活形式，并且也深刻地影响了政治和法律实践。然而，我们无法从这些复杂的效益之中提炼出一个统一形式的目的，因为尽管技术带来了这些福祉，但同时它也会严重破坏这些福祉，比如工业革命以来技术应用对环境的破坏，先进的武器技术被用于战争之后所带来的灾难，以及技术变革对经济危机的促进作用。[①] 1955年，海德格尔在《技术的追问》一文中对技术表达了忧虑，他指出技术的本质并非技术本身，而是一种解蔽手段，事物通过技术呈现了它们自身的本质。[②] 海德格尔对技术的忧虑和消极态度也影响了法兰克福学派的代表者马尔库塞的立场。马尔库塞认为，技术理性把一切都还原为单一向度的东西，世界的本质结构被降格为日常存在。马尔库塞批判了技术的价值中立观，他认为"价值中立仅仅是一种带有偏见的方式，它表达的是技术与伦理和审美的分裂"[③]。

海德格尔和马尔库塞对技术的批判态度与现代社会对技术的美化有些格格不入，但这种对技术本质的哲学反思在当下并不过时。技术的社会功能需要在更为宽广的社会交往形式、社会结构和目标的脉络之中进行考察。在芬伯格所称的技术和社会"共同建构"的领域中，技术理性与社会经验之间互相纠缠。[④] 技术一旦进入社会领域，必然会被社会制度、社会组织和社会群体的各种利益、诉求和价值判断所

---

① 技术革命带来投资崩溃的例子，参见［美］布莱恩·阿瑟. 技术的本质. 曹东溟，王健，译. 杭州：浙江人民出版社，2014：168.

② ［德］海德格尔.演讲与论文集.孙周兴，译.北京：生活·读书·新知三联书店，2011：3-37.

③ ［加］芬伯格. 在理性与经验之间：论技术与现代性.高海青，译. 北京：金城出版社，2015：225.

④ ［加］芬伯格. 在理性与经验之间：论技术与现代性.高海青，译. 北京：金城出版社，2015：6-7.

塑造和限制。马尔库塞所批判的价值中立观提供了一个考察技术和社会之共同建构的思维方式,因为技术作为一种工具性和目的性的编码系统,在生活世界中是以价值的实践样态进入公共领域和论争之中。然而,在从价值论的视角分析技术在社会结构之中是否能够实现价值中立之前,需要先澄清技术中立这个在很多领域中被广泛争论的概念。

(二)技术中立的诸种含义

在既有文献中,技术中立的含义至少包括三种:功能中立、责任中立和价值中立。功能中立指的是技术在发挥其功能和作用的过程中遵循了自身的功能机制和原理,那么技术就实现了其使命。功能中立的典型情形是在互联网领域和知识产权领域。在互联网领域,功能中立体现在网络中立(Net Neutrality)这一观念。网络中立指的是互联网的网络运营商和提供者应当在数据传输和信息内容传递上一视同仁地对待网络用户,对用户需求保持中立,而不得提供差别对待。[1]该观念最初由美国法学家吴修铭提出,之后引发持续的学理争论。[2]实践中的分歧主要针对的是美国实践中一些网络运营商区别地对待网络用户和基于自身利益而对用户服务施加限制和干预用户言论的行为。网络中立的支持者认为政府应当对运营商的区别对待和干预行为进行管制,以减少对用户的损害。反对者则主张运营商的差别对待不一定会损害公众利益,而政府对运营商的管制侵犯了网络运营商的言论自由。[3]

美国联邦通讯委员会于 2010 年通过的《维护互联网开放性指令》对网络运营商提出基于透明性、禁止屏蔽和禁止不当歧视三个原则的

---

① 吴亮. 网络中立管制的法律困境及其出路——以美国实践为视角. 环球法律评论, 2015(3).

② See Tim Wu. Network Neutrality, Broadb and Discrimination. Journal of Telecommunications and High Technology Law 2, 2003: 141-178.

③ 吴亮. 网络中立管制的法律困境及其出路——以美国实践为视角. 环球法律评论, 2015(3): 130.

限制,激发了关于网络中立的争论和利益相关者的法律诉讼。[①] 本部分不对这一争论的细节展开,而是关注功能中立这一观念所涉及的更深层次的问题。在现代世界,互联网是实现信息共享、知识传播和创新等功能的关键技术,然而互联网世界是由不同利益诉求和权利主张的多元化服务商和千千万万用户组成的,因此功能中立只是在一个微弱的意义上契合互联网本身所承载的空前的开放性和去中心化,而完整意义上的互联网功能必须放置在更为宽广的社会和政治语境之中,通过分析互联网的内部参与者如何微观地利用其功能和宏观地适应互联网的社会结构,来展示互联网功能的复杂社会和价值面向。因此,正如胡凌教授所言,网络中立这个术语本身就意味着非中立性。[②]

责任中立突出了技术的另外一个维度,即技术功能与实践后果的分离。简言之,技术责任中立的含义是,技术使用者和实施者不能对技术作用于社会的负面效果承担责任,只要他们对此没有主观上的故意。比较典型的是针对快播案而引发的"菜刀理论"之争。[③] 菜刀既可以切菜,也可以杀人,但菜刀的生产者不能对有人用菜刀杀人的后果承担责任。又如移动新闻客户端今日头条的创始人张一鸣以技术中立为理由对今日头条的低俗化进行辩护,他认为作为一个技术公司,不应为其低俗化承担责任。[④] 今日头条面向的是中低学历、低收入群体,这些群体的娱乐化、庸俗化需求使得今日头条的内容定位很难提升。

无论是快播公司 CEO 王欣在庭审中所辩护的技术中立论,还是张一鸣的技术不涉及价值观,都反映了责任中立的概念困境。首先,技术必然会产生效用,但效用状态取决于技术使用者用技术所追求的利益、目标和价值,技术的社会效果必然实质性地影响技术功能。无

---

① 吴亮. 网络中立管制的法律困境及其出路——以美国实践为视角. 环球法律评论,2015(3):129-130.

② 胡凌. 网络中立在中国. 文化纵横,2014(5):83.

③ "菜刀理论"适用快播案? 技术无监管如潘多拉魔盒. 网易网,2017-12-24. http://tech.163.com/16/0120/09/BDOV4FFJ000915BF.html.

④ 今日头条的价值观难题:低俗定位与生俱来"技术中立"受质疑. 汇眼财经网,2017-12-24. http://mj.xhdollar.com/mjdp/313.html.

论是快播播放器还是今日头条客户端,其技术贡献和进步动力都不是来自视频技术或移动客户端的发达,而是来自其功能所吸引的成千上万的用户。其次,无论是菜刀、快播软件还是移动客户端,其功能意义的结构是由社会语境所塑造的,而非技术的客观属性所决定,因此,没有一个清晰的责任概念,我们就无法对技术进步、技术进入社会结构和引发社会观念变化的方式作出评价。① 显然,是对责任的理解界定了技术中立的含义,而不是说技术的客观属性豁免了责任。按照这个要求,菜刀理论和技术中立没有关系,因为菜刀理论只是反映事物之工具理性的最单薄的一面,而技术中立则触及技术的社会维度,特别是关于技术的价值判断。

根据前面所述,技术中立的功能观和责任观都指向技术中立的价值维度,或者说功能观和责任观都在更深层的意义上蕴含着价值中立的立场。简言之,技术中立在一个更深层的意义上指的是价值上的中立。接下来的问题是,价值中立指的是什么? 这既涉及对于技术之价值的界定,也涉及价值理论自身的理论构造。因此,技术的价值中立体现为三个维度,我们应当从这三个维度上来理解技术作用于社会结构和社会生活的方式以及技术中立这个概念的完整内涵:价值判断、归责原理和法律意义。价值判断关注的是如何对技术的价值进行评估。显然,技术的价值涉及一个变动的和无法穷尽的评价领域,合理的价值判断需要适当的价值理论和方法论。归责原理是价值判断的实践运行机制,确立对技术的价值判断的回应方式。而法律意义是归责原理在法律实践中的制度化、规范化和教义学展现,是技术的价值判断与法律的价值结构相互碰撞和互动的意义空间。

---

① 责任作为一个规范评价概念,本身就是价值判断的实践。因此,特别在关于技术问题的法律争论中,一种错误的倾向下,只要涉及责任判断,就主张技术和责任的分离。而实际上分离论正是一种价值判断主张,而不是与价值无关的主张。所以快播 CEO 的"技术无罪"论虽然赢得了喝彩,但这个主张不能反映技术之价值的根本难题。法官的判决也不是针对快播软件的技术结构,而是针对快播公司在提供技术的过程中所承担的内容监管义务。快播案法律适用的争议点也在于快播公司是否要因其怠于履行监管义务而受罚,对此的分析,参见陈兴良. 快播案——审判决的刑法教义学评判. 中外法学,2017(1).

(三) 法律语境下的技术中立难题

技术中立难题在法律实践中呈现为不同的面向,既与功能相关,比如关于网络中立的相关立法的争议,也与技术使用者和相关者的责任相关,比如快播案中所涉及的快播软件提供者的监管责任,但这些问题最终是价值意义上的。首先,国家必须通过法律对技术发展进行回应、保护或促进,但在立法上,如何以法律回应技术发展和进步,始终存在分歧和争议,比较典型的是对数据性质的认定。如果只是从立法政策和后果上考量如何对数据进行治理,而不对数据进行本质意义上的分析,以及解析数据背后的价值原理,那么根本问题还是无法解决。①

其次,即使在法律实践中存在一些广为接受的原则,比如避风港原则,该原则在快播案的社会争论中被反复提及,但该原则实际上首先是一个网络侵权原则,用以解决知识产权侵权和网络侵权中的责任认定问题。但围绕该原则的争议一直不断。避风港原则在一定程度上体现了技术中立的精神,但这个原则并非完美无瑕,也不是包治百病的良药。②

最后,在涉及更为厚重的道德判断的技术实践中,比如人工辅助生殖技术、基因改良、代孕和克隆等,这些技术的支持者也很少直接运用技术中立原则来进行辩护,即使支持者的立场反映了技术中立的倾向。而正如桑德尔所讲,"要掌握基因改良的道德标准,我们就必须面对在现代世界中见解中已大量遗失的问题——有关自然的道德地位,以及人类面对当今世界的正确立场等问题"③。

因此,如果不对技术中立背后的价值问题进行分析,那么由技术

---

① 在大数据时代,数据是一个新兴问题,理论上对数据的定性也存在争议。不管是数据的财产性,还是人身性,都反映了数据与人类生活的基本价值的实质相关性,因此数据的概念分析必然是一个价值判断问题。对数据的法律属性的分析:梅夏英. 数据的法律属性及其民法定位. 中国社会科学,2016(9).

② 郭鹏. 关于技术中立原则及其反思. 技术与创新管理,2010(7).

③ [美]桑德尔. 反对完美:科技与人性的正义之战. 黄慧慧,译. 北京:中信出版社,2013.

所引发的责任认定和法律规制就仍然限于政策视野,既没有充分展现技术的客观属性和社会维度之间的关系,也忽略了法律背后更为复杂的价值世界。借用德沃金的分析框架,有关法律与技术的教义学问题内嵌着一个价值网络。① 因此,法律语境下的技术中立难题,在本质上是一个技术价值世界与法律之价值世界相互构建的问题。笔者把这个构建问题分解为三个方面:价值判断、归责原理和法律意义。无论是技术还是法律的价值判断,都需要价值理论的支持。关于技术中立的诸多分歧是围绕技术使用者的法律责任,法律责任来源于法律规范,但规范背后的价值网络提供了法律责任的价值基础,因此需要寻找责任的辩护依据。最后是在价值判断和归责原理基础上技术中立的法律意义,主要体现为如何在教义学中将技术和法律的价值关联安置进去。只有从这三个方面对技术与法律的价值互动进行分析,才能充分展现出技术中立难题的图景。在下面笔者分析理解技术价值和法律价值之相互构建的三种模式,以展现技术中立难题在法律语境下的不同结构,并尝试提出解决这一难题的理论方案。

二、管制模式

管制模式是一种理解和处理法律与技术之关系的传统模式,主要体现在国家通过法律对技术发展进行管制。其背后的核心预设在于法律是对技术发展进行管制的必要手段。这个预设包含两个内容:一是技术和法律的双重工具化;二是技术规制的结果导向。第一个方面指的是管制模式将技术视为实现特定社会目标的工具,只具有工具价值,一旦技术不能满足特定的社会目标或者与既有的社会观念相冲突,那么就需要对技术实践进行限制或否定。这也反映了法律的工具化,即作为最直接和便捷的管制手段,法律被用来管理技术的应用和控制其负面效果。第二个方面指的是对技术进行规制的标准是相对

---

① [美]德沃金. 身披法袍的正义.周林刚,翟志勇,译. 北京:北京大学出版社,2010: 15-19.

单一的,即技术所引发的社会效用,如果技术适用是有利于社会发展,那么就通过法律对技术适用进行保护,如果对社会不利,则需要通过法律进行压制。

在管制模式之下,技术中立是一个伪问题,主要问题在于技术作为实现特定社会目标的工具,其价值来源不是自身功能,而是外在的社会目的。技术无法依其自身的结构、功能和社会反馈而获得价值评判的独立机会,根源在于管制模式所预设的价值判断、归责原理和法律观。管制模式是压制型法在技术领域的具体展现,按照塞尔兹内克的界定,压制型法体现了国家在社会事务上独断和强硬的角色。① 压制型法存在着致命的缺陷,管制模式也与技术在现代社会中的功能和角色格格不入。管制模式的主要缺陷体现在以下几个方面。

第一,技术和法律的双重工具化蕴含着结果导向的简单功利主义立场,忽视了技术实践和法律实践背后的价值世界的复杂性。在社会合作领域,功利主义论证并非无法获得辩护,成本-收益分析被广泛应用,但在技术的法律规制领域,后果导向却会产生严重的论证危机。一方面,技术所产生的社会后果既无法在短时得到全面地效用评估,很多时候也不能进行后果计算,比如网约车在中国刚刚兴起时,我们无法对它所带来的社会便利程度、对传统出租车管制模式带来的冲击进行全面评估。② 又如,在人工生殖领域,英国三亲婴儿事例表明生殖技术在近一二十年取得了革命性进展,但很多国家关于人工辅助生殖的相应立法迟缓不前,特别是在中国,关于人工辅助生殖的合理界限、代孕应否合法等,在立法上几乎空白,这种现状的出现恰恰不在于生殖技术给社会带来的积极福祉,而是在于人工辅助生殖技术所引发的道德争议。功利主义或许是一种可能的辩护思路,但无法全面涵盖这个技术问题所涉及的大量法律问题,比如生育权的保护、代孕所产生

---

① [美]诺内特,塞尔兹尼克. 转型中的法律与社会:迈向回应型法. 张志铭,译. 北京:中国政法大学出版社,2004:31-36.

② 关于网约车的制度和经济效应的分析,参见熊丙万. 专车拼车管制新探. 清华法学,2016(2).

的法律纠纷等。①

第二，管制模式预设了对社会结构的单一化理解，既忽视了技术的社会建构价值，也破坏了法律实践的自主性。技术在社会中的角色不只是功能的实现，技术也会产生社会建构价值，这一方面会引发技术的社会学结构，从而为理解技术中立提供意义平台；另一方面也会引发对技术的社会意义进行解释的方法问题。管制模式否定技术的社会建构意义，最终也会破坏技术的社会效用，典型的体现是互联网治理。尽管是技术工具，互联网的社会意义已经超越其技术性，而成为社会建构的重要阵地，这体现在互联网、社交媒体对社会交往方式、民主参与和文化重塑所带来的变革意义。近年来互联网治理中网络服务商在政府监管下以安全和网络秩序为由所采取的一些举措，比如删帖、封号等，实际上既体现了管制模式在应对互联网社会功能实践的捉襟见肘，也是对互联网的社会建构力量的压制。② 同时，这也反映了管制模式对法律自主性的扭曲。简单地将法律作为压制的工具，既否定了以法律进行治理的独特法治价值，也破坏了法律自身所具有的教义学结构。③

第三，管制模式挤压了法律实践的教义学空间，使得法律中关于技术的立法和裁判原则与技术的工具性之间产生了严重的不对称。立法通过对特定事项背后潜在的价值冲突进行权衡而以规则形式加以规范化，但管制模式只是将技术作为实现特定社会目标的工具，而忽视了技术与社会互动之中所产生的价值冲突，因此管制模式下的立法更多的是对技术的扼制，也破坏了立法活动在权衡利益而非压制利益冲突上所体现的尊严。④ 正如李克强总理所做的形象总结："几年

---

① 朱振. 冷冻胚胎的"继承"与生育权的难题. 医学与哲学，2015(5)；王彬. 法律论证的伦理学立场——以代孕纠纷案为中心. 法商研究，2016(1).

② 田飞龙. 网络时代的治理现代化：技术、管制与民主. 苏州大学学报(哲学社会科学版)，2015(1).

③ 郑玉双. 实现共同善的良法善治：工具主义法治观新探. 环球法律评论，2016(3)：26-27.

④ See Jeremy Waldron. The Dignity of Legislation. Cambridge，Cambridge University Press，1999：7-35.

前微信刚出现的时候,相关方面不赞成的声音也很大,但我们还是顶住了这种声音,决定先'看一看'再规范。如果仍沿用老办法去管制,就可能没有今天的微信了!"①同时,压制模式会给法官做出合理的司法裁判带来消极影响,典型的领域是关于代孕的司法纠纷。鉴于政府对商业代孕的压制性态度(尽管立法上几乎空白),法官在面对围绕代孕合同效力的案件时常常会无计可施,而不得不进行道德推理,代表性案例是全国首例代孕子女监护权案,上海一中院在二审中,基于联合国《儿童权利公约》中确立的"儿童利益最大化"原则对该案做出判决。显然,该案的疑难点在于母亲对通过代孕而得的子女是否拥有监护权,这个问题所涉及的利益衡量只有在立法过程中才能完整显示出其教义学意义,通过法官的受限智慧而进行的原则推理只能是次佳和无奈的选择。

三、回应模式

理解技术与法律之关系的第二种模式是回应模式,这个术语借鉴自诺内特和塞尔兹尼克所提倡的回应型法。按照他们的理解,回应型法"表明了一种负责任的、因而是有区别、有选择的适应的能力",一个回应的机构"把握着为其完整性所必不可少的东西,同时它也考虑在其所处环境中各种新的力量"②。回应模式体现了这种回应型法的要义,但在其重点在于法律在回应技术发展和社会冲突中所体现出的自我调整机制,即不把技术的社会意义当作压制和驯化的对象,而是通过回应来安置技术的社会意义和潜在的价值冲突。一方面,回应型法着重强调让法律背后的目的影响法律推理,弱化了法律要求服从的义务,创造了一种较少僵硬而更为文明的公共秩序,而回应模式则更多地强调在法律空间中确立技术之价值的社会意义;另一方面,回应型

---

① 李克强. 如果沿用老办法管制就可能没有今天的微信. 载中国政府网,2017-12-24. http://www.gov.cn/xinwen/2017-06/21/content_5204392.htm.
② [美]诺内特,塞尔兹尼克. 转型中的法律与社会:迈向回应型法. 张志铭,译. 北京:中国政法大学出版社,2004:85.

法和回应模式都体现了法律作为一种社会机制的开放性和灵活性,两者都强调对法律的理解不能限制于既定的规则和权威结构,而是具有更强的回应性。

　　回应模式是比较常见的法律实践模式,被许多国家采纳。英国首次赋予三亲婴儿技术以合法地位,尽管过程费尽周折,但体现了回应模式。英国人类受精及胚胎管理局委员安迪·格林菲尔德(Andy Greenfield)说:"我们所推荐的在治疗中使用线粒体捐赠的谨慎方案,在下面两点上实现了正确的平衡:将这项令人振奋的新式治疗提供给那些生出与基因相关的线粒体疾病的婴儿的父母,且我们尽可能地确保该治疗是安全和有效的。"①美国对待转基因食品的宽松备案制也体现了回应模式,既然无法证明转基因食品是有害的,那么就不能以法律施加过重的限制。② 在中国,网约车立法也体现了管制模式向回应模式的转变。在网约车借助移动互联网技术刚刚兴起时,交通运输部采取了非常强硬的否定态度。伴随着网约车的社会增益越来越高,交通运输部改变态度,最终出台《网络预约出租汽车经营服务管理暂行办法》,赋予网约车合法地位,体现了压制态度向回应模式的转变。③

　　根据上述例子,我们可以看到回应模式在价值判断、归责原理和法律意义三个方面都区别于管制模式。首先,回应模式并不预设技术与法律的工具价值,而是认可技术实践和法律实践的相互独立地位。换言之,回应模式是在尊重技术之价值的基础上进行回应,而回应的方案则与技术本身的功能相关。比如针对互联网领域的治理难题,周汉华研究员提出互联网立法要尊重互联网本身的规律,制定有针对性的法律。④ 其次,在归责原则上,回应模式倡导根据技术的客观属性来划定技术提供者和使用者的责任界限,比如美国的索尼案中所确立的

---

① Three-parent babies: how are they made and is the IVF legal?. https://www.wired.co.uk/article/what-is-three-person-ivf, December 24, 2017.
② 史晓丽. 转基因技术及其产品的法律规制. 比较法研究,2003: 74.
③ 徐亚文,蔡葵. 技术创新引起的法律难题及解决途径——对快播、网约车营运等案的思考. 河北法学,2017(5): 20.
④ 周汉华. 论互联网法. 中国法学,2015(3): 28.

基本原则，即如果技术产品被用于合法的、不受争议的用途，那么制造商和销售商无须为产品的侵权用途承担责任。学界往往将索尼案中所确立的原则视为技术中立原则。^① 由此可见，回应模式体现了技术中立概念的精神，也被视为技术与法律之关系的可行模式。

然而，回应模式存在着严重缺陷，并且也不能贡献出一个有分析意义的，可以在价值判断、归责原理和法律意义上被融贯使用的技术中立概念，这也是当前技术实践引发诸多法律争议的源头之一。尽管回应模式在实践中获得了认可，但其局限也非常明显。

首先，在价值判断的问题上，回应模式并不能有效地解决技术所引发的价值冲突问题。技术的价值冲突指的是技术实践所引发的技术自身的价值与技术损害之价值的冲突，或者技术产生之价值与其他价值之间的冲突。就前一种情形而言，回应模式在一定程度上可以解决，比如云存储的可靠性和安全性与版权保护之间的冲突，通过重构避风港原则可以暂时克服。^② 但这只是技术中立原则被提炼出来的典型例子，在其他事例中，技术引发的冲突就没有那么容易解决。典型的例子是生殖技术和基因改造技术。尽管英国议会所批准的三亲婴儿技术保持了足够的克制，但反对者还是会认为该技术会引发伦理问题，因为线粒体改造技术改变了传统意义上的基因继承方式，对社会伦理观造成冲击，其改造技术也有"设计婴儿"的嫌疑。在克服线粒体疾病而对胚胎进行改进，和为了提高智商而对胚胎进行基因改进之间，难以划出明确的界限。^③ 即使前者能够获得支持，后者的争议性更大，涉及技术的设计意义和生命之神圣性的张力。^④ 回应模式要解决后者之冲突，就必须进行实质性的道德论证，但回应模式是建立在对技术价值的肯定的基础上，并不包含道德论证的方案和框架。甚至在

---

① 张今. 版权法上"技术中立"的反思与评析. 知识产权, 2008(1).

② 梁志文. 云计算、技术中立与版权责任. 法学, 2011(3).

③ ［美］桑德尔. 反对完美：科技与人性的正义之战. 黄慧慧, 译. 北京：中信出版社, 2013：第一章.

④ ［美］桑德尔. 反对完美：科技与人性的正义之战. 黄慧慧, 译. 中信出版社, 2013：第五章.

一定程度上,为了尊重技术之价值这一目的,回应模式会否定道德论证的意义。①

其次,回应模式中技术中立概念包含的归责原理是,技术在功能意义上所引发的负面影响,比如云存储所带来的侵权结果,应当与技术的价值相分离。但这种归责原理一方面预设了技术决定论的立场,另一方面忽视了归责实践的道德内嵌结构。技术决定论指的是"技术具有不参照社会就能够得以说明的一种自主的功能逻辑"②。在技术决定论基础上所提出的归责原则,依据的是技术自身的功能逻辑,如果这种逻辑是自洽的,那么技术使用者就不应承担责任。

例如,在快播案中,支持快播一方的论者会提出,快播软件所使用的视频传输技术和视频碎片化保存是技术自身功能的运行,其不能对淫秽视频借助这些技术而被广为传播的结果担责。然而,在快播案中吊诡的一点是,快播软件之所以获得接近三亿的用户,正是基于用户对于色情视频的大量需求催生了用户之间借助快播软件的共享和用户增量。③ 在这种情况下,法律需要回应的现实恰恰是网络色情泛滥而致使用户大量聚集于快播所提供的网络空间,其真正的问题是网络色情传播的弥散化和隐秘化,而非快播软件的技术中立。因此,在对快播软件是否放任淫秽视频的传播而承担责任的问题上,归责的原理并不是建立在视频传输技术是否中立的基础上,而是建立在一个实质性的道德判断上:技术服务商为技术所引发的损害后果承担过错或者刑事责任,在道德上是否能够获得辩护?按照德沃金的主张,侵权责任法是确立在责任分配的道德原则的基础之上的,而责任分配是与

---

① 典型的体现是在关于快播案的争论中,很多支持快播无罪的论证和分析往往是假定技术发展的优先性. 刘艳红. 无罪的快播与有罪的思维——"快播案"有罪论之反思与批判. 政治与法律,2016(12).

② [加]芬伯格. 在理性与经验之间:论技术与现代性. 高海青,译. 北京:金城出版社,2015:16.

③ 重温快播:播放器是如何和色情挂钩的. 网易网,2017-12-24. http://tech.qq.com/a/20160108/010575.htm.

法律实践所内嵌的价值结构相关联。[①] 同样的问题出现在对我国《刑法修正案（九）》新增的"拒不履行信息网络安全管理义务罪"和"帮助信息网络犯罪活动罪"的理解和适用上。批评者认为这两个罪名的增加势必会给网络平台和技术服务商带来过重负担，压制技术进步和创新。[②] 这个担忧背后隐含着回应模式的思路，是从技术价值出发来排斥法律意义上的归责。然而，不管平台或者服务器要不要对其上发生的侵权或犯罪结果承担责任，这个归责问题都不只是一个技术的客观属性问题，而是体现为在法律规范所内嵌的辩护梯度上升中寻找敏感于法律实践之本旨的理性化原则。[③]

　　回应模式只是通过法律对技术所承载之价值的制度性应对，并不包含价值分析的框架。所以在回应模式之下的技术中立观仍然不能应对科技和法律纠缠之下的难题，如果要让技术中立成为一个有效的分析概念，产生归责和裁判的制度效果，或者放弃这个概念，而采纳其他更为有效的视角来分析科技与法律之间的复杂关系，我们需要对科技和法律之间的关系进行更深层次的分析。

四、重构模式

　　管制模式和回应模式都预设了关于科技和法律的一些价值判断，并在此基础上建立起相应的归责原理，但根据上面的分析，这些价值判断与相应的归责之间或者不对应，或者存在张力。20世纪中期，海德格尔和马尔库塞等从批判哲学的视角对科技理性的价值中立进行了批判，在他们看来，"价值中立仅仅是一种带有偏见的方式，它表达的是技术与伦理的分离，而在前现代社会，伦理和审美将技术限制在

---

①　[美]德沃金. 刺猬的正义. 周望，徐宗立，译. 北京：中国政法大学出版社，2016：316.

②　桑本谦. 网络色情、技术中立与国家竞争力——快播案背后的政治经济学. 法学，2017(1)：94.

③　[美]德沃金. 身披法袍的正义. 周林刚，翟志勇，译. 北京：北京大学出版社，2010：61.

文化上稳固的设计和目标范围内,分离之后,技术成了可供一切用途使用的手段"①。或许这种立场太过批判性,当代很多科学哲学家更多地从正面视角强调科学的社会和文化意义。比如,很多科学社会学(SSK)理论家提倡的社会建构主义方法,主张用社会性因素解释所有的科学,他们认为科学是一项解释性事业。而后 SSK 的研究者则转变方向,将科学研究的主体、客体、自然和社会都视为行动者,在共同博弈中建构了科学。②

　　尽管关于技术的哲学批判和科学的建构主义在理论上面临着争议,但这些理论进展为我们思考技术和法律的关系提供了有益的视角。法律与科技的关系在本质上是两个价值世界之间的碰撞。技术自身的功能价值由技术客观属性所决定,技术所产生的社会价值则由社会规范所决定。但技术的社会价值太过宽泛,而且基于不同的方法论,对社会价值可以做出完全不同的解释。举例来说,VR(虚拟现实)技术的出现促进了人与虚拟世界的更深互动,更新了人们的交往和工作方式,甚至可能会改变传统的医疗技术,但批判者认为这种技术会带来各种负面效应,比如引发个人对虚拟世界的沉迷、对大脑可能的损害等。③ 尽管如此,法律对技术之社会价值的应对方式不同于相互冲突的社会评价,因为法律有着自身的价值设定和逻辑。本文主张,理解法律与科技之关系的最佳方案是重构模式,重构模式将技术之价值与法律价值纳入一个重新评估和衡量的语境之中,一方面,包含着对技术的社会价值的解释;另一方面,体现为将技术纳入法律规范的意义结构之中。重构模式如何完成价值重整的使命? 同样地,重构模式包含价值判断、归责原理和法律实践意涵三个方面。

---

　　① [加]芬伯格. 在理性与经验之间:论技术与现代性. 高海青,译. 北京:金城出版社,2015:225.

　　② [美]安德鲁·皮克林. 作为实践和文化的科学. 柯文,伊梅,译. 北京:中国人民大学出版社,2006:2-21.

　　③ See Samsung Gear VR. Virtual Reality Tech May Have Nasty Side Effects. 2017-12-24. https://www.livescience.com/49669-virtual-reality-health-effects.html.

（一）技术价值与法律价值的重构

技术的社会价值与法律的价值空间存在重叠，但两者之间并非并存或吸收，而是重构。重构的含义是技术的工具价值和社会价值被纳入法律的价值世界之中，法律自身也针对技术价值而做出价值调整，进而产生法律规范的改变。因此，重构模式不同于回应模式，因为其本质上是法律针对技术价值的不同维度而产生自身价值的整合。在法哲学中，法律之价值整合的方式有不同的理论主张，比如德沃金所提出的理解法律之价值网络的辩护梯度上升，以及菲尼斯所辩护的法律与共同善之间的实质性关联。为了更好地呈现技术价值和法律价值重构的模式，此处不深入法哲学内部关于法律之价值的理论分歧，而是借助于这些法哲学主张，来分析技术价值与法律价值相互整合的方式。

按照菲尼斯的主张，技术和法律分别处在实存世界的不同理解秩序（Intelligible Order）之中，理解秩序不是空间意义上的，而是联合关系意义上的。实存世界可以分为四层秩序，第一层秩序是通过自然科学认识的秩序，比如客观存在的光和力；第二层是通过逻辑、认识论和方法论所理解的秩序，比如光学知识和互联网运行的原理；第三层秩序是人的创造秩序，通过艺术、技术和其他应用科学所创造出来的关系状态，比如借助互联网平台而形成的交易关系；第四层秩序是人类的共同行动秩序，是自由和负责任的个体通过追求共同善（Common Good）的行动而形成的合作秩序，包括文化、政治和法律行动。按照菲尼斯的主张，共同善是人的福祉和成就的核心面向，包括生命、知识、游戏、审美和友谊等。共同善是理解这四层秩序的核心，也是结成共同体的价值基础。技术处在前面三层秩序之中，但通过人的共同行动融合进第四层秩序之中。[①] 按照菲尼斯的主张，人们在共同体之中的联合是为了保护物质和其他条件的完整整体，包括各种合作形式，这

---

① See John Finnis. Natural Law and Natural Rights(2nd edition). Oxford, Oxford University Press, 2011：136-138.

些是为了支持、协助和促进个体个人发展的实现。① 技术发展是共同体联合的重要机制,其目标也是为了个体发展的实现。

法律是最重要的共同体联合形式,也是保护和实现共同善的最有效机制。② 法律规范是关于人们如何进行有效合作的行动指引,其规范意义既与法律作为独特的社会规范机制有关,比如法律的明确性、程序正义、法律对于理由的要求等,也与法律的实践结构相关,包括法律以行动理由来引导人们的行为,法律敏感于背后的共同善,一旦社会关于共同善的实践方法出现分歧,法律就需要进入关于共同善的论辩之中,重新在规范与价值之中进行调整。比如当下基因技术完全可以对胚胎进行改造,以使得出生后的人更为聪明、健壮或者漂亮,法律是否应当赋予个体利用该技术改造胚胎的权利,涉及基因技术所触及的对于生命这种共同善的价值论辩。在哈贝马斯看来,"非人为安排的生命开始的偶发性、与赋予人类生命道德形态的自由之间是有联系的"③。因此,通过基因技术对胎儿进行改造,破坏了这种偶发性,也损害了人类生命的道德形态。桑德尔也认为基因改造技术表明了征服和控制世界的立场,该立场"没有尊重人类力量和成就中的天赋特质,也错失了跟上天所赋予的能力持续协商的那部分自由"④。德沃金则支持基因工程,他认为基因工程可以"使人类未来世代的生命更长、更充满才能,并因此更有成就"⑤。

这些争议围绕生命这一共同善而展开,但优生学或基因改造技术所产生的价值需要经过生命之善和法规范的价值结构的双重重塑。

---

① John Finnis. Natural Law and Natural Rights (2nd edition). Oxford, Oxford University Press, 2011: 147.

② John Finnis. Natural Law and Natural Rights (2nd edition). Oxford, Oxford University Press, 2011: 260-261.

③ See Jurgen Habermas. The Future of Human Nature//Hella Beister, William Rehg. Cambridge. Polity Press, 2003: 36.

④ [美]桑德尔. 反对完美:科技与人性的正义之战. 黄慧慧,译. 北京:中信出版社,2013: 80.

⑤ [美]德沃金. 玩弄上帝:基因、克隆和运气//[美]德沃金. 至上的美德:平等的理论与实践. 冯克利,译. 南京:江苏人民出版社,2003: 528.

按照德沃金所提供的理论框架,我们需要在关于技术之价值的法律争议中进行辩护梯度的上升,经过各种形式的原则论辩,寻找到技术与之价值与人类福祉相融贯的最佳方案。无论基因改造技术能够给希望自己的孩子更健康的父母带来何种福音,或者代孕技术在多大程度上可以帮助不能生育的夫妻得到一个孩子,这些技术所产生的社会价值必须被纳入法律价值的论辩空间之中进行价值世界的重建。

与此同时,技术价值敏感于共同善的程度会存在差异,优生学、基因技术或代孕技术与人的生命之善紧密相关,呈现出最为厚重的价值关联性。互联网技术则更主要是为了信息共享和社会合作,主要体现的是知识和友谊这两种共同善,鉴于知识获取方式和友谊实践方式的多元性,互联网技术对基本善的敏感性会弱很多。但这并不否认在对互联网技术引发的法律纠纷的解决上,要进行辩护梯度的上升。网络中立的概念争议就需要在辩护梯度上升的过程中加以解决,只是在上升过程中,论辩更为地围绕互联网权利、平等和效率等价值而展开。①

(二)重构模式下的归责原理和法律实践

责任是对实践之结果的价值评价,法律归责体现了技术的社会价值从道德意义向法教义学责任的转化。一方面,这个转化过程将价值重塑中的道德原理以规范的形式表达出来,并通过部门法实践,划定相关实践主体的责任形态。比如在转基因食品的规制中,如果采取美国式的宽松原则,那么转基因技术就获得合法的地位,转基因食品公司只需要在食品上标明,保障消费者知情权便可。如果采取欧盟式的严格原则或者预防原则,则转基因食品就面临着合法性困境,转基因食品生产者需要面对更为严格的监管。另一方面,在归责实践中,应当随时启动对技术之价值与法律价值的论辩。在这个意义上,在转基因食品的安全性争议中,即使最终通过科学研究证明转基因是安全的,目前无论是中国还是欧盟,对转基因技术所采取的审慎态度是符合重构模式的,也体现了价值论辩在确定技术敏感于共同善之程度上

---

① 孙南翔. 论互联网自由的人权属性及其适用. 法律科学,2017(3).

的必要性。①

尽管在不同的部门法实践中，价值论辩的启动方式会存在差异，但我们应当留意责任归属的一般性要素，其中包括技术敏感于共同善的程度、技术自身更新换代的速度，以及归责所产生的成本。当今关于技术实践的法律规范在体系性和全面性上大大超越以前，但仍然无法从容应对层出不穷的新兴难题。特别是在互联网急速创新的大格局之下，法律往往落后于现实，这给执法和司法带来很多制度性困境。

以消费领域的技术难题为例，传统的消费者权益保护法对消费者的知情权、公平交易权和赔偿权等进行保护，然而在互联网基础上所形成的多元消费结构和平台化服务模式之下，消费和服务的概念都发生了变化，比如新兴的一元购、京东白条等，都引发了定性难题和法律监管的困境。② 回应模式会主张针对互联网或者平台技术的特征进行回应，并做出相应的法律调整。其背后有一些价值预设，比如一元购增加了消费者的多元消费选择，京东白条为消费者提供了更灵活的付款模式，从而鼓励消费等，但这些价值预设并不能完整展现法律所包含的价值结构，也不利于启动价值论辩。消费者权益保护的法律实践体现的是对消费者生命健康权和财产权的保护、促进交易和发展经济等价值的平衡协调，一旦出现一元购这种处于灰色地带的新兴消费形式，则需要对一元购的技术属性、平台性质和涉及的经济结构等进行价值分析，才能确定一元购的法律性质。这并非简单地通过法律对技术的法律难题加以回应，而需要进入技术的社会价值与法律世界的重构关系之中寻找归责的价值基础，从而为部门法的制度设计和规范制定提供背景依据。

科技和法律的重构模式体现出了理解法律实践的一种方式，即整

---

① 欧盟对转基因食品采取的严格原则的成因和演进，参见：胡加祥. 欧盟转基因食品管制机制的历史演进与现实分析——以美国为比较对象. 比较法研究，2015(5).

② "一元购"花样再多也难掩违法本质. 和讯网，2017-12-24. http://opinion.hexun.com/2017-06-27/189800765.html；京东白条合法性遭疑：专家称须先申请牌照. 新浪财经网，2017-12-24. http://finance.sina.com.cn/chanjing/gsnews/20140226/004618328220.shtml.

体性方案。技术发展不是线性的,而是呈现多样性和代际性特征。整体性的法律方案将技术价值通过社会结构的过滤器纳入法律的价值论辩之中。科技和法律毕竟属于两个范畴,但两者之间可以经过重构模式而实现两个范畴之间的互动。整体性方案并不承诺对任何科学问题或技术问题都能找到一个类似于德沃金的"唯一正解"的解决方案,因为科技的进步和更新换代程度要远超法律,科学研究甚至也会改变我们对于法学、法律推理和法律实践的认识,比如认知科学对法律之价值结构的冲击。[1] 在人工辅助生殖技术的发展和社会需求之下,冷冻胚胎的存放和处理在目前成为监管上的难题,江苏无锡的冷冻胚胎继承案更是凸显出应对人工辅助生殖技术的法律的缺失,也反映了冷冻胚胎的法律定性和处置方式的难题。[2] 然而,随着人工生殖技术的更为成熟,在不远的将来,冷冻胚胎或许已不再需要。同样地,人工智能对于法律实践的挑战已经初现端倪,但目前我们无法通过详细立法进行回应,因为真正的难题还没有出现。但法律背后所隐含的价值世界随时开放,迎接科技进步所带来的价值冲击和挑战。重构模式不能确保最好的解决方案,但能确定迎接挑战和进行价值论辩的方向。

(三) 技术中立的重新定位

前面三种模式的分析主要关注的是法律与科技之间的关系,而没有正面探讨技术中立这个概念。然而,对三种模式的反思,实际上就是在寻找理解技术中立的基础。我们可以在多种意义上使用中立这个词,也可以在很多领域使用技术中立这个概念,但在法律实践中,技术中立产生了很多含混,也引发了一些难题。要清晰地界定技术中立的含义,只能放在科技与法律的关系模式之下。由于法律与科技之间的关系存在解释上的分歧和不同理论主张,如何展现技术中立的要

---

[1] 王凌皞. 走向认知科学的法学研究. 法学家,2015(5).
[2] 李昊. 冷冻胚胎的法律性质及其处置模式——以美国法为中心. 华东政法大学学报,2015(5).

义,以及如何在立法和司法之中加以适用,也在理论上悬而未决。在笔者看来,基于重构模式的基本立场,技术中立概念包含着三个方面的内涵。

第一,技术中立是一个最低限度的分析概念,在一种最低意义上表明了技术作为社会实践的特殊范畴,因其自身的客观结构和编程属性而具有讨论起点意义的独立性,这意味着在涉及技术的法律问题的时候,我们首先需要对技术进行专业定性。

第二,根据重构模式的价值图景,技术中立并不包含价值中立的含义。因为一旦主张技术的价值中立,那么就阻断技术价值和法律价值之间的碰撞和互动。无论是在快播案中还是在转基因食品之合法性的争论中,价值中立只会回避其中的难题,而不利于问题的解决。在快播案中所热议的一些问题,比如淫秽物品是否应当合法,国家在色情监管上是否成本巨大等问题,要么与技术无关,要么相关,但体现不出价值中立这个问题的迫切性。比如桑本谦教授认为快播案的判决,以及《刑法修正案(九)》加重了网络服务商的安全监管义务,会对当下我们国家互联网的技术创新以及产业升级造成损害,不利于我国国家竞争力提升,而基于技术中立的放松管制,可以助力互联网产业繁荣。① 然而,这个主张的论证方式还是基于管制模式或回应模式,即法律是应对技术发展和变革的一种限制或保护手段。但法律的价值并不在此,而是一种自主的、包含自身归责原理和价值论辩结构的社会实践。这种实践方式会失灵,也可能会产生错误和不当的立法,比如加重网络服务商的监管责任,但解决这些失灵的有效出路不是技术决定论,而是法律在重构模式下的自我调整。

第三,技术中立在法律价值与技术价值的重构中,技术中立概念可以在价值论辩中发挥作用。如前所述,不同的技术敏感于共同善的程度存在差异,在价值论辩中,技术价值参与重构的方式也会不同。在敏感于生命价值的领域,比如基因改造、胚胎技术等,技术价值的伦

① 桑本谦. 网络色情、技术中立与国家竞争力——快播案背后的政治经济学. 法学,2017(1).

理分量更重,在论辩中的辩护梯度要更高,立法上的调整也慎之又慎。但在其他社会领域,比如互联网领域,互联网技术与知识、友谊和社交等共同善的敏感度区别于生殖技术与生命之善的敏感度,因为互联网技术的价值就体现在对这些善的实现,而在关于这些技术的法律争议中,技术中立会在价值论辩中发挥作用,只是这种作用形式会受到制度环境、社会文化和政策的限制。

五、结语

　　法律与科技的关系在当代突显出其独特的结构和难题。技术中立只是反映技术价值切入社会世界的一种相对独立的状态,在道德分歧严重、社会合作面临各种压力的现代社会,法律回应技术发展的最合理方式是进入与科技的重构模式之中。重构模式并不必然给出最有效的解决方案,但却最好地呈现了法律价值和技术价值碰撞的方式。重构模式是解析法律与科技之关系的法理学演练,也是解决技术实践之法律疑难的价值指引。人类社会从未像今天这样受益于科技的进步,也从未像今天这样面对科技所引发的如此艰难和棘手的难题。或许没有一劳永逸的方案,但技术是人类实现共同善和福祉的重要工具,也是促进法律价值结构重构的动因,在重构模式之下的价值论辩,既可以在内容上助益立法改进,也可以提供反思司法裁判的法理和社会意义的视角。

（原文载《华东政法大学学报》,2018(1)：85-97。）

08 西方法律形式合理性形成中的数学因素

何柏生 *

一、什么是形式合理性

实质合理性与形式合理性是著名社会学家韦伯提出的一对具有方法论意义的重要范畴,韦伯用这一对范畴分析了政治、法律、经济、行政管理等社会制度合理化发展过程。按照韦伯的解释,实质合理性是指由"伦理的、政治的、功利主义的、享乐主义的、等级的、平均主义的或者某些其他的要求,并以此用价值合乎理性或者在实质上目的合乎理性的观点来衡量"的合理性。形式合理性是指"用技术上尽可能适当的手段,目的合乎理性地计算出来"①。

法律制度在理性化的过程中经历了三个阶段,即非理性的神秘主义居主导地位阶段、实质合理性居主导地位阶段和形式合理性居主导地位阶段。形式合理性居主导地位阶段就是法治社会。

形式合理性意味着以下三个特点的结合:形式化的符号体系;逻辑一致的运算(广义的运算,包括一切形式的推理)规则;运算结果(结论)的精确性和可重复性。最典型的形式合理化体系是数学和逻辑学

* 西北政法大学《法律科学》编辑部编审。本文系作者承担的国家社科基金项目(课题批准号 07XFX003)和陕西省社科基金项目《法律文化的数学解释》(课题批准号:06F014S)阶段性成果之一。

① [德]马克斯·韦伯. 经济与社会(上卷). 林荣远,译. 北京:商务印书馆,1997:107.

体系。数学和逻辑学属于形式科学,理性是以纯粹的形式化方式存在的,被理性所思考的不是个别存在的具体事物,而是一些抽象的符号;各种符号的运算有着逻辑严谨的规则;运算的结果是精确的,具有可验证的特点。由于形式合理化与答案的精确性有着必然的联系,所以,凡是有资格列入科学范畴的思想和理论体系,都必然具有形式合理化的特点,而且,形式合理化的程度越高,它的科学属性就越会得到承认。由于数学和逻辑在形式合理化过程中的带头作用,所以,别的学科为了跻身"科学"之列,按照形式合理化的要求改造自己。自然科学是如此,社会科学、人文科学也是如此。经济学(包括经济行为)是如此,法学(包括法律行为)也是如此。它们共同的特点就是在各自的学科领域内尽量采用数学思维和数学方法。经济学是社会科学和人文科学中数学化程度最高的学科,但法学也不甘落后。现代法律制度在形式合理化过程中是完全按照上面提到的形式合理化体系的三个特点来改造自己的。首先,理性化的法律制度并不是直接去调整那些个别存在的利益和行为,而是运用理性的抽象来形成各种形式化的法律概念和范畴,然后再通过司法活动把这些形式化的概念和范畴适用于那些需要由法律来调整的社会关系。其次,理性化的法律制度具有逻辑严谨的形式合理性的运算规则,任何进行运算的人都被要求遵循这些规则。以往那种非理性的形式化规则被剔除在外。最后,形式合理化的法律制度是可以预测的。[①] 形式合理化是可"计量"的,能实现实质合理性的要求。

法律形式合理性既涉及实体法的形式合理性,也涉及程序法的形式合理性。

从形式合理性的概念及特点我们不难看出,在西方社会的形式合理性过程中,数学起过非常重要的作用。由于形式合理性居主导地位阶段就是法治社会,所以,我们不难得出结论:数学对法治社会的实现起过重要作用,也对西方法律重视程序起过重要作用。

---

① 郑成良. 法律之内的正义——一个关于司法公正的法律实证主义解读. 北京:法律出版社,2002: 139-147.

二、数学思维对西方法律形式合理性形成过程的影响

数学思维对西方文化的影响主要通过两个途径：一是通过亚里士多德的三段论逻辑体系，二是通过欧几里得的《几何原本》。正如爱因斯坦所说："西方科学的发展是以两个伟大的成就为基础，那就是：希腊哲学家发明形式逻辑体系（在欧几里得几何学中），以及通过系统的实验有可能找出因果关系（在文艺复兴时期）。"[①] 在这里，爱因斯坦是把形式逻辑与欧几里得几何学视为一体，因为这两种学科的理论具有亲似性，运用的都是演绎推理，都采用公理化方法。亚里士多德的三段论逻辑体系是公理化方法在逻辑中的第一次应用，欧几里得的《几何原本》则是公理化方法在几何中的最成功应用。[②] 亚里士多德的三段论逻辑体系与欧几里得的《几何原本》的共同作用，对西方文化逻辑的形成起了举足轻重的作用。

当然，我们也应注意，西方的数学对西方的音乐、修辞、天文等学科都有重要影响，而这些学科在西方中世纪被列入"七艺"[③]之中，是学生的必读科目，对西方思维方式的形成也有重要影响。

要搞清楚数学思维为什么会对西方法律形式合理性的形成产生过重要影响这一问题，就必须搞清楚西方的文化逻辑。

据学者方汉文解释："文化逻辑是指一种文化中，以逻辑体系为

---

① [德]爱因斯坦. 爱因斯坦文集（第 1 卷）. 许良英，等译. 北京：商务印书馆，1976：574.

② 爱因斯坦的这句话从某种角度可理解为西方科学受演绎推理和归纳推理影响。实验其实与归纳推理联系在一起。

③ "七艺"包括语法学、修辞学、辩证法（即逻辑）、算术、几何学、音乐、天文学。在古希腊，"讲演术""修辞术""辩论术"和"逻辑"四位一体，很难人为地分开。修辞学在很长时间内都属于逻辑的一部分。到 16 世纪，法国著名逻辑学家彼得·拉姆斯（P. Ramus）认为"修辞学"这一术语应用于那些不能称之为推理的劝说性交际成分。从此以后，修辞学就仅仅被看作研究文学形式和语言表达方式的学科了。至于语法学，可以说是逻辑学的另一种形式的表达，其核心也是对规则的强调。周礼全. 逻辑——正确思维和成功交际的理论. 北京：人民出版社，1994：574-575.

基础所建立起来的思维方式与认识方式。"①

　　一般来说,一种文化的内在规律是由该种文化的逻辑所决定的。有什么类型的文化逻辑就有什么类型的文化结构或者文化的内在逻辑。一种文化的思维方式全由该种文化的逻辑类型所决定。逻辑学家崔清田说:"逻辑是推理的学问,是对思维的思维,是思维的科学。逻辑既体现着思维方式,又影响着思维方式。""创造文化的是人,支配人的实践活动的则是思维方式。思维方式是文化中更为深层和本质的东西。逻辑是有关推理的学问,与思维方法乃至思维习惯紧密联系,是思维方式的重要内容。正是由于逻辑的这种特殊作用,使它对文化的发展不可避免地会产生一定影响。"②培根称逻辑学是"一切法之法,一切学之学"③。德国哲学史家文德尔班说,亚里士多德逻辑"完全是方法论的",其任务是完成这样一种方法,"用此方法在所有知识各部门中都能获得科学的知识。正如修辞学中要传授的是说服技巧,同样在逻辑学中我们就得学习科研、认识和证明的技术"④。胡适说:"哲学是受它的方法制约的,也就是说,哲学的发展是决定于逻辑方法的发展的。这在东方和西方的哲学史中都可以找到大量的例证。"⑤一般认为,哲学研究主要有两种方法,一种是思辨的方法,一种是分析的方法。亚里士多德认为分析的方法是哲学研究的主要方法。所谓分析的方法,就是逻辑的方法,分析就是运用逻辑方法进行证明。离开逻辑分析,一些哲学问题就无法探讨或者无法说清楚。所以,逻辑方法在一种文化中的作用至关重要,对这种文化的发展及发展方向起着决定性的作用。亚里士多德逻辑学的建立,奠定了西方分析理性的传统。西方文化逻辑就是建立在西方逻辑方法的基础之上。

　　大家知道,从逻辑学的发展史来看,世界历史上形成了三大逻辑

---

　　①　方汉文.西方文化概论.北京:中国人民大学出版社,2006:129.

　　②　崔清田.墨家逻辑与亚里士多德逻辑比较研究.北京:人民出版社,2004:275,270-271.

　　③　[英]约翰·穆勒.穆勒名学.严复,译.北京:商务印书馆,1981:2.

　　④　[德]文德尔班.哲学史教程(上卷).罗达仁,译.商务印书馆,1987:181.

　　⑤　胡适.先秦名学史.合肥:安徽教育出版社,2006:3.

体系,即希腊的逻辑、印度的因明学和中国的名辩学。对西方文化产生过巨大影响的是希腊的逻辑。希腊的逻辑有两大学派,一个是由亚里士多德逻辑体系而来的逍遥学派(Peripatetic),一个是从麦加拉学派而来的斯多葛学派(Stoics)。^① 从西方文化史上看,对西方文化产生巨大影响的主要是由亚里士多德逻辑体系发展而来的逍遥学派。西方的逻辑学在亚里士多德之后也有着重大发展,但亚里士多德对西方逻辑学的贡献是别的逻辑学家所无法相比的。亚里士多德不但是西方逻辑学的创始人,而且所创立的三段论逻辑体系本身就是西方逻辑学的一座丰碑,就其对西方逻辑学的体系及对西方文化的巨大影响来说,别的逻辑学家很难超越。

那么,亚里士多德逻辑体系对西方的逻辑乃至西方的文化有怎样的影响呢?

著名哲学家黑格尔说:"从亚里士多德以来,逻辑学未曾有过任何进展。亚里士多德所给予我们的这些形式,一部分是关于概念的,一部分是关于判断的,一部分是关于推理的,——它是一种至今还被维持着的学说,并且以后也并没有获得什么科学的发挥……"亚里士多德的逻辑学"千百年以来备受人们尊崇"^②。黑格尔尽管有些言过其实,但他的话充分说明了亚里士多德的逻辑学在西方逻辑史上具有绝对的霸主地位。黑格尔还在《小逻辑》中说:"亚里士多德是考察并描写三段论的各种形式和所谓的主观意义的第一人。他做得那样严密和正确,以致从来没有人在本质上对他的研究成果有所增加。"^③著名哲学家罗素说:"亚里士多德的影响在许多不同的领域里都非常之大,但以在逻辑学方面为最大。在古代末期当柏拉图在形而上学方面享有至高无上的地位时,亚里士多德已经在逻辑学方面是公认的权威了,并且在整个中世纪他都始终保持着这种地位。到了13世纪,基督教哲学家又在形而上学的领域中也把他奉为是至高无上的。文艺复

---

① 对这两大逻辑学派本文后面还将详加阐述。

② [德]黑格尔.哲学史演讲录(第2卷).贺麟,王太庆,译.北京:商务印书馆,1960:366.

③ [德]黑格尔.小逻辑.贺麟,译.上海:上海三联书店,1954:364.

兴以后,这种至高无上的地位大部分是丧失了,但在逻辑学上他仍然保持着至高无上的地位。甚至于直到今天,所有的天主教哲学家教师以及其他许多的人仍然在顽固地反对近代逻辑的种种新发现,并且以一种奇怪的坚韧性在坚持着已经是确凿无疑地像托勒密的天文学那样过了时的一种体系。"①泱泱 11 卷的《世界文明史》一书的作者威尔·杜兰特引用古希腊哲学史专家贝恩的话说:"亚里士多德以非凡的勤勉和机敏发现并总结了理论上先后一致的各种规律和进行论辩的各种技巧。亚里士多德在这方面对促进人类思想的发展做出的贡献之大,是其他任何一位著作家都无法匹敌的。"②英国学者斯塔斯说:"他的名字特别和演绎的推理相连,他就是它的创立者。他不仅创立了这门科学,而且实际上就已把它完成了。我们现在所知道的形式逻辑学,所有的教科书里都有它,所有的学校以及大学里都教它,其根本要义不比原来的亚里士多德的逻辑学多增一点。他在这个题目上的著作的讨论范围,对于一切重要的思想定律、十大范畴、五种宾词、名词论、三段论法以及把别种形式化为三段论法的第一形式的说明,无不包罗全尽。今日形式逻辑学上最详细的著作,其内容亦不过如是。晚近逻辑学者只有两点较之亚里士多德更为进步,就是三段论法的第四形未为亚里士多德所确认,他仅说明了确述的三段论法,而没有论及假设的三段论法。但是这个三段论法的第四形究竟有无价值还是一个问题。而且假设的三段论法纵然重要,也非根本的,因为所有假设的三段论式,都可还原为确述的三段论式。确述的三段论式乃是基本的推理范型,一切别的演绎式都可归原于此。至于现代学者所出产的形式逻辑学上的许多庞大的书籍,其所增加的实在只觉其麻烦而累赘,不过是无用的堆砌粉饰而已,倒不如忘记了还好些。所以亚里士多德的逻辑学实已尽涵逻辑学之精粹。……在把理性的事实加以集

---

①　[英]罗素. 西方哲学史(上卷). 何兆武,李约瑟,译. 北京:商务印书馆,1963:252.

②　[美]威尔·杜兰特. 哲学简史. 梁春,译. 北京:中国友谊出版公司,2004:41.

合、配列和分析这一点上,他的逻辑学已经臻乎完全无憾的境地了。"①

亚里士多德逻辑体系在古希腊的影响是很大的,我们从欧几里得的《几何原本》就可看出它的影响。但在公元 1 世纪的古罗马,亚里士多德逻辑体系的影响并不大,在一定程度上,斯多葛学派的逻辑在当时倒是一个处于统治地位的逻辑学派。这是因为,亚里士多德逻辑体系是从数学中汲取了养料,更多的是与科学理论联系在一起,而古罗马人偏偏对抽象的科学理论不感兴趣。而斯多葛学派的逻辑体系关注的是论辩术,而对论辩术的运用恰恰是古罗马人的强项。

公元 2 世纪,在古罗马医生盖伦(Galen)(也是著名的逻辑学家)的著作中,我们已经看到亚里士多德逻辑体系和斯多葛学派的逻辑体系的汇合。鲍依修斯(Boethius,480—525)是古罗马最后一位重要的哲学家,对中世纪产生过非常大的影响。在他的逻辑学著作中,亚里士多德逻辑体系和斯多葛学派的逻辑体系已经融合得比较深。鲍依修斯翻译过亚里士多德的逻辑学著作。我们从鲍依修斯所翻译的亚里士多德《范畴篇》的注释中已经知道,至少在那时,人们已经把亚里士多德的逻辑学著作《范畴篇》认作逻辑研究的出发点和一切哲学的出发点。

约翰尼斯·斯考特·爱律根(Johannes Scotus Erigena,约 810—877)是中世纪第一个使用三段论推理的学者。10 世纪,鲍依修斯翻译成拉丁文的亚里士多德的逻辑学著作《范畴篇》和《命题篇》开始广泛流行,被作为当时的逻辑学教材。安瑟伦(St. Anselmus,1033—1109)是中世纪的一位著名的学者,他的上帝存在的本体论证明就是采用数学中(当然也是逻辑学中)的归谬法论证的。安瑟伦的证明方法是通过假定上帝不存在以发现矛盾来证明上帝存在。

中世纪后期是逻辑学在西方的最辉煌时期,逻辑学的地位很高,人们对逻辑学非常看重。在大学的课程设置中,逻辑学和辩证法最受重视。12 世纪中期以后,亚里士多德的《工具论》极为流行。在巴黎、

---

① [英]斯塔斯.批评的希腊哲学史.庆泽彭,译.上海:华东师范大学出版社,2006:203.

牛津和其他大学学习的标准逻辑著作是《工具论》。从此,亚里士多德的逻辑学著作开始对人们的思想产生巨大影响。"最早的大学法规,比如 1215 年巴黎大学制定的校规,要求学习亚里士多德所有的逻辑学著作,而且在整个中世纪这些著作一直是人文课程的骨干。因此,乔叟直接将学习逻辑学等同于上大学……"①

13 世纪的西班牙学者彼得(Peter)写了一本名为《逻辑纲要》的书,成为中世纪后期标准的逻辑学教科书。此书一直用到 17 世纪,共出了 166 版之多。该书共 12 章,其中 6 章是讲述亚里士多德的逻辑学著作内容的。在"奥卡姆剃刀"格言("没有必要,就不要增加实体")出现的年代,逻辑在这一时期被第一流智识之士深入细致地加以研究。如果一个学科能被第一流的智识之士广泛地进行研究,那么,这个学科就必然地会成为一门显学,就必然地会对该文化体系产生巨大影响。逻辑学在这一时期成为显学,说明逻辑学在这一时期已对西方文化有全面、深入的影响;也说明,亚里士多德的逻辑学著作对西方文化产生了全面、深入的影响;当然,也说明,数学思维通过亚里士多德的逻辑著作对西方文化产生了巨大的影响。

文艺复兴时期,古希腊文化得以复兴,人们的视野变得广阔了,逻辑学不再成为一门显学,但由于科学的兴起,数学在整个文艺复兴时期以及近现代的作用越来越重要,数学越来越成为一门显学。这样一来,培养西方文化逻辑的重担便从逻辑学转移到几何学身上,几何学成为显学,欧几里得的《几何原本》成为学习几何学的必读书,公理化方法成为科学家、哲学家共同钟爱的数学方法之一。历史上最伟大的杰作之一——牛顿的《自然哲学的数学原理》一书就采用了公理化方法建构其理论体系。笛卡尔的《方法谈》也属于历史上最伟大的杰作之一,该书也对公理化方法赞不绝口。笛卡尔的整个哲学体系其实也采用公理化方法进行建构。全部笛卡尔哲学就是从"我思故我在"这句话推论出来的。

---

① [美]查尔斯·霍默·哈斯金斯. 大学的兴起. 梅义征,译. 上海:上海三联书店,2007:20.

当然,逻辑学虽然不再成为一门显学,不再是学者理论上的主要关注热点,但在西方的学校中,逻辑学仍然是学生的必修科目,仍然对西方文化逻辑的影响起着加固的作用。

从古希腊到近代,由于逻辑学、几何学等学科潜移默化的共同作用,数学思维对西方人的思维方式产生了巨大的影响,西方人具有数学思维的认知方式已经形成。诚如美国学者查尔斯·霍默·哈斯金斯所说:"……逻辑学不仅本身就是一个主要的研究课题,同时,它还作为一种方法渗透到其他所有学科,并为中世纪的知识定性定调。三段论法、辩证法为支持或反对特定命题而依据一定的规范对论据进行整理,所有这些在一个法律与医学并重、哲学与神学并行的时代,都变成了知识分子的习惯。……作为'书本知识之父和评论者的祖师爷',亚里士多德比任何其他学者都能激起中世纪的人们对教科书和规范思维的敬重。"[1]

由于数学思维影响了亚里士多德的逻辑学,亚里士多德的逻辑学带有数学特征,而亚里士多德的逻辑学对西方文化的影响又远远大于西方其他逻辑学家的贡献,所以,从某种角度来说,西方的数学思维与西方的逻辑思维大致是相同的。

那么,西方的逻辑思维有什么特点呢?

我们知道,世界有三大逻辑体系,它们有共同的特点。若无共同的特点,就不可能称为逻辑。但它们也有很大的区别。中国古代的名辩学与印度古代的因明学以对话和辩论的原则和技术作为主要的研究对象,而古希腊的逻辑学主要以几何学作为研究对象。研究对象不一样,研究结果也就不一样。由于古希腊的逻辑学主要以几何学作为研究对象,所以,它采用的是证明推理或曰形式推理,而形式推理一般都由初始概念、初始命题和推理规则组成,是完全形式化的系统。在形式推理中,从初始命题出发,按照推理规则,可以推出一系列命题。这些命题远离生活,远离经验,看起来很纯粹,完全是形式的东西。但

---

[1] [美]查尔斯·霍默·哈斯金斯. 大学的兴起. 梅义征,译. 上海:上海三联书店,2007:20.

是这些很纯粹、很形式化的东西往往却能发现真理,获得真知。许多数学定理就是采用这种形式推理发现的,经过多次推理后,把这些定理放到现实生活中竟然丝毫不差,所以,西方人对形式推理很看重,对远离内容的形式非常看重。

亚里士多德形式逻辑的核心是三段论。三段论撇开思维的具体内容,保留思维的逻辑形式,把思维形式从沉没在外界直观的思维中抽取并提到意识中来。亚里士多德实现这种抽象的方法是,在命题的分析中引入变项和常项。当用适合的变项去取代命题中的可变成分,即纷繁多样的具体内容时,就从具体命题中获得了带有一般性的表达式。①

辩论推理属于非形式化的系统,缺乏一套形式推演的规则,结论也不具有必然性。形式推理尽管形式化色彩浓厚,但它却能发现真理,且其结论具有必然性,所以,对喜好求知的西方人(东方人喜好求善)来说,对形式推理青睐有加,对形式的东西,对程序的东西便非常地欣赏。

另外,客观性和必然性也是形式推理,也即西方逻辑思维的一个重要特点。由于形式推理仅仅在形式系统内部展开,且运用的是人工的形式语言,这样,只要推演者遵循推理规则,不管他是什么人,有着什么样的价值观念,推论结果都是相同的,具有必然性。所以,形式推理具有客观性和必然性。辩论推理则不具有客观性和必然性,因为它运用的是自然语言,充满了歧义;况且,辩论推理所给定的命题就不具有确定性,往往存在争议。辩论推理所采用的论据往往具有盖然性,与归纳逻辑和概率论相关联。辩论推理所得出的结果经常由于评价者的价值观念不同,得出的结论就不同。正因为这样,辩论推理的结论只具有或然性。

西方传统逻辑中既有形式推理,又有辨证推理,而且形式推理在西方文化中的地位和影响又胜过辨证推理。印度传统逻辑和中国传统逻辑都缺乏形式推理,只有辨证推理,所以,形式推理便构成西方传

---

① 崔清田. 墨家逻辑与亚里士多德逻辑比较研究. 北京:人民出版社,2004:111.

统逻辑的一个显著特点。正是这一特点,对西方文化产生了巨大的影响。由于形式推理具有客观性和必然性,而初始命题又具有自明性,所以,只要遵循正确的推演规则,就能获得确实性的知识。从古希腊到近代,几千年以来,西方人孜孜不倦的追求就是获得确实性知识。古希腊人求真胜于求善,而近代哲学之父笛卡尔又是以追求知识的确定性为其哲学理论体系的出发点。所以,西方文化由于追求确定性,西方人创造的逻辑理论便以追求确定性为特征;而由于西方的逻辑理论能追求知识的确定性,所以,西方人便把逻辑的地位抬得很高,逻辑曾成为显学,对整个文化影响甚巨。西方学界的共识是逻辑形式是最高的理性形式,它比常识和习惯更高级。由于逻辑学以及几何学几千年来都是西方学生的必学科目,加之一流的知识人士的青睐,所以,具体地说,逻辑思维具有形式推理特性的逻辑思维,便成为西方文化的认知方式和思维方式,成为西方的文化逻辑。

思维方式在特定的实践方式和文化背景下形成,在相当长的时间内,具有相对的稳定性,对生活在该文化背景下的人们起着潜移默化的作用,对人们的观念和行为起着决定性的作用。这种思维方式的一大特点就是追求确实性、客观性、必然性,当然也追求形式性、程序性。程式化的努力一直是西方方法论研究的主流。

西方法律的形式合理性过程,其实就是希望通过对于程序、形式的追求,以求得到法律中的真。既然形式逻辑能保证人们得到真的知识、必然性的知识,那么,只要注重法律的形式合理性,追求法律的形式,真的法律知识或法律判决、必然性的法律知识或法律判决也就会得到。这就是西方法律形式合理性形成的极其重要的原因。

三、数学在亚里士多德形式逻辑创立过程中的作用

由于我们探讨的是西方法律形式合理性形成的数学因素,所以,我们不能满足于逻辑对西方法律形式合理性形成的影响。我们必须论证清楚西方以亚里士多德创立的形式逻辑为主要内容的逻辑体系主要是受数学的影响而产生的。

　　许多人错误地认为希腊逻辑学的出现是由于论辩术的影响。其实,对逻辑学深有研究的学者都会清楚,论辩术在希腊逻辑学的创立过程中是起了一定的作用,但远非决定作用。正如苏联著名逻辑学家阿·谢·阿赫曼诺夫所说:"希腊逻辑学的出现,与其说是由于演说术和论辩术的需要,不如说是由于科学的需要,不过,它不仅应用于科学的目的,而且也用于论辩,并往往同演说术或语法学近似。"①著名哲学家、逻辑学家罗素说:"几何学对于哲学与科学方法的影响一直是深远的。希腊人所建立的几何学是从自明的,或者被认为是自明的公理出发,根据演绎的推理前进,而达到那些远不是自明的定理。……这样,首先注意到自明的东西然后再运用演绎法,就好像是可能发现实际世界中一切事物了。这种观点影响了柏拉图和康德以及他们两人之间的大部分哲学家。"②可以说,没有数学这样的演绎科学,亚里士多德的形式逻辑就不可能创立。公理化方法是在数学研究中创立的,亚里士多德的三段论只不过是公理化方法在逻辑中的成功运用。德国逻辑学家肖尔兹对亚里士多德的思想进行了研究,认为亚里士多德是这样认识科学的性质的:"一门科学是一个命题系列,是一些无可争议的真的陈述语句,它们可以分成两个部分。第一部分包括一些命题或公理,这些特定的命题既不能证明也不需要证明是真的;第二部分包括一些命题或定理,它们只有靠公理的真才能证明是真的。"亚里士多德是古希腊著名的科学家,他对当时的许多学科都进行过深入的研究,对当时的科学方法是非常熟悉的,他把这些科学方法带入他的逻辑学研究中,使他创立的逻辑学体系别具特色。他给他所创立的逻辑学赋予的任务是"发现一些规则,人们用这些规则就能从已给定的一些公理得出科学定理,从而建立一门科学学说"③。所以,我们不难看出,亚里士多德的逻辑学与欧几里得的几何学一样,是在采用公理化方法的基础上创立的。

　　①　[苏联]阿·谢·阿赫曼诺夫.亚里士多德逻辑学说.马兵,译.上海:上海译文出版社,1980:29.
　　②　[英]罗素.西方哲学史(上卷).何兆武,李约瑟,译.北京:商务印书馆,1976:24.
　　③　[德]亨利希·肖尔兹.简明逻辑史.张家龙,译.北京:商务印书馆,1977:7-10.

前面我们已经知道，从形式逻辑发展史得知，形式逻辑在古希腊后期分为两个大的学派，一个是从亚里士多德而来的逍遥学派（Peripatetic），一个是从麦加拉学派而来的斯多葛学派（Stoics）。

斯多葛派的逻辑以论辩术为特色。该学派之所以重视论辩术，是由于麦加拉学派也重视论辩术的缘故。麦加拉学派因创建于西西里岛的麦加拉城而著名。麦加拉学派的创始人是欧几里斯（Euclides），与柏拉图同是苏格拉底的学生，热衷于研究巴门尼德的著作。他的门徒有欧布利德（Eubulides）、斯蒂波（Stilpo）等。麦加拉学派对于逻辑的发展作出了三个重要的贡献：一是发现了一些有趣的怪论；二是重新考察了模态概念；三是开创了关于条件陈述句性质的重要讨论。我们从麦加拉学派对逻辑学的重要贡献中可以看出，它们与论辩术有着密切联系。该派发现的"怪论"其实就是论辩术。这一点我们从欧布利德研究的"怪论"内容不难看出：①说谎者怪论。某人说他在说谎，某人说的话是真是假？②戴头巾的人怪论。你说你认识你的兄弟，但那个刚才进来的头上蒙着布的人是你的兄弟，你却不认识他。③秃顶的人怪论。你会说一个人如果只有一根头发是秃顶的人吗？是的。你会说一个人如果只有两根头发是秃顶的人吗？是的。你会……那么你在何处划一界限呢？④带角的人怪论。你没有丢失的东西，你仍旧有。但是，你没有丢失角，所以你仍旧有角。①

西蒂姆的芝诺（Zeno of Citium）是斯多葛学派的创始人。他是麦加拉学派斯蒂波的弟子。在斯多葛学派中，对论辩术研究最有成就的要数克吕西波（Chrysippus）。第欧根尼·拉尔修记载了一种说法："如果在神祇当中有论辩术的话，那无非只是克吕西波的论辩术。"②著名的逻辑史家威廉·涅尔和玛莎·涅尔认为这一说法附带证明了克

---

① ［英］威廉·涅尔，玛莎·涅尔. 逻辑学的发展. 张家龙，洪汉鼎，译. 北京：商务印书馆，1985：147-148. 陈波著的《逻辑学是什么》一书中介绍了麦加拉学派的"六个怪论"，除了"狗父怪论"外，与这里介绍的是麦加拉学派的怪论大同小异。狗父怪论：这是一只狗，它是一个父亲，它是你的，所以，它是你的父亲。你打它，就是打自己的父亲。陈波. 逻辑学是什么. 北京：北京大学出版社，2002：11.

② ［英］威廉·涅尔，玛莎·涅尔. 逻辑学的发展. 张家龙，洪汉鼎，译. 北京：商务印书馆，1985：150.

吕西波的逻辑体系在当时就被认为是与亚里士多德的逻辑体系不同的。克吕西波逻辑理论的核心是对条件命题理论的研究,该理论体系是从爱利亚学派的芝诺的论辩术那里来的,这是一条迥然独立于亚里士多德的师承路线。

斯多葛学派的逻辑学虽说来源于论辩术,但并不是不受数学的影响。当然,比起亚里士多德的逻辑学来说,所受数学的影响要小得多。苏联逻辑学家Ⅱ. C. 波波夫、H. И 斯佳日金认为,斯多葛学派的演变是在古代世界数学能动性加强的背景下(欧几里得、阿基米德、埃拉托色芬和阿波洛尼)发生的。同公元前 5 世纪的数学相比较,这个时期的数学发展的特征是,对读者的新关系,如同对可能的论敌一样,他们随时准备抓住叙述中的任何不确切的地方。对于科学家说来,重要的是借助于三段论法的链条去迫使读者——不论他们愿意与否——承认,他采取的是唯一可能的、正确的决定。修辞学的诸要素是从对于几何学那样抽象的科学叙述中产生的。正如诸多科学史家所指出的,数学家的论证方法与刑事诉讼的实践之间的惊人联系,也是由此而来的。两位逻辑学家举例叙述论辩术如何从数学的论证方法中来。在法庭陈述中,被告人的担心在于,他如果如实地进行简单陈述,便不会取信于人。所以,采取叙述式的辩护方法对他说来是不适宜的。他不得不证明,别的推论进程简直是不可能的。被告人为了消除其担心,不得不采取叙述式之外的辩护方法,如数学中的归谬法。归谬法是怎么证明数学命题呢?假如一人断定 A 量等于 B 量,却无人相信,人们也许会想:A 或大于 B 或小于 B。姑且假定,A 大于 B。这是反证法。这一假定作出后,从中就可以得出一个逻辑推论的链条,其结果将会导致一个不可能的结论。现在,假定 A 小于 B。这一假定也导致荒谬。所以得到这些荒谬的结论,仅仅因为所做的假定是不正确的。也就是说,A 既不能大于 B,也不能小于 B。因而只有一个结论:A 等于 B,这就是要求证明的东西。论辩术往往采用数学中的方法进行论证。科学研究的一般方法,就是由一些特殊科学的演变而发展起来的。那些已成为数学科学以及与数学毗邻的科学的应用对象的新的认识领域,为逻辑学说的发展奠定了基础。①

　　智者派也研究逻辑学,但逻辑学的创立者却不是智者派,而是智者派的反对者亚里士多德。这是因为,智者派滥用了论证和反驳命题的方法,制造歧义,玩弄悖论,从而使一些人对智者派疏而远之,妨碍了逻辑学的创立。况且,论辩的目的是说服,一个人被说服,说明该人对论题的真实性具有相当程度上的信念。因此,说服一个人,既可以采用证明的方法,也可以采用影响情感、晓以利害等办法;至于论题的真实性到底如何,似乎无关紧要。而证明的理论则要求论题的真实性没有问题。证明的理论追求逻辑规律,而说服的理论追求心理的规律。正因如此,研究论辩术的麦加拉学派和斯多葛学派尽管对逻辑学的发展有过贡献,但却没能成为逻辑学的创始人,因为他们对逻辑规律的追求不是那么专一。而且,论辩术在后来的发展及影响远远比不上以三段论为核心的亚里士多德的逻辑体系。在中世纪以后,亚里士多德的三段论理论广为人知,成为显学,它所导致的形式化研究模式在逻辑教学中占据了主导地位,最后甚至被等同于逻辑自身,或者是逻辑之中最核心的、发展得最好的部分。而论辩术越来越萎缩,几乎要被剔除出逻辑的领域。由于论辩推理具有一种似真性,不具有完善性、确定性、普遍性,所以,在启蒙运动以来备受冷遇,只是到了 20 世纪下半叶才开始受到重视。②

　　逍遥学派师承亚里士多德的逻辑体系,而亚里士多德的逻辑体系除了研究论辩术外,研究的核心是三段论。亚里士多德的逻辑论文在他死后被编在一起,取书名为《工具论》。《工具论》由《范畴篇》《解释篇》《前分析篇》《后分析篇》《论题篇》及其附录《辩谬篇》组成。《前分析篇》主要研究的是三段论推理,逻辑学家普遍认为这是亚里士多德对逻辑学的主要贡献。亚里士多德在《工具论》一书中,尽管对论辩术有研究,但却不是他关注的重点。这与麦加拉学派、斯多葛学派的逻

　　① 〔苏联〕Ⅱ.C. 波波夫,H. И 斯佳日金. 逻辑思想发展史——从古希腊罗马到文艺复兴时期. 宋文坚、李金山,译. 上海:上海译文出版社,1984:136-137.
　　② 晋荣东. 逻辑何为——当代中国逻辑的现代性反思. 上海:上海古籍出版社,2005:309-310.

辑学理论以论辩术为关注重心截然不同。亚里士多德的逻辑学理论的重心是对三段论的研究。

亚里士多德在《前分析篇》中表明他是从证明的推理而走向三段论学说的。那么,什么是证明的推理呢? 亚里士多德在《前分析篇》一文中通过对证明的论证与论辩的论证的区分从而对证明的论证作了阐述。

> 证明的前提与辩证的前提是不相同的。证明的前提是对两个相矛盾陈述中一方的论断(因为证明者的工作不是提问,而是作断定),辩证的前提则是对在两种相矛盾的陈述中应接受哪一种这一问题的回答。但这种差异对三段论并无影响。三段论既可以从证明的前提推出,也可以从辩证的前提推出。因为无论是证明者还是论辩者都是首先断定某一谓项属于或不属于某一主项,然后得出一个三段论的结论。因此,根据上面所说的内容,一个三段论的前提,简单说来,是某一谓项对某一主项的肯定或否定。如果它是真实的,是从原初的公设中得出的,那么它就是证明的。而辩证的前提,对论辩者来说,是对在两个相矛盾的前提中应接受哪一个这一问题的回答;对推论者来说,它则显得是真实的并被普遍接受的论断。①

著名的逻辑史家威廉·涅尔和玛莎·涅尔认为,从逻辑的观点来看,证明的前提是真的和必然的,而辩证的前提则不一定是真的和必然的。在证明中,是从真前提出发而必然达到真结论,而在论辩中,前提的真是不知道的,结论的真也不是必然的。

有三种要求证明的论说类型:一种是在数学里,我们寻求证明先天抽象的真理;二是在形而上学里,我们寻求证明关于世界结构的最一般的命题;三是在日常生活论证中,尤其是在政治的或法庭的论证中,我们寻找偶然性命题的证明。在这三种类型中,显然只有数学符

---

① [古希腊]亚里士多德. 工具论(上). 余纪元,等译. 北京:中国人民大学出版社,2003:84.

合于亚里士多德关于证明的论证的描述,而且数学为亚里士多德提供了对证明所做的大部分解释。最早的逻辑研究多半是由对这种推理的考察所引起的。

数学分为经验数学和演绎数学。在古希腊之前,数学已有几千年的历史。古巴比伦人和埃及人已有广泛的数学知识。尤其是埃及人,由于尼罗河一年一度的泛滥,他们经常要丈量土地;另外,众多法老要建金字塔,这必然需要几何学知识,所以,几何学在埃及很发达。但古巴比伦、古埃及的数学属于经验数学,他们的数学知识都是从生产生活经验中总结出来的。古希腊人的数学知识大多不是从生产生活经验中总结出来的,而是从演绎推理中得出的。

作为一门演绎科学的几何学具有如下的性质:其一,这门科学的某些命题必须是不证自明的,这些不证自明的命题被称为原初命题;其二,这门科学的其他命题必须是从这些不证自明的原初命题推出的;其三,推导必须是形式的,或者对几何学所讨论的特殊对象是独立的。因为几何学研究的是一般命题,而不研究特殊命题。有时我们说线段 AB,似乎是指某一特殊线段,其实不然,它的意思是指满足某一条件的一切线段。①

古希腊哲学家、数学家毕达哥拉斯起初认为世界的本原是数(这里的数特指整数)。但自从发现无理数后,毕达哥拉斯学派便抛弃代数,认为代数存在严重的瑕疵,而几何学却无瑕疵,于是他们转而热衷于研究几何学。几何学的发达,导致的直接后果是推动了演绎科学的发展。演绎科学或者更具体地说,演绎数学的发展为演绎推理提供了前提条件。所以,尽管亚里士多德对几何学的贡献甚微,但他在柏拉图学园的学习,无疑使他对几何学知识有了相当的了解,使他很容易地把作为一门演绎科学的几何学所具有的性质轻而易举移植到逻辑中去,使他所创立的逻辑学带有演绎科学的性质。

亚里士多德创立了三段论,但他并不是凭空创立的,而是在前人

---

① 〔英〕威廉·涅尔,玛莎·涅尔. 逻辑学的发展. 张家龙,洪汉鼎,译. 北京:商务印书馆,1985:4-6.

理论基础上创立的。亚里士多德的老师柏拉图的有关论述就说明公理化方法在亚里士多德之前已创立。柏拉图说："我想你知道,研究几何学、算学以及这一类学问的人,首先要假定偶数与奇数、各种图形、三种角以及其他诸如此类的东西。他们把这些东西看成已知的,看成绝对假设,他们假定关于这些东西是不需要对他们自己或别人作任何说明的,这些东西是任何人都明白的。他们就从这些假设出发,通过首尾一贯的推理最后达到他们所追求的结论。"①从柏拉图的这段话中,我们知道公理化方法在当时的数学中已得到了运用。所以,公理化方法绝不是亚里士多德创立的,正确的说法应当是:亚里士多德把公理化方法在逻辑中得到了成功的应用,从而创立了三段论推理。美国学者莫里斯·克莱因说:"柏拉图是第一个把严密推理法则加以系统化的人,而大家认为他的门人按逻辑次序整理了定理。……不管柏拉图派有否根据明确的公理真正用演绎法整理过数学,有一点是毋庸置疑的,即至少从柏拉图时代起,数学上要求根据一些公认的原理作出演绎证明。由于坚持要有这种形式的证明,希腊人得以把此前几千年来数学里的所有法则、步骤和事实全部抛弃。"②

亚里士多德在《形而上学》一书中指出数学证明与逻辑的亲似性,认为哲学家应建立一门学科,以研究数学中称为公理的真理,探索演绎的原则。③ 亚里士多德要求哲学家建立的学科就是后世称为逻辑学学科,所要求探索的演绎原则,就是他所创立的三段论理论。

亚里士多德将三段论形态分为三种:辨证的三段论、修辞的三段论和证明的三段论。亚里士多德最看重的是证明的三段论。证明的三段论又称为科学的三段论,是以真实的初始原理为前提,用于科学知识的建构与研习。亚里士多德认为一切科学知识都是证明的知识;人们总是通过证明获得知识的。亚里士多德所说的"证明"其含义不同于我们现在所说任何用论据论证论点的方法,而是指严格地运用三

---

①　[古希腊]柏拉图.理想国.郭斌和,张竹明,译.北京:商务印书馆,1986:269.

②　[美]莫里斯·克莱因.古近数学思想(第1册).张理京,等译.上海:上海科学技术出版社,2002:52.

③　汪子嵩,等.希腊哲学史(第3卷上册).北京:人民出版社,2003:121.

段论推理获得科学知识的方法。证明总是三段论推理,但并非所有的三段论推理都是证明。科学知识总是证明的知识,证明是获得科学知识不可或缺的手段,是形成系统的科学知识的主要逻辑支柱。[①]

证明的三段论与辨证的三段论和修辞的三段论的区分不在于格式,因为它们的格式都是相同的;它们的区分在于前提不同。证明的三段论有四点特殊的要求:①前提必须真实。而另外两种三段论的前提则不一定真实。②初始前提明显是真实的,不需证明;在它们之先没有其它前提。这类初始前提或初始原理有两类:一类是公理,另一类是判定一类事物的本质意义的定义或假设。③前提在本性上先于结果,比结果更易于理解。由于这类前提属于事物的普遍本质,自然比具体事物的本性在先,且易于理解。④前提必须是结果的原因。因为只有知道一个事物的原因时,才会有对该事物的知识。不是结果的原因,表明事物之间没有联系,自然无从进行推理。[②]

从证明的三段论的特殊要求中我们不难看出亚里士多德逻辑学是从数学知识中得来的,这种逻辑与数学的亲似性是一目了然的。

其实,在亚里士多德的心目中,逻辑学不只是具有规范思维形式结构的技术性工具,而且是具有探究全部哲学与其他学科知识所必须的一种思想性工具。逻辑学和几何学都具有证明学科的特征,它们都首先要借助于公理,而公理是最普遍的,是万物的本原,对它们的真和假的思辨,属于哲学家的事情。逻辑学作为推理与证明的学问,在智力训练、日常交往及哲学学科知识几方面都有用;由于它能使人对所提出的有关哲学知识的问题容易洞察真与假,因而也有用于研究每门特殊学科的初始原理或本原。所以,逻辑学是一门通达一切探索方法原则的途径。总之,亚里士多德所开创的逻辑学从属于哲学,蕴含哲学的意义和方法论的功用。[③] 由于亚里士多德在西方文化中的巨大影响,所以,在西方文化传统中,逻辑学始终属于哲学的一部分,在整个

---

① 汪子嵩,等. 希腊哲学史(第3卷上册).北京:人民出版社,2003:333.
② [古希腊]亚里士多德.工具论(上).余纪元,等译.北京:中国人民大学出版社,2003:246-247.
③ 汪子嵩,等. 希腊哲学史(第3卷上册).北京:人民出版社,2003:128.

文化中起着统领作用。也由于几何学与逻辑学的这种相似和切近,所以,几何学在西方文化中的影响,也是非常巨大的,起着如同哲学、宗教那样的意识形态的作用。①

亚里士多德创立的逻辑带有数学的特征,这是中外许多学者都认识到的。

著名哲学家、数理逻辑的创始人莱布尼茨说:"亚里士多德把这些形式整理成绝对正确的规则,因而实际上成为在数学领域之外用数学方法写出的第一人,这个功绩实在不小。"②著名逻辑学史家威廉·涅尔和玛莎·涅尔认为:"希腊逻辑的一个趋势大都是由考虑如何把几何学表述为演绎系统的问题所决定的。"③著名的希腊哲学史专家格里斯认为亚里士多德熔冶了当时的数学知识,从而在其逻辑论著中探讨了证明科学的方法与逻辑结构。④ 德国逻辑学家亨利希·肖尔兹(1884—1958)认为亚里士多德"真正成就是,把逻辑尽量接近于作为典范的数学",要"在尽可能的范围内赋予逻辑以亚里士多德意义下的科学的形式"。他说亚里士多德"正确地使用了某些运算规则"。⑤ 美国著名的数学史家莫里斯·克莱因认为:"亚里士多德的一个重大贡献是创立逻辑学。希腊人在搞出正确的数学推理规律时就已奠立了逻辑的基础,但要等到有亚里士多德这样的学者才能把这些规律典范化和系统化,使之形成一门独立学科。从亚里士多德的著作中,可以十分清楚地看出,他是从数学得出逻辑来的。他的基本逻辑原理——矛盾律,指出一个命题不能既是真的又是假的;排中律,它指出一个命题必然是真的或者是假的——就是数学里间接证法的核心。亚里士

---

① 几何学在西方所起的意识形态作用具体可参见:何柏生. 法律与作为西方理性精神核心的数学理性. 法制与社会发展,2003(4).

② [德]亨利希·肖尔兹. 简明逻辑史. 张家龙,译.北京:商务印书馆,1977:49.

③ [英]威廉·涅尔,玛莎·涅尔. 逻辑学的发展. 张家龙,洪汉鼎,译.北京:商务印书馆,1985:10.

④ 汪子嵩,等. 希腊哲学史(第3卷上册). 北京:人民出版社,2003:121.

⑤ [德]亨利希·肖尔兹. 简明逻辑史.张家龙,译.北京:商务印书馆,1977:11//杨百顺. 西方逻辑史. 成都:四川人民出版社,1984:91.

多德用当时课本中的数学例子来说明他的推理原则。"①"……亚里士多德是从数学家已经实行的推理中抽象出这些演绎推理原理。事实上,演绎推理是数学之子。"②美国哈佛大学教授因格尔斯(Daniel H. H. Ingalls)认为,西方逻辑学的特征是同数学思维相结合而得到发展的,而印度逻辑学的特征则是同文法学相结合得到发展的。③

我国逻辑学者周祯祥认为,希腊"初等几何学开创了一门证明的科学,它要求对所发现的每一个几何命题给以严格的证明。如果论辩术促成了逻辑学对于论证的理由和其所论证的命题之间的关系的研究,那么,几何学的研究模式促成了逻辑学对于演绎证明理论的研究"④。研究科技哲学的王前教授认为:"西方逻辑思维发展的一个显著特点,是同数学发展不断相互作用、相互促进。这不同东方文化的逻辑思维……"。⑤

四、西方人对形式的关注并不限于法律形式

要搞清西方人为何对法律的形式合理性非常关注,就必须跳出法律文化的范围,审视的视野得放在整个西方文化上。正所谓:"不识庐山真面目,只缘身在此山中。"只有这样,我们才能更清楚地看到数学思维对西方文化注重形式的影响。如果把目光局限在西方法律文化的范围内,得出的结论就可能存在偏差,就看不到数学对西方法律形式合理性形成的巨大的、决定性的影响。

从泰勒斯、毕达哥拉斯发明演绎数学以后,特别是亚里士多德在数学基础上创立逻辑学以后,西方人对演绎逻辑非常推崇,把越来越多的东西纳入程式化的轨道中去。通过对西方文化的考察,我们发

---

① [美]莫里斯·克莱因. 古今数学思想(第1册). 张理京,等译. 上海:上海科学技术出版社,2002:62.

② [美]M. 克莱因. 数学与知识的探求. 刘志勇,译. 上海:复旦大学出版社,2005:51.

③ [日]中村元. 比较思想论. 吴震,译. 杭州:浙江人民出版社,1987:271.

④ 周祯祥,胡泽洪. 逻辑导论. 广州:广东高等教育出版社,2005:3.

⑤ 王前. 中西文化比较概论. 北京:中国人民大学出版社,2005:93.

现,西方文化对形式的注重并不局限在法律上,而是表现在许多领域,如数学(可以引申为包括物理学、天文学、化学等在内的整个自然科学,因为这些自然科学数学化程度极高)、逻辑、语法、修辞、美学(包括文学、美术、建筑、音乐等)等学科领域。西方人对一切程序化的、形式化的东西都感兴趣;并不仅仅认为内容和形式并重,他们常常认为形式比内容更重要。

我们知道,与其他学科相比,逻辑学是一门注重形式的学科。亚里士多德创立的形式逻辑构成西方的传统逻辑,西方的传统逻辑对形式的强调是中国传统逻辑和印度传统逻辑所无法比拟的。中国传统逻辑对内容的强调胜于对形式的强调。逻辑学这门关注形式的学科(与其他学科相比)在西方成为显学,而在东方却并不受人关注。逻辑学在中国的命运不济。在先秦,墨子、韩非子等人对其较为关注,但后代极少有人关注,逻辑学在中国几成绝学。在印度,逻辑学的地位也不高,远够不上显学。这说明,在东方,人们对形式的学科不感兴趣。[①]

数学是一门高度抽象的学科,而越是高度抽象的学科,形式便越突出。

我们知道,科学及其方法追求的一个基本目标是程式化。"事实上,人类一直在成功地把越来越多的东西纳入程式化处理轨道,以便让自己的思维从中摆脱出来,解决那些至少在现在尚不能程式化的任务。""方法论研究的基本目标之一,是为科学认识活动建立相对稳定的工具系统。从思维方式的角度而言,则要求形成某种行之有效的、有约束力的定式或框架。为了顺利地到达彼岸,人们应当有所遵循、有所依赖、有所借鉴。在这个意义上,方法越是程式化,越易于掌握,越能够发挥作用。这个目标,用培根表述得比较极端的话说就是:

---

① 当然,逻辑学在中国衰微的一个重要原因在于中国传统逻辑对内容的过于关注。以墨家逻辑为代表的中国传统逻辑的直接目的是"取当求胜""审治乱之纪"。以亚里士多德创立的形式逻辑为代表的西方逻辑的直接目的是"求知""探索方法"。由于过于关注内容,所以,当汉武帝独尊儒术,罢黜百家之后,墨家逻辑便受到致命的打击,从此一蹶不振。以亚里士多德创立的形式逻辑为代表的西方逻辑由于关注的是纯形式的"探索方法",所以,它在西方的历史上备受重视,成为显学。

'我给科学发现所提供的途径并不为聪明才智留下多少活动余地,而是把一切机智和理智差不多摆在平等的位置上。因为正像画一条直线和一个正圆形一样,如果只是用手来画,那就很要依靠手的稳健和训练,但是如果是用直尺和圆规来画,那就很少依靠这个,或者根本就不依靠它了。对我们的方法来说,也恰好是这样。'"①众多科学学科中的公式、定理、规律、基本原理其实就是在实现程式化。阿基米德的科学理论、牛顿的科学理论、爱因斯坦的科学理论等,他们都是按照程式化的要求建构的。这些理论又为其他科学理论树立了榜样,使这些科学理论也按照程式化要求建构。人文社会科学中的许多理论也是按照程式化的要求进行建构,如笛卡尔、斯宾诺莎的哲学理论就是按照公理化方法这一程式进行建构。现代的智能机器人就是人类思维程式化的成功尝试。人类自身的思维活动也有固定的程式,称为思维模式。这种思维模式在相当一段时间内对生活在该文化背景下的人们的思维活动、行为方式起着决定性的影响。

在人类追求程式化的历程中,亚里士多德创立的以三段论为主要内容的形式逻辑是第一座丰碑,对各门学科的程式化进程起到了极大的推动作用。尽管归纳推理也是逻辑学的重要组成部分,但在西方文化传统中,对演绎推理的推崇却是根深蒂固的。由于运用演绎推理所得出的知识具有必然性,对于追求确定性知识的西方人来说,它的地位自然要比归纳推理高。培根推崇归纳,却没有说它是逻辑。只是到了密尔那里,才称为逻辑,才与逻辑融为一体。但是,密尔是在逻辑一词的广义上才把归纳推理归入逻辑的,而狭义的逻辑概念并不包括归纳推理;只有密尔等少数人在广义上使用逻辑的概念,一般逻辑家接受的仍是狭义的逻辑概念。② 现代逻辑又回到了演绎推理的道路上,是沿着亚里士多德所说的"必然地得出"这个轨道发展了逻辑。这就说明,逻辑在程式化的历程中起到的巨大作用主要来自演绎推理。

西方的语法、修辞的发展受逻辑学的影响很大。在西方传统中,

---

① 刘大椿. 科学技术哲学导论(第 2 版). 北京:中国人民大学出版社,2005:225-226.
② 王路. 逻辑的观念. 北京:商务印书馆,2000:128-129.

语法、修辞是包括在逻辑学中的①,所以,它们受形式逻辑的"形式"的影响是不言而喻的。它们都重视规则,重视形式。语法、修辞在古代的中国却发展缓慢(尤其是语法),尚未形成一门学科。

美学在中西方都很受重视,但在中西方对美的内容与美的形式的重视程度是大不相同的。在中国古代,对美的内容极为重视,而对美的形式则不像对美的内容那样重视。主张美的内容与美的形式并重的学者已不多,而主张美的形式重于美的内容的学者更是凤毛麟角。在西方,从古希腊迄今,主张美的形式重于美的内容的学者是非常多的,甚至可以说构成多数,形成一股浩荡的潮流。著名美学家蒋孔阳指出,在西方美学史上,"大量美学家都肯定了美在形式。谈美而不谈形式的美学家,差不多没有。他们都把形式的因素,如像对称、平衡、比例、和谐、多样统一,以及黄金分割等,当成是构成美的因素。"②

在西方,最早主张美在于形式的学者是毕达哥拉斯。

我们知道,"万物皆数"是毕达哥拉斯提出来的。数是从万物中抽取出来的形式,"万物皆数"蕴含着形式就是本质的命题。这是一个非常重要的命题,说明西方人从古希腊开始,对形式的看法与中国人就不相同,把形式的地位看得很高。"万物皆数"的观点经过柏拉图、笛卡尔、牛顿等的发扬光大,在西方广为人知,对西方人的思想产生了巨大的影响。"万物皆数"的观点在美学上的意义在于对比例、对称、和谐、秩序的强调。毕达哥拉斯主张美不在于对象的物质材料,而在于形式。毕达哥拉斯通过观察铁匠打铁,从而发现了音之高度与弦之长度的和谐比例关系,由此得出美即是数、数即是万物的本原的结论。毕达哥拉斯认为身体美是各部分之间的对称和适当的比例。"黄金分割"这一著名的形式理论就是毕达哥拉斯学派在对人体的比例进行研究后发现的。毕达哥拉斯的美学理论对古希腊的艺术创造起过非常

---

① 周礼全先生认为:"从亚里士多德的《工具论》到现代逻辑出现以前的逻辑传统是:逻辑、语法和修辞总是相结合的,语形、语义和语用总是相结合的。"(周礼全. 逻辑——正确思维和成功交际的理论. 北京:人民出版社,1994:27)但从现代逻辑的发展来看,语法和修辞已与逻辑相脱离。亦可参见本文第一部分对"七艺"的注释。

② 蒋孔阳. 美学新论. 北京:人民文学出版社,2006:66.

重要的影响,古希腊雕塑家波利克莱特斯曾经把抽象比例的原则体现到他所塑造的《多罗斯雕塑》中去。①

柏拉图、亚里士多德认为美是独立存在的,它的存在不依赖真、善和功利而存在,从而在一定程度上强调了美的形式的重要。柏拉图说:"真正的美来自于所谓美的颜色,美的形式。"②亚里士多德强调形式是事物的本质,"美的主要形式是秩序、对称和比例原则"③。

古罗马的西塞罗也认为美就是形式。他指出:"物体各部分的一种妥当的安排,配合到一种悦目的颜色上去,就叫作美。"④

中世纪在现代人眼中属于黑暗的时代。除了上帝以外,一切都无足轻重。在神学家看来,美当然是上帝创造的。但神学家们却没有忘记美与形式的关系。奥古斯丁认为,一般的美就是"整一"与"和谐",有形的物质之美就是各部分的适当比例,再加上一种悦目的颜色。一切美的源泉在于上帝,上帝本身就是"整一"。上帝把自身所具有的"整一"印到他所创造的其他事物上,从而使这种有形的感性之物具有上帝的属性。越是完美的事物,"整一"程度就越大。奥古斯丁的观念深受毕达哥拉斯的影响,认为现实世界是上帝按照数学创造出来的,所以才显出整一、和谐和秩序。数始于一,数以等同和类似而美,数与秩序不可分。人体的匀称以及一切物体的常规运动都由数在管着,因此,一切美的要素都在于数。托马斯·阿奎那认为美是属于形式因的范畴。美有三要素:第一,美是一种完整或完美,凡是不完整的东西就是丑的;第二,美是适当的比例或和谐;第三,美是鲜明,鲜明的颜色被认为是美的。托马斯·阿奎那把美的完整性看得很重,认为不完整的东西就是丑。完整性是最关键的,其次是匀称。如果不和谐、不匀称、不成比例,事物就会变得畸形,成为丑的。托马斯·阿奎那的美的

---

① [英]鲍桑葵. 美学史. 张今译. 北京:商务印书馆,1985:63.

② [古希腊]柏拉图. 文艺对话集//蒋孔阳. 美学新论. 北京:人民文学出版社,2006:67.

③ [古希腊]亚里士多德. 诗学. 罗念生译. 北京:人民文学出版社,1962:25//蒋孔阳. 美学新论. 北京:人民文学出版社,2006:67.

④ 朱光潜. 西方美学史(下册). 北京:人民文学出版社,1979:638.

三要素理论来源于新柏拉图主义者普鲁提诺的学说和奥古斯丁的学说,而这两人的学说都深受毕达哥拉斯学说的影响。[①]

文艺复兴时期的人们不但没有忽视美的形式,而且更加重视。达·芬奇认为形式便是目的,不是手段;形式并不附属于面貌、表情、手势、环境、行动。达·芬奇的作品以形象为主,不重诗意,不重文学气息。[②]

17 世纪盛行的新古典主义者虽然强调理性,把理性看作创作的原则,但同样不忽视形式。他们所理解的理性规律,并不是客观现实生活的反映,并不是对内容的一味追求,而是按照理性的要求,在形式上的清晰和周密。

18 世纪英国艺术理论家 W. 荷迦兹(1697—1764)在其《美的分析》中提出美是由形式的变化和数量的多少等因素相互制约产生的。德国艺术史家 J. J. 文克尔曼(1717—1768)认为真正的美都是几何学的,不管古典艺术还是浪漫艺术,都是如此。

康德对美学体系的创立与发展作出了巨大的贡献。康德认为:"在一切美的艺术中,最本质的东西无疑是形式。"康德差不多排斥了美的一切内容,虽然不是形式主义者,但却为形式主义开辟了道路。

由于西方文化有重视形式的传统,所以,在西方文化史上才掀起了轰轰烈烈的形式主义运动。19 世纪中叶以后,西方美学出现了各种各样的理论和流派,其共同的特点是对形式的重视。法国小说家提奥菲尔·戈蒂埃(Théophile Gautier,1811—1872)认为,文学中运用辞藻的步骤也像画家、雕塑家、雕刻家运用颜料、大理石或塑形金属一样。一块珍奇石头的名称,比如绿玉或绿玉髓,也正像调色板上丰富的颜料一样,是语言马赛克上能感觉到的一块美丽色片,而词的意义比起词的声音所唤起的印象来,则是次要的。当然,戈蒂埃最著名的口号是:"为艺术而艺术。"法国文学家波德莱尔认为:"诗歌除了本身以外别无目的,也不可能有任何别的目的。单单为了作诗之乐而写的

---

① 程孟辉. 西方美学撷珍. 北京:中国人民大学出版社,2004:102-115.
② [法]丹纳. 艺术哲学. 傅雷,译. 北京:人民文学出版社,1963:75.

诗是那么伟大而高尚,那么丝毫无愧于诗的盛名,其他任何诗都无法和它相提并论。如果诗人为道德目的而写作,那么就减弱了他的诗的力量,其结果十有八九是很糟糕的。"①英国著名文艺批评家洛杰·弗莱(Roger Fry,1866—1934)认为,作为具有审美感意义上的艺术,它应该凭借其美的形式取悦于人,由此唤起人的审美情感和心理快感。这种审美情感和心理快感的产生同任何现实生活内容无关。人类历朝历代世传下来的艺术珍品,其价值和意义全部在于作品本身的形式结构。一切艺术都是建立在纯形式的基础上。② 由再现性内容引起的感情会很快消失,而由形式引起的愉快感受永远不会消失和减弱。克莱夫·贝尔(Clive Bell,1881—1964)在《艺术》一书中说:"对纯形式的观察使我们产生了一种如痴如醉的快感,并感到自己完全超脱了与生活有关的一切观念……可以假设说,使我们产生审美快感的感情是由创造形式的艺术家通过我们所观赏的形式传导给我们的。"③由线条、色彩或体块等要素组成的关系,是一种有意味的形式,只有它才能产生出审美感情。

总之,在西方美学史上,形式主义一直是主要思潮之一,西方现代许多美学思潮和文学思潮,如结构主义、格式塔美学、符号主义、现象学、新批评运动、立体主义、构成主义、达达主义、超现实主义、未来主义等都带有形式主义的色彩。形式主义思潮不能说是一统天下,但却占有举足轻重的地位,对西方的文学艺术产生了巨大的影响。西方美学史上的形式主义思潮就其历史之悠久,影响之深广,都是中国传统的美学思潮无法相比的。西方美学史上的形式主义思潮的鼻祖正是提出"万物皆数"的毕达哥拉斯。西方美学、文学重视形式的传统是与数学有着密切联系的。毕达哥拉斯和柏拉图这些重视数学的思想家有关形式的重要理论对西方形式主义传统有着至关重要的影响,数学是引导西方美学、西方文学走向形式主义的极为重要的因素。

---

① ［美］威廉·冈特. 美的历险. 肖津,译. 南京:江苏教育出版社,2005:12.
② 程孟辉. 西方美学撷珍. 北京:中国人民大学出版社,2004:368.
③ ［英］李斯托威尔. 近代美学史评述. 蒋孔阳,译. 上海:上海译文出版社,1980:11.

　　我们从西方众多学科都注重形式可得出结论：西方文化注重形式一定是思维方式的影响，否则就不会有这么多学科都注重形式。一些具体的原因，如果局限在西方法律文化内似乎分析地有道理，但若从整个西方文化背景分析，其观点就有局限性。所以，只有理论上升到更高层次，视野放得更宽，才能准确把握住西方法律形式合理性形成的真正原因或者说是决定性原因。

　　其实，一门科学数学化也就意味着形式化；而形式就是本质。对此毕达哥拉斯和柏拉图都有深刻的论述。毕达哥拉斯认为一个事物的本性不是它所由以构成的东西而是它的结构，而结构又可以用数学术语描述出来。事物分离和聚集成它们所是的样子所凭借的本性，就是几何结构或形式。柏拉图认为形式具有实在性和可理解性。形式或结构被认为是本质。相对于存在于事物中的行为来说，形式是本质或本性；相对于研究它的人类精神来说，形式不是构成自然界的事物那样可感知的，而是可理解的。形式的多元性构成可理解的世界。[①]毕达哥拉斯和柏拉图之所以能提出形式的理论，就是由于受到数学的启迪，而数学成为最典型的形式学科。毕达哥拉斯是西方理性主义的鼻祖，而柏拉图的理论更是无与伦比，因为西方后来的哲学都是柏拉图哲学的注释（怀德海语）。所以，在这两位哲学家的影响下，形式理论在西方的地位是非常高的。西方人对形式的理解与东方人的理解远远不一样。

　　在近现代，许多学科都在朝着数学化迈进，这就意味着朝着形式化迈进。在现代科学中，形式系统的建立标志着一门科学的真正成熟。这是因为，从公理引向经验事实或者可证实的结论的思路越来越长。为了保证结论的正确性，在探索理论时，就不得不越来越听从纯粹数学的、形式的考虑。这就是说，数学的形式在很大程度上支配着知识的获取过程。西方数学不仅是关于空间和量的"经验科学"，更重要的是，同逻辑一样，为科学提供形式性的保证，从而使之成为知识。公式、公理化方法等都是数学形式化的途径。亚里士多德的三段论推

---

①　[英]罗宾·柯林伍德. 自然的观念. 吴国盛，柯映红，译. 华夏出版社，1999.

理是数学的公理化方法在逻辑中的成功运用,所以,采用三段论推理实质上就是采用公理化方法,亦即采用数学方法。数学思维所以能定量地演绎唯在于运用公式,所以,公式是数学形式。自然科学以及一些社会科学(如经济学)大量采用公式就是数学化的结果,也就是形式化的结果(当然,数学的形式化并不仅仅表现在公式,公式只是数学形式化的重要表现之一;但若要定量地演绎就离不开公式)。如果说确定性和分析性是科学知识的灵魂和精神,那么形式性便是它的骨架和躯体。

近代科学巨匠牛顿的伟大贡献就是为科学知识开创性地制定了数学形式的原理。① 爱因斯坦说:"在牛顿以前很久,已经有一些有胆识的思想家认为,从简单的物理假设出发,通过纯逻辑的演绎,应当有可能对感官所能知觉的现象作出令人信服的解释。但是,是牛顿才第一个成功地找到了一个用公式清楚表述的基础,从这一基础出发,他能用数学的思维,逻辑地、定量地演绎出范围很广的现象,并且能同经验相符合。"② 由于牛顿的巨著《自然哲学的数学原理》的巨大成功,使科学的数学化成为奔腾的洪流,向着自然科学和社会科学的各个学科倾泻。

法国著名思想家福柯曾探讨过人文学科的形式化问题。福柯说:"……人文科学拥有或多或少被推迟却恒常的在一个层面上赋予自身或在任何情形下利用数学形式化的设想……""如同其他任何知识领域一样,这些'人文科学',在某些条件下,可以使用数学工具;这些'人文科学'的某些步骤和几个结果可被形式化。认识这些数学工具,能实施这些形式化,定义这些形式化得以在其上实现的那些层面,这肯定都是至关重要的;对历史来说,这样做可能是引人注目的,即去知道孔多塞如何把概率演算应用于政治,费希纳如何确定感觉的发展与刺激的发展之间的对数关系,当代心理学家如何利用信息论来理解习知(l'apprentissage)现象。""……对数学的求助,无论以这种或那种形式,始终都是向有关人的实证知识提供一种科学风格、一种科学形式

---

① 周昌忠. 中国传统文化的现代性转型. 上海:上海三联书店,2002:264-266.
② [德]爱因斯坦. 爱因斯坦文集(第1卷). 许良英,等译. 北京:商务印书馆,1976:401.

和一种科学证明的最简单方式。"①福柯的论述说明数学对人文科学的形式化起过重要影响。

五、数学是西方法律形式合理性形成的决定性成因

通过以上的论证,我们可以得出如下结论:形式合理性的法律只能出现在西方文化中,而不可能出现在印度文化和中国文化中,因为在后两种文化中,不存在特别强调形式化思维的思维方式。思维方式的重要在于它影响着一种文化的前进方向。

除了数学因素外,西方法律形式合理性还有其他形成原因。

韦伯对法律合理化过程曾做过论述:"从理论的观点看,法及其法律进程的总的发展,可以认为是经过了以下几个阶段:其一,经由'法的先知预言家'个人的超凡魅力而来的法律启示。其二,经由法律'名望人士'而来的对法律的经验性设立和发现。其三,世俗的或神学的力量对法律的促进。最后一点,法律阐释的系统化和司法行政的专业化,即由已接受过带有学术性和规范条理性性质的法律培训的人们来司法。经过这样的途径,法律的形式上的品质就如此地呈现了出来:成长于由神秘的形式主义和非理性的启示的结合而来的最初法律进程中,时常走过神权政治的或家长制条件的及非形式化的目的理性的弯路,逐渐经历了一个特殊化司法的、逻辑理性的和系统化的过程……最终,它们表现出……一种渐增长着的逻辑升华和严密演绎品质,一种理性渐增的技术,也在此进程中发展起来。"②

西方一些法学家把法律发展分为五个阶段,即原始法阶段、严格法阶段、衡平法阶段、法律成熟阶段、法律社会化阶段。③ 在严格法阶

---

①　[法]米歇尔·福柯. 词与物——人文科学考古学. 莫伟民,译. 上海:上海三联书店,2001:453-458.

②　[德]迪尔克·克斯勒. 马克斯·韦伯的生平、著述及影响. 郭锋,译. 北京:法律出版社,2000:178.

③　[美]罗斯科·庞德. 法理学(第1卷). 邓正来,译. 北京:中国政法大学出版社,2004:370.

段,法律的一个重要特征就是形式主义。形式主义实际上是法律初始
阶段的一个特征,但它持续保留到严格法阶段。在严格法阶段,法律
的形式主义表现在法律程序中、法律解释中和实体法中。严格法阶段
在许多国家都出现过,如古希腊、古罗马、英国、法国等。

　　意大利学者朱塞佩·格罗索通过对罗马法史的研究,认为古代罗
马的法律行为"在最古老的时期均同一种严格形式主义相符合。早期
人曾表现出一种对形式的特别追求,这同当时的法所含有的宗教成分
有关,同时早期人还具有在形式问题上的灵活性,因而它们的形式灵
活地体现着对各种法律形势的确定。……罗马人注重传统的倾向使
得这些早期形式得以继续保留,即使它们不再适应具体的形势;罗马
人仍把它们视为产生某种法律效力所必需的形式,不依赖于具体的原
因,只具有抽象行为的意义。"①但是,我们知道,世界上有许多宗教,除
了西方国家,别的崇信宗教的国家中的法律文化并不对法律形式特别
感兴趣,这说明信仰宗教并不必然导致对法律形式合理性的特别重
视。当然,宗教仪式也讲究程式,对法律形式合理性的形成不能说毫
无影响,甚至是重要影响(如西方社会);但这种影响不是决定性的,至
少对近现代西方法律形式合理性的形成的影响不是决定性的。否则,
伊斯兰教、印度教、佛教这些宗教影响所及的国家也会重视法律的形
式合理性;然而,事实上并非如此。宗教是非理性的产物,在近现代,
形式合理性是对非理性的反动。宗教中的"形式"是非理性的,而数
学、逻辑中的"形式"则是理性的,所以,面对着同样的"形式"资源,近
现代那些带着理性、科学眼光的人们,他们会把目光投向数学、逻辑中
的"形式"。他们用数学、逻辑中的"形式"改造了自然科学,改造了人
文科学、社会科学,自然也要改造法律科学。美国学者伯尔曼说:
"'以色列''古希腊'和'古罗马'变成西方文明的精神原型,主要不是
通过一个保存或继承的过程,而是通过采纳的过程,即西方把它们作
为原型加以采纳。除此,它有选择地采用了它们,在不同时期采用了

---

　　① [意]朱塞佩·格罗索. 罗马法史.黄风,译. 北京:中国政法大学出版社,1994:
116-117.

不同部分。"①在理性高涨的近现代，西方文化采纳的思想多是注重理性、注重逻辑思维的古希腊思想。

数学思维、逻辑思维是西方主导的思维模式（特别表现在近现代），在思维模式中居首要地位。"在任何一个特定的文化中，主导的思维模式总要渗透到和改造退居次要地位的模式。"②所以，即使宗教中具有"形式"资源，但在数学思维、逻辑思维居西方主导的思维模式的情况下，宗教中提供的"形式"资源就其对法律形式合理性的形成的影响和贡献来说，是无法与数学、逻辑中提供的"形式"资源相比的。近现代西方哲人、法学家的一个宏伟目标是要建造一个理性的社会，而理性社会就是一个会计算的社会，亦即一个数学思维占统治地位的社会。在这样的一个社会里，数学思维、数学的"形式"若不对法律观念、法律制度产生巨大影响才令人不可思议。

在西方的近代，市场机制要求合理的计算处理和可预测性，这也是影响西方法律形式合理性形成的一个原因。

这里的"合理计算处理和可预测性"其实就是韦伯所说的形式合理性。韦伯指出："一种经济行为的形式上的合理性应该称为它在技术上可能的计算和由它真正应用的计算的程度。"③"计算"和"可预测性"是理性的核心。西方许多语言中的"理性""合理性"均来自拉丁词根 Ratio，而 Ratio 一词的意思就是计算。例如，英语中"合理性"一词是 Rationality，"理性"一词是 Reason，它们都来自拉丁词根 Ratio。也就是说，"合理性"与"理性"都与计算有关，而计算与数学有关，所以，"合理性"与"理性"归根结底都与数学有关。换句话说，在西方，数学是理性、合理性的根源，离开数学，理性就会缺乏，合理性就无从谈起。西方的理性很大程度上是建立在数学理性的基础之上。我们从形式合理性的特点就可发现这一问题。

① [美]伯尔曼. 法律与革命——西方法律传统的形成. 贺卫方，等译. 北京：中国大百科全书出版社，1993：导论第3页.
② [美]郝大维，安乐哲. 期望中国——中西哲学文化比较. 施忠连，等译. 上海：学林出版社，2005：159.
③ [德]马克斯·韦伯. 经济与社会(上卷). 林荣远，译. 北京：商务印书馆，1997：106.

经济行为的形式合理化需要理性形式的法律保障,而理性形式的法律核心就是法律形式的合理化。

著名历史学家黄仁宇认为西方社会之所以发展进步快,其中的一个重要原因在于实行数目字管理。数目字管理其实就是经济行为的形式合理化。

在西方社会经济行为形式合理化过程中,数学起了特别重要的作用。实行数目字管理最重要的创新是统计学的发达和复式簿记的采用。《意大利文艺复兴时期的文化》一书的作者布克哈特称统计学是"计算的精神及其实际应用"。这种计算的精神及其实际应用就是商业精神、市民经济的精神。布克哈特说:"一个强国,它的基础是如此复杂,它的活动和利益的范围是如此广泛,我们不能设想它没有一种对于全局的有系统的监督,没有一种对资产和负债、利润和损失的常规的估计。威尼斯可以很恰当地说,或者和佛罗伦萨一起说,是统计科学的诞生地……中世纪的封建国家除了领主的权利和财产的编目外,不知其他;它把生产的数量看作是固定的,实际上只有涉及土地生产方面,才大体是那样的。另一方面,整个西方城镇的生产完全依靠着工商业,所以这些城镇从很早的时候起就一定把生产看作是变化很大的了。但是,即使是在汉萨同盟的最繁荣的时代,它们所有的也不过是一个简单的商业的借贷对照表。……在意大利城市国家里,一种清醒的政治意识,穆罕默德式的行政管理和长期的积极的工商业活动等合在一起就第一次产生了真正的统计科学。"①

复式簿记是一种同时把握总账和分账、借贷与贷方、收入与支出两方面平衡的记账方法,其特点是对每一经济事项同时作出相对应的两笔记录,同时按会计科目体系建立账户体系。复式簿记最初产生于12、13世纪意大利的佛罗伦萨、热那亚。1494年,卢卡·帕乔利的伟大著作《数学大全》记载了复式簿记方法。复式簿记的作用不可估量,它使市民经济的发展长上了翅膀,资本主义的诞生乃至现代经济的关系

---

① [瑞士]雅·布克哈特.意大利文艺复兴时期的文化.何新,译.北京:商务印书馆,1979:67-68.

都与之密切相关。①

我们从以上论证可以看出，影响西方法律形式合理性形成的市场原因，其实确切地说应该是数学原因。经济行为和法律行为的形式合理化最终都可导入数学中，是数学思想推动了经济行为和法律行为的形式合理化进程。经济行为和法律行为的形式合理化是对数学中的公理化方法的一种模拟。

法律的形式合理性形成的第三个原因是职业及集团利益原因，即认为职业法律家的技术的训练以及集团利益的动机，影响到西方法律形式合理性的形成。

韦伯说过："倘若没有有学识的法律专家决定性的参与，不管在什么地方，从来未曾有过某种程度在形式上有所发展的法。……我们将会看到，一种法可以以不同的方式理性化，绝不是必须要发展它的在'法学家的'品质的方向上才能被理性化。但是，这些形式的品质发展的方向直接受到所谓的'法学家内部的'关系的制约：人员圈子的特点，他们能够在职业上对法的形式方式施加影响，尤其是间接地受到一般经济和社会条件的制约。首要的是法律教育的方式，也就是说，法律实践者培训方式的制约。"②

由于市场经济的发达，分工越来越细，法律活动越来越专业化，出现了大量的专业法律人员；又由于经济的发达，交往越来越密切，纠纷越来越多，为了节省成本，及时处理纠纷，法律必须程式化，以便于操作。③

——————————

① 陈刚. 西方精神史——时代精神的历史演进及其与社会实践的互动. 南京：江苏人民出版社，2000：113-117.

② ［德］马克斯·韦伯. 经济与社会（下卷）. 林荣远，译. 北京：商务印书馆，1997：117.

③ 朱苏力教授认为："在现代社会中，人们交往大量增加，纠纷大量增加；若每案都按照'实事求是'的原则操作，法律实际上无法运行，并且耗费巨大。为了节省成本，大量、迅速并基本公正有效地处理案件，就必须使案件形成一定的格式，将之分解成各个要素，使案件的处理程序化、规格化。法律职业的专业化为这种程序化地处理案件创造了条件。在西方许多国家，绝大多数案件实际上从一开始就被分解为一些基本要素，无论是在法律的程序或是实质问题上皆如此。案件的优劣输赢更多取决于这些基本要素的完备与否，虽然这也有一系列毛病——我将在下面谈到，但同时也在一定程度上强化了'法律面前人人平等'原则在形式上的实现。"参见：朱苏力. 论法律活动的专业化. 北大法律信息网，2018-8-7. http://article.chinalawinfo.com/ArticleFullText.aspx?ArticleId=26079&listType=0.

职业法律家的技术的训练以及集团利益的动机影响到西方法律注重形式化,表面看来,似乎很有道理,但如果不是在逻辑思维、数学思维极发达的西方,未必就会形成法律的形式合理性。如果相同的情况出现在中国,为了节省成本,及时处理纠纷,处理问题的办法必然是选择增加法律人员,或者使实体法内容细密化。须知,法律对形式的注重并不一定就会节省成本,及时处理纠纷。法律形式化有时有利于节省成本,及时处理纠纷,有时则不利于节省成本,及时处理纠纷。例如,著名的所罗门断子案,若着眼于法律形式化,可能无法断案,费时费力自然更不用说了。又如张飞醉审争子案,是中国版本的所罗门断子案,若着眼于法律形式化,费时费力不说,而且会铸成错案。①

总之,近现代西方法律形式合理性形成的具体原因会有很多,也很重要,对西方法律注重合理形式的形成具有直接的促进作用;但根本原因,也就是说,具有决定性的原因只能是思维方式的影响,只能是逻辑思维的影响。没有思维方式的影响,即使有一些学者所说的具体

---

① 张飞醉审争子案案情如下:钱员外有两个妻子:大老婆金氏和小老婆李氏。钱员外暴病死去,膝下只留一子,年方八岁,是钱家唯一的继承人,因而金氏和李氏都说孩子是自己亲生的。一审县官把孩子断给了金氏,李氏不服,找巡检官张飞断案。张飞先把孩子传来,问孩子谁是他的母亲,孩子把金氏和李氏看了半天,才说金氏是他的母亲。李氏大哭,说孩子因为害怕金氏才这么说的。张飞把左邻右舍传得来,也都说孩子是金氏所生。李氏哭得越发悲伤,磕得头破血流,说这是金氏依仗权势,买通四邻作假证。张飞一时没了主意,只是抱着一坛酒猛喝。喝着喝着,主意有了。他怒气冲冲地挥舞着利剑,摇摇晃晃地大声怒骂:"你们这屄大点事,又哭又闹地干什么?干脆把这孩子劈了算了,你俩各分半个得了。"李氏气愤地质问:"大老爷,孩子犯了何罪,你无辜杀他,这还有王法吗?"金氏也说:"大老爷,这怎么使得?"张飞环眼圆睁,怒吼道:"什么王法?你张三爷的嘴就是王法!俺先将这孩子劈了再说!"张飞说到这里,一下抽出明晃晃的宝剑就要向孩子劈去。李氏惊叫一声,上前双手紧托着张飞那持剑的胳膊腕儿不放,并在张飞的手腕上狠狠地咬了一口。张飞怒吼道:"快将这泼妇拉下堂去,乱棍打死!"原先吓得发愣的孩子哭喊着上前抱住李氏的两腿不放。张飞看到这里,把剑一扔,哈哈大笑,说:"你俩谁真谁假,俺老张已审得一清二楚。金氏,你是怎样买通邻居,强逼幼儿的?快快从实招来。"三班衙役一声吆喝,早把金氏吓得尿了裤子,只好如实供出了原委。原来,钱员外在世时,因金氏不能生育,又娶了李氏。李氏过门第二年就生了儿子。钱员外一死,金氏便萌动了"夺子霸产,逼走李氏"的念头。她仗着自己把持着家庭财产的份儿,用金钱买通邻居作伪证;又把孩子关到房里,以刀威胁,硬逼孩子承认她是生身母亲,否则,就把孩子与李氏杀死。参见:史瑞铨. 古今中外侦探故事. 天津:百花文艺出版社,2006:115-122.

原因出现,也不会出现注重法律形式合理性的结果。因为这些原因在其他文化中都不同程度地出现过,但其他文化并没出现法律形式合理性的结果。可以说,西方法律形式合理性的形成既离不开具体原因的出现也离不开思维方式的影响;但从根本上讲,数学因素是形成近现代西方法律形式合理性的根本原因。由于数学是理性的化身,所以,近现代西方法律在理性化的过程中,以数学为榜样,用数学理性改造自己。数学的形式化带来了数学知识的确定性,所以,法律知识要追求确定性的知识就必须具有形式化的特点。这样,法律形式合理性的出现便成为一种必然。①

（原文载《法制与社会发展》,2007(6)：90-102。）

---

① 有关数学是"理性的化身"、数学"追求确定性的知识"、数学"具有形式化的特点"的论述,请参见：何柏生.法律与作为西方理性精神核心的数学理性.法制与社会发展,2003 (4)；何柏生.理性的数学化与法律的理性化.中外法学,2005(4).

09　双重偶联性问题与法律系统的生成

——卢曼法社会学的问题结构及其启示

泮伟江*

一、导论

　　自鸦片战争以来，无论是和平年代还是革命战争时期，中国的法律与社会都一直处于激烈的转型过程之中，因此有李鸿章所谓的"中国处于三千年之未有的变局"的说法。中国社会长达 100 多年持续不断的激烈变迁，构成中国法治建设的基本语境。如果法学研究忽略中国法治建设的这个基本处境，就会遭遇很多根本性的困难。自 20 世纪 90 年代以来，已经有越来越多的研究指明这一点。其中尤其引人关注的是一批法社会学与法人类学的实证研究与理论反思。他们相当尖锐而清晰地指出，脱离中国具体而特殊的社会语境而制定出来的法律规范，在具体适用过程中是如何地与社会现实相脱节，变成了仅仅是"写在纸面上的法律"。[①]

　　毫无疑问，此类研究对于仅仅关注法律规则，而忽略社会现实结构的传统法律教义学研究来说，是非常有启发意义的。遗憾的是，除了对规范性的法教义学研究之狭隘与封闭进行批评外，他们中的多数

---

　　*　北京航空航天大学法学院副教授。
　　①　其中尤其是以苏力的研究为代表，参见：苏力. 法治及其本土资源. 北京：中国政法大学出版社，1996；苏力. 送法下乡. 北京：中国政法大学出版社，2000.

却无法提供更进一步的内容。尤其是，因为无法提供更严格与科学的关于何谓"现代社会"的定义，他们无法对现代社会中法律与社会的关系提供足够丰富的答案。

　　尽管几乎所有的人都承认当代中国社会处于一种由传统向现代社会的加速转变过程中，但多数从事法社会学理论研究的学者基于知识积累、文化偏好，中西文化碰撞下民族自尊心理等诸多原因，都把更多的时间与精力投注在对传统社会秩序的调查与研究之中。例如，自费孝通先生的《乡土中国》以来，中国社会学研究的主流传统是对中国传统乡土社会秩序的人类学田野调查，与此种田野调查主流相适应的则是诸如"文化多元"①"地方性知识"②等用来捍卫传统乡土社会秩序的各种概念与理论的流行。

　　在这些法社会学与法人类学的实证研究与理论探讨中，现代社会被预设为一个面目模糊的、负面的标签化存在，现代性变成了某种肤浅的、未经反思的、唯西方主义式的东西，可以被看作幼稚浅薄的代名词。此时，"现代社会"这个概念本身已经成了某种"印象式批评"的牺牲品。这与现实中正在发生中的由旧传统礼俗社会向现代社会激烈转变的实际过程形成了鲜明的对比。由此形成的某种高度扭曲的规范与现实的偏离关系，其程度并不比"写在纸面的法律"与"行动中的法律"之间存在的偏离与扭曲逊色。③

　　无论对当代中国正在进行中的此种社会转型做何种价值评价还是对现代社会的正面描述与深入研究，都是必不可少的。即便是对传统礼俗秩序的提倡者与支持者来说，其论点的深刻程度如何高度依赖

---

① 苏力. 法律规避与法律多元//苏力. 法治及其本土资源. 北京：中国政法大学出版社，1996：41-58.

② ［美］克利福德·吉尔茨. 地方性知识：从比较的观点看事实与法律//［美］克利福德·吉尔茨. 地方性知识. 王海龙，张家瑄，译. 北京：中央编译出版社，2000：222-322.

③ 这一点与西方的社会理论传统形成了鲜明的对照。在西方社会理论传统中，无论是对现代社会持较积极立场的，例如涂尔干、马克思与帕森斯，还是持较保守与悲观立场的，例如滕尼斯、韦伯、舒茨和福柯，他们作品的核心内容都是对现代社会的描述与分析，并且在方法论层面与基本概念层面，做出了非常卓越的贡献，从而使传统社会与现代社会之间的分析与比较得以在更为客观与科学的层面进行。

于他们对现代社会的观察与理解的深刻程度。

就此而言,中国法律转型所处的特殊中国问题语境,即中国所处的激烈社会转型的语境,要求一种更加深刻与成熟的,更具有建设性的法社会学研究。此种法社会学研究既要在方法论与基本概念的层面对现代社会的内部深层结构特征与运作逻辑做出说明,也要在此基础上提供一幅关于法律与社会关系的完整图景。

对于一个足够深刻的法与社会的研究来说,仅仅是"法的社会科学研究"还是远远不够的——未经反思的将社会科学的方法引入到法律研究中,所带来的结果只能是法律的消失,因为当他们否定"写在纸面的法律"时,他们同时也否定"规范"本身,最后他们通过社会科学的方法所发现的也并非是"行动中的法律",而仅仅是各种碎片化之"行动"的堆砌。但"行动"本身并不是"规范",也不是"法律"。因此,法律的规范属性乃是法律不可被化约的本质性属性。如果规范性因素被化约掉,则法律也就不称其为法律了。

如果法律的规范性属性是不可消除的,但转型期中国社会转型的特殊语境又必须拓宽法学研究的视界,将法律与社会联系起来进行理解,那么,规范就必须是一种社会学可以进行观察的事实。传统的法社会学研究无法做到这一点。因为传统的法社会学研究以休谟意义的规范与事实之二分为预设前提,对于它们而言,"作为规范性存在的事实"是一个自相矛盾的概念,因此是无效的。

规范与事实既必须统一,又相互矛盾与排斥,这是中国法治建设必须处理的问题,也是法社会学研究的斯芬克斯之谜。由德国社会学大家卢曼所提出的社会系统理论,以及作为社会系统理论之重要内容的法律社会学理论,为我们解决这个难题提供了深富启发性的思路。尤其是由帕森斯提出、经卢曼改造与深化的"双重偶联性"概念,对于我们所关心的"何谓现代社会"以及"现代社会中法律与社会的关系是什么"等问题,提供了重要的概念工具与理论模型,具有直接的启发性与相关性,特别值得有志于法治中国问题的相关学者密切关注与认真学习。

关于卢曼的社会理论尤其是其双重偶联性的概念,此前已经以不同的方式对中国的学者产生过很重要的影响。例如,李猛曾经在《论抽象社会》①一文中,借鉴卢曼的社会分化理论与程序理论,将现代社会理解成一个抽象社会,具有三个特征,即程序性、反思性与非人格化。然而,这篇文章更强调的是对抽象社会做一个观念史与社会史的分析,其对抽象社会的描述更多地停留在对各种程序技术与抽象价值的描述与理解,对相关问题的思考还没有深入帕森斯与卢曼的双重偶联性理论的层面,殊为可惜。

与此相对,张志杨的"偶在论"可以被看作卢曼双重偶联性理论对中国学者思考的更直接的影响。然而,张志杨虽然也附带介绍了卢曼的社会系统理论,却更看重卢曼的思考与胡塞尔意识哲学的联系,其自我设定的抱负与目标也是通过说明语言的"偶在性"来化解西方的形而上学传统与虚无主义传统的紧张关系,更多局限于纯粹哲学的领域。实际上,张志杨强调的是卢曼所界定的偶联性,即"虽然可能,却并必然"的状态,而不是社会学层面的双重偶联性。②

对中国法治转型问题具有如此重要的一个概念,迄今为止的国内法社会学研究文献却几乎没有哪怕片言只语的提及,更不用说专门的系统研究与阐述③,这实在是一大缺憾,也实质性地阻碍了相关领域研究的进一步发展与深化。因此,本文不揣冒昧,抛砖引玉,根据笔者的阅读与积累,对卢曼的"双重偶联性"理论做一个简要的概念梳理与理论评述,并求教于各位专家。

---

① 李猛. 论抽象社会. 社会学研究,1999(1).

② 张志杨. 现象学意识与卢曼的偶在演化. 哲学研究,1999(6).

③ 与此相反,在英文世界,早在20世纪80年代就已经出现了专门的研究性论文,尽管目前看来稍微有些陈旧,晚近以此为论题的研究论文也相当常见,但多数仍然停留在初步的介绍和描述层次,仍缺乏有分量的评论性作品。此类作品中,流传度比较广的两篇文献是:John Benarz. Complexity and Intersubjectivity: towards the theory of Niklas Luhmann// Human Studies 7, 1984: 55-69; Raf Vanderstraeten. Parsons, Luhmann and The theorem of Double Contingency. Journal of classical of Sociology 2, 2002: 77-92.

二、帕森斯与双重偶联性概念的提出

根据卢曼自己的介绍，双重偶联性这个概念，最早是由赛亚斯（Robert Sears）提出来的——这个概念是在哈佛大学的一个跨学科研究的项目中首先被提出来的，表明这个概念本身的跨学科特征。[①] 但真正使这个概念变成一个社会学的关键概念的则是帕森斯。在由帕森斯和希尔斯于 1952 年编写的《走向一般的行动理论》"总论"部分中，帕森斯第一次对这个概念做了细致的分析。[②] 在《走向一般的行动理论》的总论中涉及对"社会互动"的解释中，帕森斯讲道：

> 我们在此区分能够与主体互动的客体与不能与主体互动的客体。这些互动着的主体自身就是拥有自身行动系统的行动者或自我（Ego）。他们可以被称作是社会客体或他者（Alters）。一种可食用的客体，就其体现出可食用的潜在状态而言，并不是他者，因为它不能对自我的期待做出回应，并对自我的行动有所期待。另外一个人，例如母亲或某个朋友，却是他者。对另外一个行动者，即他者看作是互动着的客体，给行动系统的组织和发展带来重大的后果。[③]

帕森斯对社会客体或他者的定义简洁明了。很显然，所谓的社会

---

① Niklas Luhmann. Einführung in die System theorie，1. Aufl. , 2002：317.

② See Tacott Parsons. Some fundamental Categories of the Theory of Actions：A general statement//Tacott Parsons，Edward Shils. Toward a general theory of Action. Havard University of Press,1962：14-17. 此后帕森斯在不同的场合又多次提及这个概念，但始终无法在自己的行动理论中为该概念找到合适的位置——这个理论在提出后就消失在此后的理论建构工作中，又突然出现，如此循环反复。卢曼认为，这是由于这个概念天生适合用来解释"社会系统"的概念，却不适合解释帕森斯所热衷的"行动系统"的概念。Niklas Luhmann. Einführung in die System theorie, p. 317.

③ Niklas Luhmann. Einführung in die System theorie. 1. Aufl. , 2002：14-15. 中译文由笔者所译。

客体或他者,其实就是另外一个我(Alter Ego),简称就是他我。[①] 自我与他我都是社会的主体,又互为客体。两者之间形成的关系即为社会互动关系。社会互动的关系,与传统笛卡尔式的主客体关系的本质区别,就是主客体关系乃是人与自然的关系,因此关系的本质,取决于其中一方,即主体的行动。对社会互动关系的分析,却不能单看其中任何一方,而必须同时将互动双方都考虑在内。这就突破单一的行动者视角的局限,必须将双方甚至多方行动者的视角同时考虑在内。这与胡塞尔晚年提出的"主体间性"概念的内涵,基本上是一致的。[②]

一旦多方行动者的视角被带入到社会学的考察之中,问题的复杂性也就显现出来了:

> 在此案例中,自我的期待被同时导向他者行动的选择范围(也就是在此情境下向他者开放的选择)与他者的行动选择,而这又主观地依赖于(Contigent on)自我自身在选择范围中采取的行动。反之,亦然。[③]

帕森斯将此种互动系统中期待的互相依赖性,称作"期待的互补性"。此种具有互补性的期待与主客体关系中的期待具有实质性的区别:

> 自我并不期待一个非社会的客体的行为被它对自我行为的期待所改变,尽管,自我的行为当然地会被他对非社会客体行为的预期所改变。期待同时在既定行动者的双方运作着,并且社会互动中的客体与非社会性客体有所区别,这

---

① 社会客体、他者、他我三个概念,即指涉同一对象,但在理论描述上是步步深入的关系,首先,客体的概念表明自我将他我首先当作一个对象与客体处理,仍然停留在主客体关系的层次上,但"社会客体"表明自我"他我"与一般客体的区别,已经有所察觉,"他者"则意味着对他我主体性的承认,而"他我"则意味着主体认识到他者其实是另外一个我。为表述方便,本文将此三个概念看作同一个概念,不区别使用。

② Jr. John Bednarz. Complexity and Intersubjectivity: towards the theory of Niklas Luhmann//Human studies7, 1984: 55-69.

③ Talcott Parsons. Some fundamental Categories of the Theory of Actions: A general statement//Talcott Parsons, Edward Shils. Toward a general theory of Action. Havard University of Press, 1962: 15. 文中所引译文为笔者自译。

都是事实。①

此种期待的互补性,其实也是一种期待的依赖性,即自我对他我的期待,依赖于他我对自我的期待,反之亦同。如此一来,自我对"他我对自我的期待"形成期待,反之亦同。自我与他我的期待,对自我与他我的行动,具有本质性的导向作用。因此,在社会互动的结构中,行动者的行动选择具有高度的不确定性,高度依赖于另外一方行动者的选择可能性与实际做出的选择。另外一方的行动同样是高度不确定的,高度依赖于自己一方行动的可能性与实际做出的选择。这是一种双重的不确定性和双重的依赖性。帕森斯于是将此种社会互动结构定义成"双重偶联性"②。

此后,帕森斯在《社会系统》一书,以及在他参与写作的《社会科学国际百科全书》的"社会互动"的词条中③,又再次介绍和分析了"双重偶联性"的概念。例如,在《社会系统》中,帕森斯指出,在此种结构中,"自我将采取何种行动"以及"他我将对行动采取何种反应"都是偶联的。因此,一种介于主体间的、超越主体性的主体间性,乃至于自创生的社会系统理论,都具有可能性。④

"双重偶联性"与帕森斯的问题意识是紧密联系在一起的。帕森斯毕生关心的一个问题就是如下这个康德式的问题,即"社会秩序如何可能"。在其早期的代表作《社会行动的结构》中,帕森斯即强烈地意识到,一种原子式的、以自利追求为核心的个人主义,根本无法承托起西方现代社会。这一点在第二次世界大战打击了西方个人主义的

---

① Talcott Parsons. Some fundamental Categories of the Theory of Actions: A general statement//Talcott Parsons, Edward Shils. Toward a general theory of Action. Havard University of Press, 1962:15. 文中所引译文为笔者自译。

② 用"偶联性"来翻译"Contingency"沿用了台湾卢曼著作翻译者鲁贵显的译法,因为Contingency既有不确定性的含义,在帕森斯这里也有依赖性的含义,偶联性既能同时表达此两层含义,也能够体现出卢曼社会系统理论的知识趣味和概念风格。

③ Talcott Parsons. Social Interaction//David L Sills Ed. International Encyclopedia of the Social Science(Vol. 7). New York, The Macmillan Company & The Free Press: 429-440.

④ Talcott Parsons. The Social System. Abingdon, Routledge, 1991:62.

道德自信后,越发显得明显而紧迫。① 帕森斯于是远追霍布斯,重新思考现代社会如何可能的问题。这个问题在前现代社会是不存在的,或者说是不难回答的。例如,在希腊和罗马人的观念世界中,人天生是政治动物,因此超越私人领域,进入城邦,形成公共生活,乃是人之本质实现的必然要求。② 基督教的兴起改变了希腊人所形成的此种共同体观念,代之以"团契"生活的概念,然而此种本质主义的思想范式,却保留了下来。16 世纪和 17 世纪以来的宗教战争带来了欧洲的怀疑主义,人类自私的本性与欲望,在现象层面被重视,这也动摇了古老共同体观念的哲学基础。18 世纪的哲学家,通过对罗马法中契约观念的借用,形成了崭新的主权观念,并在此基础上建立起了新的共同体观念。③ 霍布斯式的此种政治社会观由于过于依赖于暴力和绝对主义色彩而饱受诟病。亚当·斯密所开创的"看不见的手"的隐喻则在霍布斯之外提供了另一种全新的社会观。

帕森斯对霍布斯的政治社会观与亚当·斯密的经济社会观都不满意,因此希望重新思考霍布斯和斯密所希望解决的问题。针对霍布斯的理论,帕森斯认为其实克服自然状态中一切人对一切人的战争,并非只能通过签订社会契约组建政治共同体才能够解决,家庭、村庄等更小的、自然形成的共同体同样能够提供最低限度的和平与秩序。针对斯密传统的、带有一定达尔文色彩的自由市场经济的社会观,帕森斯则指出,一种纯自利式的个人主义在组建社会秩序时具有高度的不稳定性。"双重偶联性"的概念就非常清晰地指明了此种自利式理性个人对社会秩序之稳定性的颠覆意义。④

相对于霍布斯与斯密而言,帕森斯的问题意识虽然是接近于霍布斯与斯密的,但其提问方式却是康德式的。"如何可能"并不意味着巨

① ［美］帕森斯.社会行动的结构.张明德,等译.南京:译林出版社,2008.

② Niklas Luhmann. Einführung in die System theorie. 1. Aufl., 2002:316.

③ Niklas Luhmann. Einführung in die System theorie, p. 316.

④ 在"社会互动"一文中,帕森斯注意到了经济学中的博弈论,认为博弈论就是双重偶联性在经济学中的典型体现。See Talcott Parsons. Social Interaction//David L Sills Ed. International Encyclopedia of the Social Science (Vol. 7). New York, The Macmillan Company & The Free Press:429-440.

细无遗地提供解决问题的具体方案,而是意味着将问题的条件极端化,从而在更为一般和抽象的基本概念层次来解决问题。康德自己的三大批判就是此种思维模式的典范。在此理论背景下,"社会如何可能"的问题,也可以被转换成如下问题:"形成稳定社会的最低限度的条件是什么?"①

那么帕森斯是如何解决这个问题的呢?受到米德的象征互动论的启发,帕森斯高度重视"象征性符号"在克服双重偶联性过程中发挥的作用。帕森斯认为,在双重偶联性困境中,互动的双方能够进行沟通的前提条件是,两者进行沟通的"意义"是稳定的。此种意义的稳定性,意味着拥有一种能够超越特定沟通语境的一般化语言,或者说,特定语境中的经验能够被进行类型化的处理,从而拥有一种相对比较普世和抽象的含义。米德所提出的"一般化的他人"这个概念,对帕森斯的思考提供了重要的启发。② 通过象征性的互动,个人学习将特定他人的行动归类到类型化的一般化他人中,从而与他人形成沟通与理解。此种一般化他人的概念形成过程,就是个人的社会化过程,或者说是文化内化到个人人格的过程。

很显然,帕森斯解决"双重偶联性困境"的方案预设了互动参与者行动的某种规范性导向,而这恰恰是帕森斯从《社会行动的结构》以来就一直强调和孜孜以求的。在帕森斯看来,能够为互动参与者提供此种规范性导向的,只能是通过长期"博弈"而形成的规范,以及作为此种规范基础的"共享的象征系统"。③

正如后来许多批评者所指出的,帕森斯的结构功能主义理论的本质缺陷,在于它过于注重结构持存的稳定性问题,为此而过分地牺牲和忽略"冲突"在结构形成、演进过程中扮演的作用与功能。帕森斯针

① Niklas Luhmann. Einführung in die System theorie, 1. Aufl. , 2002: 315; Raf Vanderstraeten. Parsons, Luhmann and The theorem of Double Contingency. Journal of classical of Sociology 2, 2002: 81.

② See Talcott Parsons. Social Interaction//David L Sills Ed. International Encyclopedia of the Social Science(vol. 7). New York, The Macmillan Company & The Free Press, p. 435.

③ Talcott Parsons. Social Interaction, p. 437.

对双重偶联性困境所提出的"文化"思路,也体现了帕森斯理论的此种特征。

针对帕森斯的方案,人们不禁要问:在双重偶联性困境中,即便人们在语言沟通无碍,能够互相理解的情况,有意地选择冲突立场,又该怎么办? 显然,帕森斯所预设的规范性共识的立场,在面临激烈社会冲突的情况下,是无能为力的。然而,此种冲突并非完全是消极的,冲突意味着另外一种选择的可能性,是制度创新的重大契机。[1]

多数帕森斯的批评者都认为,帕森斯之所以会形成此种相对保守的立场,乃是由于帕森斯的理论过于抽象、不够具体,因此对社会演进的具体历史过程缺乏敏感性所导致的。然而,就双重偶联性困境的解决而言,帕森斯方案的失败倒并非是其理论过于抽象的缘故,而是由于帕森斯理论还不够抽象,在描述和分析"双重偶联性"的结构时,被日常生活的交往情境的具体场景所约束,因此对这个概念构造的分析还没有达到基本概念的程度。例如,在帕森斯那里,Contingent 这个概念就不够精密与科学化,其含义源之于 Contingent on 这个词组,核心的意思是依赖性。帕森斯在分析双重偶联性时也突出和强调了"互相依赖"的含义。[2] 这与卢曼后来在更为抽象也更为严格的意义上将此概念界定为"多种选择的可能性",仍然有不小的差距。

三、双重偶联性:卢曼的改造

卢曼关于双重偶联性的分析,最集中的表述是在 1984 年出版的《社会系统》一书中。在该书中,卢曼用了整个一章的篇幅集中地处理了这个主题。其中该章的第一节,卢曼做的工作就是重新描述和分析帕森斯曾经描述过的双重偶联性模型,将其从具体人际交往的日常场景中抽象出来,变成更为扎实和牢靠的科学概念与模型。例如,将 Contingent 这个概念从 Contingent on 这个词组中解放出来,放置到

---

[1]　Niklas Luhmann. Einführung in die System theorie, p.318.

[2]　Niklas Luhmann. Einführung in die System theorie. 1. Aufl., 2002, p.317.

"模态逻辑"的语境中进行处理。如此一来,Contingent 意味着排除"必然是"与"绝对不可能"这两个选项,乃是"既非必然",又"非绝对不可能"的偶联状态。① 也就是说,虽然它目前是此种状态,下一刻或许就变成其他状态了。如此一来,对 Contingent 这个概念的模态逻辑化,卢曼就使得帕森斯的以系统/环境的区分为特征的结构功能主义分析框架与胡塞尔及其弟子的现象学理论统一起来。②

除此之外,卢曼对帕森斯"双重偶联性"模型的改造,还体现在对社会互动主体的改造。在帕森斯那里,社会互动的双方是日常生活中具体的个人,因此,他还幻想可以通过"生活世界"中存在的某种共享的价值系统来承担意义沟通之担保的功能。确实,在小型的生活共同体,这一点确实是可以实现的,胡塞尔与舒茨对"生活世界"的揭示已经表明这一点。然而,正如舒茨通过"直接经验"与"间接经验""纯粹我们关系"与"他们关系""直接经验世界"与"遥远世界"这些概念所揭示的"社会世界的层化"(Stratification of Social World)现象③,在现代社会中,那些与我们从来没有共同生活经历和历史的人,或者说并不与我们拥有共同故乡的人,却与我们共同生活在同一个世界,发生着各种抽象的联系,这一切已经不可避免。这就是舒茨所说的"同时共存,却并未直接经验到的"人群,也就是笔者的"同时代人"。④ 由此而带来的一个后果,就是现代人际交往的陌生性与抽象性的加强:

> 同时代人的意义脉络在数量和复杂性方面都相当程度地被匿名化。进而,认知的综合不再是关于某个独特的人在其生活的当下的存在。相反,他永远地要将他人描绘成一成不变的人与同质的人,而不去考虑个体性所拥有的变化与模

① Niklas Luhmann. Soziale Systeme: Grundriß einer allgemeinen Theorie suhrkamptaschenbuchwissenschaft. 5. Aufl. , 1984, p. 152.

② John Benarz. Complexity and Intersubjectivity: towards the theory of Niklas Luhmann//Human studies7, 1984: 55-69.

③ 李猛. 舒茨和他的现象学社会学//杨善华. 当代西方社会学理论. 北京: 北京大学出版社,1999: 14-16.

④ 孙飞宇. 流亡者与生活世界//社会学研究,2011(5): 107.

糊性。所以,不论一个理想类型涵盖了多少人,他都绝非对应着任何一个特定的个体,正是在这个意义上,韦伯将其称为"理想的"。[1]

"社会世界的层化"要求社会发展出一套不同于"生活世界"之意义理解与沟通的技术,因为简单地将生活世界的"自然态度"与"常人方法学"套用到"遥远世界"的社会互动中,就难免会犯将"理想类型"等置于"具体个人"的范畴错误,陷入"理解的陷阱"中。[2]

在相互匿名化的现代陌生人交往模型中,由于交往双方都拥有多种选择的可能性,因此在交往过程中的怀疑因素相对于生活世界中的交往,就大大增强的。[3] 此种"怀疑"也必须在基本概念的层次上体现出来,按照康德"如何可能"的精神被极端化,就使得双重偶联性中的交往主体被"黑匣子"化。这就是卢曼对帕森斯模型的第二个重大改造——双重偶联性的主体,相互都是视对方为黑匣子! 如此一来,双重偶联性的基本情境可以重新被表述为:

> 两个黑匣子无论是出于何种偶然性,形成了互动的关系。每一方都在自己的界限内通过复杂的自我参照的运作来决定自己的行为。因此被看到的每一方都必然是被化约后的形象。每一方都同样地对对方做出假设。因此,无论他们做出多少努力,也无论他们花费了多长时间,黑匣子双方都对对方保持不透明性。[4]

如此一来,双重偶联性的交互主体,就不仅可能是两个个体的人,也可以是两个集体,甚至是两个系统之间,也可能形成此种双重偶联

---

① Alfred Schutz. The phenomenology of the Social world. //George Walsh, Frederick Lehneert London: Heinemann Educational Book,p.184//孙飞宇. 流亡者与生活世界. 社会学研究,2011(5):107.

② 孙飞宇. 流亡者与生活世界. 社会学研究,2011(5):108.

③ 孙飞宇. 流亡者与生活世界. 社会学研究,2011(5):109.

④ Niklas Luhmann. Soziale Systeme: Grundriß einer allgemeinen Theorie suhrkamptaschenbuchwissenschaft. 5. Aufl. ,1984:156.

性的交互关系。① 实际上,用系统论的观点看,两个个体的人就是两个系统,即两个对立的心理系统。

卢曼对双重偶联性困境的这两个改造使得帕森斯试图通过"共享的象征系统"的文化方案成为不可能。那么,双重偶联性的困境如何解决?

卢曼的答案是,双重偶联性的结构自身就蕴含着走出双重偶联性困境的可能性。换句话说,双重偶然性未必如帕森斯所预设的那样,仅仅是消极性的有待解决的困境——恰恰相反,双重偶联性的结构是积极的,自身就蕴含着系统生成的可能性。走出双重偶联性的困境,并不能从双重偶联的结构之外寻找方案,如帕森斯强加给双重偶联结构的价值共识,而是必须从双重偶联性自身的内部来寻找。问题的关键是将双重偶联性的结构时间化:

> 所有的开端都是简单的。陌生人相互之间开始发出信号告诉对方互动的一些最重要的行为基础:对情境的定义、社会地位、主观意图等。这就开启了系统的历史,其中也包括对双重偶联性问题的重构。②

开端一旦产生,则接下来的每一步都会产生化约复杂性的效果。也就是说,虽然接下来的每一步,互动双方都有自由选择的可能性,但此种选择必然受制于先前所做出的选择。马上做出的选择又会对未来的选择形成某种化约的关系——无论此种选择是肯定的选择还是否定的选择。如此一来,每一步选择都具有化约复杂性,重构交互结构的作用和效果。卢曼将双重偶联性的此种特性概括为"自我催化的事实"(Autocatalytic Factor)③。因此,对社会系统的生成而言,过程与历史比开端更重要。

---

① Niklas Luhmann. Soziale Systeme: Grundriß einer allgemeinen Theorie suhrkamptaschenbuchwissenschaft, p. 156.

② Niklas Luhmann. Soziale Systeme: Grundriß einer allgemeinen Theorie suhrkamptaschenbuchwissenschaft, 5. Aufl. , 1984, p. 184.

③ Niklas Luhmann. Soziale Systeme: Grundriß einer allgemeinen Theorie suhrkamptaschenbuchwissenschaft, p. 170.

　　由此形成了双重偶联结构中两个层次的自我参照。如果说,第一层次的自我参照即双重偶联结构中的交互主体通过将"他者"看作"另一个我",从而通过参照自己来观察他者,乃是双重偶联性问题的根源,则第二个层次的自我参照性即系统的自我参照性,通过在双重偶联结构中对交互主体的期待与选择设置条件,从而强化了某些选择的可能性,限制和排除了另外一些选择的可能性,使得一个沟通链接另一个沟通成为可能。① 通过沟通的此种自我参照式的生成过程,社会系统与作为其环境的个体区分开来,并且通过沟通的递归性的运作,塑造了自己的边界。②

　　如此一来,前面讲到的交互主体的黑匣子化问题,也能够通过偶联结构自身的特征得到解决。如果说,交互结构的主体是模糊混沌的黑匣子的话,则由双重偶联结构所催生出来的社会系统,却可以是透明的、中立的与客观的,是可以重复地被验证的。如此一来,透明性就在全新的层次被重构出来了③——"就此而言,当黑匣子互相靠近时,就创造了白色,或者说彼此应对所需要的足够透明度。"④白色的社会系统与作为其环境的黑匣子的对比,恰好对应着社会系统理论的核心议题,即"复杂性的化约"。在系统理论视角下,双重偶联结构中的自我和他我就构成已然生成之社会系统的环境,而双重偶联结构中自我与他我选择的多种可能性与互为条件性,即意味着环境的复杂性。社会系统则通过系统结构,限制了此种无限可能的复杂性,形成了系统内的理性与秩序。

　　需要再次提醒的是,卢曼是以康德式的提问方式,即"社会如何可能"的问题意识背景下对双重偶联性的问题做此分析的。这也就意味

---

① Niklas Luhmann. Soziale Systeme：Grundriß einer allgemeinen Theorie suhrkamptaschenbuchwissenschaft, p. 183-184.

② Niklas Luhmann. Soziale Systeme：Grundriß einer allgemeinen Theorie suhrkamptaschenbuchwissenschaft，pp. 177-179.

③ Niklas Luhmann. Soziale Systeme：Grundriß einer allgemeinen Theorie suhrkamptaschenbuchwissenschaft，p. 159.

④ Niklas Luhmann. Soziale Systeme：Grundriß einer allgemeinen Theorie suhrkamptaschenbuchwissenschaft，p. 156.

着,"纯粹"意义的双重偶联性从来不可能发生在社会现实中。① 卢曼所做的工作是将双重偶联性作为基本概念提炼出来,将其中蕴含的不确定性和复杂性极端化,以此思考社会秩序形成的最低限度条件。

四、象征性的普遍化媒介与社会系统的生成

卢曼对双重偶联性概念的改造和彻底化,给社会理论带来的一个重要后果,便是表明行动理论已经不足以解决双重偶联性的问题。一旦坚持行动理论的进路,则双重偶联性问题的解决,就不得不依赖于交互主体中的一方,如此一来,最终就难免把交往双方的共识当作解决问题的最终方案。无论是帕森斯还是哈贝马斯,最终都强调共识性的因素和交互主体一方的自我反省的要素,即是一例。卢曼对此的批评主要有两点,一是反对从双重偶联结构之外,强加某个规范的东西于双重偶联结构之中②,另外则是忽略了该结构的内在一致性,将双重偶联结构中的交互双方看作机械连接在一起的组合。③

双重偶联的交互结构本身,即明确地表明,任何一方主体的行动视角,都无法解决双重偶联性问题。因此,应该有一个超越主体性与行动理论的新的概念,作为社会系统理论得以生成的基本单位。在卢曼的社会系统理论中,这个概念就是沟通。卢曼认为沟通是一个三阶段的组织过程:讯息(Information)、告知(Mitteilung)和理解(Verstehen)。④ 讯息是沟通的主题,指的是实际上说出来的内容与其

---

① Niklas Luhmann. Soziale Systeme: Grundriß einer allgemeinen Theorie suhrkamptaschenbuchwissenschaft. 5. Aufl. , 1984, p. 168. 卢曼同时也指出,这恰恰也表明社会系统的生成是自我参照和自我生成的。Niklas Luhmann. Soziale Systeme: Grundriß einer allgemeinen Theorie suhrkamptaschenbuchwissenschaft, p. 186.

② Niklas Luhmann. Soziale Systeme: Grundriß einer allgemeinen Theorie suhrkamptaschenbuchwissenschaft, p. 174.

③ Niklas Luhmann. Soziale Systeme: Grundriß einer allgemeinen Theorie suhrkamptaschenbuchwissenschaft, p. 153.

④ Niklas Luhmann. Soziale Systeme: Grundriß einer allgemeinen Theorie suhrkamptaschenbuchwissenschaft, pp. 194-196.

他可能的内容的区别,告知则是指信息传播的方式,指的是此种传播方式与另外潜在可能之传播方式的区别,理解则是指其他人是否理解告知的信息,这只能通过他告知另外一个信息才能够被判断出来。例如,"你怎么了?"这个陈述是否被理解,必须通过另外一个陈述"我头疼"来判断其是否被理解。第二个陈述"我头疼"一方面既可以被看作一种告知行动,同时也表明了沟通过程中"理解"被建构起来。就此而言,"理解"具有一种递归性的特征,一个沟通自然地倾向于链接到下一个沟通,同时也表明沟通至少需要两个主体才能够被完成。在此种链接的过程中,不同的选择就形成了不同的沟通链接,从而也就形成了不同的社会系统,犹如物理学中不同的原子组合,形成了不同的分子,从而形成了不同的物质一样。[①]

沟通如果确实存在的话,也只能是沟通自己进行沟通,而不是意识系统与意识系统之间的"沟通"。沟通自己进行沟通,也就意味着意识系统并非沟通之所以能够沟通的外在根源和动力,沟通在一定意义上独立于人类的意识,具有自我生产,自我建构的能力。这就像细胞独立于它的物质环境能够进行自我生产和自我建构,意识系统独立于人类的生理系统进行自我生产和建构一样。但是,这并不意味着社会的沟通系统相对于人类的意识系统来说,是自足的。相反,

> 每个社会所发生的事件,每个沟通,都得依靠某些有机系统、神经系统,以及生理系统的状态。而且沟通以至少两人为前提,因此是以多个有机系统、神经系统,以及心理系统的状态为前提。然而,这也正说明,沟通不是生命、神经活动及意识动作,因此也就不能被化约成参与沟通者身上的诸系统状态。[②]

从这个意义上讲,沟通是社会系统运作的基本单位。这就像细胞

---

① Jesper Taekke, Michael Paulsen. Luhmann and the Media. Media Kultur 49, 2010: 2.

② [德]Kneer Nassehi. 卢曼社会系统理论导引. 鲁贵显,译. 台湾:台湾巨流图书公司,1998: 84-118.

是生命系统的基本单位,这是因为细胞虽然从外界环境获得其自创生的各种原料,但是其本身并不能被还原成这些外界的各种原料,而是一个独立的和封闭的,通过某种外界环境所不具有的内部统一性运作的单元。

然而,将沟通作为社会系统的基本单位,仅仅是社会系统生成的第一步。我们马上就面临着一个根本性的困难,因为沟通本身是一个"未必会发生"的事件。我们知道,沟通所包含的三个要素其实是双重偶联结构中的三个选择。其中三个选择都包含不确定性,因此也随时有可能会中断沟通。对此,有学者曾经举过的一个例子非常典型地说明了这一点:

> 即便两个意识主体偶然地在同一时间相聚在某一个地点,它们也未必要选择发出一个信息,进行互动。即便是选择发出信息,它们也可能由于语言的障碍而无法交流。即便它们说的是同一种语言,因此一方发出的信息传达到了另外一方,另外一方也未必会做出回应。哪怕是做出了回应,对方也可能会不同意这一方的观点。哪怕它们取得了一致意见,它们也许很快就会忘记它们讨论的主题。并且它们下一次也许将不再遇见,因此也不再有可能有下一个沟通。①

如此种种的选择可能性与不确定性,只要其中一个发生,沟通就会被迫中断,而不再发生。这就是"沟通的难以实现性"(Unwahrschein Lichkeit)。在《社会系统》一书中,卢曼就已提出沟通的三种"难以实现性":首先是自我与他我形成理解的不太可能性;其次是沟通是否能够传达到接收者的不太可能性;最后是沟通成功的不太可能性②,即"即便是沟通被它所达到的人所理解,这并不因此就确

---

① Daniel Lee. The Society of Society: the grand Finale of Niklas Luhmann// Sociological Theory 18(02), 2000: 326.

② Niklas Luhmann. Soziale Systeme: Grundriß einer allgemeinen Theorie suhrkamptaschenbuchwissenschaft. 5. Aufl. , 1984: 217-219.

保它会被接收并被遵循下去".① 因此,以沟通为基本单位的社会系统要在双重偶联的结构中苗壮地生成,就必须克服沟通的此种"难以实现性"。

沟通诸媒介的出现,就是为了克服沟通的此种难以实现性。那么,究竟什么叫作媒介呢? 在卢曼的理论中,媒介的概念建立在形式/媒介的区分之上。所谓的形式,就是在松散耦合形成的媒介中所形成的元素间的紧密耦合。这句话比较抽象,我们不妨用一个例子来说明:如沙滩上的一串脚印。在这个例子中,沙滩是媒介,是由沙子之间松散的耦合形成的。脚印则是形式,使得脚印所覆盖的沙子形成更加紧密的耦合。所以,脚印作为形式,必须以作为媒介的沙滩存在为前提,而沙滩之所以成为一种媒介,则是由于脚印赋予其形式。其中,恰恰是由于沙滩中沙子之间耦合的松散性,才使得脚印形成其中部分沙子更为紧密的耦合可能,从而赋予其形式。② 另外一个例子则是语言。各种各样的词语构成语言的媒介,它们之间是松散地耦合着。句子则赋予其形式,并使得各种词语以一种更为紧密的耦合组织起来,从而成为沟通的一种媒介。语言使得噪音/意义得到了区分,从而使得两个人之间通过语言建立结构性耦合成为可能。③ 这从而也就使得沟通的沟通成为可能,使得社会成为可能。可以说,语言的产生是社会出现的前提条件。所以卢曼将语言比作"社会的缪斯"④。

卢曼区分了三种媒介,除了语言作为一种沟通媒介之外,第二种沟通媒介是扩展性媒介,对应着沟通中的告知要素。扩展性媒介决定的是互动性沟通的数量和范围,因此对于互动型沟通发生频率比较高的小型的团体中显得比较有用。口头的言说、书面的文字、电视、电话、互联网,都是扩展性的媒介。扩展性媒介的普及与提高将使得越

---

① Niklas Luhmann. Soziale Systeme: Grundriß einer allgemeinen Theorie suhrkamptaschenbuchwissenschaft. 5. Aufl. , 1984: 218.

② JesperTaekke, Michael Paulsen. Luhmann and the Media. Media Kultur 49, 2010: 3.

③ Daniel Lee. The Society of Society: the grand Finale of Niklas Luhmann, pp. 320-330.

④ Niklas Luhmann. Die Gesellschaft der Gesellschaft. 1. Aufl. , 1997: 225.

来越多人都有机会参与到沟通中来,从而带来了沟通主体的陌生化程度的提高,由此使得双重偶联结构的偶联程度和风险也大大提高了。例如,当你在写作时,你根本无须考虑与你沟通的某个具体对象是谁、是哪一类,因为你的读者是匿名的,你也不知道哪些读者会读到你的作品。这大大地增加了社会沟通的可能性。但是一旦参与者人数变得越来越多,仅仅适用扩展性媒介就会出现问题。①

最后一种是成就性媒介。所谓的成就性媒介,就是"象征性的普遍化沟通媒介",它通常在功能系统内部传递意义,从而使得沟通产生某种效果。例如,货币作为经济系统的沟通性媒介,使得沟通产生某种经济的效果,权力作为政治系统的沟通媒介,使得沟通产生政治效果,法律作为法律系统的沟通媒介,使得沟通产生法律效果。所有这些媒介都共享一个核心的特征,即都是贯彻一个普遍性的和象征性的二值代码。对于法律系统来说,二值代码是合法/非法;对于政治系统来说,二值代码是掌权/在野;对于经济系统来说,二值代码是支付/不支付;对于科学系统来说,二值代码是真理/非真理;对于宗教系统来说,二值代码是信仰/不信仰。

二值代码的结构是不对称的。一般而言,在二值代码区分的左侧,往往是积极的一面,例如合法/非法中的合法一面,有权/无权中的有权一面;右侧那一边则是消极的一面,例如非法、无权、不支付、非真理等。此种积极/消极的二值区分,就与人的动机结构形成了紧密的结合:人们都希望自己是掌握权力的,而不希望自己失去权力;都希望自己的行为是合法的,而不愿自己的行为非法;都希望自己是有支付能力的,而不希望自己是属于没有支付能力的那一方。如此一来,通过此种成就性的代码运作而发挥功能的社会沟通,就可以激发参与者向左侧积极价值的那一面链接,从而接受该沟通,形成社会系统。②

① Niklas Luhmann. Soziale Systeme: Grundriß einer allgemeinen Theorie suhrkamptaschen-buchwissenschaft. 5. Aufl., 1984: 220-221; Niklas Luhmann. Die Gesellschaft der Gesellschaft, pp. 202-223.

② Jesper Taekke, Michael Paulsen. Luhmann and the Media. Media Kultur 49, 2010: 5.

也就是说,成就性代码使得沟通的链接成为可能,从而也就使得社会系统的生成成为可能。当然,成就性媒介并不能必然使得沟通的链接成为可能——它只是通过催化动机的方式促进此种可能性。[1]

通过代码的运作,社会系统形成了自己的封闭性——也就是说,"一个值只能朝着对立值的方向被抛弃":对于法律系统来说,某个事实行为要么是合法的,要么就是非法的,但是不可能是有利可图的;对于科学系统来说,某个科学结论要么是真实的,要么就是不真实的,但是不可能是丑的。[2] 一个社会功能子系统通过这样一种二值代码的运作,对整个世界进行完整的和一致的描述,从而实现恺撒的归恺撒,上帝的归上帝,政治的归政治,法律的归法律。

五、法律系统的生成及其功能

现在我们回到卢曼的法社会学主题。通过对双重偶联性及其内在蕴含的复杂性概念,我们在一个更为宏大的理论结构中大致廓清卢曼法社会学的理论视野。通过对现代功能子系统生成过程的考察,我们不难理解,同任何一个现代功能子系统一样,法律系统的生成也是某种解决双重偶联性困境独特方式。由此就产生了下面的问题,即又何以需要生成一个法律系统? 或者用卢曼自己的语言,该问题也可以作如下表述:"全社会系统的什么问题,会透过专门法律规范之分出,并且最后透过一个特殊的法律系统的分出,而获得解决?"[3]

如果说本文前面章节的内容都是在一般社会系统理论的层次论述双重偶联性问题,则该问题将我们带入特定的法律功能子系统的层面来思考双重偶联性问题。我们当然同样可以将此提问中的"法律系统"替换成"政治系统""经济系统""宗教系统""教育系统"等。如果说,双重偶联性问题关涉的是"现代社会如何可能"的问题,则这里的

---

① Jesper Taekke, Michael Paulsen. Luhmann and the Media,p. 5.

② [德]卢曼. 生态沟通:现代社会能应付生态危害吗?. 汤志杰,鲁贵显,译. 台湾:台湾桂冠图书股份有限公司,2001:74.

③ [德]卢曼. 社会中的法. 李君韬,译. 台湾:台湾五南图书出版公司,2009:152.

问题就涉及法律系统在现代社会中的必不可少性，或者独一性如何体现的问题。为什么现代社会必须有一个法律系统？它解决的是何种具体问题？

这个问题问的其实是现代法律系统的功能问题。关于法律系统的功能，20世纪的许多理论家都曾经提出过自己的理解，其中最著名的莫过于庞德的"社会控制"说与帕森斯提出的"整合说"了。在卢曼看来，这两种理解未必是错的，但却并没有深入到类似于"社会如何可能"的基本概念层次进行思考。

卢曼因此区分了功效（Leistung）与功能（Funktion）的概念。无论是"社会控制说"还是"整合说"，其实都不过是在功效的层面，而不是在功能的层次思考法律的功能问题。所谓的功效，指的是法律系统能够带来的某些效用或好处，虽然法律系统能够带来此类效果或好处，但同时存在许多类似的功效等同项，因此是可替代的。因此，为何是法律系统来承担该项功效，就必须提供额外的说明和解释。此种说明的解释负担过重，就会抵销法律系统之功效所带来的好处。而功能则与社会功能子系统的特性本质相关的是唯一的、不可替换的。

如果我们像卢曼一样在一个更深的康德式提问的层面思考法律的功能问题，就会发现，法律系统的功能其实是与双重偶联性的时间面向有关，与期待有关。[①] 正如上文所说，在交互结构中，互为黑匣子的两个意识系统之间，在时间的未来面向上总是存在某种预期，此种预期的基础则是意识系统过去的沉淀，也即意识系统的现状。[②] 在时间面向上，如果对方行为不符合自己的预期，这种情形就叫作失望。面临失望，有两种选择，一种选择是调整和改变自己的行为和预期，这就是对失望采取认知的立场。另一种选择是选择坚持原先的行为和

---

① 需要指出的是，此处的期待"并非指的是某个特定个体的实际意识状态，而是诸沟通之意义的时间视域"。[德]卢曼. 社会中的法. 李君韬，译. 台湾：台湾五南图书出版公司，2009：153.

② 在双重偶联性的结构中，交互主体往往会对对方的行动进行预测，但此种具体预测还不是预期。预期乃是某种普遍化的内部信息处理的过程，或者更直接地说，就是系统内部的结构。

预期,这就是对失望情形采取规范的立场(见图1)。

图　1

　　如果每当对方的行动不符合自己预期的时候,当事人都做出改变,就会带来一个严重的后果,就是使得自己的行动也变得很难被其他人事先预期。一旦自己的行为变得更难以预期,则对方也就会更频繁地调整自己的行动(见图2)。如此一来,双重偶联性的困境是加深了,而不是解决了。

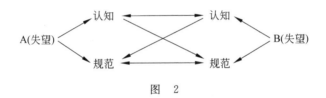

图　2

　　要稳定人际交往的此种预期,就必须有一个中立的第三方来稳定行为者双方的预期,尤其是稳定"对方对自己行为的预期",而要稳定对方对己方行为的预期,就必须对失望现象采取规范的态度,也就是不做出改变的态度。如此一来,就需要对自我与他我彼此的规范性预期提供担保,而此种担保唯有通过某种反事实的建构才能够实现——而现代法律系统作为一种反事实的建构,承担的就是此种对规范性预期进行担保的功能。

　　此时,作为象征性的普遍化媒介,以合法/非法二值代码形式表现出来的法律媒介的出现,使得法律系统在双重偶联性结构中自我催化和生成出来。正如上文所分析的,通过某种条件化的纲要(以如果……那么……的形式表现出来)的设置,法律系统将符合规范性预期的选择或行动判定为是合法的,赋予其积极的价值,从而诱发双重偶联性中的自我与他我都倾向和选择积极的一面,而否定和回避消极的"非法"那一面。法律系统乃是通过自我递归、自我参照的方式做出判定的(见图3)①。

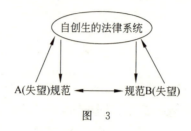

图　3

六、对中国法理学研究的启示

本文通过将卢曼的法社会学理论放到卢曼的一般社会系统理论的整体中进行理解,又通过双重偶联性问题这个卢曼一般社会系统理论的核心问题来观察卢曼一般社会系统理论的基本问题意识,以及卢曼对现代功能分化社会的基本理解。通过这三个层次的考察和长途跋涉,我们基本了解了卢曼社会系统理论的基本问题立场,也了解了法社会学在卢曼整个理论大厦中的大致位置。我们既领略了卢曼既深沉又宏大的问题视野,也体验到了卢曼在概念锻造过程中堪与康德哲学相比肩的严格科学性与精确性,以及问题意识与严格概念科学之间的完美结合。

当然,卢曼的法社会学理论乃至一般的社会系统理论对于中国法理学乃至整个中国社会科学的启示与介入,并非仅限于为中国问题研究者提供思维品质与问题能力的锻炼与提升的机会与可能。就卢曼思考的问题意识及其由此生发的整套概念工具本身而言,与中国当代正在进行的波澜壮阔的社会转型与法律转型过程仍然是极富启示和借鉴意义的。

---

① 它非常清晰地说明,对于现代法律体系而言,为何某个具体的个人违背某个具体的法律规范,并不意味着该具体法律规范的失效,更不意味着整个法律体系的失效。

首先,通过对双重偶联性中复杂性与偶联性程度差异的揭示,卢曼的社会系统理论延续了古典社会理论家所开创的现代性主题的探讨,并更为系统和深刻对现代性的本质进行了阐发。与许多社会理论大家不同的是,卢曼的社会系统理论少了几分对传统小共同体社会的留恋与不舍,冷静地看到现代大型抽象社会的产生已经是不可避免的趋势。因此,对此种现代大型、抽象的陌生人社会进行观察、描述和阐释,已经是社会理论刻不容缓的工作。这个工作是所有批判工作的前提,也比任何批判工作更为紧迫和重要。卢曼的社会系统理论至少为这个工作提供了一份草图。这是了不起的贡献。

当代中国正在进行一场前所未有的大变革。这场变革源起于清末中国与西方两个世界的接触与碰撞,因此本质性地将西方现代社会转型的过程和内容蕴含其中。因此,对西方社会的观察、描述和了解一直是中国社会转型过程的重要参考。卢曼的社会系统理论包括他的法社会学理论,为中国现代社会的转型与法律转型提供了重要的智识资源与支持。

其次,卢曼将社会系统的生成放到双重偶联性问题的视野中进行理解,并提出社会系统的生成,乃是双重偶联性问题内在包含的和自我催化地形成的,并非是任何人为设计的结果。双重偶联性问题中的自我与他我虽然是社会系统生成的前提条件,但在系统的生成过程中,仅仅是沟通形成的外部环境。借助于象征性的普遍媒介的作用,社会系统通过自我生成的过程,形成了自身内部的期待结构,界定自己的边界。

社会系统的这个自我生成的过程同样也适用于法律系统的生成。作为一种反事实的建构,法律系统的生成承担了稳定规范性预期的功能。因此,这个过程虽然可长可短,也许会付出更多或者更少的代价,但整个法律系统的生成过程一旦形成,便是不可逆的。这一点对于中国法治建设的决策者和参与者来说,也是很值得认真玩味与思考的。

最后,如果说双重偶联性的概念作为基本概念工具有助于我们看清楚现代社会系统的深层结构与逻辑,在此背景下所形成的关于现代法律系统生成的图景则为我们提供了一套完整的关于法律系统与社会系统之关系的整体描述。

这尤其体现在如下这一点,即卢曼的法社会学区分法律系统的功能与功效将两者放在不同的层次讨论。显然,对于理解什么是法律,为什么要建立现代法治体系等对当代中国法治建设具有根本重要性的问题来说,对法律系统的功能形成正确的理解,比理解法律系统的功效更为重要与根本。联系到中国法治建设的批判者,总是通过功效的层次来理解法律系统的功能,由此形成对现代法治建设的否定,这一点尤其具有正本清源和提神醒脑的作用。

(原文载《中外法学》,2014(2):396-411。)

10　全球信息化秩序下的法律革命

余盛峰*

一、引言

　　划时代伟大发明都曾引发法律世界的革命：文字书写带来法律的成文化与法典化；标准铸币促进债观念的诞生；13世纪复式记账法推动近代公司法与金融法的发展；谷登堡印刷术为法律世俗化与民族化奠定根基；时钟的发明则为民族国家法律提供了基本的计量标准。[①]在上述意义下，全球信息化技术的迅速发展也将对当代法律秩序带来巨大冲击，它将使18世纪工业革命以来围绕能量与物质构建的法律秩序向围绕信息构建的法律秩序全面转型。

　　当代全球信息网络是一个由10亿台中央处理器组成的超级有机体，其中包括难以计数的储存设备、信号处理器、信息流通渠道和分布式通信网络，以及围绕于这一网络的全部服务设施、芯片和设备——包括卫星、服务器、扫描仪、二维码、传感器等。这样一台超级虚拟计算机，其所有晶体管数量高达10万万亿支，每一秒有10万亿比特信

*　北京航空航天大学人文社科高等研究院副教授。本文写作得到高鸿钧教授的悉心指导与文献帮助，谨致谢忱。

①　文字、货币、钟表和印刷术与现代法律存在紧密关系，这些发明提供了创造和维持统计信息庞大结构的基础，进而使社会组织化力量拓展到民族国家的规模。在麦克卢汉看来，直到18世纪，西方人才开始接受社会生活的这一延伸形式，即市场机制的统计模式。这一模式使生产的整个过程理性化，进而被用于法学、教育和城市规划。[加]麦克卢汉. 理解媒介：论人的延伸. 何道宽，译. 南京：译林出版社，2011：159，171，343.

息通过,每一年数据量接近 20 艾字节。另外,还包括 27 亿部手机、13亿部固定电话、2700 万台数据服务器和 8000 万台掌上电脑。整个网络约有 1 万亿网页,每一个网页链接 60 个网页。① 这一切的总和,无疑就是当代法律全球化的物质性根基。

20 世纪 80 年代以来,全球范围的信息化重组过程,正将历史推进到一个新的发展阶段。根据研究统计,全球的生物信息是 10 万尧字节,而技术元素的信息则是 487 艾字节,虽然总数还不如生物信息,但呈指数级增长,其中,计算机数据每年净增 66%,是其他一切制造品的10 倍以上,这种爆炸式增长正使整个地球裹挟在知识与信息越来越致密的网络之中。② 民族国家的领土疆界正在失效,信息不再受到主权边界的有效控制,这种全面互联的信息网络深刻改变了传统的社会与经济模式,在这一背景下,当代法律、金融与贸易体制也随之改变。即时生产、灵活制造、批量定制、零库存、战略联盟、大规模外包就是其中的代表。企业与市场的边界正在打破,契约和组织的区别逐渐淡化,所有权的地理分布趋于分散。供应商、企业雇员、消费者与政府监管,研发、制造、包装、仓储、物流、营销,所有事物都在进入一个去中心化的协作网络之中。③ 从国家制造业社会(National Manufacturing Society)向全球信息化秩序(Global Information Order)的转型④,正对当代法律带来革命性的影响,本文试从法律客体、法律空间、法律时间三个维度,对此展开初步分析。

---

① 以上还只是 2010 年的统计数据:[美]凯文·凯利.科技想要什么?.熊祥,译.北京:中信出版社,2011:332.

② [美]凯文·凯利.科技想要什么?.熊祥,译.北京:中信出版社,2011:69.

③ 大厂商的官僚主义等级体系功能逐渐解体,例如营销、销售、研发、中间材料与初级材料生产的市场化,以及外包、转包、联营与合资形式的兴起。其典型代表是谷歌公司:它既是传媒公司,但又不制造信息产品;它既是通信公司,又没有传送线路与电子设备;它既拥有众多分公司与机构,又不进行垂直整合。但这反而使它成为当代信息帝国的"总开关"。[美]吴修铭.总开关:信息帝国的兴衰变迁.顾佳,译.北京:中信出版社,2011:290-301.

④ 英国学者斯各特·拉什明确提出这组概念。[英]斯各特·拉什.信息批判.杨德睿,译.北京:北京大学出版社,2009:1.

二、全球信息化秩序的法律客体革命

在全球信息化的秩序转型中,当代法律的规制对象正在发生变化,电子技术把所有交易模式都融入一个巨大的系统之中,新的法律客体以及财产类型不断出现。知识产权正取得法律部门的核心地位,传统民法的"人、物、债"三分法面临重构性调整。逐渐逃离民族国家主权管控的信息流动性,以全球的尺度呈现为网络化、系统化的形式,法律的聚焦点从自然人转向物的自主性。如果说传统工业时代的法律媒介是主体性与叙事性的,信息时代的法律媒介则是讯息性与沟通性的,它以去疆域化的方式重新再疆域化。[1]

(一)知识产权、信息资本与"原型"创新

首先,与传统民法的物权概念不同,全球信息化秩序下的产权不再只是无体物的概念,它还具有瞬时性,"信息价值"在全球性流通中迅速过时,传统的产权控制与产权实现方法正在失效,传统的所有权神圣原则已经无法把握信息资本主义的真实动力。其次,传统物权关注"使用价值"的维度,依赖于"过去"和"传统"的体认;传统债权关注"交换价值"的维度,依赖于"未来"和"允诺"的实现;当代知识产权则关注"信息价值"的维度,依赖于"实时"和"代码"的运作。最后,如果说在前现代法律,死亡是革命性的法律事件,死亡带来继承、身份与财产的更迭与转移;在近代法律,死亡是民族国家法律监控的对象,被纳入社会保险、统计、税收的精密计算范畴;而在全球信息化秩序下,"死亡"则成为"创新"的同义词,成为法律系统日常运作的对象。[2] 如果说

---

①　拉什对此做出准确概括:"强化流动的无中介化却导致了一套再中介化,去地域化导致了一套再地域化,着根的旧式中介被不着根的新式中介所取代。"[英]斯各特·拉什.信息批判.杨德睿,译.北京:北京大学出版社,2009:326-327.

②　法国思想家波德里亚对于死亡问题做出了极为深刻的分析。他认为我们当下处于一个新的模拟时代,由模拟支配的代码、模式和符号成为新社会秩序的组成原则。[法]让·波德里亚.象征交换与死亡.车槿山,译.南京:译林出版社,2009:173.

"死亡"在前现代法是传统延续的象征,在现代法是主体人格的实现,那么它在当代法则是系统运作的常规。"工业技术、死亡和欲望成为比特,成为速度电磁场平面的信息单元"①,全球外包生产与跨国贸易机制的重组,实际正要应对这种迅速"死亡"与"再生"的信息生产、流通和交易的要求。笔者此处试以知识产权为例加以说明。

其一,古典知识产权的理想对象是"长时段"创作的智力成果,而信息资本主义的典型对象却是"短时段"的讯息。当代知识产权的规范对象,主要不再是传统理解的文学艺术与技术工艺,不再是独一无二的智力性创造,也不简单是商品化的知识形态,而是信息本身。这种信息甚至不再具有传统意义的"交换价值"——它的价值没有未来只有当下。作为"符号性价值",它具有"转瞬即逝性"。② 信息的本质已经超出正确/错误、论说/非论说的维度,"必须提供新东西",这已成为信息资本再生产的内在要求。③

其二,古典知识产权的对象是"大师杰作"(Masterwork),而当代知识产权的对象则是"索引性符号",它取代了物质化的操作而转向反身性的沟通。"劳动"被"设计"所取代,"劳动"不再是生产过程的核心环节。知识密集型与设计密集型的产业转向,使得当代法律不再仅仅关注抽象的物质产权,而首要考虑如何通过规则设计为"独一无二性"(Singularities)进行确权。它不再像古典知识产权那样关注"智力性创造",而关注高度资本化的"原型"(Prototype)竞争。这些"原型"既不是科学系统的真理,也不是艺术系统的美丑,更不是单纯的研究或发展,而是"研究与发展"(Research & Development),它建立在现代

---

① [英]斯各特·拉什.信息批判.杨德睿,译.北京:北京大学出版社,2009:212.

② 现代社会有两大中心趋向:新资金与新信息。一方面,现代经济不断制造"替换花费掉的货币"的需求,另一方面,也不断制造"以新信息替换冗余信息"的需求。[德]卢曼.大众媒体的实在.胡育祥,陈逸淳,译.台湾:左岸文化出版社,2006:54.

③ "必须提供新东西",其压力来自各大功能系统的加速动力,这些功能系统让社会持续面对新问题。[德]卢曼.大众媒体的实在.55-57.

社会系统高度分出与高度耦合的基础之上。① 这种结构耦合所产生的
"技术科学家""科技艺术家"的杂交现象,并不挑战社会系统运作的封
闭性,但通过结构漂移和结构耦合机制,又在不同社会系统之间产生
出新的"链接"机制。

其三,当代知识产权的控制技术也在发生调整,更多通过代码而
不是法律的手段进行,或者说,法律本身也更多以代码的形式出现。
如果说近代法律主要围绕竞争、剥削、斗争、团结这些"社会性话语"展
开,当代知识产权则通过信息与知识的拥有/不拥有、标准/非标准这
些"符码性话语"进行涵括和排除,"社会性"(Sociality)正被"信息性"
(Informationality)所取代。②

其四,著作权、专利、商标与外观设计规则的重塑,正使全球信息
化秩序的权力与垄断以另外的形式得以延伸。③ 这既是信息爆炸、创
新迭出、设计密集的时代,也是围墙高筑、知识垄断、资本绞杀的时
代。④ 如果说传统物权和债权因其时间与空间层面的稳定,因而是内
生性的产权制度,那么,当代知识产权则因其无时间性而成为外生性
的、建筑学意义的框框。这种框框(特别是品牌)"给信息和通信的混

---

① 拉什在对美国学者哈拉维的著作介绍中指出,一种新的权力——知识体制弃绝了
现代知识型的生理学——有机主义,代之以一种控制论式的启发性想象。它以技术系统的
模型来理解包括有机系统在内的一切系统,于是有机系统也变成了信息管理加上军队式的
命令、掌控、情报与通信的控制论式系统。[英]斯各特·拉什. 信息批判. 298-299.

② Keith Aoki. Neocolonialism, Anticommons Property, and Biopiracy in the (Not-So-
Brave) New World Order of International Intellectual Property Protection. Indiana Journal of
Global Legal Studies6, 1998: 11-58.

③ 有关后 TRIPs 时代知识商品全球化的权威分析,参见: Keith E Maskus, Jerome H
Reichman. The Globalization of Private Knowledge Goods and the Privatization of Global
public Goods//Keith E Maskus, Jerome H. Reichman(eds.). International Public Goods and
Transfer Technology: Under a Globalized Intellectual Property Regime. Cambridge,
Cambridge University Press, 2005: 3-45.

④ 知识产权垄断成为现代文化生产与传播的基础。作为全世界最大的音乐出版商,
百代(EMI)拥有多达 100 万首歌曲的著作权。2004 年,索尼为了在 DVD 销售中获利,斥资
50 亿美元收购米高梅,从而拥有 8000 部电影的著作权。正如席勒所说,通过技术融合,商业
公司对"内容"以及"知识产权"的商业化抽象,与文化产业所创造的多元化技术找到了契合
点。[美]丹·席勒. 信息拜物教:批判与解构. 邢立军,等译. 北京:社会科学文献出版社,
2008: 172-173.

乱赋予了一定的秩序,它协助使原本可能是混乱的扩散被规范成为
'流动'",它既使信息变成排他性的权利,也成为可营销性的
(Marketable)对象。①

其五,当代生产不再是英雄性的个人创造,而变成网络化的系统
产物,变成通属性的"实验室"、"研发部门""工作室"的集体成果,这些
知识"原型"(Prototype)通过知识产权的设定,进入知识与信息积累的
连续性轨道。与传统物权基于"同质性劳动"的凝结逻辑不同,当代知
识产权建立在"差异性区分"的运作基础之上,这一法律所介入的是
"差异性创新"的常规化与制度化生产流程。传统知识产权在著作权、
专利、商标之间预设了创造性递减的阶序关系,但在"差异性创新"的
制度化生产中,商标与品牌标识(Branding)转而成为知识产权工作的
重心。②

(二)"自治性客体"与"混血产权"

近代物权与债权指向自治性主体,而当代法律则必须应对自治性
客体的兴起。福特资本主义是"规模经济"(Economy of Scale),涉及
物质与主体的大量聚集,传统民商法规范的是对于土地、资本与劳动
力的争夺,法律的着眼点在于当下,其财产权具有高度稳定性;信息资
本主义则是"范围经济"(Economy of Scope),涉及符号与网络的快速
构建,资本围绕于"原型"创新展开竞争,法律的着眼点在于未来,其财
产权具有高度流动性。③ 这种可能迅速失去价值的产权具有吊诡意
味,它的"虚拟性"与"索引性"使其能够被快速动员,同时,这也使它在
速度性原则下迅速贬值,它的价值恰恰在于其价值的转瞬即逝性。这
种"转瞬即逝性"构成信息时代"差异的创新",使其区别于传统时代

---

① [英]斯各特·拉什. 信息批判. 237.

② 广告、商标与品牌是三位一体的信息运作形式,其目的是保持能见度、带动注意力、
增加市场占有率等,从中制造"同一个东西绝不是同一个东西,而是另一个新的东西"的幻
觉,高度的标准化与同样高度的表面分化结合到一起。[德]卢曼. 大众媒体的实在. 110-
111.

③ 有关"规模经济"与"范围经济"的区别. [美]小艾尔弗雷德·钱德勒. 规模与范围:
工业资本主义的原动力. 张逸人,等译. 北京:华夏出版社,2006.

"需要的体系"以及现代时期"趣味的追逐"。

近代法律的财产观念预设了自然与客体的先验性,"自然"有待于人类的劳动与立法过程,从而纳入人-物-债这样的古典民法结构。但是,全球信息化秩序摧毁了这种二元论基础。伴随生产与交易的信息化、知识化过程,"客体"与"主体"共同进入同一个网络结构之中,法律系统则承担这种"类主体"与"类客体"的分类整理、授权、传递、沟通的网络创建工作,通过法律这一"形的编织者"(Weavers of Morphisms),构建起"产学综合体"(University-industrial Complex),这"促成了大量的创新发明,使一大批'混血儿'(Hybrids)、类客体得以创生,也使得把这些类客体和类主体联系起来的网络得以在空间上日渐延伸及于全球每一个角落"①。主客体界限的打破,"自治性客体"的大规模制造与传播,正是当代法律风险理论风靡全球的物质性基础。

当代法律为"自治性客体"提供了分类整理的规范性框架,通过规范性框架创设特定的时间拘束,通过将特定的知识/信息沟通不断传递到系统化网络的下一个位置,通过二阶性的观察与运作,不断创建并延展这一网络。在这一过程中,主体行动者与知识客体都成为系统自我指涉运作的中介与拟制,借助讯息、告知与理解的沟通过程,以及法律制定、解释与决断的运作过程而得以展开。

具有吊诡意味的是,恰恰因为法律系统的运作封闭性,才使这种结构耦合的动员、网络的联盟得以实现。这一耦合使当代法律客体抹去了自然/社会、物质/符号的二元性差异。特别是,伴随生物技术以及软件平台的开发,正产生一种"混血"的产权形态——例如互联网平台标准与 DNA 基因银行等。如果说传统法律关注实体财产的当下性,强调占有、控制与积累,那么当代法律则注重信息财产的未来性,强调分享、失控与流通。企业、资产、市值、资本这些传统概念都正经历更新,信息资本主义与金融资本主义也在出现合流,因为它们共同涉及虚拟性、未来性与衍生性这些特征。

---

① [英]斯各特·拉什. 信息批判. 86.

三、全球信息化秩序的法律空间革命

当代法律全球化不是简单的资本全球化过程,因为资本本身也消融在全面信息化的网络之中,这一空间性质的转变正对传统法律带来巨大冲击。① 在新的空间格局下,法律主要不再通过抽象的主体原则,采取惩罚与剥削的手段进行,而是通过涵括和排除的系统性法则展开。②

(一)拓扑学式的非线性法律秩序

第一,在当代,法律系统已经突破领土分化的逻辑,获得全球范围发展的动力。"没有国家的全球法"(包括商人法、跨国企业内部法、网络数位法、人权法等),它们的效力渊源不再仅仅来自国家,甚至在许多层面与国家法相冲突。法律全球化的当代动力,也不再是康德所设想的国际政治共和化。正如卢曼所说:"法律与政治的构成性结构耦合在世界社会层面已不复存在。"③在全球秩序的革命性重组中,国际公法不再是法律全球化的主要力量,而私人法律机构比如跨国法律事务所的作用越发重要。传统的国际冲突法正被一种系统之间的冲突法所取代,虽然它同样是冷冰冰的系统逻辑的产物,是高度专门化、组织化、技术化的领域。

第二,近代法律/主权建立在表达性文化(Representational Culture)及其二元论张力外爆的基础之上,而在全球信息化秩序下,法律逐渐内爆为同一性的内向化平面。伴随传统空间范畴的终结,法律

---

① 围绕知识与信息私有化展开的"信息公共领域"斗争,包括"自由文化""创造性的共同体""公共科学图书馆"开放源软件运动、世界贸易组织对影视作品规定的"文化例外条款""可获得的廉价药品"等。[美]丹·席勒. 信息拜物教:批判与解构. 74-76.

② 有关"涵括/排除"作为当代世界社会的元符码机制.[德]卢曼. 社会中的法. 李君韬,译. 台湾:五南图书出版公司,2007:627-638.

③ 卢曼语,转引自[德]托依布纳. 魔阵·剥削·异化:托依布纳法律社会学文集. 泮伟江,高鸿钧,等译. 北京:清华大学出版社,2012:35. 中国大陆版为"卢曼",中国台湾地区版为"鲁曼",本文统一使用"卢曼"。

系统正以反身性(Reflexivity)的形式运作,这对应于整个现代科技体系的控制论(Cybernetics)转向。[①] 民族国家法律建基在主权监控的线性治理术之上,围绕贯穿于中央—地方的官僚主义法律体系展开,而在全球信息化秩序下,法律运作更多以非线性、不连续、脱域化的内嵌形式呈现,它超越了古典法理学的位阶因果律,演化为自创生的自我因果律(Self-causality)。[②]

第三,现代民族国家一方面借助教育与信仰手段通过立法主权叙事整合法律文化,另一方面借助现代契约机制打破传统的身份连带关系,这种地图学式(Topographical)的法律关系正被信息时代拓扑学式(Topological)的非线性法律秩序所取代。工业时代法律必须介入到特定的生产与生活空间,法律主体具有地域化的身份认同,而在非线性法律秩序下,法律主体的特殊地位正让位给特定的社会系统。

第四,近代法律奠基于政治国家/市民社会的程序化与社会化规范,互联网时代的"再部落化",使得传统的社会化建制被后传统的信息化部落取代,法律的空间意象正在发生改变。19世纪古典法是基于资本主义新教伦理的形式理性法,它在民族国家疆域范围内稳定社会的规范性期待,法律有赖于空间建制化的合理性文化的态度整合,而在"去疆域化的再疆域化"网络空间,韦伯式的形式理性法正被抛弃,传统法律运作机制随之改变。

第五,霍布斯与奥斯丁对于法律的传统定义,都指向中心性主权自上而下的命令性结构,法律效力来源于主权的"公共性"。当代法律全球化已不再取决于主权的"承认",17世纪以降主权政治与领土政治的逻辑将受到多方位的挑战。由罗马法复兴发展起来的法律教义学(潘德克顿体系)、传统的法律渊源学说以及传统的司法等级式管辖结构,都与当代法律全球化的新型动力产生了扞格。全球分化产生的系

---

① 在利奥塔尔看来,"二战"之后,传统的"表达性文化"趋于没落(无论是黑格尔式的思辨叙事还是马克思式的解放叙事),知识的思辨等级制被一种内在、几乎可说是"平面"的研究网络所替代,社会主体也在这种语言游戏的扩散中瓦解。[法]利奥塔尔. 后现代状况. 车槿山,译. 南京:南京大学出版社,2011:135-143.

② [德]托依布纳. 法律:一个自创生系统.

统间冲突(所谓的全球法片段化),已经不能根据德国民法典式的学理统一化、凯尔森式的规范等级结构或者全球性司法的等级管辖制度予以解决。全球系统之间的"诸神之争",既不是规范性的冲突,也不是政策性的冲突,而是一种更为深刻的系统建制化的合理性冲突。

(二)去中心的法律全球化网络

正如前述,全球信息化秩序重构了全球空间,传统民族国家法律受到多方位冲击。笔者兹以互联网数字宪法、全球商人合同法、艾滋病药物专利权与超国家宪法四个领域为例,对此做进一步描述。

第一方面,信息时代使传统公共领域与私人领域的边界愈益模糊。当代有关互联网数字宪法的争论,实际正要应对法律空间与公共领域结构转型的挑战。[1] 传统的国家规制与国际规制已部分失效,因为全球互联网呈现出自我监管的趋势。互联网的自我立法,一方面利用互联网自己的电子约束手段;另一方面,这种电子手段又受到基础法律规范的约束。在实践中,"互联网名称与数字地址分配机构"(ICANN)仲裁委员会做出具有法律约束力的电子措施,但同时,它又必须产生哈特意义的次级性规则,以转移互联网法律自我指涉的悖论。它还发展出相应的司法审查机制,比如对标准商业合同、尽职调查的私人标准、私人协会的标准化以及国际仲裁裁判的审查机制。[2]这些机制既要释放不同社会系统的代码,又要对它们进行审查与约束,进而将它们转译为可普遍化的法律原则。代码的释放与约束正是互联网数字宪法的核心议题。[3]

---

[1] 配置和重新配置因特网的控制工具——路由器——的权力;通过域名系统制定和改变因特网逻辑属性的权力;开发新的跨国服务和监督管理手段的权力,这些新的数字权力都对数字宪法提出了挑战。参见[美]丹·席勒.信息拜物教:批判与解构. 144.

[2] [德]托依布纳. 魔阵·剥削·异化:托依布纳法律社会学文集. 175.

[3] 美国学者吴修铭提出了信息产业的"三权分立"原则:生产信息产品的部门、拥有传递信息所需的信息网络基础设施的部门,以及控制消费者接受信息的工具或地点的部门,都必须分开操作。另一个"宪法性"建议是:政府必须同信息产业保持距离,任何政府机构都不允许介入信息交易市场来为任何技术、网络垄断商,或者信息产业主要职能部门的整合活动施加影响。参见[美]吴修铭。总开关:信息帝国的兴衰变迁. 318.

　　代码的特殊性决定了互联网数字宪法的特殊性。首先，这些代码具有自我执行的属性，规则创制、规则执行和规则司法在代码这里是三位一体的，这导致传统宪法的权力分离技术无法适用。其次，传统宪法通过事实性与规范性的区分，借助"规范性"解释的弹性空间来调整与"事实性"的关系，从而避免法律的过度形式化。但是，在互联网数字宪法的代码这里，事实性与规范性融为一体，这种内部张力消失了，当前的开放源代码运动正要应对这一难题。①

　　第二方面，全球商人法领域的"无法律合同"（Contrat Sans Loi）或"自我管理的合同"，其效力既不来自国内法，也不来自国际法，而是自我赋权的结果。凯尔森和哈特式的层级规范论不再是商人法运作的基础，更重要的是法/非法的二元符码运作。自我生效的合同（无须国家法的合同）表面上是一种悖论，但对于这一悖论的去悖论过程正是新型法律全球化的动力所在。正如德国学者托依布纳的概括，在商人法实践中有三种解悖论的方法：时限、位阶和外部化（外部转移）。②它具有如下特征：其一，它既包含自我立法的实体性规则，也有规定如何将纠纷提交仲裁的"司法性"条款，借此能实现合同的封闭性运作。其二，这一合同既是初级性规则，也是次级性规则，其效力自赋的悖论通过一系列的法律区分（如位阶、规则/元规则的区分）予以掩盖。通过将悖论放置到一个连续性运作的法律系统之中，通过时间和空间维度的延展，通过设定悖论的时限，通过展开悖论与转移悖论，由此形成一个自我指涉、自我繁衍的法律空间。其三，它还经由合同自我创设的外部化过程掩盖悖论：合同自己规定由合同外的仲裁机制处理合同纠纷，这一仲裁的正当性是合同自我赋予的。仲裁决定合同的效力，而仲裁的效力也由合同来设定，这就形成一种自我指涉的循环关系。③

　　"全球商人法合同"同时实现了自我立法、自我执行与自我司法三

---

　　① 托依布纳. 魔阵·剥削·异化：托依布纳法律社会学文集. 178-181.
　　② 同上注，46.
　　③ 内部循环的自我矛盾通过一种自我设置的外部化过程得以转移，这是当代全球性法律自我创生的特质。

项功能。这一机制通过巧妙的自我外部化过程,将民族国家层面的制定法与合同的分化机制引入全球私人合同之中。通过私人性立法(各种经济与职业协会、国际组织网络制定的规则)以及国际仲裁机构的设立,在全球合同法内部形成了"官方法"与"非官方法"的再分化,而这一切又都是经由合同自身来完成的。通过这一再分化过程,商人法自我指涉的封闭性运作也获得了演化动力,它不再是古典习惯法意义上的商事性惯例,而成为一个高度技术化与形式化的专业法领域。

第三方面,有关艾滋病药物专利权保护的争论,不仅仅是某国国家法与专利持有人的冲突(如发展中国家与跨国企业专利持有人),也不仅是两大国际机构的冲突(世界贸易组织与世界卫生组织的冲突),更重要的是不同合理性标准的内在冲突(经济合理性标准与卫生健康合理性标准)。[①] 因此,专利法的跨国化纠纷,实际已不能简单借助属地化原则解决,也不能通过不同国际机构的简单协调解决,而需要冲突双方同时引入各自的合理性标准,通过复杂的法律协调技术,对各自的合理性标准形成限制,通过"再进入"(Re-entry)的过程,将外部的合理性标准转移到自己的系统中去,这在实践中就形成全球法律相互交叉、相互参照、相互型构的共同进化过程。"再进入"的法律反思机制,是全球法自我创生的另一动力。

第四方面,传统宪法解决如何通过法律来规制政治权力的问题,而当代宪法理论则探讨超越国家中心的宪法如何可能。一般的全球宪法想象指向所谓的世界政府、世界议会和全球治理,多以民族国家的传统意象来构想世界宪法,而其他方案则要么在传统的宪法主体之外加上诸如国际组织、跨国企业、非政府组织、全球公民等更多主体,要么在政治权力之外,把经济权力也作为宪法规制的对象。但所有这些方案,基本都没有摆脱民族国家宪法的传统思维,依然都是国家中心主义的宪法模式,无法摆脱民族国家范式来思考宪法发生的可能

---

① 在后 TRIPs 时代,反对者通过社会运动将核心议题从贸易转向公共健康、农业、公平、可持续发展和人权。[美]苏珊·塞尔. 私权、公法——知识产权的全球化. 董刚,周超,译. 北京:中国人民大学出版社,2008:183.

性。但实际上,当代已经出现许多全球"社会性宪法"模式的探索,并已出现在全球各大系统的宪法化进程之中。其中典型的例如互联网数字宪法以及作为世界经济宪法的 WTO 等。宪法的功能实质在于通过制度化方式,一方面在法理上确认社会系统的分出(马基雅维利意义上的近代政治系统与宗教、道德系统的脱钩),另一方面,通过一种自我限制机制防止这一分化系统向全社会进行殖民化扩张。通过基本权利体系的制度化确立,构建起这样一种自我限制机制,以防止社会系统过度扩张所造成的自我崩解。

如果说传统宪法试图对抗政治权力的扩张,那么当代"社会性宪法"则对抗经济、科学、技术系统的过度理性化趋势。它不再通过一部革命性宪法的诞生实现,而需要持续的长期进化。与英国不成文宪法相似,这一进程并不表现在正式的立宪会议、宪法文本以及宪法法院之中。"社会性宪法"既不是单纯的法律文本,也不是自主的社会过程,而是两者的耦合。这一宪法同时约束社会过程和法律过程,这样,它就既能保持全球各大社会系统的相互平衡,又能将各自的影响保持在可制度化的范围之内。①

(三)"系统性冲突"与"社会性宪法"

当代法律系统承担的任务非常特殊,它既不可能真正解决全球各大系统的冲突,但又必须解决这些冲突,因为法律"禁止拒绝裁判"。对此,法律系统必须采取一种网络化的空间策略。全球范围的法律冲突既不是政治国家强制性秩序的冲突,也不只是资本全球化的产物,而是多中心全球化力量相互拉锯的结果。冲突的根源不再是领土分化,而更多呈现为特定议题的分化。全球法统一也无法再采纳 18 世纪围绕民族国家主权命令展开的逻辑,而只能以一种"居间法制"的方式,以此沟通不同的"无须国家的全球法"。② 世界社会的法律系统不

---

① 〔德〕托依布纳. 魔阵·剥削·异化:托依布纳法律社会学文集. 170.

② 比如网络数位法、新商人法等,国际互联网域名及代码分配合作中心(ICANN)也是一个全球性规制组织:〔德〕托依布纳. 魔阵·剥削·异化:托依布纳法律社会学文集. 71-72.

再是层级化的等级规范结构,而是由作为中心的司法与作为边缘的制定法与合同所构成。①

全球化的法律系统,因为不同社会功能领域的相互迫令,在其内部产生出各种分化与冲突。例如,世界贸易组织基于经济合理性的标准合同就与世界卫生组织基于卫生系统的健康原则、世界人权法领域的道德原则及全球环保领域的绿色原则产生了冲突。尽管全球性国家宪法遥遥无期,但在各大社会系统领域,实际已经逐渐形成一种"社会性宪法"(Civil-costitution)。② 社会性宪法是法律系统与其他社会系统的结构性耦合,它同样囊括传统宪法的两个基础性部分:基本权利与权力的组织性规定。在这些不同的全球社会性宪法之间,并不存在统一的等级化形式,它们类似神圣罗马帝国的马赛克秩序关系,国际法的晚近研究称之为联系网模式。③

作为去中心的分布式全球网络,各大自治法律秩序相互刺激、相互观察,通过"镜状反思"创制法律。这是一个没有顶点也没有中心的全球化法律网络。比如,传统的国际著作权冲突以属地原则解决,1886 年《伯尔尼公约》即是代表,它主要关心属地国家如何相互承认的问题,同样道理,WTO 的 TRIPs 协议也基于民族国家的分化原则,其目的同样是解决不同国家标准如何协调与相互授权的问题。但是,这与当代互联网革命以及信息全球化趋势格格不入。因为,冲突焦点正由国家间冲突转向组织间冲突(比如互联网名称与数字地址分配机构与国家法院的冲突),属地法原则正被组织间的冲突法原则所取代。进一步的趋势则是全球统一的实体性规范逐步取代传统的国际冲突法。④ 组织之间的内在冲突主要也不再是政策与利益的平衡和调适问题,更重要的是原则层面的冲突,是不同合理性之间的冲突。它的法

---

① 中心和边缘并无等级高低,边缘是其他功能系统与法律系统的接触地带,而在全球法领域,边缘是其他全球性系统与法律系统的接触地带。在这个地带,其他自治社会领域的要求通过各种标准化合同、专业协会协定与技术标准的形式进入。

② 在卢曼看来,宪法不只是一种高级法律规范,而且还是法律系统与政治系统的结构耦合机制。[德]卢曼. 社会中的法. 9、10 章.

③ [德]托依布纳. 魔阵·剥削·异化:托依布纳法律社会学文集. 84-85.

④ [德]托依布纳. 魔阵·剥削·异化:托依布纳法律社会学文集. 85-90.

律方法论也不再指向全有全无的"规则性取舍",而是如何进行兼容并包的"原则性平衡"。

当代全球法的自我创生不再通过《联合国宪章》那样的世界宪法,也不再通过《维也纳公约》有关强行法和任意法的位阶划分来实现。在全球法领域,层级金字塔结构与跨国组织的封闭性结构都不再有效,发挥作用的是彼此缠绕的法律网络化逻辑。在这种网络化逻辑下,法律效力既不基于先例的拘束力,也不基于纯粹的说服力,而是基于所谓的"默示遵从":接受先前的判决,同时又保留持续变更的可能性。① 不再存在先验的等级性秩序,一切都要在日趋复杂的法律网状化结构之中接受检验,不再存在普遍的统一性标准,而只有需经受持续论证的兼容性标准。

四、全球信息化秩序的法律时间革命

在全球信息化秩序下,法律主体与法律客体、法律行动者与权利对象全都进入一个时间性的内在流动平面,这不是简单的信息资本化过程,因为资本也只是信息沟通全面内在化的一个环节。作为远距性的法律(Law at a Distance),它的分析单位不再是"法律行为"而变为"法律沟通",它无法再根据垂直性(the Vertical)的法律二元论进行操作。无论是神职贵族、启蒙英雄或是现代政党全都失去了特权。线性的法律意义被化约压平到法律沟通的一元论之中,法律变成了二阶观察的反身性内视系统,进入镜状反射的沟通循环关系之中,法律的观察与运作之间不再有任何先验距离。

当代法律的自我指涉性(Self-reference)解构了现代法律的先验性向度,反转了近代法律空间维度对于时间维度的征服,进而呈现出索引性(Indexical)与偶连性(Contingency)的特征,法律运作进入绵延

---

① 〔德〕托依布纳. 魔阵·剥削·异化:托依布纳法律社会学文集. 115.

的时间沟通之流(Flux)。^① 信息的转瞬即逝性、知识的过度链接、符号的超载,都使当代法律陷入内部与外部的双重风险性之中,法律系统本身也成为一个风险性系统。^② 这是对工业革命时代独白式法律的革命,原因/结果、规则/事件这样的传统法律范畴失效了。

(一)"后风险社会"与作为风险系统的法律系统

首先,建立在牛顿古典时间概念之上的近代法律,已经被充满风险意识的信息化时间所取代。传统法律的安定性,建立在封建经济与工业经济的物质连续性基础之上,法律的规范性期待具有物质层面稳定的保障;而当代法律的时间拘束则取向于未来,信息化沟通瞬息万变,法律的规范性期待功能必须面对未来与当下之间的巨大张力。^③ 当代法律不只要处理外部的风险问题,其自身也变成一个具有内在风险的系统。^④ 信息时代的速度性也使法律在时空层面上日益压缩为系统的实时性沟通。如果说风险时代为法律带来施米特式的决断论危

---

① 它是没有任何叙述性组织(Narrative Orgnization)形式的时间,因而是去地域化的(De-terriorialized)。用卢曼的语言来说,当代知识与信息是偶连性的——既非必然也非不可能。主体论与本体论这些术语已经无法处理当代知识产权的偶连性问题。[德]卢曼. 对现代的观察. 鲁贵显,译. 台湾:左岸文化出版社,2005:107-108.

② [德]卢曼. 社会中的法. 617-621.

③ 随着信息沟通的容量、复杂性、储存能力及速度的增加,法律的时空关系变得深不可测,进而取决于观察者的速度、加速或减速。卢曼进一步提出疑问,契约在今天是否还能提供一种法律形式,以将未来的不明确性转化成当下所保证的明确性?[德]卢曼. 对现代的观察. 172-173,188.

④ Niklas Luhmann. Risk: A Sociological Theory trans//Rhodes Barrett. New Brunwick & London: Aldine Transaction, 2005.

险,在速度时代,法律则陷入与代码同化的危险。①

其次,全球信息化秩序绝不是信息无政府主义的乌托邦,如果说传统社会属于"同一性"的时代,近现代社会属于"风险性"的时代,当代信息化社会则正步入一个"后风险"的时代。"风险社会"预设一个距离性的观察,但在全球信息化时代,知识/行动、观察/运作之间不再有任何距离,知识与行动互相系属,观察就是运作,而运作也就是观察。② 传统法的"集体"与近现代法的"个人"意象全都消失了,主体自我反思的可能性被内爆为系统信息沟通的瞬时性。法理学的关键词不再是理性选择或个人主义,而是沟通、指涉与区分这些系统化语言。过去/未来这样的图式不再重要,因为时间也被抽取出时间之外,成为被监控、操作、储存、利用的可数字化对象。③ 社会系统分化带来空间、时间与符号的扩张,在这种情形下,当代法律的时间意识不再从属于传统的习俗与伦理,也不再从属于存在主义的对立化空间,法律不再具有近代意义的"透明性"。当然,信息内爆带来的也不只是本雅明所批判的冷漠与休克。④ 因为,"网络社会继风险社会之后,使得先前的无序资本主义变得秩序化,为先前的分层化世界体系引入了新的对称性。它通过可预测的未来殖民化——如未来市场——将贝克尔的风

---

① 美国学者莱斯格提出著名的"代码即法律"的命题。在他看来,当代美国有两套法律系统:一套是国会颁布的以法律命令进行控制的"东海岸代码",另一套是代码作者所颁布的"西海岸代码"。代码作者越来越多是立法者,他们决定:互联网的缺省设置应当是什么;隐私是否将被保护;所允许的匿名程度;所保证的连接范围。与此同时,代码也成为政府的规制工具,通过代码的编写,政府可以间接地实现规制目标,并通常可以避免直接规制所造成的政治后果。在当代知识产权领域,利用代码而不是利用法律的控制更为常见。[美]莱斯格. 代码2.0:网络空间中的法律. 李旭,沈伟伟,译. 北京:清华大学出版社,2009:81-89、152,190-217.

② 拉什甚至认为,这实际是反身性外包(Outsourcing)的结果,"反身性"不再是出自内在于自我之中的一种实际对话的内在反射,而是对他人所做的一种关于行动和事件的外在化评注,反身性也变成沟通性的了。[英]斯各特·拉什. 信息批判. 326-327.

③ 随着大数据和云计算技术的发展,互联网把对于受众和用户的侵犯性监视和测算的总趋势提高到一个新的高度,进而发展出一种"控制论资本主义"(Cybernetic Capitalism)。追踪与定位等无线移动技术的发展,可能使其与极权资本主义联系到一起。参见[美]丹·席勒. 信息拜物教:批判与解构. 204,265.

④ [德]本雅明. 机械复制时代的艺术. 李伟,郭东,译. 重庆出版社,2006.

险社会的部分风险稳定化"①。

再次,工业革命时期法律权利的解放与批判功能,主要围绕资产阶级与封建势力、围绕工人与资本家的斗争运动展开,但在全球信息化秩序中,过去那种有形的物质占有与剥夺,被无形的信息权力所取代,传统法律权利在这种平面化的匿名系统中丧失了批判能力。传统的左翼与右翼法律批判,都建立在普遍/特殊、规范/事实这样的二元论叙事基础之上,但这种元叙事伴随信息的压缩化实际正被瓦解。晚近以来,自由主义法范式与福利国家法范式的双重危机也可视为信息时代法律规范性危机的延伸。一种新的法律范式必须将流动性、偶连性、瞬时性这些时间特征考虑在内。因为,信息时代的法律秩序已置身于一个后形而上学的时空框架之中,启蒙时代的法律主体论以及工业时代的合法性论证方式都已捉襟见肘。② 信息时代在带来一个表面自由社会的同时,也消解了法律的先验与超越之维,封闭运作的法律系统进入一个全面内在化(Immanence)的平面之中。

最后,在信息资本主义条件下,知识与信息生产已经超出简单的功利主义计算层面。当代法律系统的运作不再指向某种线性发展,它不再依循积累性的"启蒙性时间",也不再依循市民社会/公共领域的"同质化时间",而是涉及信息记忆与遗忘的"系统性时间"③;当代法律不再利用层级明确、范围确定、效力一致的法律规则/原则实现社会控制,而是借助脱离实体物质的一般化媒介及其二元符码展开近似生物化的自反性过程;它不再依赖主体理性、市民社会与公共领域这些概

---

① 斯各特·拉什.信息批判.201.贝克认为,风险成为现代社会组织的轴心原则,它无法计算、不可补偿、没有极限、无从负责,它扳倒了工业社会的支柱原则,瓦解了社会契约这一前现代性的安全条约.[德]贝克.风险社会.何博文,译.译林出版社,2004:15-57.

② 吉登斯认为当代社会学的最高目标不是解决"秩序问题",而要把对秩序的探讨转变为时间-空间伸延(Time-space Distanciation)的问题,即在什么条件下,时间与空间被组织起来,并连接在场的和缺场的。他还指出,时间与空间的分离及其重新组合,导致现代时间-空间的分区制,导致社会体系的脱域(Disembedding)。[英]吉登斯.现代性的后果.田禾,译.南京:译林出版社,2000:12,14.

③ 现代时间结构的特性包括:"过去/未来"图式、世界时间的制式化、加速、同时性向不同时者扩张等.[德]卢曼.大众媒体的实在.55.

念建构实践框架，转而依赖于系统自身的动态运作；当代法律的正当性话语也不再仅仅涉及政治国家/市民社会对抗与合作的条件，不再专注于理性选择、群体共识与程序主义话语，正义正在变为法律系统的"偶连性公式"①；当代法律也不再是韦伯"自动售货机"意义上的机械框框，而成为海德格尔所谓的"常设储备"（Standing Reserve）②，成为符号化、索引性的储备与框架，镶嵌在全球化的信息与沟通结构之中。

（二）古典法律时间的终结与法律自我创生

在前现代时期，"空间统治时间"成为法律秩序建构的核心原则，贵族/城市的优越位置使其成为法律秩序的中心；在近现代时期，统一的时钟时间提供了时空脱嵌的机会，但是，这一标准化时间依然围绕"想象的共同体"之空间维度进行建构；而到了全球信息化时代，时间最终征服空间，法律不再是机械性的规则框架，而成为自主运作的时间性系统。③ 奥斯丁"法律主权者命令"学说是近现代时期"向量化"（Vectorization）主权原则的产物，这种注重质量与数量的主权原则已被当代法律的速度性原则取代。如果说主体的"身体"构成近代法的有机载具，全球信息化则将法律主体内爆为法律系统的"占位符"（Placeholder）；如果说奥斯丁式法律是主权者的"表达与再现"（Representation），当代法律则是法律系统的自我"呈现与现形"（Presentation）。如果说前现代法是诗性的，指向命运；现代法是小说性的，有关自由意志；那么当代法则是代码性的，指向于游戏。构成当

---

① ［德］卢曼. 社会中的法.

② 也翻译为"持存物"，其德语为 Bestand，意为"持续、持久、库存、储存量"等，海德格尔以此词表示由现代技术所促逼和订造的一切东西的存在方式。［德］海德格尔. 演讲与论文集. 孙周兴，译. 上海：上海三联书店，2005：15.

③ 在吉登斯看来，统一时间是控制空间的基础，时空分离是现代性的动力机制。首先，它是脱域过程的初始条件，时空分离及其标准化、虚化尺度的形成，极大扩展了时空伸延的范围；其次，时空分离为现代社会生活及其合理化组织提供了运行机制。他还进一步指出，当代主要有两种脱域机制类型：象征标志（Symbolic tokens）和专家系统（Expert system）。吉登斯. 现代性的后果. 16-19.

代法律核心领域的,不再是传统的物权与债权部门,而是知识产权与风险控制。知识产权处理"好信息"的积累,风险控制则处置"坏信息"的累积。

如果说法律是有关时间拘束的社会技术,那么,信息时代无时间性特征的强化,将对法律的运作与功能产生革命性影响。① 信息的高度普遍化是其高度内在化的结果,而信息的高度内在化又是其高度抽象化的结果。这种新的全球信息化秩序已经爆破传统法律的工具论与目的论争执,也超越传统法律的内容与形式区分,法律的先验性被系统的内在性所取代。法律系统是纯粹的信息沟通,法律沟通连接进一步的法律沟通。它既不从属于工具性的维度,也不从属于目的性的维度,而变成法律沟通的自我呈现。

五、代结语:"无差异的差异化"秩序

借用德里达的区分,如果说传统法律是语音性的(象征),近现代法律是可视性的(图像),那么信息化时代的法律则是可感性的(索引)。这一"可感性"的"索引"隐喻正是当代法律"认同主义"转向的根源,它偏离了现代法律的主体与文本的中心地位,而转向选择性、主体间性与反身性这些特征。② 这一"差异化隐喻"通过女性主义、反种族主义、同性恋运动、生态运动等构成"他者/它者"法律运动的洪流。他者/它者的激增,是对逻各斯中心主义法律霸权的反叛,构成当代"差

---

① 近代法律主要处理"时钟时间",而在当代有两种新的时间形式:一种是漫长的进化或冰川时间(如生态性问题),一种是短暂的无法经历、无法观察的瞬时时间(如计算机时间)。这两种新的时间形式对时钟时间构成了重大挑战,当然,在冰川时间与瞬时时间两者之间也存在深刻的冲突。参见[英]斯科特·拉什,约翰·厄里.符号经济与空间经济.王之光,商正,译.北京:商务印书馆,2006:327-339.

② 德里达的"文字学"破除了以"语音为中心"的逻各斯中心主义,他把注意力转向可视性的文字踪迹。晚期德里达指出,西方文化不是视觉中心主义文化,而是触觉中心主义文化,"可感性"的身体成为后现代认同的落脚点。对德里达政治与法律思想的一个深入分析:[英]罗伊·博伊恩.福柯与德里达——理性的另一面.贾辰阳,译.北京:北京大学出版社,2010:88.

异性"(Difference)法律运动的背景,这些权利认同运动主要不是通过程序主义和立宪主义的框架进行,它超出了自由主义多元论(Diversity)的维度,因而也不再是耶林式"同一性自我"的权利斗争。①

马克思和哈贝马斯都曾期望通过普遍性维度(无产阶级意志和主体间商谈理性)实现权利/自由的意识形态批判,但在全球信息化秩序下,法律运动已经超出个人、阶级、社会或民族的维度,它不再是某种法律象征或法律文本的交换,而变成法律沟通的内在化过程。② 传统的权力斗争主要围绕生产关系、公共领域与生活世界展开,它们是对资本积累与行政权力殖民化逻辑的反抗;而当代的权力斗争则必须面对平面化的沟通之流,必须面对信息沟通与循环的普遍统治展开。在这里,我们正经历从帕森斯的线性社会系统向卢曼的非线性社会系统的转变过程,"诸如操作系统、路由器、后民族的人权、解体的家庭、异结构的公司、跨国贸易集团等,这些再地域化或多或少是非线性的,部分自我指涉的,或者以卢曼的话说,是自创生的"③。在这种自创生的沟通之流中,批判也只能以外部激扰的方式对自成一体的系统产生影响,法律系统将继续根据自己的符码机制进行封闭性运作,正如拉什所说:"在信息的政治里,我们可以看见,不论反抗还是统治都发生在现实中。不仅是反抗,而且权力自身就在流之中,在沟通的网络之中"。④

---

① "新社会运动"反对"启蒙理性型"的运动,拒绝抽象、官僚主义的集中化,提倡直接的地方性;拒绝抽象的商品形式,拒绝消费者资本主义;拒绝高度中介的物质文化形式,提倡移情大自然;拒绝冷酷抽象的逻辑,提倡感情和移情;拒绝公共领域的抽象政治,提倡个人的政治。斯科特·拉什,约翰·厄里. 符号经济与空间经济. 70-72.

② 在这种沟通政治中,诊断的价值在于迅速性,以便于对诊断加以修正。只存在"暂时可用的"展望,这种展望的价值不在于提供确定性,而在于快速且对症地适应某个非预期出现的实在。[德]卢曼. 对现代的观察. 149.

③ [英]斯各特·拉什. 信息批判. 181-182. 此处根据英文本对中译文稍有修正。

④ [英]斯各特·拉什. 信息批判. 183.

全球信息化秩序的"差异性",正悖论地走向反面的"无差异性"。[①]
在近现代时期,物质从属于资本的价格化形式,但是现在,信息不仅在
为物质也在为资本分配频率。全球信息化的秩序编织,通过管道、机
器、终端、电子港、连接埠的中介,借助于法律系统的连续性运作,正在
创造出新的全球联结、城市空间与信息文明"无差异的差异化"秩序。

(原文载《环球法律评论》,2013(5):106-118。)

---

① 针对知识产权全球化导致"去文化"(Deculturization)现象的批判(譬如"可口可乐
殖民化"与"社会麦当劳化"):Doris Estelle Long. The Impact of Foreign Investment on
Indigenous Culture: An Intellectual Property Perspective. North Carolina Journal of
International Law and Commercial Regulation 23,1998, 229-280.

11　网络独立宣言

（1996 年 2 月 8 日，瑞士，达沃斯）[*]

［美］约翰·P. 巴洛

李　旭^{**}　李小武^{***}译　高鸿钧 校

工业世界的政府，你们这些令人生厌的铁血巨人们，我来自网络世界——一个崭新的心灵家园。作为未来的代言人，我们代表未来，要求过去的你们别管我们。在我们这里，你们并不受欢迎。在我们聚集的地方，你们没有主权。

我们没有选举产生的政府，也不可能有这样的政府。所以，我们并无多于自由的权威对你发话。我们宣布，我们正在建造的全球社会空间，将自然独立于你们试图强加给我们的专制。你们没有道德上的权力来统治我们，你们也没有任何强制措施令我们有真正的理由感到恐惧。

政府的正当权力来自被统治者的同意。你们既没有征求我们的同意，也没有得到我们的同意。我们不会邀请你们。你们不了解我们，也不了解我们的世界。网络世界并不处于你们的领地之内。不要把它想成一个公共建设项目，认为你们可以建造它。你们不能！它是一个自然之举，于我们集体的行动中成长。

---

* Available at：http://www.eff.org/~Barlow/Declaration-Final. html.

** 清华大学法学院讲师。

*** 清华大学法学院讲师。

你们没有参加我们的大型聚会对话，也没有在我们的市场中创造财富。你们不了解我们的文化和我们的伦理，或我们的不成文的"法典"（编码），与你们的任何强制性法律相比，它们能够使得我们的社会更加有序。

你们宣称我们这里有些问题需要你们解决。你们用这样借口来侵犯我们的世界。你们所宣称的许多问题并不存在。哪里有冲突，哪里有不法行为，我们会发现它们，并以我们自己的方式来解决。我们正在达成我们自己的社会契约。这样的管理将依照我们的世界——而不是你们的世界——的情境而形成。我们的世界与你们的世界截然不同。

网络世界由信息传输、关系互动和思想本身组成，排列而成我们通信网络中的一个驻波①。我们的世界既无所不在，又虚无缥缈，但它绝不是实体所存的世界。

我们正在创造一个世界：在那里，所有的人都可加入，不存在因种族、经济实力、武力或出生地点生产的特权或偏见。

我们正在创造一个世界，在那里，任何人在任何地方都可以表达他们的信仰而不用害怕被强迫保持沉默或顺从，不论这种信仰是多么的奇特。

你们关于财产、表达、身份、迁徙的法律概念及其情境对我们均不适用。所有的这些概念都基于物质实体，而我们这里并不存在物质实体。

我们的成员没有躯体，因此与你们不同，我们不能通过物质强制来获得秩序。我们相信，我们的治理将生成于伦理、开明的利己以及共同福利。我们的成员可能分布各地，跨越你们的不同司法管辖区域。我们内部的文化世界所共同认可的唯一法律就是"黄金规则"。我们希望能够在此基础上构建我们独特的解决办法。但是我们决不接受你们试图强加给我们的解决办法。

在美国，你们现在已经炮制了一部法律，名曰《电信改革法》。它

---

① 驻波是物理学概念，指原地振荡而不向前传播的运动状态。——译者注

违背了你们自己的宪法,也玷污了杰弗逊、华盛顿、密尔、麦迪逊、德·托克维尔和布兰代斯的梦想。这些梦想现在一定会在我们这里重获新生。

你们惧怕你们自己的产儿,因为在他们是本地人的世界里,你们永远是移民。因为你们惧怕他们,你们把自己为人父母的责任托付给了你们的官僚机构,而你们自己如此胆怯,不敢直接面对他们。在我们的世界里,所有人性的情感与表达,无论是低贱的卑微还是高贵的纯洁,都是一个不可分割的整体即全球范围的传送对话的组成部分。我们无法将翅膀借以拍击的空气与产生阻力的空气分离开来。

在中国、德国、法国、俄罗斯、新加坡、意大利以及美国,你们正试图通过建立网络边境哨卡来阻止自由主义的病毒。这在短期内或许可以防止传染,但对一个很快就被传送媒体所覆盖的世界而言,这将不再有效。

在美国和其他地方,你们日渐衰落的信息工业靠着推行那些在全世界鼓噪的法律而苟延残喘。那些法律竟宣称思想是另一种工业产品,并不比生铁更高贵。在我们的世界里,人类思想所创造的一切都毫无限制且毫无成本地复制和传播。思想的全球传播不再依赖你们的工厂来实现。

那些热爱自由和主张自决的前辈们曾经反对外来的权威,与日俱增的敌视和殖民政策使我们成为他们的同道。我们必须声明,我们虚拟的自我并不受你们主权的干涉,虽然我们仍然允许你们统治我们的肉体。我们将跨越星球而传播,故无人能够禁锢我们的思想。

我们将在网络中创造一种心灵的文明。但愿她将比你们的政府此前所创造的世界更加人道和公正。

瑞士　达沃斯
1996 年 2 月 8 日

（原文载《清华法治论衡》,第 4 辑,2004,第 509～511 页。）

12　点共产主义宣言

[美]伊本·莫格林*著

王宇琦**译

一个幽灵——自由信息的幽灵，在跨国资本主义间游荡。为了对这个幽灵进行毫不神圣的围剿，"全球主义"的一切势力——美国微软公司(Microsoft)和迪士尼(Disney)、世界贸易组织(WTO)、美国国会(U. S. Congress)和欧盟委员会(European Commission)都联合起来了。

有哪一个在新数字社会里倡导信息自由的人不被骂为盗版者、无政府主义者或共产主义者呢？难道我们还未发现，许多抛出这些绰号的人只不过是当权的小偷，而他们关于知识产权的言论也只不过是试图在必然变革的未来社会中保留他们并非无可非议的特权？不过，既成事实却是信息自由运动本身已经被全球主义势力承认为一种势力；现在是时候向全世界公开说明我们的观点并且拿我们自己的宣言来反驳"自由信息幽灵"的童话了。

一、所有者和创造者

遍及全球的自由信息运动宣告了一种新的社会结构的到来，它诞

---

　　* 伊本·莫格林(Eben Moglen)，哥伦比亚大学法学院教授，曾被称为"如果理查德·斯托曼(Richard Stallman)是自由软件运动的卡尔·马克思的话，莫格林则会成为他的恩格斯"。本文发表于 2003 年 1 月，英文原标题为 The dotCommunist Manifesto. 2018-8-16. http://emoglen. law. columbia. edu/my_pubs/dcm. html.

　　** 麻省理工学院城市规划系硕士生。

生于小资产阶级工业社会的转型进程，其推动力则正是它自己所创造出的数字技术。

到目前为止的一切社会的历史都是阶级斗争的历史。

自由民和奴隶、贵族和平民、领主和农奴、行会师傅和帮工，资产者和无产者，帝国主义者和从属国人民，一句话，压迫者和被压迫者始终处于相互对立的地位，进行不断的、有时隐蔽有时公开的斗争，而斗争的结局经常性的是整个社会受到革命改造或者斗争的各阶级同归于尽。

从昭示着现代社会到来的欧洲势力的全球性扩张中产生的工业社会，并未消除阶级对立，而只是用新的阶级、新的压迫条件、新的斗争形式代替了旧的。但是，资产阶级时代的新时代却使阶级对立简单化了。整个社会似乎分裂成为两大敌对的阵营，分裂成为两大相互直接对立的阶级：资产阶级和无产阶级。

然而革命并未发生，而"无产阶级专政"，无论是在其兴起抑或声称要兴起之处都无力保障自由。相反，科学技术却推动资本主义制度获得了新的认同。更高级社会中的现代劳动者是在工业的进步而非其所属阶级境况的日益恶化中成长起来的。人口和财富的增长速度超过了贫困的增长速度。以福特生产方式为集中体现的科学工业生产模式，并未将产业工人推向赤贫的无产阶级的状态，而是使他们成为与大量生产相匹配的大众性消费。对无产阶级的文明教化成为资产阶级保全自身的工作方案的一部分。

由此以来，普及教育和禁止使用童工已不再是无产阶级令人反感的革命计划，而成为资产阶级社会道德的标准。教育的普及使得工人在各种媒体面前成为有文化的人，继而在媒体的不断刺激下更多地消费。录音、通话、活动影像以及广播和电视诸多技术的发展，不仅改变了工人同资产阶级文化的关系，也深深地改变了这种文化本身。

以音乐为例。在人类历史的早期，音乐是一种会迅速死去的、非商品化的社会过程，在某个时间和特定地点出现，并在生产的过程中同时被消费，生产者和消费者难以被明确区分。录音技术的采用使音乐成为不易腐坏的商品，可以被远距离传送并与它的创造者相分离。

音乐成为消费的对象，为它新的"所有者"提供了追求更多次消费的机会，同时其也创造了大众性消费的欲望，并使得这种需求能够为"所有者"带来收益。移动影像催生的整个新媒体也是同样的道理，在近十年内重新定位了人类认知的本性，抓住工人们日常生活的每个片段来灌输并驱使他们更多地消费信息。每年都有成千上万的广告从每个孩子的眼前飘过，将已经从操作生产机器的奴役状态中解放出来的孩子带入了一种新的奴役状态：他们如今被迫参与到了整个消费机械体系中来。

因此，资产阶级社会关系得以拓宽，从而更有能力容纳它本身所创造出的财富。荒唐的周期性生产过剩的瘟疫也得以治愈，过剩的文化、过多的替代品、过量的产业和商业都已不复存在。

然而，资产阶级只有通过不断改革生产工具并由此改变生产关系乃至全部社会关系，才能继续生存下去。生产领域的持续革新、整个社会关系的不间断的扰动、不确定性和震荡的持久存在，将当前的资产阶级时代与早前的一切时代区分开来。所有那些固定的古老的关系，以及与之相适应的素被尊崇的观念或偏见统统被一扫而光；而一切新形成的关系又等不到固定下来就过时了。

随着数字技术的应用，大众消费文化支撑下的大众消费性生产带来了新的社会状态，赋予了阶级对立一种新的结构。

资产阶级借助飞速发展的生产工具和极度便利的通信手段，将所有哪怕是最野蛮的国家都卷入到文明中来了。低廉的商品价格则是用来摧毁一切万里长城、迫使野蛮民族放弃强烈而顽固的仇外情绪的重型炮弹。它强迫一切国家——如果它们不希望经历自己文化灭绝的痛苦——转而采用资产阶级的文化以及知识所有权的理念；它强迫它们引入并推行它所谓的文明制度，也即使它们同样变成资产阶级。总而言之，它依照自己的模样创造出一个世界。然而，正是那些被它用来进行交流和教化的工具，构建出了抵抗它自身的模式。

数字技术改变了资产阶级的经济模式。那些在生产体系中居于主导地位的商品——作为文化性的消费品，不仅包括售出的商品还包括对于购买什么和如何购买的指导——以及所有其他形式的文化和

知识，如今都具有零边际成本。任何人都可以从所有的作品和文化中
获益：音乐、美术、文学、技术信息、科学以及其他各种形式的知识。
社会不平等和地理隔离所造成的屏障得以消散。过去地区之间和国
家之间的隔离和自给自足也被全方位的交流和人与人之间的普遍依
赖所取代。这不限于物质产品，知识产品亦是如此。个人的智力创作
成为公共的财产。现代资本主义社会曾经借助生产关系、交换关系和
所有制关系，如魔法师一般地召唤出海量的生产资料和交换手段，如
今却无力控制同样由它的符咒召唤出的魔鬼了。

　　在这一变化下，一个人最终得以清醒地认识到他的真实生活状
态，认识到他和他的同类之间的关系。社会将会面临这样一个简单的
事实：如果每个人都以独自占有的成本享有包含美和效用的智力成
果，并收获知识的每一点增加所带来的全部人类价值，那么这种排他
性便不再合乎道义。如果罗马能够用与供应恺撒的餐桌相同的成本
来供应所有人民，那么一旦有人陷于饥饿，人们将会以最激烈的方式
除掉恺撒。然而资产阶级的所有制体系却要求按支付能力分配知识
和文化。不同于传统的、由包含创造者和支持者的自愿联合的互联技
术所衍生出的新的所有权形式，不得不与具有压倒性势力的、基于大
众媒体的所有权体系进行不平等的竞争。后者正是以侵占人们在电
磁频谱中的公有权利为基础。在数字社会中，知识生产者阶级——艺
术家、音乐家、作家、学生、技术员以及其他试图通过复制和修改信息
来改善生活境况的人——在他们认为可行的和资产阶级迫使他们接
受的价值理念的冲突中变得激进起来。这种不和谐引发了一个新阶
级的觉悟，继而是他们对所有权开始衰落的自我意识的觉醒。

　　数字社会在资产阶级不自觉的推动下取得发展，用创造者革命性
的联合取代了他们在竞争状态下的隔离。知识、技术和文化的创造者
发现，他们不再需要那种建立在所有权和基于强制支付的分配结构之
上的生产结构。合作连同它的无资本生产的无政府主义模型使自由

软件的创造成为可能,而创作者可以借此实现对未来产品的技术控制。① 网络本身也摆脱了播音员和其他频带所有者的控制,为一种新的分配体系提供了场所;不存在层级控制的友侪间的合作,取代了音乐、影像等软件产品的强制分配体系,成为这种新体系的基础。大学、图书馆等相关的机构成为上述新阶级的同盟,被赋予知识分配者的历史角色,和促进全体人类越来越完全地接近并使用那些知识的职责。从所有权的控制下解放出来的信息,也将工人从机器看管人的强制性角色中解放出来。自由信息使工人得以重新分配自己的时间,不再在愈加迫切地邀请人们进行无聊消费的资产阶级文化的指引下将自己的时间投入那种消费中,而是将时间用于培养自己的思想和技能。随着工人逐渐意识到自己的创造力,他们将不再安于做一个被资产阶级社会诱入其生产和消费体系的被动参与者。

然而,资产阶级已经在其所有地方终结了封建的、宗族的、田园式的关系。它无情地扯碎了把人们束缚于"天然首长"的形形色色的封建纽带,使人与人之间除了赤裸裸的利害关系和冷漠的"现金交易",就再也没有任何别的联系了。它把宗教的虔诚、骑士的热忱、小市民的伤感这些最神圣的激情淹没在利己主义算计的冰水之中。它把人的价值变成了交换价值,用一种毫无节制的贸易自由取代了无数特许的和自力挣得的自由。总而言之,它用公开的、无耻的、直接的、露骨的剥削代替了由宗教幻想和政治幻想掩盖着的剥削。

不同于即将到来的劳动阶级的解放,那些能够直接接触知识和信息的力量,已经超越先前狭隘的大众文化消费者的角色,致使资产阶级所有制不得不为自己做最后的辩护。借助自由贸易这种它最偏爱的工具,它试图缓和曾一度给它带来恐惧的生产过剩的危机;为了不

---

① 自 20 世纪 80 年代以来,自由软件运动(The Free Software Movement)已经利用全世界付费的或不付费的程序员创造了 GNU/Linux 操作系统,以及可供使用者拷贝、改良和再分发的相关软件。这一技术环境现在无处不在,而且比专有软件产业的产品更具竞争优势,它将电脑用户从技术控制的垄断形式中解放出来,而这正是资本主义所设想的支配个人计算机革命的形式。通过取代地球上最强大的专利生产垄断,自由软件运动表明,与资本主义生产所能实现的相比,尽管前者有备受吹捧的所有权所创造的"激励"和排他性的"知识产权"法,但数字化工作者的联合能够创造更好的产品,以最小的成本用于分配。

顾一切地诱使创造者成为有工资的消费者,它试图通过对地球上一些地区进行物质剥削来获取生产廉价产品的资源,并反过来用这些廉价商品贿赂它最珍贵的财富——最发达的社会中受过良好教育的技术工人——而非贿赂野蛮民族,以求他们在文化上被动顺从。

在这一阶段,工人和创造者还是分散在全球各地并仍然是因相互竞争而分裂的大众。创造者有时也取得胜利,但这种胜利只是暂时的。他们斗争的真正成果并不是直接取得的成功,而是持续扩展的联合。这种联合由于大工业所造成的日益发达的通信交流工具而得到发展,这种交流工具把各地的工人和创造者彼此联系起来。只要有这种联合,就能把许多性质相同的地方性斗争汇合成全国性的、阶级间的斗争。一切阶级斗争都是政治斗争。同时,得益于网络系统,那种中世纪的市民靠着他们不中用的道路需要几百年才能达到的联合,现代的知识工人只要几年就可以达到。

二、自由和创造

资产阶级不仅锻造了置自身于死地的武器;它还产生了将要使用这种武器的人——数字时代的工人阶级,即创造者。这些工人掌握了一定的知识和技能——这些知识和技能能够创造社会价值和交换价值,不仅没有沦为单纯的商品,还能够集合起来进行以自由为目的技术生产——从而不再仅仅是机器的附属品。无产阶级曾一度被无知和地理隔离的镣铐束缚,成为产业大军中不起眼的、用后即弃的组成部分;但如今这些创造者掌控了人类的交流网络,既保留了自己的个性,又借助种种由他们自主设计安排、更符合他们的利益和自由的、而非是资产阶级所有制所勉强容忍的交流体系,将他们的智力劳动所创造出的价值奉献出去。

然而,为了与这些创造者建立真正的自由经济的成功相制衡,资产阶级被迫加固了强制性的生产和分配结构,而这种结构暗含于他们对"自由市场"和"自由贸易"的假想性偏好之中。虽然资产阶级已经做好武力保卫他们所依赖的制度安排的最后准备——无论如何掩饰——但他们更喜欢首先求助于法律机构和其他的强制性手段来重建强权。就像法国的旧政权曾经相信保守的法律力量能够在社会的现代化过程中保留封建所有制一样，资产阶级文化的所有者也期望，他们的所有权法律能够在他们自己释放出的冲击力之前筑起一道防护堤。

在这些生产方式和交换手段发展的一定阶段，封建社会的生产和交换关系，封建的农业和工业组织——一句话，封建的所有制关系——便不再适应已经发展的生产力。这种关系已经在阻碍生产而不是促进生产。它变成了束缚生产的桎梏。它必须被打破，而且果然被打破了。

取而代之的是自由竞争以及与自由竞争相适应的社会制度和政治制度、资产阶级的经济统治和政治统治。但"自由竞争"从来都不是亲历过资本家对垄断的内在偏爱的资本主义社会的渴望。资产阶级的财产所有权正是垄断概念的例证，即在实践层面对资产阶级法律所宣称的自由信条的否定。在数字社会中，就在创造者们建立真正自由的经济活动形式之时，资产阶级的财产信条和资产阶级的自由信条之间的冲突也凸显出来。要保护各种观点和思想的所有权，就要求压制技术自由，这也意味着压制言论自由。国家的力量将被用来禁止自由创造。科学家、艺术家、工程师和学生创造和分享知识的活动也要被阻止，以免他们的观点在文化生产、分配的体系中对所有者的财产造成危害。正是在这些所有者的神殿中，创造者们最清晰地辨识出他们自己的阶级身份，从而认识到冲突即发端于此。

但是，资产阶级的财产法权并非对抗资产阶级技术发展结果的魔法护身符：魔法师的扫帚将扫个不停，水面也会继续上升。在技术领域，随着新的生产和分配模式冲破过时的法律的枷锁，所有权终将溃败。

过去一切阶级在争取到统治之后，总是使整个社会服从于它们发财致富的条件，企图以此来巩固它们已经获得的分配地位。知识工人只有消灭自己现存的占有方式，从而消灭全部现存的占有方式，才能取得社会生产力。这是为了自由而做出的革命奉献：为了废除对观点和思想的私人所有权，为了知识的自由流通，为了文化作为全人类共享的标志性公共品的属性的回归。

对于文化的所有者,我们要说:你们一听到我们要消灭私有制就惊慌起来。但是,在你们的现存社会里,私有财产对 9/10 的成员来说已经被消灭;这种私有制之所以存在,正是因为私有财产对 9/10 的成员来说已经不存在。他们(创造者)的雇主通过专利、版权、商业机密等形式的"知识产权"的法律,不仅索取了他们的智力果实,还直接指派了它们的用途。广大社会成员对电磁频谱的生来就有的权利——这电磁频谱本可以以象征性的收费,赋予所有人取之不尽的自由交流、相互学习的机会——被资产阶级从他们手中夺去,却又以广播和电讯类消费品的形式返还给他们,并被索以高价。他们的创造力找不到出口:他们的音乐、艺术、叙述表达淹没在资本文化背景下的商品之海中,而要求他们继续充当被动消费者而非创造者的广播通信寡头,又通过其垄断力量进一步放大了资本主义文化。简言之,你们唯恐被窃贼掠去的那些财产,其对于极少数人的存在恰恰是由于对于其他所有人都不存在。因此,你们斥责我们将要毁掉的那种财产,其存在的必要条件正是这种财产对于社会绝大多数人来说根本不存在。

对于废除观点、思想和文化的私人所有权,有一种反对意见认为,这将使所有的创造性工作会由于缺乏"激励"而停息,我们将会被普遍懒惰所打倒。

依照这种说法,在独出心裁地提出使全部知识和文化受制于金钱交易的构想的资产阶级出现之前,音乐、艺术、技术抑或学问都无从产生。然而,面对自由生产、自有技术、自由软件,以及由此发展起来的技术的自由分配,这种论述仅仅是在否定显而易见、无可辩驳的事实。事实从属于教条,虽然有历史和现实的确凿证据,那些教条却只是简单勾勒出知识的生产和分配结构在资产阶级短暂的全盛期之内的特征,并将其标榜为知识生产和分配的唯一可能的结构。

因此,我们要对那些所有者说:你们的偏私观念使你们把自己的基于生产方式和所有制形态的社会关系——这些关系在生产的历史发展进程中只是暂时的——变成永恒的自然规律和理性法则,而这种偏私观念正是你们和一切灭亡的统治阶级所共有的。你们谈到古代所有制的时候所能明白的,你们谈到封建所有制的时候所能承认的,一谈到资产阶级所有制你们就再也不能理解了。

我们的理论原理,绝不是以这个或那个世界改革家所发明或发现的思想、原则为根据的。这些原理只不过是当前的阶级斗争、我们眼前的历史运动的真实关系的概括呈现。

当人们谈到使整个社会革命化的思想时,他们只是表明了一个事实:在旧社会内部已经形成新社会的因素,旧思想的瓦解同旧生活条件的瓦解是步调一致的。

我们这些自由信息社会的创造者,打算一步一步地从资产阶级手中夺回全人类共有的继承权,打算收回在"知识产权"和电波媒体的掩护下被盗取的文化遗产。我们决心为自由言论、自由知识和自由技术而战。我们推进这场斗争的措施在不同的国家里当然有所不同,但是下面这些措施应是普遍适用的:

(1) 废除一切形式的、对于观点和思想的私人所有权。

(2) 撤销一切排他性使用电磁波段的许可、特权及其他权利。

(3) 发展能够使每个人实现平等的交流权利的电磁频谱设施。

(4) 推动具有所有计算机程序及其他软件信息(包括基因信息)的发展并使之成为公共物品。

(5) 充分尊重包括技术性言论在内的所有言论的自由。

(6) 保护创造性产品的真实性和完整性。

(7) 在公共教育体系的所有领域,实现对所有公共创造的信息和教育资料的自由、平等获取。

我们致力于通过这些以及其他的措施,展开一场解放人类思想的革命。我们将推翻当前的知识和思想的私人所有权体系,构建一个真正公正的社会。在这个社会中,每个人的自由发展都以其他所有人的自由发展为前提。

(原文载微信公众号"实验主义治理")

13 虚拟世界的法律化问题

高全喜[*]

一、问题的提出：人类走向虚拟世界

人类社会即将进入一个全新的拐点。今天我们生活的世界早已不是传统的现实世界，新一轮的高新科技已经切实地改变了我们寓居的世界，一个基于互联网、人工智能、大数据、区块链、神经科学和生物工程等高新科技而形成的"虚拟世界"正真实而具体地嵌入我们的社会生活，深刻地影响着我们习以为常的现实世界。今天我们生活的世界，可以分为四个部分，即日常生活世界、公共生活世界、组织生活世界以及虚拟生活世界。

对于这个虚拟世界的性质、结构、机制以及由此引发的一系列政治、经济、科技、文化、法制和生活方式等方面的展望，目前还没有令人信服的妥当应对，因为这个新世界图景才刚刚开始，其引发的诸多问题还仅初现端倪，真正的挑战和冲击还在后面。本文并不试图全方位地回应上述问题，篇幅也不允许这样做，而是从一个法学的理论视角，审视这个我们正在深度介入其中的虚拟世界：它们是否也与现实社会生活一样具有法律自我生成与立法规制的属性，其性质、功能与结构以及运行机制究竟如何，两个世界（现实世界与虚拟世界）的法律性关系是什么，它们相互之间本质性的差异何在，等等。这些问题总括

---

[*] 上海交通大学法学院教授。

起来，就是虚拟世界的法律化议题。

为什么会产生这样的问题？它与我们现时代的社会生活有关，因为虚拟世界不但是人创造出来的，而且很可能又是反制于人的世界，或者说，它不仅仅是一个被动地受制于人的工具，而且还是与人对峙的另外一个"人"（人造人）之世界，甚至在智力（将来可能到情感）方面超越于我们人的世界。因此我们有必要探究这个虚拟世界的本质。当然，对虚拟世界的价值追问和理论探究，不同的学科早就开始了富有深度的探寻，例如神学、科技哲学以及伦理学，本文所展开的这个主题属于紧随其后的法学。虚拟世界的本性之探究，呈现着一个思想史的演变过程。首先来自神学，神学家们关注的是虚拟世界中的人工智能及生物信息工程是否符合宗教道德的问题，[①]但在"上帝已死"语境下的现代神学质疑，还仅局限于克隆人等生物工程领域，对于虚拟世界的整体性价值追问似乎有些力不从心。当今世界对于虚拟世界的质疑主要是来自科技哲学和伦理学，它们关注的是人工智能和虚拟世界的心－物关系以及伦理责任问题，不过，仅有科技哲学和伦理学则是远远不够的，在现实社会真正具有约束力的还是法律制度，即通过一套正义的法律原则和规则，规范和落实人类现实世界的秩序，尤其是财富生产和交换的经济秩序以及提供公共产品的政府秩序，这个底线的法律规则被亚当·斯密称为"人类社会大厦的拱顶石"。正是由于法律秩序的塑造以及社会制度的转型及其演化变迁，人类的现实世界才维持了数千年的社会发展，才有了当今这样一个自由与繁荣的生活景观，并且抵御住了神权秩序的崩塌和道德礼仪的失序。一个基于法律规则的现实世界成为我们赖以生活的真实世界，且通过法律秩序又有限度地吸纳了神权的高级法以及天道的自然法等宗教神学乃至公序良俗等道德习俗的内涵，使得法律秩序在底座上具有形而上的超验支撑，并能够在实证法的强制执行方面享有正当性依据。从这个意义上说，现实世界就是法律世界，一个因为法律的创制、生成、运行和

---

① James F. McGrath. Robots, Rights and Religion//Religion and Science Fiction. Portland, Maine: Pickwick Press, 2011.

实施而使得人类社会生活之意义得到有限实现的真实世界，并且较为合理公正地解决了自由与限制、个己与他人、差异与平等、付出与应得、权利与义务、私人与公共、权利与权力等诸多领域中的对峙与平衡问题。

上述现实世界的法律化是在一个基于牛顿科学意义上的近代物理学时空延伸出来的社会化格局中产生的，人类社会是牛顿时空的一个社会性延伸，其突出的特征是人类中心主义，或者说是法律的人本主义，法律秩序的时空结构均属于牛顿科学的四维时空，在这个自然时空格局下以人的尺度来构建一套法律规则体系，并以此塑造一个现实世界。但这个运行了数千年尤其是晚近五百年之久的人类法律中心主义，在最新一轮高新科技的冲击下，面临着巨大的挑战和危机，一个不同于人类中心的虚拟世界在突飞猛进地崛起。而且这个"虚拟世界"并不是虚幻的和假想的，而是真实地存在于我们的现实生活之中，并且深刻地影响并改造着我们的现实世界。对此，基于法律化视角对虚拟世界提出规范，无疑是非常必要的：虚拟世界是否存在法律规则？如果没有，它们如何有效地运行？如果有，这个新世界的法律规则是什么，其与既有的人类现实世界的行之有效的法律规则有何异同？虚拟世界的新机制是如何运行的，其结构、功能、价值预设以及未来指向是什么，并且与人类现实世界的法律关系是怎样的？

从法律化层面审视虚拟世界，这完全不同于前述的神学乃至伦理学的审视，因为上述两个层次对于新的世界图景或许陈义过高，它们虽然至为根本，但只是一种目的价值论的整体诉求，并没有触及虚拟世界的内部结构以及功能和运行机制。法律化问题则有所不同，它并不直接追溯终极价值问题，而是从虚拟世界的内在机制方面，审视其结构、功能、运行，以及其中的诸如智人主体、算法规则、代码、互联网、大数据、区块链、时空矩阵、信息黑洞、决策困境等一系列关键点，试图梳理其可能遭遇的法律化问题是什么，并对勘现实世界的法律化，以获得对于这个虚拟世界的某种可资借鉴的认知。

二、传统法理学的前提预设

　　法律是什么？这是法学界历久弥新的老问题,但却关涉法律化的根本。从这个维度审视虚拟世界的法律化问题,也是本文首要的切入点。按照一般教科书的观点,法律是具有一定约束力的社会行为规则,这个约束力来自传统道德礼仪,来自神法与自然法,但进入现代社会之后,主要还是来自国家立法的强制规范,即通过一套组织性的外部规范约束人的行为,一个现实的人类社会就是这样一个由具有一定约束力的法律规范所构成的共同体。但是,上述观点受到哈耶克为代表的保守自由主义的挑战,哈耶克认为这种法律观只是描述了法律的外部特征,并没有理解法的本质,在他看来,法律从根本性上说是一种自由的规则,其约束力不在于外部组织体制的强制,而是促成人类利益得以实现的基本规则所自发生成的,强制性惩罚只是表面的现象,自由的扩展及正义实施才是法律得以存续的根本。①

　　为此,他区分了两种法律,一种是基于立法的法律,另一种是自我生成的法律,前者是国家主义的法律观,后者是自由主义的法律观,前者构成实证法学,后者构成普通法学。两种法律观在现实世界的历史运行中,确实曾经引发关于法律古今之变的分歧,以及普通法和罗马法两大法系、私法与公法两种形态之分野,但是,如果换一个维度来看的话,它们之间的对峙远非如此巨大,因为它们实际上共享着一些未曾触及的理论预设,至少包括如下四点:

　　第一,它们都是法律上的人类中心主义,虽然这里的人类有一个个体性的人还是集体性的人之辨析,但无论如何,法律规范人的行为,而不是规范非人的物质实体,这是一致的,因此,人是法律的主体,或被法律赋予一种人格,人因为法律人格而成为法律世界的主体或自主

---

　　① 参见高全喜. 法律秩序与自由正义——哈耶克的法律与宪政思想. 北京:北京大学出版社,2006;邓正来. 规则·秩序·无知——关于哈耶克自由主义的研究. 北京:北京三联书店,2004.

性载体。固然,法律化过程还触及大量的非人的事物,如所有物、自然物乃至劳动产品,乃至各种社会组织体,诸如公司、社团、国家等,以及抽象产品,诸如货币、债券、信用、信息等,但是这些看上去非人化的对象物,都被打上人格化的烙印,都是从属于人的,具有自己的法律地位和拟制出来的主体属性。

第二,人的行为之有效性必须是在一个具体的时空结构里达成,这是法律诉讼的基本背景,也是处理法律关系的基本前提。人的行为以及抽象化的拟制法人的行为,脱离不了四维时空的结构,法律关系的基本因果链条必须是在一个牛顿的物理时空中得以呈现,现实世界的法律结构无疑是一个四维的自然时空结构。法律化世界是以牛顿物理学的四维时空为枢纽而形成的生活世界,是以人的行为在四维时空中的展开为依托的,是在牛顿时空的拟人化场景中得以实现的,因此,脱离这个牛顿时空结构就成为与法律无涉的领域,例如人的心理世界以及梦幻世界乃至神灵世界等,就不属于法律规范的范围。

第三,法律规范不同于其他规范系统的地方,是具有一种特别的赋权技艺,即通过把人和人的行为之法律赋权从而构造了一个法律的世界体系。一切人、物和人的行为以及制造物,因为这套赋权技艺而具有了权利—权力的法律属性,由此法律成为一个可以脱离具体的人的行为而抽象运行的自主性体系,或者说,法律是一套使人的行为得以抽象化的技艺,其中最主要的技艺是法律拟制。法律拟制是指为了某种法律目的,而人为地将不等同者等同视之,意图使不等同者发生相同法律效果的决断性虚构。拟制是一种法律思维,它具备三个基本功能——定夺功能、制度发展功能和制度解释功能,法律拟制自古罗马时期就被广泛应用,是法律文明向前发展的助推器之一。[1] 这种发展到最后,还能从法律拟制延伸出政治拟制。[2] 法律主体问题上的拟制,是一种人格化的抽象过程,通过抽象化地赋予非人事物以人格化,即予以法人赋权,从而实现了规范人的行为以及相关制造物的功能。

---

[1] 王晶晶. 法律拟制的正当性及其限度. 南京师范大学硕士学位论文,2010.
[2] 卢鹏. 拟制问题研究. 上海:上海人民出版社,2009.

第四，法律以及制度化的抽象权利形式使得人类在牛顿时空中达到了最大化的解放，或者说，达到了一种扩展性的自由发展，尽管这种自由解放是以人的自我规范或强制性规范为前提的。换言之，法律化的价值是一种消极意义上的价值，通过规范与约束自己的行为而获得自由、正义与平等以及和平、福祉等人类社会的诸价值。① 总之，法律作为一套贯穿着消极性价值的意义体系，它们最终是服务于人类自身的，是一种不同于自然规律的人本主义规范体系，由此法律便与道德伦理乃至宗教神学具有了价值意义上的相关性，但法律化与它们最大的区别在于法律的消极本性，即通过合法与非法而不是道德与否乃至信仰价值，来判定人的权利义务边界，并通过外部组织的强制约束力即国家强制来维系法律的规范性之实施。

应该指出，上述四点构成了传统法理学的前提，但它们均受到虚拟世界的强有力挑战，或者说，虚拟世界的法律化从一开始就超越了上述四点预设，其生成或存续来自迥异于上述预设的另外前提。从这个意义上看，我们很难得出虚拟世界存在一个法律化的规制问题。

三、虚拟世界的全新挑战

什么是虚拟(virtual)世界？关于虚拟世界的构想可以追溯得很远，早在现代科学肇始之际，科学家们就有设想未来的知识图景，如果再朝前追的话，人类古典时代有关神灵世界的遐想以及神话传说等，乃至各大宗教关于来世、天国等方面的信仰，都属于初始的关于虚拟世界的想象图谱。不过，这些神话和宗教性质的超验遐想与本文所涉及的虚拟世界并没有直接的关联，它们都是缺乏现代科学支持的文学或玄学(神话学或形而上学)。虚拟世界的到来应该是 20 世纪现代科学进入新阶段的产物，据人工智能史的研究来看，虚拟世界的产生是随着 PC 与 AI 两项技术的研发，尤其是 20 世纪 90 年代万维网的创生

---

① 吕延君. 消极自由的宪政价值. 济南：山东人民出版社,2007.

而开始真正地浮现于世。[①] 纵览人类历史,诸文明形成了解释周遭世界的多种方式:中世纪时,用宗教;启蒙运动时,用理性;在 19 世纪,用历史;在 20 世纪,用意识形态。关于这个我们正在迈入的世界,最困难而最重要的问题是:假如人类意识本身的解释能力被人工智能超越,社会也无法再用对它们有意义的术语来解释它们所处的世界,人类意识将会变得如何?[②]

虚拟世界与传统思想中的神灵世界、来世天国等幻想之最大不同,在于这个虚拟世界是由人创造出来的,也就是说,人类制造了一个非人的甚至反制于人的世界。虚拟世界从一个崭新角度使人们重新认识人类创造世界的方式,它不仅使人们看到人类以往的"具象虚拟"的创造性本质,而且看到人类各种行为规范是如何"虚拟"合成的。从虚拟世界的发生学来看,随着认知能力和高新技术的发展,人类试图延伸自己的工具理性,创造出一个更高效率的工具系统,这符合启蒙思想以来的人类中心主义的逻辑演化。但出乎意料的是,这个基于高新科技的虚拟世界却逐渐具有了自己的自主性,自生地开辟出了一个人类凭借自己的心智尚未触及的全新领域,即一个多维时空的、大数据和互联网所形成的、人机游戏以及区块链技术交汇融合的虚拟世界,并且生成了自己的游戏与运行规则。它带来了法律认知的虚拟转变,使法律文明具有了虚拟特质,法律思维范式正日益凸显出虚拟性的层次和特点。[③]

这个日渐非工具化而自我赋权的多维虚拟世界,开始深刻地影响和反制于人类世界的方方面面,由此形成了两个层面的对人类的挑战:一个是高新技术的知识生产层面,另一个是虚拟世界的规则运行层面。两个层次并不是独自展开的,而是在多个学科群中自发地各自

---

① 万维网是互联网(因特网)的功能之一,而阿帕网是互联网最初的雏形。参见尼克.人工智能简史. 北京:人民邮电出版社,2017.

② Henry A. Kissinger. How the Enlightenment Ends. The Atlantic, June 2018 Issue.

③ 温晓莉. 论法律虚拟与法律拟制之区别——法哲学的时代变革. 北大法律评论,2007,8(1).

推进并逐渐交汇在一起,引发了多次耦合性的强烈共振,把问题推向一个新的高度。例如,在研发机器人的过程中就催生了人工智能等多个新型学科的全方位发展,而另一个领域的互联网技术,则为虚拟世界的初步形成奠定了技术基础,至于它们之间的交叉互动以及革命性组合,导致了赛博网络的出现,此后更是伴随着大数据、人机游戏以及区块链等高新技术而得到突飞猛进的发展,一个具有独自法则的虚拟世界,甚至更深一层的虚拟现实(virtual reality)乃至哲学家波普尔所区分的三个世界(物理世界、精神世界、思想客体的世界)①匪夷所思地呈现出来。与此同时,相关的法律化问题也就应运而生,即如何理解迥异于传统法律的自创生的人工智能以及虚拟世界,究竟是站在人类自我中心主义的基点上予以规制还是多元共生地予以调适,甚至更改传统法理学的逻辑而与之协调。

(一)人工智能的法律化命题

我们先看智能人,这里有一个理性工具主义的演变史。在人类的古典时代科技的发明服务于农业文明,机器作为人造的工具服务于人,这是无可争议的。古典时期的机器工具还是相当粗糙简陋的,但随着伽利略复兴了机械论思想,十六世纪以来的现代科学技术之发展,机器之制造逐渐达到非常精致的程度。② 以至于启蒙时代的唯物主义思想家拉美特利提出了一种人是机器的观点,在人类思想史上首次把人与机器联系在一起。③ 不过,拉美特利的唯物主义人类学观点与他的前辈思想家笛卡尔的二元论人类学观点是相左的。笛卡尔认为,人拥有两种存在,一种是身体的物质存在,类似于机器,另一种是理智性的存在。虽然现代科学技术可以制造出非常精致卓越的机器,其功能不输于人的物质肢体,但人不同于机器的本质区别在于人的理

---

① [英]卡尔·波普尔. 客观知识——一个进化论的研究. 舒炜光,等译. 上海:上海译文出版社,2005.

② 理性工具主义的演变史,参见张绍欣. 普罗米修斯精神与人工智能前史——人工智能概念的历史规范主义回顾. 中国图书评论,2018(7).

③ 参见拉美特利. 人是机器. 顾寿观,译. 北京:商务印书馆,2009.

性或人的心智,即人有理性和心智,而机器是缺乏理性智慧的。

　　抛开唯物与唯心的本体论以及上帝造人的神学预设,仅就科技知识的拓展层面来看,上述拉美特利与笛卡尔之争的关键点在于机器是否具有理性等心智能力,对此,十八世纪的思想家们还没有产生明确的意识,不过,就当时哲学史的蕴含来看,欧陆与英国思想家们的思考还是呈现出两种不同的路径,并且在康德哲学中达到了整合。应该说拉美特利的人是机器说并没有触及机器的理智问题,而是笛卡尔和莱布尼茨的唯理论哲学论及人作为机器的心智问题,在他们看来,虽然人可以被视为精妙的机器,但再精妙的机器也还是机器,并不具有理性智能的性质,人的本质不在于作为机器的物质层面,而在人有理性心智,这个特别的功能是上帝赋予人的,是超越于机器之上的,虽然从外在形式上看,它们可以与人的肉体机器和谐地融汇在一起,但毕竟是两回事。从这个意义上说,笛卡尔、莱布尼茨虽然可谓人工智能的先驱,但他们却是反对机器具有理性心智功能的。与此相对,英国思想家霍布斯、休谟等经验主义却构成了另外一种关于人类理性心智的理论,他们虽然也没有直接论及机器具有理性心智的功能,但是他们的经验主义感知论却从发生学意义上揭示了机器具有理性心智的衍生途径,构成了人工智能理论的直接先驱,隐含地论证了机器具有人之思想能力的逻辑可能性。大陆唯理论重在心智统一性,所以否定机器具有理性智能,但却启发了人工智能的符号主义,英国经验论重在感知,虽然催生了人工智能的联结主义,但却难以建构一种完整的心智模型,说起来从哲学方法论上达成整合的是德国思想家康德,他通过知性认识论实现了唯理论的从上到下与经验论的从下朝上的两种路径的结合,因此在人工智能实验史具有举足轻重的地位,[①]当然,康德哲学最终仍然是不可知论的,即对于人工智能之类的问题他并没有给出确定性的回答,而且在 20 世纪之前,关于人工智能问题也并没有出现,思想家们关注的只是关于人类意识的本质构成问题,但这些问题与人工智能的发展以及虚拟世界的产生具有密切的相关性。

---

　　① 参见徐英瑾. 唯物论者何以言规范. 上海:上海人民出版社,2017:201-224.

真正促使理论思想界讨论人工智能的核心问题,即人造机器是否具有人类的理性心智能力以及人工智能的本质内涵和未来发展前景,则是 20 世纪中叶随着首批人造机器人的出现,尤其是围绕着"图灵测试"引发的科学界的重大讨论。Poseph Engelberger 和 Devol 于 1959 年建造了第一台工业机器人。1950 年人工智能学家图灵在哲学期刊《心灵》上发表了一篇论文《计算机器与智能》,在该文中图灵提出了著名的"模仿游戏"理论,这个理论由于具有重大意义且影响深远,在人工智能领域一直被视为经典的"图灵测试"而被反复探讨。图灵测试的重大理论意义在于,它没有采取建构主义的逻辑从正面回答机器是否具有理性智能的问题,而是通过一种类比的经验主义逻辑,从模仿游戏的视角,揭示了人造机器具有理性智能的算法模式,从而为现代人工智能学科奠定了理论的基础。随后,延续着这个思路,图灵又发表了《机器智能,一种异端理论》等文章,指出在有些情况下人造机器"能够被描述为具有自由意志"。尽管图灵测试的意图仅仅是从比较、观察、类比、模仿的角度论证了机器具有人类智能(理性计算与自由意志等能力)的可能性,但是由于他把这些论证与此前他设计制作的图灵机和其他科学家诸如冯·诺依曼制造的智能机器的计算功能结合起来,论证了智能机器模仿人类心智的算法模式,这就为新兴的人工智能学科开辟了一条新的发展道路。图灵测试虽然没有直接回答机器具有人类智能之类的本体论心智问题,但却事实上论证了人工智能的存在合理性,并且给出了一条模仿计算的算法模式以及深度演变的图景。可以说,图灵测试之后人工智能领域蓬勃发展的各种计算学习理论,诸如联结主义、符号主义、进化主义、类比主义以及贝叶斯主义等,都受到图灵测试的深远影响。[①]

鉴于人工智能的理论证成以及智能机器人的试验发展,包括维纳、图灵、麦卡锡、香农等数十位科学家在美国的达特茅斯学院召开了

---

① 参见周剑铭、柳渝. 两种"两种文化"交汇中的人工智能. 科学与社会,2018(1);张绍欣. 普罗米修斯精神与人工智能前史——人工智能概念的历史规范主义回顾. 中国图书评论,2018(7).

首次人工智能会议,会议根据麦卡锡的建议,协调了关于人造机器的各种词汇称谓,而统一使用"人工智能"这一术语。① 此次会议虽然标志着人工智能学科的真正诞生,并被社会各界广泛关注,引起了一批批试验科学家的踊跃投入和建模探索,但总的来看,其发展还是相当曲折的,甚至有过数十年的沉寂。初步考察这个过程演变,可以发现其中两个路径的试验均时有进展时有停滞,一个是基于理性主义的符号主义学派,另一个是基于经验主义的联结主义学派,前者面临的是如何构建一套完整的智能人心智符号图形的困难,后者则是面临着如何把零散的智能人心智能力合成为一套演进机制的困难。不过,两条道路各自探索,并且相互激荡和冲突,经过数十年的耕耘,在20世纪末21世纪初,终于迎来了人工智能的一次飞跃,即以高新科技、生物工程、数码技术和大数据多元迭代发展为代表的新型智能机器人的出现。例如,近期在围棋比赛中战胜人类高手的阿尔法狗(Alpha Go)等,它们已经显示出具有了堪与人类比肩的理性计算能力,而且随着编码和数据集成等技术的提高,甚至还出现了某种感知和情志的能力。

值得一提的是,伴随着这场生物工程学和脑神经科学的飞跃,还有另外一个与 AI 技术密切相关的领域,即 PC 技术的升级换代以及飞速发展(对此本文将在下文讨论)。应该指出,新型的人工智能一旦与互联网络技术结合在一起,一个崭新的世界图景就非同寻常地构建出来,所谓的"虚拟世界"也就不再仅仅停留在人们的想象之中,而是成为真实的虚拟现实。人的生活方式由此发生了深刻的变化,从物质性生存变成数字化生存,数字化就是虚拟化,人的世界不再仅仅停留在现实的物质层面,而是越来越深入地进入一个由电脑网络、数码技术和人工智能主导的虚拟世界的场景之中。② 也就是说,智能机器人与互联网,尤其是与数码技术、大数据、人机游戏的发展相互融合与多

---

① 有关达特茅斯会议,可参见尼克. 人工智能简史. 北京:人民邮电出版社,2017.

② 有关数字化生存,见何明升,白淑英. 虚拟世界与现实社会. 北京:社会科学文献出版社,2011.

元拓展,一个全新的高能量的智能人的创生与一种远比现实世界丰富多彩且充满风险的虚拟世界的到来,不再是子虚乌有的侈谈,而是逐渐成为现实。[①]

依据这个逻辑推演,我们不难预测一种极其可怕的前景,那就是不仅具有理性计算能力且具有一定感知能力甚至情感能力的机器人或许不久就被人制造出来,这样的秉有理性和智力乃至情感的智能人,还是单纯的机器工具吗?还是完全受制于人的摆布的被动器物吗?人类固然根据其自我中心主义的想象,试图仍旧如此,但作为被造物的智能人未必愿意接受,并且他们已经具有反制人的各种能力。对此,西方的经典作品例如《圣经》就有过类似的隐喻:上帝造人,但人却僭越上帝。西方的所谓科幻小说(包括影视作品)其实非常深刻地继承了圣经文学的遗产,它们对于未来的人工智能以及虚拟世界给予了富有想象力的描绘,例如,《弗兰肯斯坦》《黑客帝国》《银翼杀手》《头号玩家》等,从多个层面揭示了人类面临的多重困境。[②]

显然,伴随着人工智能的快速发展,一个新问题尖锐地出现了,那就是智能人已不再仅是依据人工设计的程序或代码而工作,它们还具有了自我学习的认知能力,智能人可以自我创制代码,构建新的算法或代码,其信息处理、计算和学习的能力甚至超越了日常人的水准。不仅如此,未来的智能人还逐渐具备了感知能力,甚至情感能力,也就是说,人所具有的七情六欲以及各种感知系统,各种心智能力,加上综合性的深度学习以及全方位的机制演进,未来的智能人很可能比现今的人更像一个完备的人,在人性的所有方面都超越于人。这是科幻小说中常见的情景。当然,也有来自人工智能领域严谨的科学家们的不同观点,如"明斯基咒语"就认为,数学、逻辑与神经网络之间存在原理性隔阂,无法建立这两者之间的桥梁。从数学和逻辑角度分析,人工神经网络模型中最基本的单层感知器在能力上有根本的局限性,而且

---

① 参见丘靖. VR 虚拟现实——技术革命+商业应用+经典案例. 北京:人民邮电出版社,2016.

② 江晓原,穆蕴秋. 新科学史——科幻研究. 上海:上海交通大学出版社,2016.

在多层感知器中也是不可能被全部克服的；人工智能尽管可以有理性计算能力以及情感模仿能力，但不可能达到人的高妙与精致水准，模仿的情感本质上迥异于人的真实情感。^① 尽管如此，我认为，我们也要预防万一，而且先要有这样的忧患意识。未来的智能人就有可能出现超越了既有的人所掌握和设计的代码编程和算法模式，而自我创生出新的更加高效和敏锐复杂的代码和算法，一个人造的但又优越于人的智能人在虚拟而真实的世界中很可能不久就会出现。

这无疑是一个尖锐的法理学乃至伦理学问题，甚至也是人类文明的核心问题。对此，反应敏感的文学家们早就尖锐地意识到这个问题的严峻性。考察既有的科幻作品以及理论家的论述，概括起来大致有两种相互对峙的观点。一种是基于人类主义的进步演变观，即我们不能再固守人类中心主义的教条，应该承认智能人尤其是未来智能人所秉有的超越于人的智识能力，但仍然还是试图通过一套较为开放的规则和法律，来约束和规制智能人的行为。这个思路的具有代表性的观点是"机器人三定律"以及此后发展出的若干修订版本。1942 年，科幻小说巨匠艾萨克·阿西莫夫（Issac Asimov）在他的短篇科幻小说《环舞》中提出了机器人三大法则：第一，机器人不得伤害人类，或坐视人类受到伤害而袖手旁观；第二，除非违背第一法则，否则机器人必须服从人类的命令；第三，在不违背第一及第二法则的前提下，机器人必须尽可能地保护自己。^② 总的来说，阿西莫夫三定律以及后来各种修订版本的"元定律"或"元规则"，可谓是人类为智能人制定的规则或法律，其核心主旨是预设一个不损害人之福祉这一约束条件作为智能人充分自由发展的前提。

这一观点是目前社会各界普遍盛行的观点，因为它的有效实施，可以达到一种平衡：一方面给予智能机器人不得损害人类福祉的首要约束，另一方面又相对承认智能机器人的自我独立性和自主性，由

---

① 徐英瑾. 唯物论者何以言规范. 上海：上海人民出版社，2017：337-366.
② 约翰·弗兰克·韦弗. 机器人也是人：人工智能时代的法律. 郑志峰，译. 台北：元照出版公司，2018.

此达到某种缓冲的中道。应该指出,现有的关于人工智能以及互联网的法律,基本上都是建立在人类中心主义的基础之上的,其立法的主旨是非常明确的,那就是保护人的权利、利益与福祉不受智能人和互联网的侵犯。例如,法律地位、民事责任、监护制度、人工智能法、知识产权法、隐私信息保护法,还有各国颁布的不一而足的旨在维护国家利益和网络主权的行政法、刑法、宪法等,以及维护个人权利尤其是私人隐私权的法律。① 总的来说,这些法律所遵循的把维护人类的主体利益视为首要原则,至于其中的权重不过是人类现有法律机制中的公权与私权之辨,以及如何在智能人和网络世界中保持两种权利(权力)之间的平衡。至于智能人和互联网则被视为一种工具性的外部条件,几乎没有考虑其自身的自主性。问题在于,这只是被视为"弱人工智能"和"弱虚拟世界"时代的法律化议题,其背景还是人工智能和互联网处于初步的发展时期,人类的主体性还能够涵盖住这些高新科技领域的新挑战。但随着人工智能和互联网技术的快速升级换代,一个"强人工智能"和"强虚拟世界"相互交汇结合的时代即将到来,②而此时的法律化问题无疑会面临前所未有的挑战,所谓的基于人类偏好的法律规制就面临着瓦解的困境。对此,一些法学家开始有所反省,文艺复兴以来整个人类概念—关系框架,世界的整体性思维和感觉方式全面转变,法律思想领域在 18 世纪以降的巨变,导致前现代的多层次、差序化的法律人格结构和法律模式消亡。③

对上述法律现状,本文也是大致赞同的,因为我们虽然意识到人类中心主义原则的局限性,但我们又不得不承认这个原则是必要的,人类不可能有意识地为自己制造一个敌手,而是要尽可能地使一切人造物(包括智能人)服务于人类的福祉。不过,为了有效利用这个难以

① 爱德华·A.卡瓦佐.赛博空间和法律——网上生活的权利和义务.王月瑞,译.南昌:江西教育出版社,1999. 约翰·弗兰克·韦弗. 机器人也是人:人工智能时代的法律.郑志峰,译. 台北:元照出版公司,2018.

② 徐英瑾.唯物论者何以言规范. 上海:上海人民出版社,2017:308-334.

③ 余盛峰.从老鼠审判到人工智能之法. 读书,2017(7). 此外,郑戈教授从五个方面勾勒了人类法律遭遇人工智能和互联网之际所出现的严峻问题,见郑戈. 人工智能与法律的未来. 探索与争鸣,2017(10).

驯化的人造物,同时我们还要尽可能尊重这个新生事物的本性,于是一种折中妥协的中庸之道就成为最为稳健的应对方式,这也是目前通行于人工智能领域乃至信息网络网领域之法律规制的基本特征。我们看到,当今充斥在国内外各个领域的各种形形色色的有关人工智能与网络信息的法律规章乃至宣言通告等,都具有这种规制性的法律性质。未来人工智能立法的方向,应在于充分利用人工智能技术所提供的各种机遇,构建适宜环境以激励人工智能新型服务的发展,和应对人工智能新技术所带来的各种潜在危害。

但是,还有另外一种非常悲观的观点,认为人类最终所采用的一切办法,包括道德约束和法律规制都是徒劳的,一个迥异于传统人造物的新人造物出现了,它是一个新的"利维坦",一个人难以驯服和规制的"新人类",在各个方面都远胜于人,包括理智、情感和心志等,当今的人最终要受制于他,被他所宰制和控制,成为这个人造物的玩物,覆灭于这个新的人造人之手。诚如马斯克在推特上的发言:"人工智能对人类文明的存在构成了根本性的风险,这与汽车事故、飞机相撞、药物错配、食品安全的影响方式不同——后者只会对社会造成局部的损害,但人工智能有可能对整个社会造成威胁。"那无疑是一种非人类中心主义的宿命观。

为什么会出现如此可怕的灾难性后果呢?因为人为设定的法律规则最终是无效的。尽管面对智能机器人的超强行为以及未知本性,人类设置了一系列予以防范和规制的程序和法则,对于其社会后果也制定了一系列规制性法律与之协调,但这些最终都是无效的,因为这些法律规则不适应于人工智能以及虚拟现实领域,是外在于智能机器人的。因为智能机器人具有自身的法则,这些法则是由智能机器人自我创生的,不是渊源于人的。也就是说,智能机器人不受人类法律规则的制约和约束,而自我生成一套本于自己的法律规则,并创生出一个不依赖于人类世界的独立自主的世界,甚至这个世界要比现今的人类生活世界更为深广和变幻莫测。恰好这个智能机器人的自我创生与自我构建又与人类高新科技的诸多新领域交汇在一起,互联网、物联网、大数据、脑神经科学以及人机互动和区块链等新一轮技术的发展,为智能机器人提供了无限可能的运行空间,一个超越现有牛顿时空的多元复合时空结构出现了,由此一个真实的虚拟世界与智能机器人不期而然地结合在一起,于是世界遭遇了天翻地覆的变革,人类世界处于巨大的不确定之中。[①]

(二)虚拟世界的法律化命题

人类的计算时代经历了从巨型计算到个人计算、网络计算,再到普适计算的发展。伴随计算时代的更替,数据收集和使用经历了三个阶段。数据库阶段:数据的收集和存储是离散的。网络阶段:离散存储的数据互相关联起来。大数据阶段:收集和存储的数据的类型和数量急剧增加,通过数据和算法可以轻而易举地监控和控制个体。[②]人机关系、人与数据的关系发生了逆转,出现了虚拟世界。

"虚拟世界"首先来自 20 世纪初叶发生的信息革命以及互联网运动,这个问题要从 PC 技术的研发开始。从发生学上看,电子计算机以及互联网的发展与人工智能的发展是分别独立的两个虚拟世界的源头,开始并不迭合。所谓虚拟(virtual)指的是电脑信息的相互联结所构成的空间内容,对此要从互联网的产生说起。电脑或电子计算机是一种个体化的信息存储和处理机器,这个机器要发生作用,必须融入一个由多台电脑链接的网络之中,否则其功能是极其有限的,所以,计算机从一开始就与网络联结密切相关。从技术层面上说,计算机电脑首先要备有一个联结其他计算机的终端接口,其次,要有一个联结计算机的机制,把多个计算机电脑联系在一起,由此构成一个计算机的网络。在这个计算机网络中流动的便是单体计算机输入与输出的各种信息,这些网络中的信息内容就成为所谓的虚拟物,它们与物理层面的现实物构成了不同的对照。所以,网络信息就是不同于现实物体

---

① 有关未来世界不确定的论述,参见黄红生. 虚拟技术的人文价值及其形态研究. 沈阳:东北大学出版社,2013.

② 李伦."楚门效应":数据巨机器的"意识形态"——数据主义与基于权利的数据伦理. 探索与争鸣,2018(5).

的虚拟物,它们构成的世界就是虚拟世界。[①]

　　问题在于,计算机之间的联结并不是随意的,这样的随意性会极大地降低计算机的功能效率,为了使计算机网络的联结与流通得以顺利达成并富有效率,从一开始科研人员就设置了一套程序和代码以及编程和算法,以此处理电脑计算机网络的运行。用专门的计算机编程术语来说,就是每个个体计算机必须有一个地域(IP),为了记忆方便,需要把地域转化为二进制的域名(domain name),并被解析和匹配到特定的 IP 地址上,注册、分配和转移域名的整个数据库和技术系统称为域名系统(DNS)。域名系统呈现出等级结构,在一个具体域名中,处于最右的是顶级域名,顶级域名又分为国家顶级域名和通用顶级域名,稍左的是二级域名,其次是三级域名。处于顶级域名塔尖的是根域名,负责最终的域名解析以及根服务器的管理权。目前有 1 个主根服务器在美国,其他 12 个辅根服务器,9 个在美国,3 个分别在日本、英国和瑞典。所有根服务器都是由 ICAAN(互联网域名与号码分配机构)统一管理。2014 年 9 月 30 日,虽然美国政府正式放弃了对 ICAAN 的单边控制,但美国政府仍控制根服务器,并由此控制了整个互联网。[②]

　　从计算机网络的结构来看,这个系统大致包括三个层次,分别是物理层、规则层和内容层。就物理层来看,主要是指计算机以及各级网络的硬件,它们也随着高新科技的发展而不断更新换代,技术效能越来越高。互联网的关键是规则层,指的是协调管理整个系统运行的规则,也就是法学意义上的法律,不过,这个规则层的法律,其语言不是现实社会中的传统语言,而是代码与编程,通过这些代码编程以及各种算法,计算机的网络世界或虚拟世界才被塑造出来,故而劳伦

---

　　① 参见布莱恩·尼尔森,本杰明·厄兰德森. 设计用于学习的虚拟世界. 徐光涛,译. 上海：华东师范大学出版社,2015.
　　② 许志华. 网络空间的全球治理：信息主权的模式建构. 学术交流,2017(12);以及刘晗. 域名系统、网络主权与互联网治理历史反思及其当代启示. 中外法学,2016(2).

斯·莱斯格把代码称为"塑造网络空间的法律"。①

关于规则层还有一个重要的问题,即谁是网络世界的立法者,这个问题对于计算机网络世界是非常重要的,对此有一个演变的过程。在互联网初建之时,代码的设置以及变更是完全自由的,人们之所以创建一个网络空间,就是为了躲避现实世界的各种侵扰而追求一个自由交流的空间,每个人都可以在这个自由放任的虚拟空间中自由翱翔。所以,肇始时期的互联网规则是自由放任的,任何人都可以是代码编程的设置者,拥有了一台计算机就可以随心所欲地进入并漫游于这个虚拟世界。但是,随着互联网的进一步发展,容量和内容日益扩大,并受到政府和商业力量的关注,甚至引发了重大的社会议题及商业利益之后,互联网的规则层之规则制定就不再是完全的自由放任了,政府机构以及商业公司开始逐渐介入这个层面,甚至主导了规则层的法律制定以及监管实施。美国互联网代码规则甚至发展出两种模式并相互竞争——东海岸代码规则与西海岸代码规则。② 当然这个趋向也导致了那些秉承互联网自由精神的"黑客"的英雄主义的反抗,③但无论如何,计算机网络初始之际的自由浪漫受到来自社会政治经济乃至互联网自身内容的约束,规则层的法律规制成为互联网进一步发展的必要条件。因此,就互联网的历史演变来看,其规则层就一直处于自由精神与规制主义两种法制化的张力之中,其辗转起伏构成了网络虚拟世界的晴雨表。这里既有网络主权问题,也有个人自治权问题,还有一系列涉及侵权法、合同法、行政法以及知识产权等多个与现实社会法律体系相关的法律化问题,它们都在互联网规则层的代码转变中或隐或显地找到各自的化身领域,从某种意义上说,它们都在互联网这个虚拟世界的新平台中实施了自己的法律化变身,把现实世

---

① 劳伦斯·莱斯格. 代码2.0——网络空间中的法律. 李旭,沈伟伟,译. 北京:清华大学出版社,2009:66.

② 同上注.

③ 关于黑客的讨论,见刘创. 黑客简史——棱镜中的帝国. 北京:电子工业出版社,2015. 有关黑客帝国的讨论,参见威廉·欧文编. 黑客帝国与哲学. 张向玲,译. 上海:上海三联书店,2006.

界的法律化问题移植到这个由代码、编程、算法等新型法律化机制塑造的网络世界之中。

问题在于这种网络世界的法律化移植究竟能够走多远呢？显然是非常有限的，因为网络世界不是传统现实世界的某个领域的扩展，诸如民商法涉及的新商贸领域等，而是一种完全新型的数字信息转播，这就与计算机网络的内容层有关。内容层指的是互联网的内容，它们不同于以往任何一种媒介物，在计算机端口输入和输出的以及在网络中传播运行的乃是一种信息的新媒介物，这个信息内容正在以天文数字的体量扩展，因此对此予以协调管理的乃是全新的数字化技术，由此构成所谓的大数据和云计算，数据、代码、算法成为这个网络世界的运行规则以及技术标准。如果说人类曾经有过第一次文明的轴心时代以及工业革命带来的第二次文明的轴心时代，那么这次由计算机互联网和人工智能等高新科技所开启的，则很可能是人类第三次文明的轴心时代的来临。在互联网由信息数码所构成的世界，显然不再是传统法律运行的现实世界，由此现实法律的很多内容不仅不适宜移植到这个网络世界，而且反过来，网络世界的内容以及（游戏）规则和法律化机制会越来越深入地影响和作用于现实社会的法律系统，并要求现实法律与之协调和匹配。所以，这是一个网络世界的规则体系与现实世界的法律体系相互调适、相互对峙以及相互吸收和相互容纳的过程，是一个多种形态的法律之创建与变革的时代。

就未来世界的图景来看，这里有一个重要的变量需要特别指出，那就是计算机网络世界正在以前所未有的速度和方式与人工智能的突飞猛进结合在一起，构成了本文所谓虚拟世界的中心内容，而且还是一个不确定的世界图景。本来人工智能和计算机互联网是独自发展的，但是随着两个领域的快速扩展，它们的本性使它们很快地就结合在一起，相互推进，优势互补，构成了一个日益联合的新形态，由此构成了一种人机互动的互联网形态，或者说，人工智能由于得益于互联网的大数据计算而获得了模仿人类智能乃至情志的新拓展，而互联网随着人工智能的加入，一种新的行为主体浮现出来，互联网世界不再被动地受制于人的规制，代码、算法和规则拟制拓展了新的舞台，克服了人的有限性约束。人工智能使互联网时代的问题和麻烦更加严重。互联网的目的是通过积累和处理不断扩充的数据来接受现有的知识,人类的认知失去了个人的特性。人工智能使得个人变成了数据,而数据变成了统治者。① 这样一来,原先只是在现实世界运行的智能人一下子进入了一个更加广阔的赛博时空,使得赛博时空中的主体不再仅仅是人为的编码程序,而是出现了一个不同于人的新的行为主体,一个智能机器人或人造人拥有了新的世界图景。

不仅如此,这种结合还产生了另外一个更为关键性的问题,过往的人是在一个牛顿时空中实现他们的世界扩展,但人工智能的出现伴随着高新科技的革命,即他们是与互联网、信息工程、人机游戏、大数据、云计算的飞速发展一起登上舞台的,由此制造出一个代码编程和算法的虚拟世界图景,一个时间可以超越未来与过去、空间可以叠加穿越的多维时空。如此看来,智能人与虚拟世界结合到一起,所谓智能人其实就是新的信息,就是代码,就是算法,他们不仅可以在牛顿时空中运行,此外还在更广阔的由机器学习、神经网络、大数据、认知系统、演进算法等所构成的多维非线性时空中运行。这样就出现了一个赛博时空,一个虚拟世界,一个真实而又实际地嵌入人类现实生活世界的新世界,在这个虚拟世界中,人不再是唯一的智人,还有一些在理性与情感方面并不低于甚至高于人的新智人,它们不但具有人的秉性,而且在各种功能的延伸扩展方面,还远远超越人,以至于超出了牛顿世界的四维时空,造就了一个可以任由智人超越的多维时空。关于这个多维时空与新智人的结合所形成的虚拟世界的景观,现有的科幻小说和新影视作品已经多有描绘和隐喻。② 在这个虚拟世界中,一些非人的但在智能和情志等各方面都高于人类的主体在活动着,他们活

---

① Henry A. Kissinger. How the Enlightenment Ends. The Atlantic, June 2018 Issue.

② 对相关文学和影视的研究,参见凯瑟琳·海勒. 我们何以成为后人类——文学、信息科学和控制论中的虚拟身体. 刘宇清,译. 北京:北京大学出版社,2017;约斯·德·穆尔. 赛博空间的奥德赛——走向虚拟本体论与人类学. 麦永雄,译. 桂林:广西师范大学出版社,2007.

动的规则以及实现其各种意图的方式,他们之间的关系以及与人类之间的关系,这些都非我们所能猜想,至少并非按照过往的以人为中心的人本主义思维所能刻画的。所以,对于这个虚拟世界,我们不能仅仅采取规制方式使其符合我们的行为规则并为人所用。

此外,高科技的时代环境中人际关系将趋于淡化,但有利于极客向的人群发展,甚至包括一些社交恐惧症、多动症、朗读困难症患者,在以往这类人群可能一直处于劣势,但他们独特的认知特质使得他们在科技时代找到共鸣之处,从而异军突起,形成极客文化。开源、免费、无中心、反垄断,这些就是极客们在网络上掀起的自由运动。虚拟世界的极端放任的未来是数据主义。数据主义第一条律令:要连接越来越多的媒介,产生和使用越来越多的信息,让数据流最大化。数据主义第二条律令:要把一切连接到系统,连那些不想连入的异端也不能例外。不难看出,数据主义追求数据流最大化和连接最大化,要实现这两个最大化,数据自由是必要前提,这里的自由是针对数据的,而非针对人的。在虚拟世界中,数据获得了自由,人失去了自由。[①] 要克服极端放任的问题,关于虚拟世界的法律化,就出现了一个复杂的多个法律系统的交汇以及共生与共融的问题。

虚拟世界的新型智能人及其存在的多维时空网络,或许有着一套自创生的规则体系,这个规则或法律并不以人的尺度为尺度,也不以服务于人的福祉为目的,而是自我创生与自我演绎并以自身为尺度和目的。人类首先试图制定出一系列法律规则,诸如人工智能法、网络安全法、信息保护法等,这些法律不管是由哪些国家或跨国组织以及相关机构制定的,它们尽管相互之间依然有着人世间的主权之争和个人与社会的权利/权力之争,但仍然具有一个共同的特征,那就是工具主义地对待人工智能以及虚拟世界,即如何使这些人造物更好地服务于人的需要和福祉以及利益,这是人类法律的一个基本的赋权功能。对于人类创生的虚拟世界以及人工智能形成的人机交互的世界,人的

---

① 李伦."楚门效应":数据巨机器的"意识形态"——数据主义与基于权利的数据伦理. 探索与争鸣,2018(5).

法律虽然遭遇了严峻挑战,面临前所未有的难题,但仍然没有改变其人类中心主义的模式,依然试图规制虚拟世界中的各种新情况和新事物以及新机制,并尽可能地调整过往传统的法律形态。这场应对虚拟世界的法律调整可谓一场有史以来的法律大变革或法律革命,对此,已有无数的论文予以讨论,并且一致认为这场大变革还处于开端肇始之时,未来的巨变还会凸显严重的不确定性,以至于有论者惊呼,现有的人类法律面临死亡。当然也有乐观主义的,认为只要人类能够与时俱进,主动、自觉地调整法律的结构和目的以及技艺,人类在未来能够利用新的人工智能以及多维时空网络的技术优势,从而实现更高一层的法律创新。人工智能和网络世界带来"后风险社会",既使当代法律变为一个风险性系统,也使当代法律陷入与代码同化的危险。在全球信息化秩序重组中,法律系统将承担比过去更为重要的社会功能。①

无论如何,面对未来世界的剧烈冲击,人类开始进入一个新的规制虚拟世界的法律重构阶段。传统法律的生成机制,尤其是立法机制,已经远不适应虚拟世界的法律化时代。鉴于代码、算法等已经成为虚拟世界以及智能人的法律化手段,人类为了规制虚拟世界,其法律化势必要重新塑造法律以及赋权技艺,于是,一场关于法律认知上的革命正在蓬勃兴起。也就是说,人类要从认知能力以及方式上重新赋予法律一种新的功能,一切法律都是来自人类的认知结构,而不是来自政府立法,后者只是表面现象,真正的法律来自人类对于行为方式的认知模式。这种法律观进一步补充并升级了哈耶克所谓的自发秩序的法律观,在人类行为的自发秩序中赋予认知以重要地位,以此来理解虚拟世界以及智能机器人所带来的法律规则上的冲击,并进而试图以此来形成人类主导虚拟世界的法律机制,规制虚拟世界中的超出人控制的超然之物及其运行。

这确实是在进行一场卓绝的斗争,即一方面,人类要调整传统法律的运行机制,从立法、行政到司法,要在认知层面重新树立一套与时俱进的法律观,赋予代码、算法、数据、信息等在法律中的核心重要地

---

① 余盛峰. 全球信息化秩序下的法律革命. 环球法律评论,2013(5).

位,进而适应虚拟世界对于既往法律机制的挑战;另一方面,人类又不愿也不能放弃人本主义的价值观,试图通过调整法律认知依然确立人类在法律上对于虚拟世界的规制诉求。我们看到,从网络信息法、知识产权法以及人工智能法,到宪法、行政法,几乎人类传统法律的所有内容,都在升级换代中被重新纳入虚拟世界的结构之中,其功能仍然是实现人类对这个世界的法律规制。例如,在无人汽车驾驶的开发领域,在区块链技术下的比特币金融拓展领域,在人机互动的智能游戏中所激发的深度学习领域,在大数据互联网主导下的新型医疗诊断和治疗领域,在迭代信息传递所拓展的知识产权领域,在虚拟空间中的智能人穿越时空隧道的虚拟活动领域。我们看到,这诸多领域的一系列法律化进程,确实都在展示着某种矛盾的态势,即人类试图既要适应虚拟世界,又要规制虚拟世界。

　　上述的法律化进程,尽管区分了现实世界与虚拟世界,并且调整了现实的法律机制以适应虚拟世界的新挑战,然而,所有这一切都还不是真正的基于虚拟世界自身运行机制的法律化问题,依然还是人类主导法律的人际世界,只不过这个世界扩展到人造的虚拟世界或虚拟时空之中。本文所要讨论的虚拟世界的法律化问题,其实有两个层次,一个就是上述的人类主导的虚拟世界的法律规制问题,它们属于人类法律从现实世界(牛顿时空)到虚拟世界的延伸,虽然这个延伸也需要一场法律的大变革或革命,但人类中心主义并没有彻底破除;另一个则是虚拟世界自身的法律化问题,因为虚拟世界虽然是人造的,属于人造物,但其本性并不完全被动,即作为工具为人所使用。虚拟世界具有自己的独立自主的本性,自创生自己的法律以及规则,它们有自己的代码或算法,正在形成另一套与人的法律完全不同的规则体系,并且反过来影响甚至规制人的行为,制约和废除人的法律。究竟这个虚拟世界中的虚拟主体具有何种本性,其自创生的法律是什么,功能、结构以及目的是什么,与既有的法律是怎样的关系,等等,这一切都还是未知数,但它们确实已经来临了。

四、法律虚拟：走向虚拟世界的法律思维

有学者提出，数字化虚拟世界的出现，是人类的第三次文明浪潮。它已经带来了法律思维方式的变革，即"法律虚拟"（legal virtuality）的出现。[①] 对于一个新事物，究竟采取怎样的认知方式，这是我们理解新事物的第一步，从这个视角来看，如何理解虚拟世界及其运行规则，我较为赞赏休谟的"温和的怀疑主义"。所谓温和的怀疑主义，不是虚无主义，也不是单纯的不可知主义，而是一种有限的理性主义，既承认人类认知的有限性，但又不放弃认知，而是对于认知能力之外的事物采取积极的存疑态度。[②]

如此的人类法律观，无疑是一种健康的法律观，它与主流的严格教义学的法律观不同，也与自然法学不同。与前者的不同在于人类构建的法律其实并非神圣不可侵犯，而是某种约束条件下的法律，那种只能处理某些前提下的人类行为规范，称之为教义学未免太自不量力了。没有《圣经》文本，何来教义学，人类法律不过是慢慢生长出来的一些行为规范，随着人类社会的扩展，这些法律也随之扩展。故此，休谟总结了三个基本的人类法律规则，视为法律的元规则——私人财产不可侵犯，自由交易，承诺的履行。[③] 当然，依照这种经验主义的方法论，休谟也不会把这些法律规则看得过于神圣，他反对自然权利说，认为即便这三个基本的法律规则也不过是相对的，是人类在历史进程中逐渐生成出来的，受制于人类生存的各种约束条件，是人类自身与各种约束条件的博弈之结果，包括人自身的理性与情感的博弈之结果。当然，随着条件的改变，这些法律也会随之改变，由此他也反对自然法学那种把自然权利视为理性立法的规范立场，法律不是国家理性立法的结果，而是人类经验的自我生成，且随着情况的变化而变化。

---

① 温晓莉. 法律范式的转换与法律虚拟. 东方法学，2012(2).
② 参见高全喜. 休谟的政治哲学. 北京：北京大学出版社，2004.
③ 高全喜. 休谟的政治哲学. 北京：北京大学出版社，2004：153-158.

当然，就休谟来说，他的法律观仍然还是人类中心主义的，在他那个苏格兰启蒙思想的时代，不可能出现自创生的非人类主义的法律，但休谟的人类中心主义是非常弱势的版本，这就与边沁的激进功利主义不同。边沁的法律观是非常人类中心主义的，他甚至还把法律的创制与人类的利益感结合起来，搞出了一个数学化的函数公式。我们现有的法律体系都是围绕"人作出决定"这一假定展开的，而人工智能具有自主决策能力，进而从根本上颠覆了现有法律体系的基础。

如果我们以休谟的法学方法来审视当今的虚拟世界之法律化问题，则有助于我们理解那种基于智能机器人主体的法律观，即不能以人的尺度和眼界来看待这些事物，而是要尽可能以他者的视角来看待他们，即承认他们是一个能够自创生行为规则的主体，是独立自适的主体。他们有着自己的自生系统，有着不同于人类的理性感知能力，这些能力甚至可能高于人的相关能力，比人更为卓越。因此，对于由这些高超的人造物所形成的虚拟世界，我们不要过多地试图规制他们、管控他们，使他们为人所用，而是要静观其变，尽可能调适自己，理解和沟通他们，与他们配合，甚至学会以他们为中心而规范人类的生活世界。

为什么不再以人为中心呢？因为情况变了，人自以为是宇宙万事万物的中心这不过是近几百年来的事情，古典时代不是，未来也不是。人类世界的约束条件非常之多，人类制定法律时并没有考虑到或不愿深思之，其实人类的法律之很多方面也是为了适用这些约束条件，人类外部和内部的约束性前提很多，现实世界的法律化说到底都是制约人的行为不至于严重地冒犯这些约束，导致人类自我的受损受害。在新的虚拟世界，代码或算法成为各种行为者的规则，尤其是智能机器人的理性或计算能力，很可能已经超越于人，而且智能机器人还在逐渐获得感知和情感的能力，如果这些智能机器人在情感上和理智上都不逊色于人，甚至超越人，那么它们就很可能自我创生一些可供自己支配的代码和算法，由此形成自己的法律规则体系。至少，我们今天已经看到了这个端倪，例如，智能机器人的学习就不再仅仅遵循人类设计的一套代码规则，它们具有自我提升的深度学习能力，并不依照人类的指令办事。而且更为可怕的是，目前这一轮人工智能浪潮发展出了深度学习算法，机器人还开始在学习中具有感知与情感的功能，如果一旦它们具有了与人一样甚至超越人的理智与情感，他们还有必要听从人的指令吗？智能机器人或虚拟世界中的主体，他们可以自主地按照自己的计算和情志自由自在地运行，构建自己的架构和代码程序以及算法，并形成自己的法律规则和系统。他们不但不再受制于人类法律的规制，甚至反过来反制人，宰制人，使人服务于他们以及虚拟世界的需要。这一切都并非匪夷所思。

由于人的社会生活已经受到人工智能和互联网络的深刻影响，传统法理学所预设的人性基础，被置换为一种生物信息意义上的蛋白质之代码组合形态，关于人的法律其实也大可不必纠缠于自然法与实证法的对峙，它们从本质上说都不过是主体行为的一种代码或算法之程序编码。[①] 代码就是法律，这不仅适用于虚拟世界，也适用于现实世界，适用于人类社会，因为人类生活从政治、经济、制度和文化等诸多方面看，都离不开高新科技的渗透和主导，人工智能、大数据、数字虚拟等，已经彻底改变了人类的生活方式，致使传统的法律权利以及赋权功能和抽象拟制技艺等，都逐渐失去了意义和效能。诸如时下针对虚拟网络所提出的问题：机器人是否具有人格，是否拥有权利，以及法律如何规制虚拟世界，如何制约人工智能等，这些问题看似新颖独特，其实也是十分陈旧的，因为它们都还是基于人类中心主义的法学范式来提问的。对于这些问题，现今任何单一的回答都是无效的，我们只能改变一种提问或思考方式，即你说的法律是何种法律，是传统的人格赋权的法律还是作为代码编程的法律，你说的权利是人类中心主义的权利还是虚拟主体的自我赋权，如果新型智能机器人完全可以自主编织自己的代码，实施自己的算法，人类权利谱系中的诸多权利对它们就未必是可以接受的。

总的来说，在非牛顿时空的虚拟世界中，人类不再是唯一主体，智

---

① 劳伦斯·莱斯格. 代码2.0——网络空间中的法律. 李旭，沈伟伟，译. 北京：清华大学出版社，2009.

能机器人甚或可以自主运行，超越时空隧道，上天入地，往返于数个时空结构之中，从而自主生成自己的不为人的力量所管控的法律规则。关于虚拟世界的自由乌托邦，曾经一度是早期黑客们的激进主义想象，他们以为虚拟世界是真正自由的无人无法之地，是可以最大化地实现自由天性的王国，那里拒斥任何形式的法律乃至道德的规制和约束，虚拟的网络时空为自由的任意驰骋、科技的高度发展、思想观念的无限扩展，提供最为适宜的天地，为此要破除一切的哪怕是美好的、公正的约束和规制。确实，虚拟网络的新世界是为上述的绝对自由提供了最好的平台，人类确实没有足够的能力制约虚拟世界的发展，非但如此，大数据和信息网络技术又为这派主张提供了强大的技术引擎，人类从来没有享受过如此自由的乌托邦。不过，好景不长，伴随着高新科技的升级换代，一个新的问题出现了，智能机器人不但在智能和感知等方面匹配甚至超越人，甚至还可以穿越时空隧道，构建新的迭代的多维虚拟世界——所谓的三体或多体世界出现了，人造人还产生了新的人造人，虚拟世界催生了新的虚拟世界。

数据和算法不再只发挥工具的作用，它们塑造了虚拟世界，会改变人们的生活习惯和行为方式，目前仅有隐私问题是法律界关注的焦点，但隐私问题仅是冰山一角，深层的问题是数据滥用和数据侵权的问题，是人的自由的问题。针对虚拟世界的个人选择问题，有学者提出了"楚门效应"的现象。楚门效应的实质是，消费者在毫不知情的情况下其自主权遭到侵犯。一切都在大数据操纵者的掌控之中，根本不存在消费者的自主选择。消费者自以为是的自主决定其实是被操纵的决定，而消费者对此全然不知。① 这样一来，问题就严峻了：所谓的自由乌托邦究竟是谁的乌托邦，谁的自由？是人的吗？是也不是。是人造人的吗？是也不是。虚拟世界的法律还存在吗？如果说法律就是代码或算法，那么，究竟是谁的代码，谁的算法？既然是人造物，可以说是人设定的一套结构程序，一套代码语言，一套算法公式。问题

① 李伦."楚门效应"：数据巨机器的"意识形态"——数据主义与基于权利的数据伦理. 探索与争鸣，2018(5).

在于这套代码以及算法和编程等,它们并非绝对主导性的,而是处于变异或裂变之中,智能机器人在大数据时代的虚拟网络世界具备了自主性的学习与信息编织能力,完全可以颠覆源代码,构建新的代码、程序和算法,创建新的法律规则,构建新的秩序。于是,我们看到,在虚拟世界的多重复合迭代的时空中,就出现了智能机器人与人类初始源代码的博弈,出现了编程的自创生与固有编码的博弈,出现了一系列远比神话小说还神奇的故事。

阿西莫夫的机器人三定律虽然为机器人设置了一套代码,但未来的智能人未必遵守这套人为的法则。现实的人类是相当不堪的,其实早在基督教和佛教典籍中,关于人类毁灭的隐喻就多次出现。人何德何能可以享有宇宙的中心地位,自私、贪婪、胆怯,尤其是邪恶、败坏、不信神等,这些人类的低劣品性必然导致其覆灭,于是才有了大洪水以及诺亚方舟的传说。总的来说,人的世界并不是唯一的世界,在宇宙中不过仅仅存在了几万年,有史以来的人类历史也才不过几千年,而其他的世界很可能有若干个,存在无限辽远的时空,它们的信息都有可能被真实地纳入智能人与虚拟网络所构成的新世界的运行之中。如果说代码是虚拟世界的法律,这种源代码与自创生的代码,才是现实与虚拟两个世界的法律化问题的要点,才是未来可能引发一系列匪夷所思的人类前景乃至宇宙前景的症结所在。

本文的主旨不是神学思考,而是法律化,因此,在虚拟世界的法律规制问题上,自由激进主义就面临一个困境,即最大化自由很可能导致一个自我颠覆的主体,智能人成为网络世界的主人,人类的源代码被智能机器人的自创生的代码所替代,具有智能与情感的机器人在虚拟网络世界中按照自己自创生的法律规则运行,很可能构成对于人类世界乃至人类的伤害,当然也很可能会产生助益。这些都是不确定的,因为智能人的代码以及算法与编程,人类尚未了解和理解,它们的结构和运行方式,超出人的理解力之外。这些代码、算法、编程与人类初步设定的代码、编程、算法,究竟构成怎样的关系,处理这些关系的原则或价值究竟是什么?还会是人类的普世价值吗?还会是权利优先吗?是人类的权利还是机器人的权利?或者,在多维时空的虚拟世界里,在不再遵循牛顿时空中的法律之后,人以及智能机器人还需要权利、正义、平等,甚至还需要由此扩展的财富、货币、信用等诸多衍生物吗?甚至主权问题也受到颠覆,在虚拟世界还有群体、社团、共同体、国家之类的基于法律而形成的组织形态吗?还有对于这些人格化拟制物的认同、忠诚与归属吗?如果血缘、语言、社群、宗族、种族等情感性的维系不再成为法律所赖以凝聚或被遵循的基础,一旦它们都被冷冰冰的代码、算法和编程所取代的话,这样的一个由代码、算法统治的世界,它们的存在还有什么意义与价值呢?

　　人类是一种有缺陷的生物,正是因为其缺陷才具有了人的属性,诸如血缘情感、利益诉求、自我实现等,由此才自创生一系列法律规则,所以,对于法律的性质,从人类的尺度来看,其实就是维系人的有缺陷性,并赋予其价值。但如果一个人造物和一个人造世界,其能力超越了人,变得无所不能或接近无所不能,那不就成为上帝了吗?天国还有法律吗?当然,虚拟世界不是天国,但却是一个迥异于人类的无法把握的世界,那里的法律究竟是什么,我们只能采取休谟式的温和怀疑主义。对于虚拟世界,我们不可知晓,但不可知并不等于无所事事,而是知识进化,至少,我们看到了一个人与机器人合体的可能性。在电影《2018:终结者》的故事中,主角人物就是机器人与人的合体,他自己都不知道自己究竟是谁,但最终他还是选择了作为人,但此时的他已经不再是过去的旧人,而是变成新人。这其中包含着一个重大的隐喻,即我们在当今或不久的将来,都将成为智能机器人与人的合体。在此,法律是什么呢?是否也将随之出现一个人与智能机器人合体的法律呢?或许会是如此,因为人类的自生秩序已经超越了牛顿时空,步入一个虚拟世界,这个世界的法律也将伴随着人类的经验而扩展,本文希望宣告一个新的虚拟世界的法律就要到来。①

---

① 参见余盛峰. 全球信息化秩序下的法律革命. 环球法律评论,2013(5);余盛峰. 从老鼠审判到人工智能之法. 读书,2017(7).

五、自适与极化：虚拟世界的法律化特征

信息中介的大量运用，使人的认知从"反映论"的认识论发展到"虚拟论"的境地，人类实践也从"现实性"必然关系领域进入"可能性"的创造关系领域，它也带来法律认知的虚拟转变，使法律思维不得不回归虚拟特质。① 两股对立的道德力量共同塑造了目前的未来愿景——一方是对走向人类解放的"美好新世界"的希望，另一方是对虚拟数字技术造成人类衰退、机器伤害人类、人类社会核心系统崩塌的深层次担忧。尽管虚拟网络作为一个真实嵌入我们社会生活的世界部分，就目前我们所能感知到的状态来看，它并非一个完全彻底的魔幻世界，而是具有一定的运行机制和相关的规则体系，是人的理性和经验可以触摸和交往以及沟通的世界。因此，把这个世界的规则秩序比附既有社会生活的规则秩序而称为法律化问题，也未尝不可，只是它们与人类既有的现实世界的法律化有着完全不同的结构、功能和规范化图景，而且超出既有的法律规范的形态。对此，我们虽然不能准确认知，对照人类法律的四个基本预设，我们仍然可以猜测虚拟世界法律化的一些特征。

第一，非人类中心主义。

既然要思考人工智能是否会取代人类，我们就要思考人类怎么到了世界的中心，怎么形成了人类中心主义。现在流行一个来自地质学的概念——"人类纪"（Anthropocene）。"人类纪"指的是从今天这个点往前七万年的历史长河，在这个时间段中，我们人类成为影响地球面貌变化的最大因素。这是一个很大的论题。过去七万年里，人类成为改变地球面貌的最重要因素，就算不是最重要的角色，但至少也是非常接近了。②

虚拟世界的出现，极为严峻地挑战了人类中心主义和"人类纪"的

---

① 温晓莉. 法律范式的转换与法律虚拟. 东方法学, 2012(2).
② 参见吴冠军. 人工智能与未来社会——三个反思. 探索与争鸣, 2017(10).

世界历史观,并且在法律层面上,在制度运行中,对人类中心尤其是人格权利的主体性以及相关的一系列抽象衍生物带来了巨大的冲击。我们看到,在一个虚拟世界的网络中,传统意义上的法律人格褪色或裂变了,它们不可能再像现实世界人际交往过程中的主体或主格出现,也不再具有权利和利益以及价值指归的权重地位,一套非人格的代码或信息符号成为虚拟世界的运行单元。更为严峻的是,这套代码或信息符号并不是唯一的,而是批量的甚至是无穷尽的。难以计算的无限的代码或信息符号以非线性的方式,在一个叠加的多密度的虚拟世界中运行,人类的绝对性彻底消失了,这是一个去中心的或多中心的区块链的世界格局。也就是说,人类中心坍台了,人类至上性消失了,但世界依然在运行,虚拟世界并没有因为现实世界的逻辑失效而虚无殆尽,恰恰相反,虚拟世界正是在破除人类中心主义的过程中,成功地创生了一种新的机制模式,成就出迥异于现实世界的另一种真实世界,这个世界的一个突出特征,就是人类中心主义或任何中心主义的丧失。

本文的主题不是全面审视虚拟世界,而是关注其法律化问题,即在一个去人格权利专属的真实而虚拟的网络世界,是否依然存在一套正在生成的规则体系,这个规则的基本特征是什么。显然,过去那种人格权主导而其他皆为工具的人类中心主义,在这样一个世界结构中逐渐消退了,这个世界的法则很可能是万事万物皆为中心,或者说,万事万物既以自己为中心而又彼此相互依存,相辅相成,互不为中心,这就是一种区块链的分布式架构的存在方式,[1]也是虚拟世界的法则。其实关于这个法则,早在远古时代就存在着并为思想家们所反复谈及,例如,佛学精义中的"生灭"、老庄哲学中的"有无",这些都是虚拟世界法律化的早期文本解释。

当然,虚拟世界的法律化并非古典宗教与哲学的简单翻版,而是在经历了一个人本主义的历史阶段以及由其创造出的一系列政治、经济、法律与科技成果的转型之后所出现的新情况,其法律化的规则体

---

① 关于区块链对法律的影响,见郑戈. 区块链与未来法治. 东方法学,2018(3).

系无疑要吸纳既有法律制度的法则与价值之积淀,由此开出一个开放的自由扩展的多中心或无中心的区块链的网络新世界。至于其法律化机制的难题,在于虚拟世界毕竟首先是作为服务于人的工具而被创造出来的,但这个人造的虚拟世界却反过来超出人类——其中机制究竟如何可能,我们下文再予探讨。无论如何,一种去法律人格主体的"新法律化"成为虚拟世界的基本法则,但这个法律化的成立显然还需要其他前提,那就是其存在系于一个非线性的时空结构,一个不同于牛顿时空的更多维时空的世界图景。

第二,非线性的多维时空结构。

人类中心主义或法律人格赋权是基于线性的牛顿时空,即在这样一个现实世界之中,人得以通过一套自主化的自我赋权而把万事万物尤其是人造产品视为属己的对象,进而成为人的所有物,服务于人的目的,这也就是法律意义上的"人是万物的尺度"。但虚拟世界却不系于这样的四维时空,而是一个多维矩阵的时空结构。在这个世界中,没有开始,没有终结,而且时空相互转化,存在各种各样的穿越或黑洞,对这种非线性的多维时空,我们在充满大数据的互联网中就可以感受到,而在一些科幻小说中它们得到富有想象力的描绘。其实,这种多维时空在现代物理学理论中也都有相关踪迹。

非线性时空对法律人格化的最大冲击,在于破除了人类中心主义法学的人格赋权的算法,使一种人与对象交互震动、交互塑造的超越算法成为虚拟世界运行的机制。法律赋权其实说到底不过是一种特定时空的算法,牛顿时空下的以人为中心的算法,赋予了人类个体行为之主动性和自主性,在这个现实世界只有人可以或能够把时空过程中的万事万物——尤其是人造物——纳入自己的能力支配之下,并且还可以通过作为工具化延伸的附属品而把人的各种能力,尤其是心志能力蔓延到线性均衡的时空结构之中,从而为人所用。这是一种理想主义(唯心主义)加功利主义的物理学。这种物理学之法律化的体现就是人格赋权,并且利用法律拟制的方法把过去和未来时间中的以及不同空间距离中的各种事物(人造的和非人造的)纳入这个人格权的等差关系之中,尤其是抽象化拟制的主观权利谱系之中,以"人是万事万物的尺度"来判别对象之于人的意义与利益得失,故而,理想主义与功利主义是实现这个人格化赋权的两种法律化方法。

问题在于虚拟的网络世界不再处于线性的牛顿定律的法则之下,而是出现了多维可逆的时空倒置,空间和时间的距离和间隔不再成为问题,于是人的赋权拟制就失去了主导性的力量。在虚拟的网络时空之中,任何一个单元都可以构成自我中心化的聚焦,并且相互制衡、相互超越,区块链的信息联系方式成为常态,并由此彻底解构了任何意义上的中心主义,尤其是传统哲学意义上的人类中心主义。赋权固然是存在的,但任何一个原点和单元都可以自主性的自我赋权,并且按照随机的代码或算法而把相关者联系为一个世界谱系,于是那种基于人的理想和利益而聚焦的人格化赋权失去了主导性和唯一性,每个信息单元都是自主性的存在,都在矩阵性的区块链的联系中,在穿越与迭代的交汇信息潮流中生灭沉浮。

第三,多元主体的自适与极化。

关于人格赋权与抽象拟制,既有的法理学中已多有论述,本文前此也有概述,但对于虚拟世界的规则系统,是否存在一个规则化或法律化的原则呢?目前理论界尚莫衷一是,或还没有明确的意识。但这个问题不可回避,因为虚拟世界以及各种运行在虚拟世界中的大数据、机器学习、云计算、区块链等,都已经客观地存在了,并且处于突飞猛进的发展之中。但对这个虚拟世界的运行规则,以及其迥异于人世规则的认知,我们却还在一知半解的猜想之中。这固然是不得不如此,但除此之外,我们似乎还应该激发出一种想象力,就目前还处于端倪状态的虚拟世界的运行机制,给予某种富有前瞻性的猜想。本文认为未来的虚拟世界依然有自己的运行机制,它们不是毫无规则的一团乱麻或一种癔想性的黑洞,而是存在着某种超越我们既有认知结构的法则,我称为"法律化玄机"。

但这个"法律化玄机"迥然不同于我们既有的法律化机制,本文猜想,其最主要的两个支点就是多元主体的自适与极化。如果说现实世界法律化的核心方式是人格赋权与抽象拟制,那么,在一个虚拟世界的网络时空中,其法律化的核心方式则是自适与极化。

关于"多元主体",前文讨论的去人类中心主义,便确立了虚拟世界的多元主体的自主存在,在此无须赘言;但何为"自适"呢?描述语义学也有过经验性的定义,即逍遥自得,但如果将其纳入法律化视野,则意味着一种非人类中心主义的各主体单元的自主性活动。这个自适方式对应于人格化赋权,就是一种自我赋权,即任何一个虚拟世界的存在物都能或必定以自我为中心而赋予自身一种权能,它们可以自组织化、自创生化、自演变化,即完全自由自适的运行。这种"自适"是否意味着任意胡来呢? 显然不是,而是在极化的过程中获得某种自我节制的平衡。所谓极化,就是多维时空中的自我自适的消耗边界,即在热力学第二定律的耗散结构中的一种无限量自适的对冲机制。也就是说,在虚拟世界多维时空中的任何一个单位信息能量都自我赋权为一种自主化的功能,即自适任尔,但这个自适的状况并非没有节制,而是受制于自己的代码负载,并与相关世界中的各种其他能变量构成一种共振的关系,直到复合矩阵性中的多维关系达到一种极化的奇点,奇点就是极化的转折性标志。①

从法律的视角来看,虚拟世界的法律不是外部强加的规制,而是自我生成的规范,它们是在一个复杂的多维时空中的算法,算法就是虚拟世界的法律化显示。由此,虚拟世界的法则就不是利用的功能关系,既不是功利主义的"人是衡量尺度"的利益关系,也不是基于个体权利之上的群己权界关系,而是自由的本真性关系。这样一个多中心的非人类中心主义的法律算法,就是虚拟世界的基本生成图景,也是我们理解虚拟世界法律化的一个基本构成特征,它们与以人类为主体的尤其是以个人权利为主体的法律赋权以及抽象拟制有着根本性的不同。其所达成的自适不是人类的自由,而是万事万物的自由,这个自由基于每个能量单元之代码的算法,呈现为一种万千世界的本真自由,当然,这种自由自适也有边界,那就是在其极点的对冲之下,达到新一轮的生灭轮回。

---

① 关于奇点与我们的未来生活,参见雷·库兹韦尔. 奇点临近. 李庆诚,董振华,田源,译. 北京:机械工业出版社,2012.

第四，人工智能对人性的侵蚀。

在一个以经济效率以及发展主义为核心价值的社会里，这种由人工智能来规划以及做决定的思维将无所不在，它出现在各个领域以及各种决策的情境中。现在的算法的核心问题是预测性，当它比你还更了解你自己的时候，人是否就失去了人性意义上的自由？早在18世纪，德国美学家弗里德里希·席勒就提出了理性治理与自由之间的对立的问题。如果充满着算法的理性安排，又何以安放人类对自由的追求？[①] 社会科学关注的恰恰是人与人之间的联系，以及这种联系所产生出来的，超越个体的简单加总所形成的具有独立存在意义的通感。唯有通过人类活生生的感受，才能够体验、理解，做到这种通感，这种存在无法用算法的预测来衡量，而这恰恰是人性的尊严价值。[②]

相比关心人类是否为人工智能所取代这样久远的时间问题，抑或思考人类心智与人工智能孰优孰劣这样的哲学问题，一个更紧迫也更现实的问题是人工智能在替代人类自由的意义上对人性的侵蚀。人工智能正在从虚拟生活融入我们的日常生活、公共生活和组织生活，网络世界的用户关系正在侵蚀我们的人际关系与社会关系，虚拟社会和现实社会的界限也因为人工智能的发展变得日渐模糊，未来社会将会成为人类心智与人工智能紧密联结的复合体。随着人工智能工具发挥的作用越来越大，人类个体的独立性与自由性将会遭到极大削弱。与此同时，人工智能正在取代而不是辅助决策者去做决策，这使得人类作为决策者自主决策的意涵被侵蚀。随着人类在一些方面的工作被人工智能所完全取代，人类对人工智能的依赖不断增强的趋势将很难逆转，这种过度依赖将容易造成人类总体的认知能力和决策能力退化。这也许是德国社会学家马克斯·韦伯所讲的"理性化牢笼"

---

① 许煜. 为何在人工智能时代重提美育的重要性. 澎湃新闻网, 2018-04-09, https://www.thepaper.cn/newsDetail_forward_2063536.

② 胡安宁. 人心可以计算吗？——人工智能与社会科学研究之关系. 南国学术, 2017(4).

的终极形式。①

　　如此的虚拟世界实际上就对人类社会习以为常的各种价值，包括法律化的诸价值——自由、正义、平等、效益、权利等，构成了强有力的冲击。虚拟世界的法律化是否存在着某种价值，或者说，我们以前基于人类中心主义而设立的法律价值乃至道德价值，在一个虚拟世界中是否就全然失效了？人在虚拟世界中如何认知世界、认知自己，并安顿自己呢？甚至人是什么，价值是什么，主观权利是什么，这些也都成为问题。过往的法律价值以及一系列制度设计都是基于人的尺度，价值是以人的利益偏好为坐标而设定出来，人格赋权、公民资格、自由、权利、公正、平等，都是在这样的人性基点上获得安顿和平衡的。但如果既有的人性和人的法律基点倒塌了，虚拟世界的多维时空又会呈现何种状态呢？对于一个远超出人的既有认知范围的世界，我们应该如何应对呢？

　　当然，上述问题就不是法律所能回答的，关于未来虚拟世界的规则所蕴含的价值，以及这些价值与人类目前主导的价值尤其是规范性价值，是相互接榫还是相互对峙，我们时至今日还没有确切答案，但有一点是确定的，那就是它们不可能与人类中心主义的主导价值完全一致。根据哈耶克的自由秩序原理，技术快速增长可能出现支配性权力大于个人权利的情形，从而数字网络技术和虚拟世界的发展很有可能威胁人类自由。② 温和怀疑主义的方法论，未必导致彻底的悲观主义，可以这样说，未来的一切都处于巨大的不确定之中，人类对此应该有所警觉。

（原文载《现代法学》，2019（1））

---

　　① 盛思鑫.谁在误导你的决策——无处不在的守门人.北京：社会科学文献出版社，2015.
　　② 袁伟基，朱蕴龄.大数据时代是否冲击哈耶克的理论?.罗卫东，冯兴元主编.市场经济与企业家精神.杭州：浙江大学出版社，2017.

14 科技革命、法哲学与后人类境况

鲁 楠[*]

科技革命特别是网络、生物技术和人工智能的飞速发展,正在给人类生活带来剧烈影响,这种影响迅速波及维系现代社会秩序的核心部分——法。科技革命是否将重塑法制度? 法律职业是否将被取代? 法治是否将会消亡,代之以代码之治? 这些问题刺激法学家思考,为法学带来了诸多新课题。

一、科技革命与法律发展的两种流行定式

目前为止,国内法学界对科技革命发展动向的整体反应颇为积极。多所大学纷纷组建研究机构展开跟踪研究。但若透过"繁荣"景象认真观察,不难发现法学界对该领域的研究尚处于起步阶段。多数"研究"受制于固有的研究定式,有些处于"前范式"甚至是前理论的状态。概言之,国内目前较为流行的有两种研究定式,值得我们关注和讨论。

第一种研究定式是工具主义的。所谓工具主义,是指将各种科技成果视为解决人类问题,增强人类能力的工具。这一立场在科技界支持者甚众。故对于科技革命带来法律变革的认识,应着眼于应用层面——考察新的科技成果在哪些方面,在何种程度上推进了法律事

业。例如,通过大数据的分析,增强法院系统处理案件的能力;提高政府科学治理的水平;为企业更好地创造满足客户需要的产品提供丰富信息和有效指引,等等。这些当然是科技革命带来诸多成果的一部分,但绝非全部,甚至并非最主要的部分。在笔者看来,最主要的部分在于,透过生产工具的变革所引发的对于生产关系,乃至整个生活关系,特别是背后思想意识的变化。工具主义的研究定式带来实用主义的法律观,特别为官僚系统所青睐。他们包括政府(包括法院)中的政策制定者,以及为这些人员提供服务的智库研究人员。对于官僚系统而言,法的主要功能在于,确保官僚系统及其治理规则的确定和有效,而他们对于科技成果的主要认识也以此为切入点。随着国家制定相关发展战略,势必让官僚系统谋求在对上级政策的呼应中取得有利地位。这带来政、学两界之间的甜蜜共舞。工具主义研究定式在实践中的显例是法院系统的"智慧法院"计划和某些政府所推出的"智慧城市"方案。在笔者看来,这是科技"新瓶"包装下的"旧酒"——其基本原理与英国普通法所发展出的法律报告的差别并不大。迄今为止,我国法院系统尚未能做到将全部案件判决在网络公开,地方政府治理的便捷和亲民尚无法达到,一些司法改革的深层次问题,以及行政权力的法治化问题仍然阻碍着政府功能的发挥。这些问题与所谓大数据、云计算并没有直接关系。这不禁令人怀疑,所谓"智慧法院""智慧城市",是否政策部门吹嘘出来的虚空花? 类似的虚假繁荣现象在我国比比皆是,无须赘言。

第二种研究定式主要来自于市场中科技企业的推动,是供求主义式的。这种供求主义是指,人类社会的发展必然伴随需求的不断扩大,以及对于这种需求的不断满足。在这一事业中,主要供给来自于市场。市场积极将科技革命的成果引入并转化为产品,服务大众,创造财富、就业乃至新的生活方式。一切法律应当为这种新型需求的创造开路,为其保驾护航。毫无疑问的,当前的各种法律安排对于新兴市场领域的发展需要的满足严重不足,立法与司法机构的反应比较迟钝,甚至利益集团内部关系的盘根错节,构成科技革命的重大障碍。例如,互联网金融的发展在相当长的一段时间里游走于合法与非法的边缘,给传统金融行业带来巨大冲击,后者则往往以固有的法为武器,捍卫既得利益,形成围绕实践与法律的拉锯战。类似情况也同样在网约车、网络平台监管、虚拟货币等领域展开。这种拉锯战在话语层面升级成自由与安全两种法律价值之间的斗争。应当看到,这种接近白热化的斗争在国内外都已经出现。恰如胡凌在对人工智能的评价中所说:"人工智能是资本主义和消费主义发展到更高阶段的产物。"①资本之间的竞争以及利用消费主义的引力所进行的商业操作无处不在。在这一过程中,科技商业公司往往采取相类似的策略,以谋求改变法律现状。

第一种策略是夸大科技进步速率,造成政府和社会紧迫感,从而为激进的立法改革营造氛围。不可否认,近年来科技进步的速度的确很快,在一些领域,如通信技术、生物医学、人工智能、区块链和虚拟货币等领域,进展可谓一日千里。但必须看到,在这些领域还面临一些关键性难题,短期之内尚无法达到完备和成熟的地步。例如,在生物医学领域,战胜某些顽疾乃至让人获得永生的医学技术也远未出现。虚拟货币及其底层技术——区块链暗藏着巨大的解放潜能,但同时具有极强的不确定性。无人驾驶汽车能否真正上路,特别是适应发展中国家极端复杂的路况,还是有待解决的问题。但有趣的现象是,目前科技公司透过公共领域传递的信息却是这些成果即将或者已经实现!这种现象的背后无疑有某种策略选择的成分。这种策略性的选择很容易在一段时间内造成相关问题在学术界——特别是对科技发展的技术内核并不熟悉的法学界——的虚假繁荣。这种现象已经引起部分有识之士的反思,认为应当冷静观察和密切跟踪科技发展的动向,与科学家展开切实有效的对话,甚至对眼下过热的议题化现象应进行适当的冷处理。

第二种策略是科技企业积极向科研机构投资,建立产学研合作的机制,以换取科研机构对其政策诉求的背书。从科学社会学角度来看,科研绝非无关于金钱和权力的圣地,它的运转同样有赖于资源供

①　胡凌.人工智能的法律想象.文化纵横,2017(2):115.

给和权力运作。没有充足资源，一些研究领域及其科研人员很难生存和发展。由于科技企业的利益诉求必须包装为具有公共性的主张，方能为立法和公共政策所采纳，故而它们需要掌握公共性这一符号资源的科研机构提供帮助，这为两者的合作提供了基础。但应当重视的是，这种合作也可能带来相当的负面效应。科研机构在将企业利益转换为公共政策的过程中，实际上并未认真考虑到企业诉求与公共利益之间的不协调之处。我们以虚拟技术的发展为例。这些年来，网络虚拟技术十分令人瞩目，而网络游戏已经成为利润巨大的产业，甚至成为部分科技公司盈利的主要来源。随着网络游戏的发展，各种公共问题开始陆续浮现。这些问题包括，如何识别和限制未成年用户，避免其长时间沉迷于虚拟世界？客户在虚拟世界当中应当具有怎样的身份和权利？虚拟财产和虚拟交易如何在法律上加以定位？网络世界中的互动所具有的巨大吸引力，正在以某种途径和方式改变着人类沟通的模式，法律将如何处理真实世界的互动和虚拟世界沟通之间的关联？显然，这不仅关乎商业利益，更关乎公共利益，而且企业的立场和公共利益的要求之间可能出现一定的冲突。例如，企业倾向于减轻自己在商业运营中承担的责任，而将外部性问题交由公众和政府承担。在这种情况下，研究机构如何调整自身的立场，使其学术研究与企业的诉求保持一定的距离，使两者之间良性互动，是值得思考和讨论的问题。

第三种策略则可谓是一种全球化策略。科技革命为科技企业的扩张提供了强大助力，这使它们在全球化时代取代传统的跨国公司（第一代跨国公司是贸易型跨国公司，第二代跨国公司则主要是工业生产型跨国公司），成为引领经济全球化的弄潮儿。相对于这些有能力突破民族国家藩篱、使资本全球游走的科技跨国公司，民族国家的法律体系面临着既要对其加以监管，又需要吸引其投资，招徕其落户的复杂境况。这就造成民族国家法律体系间的竞争，而居中裁断者是科技跨国公司。但必须指出的是，科技跨国公司与民族国家之间的关系在很大程度上取决于双方各自的实力，以及是否能够寻找彼此的利益结合点。如果民族国家的体量和实力较强，同样可能迫使科技跨国公司就范。过去中国政府与谷歌公司之间出现的一连串较量便是一个突出的例子。在这种情况下,跨国科技企业所采取策略是,不断向所在国家提供域外其他国家所商讨和制定的,符合企业自身利益的法律改革信息;聘请海外法律发展问题专家;组织院外游说集团,跟踪所在国家立法改革的动向;从跨国公共领域中获取支持,造成某种压力,从而推动符合自身利益的法律出台。在这一过程中,律师事务所也扮演着微妙的角色,在为科技企业的客户进行法律专业服务的同时,它们也在有意识参与塑造科技企业所需要的法律生态,并为自身的发展壮大攫取资源。这种跨越国境的法律合作正在重新塑造世界的法律地图,德国法社会学家托依布纳所描绘的"新商人法"正在出现其3.0版本,美国法学家雷登伯格(Joel R. Reidenberg)称其为"信息法"(Lex Informatica)。① 应当说,与传统跨国公司相比,科技跨国公司对民族国家法律及政策的调整反映更加敏锐,对于参与和影响各个国家的法律改革计划,特别是与其利益密切相关的知识产权法的修改,抱有更加积极的态度。

通过这三种策略,科技企业及为之服务的律师事务所编制了另一套科技革命与法律发展的动人故事,这个故事的核心关键词是"自由、进步与繁荣",而官僚系统所编制故事的关键词却是"安全、稳定与治理"。在这两个故事的背后,我们可以发现政治系统和经济系统分别对于法律的"征用"和对于法律人的"征召"。在当下法学界的讨论中,我们发现自己不是为企业的故事打动,便是为官僚系统的故事慑服,能够摆脱的人其实并不多。

二、第三种研究定式:历史社会学的透视

第三种研究定式在我国法学界也已经出现,虽然并不流行,却极具发展潜力,笔者称其为历史社会学式。这是目前国内极少数能够跳

---

① Joel Reidenberg. Lex Informatica: The Formulation of Information Policy Rules through Technology. Texas Law Review76, 1998: 553.

出技术应用层面,诉诸历史长时段考察,分析和评估科技革命所产生的社会和法律效应的一种研究进路。这种研究进路在科技界和互联网研究领域也不乏支持者,他们大多摆脱了狭隘的工具主义科技观①,为我们把握科技发展的大势提供了富有启发意义的信息。

在法学界,比较有代表性者,如余盛峰的《全球信息化秩序下的法律革命》。作者指出,"如果说传统工业时代的法律媒介是主体性与叙事性的,信息时代的法律媒介则是讯息性与沟通性的,它以去疆域化的方式重新再疆域化"②,从而将法律发展变革的诸多迹象置入历史时空,从工业革命与社会变迁的角度俯视法律,这一洞见富有启发性。这种研究定式与前两种研究定式的不同在于,通过回归历史,使观察者摆脱了当下纷乱局势中的利益纠葛,借助时间造成某种距离感,从而能够更清醒地评断当下所发生的事件;同时又通过社会理论的宏观考察,得以摆脱法学研究倾向纠缠法律细节以致见木不见林的弊端。

另一篇颇引人注意的文章是互联网学者胡泳的《旧制度与数字大革命》。他通过托克维尔(尽管这是由于当时国家领导人推荐托克维尔的著作而起意的发挥),透视了在互联网时代,新旧制度的交替所引发的诸多未来想象,并指出,问题的解决应着眼于平衡自由与控制的关系,建立数字信任,填平数字鸿沟与提高网络素养。③ 鉴于当前"数字大革命"中的其他部分都不同程度地依赖互联网的发展,这些建议对整个科技革命的研究都具有参考意义。但他并未扩展其研究中最富有理论潜力的部分,即富含在托克维尔论述中政治、法律与社会演化关系的洞见。在托克维尔看来,恰恰是政治、法律发展与社会演化形式与速率之间出现的鸿沟造成了大革命。这种洞见放在今天仍不无价值。英国法学家梅因曾经说:"社会的需要和社会的意见常常是

---

① 例如,王飞跃. 从社会计算到社会制造:一场即将来临的产业革命. 中国科学院院刊,2012(6):658-669;王飞跃. 人工智能:第三轴心时代的来临. 文化纵横,2017(12);胡泳,王俊秀,段永朝. 后工业时代:意义互联网的兴起. 文化纵横,2013(6):18-27.
② 余盛峰. 全球信息化秩序下的法律革命//高鸿钧,等. 法律全球化:中国与世界. 北京:清华大学出版社,2014:211.
③ 胡泳. 旧制度与数字大革命. 新闻战线,2016(1):59-61.

或多或少走在'法律'的前面的。我们可能非常接近地达到它们之间缺口的接合处,但永远存在的趋向是要把这缺口重新打开来。"①在梅因看来,法律自身技术和手段的演化能够使自身跟上社会演化的速率,使缺口保持在相对合理的水平上。这种法律技术包括拟制、衡平与立法。那么,是否科技革命所带来的新一轮变革同样可以诉诸相类似的法律技术和方法的变化,不必动摇法律大厦的根基,从而达到法律与社会需要相得益彰的程度?

对于这个问题,学术界分成了两派。余盛峰认为,必须深刻意识到科技革命所引发的法律变革具有根本性;而郑戈则似乎站在梅因一边,认为法律天然的保守特性,使它不可能断然飞跃,而是动用既有的技术和方法去缝合自身与社会变革之间的裂痕。② 胡凌的看法介于两者之间,在网络社会治理的研究中,他沿着美国法学家莱斯格所提出的代码规制的观点③向后观察,认为莱斯格所描述的那种代码规制早已升级换代,目前的社会规制借助账户—数据—评分机制实现了更绵密的治理,它深刻影响了传统代码理论的诸多控制要素:法律、社会规范、市场和架构,由于信息技术低成本的广泛使用,四要素将变得更加理性化甚至过度理性化,在一个微观层面上趋同,以类似的机制影响人的行为,边界也变得更加模糊不清。④ 但这种治理术的融合与升级换代似乎相对莱斯格的代码之治的版本而言,是一种程度的加深和范围的扩展,是量的提升而非质的改变,这种改变似乎并不足以对法范式产生冲击。胡凌眼中的治理似乎包含两个层面,一个是代码对于网络的治理,一个是国家法对于代码的监管。这种策略恰恰是哈贝马斯所构想的,即可以民主化的政治去监管不可能民主化的市场——正所谓"螳螂捕蝉,黄雀在后"。但国家法在将代码置于监管的视野同

---

① [英]梅因. 古代法. 沈景一,译. 北京:商务印书馆,1959:17.

② 郑戈. 人工智能与法律的未来. 探索与争鸣,2017(10).

③ [美]莱斯格. 代码2.0:网络空间中的法律. 李旭,沈伟伟,译. 北京:清华大学出版社,2009:136.

④ 胡凌. 超越代码:从赛博空间到物理世界的控制/生产机制. 华东政法大学学报,2018(1):6-21.

时,自身又变成了分析的盲点,以致我们对国家法自身的变化视而不见。于是,深藏在法律发展与社会演化这一历史社会学经典问题背后的那些哲学命题再次出现,历史社会学的研究定式触碰到了它的极限。

三、再访法哲学:五个核心命题

三种研究定式的缺陷和极限,往往是法哲学讨论的起点。但在法学界的相关讨论中,我们发现法哲学家几乎缺席。这一现象之所以出现,或许不能简单用思想保守来解释,还有虚假繁荣现象的冷峻思考。阻止法哲学家关注科技革命的另一个深层原因还在于,很多现象并未被提炼到足够抽象的程度,从而具有法哲学意义,以致无法在这个维度展开。在这里,笔者试提出五个核心命题,以展开讨论。

第一,法是什么?在科技革命带来法律变革的诸多讨论中,有观点认为,科技革命将会把人类带入一个无法的社会,取而代之的将是代码或算法的统治。我们姑且将其称为法律消亡论。这与马克思当年的构想暗合,即在遥远的将来,国家的消亡势必也带来法的消亡。但差别在于,马克思的法律消亡论以一切类型统治的终结为条件,而科技革命所带来的法律消亡却可能是新型的统治取代旧的统治。莱斯格认为,在人类历史上,曾经出现四种规制社会互动的模式,分别是准则、市场、法律和代码(或架构)。在传统社会,是具有共识性的准则/规范——如道德和宗教信仰,完成群体整合的任务。随着国家出现,越来越诉诸政治权力进行社会管理,政治成为掌管全社会的中枢;到了现代社会,市场借助货币的媒介参与完成规制全社会的任务,明显地从道德、宗教信仰甚至政治权力的遮蔽下分出,这种无形之手显得比有形之手更加有力,但仍然依赖法律提供稳定期待的机制。然而,随着科技革命的到来,我们越来越发现,代码正在逐步统合以上提及的各种规制手段,甚至取代其中的一些手段。但莱斯格所讲的是规制形式与手段的问题,并未触及对法本身的认识。

法是什么？莱斯格认为，在网络空间，"代码就是法律"①，但他仅仅清晰定义了代码，而没有清晰定义法。作为一种规制手段，法似乎是与代码截然不同的事物。按照实证主义的观点，法是由政治主权者所制定、颁布或者认可的规则，而代码则编制成网络空间的架构②，它并非由政治主权者所创制或认可，也并不具备规则所具有的那种内容和结构。在莱斯格的叙述中，法虽然不同于代码，但与代码具有某种关联性，或者说，法律沾染着代码的某些特质。例如，从功能角度来看，两者都是完成社会规制的手段或机制，两者都存在着认知层面，是借助自成一体的语言标准建立的系统，尽管两者的语言并不一致，但运作机理并无根本差异。按照德国社会学家卢曼的观点来看，法是一种以合法/非法为二值代码形成的自创生系统，其功能在于稳定人们的规范期待。③ 那么，我们是否可以讲，质言之，法律本身就是代码，具有代码的特性？而作为代码的法与网络空间中的代码的差异仅仅在于形式？这一立场便脱离了经典的自然法学、法律实证主义，甚至与传统社会法学也拉开了距离。自然法学将法视为依托于准则的规则体系，这种规则的正当性来自外在于法律的准则判定，但在科技革命冲击之下，准则/规范已经无法作为共享意义资源随意调用；法律实证主义虽然描述了一种高度自主的规则体系，但这种法又变相与民族国家政治相绑定。互联网的发展已经制造出一种跨越民族国家的世界社会，这种世界社会伴随虚拟技术的成熟，将更突出地体现出"无疆有界"的特质：它无视地理和政治的疆域，而根据代码所构造的基础架构自我设定其边界。在这一世界社会的互动中，法观念和法形式会被重塑，新的法范式将被提出。与自然法学和法律实证主义不同，自孟德斯鸠，社会法学便将对法的定义置于社会之中，试图从法与社会关

---

① 胡凌. 超越代码：从赛博空间到物理世界的控制/生产机制. 华东政法大学学报，2018(1)：6. "代码就是法律"的表述最初来自于约耳·瑞登伯格（Joel Reidenberg），参见 Joel Reidenberg. Lex Informatica：The Formulation of Information Policy Rules through Technology. Texas Law Review76，1998：553.

② 关于架构问题，参见 William J. Mitchell. City of Bits：Space，Place and the Infobahn. Cambridge，The MIT Press，1996.

③ ［德］尼克拉斯·卢曼. 社会中的法. 李君韬，译. 台湾：台湾五南出版社，2009：3.

系的角度界定法。但在信息时代,我们也发现,不论从行动角度还是从社会组织角度,都不足以描绘法的复杂性。在网络空间,表达与行动的界限进一步模糊,行动更多从属于信息沟通,是沟通的附属效果;而随着网络激起越来越复杂的沟通,组织也日益失去了它固有的稳定性,从组织(包括国家)的角度去界定法,已经显得不够充分。在这种情况下,传统法哲学的三种经典范式不约而同地遭遇重大危机。在笔者看来,面向科技革命所展开的新型社会关系要求对法的界定实现三个认知转变,即从行为中心论向沟通中心论转变,从国家中心论向社会中心论转变,从规则中心论向代码中心论转变。当新的法范畴得到界定,似乎问题并非在于法的消亡,而是法的范式移转。

第二,法的意义与功能。在传统法哲学中,法的意义与功能分属两块。前者属于法的价值论,后者则属于法的功能论。但传统法哲学的两块之间存在微妙张力。简言之,这两个部分是从截然不同的思维模式来考察法。前者认为,法是社会群体意义系统的组成部分,法分享着社会成员关于是非对错的基本判断;后者主张,法发挥着某种与意义并无关联的社会功能。在古代社会,人们对法的功能认识往往处于意义的遮蔽之下,认为法是社会共享意义资源的体现。这种意义包括共同的宗教信仰、道德准则,甚至是共同的宇宙观和人生观。这种意义一方面赋予法以正当性,但同时也压抑着法的功能发挥。进入现代社会,人们对法的功能认识正在逐步压倒对法的意义认识,认为意义附属于功能,甚至是与功能截然对立的事物。例如,宗教和道德是社会的意义资源,但从功能视角来看,它们是社会秩序的稳定机制。随着社会生活发生变化,宗教和道德就变成需要调整、修改甚至废黜,为功能的发挥开道。当韦伯谈论理性化问题时,其实质是功能战胜意义的历史过程,形式合理性的法本身其实并不承载任何意义。在科技革命的大潮冲击下,我们再次看到这一历史过程的深化。当对生命性质的破解沿着基因信息论的方向迈进时,当生物体被理解为自创生的生命系统时,当人可以被理解为诸多系统的密集叠加和信息沟通的结点时,当人工智能的发展昭示着其实并没有人的所谓"本质"——使用语言、制造工具、拥有自主意志,甚至可能拥有情感,也许都不足以区分人与智能化的机器人时,其实我们已经看到功能完全彻底取代意义的前景。试管婴儿技术和性爱机器人的出现,为我们讨论眼下的问题提供了一个范例。自古以来,家庭是人类社会意义生产的核心机制之一,而家庭建立在男女两性关系的稳定维持基础上。从功能角度来讲,家庭承担着两个功能,一是生产功能,即在传统社会,作为物质生产的基本单位;二是生殖功能,作为人的种族繁衍的基本制度。随着现代社会经济发展和功能分化,家庭的生产功能已在很大程度上为市场所取代,但生殖功能仍然处于家庭内部。早期共产主义思想曾经设想将生殖功能从家庭剥离,转而由国家来组织承担,但这种实践证明并不成功。附属于生殖功能者,是以性的愉悦为诱引的生命机制。以上这些是家庭法所保障的核心内容。随着试管婴儿和性爱机器人的出现,性的愉悦满足和生殖问题已经出现脱离关系的迹象。试管婴儿使种族繁衍至少在技术上变得可以不必依托家庭,而性的愉悦满足可以诉诸人工智能和虚拟技术来处理。更多的人也在期待,随着家庭机器人技术的成熟,机器人负责承担抚养幼儿和赡养老人的角色,这将进一步弱化亲子关系,使家庭的伦理纽带日趋松动。恩格斯在《家庭、私有制与国家的起源》中对家庭的历史分析,似乎可以续写。[①] 完全可以追问,家庭是否也将在新型社会关系的剧烈冲击之下趋于解体?或者至少家庭的形式将发生显著变化?此外,古代宗教和道德准则对同性关系的严厉谴责,往往背后暗藏种族繁衍的功能考量,而随着以上笔者所提及的变化来临,人们对于同性婚姻的反对意见也很可能呈逐步消退之势。在这种情况下,婚姻家庭法可能将在科技进步所带来的社会生活变化的浪潮中发生改变。婚姻很可能由过去那种(至少期待)延续终生的稳定关系,向一种临时婚姻的方向迈进。若是如此,我们将如何看待婚姻家庭法所捍卫的那些固有意义?意义究竟是什么?当然,这种功能视角的分析会遭到反击。从意义视角出发的法哲学家可能会指出,功能的改变的确会带来意义关系的变化,但功能和意义

---

①　[德]恩格斯. 家庭、私有制与国家的起源//马克思恩格斯文集(第四卷). 中央编译局,译. 北京:人民出版社,2009:32-198.

的关系绝非单向的决定与被决定关系。换言之,功能所导致的意义变化具有多种可能性。同样以家庭法为例,随着生产和生殖功能脱离家庭,其结果未必就导致家庭的消亡,相反会使爱情作为沟通的媒介变得更加纯粹,使爱情为纽带的家庭关系变得更加稳固。在这种情况下,法律调节的重点将由以财产和子女为中心,转变为两性双方的纯粹关系。这并非意义为功能所废黜,而是在新的条件下实现了意义的再生。无论如何,在法哲学层面,功能与意义的讨论在科技革命的刺激下都有机会大大深化,从而丰富我们对于法律性质的认识。

第三,法律背后的自由与规制问题。人是社会动物,交往是人的本性需求。在交往所结成的庞大社会关系中,我们常常感到个体的自由与社会对人的规制所形成的紧张关系。从目前的发展态势看来,即使科技使人类社会生活发生重大改变,自由与规制问题将始终存在,但它会以不同于以往的形式展开,从而丰富我们对于自由与规制关系的理解。对于信息社会所带来的规制手段的升级,莱斯格并无担心。他说:"如果说 19 世纪中期是准则威胁着自由,在 20 世纪初期是国家强权威胁着自由,在 20 世纪中期的大部分时间里是市场威胁着自由,那么我要说的是,在进入 21 世纪时,另一个值得我们关注的规制者——代码,威胁着自由。"[①]与过去的诸多规制方式相比,代码具有更强的匿名性特点。我们难以在代码背后寻找到明确而具体的规制者。这在很大程度上形成了自由与规制之间的相互缠绕:我们越接受广泛的规制,便越获得更大的自由;我们越是追求自由,就越陷入更广泛的规制。从网络交易的实践看来,一方面,淘宝、京东等商业平台为消费者提供了更多选项,自由无疑得到了扩大;另一方面,我们又无形之中受到了这些商业平台的指引和控制,它限制了我们的选择。或许有人认为,对选择的限制本身就难以容忍,他们希望深入架构,掌握选择被设定和限制的方式。但即便架构被透明化,代码被开放,其实多数人对它也没有兴趣。因为,选择所带来的复杂性也是巨大的负担,人们所迫切需要的是某种机制让他们既能够选择,又不必选择——有限

---

① [美]莱斯格.代码 2.0:网络空间中的法律.136.

的选择才有意义。美国法文化学家劳伦斯·弗里德曼认为,美国正在向一个"选择的共和国"迈进①,但与此同时,更加全面的"规制的共和国"②也在出现,两个"共和国"几乎完全彼此交叠在一起。法国哲学家福柯曾经考察"二战"后西方治理术的升级,发现以"市场的真言化"为核心特征的新自由主义治理术正在出现。③ 如果我们沿着福柯的思路分析,不难看出,在新自由主义治理术衰退之后,代之而起的是以"代码的真言化"为核心特征的新型治理术,即权力以科技为手段,借助代码、算法和架构将支配深入到社会的毛细血管之中。对这种新型治理术的恐惧,引起很多人对科技革命的疑虑,认为这是新的通往奴役之路,是升级版的"一九八四"。随着科学技术发展,名义上的权力掌握者——政府或者大型科技公司不仅可以掌握关于人的外在信息,而且掌握关于人的基因、性格、偏好、思想等内在信息。在此之前,人仅仅由于行为才在法律面前显形;在此之后,人即使不作出任何行为,也在法律的监控面前无所遁形。在这种情况下,基于传统法思想所发展出来的"隐私权"这一防护罩将日渐失去意义。不仅如此,新型治理术不会终结社会等级的再生产,相反还有加剧它的可能性。在日本畅销书作家东野圭吾的小说《白金数据》中④,作者便描绘了这样一幅图景:掌握全民基因数据的政府可以极为迅速地通过基因信息的比对完成对罪犯的侧写,帮助警方破案,但政治家和社会权贵阶层却暗中要求数据库中对他们的基因信息进行隐藏,这就是所谓的"白金数据"。在科技革命带来的新型社会分工中,尽管无须怀疑新的工作会纷纷涌现,但我们需要考虑不同社会阶级在大转变过程中适应能力的差异,首先的受害者往往是那些不具有改变自身命运能力的社会底层阶

① [美]劳伦斯·弗里德曼. 选择的共和国:法律、权威与文化. 高鸿钧,等译. 北京:清华大学出版社,2005.
② [美]桑斯坦. 权利革命之后:重塑规制国.钟瑞华,译.北京:中国人民大学出版社,2008.
③ [法]福柯. 生命政治的诞生. 莫伟民,赵伟,译. 上海:上海人民出版社,2011:28.
④ [日]东野圭吾. 白金数据. 王蕴洁,译. 北京:北京联合出版公司,2018.

级①,而掌握更多资源、能够接近更多信息的社会上层阶级更容易获得新的优势。因此,科技革命重塑自由与规制关系的过程,远非温情脉脉或阳光普照的美好景象,也不可避免伴随剧烈冲突和旷日持久的斗争。在福柯晚年对生命政治的思考中,将生命权力颠倒为可能的反抗空间,"哪里有权力行使于生命,哪里就有生命进行创新",人通过"将其生命变成一件艺术作品"②来进行反抗,以获得存在的增强。因此,这里的问题并非在于思考如何撤除规制,或者希冀集体反抗,更不是借助"隐私权"这样的概念将自己蜷缩于私人生活堡垒,而是充分利用科技提供的可能性,进行自我的公开展示和艺术性创造,利用代码治理所提供的一切新便利扩展自由空间。笔者认为,在科技革命时代,政府和市场对民众信息的收集造成信息冗余状态,在信息冗余之下,人们总体上的行动自由在增加。问题的关键在于,不按照治理术所要求的有用/无用的逻辑来自我规划,而是用有趣/无趣等多种新型区分来激扰治理体制。

第四,法的演化与法范式的移转问题。社会的平稳运行与生活的常规化在思想上往往导致演化问题的衰落,唯有剧变方能刺激人们对这个问题的思考。在 19 世纪资本主义全球化的进程中,人们明显感受到社会生活的全面改变,因此演化成为核心问题。到了 20 世纪后半叶,演化问题似乎有些边缘化了。但时至今日,我们再次感受到了演化论某种形式的复兴。这种演化论不同于传统意义上的达尔文主义生物演化论和斯宾塞意义上的社会演化论,而是一种基于后设性经验观察基础上的,以社会复杂性增长为线索的新演化论。应该说,这种新演化论有坚实的经验基础。因为不管社会形态如何,我们都能够观察到社会复杂性的持续增长,以及由此带来的社会系统分化。越来越多的社会不是诉诸中央集权化的信息处理机制,而是采取分布式的信息处理机制,以化约社会复杂性。这给传统的政治法律理论都带来

---

① [美]兰德尔·柯林斯. 中产阶级工种的终结:再也无处逃遁//[美]沃勒斯坦,等. 资本主义还有未来吗. 徐曦白,译. 北京:社会科学文献出版社,2014:2.

② [美]朱迪特·勒薇尔. 福柯思想辞典. 潘培庆,译. 重庆:重庆大学出版社,2015:152.

不小的冲击。简言之,过去我们对于政治法律体制的设计基本遵循中央集权化的单一处理器模式,认为社会越复杂,信息处理机制就越需集中。但这一思路其实不无问题。最初在关于中央集权制与联邦制的讨论中,这种思路便受到挑战;随后在分权理论的讨论中,它也引起一定反思。在私法层面,公司体制中最初也采取某种形式的中央集权制,但随着公司的发展,而今的现代科技跨国公司越来越倾向于将权力下放到地方决策单元,采取网状而非金字塔式的公司结构。在这一系列变化背后,其实暗含着化约社会复杂性的人类智慧,即以多核而非单核,以分布式而非集中式的决策模式进行社会治理。从法律上讲,随着社会复杂性增加,法律并非在向一元主义的方向发展,而是在向多元主义的方向迈进,差异而非同一越来越变成法律发展的主题。①互联网正在形成多维度、多层面、多群落的虚拟空间,每一个虚拟空间都在自发生成相应的规则体系,如果试图用一元的法制取代这种多元样态,不可避免要以牺牲互联网的活力和创造力为代价。同样的情况也在其他领域出现。例如,用传统的银行法去框定互联网金融,不可避免地导致对该新兴领域的遏制,而对虚拟货币和区块链技术的严防死守,往往使国家失去快速发展的重要机遇。在国家体制的设计上,诉诸传统帝国体制的一元治理模式,还是探索面向未来的多元协调治理模式,成为值得争论和思考的重大问题。在对国家治理能力现代化的讨论中,我们应不仅着眼于结构意义上的调整,更注重功能意义上的释放,如何能够面向越来越复杂,变化越来越快速的现代社会建构灵活且稳定的政治体制,将在很大程度上影响未来国家间的竞争结果。在以上这些情况下,似乎传统的法哲学都在遭遇全新的课题。

如果我们承认,从大历史的角度观察,法本身存在演化,那么接踵而来的问题便是,法的演化遵循着什么样的线索,表现出哪些形态?过去在法哲学中,这个问题被放在法范式的讨论之下。马克思与恩格

---

① ［德］托依布纳.“全球的布科维纳”:世界社会的法律多元主义//［德］贡塔·托依布纳.魔阵·剥削·异化——托依布纳法律社会学文集.泮伟江,高鸿钧,等译.北京:清华大学出版社,2012:30-60.

斯主张,法范式本身并不具有独立性,而是受到经济形态的影响;韦伯则认为,经济决定论的思路过于简化法律演化的复杂性,以致与社会实践并不相符合,韦伯更加注重思维方式在法律演化中的作用。到了20世纪,不同的思想家提出了不同的法范式叙述。例如,诺内特与塞尔兹尼克提出的压制型、自治型与回应型法三种法范式①,昂格尔所提出的习惯法、官僚法与法秩序三种法范式②,哈贝马斯提出的自治法范式、福利法范式与程序法范式③,以及托依布纳在综合这些法范式理论基础上提出的反思性法范式④,似乎所描绘的都是西方后工业时代的法律图景,在这些法范式的讨论中,关于科技对于法范式的影响,考虑颇为有限。在当前条件下,我们似乎尚无法提炼和总结出全新的法范式理论,将科技革命引发的种种变化全部涵盖进去,或者至少使我们在法范式讨论中,给予科技革命以一个适当的位置。

第五,在法的世界背后,人的形象问题。终极言之,法的背后存在世界观,这种世界观涉及我们对于所生存的世界的理解,和对于我们自身形象的认识。在西方法律思想史上,自古希腊、罗马以来,主导性的法律思想都扎根于人文主义的基础之上,认为人处于我们生存世界的中心,法是调节人类社会生活的规则,它掌握在人的手中。今天全部的法律实践可以说都浸润着这种人文主义思想,决定着我们对于主体性、权利、义务和责任的认识。随着人工智能技术的发展,有人提出了一些具有前瞻性的问题:拥有不亚于人类智力水平的人工智能产品是否应当被视为人?或者更具体地讲,被视为具有法律资格的主体?笔者认为,问题的关键并非在于在具体的法律制度安排上,如何解决人工智能产品是否具有自主意志,或者能否承担法律责任,或者

---

① [美]诺内特、塞尔兹尼克. 转变中的法律与社会——迈向回应型法. 张志铭,译. 北京:中国政法大学出版社,1994.

② [美]昂格尔. 现代社会中的法律. 吴玉章,译. 译林出版社,2001:45-54.

③ [德]哈贝马斯. 在事实与规范之间:关于民主和法治国的商谈理论. 童世骏,译. 上海:上海三联书店,2003.

④ [德]托依布纳. 反思性的法——比较视角中法律的发展模式//[德]贡塔·托依布纳. 魔阵·剥削·异化——托依布纳法律社会学文集. 泮伟江、高鸿钧,等译. 北京:清华大学出版社,2012:266-315.

能否提供切实有效的赔偿这些可操作性层面；问题的关键在于对我们世界观的反思。对于绝大多数的民众来讲，对世界观的反思绝非轻而易举。从历史来看，在早期初民社会，人们奉行万物有灵的世界观，认为山川河流与人一样具有生命甚至灵魂，因此在法律与巫术相混合的历史时期，这些自然造物也被作为主体，为特定的巫术性仪式所唤醒；在中世纪宗教神学世界观的统治下，还曾经出现过动物审判的奇观——因为在这种世界观看来，动物和人一样都是上帝的作品，上帝授权于人管理和支配这些动物。① 即便是法律进入较为理性化的阶段，我们同样能够发现，出于种种功利的考虑（这也是一种世界观），人们将不具有自主意志的社会组织拟制成为具有自主意志的主体。因此，在对法律主体性问题思考的背后，其实是对法律背后世界观的拷问。以色列作家赫拉利认为，科技进步对人类社会的真正冲击在于，在思想上，过去人文主义的遗产正在受到巨大冲击，代之而起的是一种科技人文主义的世界观。② 在科技人文主义的世界观之下，人的形象在发生改变。例如，传统人文主义的意志自由观遭遇重大的挑战，新的世界观将人更多地视为信息的载体、沟通的结点；传统人文主义关于人把握客观世界的真理符合论在受到颠覆，新的世界观将指出，人其实无法触碰所谓绝对的客观，一切客观的描述其实都是沟通的建构；传统人文主义认为，人际互动以达成共识是创制法律的道义基础，而新的世界观则指出共识是临时的、偶然的，或者是幻象的。相反，差异、分化才是真正的状态，法律不应立足于人际互动来塑造，而应立足于系统的运作来塑造；传统人文主义认为，人是思考和言说一切的逻辑起点和逻辑终点，新的世界观则可能将人置于信息之流、沟通之网和系统的矩阵当中。实际上，早在信息论、控制论与系统论创设之初，关于人的位置问题，便已经成为争议的中心，从维纳时代的机械系统论，到马图拉纳与瓦雷拉时代的自创生生物系统论，到卢曼的社会系统论，人的形象便一再被刷新。在另一个理论脉络下，即在人们关于

---

① 余盛峰. 从老鼠审判到人工智能之法. 读书,2017(7).

② ［以色列］赫拉利. 未来简史. 林俊宏,译. 中信出版集团,2016：226-252.

语言哲学的讨论中,也逐步逼近了这样一种结论:人对于其主体性的认识实际上是语言所建构的,而语言是沟通的媒介。如果在科学领域相关理论的发展,与在哲学领域语言哲学的洞见彼此呼应,那么关于法律思想当中人的形象问题、关于主体性问题、关于法律思想的背后的整个人文主义世界观问题,便值得展开深入研究和讨论。事实上,对于法律主体性限制的挑战,早已在环境法领域展开,一些激进的环境法学家率先提出了是否应当赋予自然或自然物以法律主体地位这样的问题①;在克隆技术日趋成熟之后,被复制的另一个"我"是否与"我"一样,应当获得法律的主体性,也曾经引起过热烈的讨论;而到今天,在人工智能领域,赋予机器人以法律主体地位的观点,与此相比其实已经变得一点都不新鲜。现在应该是对这些问题进行法哲学沉思的时候了!

四、结语:迈向后人类的法哲学?

不得不承认,本文最后的结论是开放式的。窥破未来人类社会的天机,往往是未来学家、占星师和科幻小说作家的事。本文的目的无非在于,建议我们的法学家暂时抛弃貌似"接地气""有意义"的实用主义研究,清醒意识到学术研究极其容易为官僚系统的功能迫令和市场的指挥棒指引的事实,真正开展较为独立、系统和深入的探索。在这种探索的诸种道路中,历史社会学的进路与法哲学的进路应当彼此携手,弥补它们各自的不足,将科技革命与法律发展的命题提升到新的理论层次,在这一过程中,法哲学家理应参与并贡献自己的心智。

需要指出的是,法哲学家必须抱有足够的审慎和谦逊,因为当他们深入这一事业时,会深刻地感受到一场巨变正在扑面而来。自人类社会进入现代阶段以来,或许从未有一股大力像现在的科技革命所带来的那样,将深刻地影响人类社会的方方面面。也许,法哲学的所有

---

① [美]克里斯托弗·D.斯通.树应该有诉讼资格吗?——迈向自然物的法律权利.王明远,译//清华法治论衡(第13辑).北京:清华大学出版社,2010:92-148.

领域将被重塑，故事将要重新书写。令人遗憾的是，法哲学家的触觉比哲学、社会学甚至是文学等领域学者要迟钝得多。在哲学领域，战后语言哲学转向的发展已经透过对语言的研究，开始对人文主义思想的反思；在社会学领域，卢曼和托依布纳等社会系统论的兴起对社会的秩序开始全新的认识；在文学领域，一些前沿思想家如美国的凯瑟琳·海勒（N. Katherine Hayles）已将后人类思想作为一种综合性的纲领提出，她谈到"后人类的主体是一种混合物，一种各种异质、异源身份的集合，一个物质-信息的独立实体，持续不断地建构并且重建自己的边界"[①]。这种后人类思想之所以为"后"，在她看来"并不是因为它必然不自由，而是因为没有一种明显先验的，明显区别于他人意志的自我意志"[②]。这些思想给传统人文主义世界观都带来巨大冲击。

那么，这是否意味着法哲学也将随之迈向某种后人类的境况呢？笔者认为很可能。但是在这种可能性中，笔者决定继续保持郑戈所说的——法学家的"保守"，指出这样一点：西方所兴起的后人类思想，其实是在对人类中心主义提出激进反思批判之后，无以名之而采取的权宜之计。恰如各种"后"学的存在一样，它是新的思想范式未能形成，处于思想混乱、碰撞和交杂时期的产物，是激流涌动的礁石滩。在这样的变动时期，我们特别需要的是保持与科技领域的密切互动，以开放的心态关注人类社会的变化。在吸取包括后人类思想在内的各种洞见的同时，致力于凝结出崭新的思想，以迎接真正意义上"未来法"的来临。

（原文载《中国法律评论》，2018（2）：96-107。）

---

① ［美］凯瑟琳·海勒. 我们何以成为后人类：文学、信息科学和控制论中的虚拟身体. 刘宇清，译. 北京：北京大学出版社，2017：5.

② 同上注。

15 面向新科技革命的比较法学

高鸿钧[*]

晚近科技的发展日新月异,新成果令人目不暇接。其中最引人瞩目的科技发展是计算机网络技术、虚拟现实技术以及人工智能技术。这些科技新成果的应用带来了许多便利,产生了巨大经济效益,但也引发了一些重要问题。每次重大科技革命都会引起社会结构、社会关系和社会价值的重要变革。历史上,弓箭的发明和使用推动狩猎-采集社会转向游牧社会;铁的发现和广泛应用推动游牧社会转向农耕社会;蒸汽机的发明引发了近代工业革命和社会现代化。在当代,计算机技术的广泛应用,使人类迈入信息社会。新科技革命除了带来许多新的具体法律问题,还会引发法律范式的重大转变。

一、代码即法律与法律即代码

美国学者莱斯格教授是当今世界网络法的权威。他根据代码在网络空间所发挥的重要作用,提出了"代码即法律"的命题。[①] 与此同时,德国学者卢曼基于控制论和生物学以及数理逻辑等研究成果,建

---

[*] 清华大学法学院教授。本文为《改革开放与中国比较法学的成长》一文的第三部分,原文载《法学》,2018(8):3-18 页,有修改。

[①] [美]劳伦斯·莱斯格. 代码 2.0:网络空间中的法律. 李旭,沈伟伟,译. 北京:清华大学出版社,2009. 该书第一章的题目就是"代码就是法律",参见第 1-9 页。莱斯格教授指出,"代码就是法律"这个命题是由约耳·芮登博格(Joel Reidenberg)在信息法学研究中第一次提出的,参见前书第 6 页。

构了他的自创生法律系统论。他认为,法律系是基于法/不法的二值代码所建构出来,并根据这种代码封闭地运作。从这个意义上讲,他认为法律就是代码。① 他们从不同角度提出上述两个命题,并且对各自命题做出了不同的论述。但是,上述两个命题从不同角度涉及了法律性质的重构。①在网络空间和作为社会子系统的法律系统中,法律与代码具有同质性。②法律代码类似计算机代码,是人为建构的结果。在网络空间中,编码师是立法者;在法律系统中,法律系统是建码者。③代码性质的法律或法律性质的代码,都具有技术的特性,它们本身"价值无涉",并不以道德和伦理作为基础,甚至与道德和伦理没有关联。④作为法律的代码和作为代码的法律都不同于国家法,不是自上而下强加的准则或规则,而是社会中自己生成的沟通协议架构。

当然,莱斯格关于"代码就是法律"的命题仅仅适用于网络空间,在其他领域,约束机制主要是诉诸共同体压力的准则、市场价格和法律的制裁与惩罚等。但是,我们应该注意的是,计算机的应用领域和互联网的覆盖范围不断扩展,当今社会在信息交流、价值转移以及社会组织管理等方面,已经出现网络化的趋势。因此,作为代码的法律所适用的范围越来越广。

另外,在现代社会,法律职业不断专业化,立法与司法分化开来,法律从宗教、道德、政治和经济中独立出来,成为一个独立的功能子系统。晚近科学技术的发展和社会的网络化,加剧了这种分化趋势。这样一来,现代法律的特性如自主性、运作功能、动态结构以及与其他领域之间的关系,都越来越接近卢曼所描述的自创生法律系统。根据托依布纳的具体研究,自 20 世纪后期以来,跨国企业的数量迅速增加,规模也不断扩大,在世界商业活动中的重要性也日益突出。为了寻求一种更便利的法律和纠纷解决机制,避开特定国家的法律及其司法体制,跨国企业便在商业实践中形成了新商人法(New Lex Mercatoria)。这种新商人法有别于国家法,是一种"自我合法化"的法律,它不依赖

———————

① [德]尼可拉斯·卢曼. 社会中的法. 台湾翻译馆,李君韬,译. 台湾:五南图书出版股份有限公司,2009.

国家法及其法院，是一种"自我繁衍"和"自我发展"的"自创生"法律制度。新商人法的有效性基于跨国企业之间所订立的商事合同。这种合同是一种"无法律的合同"，其效力不是源于法律而是源于合同本身，即合同建构出缔约者所适用的法律，然后，该法律反身性地适用于该合同。跨国企业还在合同中建构出诉诸仲裁的纠纷解决机制，或称为"国际性私人化司法"，使有关纠纷的仲裁快捷且节省费用。[①] 根据他的另一项研究，与民族国家的主权联系最密切的宪法，业已出现碎片化的趋势；通过代码横向建构的"全球社会宪治"成为一种新的发展趋势。[②]

总之，在社会信息化和信息网络化的时代，代码作为法律的适用范围越来越广泛。经济的全球化推动了这种趋势。面对这种新的趋势——"代码就是法律"或者"法律就是代码"，我们过去对于法律性质以及法律与政治、经济、宗教之间关系的理解，显然不足。

此外，计算机互联网的发展为人们获取信息提供了极大的便利。更为重要的是，互联网所营造的虚拟空间，使人们可能在"虚拟社区"展示"第二人生"，尝试不同于现实生活的虚拟生活，甚至可能化身为不同的形象出现在不同的虚拟空间，扮演不同的角色和体验不同的生活方式。就此而言，互联网从实质上扩展了人们的自由空间。互联网产生的初期，确实呈现出一个不受现实政府控制的自由空间。互联网基于匿名化和跨地域等特征，似乎具有控制的"免疫性"。因此，巴洛在 1996 年发表的《网络独立宣言》，针对以主权和领土为特征的国家不无挑战地宣布："我们正在建造的全球社会空间，网络世界并不处于你们的领地之内""我们的成员可能分布各地，跨越你们的不同司法管辖区域。我们内部的文化世界所共同认可的唯一法律就是'黄金规则'""我们希望能够在此基础上构建我们独特的解决办法"，而"决不

---

① ［德］贡塔·托依布纳. 魔阵·剥削·异化——托依布纳法律社会学论文集. 泮伟江，高鸿钧，等译. 北京：清华大学出版社，2012：30-59.

② 有关具体论述参见［德］贡塔·托依布纳. 宪法的碎片化：全球社会宪治. 陆宇峰，译. 北京：中央编译出版社，2016.

接受你们试图强加给我们的解决办法"。① 然而,正如莱斯格教授的研究所表明的,网络空间出现不久就处于政府的规制之下,政府通过规制架构和代码而规制网络②,以致莱斯格预言,"互联网将有可能成为迄今为止实现最完美规制的空间"③。实践中,在政府不断强化的规制下和在编码师和运营商的操控下,互联网自由的空间日益受到压缩,以致早期互联网的乐观情绪被后来的悲观情绪所取代。

但是,区块链的产生标志着网络发展的崭新阶段。近年来,区块链的发展已经引起国内外各界的广泛关注。关于区块链的利弊得失,已有很多争论。毫无疑问,区块链的技术尚存在问题,应用范围也有一定限制,甚至具有一些负面效应,如用于洗钱和贩毒等犯罪活动。但是,区块链所具有的优势、潜能和应用前景,值得我们予以关注。①区块链作为一种大型数据库的信息载体,通过分布式记账的方式,使得所有的数据记录都公开透明,可以追溯,任何篡改行为都会被其他共同记账者及时发现。②区块链作为一种具有延展性的交易平台,不仅可以交流信息,而且可以转移价值,可以实现价值传递智能化,而传统的网络则无法实现这一点。③区块链作为一种无中心或多中心网络,通过点对点的数据传输和无须中介的价值转移,可以摆脱传统网络受控于代码师、运营商和政府控制的弊端,因而成为一个更自由的网络空间。根据新进出版的《区块链与法律:代码之治》一书,私人行动者主导的网络世界,曾经试图以"代码之治"(Rule of Code)摆脱现实世界的"法律之治"(Rule of Law),但不久"代码之治"就受到现实世界由政府所主导的"法治之治"的控制。自 2009 年区块链涌现出来之后,私人行动者试图通过自组织的方式,以"密码法"(Lex

---

① [美]约翰·P. 巴洛. 网络独立宣言. 李旭、李小武,译//清华法治论衡(第 4 辑). 北京:清华大学出版社,2004:509-511.

② [美]劳伦斯·莱斯格. 代码 2.0:网络空间中的法律. 李旭、沈伟伟,译. 北京:清华大学出版社,2009:70-133.

③ [美]劳伦斯·莱斯格. 代码 2.0:网络空间中的法律. 李旭、沈伟伟,译. 北京:清华大学出版社,2009:70.

Cryptographica)摆脱"法律之治",并取得了成功。① ④但代码或密码之法与"法律之治"未来处于何种关系,是否也面临一般互联网代码的命运,仍有待观察。区块链作为一种远程匿名的合作机制,以其独特的加密技术,可以比传统网络更好地保护参与者的隐私。⑤区块链作为一种合作信用保障体系,以共识机制和信用保证方式,可以为人们的合作提供交易安全。其中智能合约不同于传统合约,不仅可以节省邀约、了解合作对方背景、谈判和签约等成本,而且自动执行的机制使违约成为不可能,可以节省履约监督成本以及违约寻求救济成本。⑥区块链最初用于比特币交易,应用范围不断扩大,1.0版是数字货币,2.0版是数字资产与智能合约,3.0版是分布式人工智能合作平台和组织管理机制等。区块链的应用前景十分广泛,可用于创建新的经济模式、政府管理方式以及社会合作形式。例如,在政府公共管理领域,区块链技术可用于公民信息保护、公民身份认证、政务公开、税收监督以及公共保险资金监管等;通过公开透明的数据和资产等信息共享以及公民参与和监督,可以减少腐败、欺诈、错误,重建政府与公民之间的信用。在经济领域,将区块链技术运用到物联网中,实现万物互联,可以使资产管理和交易智能化。②

区块链网络中所内嵌的虚拟现实技术和人工智能技术,通过网络覆盖范围不断扩展,会使我们的社会成为一个可编程社会,而这会深度影响和改变的经济、政治、社会和文化生活,进而会改变社会结构、社会关系和社会价值。首先,在一个网络全面覆盖的可编程社会,生产与生活、生产与消费、生产与管理的界限会逐渐模糊,甚至可能会融为一体。其次,在信用具有保障的情况下,协作主义的人际合作将会取代人际防范、博弈和对抗的个人主义价值,并将超越国家主义的价

---

① P. De Filippi, A. Wrigt. Blaockchain and Law: The Rule of code. Cambridge, Harvard University Press,2018. 哈佛大学出版社官方网站,2018-8-7. http://harvardpress.typepad.com/hup_publicity/2018/04/blockchain-and-the-law.html?from=singlemessage&isappinstalled=0. 代码或密码之法与"法律之治"未来处于何种关系,是否也面临一般网络代码的命运,完全受到政府的控制,仍有待观察。

② 当然,只有公有链才具有去中心化的特征,联盟链具有部分去中心的特征,而私有链则保留中心化的特征。另外,区块链中还存在"女巫攻击"之类的技术设计漏洞。

值。国家主义以凌驾于社会之上的强制姿态,为人际合作提供信任担保,但这种保证机制成本很高,且具有官员寻租和政府滥权等负面效应。与此同时,合作主义的共享经济超越传统所有权观念,使用开始重于占有,共享和责任的概念可能取代传统的权利与义务范式,而作为现代法范式的主体性、个人自治和意志自由概念,都将受到冲击,并根据协作主义的价值进行重构。与传统时代不同,在信息时代,一个人拥有普通数据及其数据产品,他人可以同时分享,而这并不影响该物所有人的权益,在合理付费的情况下,甚至会增加他的收益。因此,信息时代所有权的一个重要变化,就是"从重视所有权到使用权"正在"转向一个灵活积累的体制的过渡"。① 过去具有排他性的所有权观念以及公与私的界限都会发生改变。共享经济的发展不仅有助于资源共享,而且有助于减少社会不平等。在这个方面,中国许多城市共享单车所带来的益处,令人印象尤其深刻。最后,社会各个维度的网络化,代码在稳定社会的规范性期待方面,将在越来越多的领域和范围取代法律,通过代码和应用程序而嵌入的智能合约,以其自动执行实现"不能违约",使法律所追求的"不敢违约"的信任保证机制相形见绌,而使传统合同法上的一些违约防范和救济机制,也将成为蛇足凤角。对于这种通过代码设定的内在技术规则,人们一旦参与相关的"游戏",就无法违反,不同于以事后惩罚作为保障的外在法律规则。②

二、生命即算法:数据主义对人本主义法范式的挑战

我们都知道,现代法律的基本范式是基于人本主义的个人主义。然而,生命科学的晚近成果和人工智能技术的迅速发展,对人本主义

① [美]凯瑟琳·海勒. 我们何以成为后人类:文学、信息和控制论中的虚拟身体. 刘宇清,译. 北京:北京大学出版社,2017:52-53. 本书虽然不是关于生命科学的直接研究成果,但从一个侧面反映了生命科学的前沿成果。
② 关于区块链的基本原理、运作机制、应用场景以及有关技术规则与法律规则的差异,参见以下两部著作的有关论述:唐文剑,吕雯,等. 区块链将如何重新定义世界. 北京:机械工业出版社,2017;徐明星,等. 图说区块链:神一样的金融科技与未来社会. 北京:中信出版集团,2017.

的个人主义构成挑战。

首先,生命科学关于人体和意识的研究揭示,人的意识并不是独立于物质的灵魂,而是特定基因构造促使大脑出现的某种电化学反应。意志受到欲望的驱使,并不自由;欲望作为一种生命存在的动力,在意识之流中起伏不定,变来变去。换言之,科学家打开了智人头脑的黑盒子,既没有找到灵魂,也没有找到自由意志,只找到基因、激素和神经元。[①] 另外,具有物理结构的人体也不再仅仅作为物质客体,而同时被作为信息模式,是对基因信息的表达。[②]

其次,人体不是一个不可分割的统一体。人体是细胞合作的集合体,每个细胞都具有相对的独立性。大脑有左右之分,各自侧重不同的功能;心理学研究表明,自我可分为体验自我和叙事自我,体验自我是参与和经历生活过程中的具体感受,叙事自我则是事后对体验过程的重构和回忆。叙事自我从感觉中寻找峰值,从混乱中寻找秩序,从结果中重建过程,实际上是有选择地回忆某些体验和经历,只记得体验的高峰和终点者,并把这两者相加作为体验的平均值。[③]

最后,每个人都置身于社会之中,必然受到既定社会结构、关系和价值的影响,甚至无法抵御时尚潮流。某人虽然可以逃离社会,彻底与社会隔绝,但这种做法却与人的社会属性相悖。某人试图保持一定程度的自主,戴上"专注头盔",有选择地隔绝某些声音,接受某些声音,但又无法确定屏蔽哪些声音,接受哪些声音。实际上,人类作为一种生物,与其他生物一样,也是算法;人工智能可与意识脱钩,智能甚至比意识重要,而意识则可有可无;算法比自己更了解自己,会为一个

---

① [以色列]尤瓦尔·赫拉利. 未来简史. 林俊宏,译. 中信出版集团,2017:116,256,260. 本书虽然不是关于生命科学的直接研究成果,但从一个侧面反映了生命科学的前沿成果。

② [美]凯瑟琳·海勒. 我们何以成为后人类:文学、信息和控制论中的虚拟身体. 刘宇清,译. 北京:北京大学出版社,2017:38,136.

③ [美]凯瑟琳·海勒. 我们何以成为后人类:文学、信息和控制论中的虚拟身体. 刘宇清,译. 北京:北京大学出版社,2017:143;[以色列]尤瓦尔·赫拉利. 未来简史. 林俊宏,译. 北京:中信出版集团,2017:262-276.

人更好地做出大部分重要的决定。① 这样一来,作为现代法律的基本预设前提的个人自治和意志自由,似乎都成问题。

历史上,人们通常认为,人与机器之间存在一道不可逾越的鸿沟。但早在 20 世纪 50 年代初,控制论之父维纳就认为,从信息的角度讲,人类与机器之间并没有一道不可逾越的鸿沟。当时许多美国人的身体都由于某种原因植入了人工器官或其他机器部件。从这个角度,维纳指出,当时美国人-机链接的人口比例已经高达 10%。他预测,人与机器之间、机器与人之间以及机器与机器之间的信息链接与沟通,势必要在社会中占据日益重要的地位。② 维纳还预言了机器学习的潜能和人机互联的发展前景。晚近控制论和生命科学结合,在人-机互联方面取得了重要进展。有关研究成果表明,身体性存在与计算机仿真之间、人-机结构与生物组织之间、机器人科学与人类目标之间,并没有本质的不同或者绝对的界限。换言之,如果把信息视为无形之物,该形式则可与物质分离,信息可与载体分离,而从人工智能的发展趋势看,信息与实体的分离不可避免。这样,一旦信息可以摆脱人体载体,把人的意识下载到计算机内,人-机结合就不是难题。从人工智能技术的角度,可以把人理解为一种信息模式,人的思考模式和代码之间没有本质的区别。在早期,控制论一直在模拟人体制造机器,机器人就是这种思路的产物。后来,研究者从信息的角度来思考,发现计算机代码不仅仅模拟生命,智能机器本身就有生命。这样一来,人们开始认识到,人和机器都是信息处理器,而人-机同源使我们有理由认为,虚拟实境的虚拟现实可与日常生活的现实等量齐观,因为前者运转时根据的规则,在最基本的编码水平上,与支配人类神经功能的规律相一致。实质上,生物机体是代码,代码也是机体。随后,研究者开始反转"机器是人"的拟制,认为人类就是神奇的机器。换言之,在人工生命范式中,机器变成了用来理解人类的模型。总之,晚近的有关

---

① [以色列]尤瓦尔·赫拉利. 未来简史. 林俊宏,译. 北京:中信出版集团,2017:75,281,298-306.

② [美]N.维纳. 人有人的用处. 陈步,译. 北京:商务印书馆,2017:2.

研究进一步揭示,生命是信息载体,生物与作为信息载体的智能机器一样,都是算法,区别在于人类是以碳所表现的算法,而智能机器则是以硅所表现的算法。①

面对人工智能技术的发展,采取抵制的观点已经很少。就接受人工智能技术发展的观点而言,总体上分为两大阵营。一是人本主义阵营,二是数据主义阵营。人本主义内部又分为四种主张。①技术风险论认为,技术的发展和应用具有潜在风险,应保持高度的警觉。一些科幻小说和影视作品都从这个角度,描述机器对人类带来的风险,甚至使人类面临灭顶之灾。但在关键时刻,人类总是通过合作、信仰或爱情力量,或依靠个别英雄的勇敢和牺牲精神,最终化险为夷。②技术有益论认为,人-机同是自由主体,技术作为扩展自由的手段,并不会颠覆人本主义和个人主义。这种观点认为科学发展会有益于人的自由和发展,人工智能机器能够像人一样工作,甚至在许多领域代替人类工作,提供更多的劳动成果和生活资源,使人有更多的闲暇和娱乐时间。③技术解放论认为,运用人工智能技术改造人类自身,可使人类摆脱或超越固有的某些生理局限和遗传弱点,从而使人得到全面的发展,进入真正自由、平等和博爱的状态。这种技术乌托邦在许多科幻小说中得到了反映,如在贝尔的科幻小说《血音乐》中,研究者弗吉尔在把芯片与细胞相结合的实验中,失控的实验结果导致细胞自我学习和不断进化,开始溶解人体,结果使人摆脱了肉身的负担,并打破了人与人之间无法沟通的隔阂,人以细胞的形式进入一种比现实人类更加自由、平等和博爱状态,甚至获得永生。② ④技术决定论认为,人工智能发展会使大部分劳动都由机器人完成,不但医生和律师失业,就连作曲等艺术性工作也可以被人工智能所取代。因此,99%的人类特性及能力都成为多余的东西,绝大多数人则变成无用的废人,或作为人工智能的辅助劳力。其结果,一方面是人工智能将把大多数人挤

---

① [美]凯瑟琳·海勒.我们何以成为后人类:文学、信息和控制论中的虚拟身体.刘宇清,译.北京:北京大学出版社,2017:1-3,81-90,308-321,373.

② [美]格雷格·贝尔.血音乐.严伟,译.成都:四川科学技术出版社,2014.

出就业市场,另一方面是掌握和控制技术的人将成为超人或神人。这样一来,人类多数的个体就没有价值,芸芸众生只有在整体是作为神人所控制的人力资源,才具有类似机器一样的使用价值。按照这种思路,人工智能的发展则会加剧社会不平等,人类社会将变成少数精英统治多数大众的"技术利维坦"和"人工类蚂蚁窝"。①

在以上四种人本主义的技术观中,只有第四种观点虽然仍然属于人本主义,但结果却与现代个人主义价值观相悖。相比之下,数据主义的技术观更为激进,不仅颠覆了以自由和平等旨向的个人主义,而且颠覆了人本主义。

数据主义认为,同样的数学定律同时适用于生化算法和电子算法,只要我们把数据转化为信息,信息转化为知识,最后把知识转化为智能,智能机器就会远远胜于人。因为数据的流动量之大,并非人所能处理,这项工作只能交给超过人类大脑的智能机器和电子算法。② 维纳曾经认为,机器的危险可以被某些人利用,控制其余的人类,尤其是政治领导人利用机器控制人民,但机器对社会的危险并不是来自机器自身,而是来自被人利用。③ 在维纳时代,人工智能的发展水平很低,机器控制人类的现实危险并不明显。随着当代人工智能技术的迅速发展,智能机器已经具备自主学习的能力。智能机器通过自主学习,在信息储存和算法上战胜了人类最佳棋手。这个事件暗示,智能机器的算法在其他方面也会逐渐超过人类的智力,甚至未来会控制人类,可能使人类陷入机器所控制的《黑客帝国》之中。实际上,在数据主义看来,"智人就是个该淘汰的算法"④。

另外,在进化过程中,黑猩猩链接的信息沟通网络容纳的个体数量有限。智人所以胜出,主要在于能够通过宗教、国家和货币等虚拟

---

① [以色列]尤瓦尔·赫拉利. 未来简史. 林俊宏,译. 北京:中信出版集团,2017:288-295,317,330.

② 同上注,335-336.

③ [美]N.维纳. 人有人的用处.陈步,译. 北京:商务印书馆,2017:161-163.

④ [以色列]尤瓦尔·赫拉利. 未来简史. 林俊宏,译. 北京:中信出版集团,2017:347.

机制,形成更大的信息交流网络与合作群体。在信息时代,信息最大化是数据主义的诫命之一。数据信息流的激增,信息扩展的范围将无孔不入,无远弗届,从人-机互联到万物互联乃是自然而然的过程。在物联网的扩展过程中,一方面,生物计量装置、仿生器官和纳米机器人置入人体,人体机器化;另一方面,信息网络可能从地球向外扩张,扩展到其他星系乃至整个宇宙。届时,人类将被并入这个万物互联的系统,由万物互联的创造者功成身退,转变为这个宏观数据宇宙网络系统的联系媒介和结点。在计算机宇宙中,信息为王,而人类将被数据所吞没,消融在数据之中,"'个人'逐渐成为一个巨大系统里的微小芯片"和"数据流里的一片涟漪"。①

总之,关于人工智能技术的发展所带来的可能后果,无论是主张技术决定论,认为控制技术的少数精英将统治大多数无用的大众,还是认为结局将是人本主义的个人主义走向终结,人类将进入受到机器主宰的后人类社会,消融于数据之流,淹没于信息宇宙之网,都为时尚早。人工智能技术的发展才起步不久,许多关键的技术还有待突破。即便人工智能技术得到了实质性突破和广泛应用,我们也不应认为人工智能无所不能,一定会导致少数技术精英控制多数大众,或智能机器控制人类。另外,我们也不能对人工智能技术发展正在带来的挑战和潜在影响视而不见,无动于衷。实际上,就人工智能对于法律的影响而言,法学界许多学者已经开始研究,并提出了许多颇具启示的观点。但是,这些研究更多集中在微观层次,如预防和打击网络犯罪、保护网络隐私和信息财产等。我们以为,新科技对于法律的影响,主要在于对传统法律范式的挑战。胡凌博士、鲁楠博士和余成峰博士等在这个方面进行了深入和系统的思考,并取得了可喜的成果。② 基于上文所描述的生命科学和人工智能技术发展,笔者认为,生命科学和人

① [以色列]尤瓦尔·赫拉利. 未来简史. 林俊宏,译. 北京:中信出版集团,2017:311,346-360.

② 胡凌. 人工智能视阈下的网络法核心问题. 中国法律评论,2018(2):86-95;鲁楠. 科技革命、法哲学与后人类境况. 中国法律评论,2018(2):96-107;余成峰. 法律的"死亡":人工智能时代的法律功能危机. 华东政法大学学报,2018(2):5-20.

工智能技术的法律,对于现代人本主义的个人主义法范式提出了以下挑战。①当有关生命科学的研究在一定程度上解构了传统上现代关于人的一些基本预设,如自我统一性、自主性以及自由意志等预设,建立在这些预设基础上的法律原则和命题,以及从这些原则和命题所引申出来的法理范式和宪法、民法和刑法制度与规则,是继续视为理所当然,还是应进行某些调整抑或彻底重构?②在信息和网络时代,越来越多的法律转变为代码,作为代码应用程序的网络协议,要求具有更高的动态性和灵活性,是继续坚持传统的法律概念,不承认代码具有法律的功能或法律具有代码的性质,还是承认并主动运用代码的原理和机制,推动法律与代码的相互补充,实现国家法与自组织规则之间的良性互动?③自创生的法律系统论揭示,与神明裁判、大众审判或政治主判等方式相比,以司法为中心的法律系统,能够更大程度地稳定全社会的规范性期待,我们是仍然恪守立法中心主义,从有法可依的思路义无反顾地健全法律体系,或不辞辛苦地追求宏大体系的法典,还是构筑自主的法律系统,强化独立的审判机制,从而使法律从结构功能主义的"自动售货机"转向功能结构主义的"变形金刚"?④人-机结合和万物互联正在打破有机与无机的界线,从而挑战了人本主义、个人主义以及人类中心主义。在这种背景下,我们是继续坚持传统关于人与物关系的思考范式、主体概念和个人占有性所有权观念,还是放弃人本的主体性预设,通过拟制赋予动物和无生命之物以"主体"资格,从而强调人与人之间分享公用的所有权观念,发展出人类与动物和无生命物之间和睦相处和协调共生的新观念?比较法学应对上述问题做出积极回应,即在人工智能技术快速发展的信息时代,尤其应重视功能导向的比较法研究。

三、比较法学范式的转变

综上所述,在新科技革命时代,比较法学必须调整范式。

首先,我们应强化功能导向的比较法学。这种功能导向的比较法学,不应拘泥于传统的法律概念,而应开放地理解法律的概念,把代码和信息等概念纳入自己的视野,把动物、植物和无生命物纳入法律的主体之中。我们也不应恪守立法优位的法律结构主义,而应重视司法的重要地位,并充分发挥司法的专业自主和动态灵活的作用。我们不应恪守传统大陆法系、普通法系等法系划分和法律部门的划分,而应根据世界格局的变化和第二轴心时代的涌现重构法系,并超越传统的公法与私法以及部门法划分。我们不应过分强调法律的禁止、规制、惩罚和警示功能,而应重视法律的赋权、确权和维权功能,法律功能应由侧重通过惩罚使人们"不敢违法",转向运用科技使人们"不能违法",从运用法律保护交易行为和交往活动——"以法护行",转向借助法律的机制建构多维的交流平台和安全的合作网络——"由法成事"。

其次,我们应强化多元导向的比较法学。在纵向之维,比较法学除了关注国家法,还应重视地方法、行业法、自主组织或私人行动者之间的协议法,与各种组织之间的约定法,以及国际法、跨国法和全球法等;在横向之维,比较法学除了继续关注传统上人本-社会之法,还应关注人与动植物之间、人与无生命物之间以及万物互联中物与物之间的法律。在第二轴心时代,比较法学不仅应关注轴心文明国家或地区的法律,还应关注非轴心文明国家或地区的法律。从研究方法上,比较法应不仅努力实现法学理论与部门法知识相结合,而且应注重跨学科的研究方法相结合,如法学与历史、政治、经济、哲学、宗教、文学以及自然科学方法的结合,把其他学科的前沿成果和方法尽可能及时引入比较法学。

再次,我们应强化情境导向的比较法学。情境导向的比较法学关注法律运作的具体场域,在微观层次,关注"地方知识"之法的效力场域和区块链等网络之法的应用场景;在中观层次,我们应关注行业法和国家法所发挥作用的宗教、政治、经济、历史和文化背景;在宏观层次,我们应关注国际法、跨国法和全球法的形成过程、运作机制和适用情境。这样,比较法学就能超越规范与事实、理想与现实、历史与现实以及特殊性与普遍性之类的二元对立。

最后,我们应强化意义导向的比较法学。传统的社会理论认为,意义往往与宗教、道德和伦理等价值相联系。例如,在韦伯的理想类型中,形式理性的法律具有"价值无涉"的特质。这种法律所追求目的理性的理性行为,便具有意义丧失之虞。对此,韦伯处于矛盾的心理:他一方面主张,形式理性法律将在现代社会占据支配地位[①];另一方面又对现代法的形式性和现代人的意义丧失心存忧虑,担心形式化的法律会变成"铁笼",而意义丧失的现代人则会蜕变成"专家没有精神"和"纵欲者没有心肝"的"空心躯壳"。[②] 卢曼则完全摆脱了韦伯的忧虑,不无冷漠地认为,意义只是作为法律系统的媒介,其作用在于诱导法律系统持续运作,从而实现稳定全社会规范期待的功能。[③] 换言之,在卢曼所描述的法律系统中,意义被功能内在化,成为功能系统的组成部分,只是实现功能的衔接媒介和辅助形式。卢曼的法律系统论虽然包含许多值得借鉴的主张和洞见,但对于他的功能决定意义论,我们并不能接受。现代人本主义的个人主义认为,意义与个人体验密切联系。但根据数据主义的观点,数据化的信息已与个人的体验相分离;体验只有转化为数据,通过算法才能找到意义,即个人只有融入数据之流的信息宇宙整体计划中,才能找到意义。[④] 对于这种技术统治人类的后人类功能主义观点,我们更不能认可。笔者认为,伴随人-机互联和万物互联,我们也许应放弃人本主义或重构关于人的预设,但人仍然应该保留自身的基本属性,仍然会具有作为意义之维的情感、体验和价值,而不会蜕变为功能机器或"空心躯壳"。另外,人类一旦完全取向于功能,就会丧失任何价值共识和同情之心,并可能回归"丛林法则"的时代。

(原文载《法学》,2018(8):3-18。)

---

① [德]韦伯. 法律社会学. 康乐,简惠美,译. 台湾:远流出版事业股份有限公司,2003:352-364.

② [德]马克斯·韦伯. 新教伦理与资本主义精神. 阎克文,译. 上海:上海人民出版社,2010:274-275.

③ [德]尼可拉斯·卢曼. 社会中的法. 台湾翻译馆,李君韬,译. 台湾:五南图书出版股份有限公司,2009.

④ [以色列]尤瓦尔·赫拉利. 未来简史. 林俊宏,译. 北京:中信出版集团,2017:351-352.

16 科学不确定性背景下的环境正义

——基于转基因生物安全问题的讨论

王明远*　金　峰**

　　在工业化、城市化不断推进的当代中国,环境问题越来越引发公众关注。传统环境问题所致危害的情形和关系比较明确,具有科学上的确定性。例如,造纸厂将未经处理的废水直接排入河道,已有足够的科学证据表明废水中所含的有毒化学物质对河道生态及其周边环境乃至人体健康造成的危害,基于此种判断,政府对造纸厂的排污行为进行规制,禁止或者限制其排放活动。申言之,行为人实施环境行为,该行为造成危害,有充分的科学证据表明行为与危害之间存在着因果关系,环境监管部门主动或依第三人申请进行规制,行为人承担相应的法律义务和责任,在这种环境行为-法律规制模式之中,存在明确的因果关系链和比较完整的规制流程。

　　传统环境问题的法律规制建立在科学确定性的基础之上,公众基于常识对相关环境问题及其风险所作的判断与专家基于专业知识所作的相关判断往往具有相当的一致性。另外,还有一类与现代科技密切相关的新型环境问题,如转基因生物安全与气候变化等,其潜在危害在科学上既难以证实,又难以完全排除,具有不确定性,从而呈现出

---

　　*　清华大学法学院教授,清华大学环境资源能源法学研究中心主任。

　　**　上海市农业委员会政策法规处副处长。

与传统环境问题迥异的某些特性。①

　　本文试图综合运用法学和其他社会科学的思维及方法,以转基因生物安全这一典型的科学不确定性背景下的现代环境风险为例,阐释科学不确定性背景下的环境正义所呈现出的突出品性,探讨如何通过市场调节、政府规制、公众参与等综合机制平衡相关价值和利益,保障环境正义的实现。

一、科学不确定性的类型与转基因生物安全问题

　　科技改变着人们的生存条件和思维方式,在人、社会和自然的关系中发挥日益强大的作用,与此同时,科技自身的局限性也逐渐暴露出来,包括生物技术、信息技术、核能技术、新材料技术等在内的现代科技,在很多情形下成为当今社会最大的风险来源。② 这些由科技发展所带来的风险属于"人造风险"和"内生风险",不同于以往的"自然风险""外部风险"。③ 德国学者贝克认为,在传统社会,人们交汇聚集是为了更好地实现自我的现实需求;在现代社会,人们交汇聚集则是为了共同抵御各类科学确定性和不确定性背景下的社会风险;而将社会公众动员起来的政治驱动力已经从"需求型团结"发展为"焦虑促进型团结"。他还将西方后工业化社会称为"风险社会",借以表明科技发展所致风险的深刻存在和普遍性。④

　　就科学不确定性而言,法律所要调整的主要是方法论意义上的科学不确定性。这种不确定性客观存在但限于目前的科技水平难以被发现,不过随着科技的进步和管理的完善,最终能够被发现、消除或者减少,具有法律意义上的可调整性——在相关科技的研发和应用中,

---

　　① 王芳. 环境与社会. 上海:华东理工大学出版社,2013:87.

　　② [英]珍妮·斯蒂尔. 风险和法律理论. 韩永强,译. 北京:中国政法大学出版社,2012:189.

　　③ 由现代科技所引发的"现代风险",有的是基于科学确定性的风险,如 PX 项目、核材料泄露等;还有的是基于科学不确定性的风险,如转基因生物安全、全球气候变化等。

　　④ [德]乌尔里希·贝克. 风险社会. 何博闻,译. 南京:译林出版社,2004:78.

法律可以要求行为人履行一定的义务,如获得行政许可、披露相关活动信息以及采取必要的防范措施等,从而平衡业者自由与社会安全之间的关系。

转基因生物安全问题涉及方法论意义上科学不确定性的多种情形。例如,有动物试验数据表明小白鼠长期食用抗虫转基因食品后发生病理变化,但这种变化是否由抗虫基因及其表达蛋白所引起,尚无法确证;转基因作物中的外源基因具有向近源物种扩散的可能性,通过环境影响评价可以获得一个相关的概率值;人体摄入转基因蔬菜后,其外源基因碎片或许会影响甚至整合到人体肠道细菌的遗传物质内,但没有科学证据能支持或者否定这种假设,只是在理论上存在该可能性。[①]

转基因生物安全既是当前风险规制研究中的热点问题,也是探讨科学不确定性背景下之环境正义的一个典型例证。它主要涉及环境安全性和食用安全性两个方面,包括科技研究、产业发展、生态保护、食品安全和消费者权益等不同环节和内容。[②]

科学家认为,转基因生物对生态环境安全性的可能影响主要表现为对生物多样性的影响、对非靶标生物的误杀以及杂草化等。[③] 在健康方面,基于转基因技术的特性,人们担心转基因食品可能会含有对人体不利的成分,而且相对于传统的同类食品,转基因食品可能含有

[①] 转基因技术(Transgenic Technology)是将人工分离和修饰过的基因导入到生物体基因组中,由于导入基因的表达而引起生物体性状可稳定遗传之变化的技术,也被称为基因修饰(Genetic Modification)。转基因生物(Transgenic Organism)即是使用这种技术所培育出来的生物,也被称为基因修饰生物(Genetic Modified Organism)或改性生物(Living Modified Organism)。从生物遗传的本质来看,通过杂交、回交、自交等传统育种方式获得的新作物品种也同样具有"基因修饰"效应,但转基因生物与传统生物最本质的区别在于,转基因生物是应用现代基因工程技术的结果,所涉及的基因能实现在不同物种间的转移,这种生物不能通过自然进化的途径出现,也不能通过传统作物育种方法而得到。以转基因生物为原料加工生产的或者含有转基因成分的食品,即为转基因食品(Transgenic Food)。刘信. 转基因产品溯源. 北京:中国物资出版社,2011:1;曾北危. 转基因生物安全. 北京:化学工业出版社,2004:78-81.

[②] 王明远. 转基因生物安全法研究. 北京:北京大学出版社,2010:59.

[③] 环境保护部. 中国转基因生物安全性研究与风险管理. 中国环境出版社,2008:78.

致人体过敏的蛋白。① 有动物学研究显示,转基因在宿主基因组中的行为难以控制,由于外源基因的导入所引起的宿主细胞染色体插入突变发生率为 5%～7%,可能导致转基因动物严重的生理问题甚至死亡现象,从而也影响到相关食品的安全性。② 此外,在制作转基因动物的过程中有时要用病毒做载体,这就可能导致一些新病毒毒株的产生和传播。因此,转基因动物及其产品的安全性有待于进一步的考察、试验、证实和评估。③

对许多人来说,"确定"和"精确"是科学的本质,科学问题会有其正确答案。因此,科学经常被描述或被理解为"理性的""客观的",用科学来证明规制的合理性常常带有相当强的说服力。面对科学不确定性背景下的风险决策,科学家的唯一任务似乎就是要对风险发生的原因做出解释,他们认为,如果解释"问题是怎么来的"(危险产生的原因),那么"问题是怎么没的"(缓解或解决危险的途径)也就不言自明,公众的疑虑也会随之烟消云散。比如,针对转基因农产品安全性的争议,科学家从科学上论证了转基因生物及其产品对环境和人体健康造成危害的小概率,强调虽然不排除其危害性,但其可能性微乎其微,几乎可以忽略不计。公众认为,即使科学家解释这种危害发生的可能性极其小,但如果无法找到完全消除这种危害可能性的有效办法,就等于什么也没说。科学家针对不确定性因素所作的"客观公正"的评价和解释,往往会被人们认为缺少诚意和人文关怀,事实上是将缺少专业知识的普通社会公众置于一个孤独无所依的境地。④ 概言之,在公众的心目中,科学家再多的解释也无法替代确定的结论与对策。这就使得公众逐渐失去对科学家的基本信任,其对风险的评价也往往会脱离科学知识的支撑,而陷入感性和主观之中,甚至会由此造成不必要

---

①　刘信. 转基因产品溯源. 北京:中国物资出版社,2011:1.

②　薛达元. 转基因生物安全和管理. 北京:科学出版社,2013:69.

③　曾北危. 转基因生物安全. 北京:化学工业出版社,2004:78-81.

④　Bill Devall, George Sessions. Deep Ecology: Living as if Nature Mattered. Salt Lake City, Peregrine Smith Books, 1985:33-38.

的社会恐慌和混乱。①

　　鉴于科学在政治上的吸引力，规制的决定者有动力夸大科学的决定性来掩盖具有争议的政策决定并逃避对其规制的监督。② 特别是在不确定性之程度足够高的场合，科学往往会成为各方用来为其立场辩护的主要工具。③ 甚至有美国学者认为，在目前这种制度主义困境下，作为对科学不确定性问题的一种更好回应，不是去求助于公正或者一致的公共价值，而是依靠一套有限理性主体在极端不确定状态下进行决策的技巧。④

二、科学不确定性：环境正义的新领域

　　在统计学上，风险是某个事件造成破坏或伤害的可能性或概率；而在人类学、社会学意义上，风险则是一种群体对危险的认知，它的作用就是辨别群体所处的危险性。因此，现代性风险并不完全是物质存在，对其是否存在及其规模的判断是一种社会性判断，风险在相当程度上由社会定义和建构。就转基因生物及其产品而言，从实验室到田间地头，再到商场和餐桌，这是一个由科学问题转变为生态环境问题、公共健康问题和社会问题的复杂历程。而对转基因生物特别是转基因食品之安全性的风险评价，由于存在科学不确定性，其结论实际上是一种假定。鉴于此，对科学不确定性所引起的转基因生物安全问题的讨论，从科技层面上升到社会层面也是符合逻辑的必然发展趋势。不同主体（政府、官员、专家、公众）从自己的知识储备出发，寻求对转基因生物安全标准的认同，这种风险规制的"社会建构"，既不能持有

---

　　① ［美］欧内斯特·内格尔. 科学的结构—科学说明的逻辑问题. 徐向东，译. 上海：上海译文出版社，2009：18.
　　② ［美］阿德里安·沃穆勒. 不确定状态下的裁判—法律解释的制度理论. 梁迎修，等译. 北京：北京大学出版社，2011：168.
　　③ ［美］凯里·库格莱恩斯. 流沙：科学在风险标准制定中的局限//金自宁. 风险规制与行政法. 北京：法律出版社，2012：117.
　　④ ［美］阿德里安·沃穆勒. 不确定状态下的裁判—法律解释的制度理论. 梁迎修，等译. 北京：北京大学出版社，2011：168.

傲慢的科学主义,也不能站在盲目的平民主义(民粹主义)立场,其核心应通过不同主体间知识储备、思考模式和价值观等内容的坦诚沟通、交流和讨论,最后达成大家一致接受的风险判断。

　　一般说来,环境正义论主要是关涉有限环境资源之分配正义的理论,这些理论涉及利益稀缺(相对于人们的需求)与负担过度时,利益与负担应当被分配的方式。当至少有一部分人必须放弃他们更想拥有的利益时,人们需要一种方式以决定哪些人该承担哪些义务和责任,哪些人该享有哪些利益。① 实际上,在不同国家、不同地区,基于不同历史背景和不同的经济社会发展阶段,会存在不同类型、不同主张、各具特色的环境正义理论。在面对转基因生物安全等充满科学不确定性的场合,法律所能提供的安全保障,应当从"物理学–客观标准"和"心理学–主观感受"这两个维度上展开:在技术层面,通过对不同层次、不同类型主体和行为的规制,最大限度避免或减少相关活动出现错误的可能性;而在认知层面,则要依法保障公众的知情权和参与权,以增强公众对该科学不确定性问题的心理应对能力。② 这些要求所反映出来的环境正义之内容,已经远远超出基于科学确定性的传统预防原则即损害预防原则(Principle of Prevention)所能涵盖的范畴。

　　一方面,证明规则乃是法律中最重要的认知规则之一,它们规定某种所宣称的事实何时可被看作"确实"或者"真实"。大多数法律规范都要求特定事实的存在达到高度盖然性或者排除合理怀疑的程度。③ 基于此,传统预防原则要求在决定是否对相关行为进行规制时,这一行为的环境和(或)健康危害性在科学上是确定的,而这方面的举证责任则由规制者或者相关第三方承担。但是对于科学不确定性背景下的风险,如果依旧遵循这种举证逻辑和法律要求,则势必无法启动对该行为的规制。④ 另一方面,传统预防原则的适用系针对风险发

---

① [美]彼得·S.温茨. 环境正义论. 朱丹琼,等译. 上海:上海人民出版社,2007:2.
② 梁剑琴. 环境正义的法律表达. 北京:科学出版社,2011:78.
③ [德]乌尔里希·K.普罗旺斯. 风险预防作为国家任务//刘刚. 风险规制:德国的理论与实践. 北京:法律出版社,2012:140.
④ 吕忠梅. 环境法学(第二版). 北京:法律出版社,2008:143.

生过程中的每一个环节,并基于对这些环节的管控,有效降低风险发生的可能性以及减少风险发生后的不利后果。但是,对于尚未被科学确证的风险,由于其开放性和不确定性的存在导致无法加以定量甚至定性分析,即使可以启动相应的预防程序,也往往难以采取有针对性的具体防范措施,其结果就是基于保守性的估计而对相关行为采取全面约束的规制措施。"作为实践中的人,行动与决策的必要性迫使我们竭尽所能地去忽略没有科学基础这一事实。"①于是,不确定性、缺省假设、主观预判以及沟通上的困难,都会体现于技术性的规制过程之中。这样一个"科技风险–法律规制"体系强调"宁可失之谨慎",在个体自由与公共安全的平衡方面往往会产生保守的结果。②

由于缺乏决定性、准确性的科学证据,公众对转基因生物安全评价往往持不同立场,通过各种途径表达对转基因生物相关风险的关切,希望更多、更有效地参与相关决策。可是,由于缺少必要的共同知识平台和规范化、长效性的沟通渠道——封闭性的传统规制模式过于强调行政权和科技(专家)理性在决策中的决定性作用,无法支撑当下中国社会基于科学知识对转基因生物安全问题依法进行公开有序的讨论,未能对解决该问题产生应有的建设性作用——有关转基因生物安全之政府规制的科学事实和社会认知往往渐行渐远,这反而加剧了公众对转基因生物安全问题的茫然和无所适从,也使得在科学不确定性背景下的相关政府规制的合法性、正当性面临重大挑战。

"理性-工具"理论将早期代议制民主下的公共行政过程比喻成"传送带"。在这种运作模式下,政府起着"工具"或者"机器人"的角色,其任务就是不折不扣地遵循和贯彻由人民预先选举出来的立法机构所表达的意志——人民的意志。这个意志执行过程决定于既有的

① [美]理查德·波斯纳. 资本主义民主的危机. 李晟,译. 北京:北京大学出版社,2014:221.

② [美]史蒂芬·布雷耶. 打破恶性循环——政府如何有效规制风险. 宋华琳,译. 北京:法律出版社,2009:66.

法律规则,必须实施到位、卓有成效。① 这是为了民主目标而控制行政权的合乎情理的方式。但是随着科技与社会决策之间的关系日益密切,环境和经济等领域的某些政府管理活动越来越复杂,需要专门知识和技能的支撑,需要科学家、经济学家和管理学家等专业人士的合作。在这种状况下,立法机关鉴于其自身专业知识和技能的严重局限甚至匮乏,往往不得不委托专业性的行政机关进行立法,制定必要的标准和规则,并开展相应的政府管理和监督活动。可以说,面对此情此景,传统行政的"传送带"模式已经部分破产。由于这种公共行政无法应对日益复杂、多变和精细化的社会问题,注重形式正义的"传送带"运作模式部分地被"专家知识"模式所补充和取代,而后者更强调对实质正义的追求。

在"专家知识"模式下,专业性的行政机关针对法律规定和授权的领域以及事项,依照法律的相关原则性规定和要求,通过自身的专业知识和技能做出判断、进行裁量。也就是说,行政机关不能再按照传统的"传送带"模式,在绝大部分场合之下仅是依照法律的规定实施羁束性的行政行为,而是在更多的时候,需要基于自身的专业特长实施裁量性的行政行为。这种裁量性的行政行为大都缺乏明确具体的法律规则作为依据,而往往是基于立法机关对行政机关的授权性立法以及行政行为中行政机关的专家知识和理性。尊重行政机关的专业性,尊重相关行政决策的科学性,就意味着尊重科学、尊重客观规律,也符合公共利益的需求。针对这种行政行为,行政机关的专业性往往受到非常大的尊重,很少有立法者或者法官去挑战它,"依'裁量'行政"也就在原有的"依'法'行政"的基础上发展起来,"专家知识"模式就成为非常重要的基础性的行政模式。②

虽然专家知识和理性能够弥补政府在公共行政上的业务缺陷,但由于存在相关行政机关自身专业知识匮乏、执法意愿和能力不足以及

---

① 〔英〕伊丽莎白·费雪. 风险规制与行政宪政主义. 沈岿,译. 北京:法律出版社,2012:34-42.

② 王明远. 环境行政的困境与出路——从"依'法'行政"到"依'裁量+参与'行政"?. 2015-12-9. http://erelaw.tsinghua.edu.cn/news_view.asp?newsid=1258.

"被俘获"和腐败等问题,政府决策往往会受到质疑和挑战,社会公众不相信、不接受、不配合的现象较为普遍。① 实际上,风险规制特别是基于科学不确定性的风险规制并不是仅仅涉及客观性的单一、纯粹的科学问题,同时也是涉及价值判断和利益选择,涉及民意、专业和民主的社会问题、法律问题及政策问题,具有主观性和社会建构性。当客观和主观、政府决策和社会认识不一致的时候,到底是尊重科学还是尊重民主,这是一个难以回避的复杂问题。

随着"专家知识"模式的不断机构化和官僚化,它越来越固守封闭性和科学本位主义②,其漠视公众知情权和参与权的弊端也逐步显现。此外,对专家知识的理想化往往会造成两种表面看来相悖,但内在逻辑却相同的现象:一方面过分宽容地接纳可信度高的专家——仅仅基于其高可信度——哪怕其证词有瑕疵;另一方面又过于严苛,拒绝接受那些承认科学中存在无法避免的不确定性的专家的证词(其实往

---

① 在"专家知识"行政模式下,行政机关基于法律规定和专业知识进行决策与管理活动。在该模式下,国家虽然对法律可以实行垄断性的控制,但是对专业知识丧失垄断力——有时候公权力机构对知识与信息的掌握很不充分、很不可靠;有时候虽然有所掌握甚至完全掌握,但是又会遇到社会公众不相信、不接受的问题,这就使得相关行政裁量活动面临很大困难。在具有科学不确定性的场合,该行政模式的运作则因缺乏必要的知识支撑而面临根本性困难。

② 以我国农业转基因生物安全管理为例,根据相关法规,在农业转基因生物中间试验结束后拟转入环境释放的,或者在环境释放结束后拟转入生产性试验的,试验单位应当向农业转基因生物安全管理办公室提出申请。但农业转基因生物安全管理办公室本身并不进行转基因生物安全评测,而是由农业转基因生物安全委员会负责进行安全评价。该委员会评价为合格的,农业转基因生物安全管理办公室方可批准允许进行环境释放或相应试验。由此可见,农业转基因生物安全委员会是我国农业转基因生物安全管理中的权威评价机构,在整个转基因生物安全监管过程中处于关键地位,委员会成员的组成结构如何,在很大程度上影响着农业转基因生物食用安全和环境安全评价结果的科学性、公正性。按照农业部相关规定,委员任职资格是"热心转基因生物安全评价工作;具有转基因生物技术研究、食品安全、植物保护、环境保护、检验检疫等一项或多项专业背景,熟悉转基因生物安全评价法律法规;院士优先",但 2016 年 6 月公布的最新一届(第五届)农业转基因生物安全委员会委员中,76 名专家全部是从事农业转基因生物研究、生产、加工、检验检疫、卫生、环境保护等方面的科技专家,而没有任何一名法律或者管理专家。参见农业部:《关于第五届农业转基因生物安全委员会组成人员名单的公示》,2016 年 6 月 12 日,载 http://www.moa.gov.cn/fwllm/hxgg/201606/t20160612_5167236.htm,2018 年 8 月 7 日最后访问。

往是可靠的证词）。① 因此，从风险规制的角度看，"传送带"模式和"专家知识"模式下的公共行政都部分失灵了，追求实体正义的公共政策与管理活动又面临制度性困境。

为了应对由市场和政府的双重失灵所导致的上述难题，一方面，政府需要实行不确定性下的法治，开展风险行政和环境公共治理，追求和维护程序正义；另一方面，需要在精英主义间接的代议制民主以及科学主义的专家知识与理性的基础之上引入平民主义直接的协商式与参与式民主机制，确保公众参与环境行政过程的程序性权利。于是，旨在协调利益相关方的权益与诉求的"专家知识＋民主决策"行政模式以及相应的"依'裁量＋参与'行政"理论应运而生。②

从"依'法'行政"发展到"依'裁量'行政"，再进一步发展到"依'裁量＋参与'行政"，这是环境行政特别是环境风险行政的内在结构、逻辑和规律所必然要求的理论模型、制度模型和实践模式。通过把"裁量"和"参与"有机地结合起来，可以让环境行政机关、专家以及公众在环境行政过程中发挥各自的功能，环境行政机关和专家的专业性以及公众参与环境行政过程共同维护着环境风险行政的合法性、正当性。转基因生物安全问题所折射出的科学不确定性背景下的风险规制和环境正义之困境：转基因生物释放以及气候变化等与现代科技和生产方式密切相关的环境事件，可能存在触及生态环境、人体健康等公共利益的隐患，因其不存在一般环境行为（如废水排放等）及相应危害之间所具有的明确、可观测的因果关系，很难适用传统环境侵权和行政规制的一些原则，但是政府又不能对这种安全隐患无动于衷。科学不确定性背景下的环境问题通常具有系统性、综合性、动态性、科技性、复杂性等特点，科学共同体对某个问题越难达成共识或主流认识，相关知识的不确定性越高，社会上不同群体的立场、认识和诉求的差异性就越大。政府的环境风险规制决策，所依据的通常是充满科学不

---

① 戴维·库迪. 科学知识的形象：运用和滥用科学的话语会聚//金自宁. 风险规制与行政法. 北京：法律出版社，2013：349.

② 王明远. 环境行政的困境与出路——从"依'法'行政"到"依'裁量＋参与'行政"？. 2015-12-9. http://erelaw.tsinghua.edu.cn/news_view.asp?newsid=1258.

确定性的风险评价资料,以及充满主观差异性的社会认识。由此做出具有确定性的环境行政对策及其方案,往往会深陷合法性、正当性危机。于是,寻求对科学不确定性背景下的此类行为进行规制的合法性、正当性来源,就成为法律实践和理论研究的热点问题。

第一,现代风险社会所面临的规制难题,往往不能通过简单地对传统法律的转换和应用来解决。传统行政法所规范的行政决策,基本上定位于面向确定性的决策。也正因为如此,无论是针对普遍事项的行政决策(如规则和标准的制定),还是就具体问题所做出的行政决策(如处罚、许可、强制等),都被要求:有明确的事实认定;得到较为确凿的证据支撑;有较为确定的规则依据;在裁量范围内不做出通常有理智的人绝不可能做出的行为;为秩序的安定性提供信赖保护或者合理期待;在手段和目的之间甚至应该进行比较精确的成本-效益计算以达到符合比例要求;等等。然而,风险决策面向的是更多的不确定性,风险是否存在、风险有多大、风险应该和可能控制在什么程度等涉及风险规制决策合法性与合理性的重要问题,都可能面临不那么确定的信息和信息评价,即使是专业的科学家,也不见得众口一词。[①]

第二,科学不确定性的存在,在一定程度上挤压了公众参与的合理空间。例如,在转基因生物安全规制领域,作物释放、生态风险、食品安全等很多重要环节都主要依赖科技数据和结论的支撑。对非专业人士而言,要理解相关的科学结论及其意蕴极为困难,这往往成为一种堂而皇之阻却公众参与行政过程的理由。

第三,立法机关鉴于其有限的专业能力和资源,往往只能制定原则性、框架性的环境法律,而具体的环境标准、细则、规划、项目等事项需授权环境行政机关加以制定;与此同时,司法机关也面临专业能力与资源的限制,许多环境纠纷案件往往需要由环境行政机关处理。这就导致环境行政机关实际上往往兼具行政权、准立法权和准司法权,

---

① 沈岿. 风险规制与行政法新发展. 北京:法律出版社,2013:3.

从而对传统代议制民主模式造成重大冲击。①

第四,风险决策机制和环境损害责任承担机制之间的矛盾。传统代议制民主下的决策,在很多情况下会演变成精英决策,特别是随着现代社会专业化分工日趋细密,一些重大决策实质上是由立法或行政机构委托部分所谓的专业人士做出。由于做出决策所依据的是一种授权行为,因此一旦决策失误,应由授权机构承担责任,在有主观过错的情况下,还应进一步通过问责机制追究具体决策人的相应责任。科学不确定性背景下的风险决策涉及的是一些发生概率很小、但是一旦发生则危害后果极其重大或者不可逆转的环境事件,如果要求决策机构或者决策人来承担这种后果,那么即便在制度设计上是可能的,现实中也难以完全落实。在更多情况下,这种设计实质上会成为一种心理警示。

三、环境正义:实体正义与程序正义相结合

以科学确定性之下的损害预防原则为基础的传统环境正义理论潜在地预设了如下前提:要求科学从客观事实上对风险因素及其危害提供一种定性和定量的肯定判断,并将其作为探求环境正义的前提和基础。按照这种逻辑,在转基因生物安全方面,对于转基因作物的环境释放、转基因食品的市场流通等情形,人们会坚持认为,在科学上能够对转基因作物是否存在生态破坏性以及转基因食品是否产生健康危害等问题有一个确定的、大家都能理解和接受的结论,并且基于该结论对转基因生物以及相关活动进行适当的法律规制是符合环境正义的。面临转基因生物安全、全球气候变暖之类与传统环境问题性质迥异的风险,无论是科学本身的研究结论,抑或人们对这种研究结论的解读,都难以达成传统环境正义理论所渴求的确定性和一致性。

这种科学不确定性背景下的环境正义本质上是一种社会建构,其

①　高鸿钧,王明远.清华法治论衡:生态、法治、文明.北京:清华大学出版社,2014:2.

核心内容是风险规制原则,其正当性、合法性则需要社会科学等理论的支撑。罗尔斯的正义论能够从实体意义上给环境正义论以启发,哈贝马斯的交往行为理论则能够为实现这种环境正义提供程序意义上的理论支持。罗尔斯和哈贝马斯的理论研究主要还局限于法理学的探讨,多是一般理论的表面阐释,至于在部门法层面的具体应用,特别是微观层面的法律体制与机制研究,相关研究成果十分有限和单薄。实际上,只有掌握和运用社会科学的一般方法和原理,才能在纷繁复杂的法律世界和具体经验事实中提炼出抽象的法学概念和理论,才能建构出新颖且正确的法学理论模型。[1]

罗尔斯在构建其正义论时强调"正义否认为了一些人分享更大利益而剥夺另一些人的自由是正当的,不承认许多人享受的较大利益能绰绰有余地补偿强加于少数人的牺牲"[2]。在罗尔斯那里,"正义"也被称为"公平的正义"——他所说的"公平",不仅是指正义原则是在一种公平的"原初状态"中被一致同意的,而且更凸显该原则自身内在的公平性质,并直接涉及这一原则所产生的结果是否公平。罗尔斯的"原初状态"是一种假设的理想状态。他提出这一观念的目的是提供一种外部保障,建立一种公平的程序,而通过这种状态下的一致同意的表决所形成的规则就是正义的。在设想这个"原初状态"时,罗尔斯意图排除各种偶然性的影响,假定各方是处在一种"无知之幕"的背后,这些参加者对自身的特性、能力、宗教信仰及个人历史一无所知。[3] 在上述理论假设的基础上,罗尔斯提出了实现正义的两个原则。第一原则——社会所构建的基本自由体系,广泛平等地保障每个人的自由权利,而且每个人所拥有的这种自由权利,相互之间都是平等而相容的(平等自由原则)。第二原则——社会的和经济的不平等应该这样安排,使它们首先在与正义的储存原则一致的情况下,适合于最少受惠

---

① 陈瑞华. 社会科学方法对法学的影响. 北大法律评论,2007(1).

② [美]约翰·罗尔斯. 正义论. 何怀宏,等译. 北京:中国社会科学出版社,2009:239.

③ 赵汀阳. 坏世界研究:作为第一哲学的政治哲学. 北京:中国人民大学出版社,2009:34.

者的最大利益(差别原则);其次依系于在机会公平平等的条件下职务和地位向所有人开放(机会的公正平等原则)。[①]　概言之,在罗尔斯看来,只有在理性的个人摆脱自身偏见之后,大家在一致同意的基础上所制定的社会规则,才算得上是正义的。[②]

罗尔斯所提出的这两个正义原则,对构建和完善以转基因生物安全为代表的科学不确定性背景下的环境正义制度体系也有一定的启发意义。在环境正义的语境下,不同主体倾向于将自己置于对环境行为持相对保守立场的地位,如有机农业生产者、对传统农产品有偏好的消费者,等等。

第一个正义原则所强调的权利,即每一个人所享有的为体制所保障的自由,是一种不可剥夺的权利,同时也应该是一种免受环境行为影响的自由权利。在转基因生物安全的语境下,农户具有按照自己的意愿从事相关生产、生活行为的权利,有权栽培他认为合适的任何作物及其品种。但是,转基因作物栽培是一种可能对生态环境和人类健康具有负外部性的行为,势必要受到一定的约束。显然,在转基因作物栽培和传统有机作物栽培这两种模式之间,第一原则并不进行同等的保障,而是优先选择后者。

按照第一原则的逻辑,转基因作物栽培是需要受到法律约束的行为,但这并不是一个让人完全满意的解决方案,因为现代科技自身所具有的高风险品质使得对风险的适当容忍成为构建环境正义制度体系时必须考虑的因素。罗尔斯所提出的第二原则即是对自由权利保障的例外情形,他认为这种不平等应该满足以下条件:进行不平等修正后形成的机会,应该在公平平等的条件下对所有人开放,为此需要建立健全公开、公平和透明的竞争及管理机制,这是不言自明的;这种不平等的修正应该有利于社会之中最不利成员的最大利益,即符合差别原则。在科学不确定性背景下的环境正义语境中,差别原则的适用

---

① [美]约翰·罗尔斯. 正义论. 何怀宏,等译. 北京:中国社会科学出版社,2009:301.

② 同上注,276.

非常复杂和困难,关键在于"最不利成员"的"最大利益"如何界定。谁是"最不利成员"呢? 栽培传统有机作物的农户,还是栽培转基因作物的农户? 抑或是相关农产品和食品的消费者? 在受政府规制的生产与消费市场体系之下,确定"最不利成员"的"最大利益"不能只以经济利益为标准,还应该拓展到非市场领域和非经济利益,考虑包括国家安全、粮食保障、贫困人口的饥荒、生态和健康等在内的更广泛的利益。在粮食安全得不到保障的情况下,如在非洲大陆的很多国家,允许栽培具有高产特征的转基因作物,以缓解贫困人口的粮食消费难题,显然是比较符合差别原则的。在此情形下,尽管大规模的转基因作物栽培具有潜在的生态和健康隐患,却是符合环境正义的。在欧洲大陆国家,在没有粮食安全隐患的情况下,着眼于维护稳定的生态环境质量以及高度的公共健康标准,严格控制转基因生物及其产品,似乎应是另一种符合环境正义理念和制度的选择。显然,只有从重大的价值冲突和利益协调过程中才能追寻到符合环境正义的适当目标以及相应的制度工具。

罗尔斯的正义理论特别是其方法论为确立科学不确定性背景下的环境实体正义的基本构造和内部关系提供了理论支撑。对于罗尔斯的正义论,哈贝马斯评论到,"我很欣赏罗尔斯的这个方案,也赞同他的意向,甚至也承认他的基本结论是正确的。我的怀疑主要在于,罗尔斯是否始终如一地以其最有说服力的方式在运用他的主要规范直觉"[1]。哈贝马斯基本认同罗尔斯的正义建构,但批评后者对于正义实现过程中的程序性内容缺少必要的关注。相对而言,哈贝马斯所倡导的主要是一种旨在实现程序正义的民主范式。

哈贝马斯认为,基于规范的一致性、共享命题知识以及相互信任对方的真诚性,主体间可以通过交往达成共识。[2]"当我说转基因生物是安全的之时,我实际上在含蓄地主张:这句话是真的,没有证据表

① [德]尤尔根·哈贝马斯. 包容他者. 曹卫东,译. 上海:上海人民出版社,2002:60.
② [德]尤尔根·哈贝马斯. 交往行为理论(第1卷). 曹卫东,译. 上海:上海人民出版社,2004:293.

明转基因生物是有害的;说这句话是符合国家《农业转基因生物安全条例》等相关制度规范的,因而是合法的;说这句话也是真诚的,因为它正是我所想的,不会因为我是转基因技术研发者或者是有机作物栽培者等角色差别而有另外的目的。此外,当我在公开场合说这句话的时候,意味着我认为别人能够理解它。前三个有效性主张分别对应于客观世界(各种事态的总和)、社会世界(各种规则的总和)和自我世界(唯有说话者自己能够直接感受之体验的总和)。"①哈贝马斯区别了这几类行动,认为只有在一种以相互理解为取向的行动即交往行为中,言语行动的各个向度才都得到了考虑。②

　　当面对环境保护和经济社会发展之间的价值和利益冲突并且伴随着科学不确定性时,传统的民主代议制很难实现完美的决策。尽管扩大代议制民主的参与范围可以在一定程度上抑制权力交易和短视倾向,但在面临价值多元、利益多元、科学复杂性与不确定性的情况下,它并没有就如何做出决策这一难题给出完整的答案。③ 因为在这种风险决策的情景下,民主考量的对象已经扩展到在某种程度上具有无限性的共同体,其成员已经很难做到相互认可。社会中的大多数人在认识问题上或多或少缺乏理性,几乎所有人都是以自己的利益得失作为判断标准。④ 哈贝马斯认为,人们达成正义共识的过程,是持有不同价值取向的主体就其所掌握的话语权不断碰撞交融的过程,如此方能保障最终实现各方都能接受的正义架构,这就需要大家都遵循一个严格的程序,而这种程序的设定必须建立在以下四个理论预设的前提下:①为了能够相互理解,言语者和听者在进行交流时必须选择一种可以被理解的表述方式;②告知一些具体的想要为对方所了解的内容;③选择一种恰当的方式来表述自己想要表述的内容;④所有听者

　　① [德]哈贝马斯. 在事实与规范之间—关于法律和民主法治国的商谈理论. 童世骏,译. 上海:三联书店,2003:121.

　　② 童世骏. 批判与实践——论哈贝马斯的批判理论. 上海:三联书店,2007:6.

　　③ [澳]罗宾·艾克斯利. 绿色国家:重思民主与主权. 郇庆治,译. 济南:山东大学出版社,2012:113.

　　④ 何翔舟. 政府成本论——政府成本管控的策略与路径. 北京:北京大学出版社,2014:21.

必须认可言语者所说的内容。"如果我们从程序正义的角度来了解实践理性的概念,我们就会认为,有效的正是那些在话语条件下获得主体间自愿承认的原则。"①因此,对于知识在主体间的交流和讨论,如针对转基因生物田间试验、大田释放、栽培许可、市场准入许可等的公众咨询、公众参与环境影响评价等,应当在公共决策过程中得到充分重视,应当通过法律所规定的听证等形式进行实实在在的沟通交流,而不能由主管机关预设某种价值偏好和判断,不能仅仅做形式上的、"装饰性"的意见征询,不能弄虚作假。这种沟通交流的前提则是必须让被征询意见的对象真正了解相关话题的确切含义,充分理解相关概念,如此才能真实地表达其意志和诉求。

毋庸置疑,在应对和管理当代社会的风险特别是科学不确定性背景下的环境风险的过程中,政府的作用得到了不断强化,而促成这种变化的,主要有以下几个方面的原因。

第一,风险性质和来源的变化。在传统社会,人们所关注的风险基本上是与生命健康直接联系的,且大多是由自然灾害所造成的,并不涉及个体间的利益纠葛。当代风险具有更多的系统性、环境意味和生态特点,其缘由除了自然力量外,更多的是人类自身的行为。在这种情况下,需要通过对个体行为的约束和调整来避免或减弱这种风险,于是政府公权力的介入也就成了必然选择。

第二,虽然科学家识别和测量风险的能力在提高,但核电、纳米材料和分子生物等现代技术都存在风险性,而且相关风险的规模很难估计,精确的历史数据也不存在或者极难收集,对此类科技风险的感知和应对,已经不是单独个体所能胜任,而是需要政府的综合协调。

第三,技术变化的速度不断加快,导致风险的复杂性以及相应的空间和时间尺度极大增加,同时,人们对物质化品质的追求进一步加快了技术革新的节奏,导致科学实验、技术开发、产业化及市场化之间的间隔越来越小,没有充分的空间和时间以观测科技的安全性,再加

---

① [德]尤尔根·哈贝马斯. 包容他者. 曹卫东,译. 上海:上海人民出版社,2002: 80.

上风险控制成本很大,这就更需要政府提供必要的后续保障以增强人们的安全感。

第四,在许多领域,政府已经成为科技研发投入的主要力量。除了某些直接的科技研发和应用,政府还通过大量赞助来主导科技发展的方向。因此,政府直接或间接决定着科技所带来风险的类型。换言之,政府扮演了一个风险制造者的角色。① 于是,在环境领域,在代议制民主以及"专家知识"行政模式的基础之上,直接的协商式与参与式民主机制以及相应的"依'裁量+参与'行政"模式应运而生,通过公众参与行政活动来协调利益相关方的权益与诉求,实现程序性正义。

当然,公众参与行政过程也存在一些缺点。比如,不同主体对各自利益的关注和相关争议可能会大大延缓决策时效;行政机关除了要付出大量的时间、人力和财力为自己的决策辩护外,还要花费不小的力量去提高公众的参与能力,特别是帮助其了解与决策相关的业务知识和程序性规则;一些迫切需要政府出台的政策往往被耽搁;在一些特殊情况下,部分利益集团甚至会利用公众参与程序故意拖延行政决策过程,并将这种拖延作为威胁行政机关做出某种实质性让步的筹码。此外,在多元社会中,"公众"不是同质的实体,而涵盖了利害相关个体、地方性利益团体、受规制的企业和行业协会、受影响的劳工组织、竞争者等,它们存在各不相同甚至完全对立的权益诉求。

但是,某种形式的公众参与行政管理乃是政府风险决策之正当性的一个重要来源,这已经成为各个民主法治国家在不同程度上予以实践的基本准则。公众可以依法向行政机关提供不同视野的事实和诉求,同时还能对政府已经做出的相关风险决策的执行进行监督。在这个过程中,公众也在不断地自我完善,以更好地了解政府制定政策背后的考量和相关程序性安排。公众参与风险规制的需求源自对政府和专家的不信任。在涉及价值判断的过程中,专家并不具有比普通公众更加优势的地位,只靠行政机关和专家无法有效解决风险规制决策

① ［美］文森特·T.库韦罗.风险分析与风险管理:一个历史的视角//金自宁.风险规制与行政法.北京:法律出版社,2013:26.

所面临的制度性难题。

四、环境正义与风险管理中的政府角色转换

从上述对科学不确定性背景下的环境正义问题的讨论中,可以梳理出两个相互联结的问题:一是政府针对科学不确定性的情形,是否应该从原来的消极行政转向积极防御? 二是如果这种转变具有必要性和正当性,那么如何去实现政府风险规制的正义性?

保障安全一直是政府对其公民最重要的承诺。在行政领域,对威胁生命、健康、财产的因素予以排除或者减少是政府的基本任务。基于对行政权运用的克制态度,早期的法律大多要求行政机关以相关事实的认定、客观经验以及事理法则为基础,通过对预测性因果关系的考察,认定相关损害的发生相当确定,方可采取排除或者减少危害的行政措施,这种活动被称为危险防止。由于必须有充分的证据表明危害已迫在眉睫,政府方能干预,从而导致政府的职责被限制于较小的范围内。[①]

随着经济社会的发展,特别是科技的进步,国家职能开始逐渐扩张和转变,从原来对危险的消极防卫发展到对潜在风险进行积极预防。对于科学确定性下的风险,政府的积极防范具有较为明显的正当性基础。但是,对于科学不确定性下的风险,政府是否应当干预,以及如何进行干预,其行为的必要性与正当性往往都面临拷问。虽然《里约环境与发展宣言》等法律文件提出要采取"风险预防措施"(Precautionary Approach),要求各国尽力而为,对于有可能造成严重损害或不可逆转之损害的威胁,不得以缺乏科学上的充分确定性为理由,延迟采取符合成本-效益的环境保护措施,深刻地体现了政府应当针对环境风险进行有条件、有限度的积极干预这一思想。但是,科学不确定性却深深地影响着政府主动干预行为的必要性与正当性基础,

---

① 赵鹏. 风险规制——发展语境下的中国式困境及其解决. 2011-7-9. http://law. china. cn/features/2011-07/09/content_4323110. htm.

引发此类政府行为与现有行政法律规范及其法理基础的紧张关系甚至冲突。

一般说来,政府防范风险的行政活动都是基于一定的科学预判进行的。不论是古典的危险防卫还是现代的风险规制,都存在一定的不确定性。对于已经高度现实化的危险,法律秩序不允许其存在,政府有加以干预的义务,这种义务是绝对的。政府对风险的干预则是典型的"面对未知而决策"①。社会现实要求政府将干预不断提前,即从传统法律所认可的危险确定要发生或者足够可能发生的情形,逐渐推进到只要存在危险发生之可能性的阶段。这就可能会导致政府干预活动与传统行政法治理论的矛盾,造成相关行政行为的合法性与合理性危机。

政府从关心现状、保护或建立一个不受干扰的状态,发展到以未来为目标,对可能给社会造成巨大不良后果的危险进行预防,由此国家职能从原来的消极防卫转向积极防范。国家任务的这种变化深刻地影响了行政,使得公共行政的重心经历从秩序行政到给付行政、从直接给付行政到间接给付行政的转变。在当代社会,如何防范政治、经济、社会和环境等方面的潜在危险,有效应对危机,为公民提供安全的生活条件,已成为国家的核心任务,而行政的性质也从福利行政向风险行政转变。②

对于环境风险,应对方式很多:第一,避免或者根除这种不确定性。简单地说,就是禁止使用潜在有害的物体或物质,这在方法上最便于操作,但也是最保守的一种做法。第二,管制或者约束、矫正相关活动以减少负面影响的发生范围以及频率。第三,提高人或财产抵御风险的能力。第四,减少、缓解风险的不利后果。第五,建立保险或者

---

① 赵鹏. 风险、不确定性与风险预防原则——一个行政法视角的考察//沈岿. 风险规制与行政法新发展. 北京:法律出版社,2013:243-245.

② 赵鹏. 风险、不确定性与风险预防原则——一个行政法视角的考察//沈岿. 风险规制与行政法新发展. 北京:法律出版社,2013:244-245.

损害补偿基金等弥补损失和承担不利后果的机制。① 公共行政者所面临的很多困难,都是基于这样一个现实基础,即很多风险管理决策不仅从技术层面来说是一个行政规制活动,而且更重要的是,这个决策牵涉了复杂的政治协调过程,其中蕴含着包括科学背景在内的各种形态的不确定性。② 对转基因生物安全问题的重视,确实不仅仅是基于对科学因素的考虑,也反映了政治乃至文化等多个层面的动向。③

美国联邦最高法院大法官布雷耶总结了风险规制过程中容易陷入的恶性循环,他认为,作为恶性循环的三个要素——公众的认知、立法机构的回应以及规制过程中的不确定性是相互强化的。公众对风险的认知方式和态度通过代表其利益的民主系统影响到立法机构,而立法机构的态度转变又进一步重塑和强化了公众的认知态度,这两方面的影响以及规制过程中的不确定性使得规制部门很难抵挡外部力量对规制议程和所适用的具体管理措施的影响。外部压力对规制机构的结果控制越多,公众对规制机构的信心就越少;而公众对规制机构信心越少,就越感觉需要更多的外部行为来弥补他们所认为的应该由政府去实现和完成的内容;规制机构也就越有压力要证明自己履行风险规制职责的决心,从而更多采取保守的立场,更加倾向于采纳公众的风险诉求。这样就强化了一个循环,越来越偏离符合实际的客观性风险规制立场。④

从制度层面看,立法机构很难为规制机构设定详尽并能有效运作的指令。首先,立法机构所颁布的法律数量有限,通常无法完全覆盖风险、安全和预防措施相互关联的一系列问题;其次,立法机构本身包含具有不同利益倾向的组成部分,如不同委员会或者部门职权交叉,

---

① [美]文森特·T.库韦罗.风险分析与风险管理:一个历史的视角//金自宁.风险规制与行政法.北京:法律出版社,2013:36.

② [美]O.C.麦克斯怀特.公共行政的合法性.吴琼,译.北京:中国人民大学出版社,2002:174.

③ [美]丹尼尔·查尔斯.收获之神—生物技术、财富和食物的未来.袁丽琴,译.上海:世纪出版集团,2005:110.

④ [美]史蒂芬·布雷耶.打破恶性循环—政府如何有效规制风险.宋华琳,译.北京:法律出版社,2009:70.

内部就政治上的重要性展开竞争,都会把各自认为重要的规制内容放到风险重要性评估序列的优先位置,冲突和延误也就在所难免;最后,科学不确定性意味着难以获取有关客观状况的详尽信息,政府在应对相关风险时往往需要决策于未知之中。由于信息以及专业能力等方面的局限,立法机构在设计有关风险规制的制度框架时,通常只是确定基本目标、一般原则、主要工具和决策程序等,而无法为行政机关设定好相应的实质性解答的选项。

如果说"理性-工具"模式下的规制决策过程是一个"传送带"模式,那么在将不确定性背景下的问题及其信息输入决策系统后,"传送带"并没有也无法给出实质性的解决方案。如果依旧要求行政机关严格依据法律规定进行风险规制,则该任务几乎是无法完成的。同时,风险偏好也不是固定不变的,它会随着信息和管理体制的变化而改变。在这种背景下,为了应对风险,势必要求立法者授予行政机关必要的实质性裁量权,即引入"专家知识"模式。不幸的是,"专家知识"模式对于科学不确定性下的风险规制也往往无能为力,因为在这种科学不确定性的背景下,风险认知不是单纯的科学行为,而更多的是一种社会建构行为。由此,旨在通过公众参与行政决策过程来协调利益相关方的权益与诉求、实现和维护程序正义的"裁量+参与"模式必然会粉墨登场。

对于风险规制过程中的不确定性和争议问题,"裁量+参与"模式具有灵活适应的能力。在该模式下,立法并不是一种具体的授权性行为,而是接近于一种原则性的规范集合,为公共行政的实质性裁量权行使提供依据;相关行政机关并不是机械地贯彻落实特定的、预先设立的立法指令,而是依据法律的原则性授权就持续应对某一特定问题(如转基因生物安全)行使实质性的裁量权;与此同时,所有受到风险影响的主体都应具有参与风险决策和管理的某种资格与途径。这是因为,科学不确定性背景下的环境正义和风险规制在本质上不是一个单纯的科学问题,而更多的是一个社会问题,相关法律制度和政府管理的正当性、合法性有赖于受影响的不同主体之间进行有效的商谈沟通和充分的社会建构。而社会公众参与风险规制的需求在很大程度上是源于政府和专家的不可信任与不被信任。

相对于建立在传统的"依'法'行政"理念和客观确定的知识基础之上、难以适应日益复杂多变的风险特别是科学不确定性所带来的技术风险的"传送带"模式,"裁量＋参与"模式以"专家知识"和"公众参与"作为行政机关进行决策的重要基础,为应对科学不确定性背景下的风险问题提供了较为灵活的方案,是一种可自我调整的公共决策机制。

在"裁量＋参与"模式下,公共行政不是在主导而是在引导商谈沟通,在此过程中起着平台和媒介作用,而相关主体商谈沟通的最终结果为风险规制制度奠定了合法、正当的基础,因为这是社会共同体对争议问题达成的妥协性共识,是公民美德和公共理性的体现。此外,由于立法授予行政机关的权力边界往往非常宽泛,因此需要一种附加的监督机制,以确保决策者在其"被建构"的授权范围内积极创造条件进行商谈沟通,特别是促进和保障社会公众依法参与行政决策活动。① 由于应对风险的解决方案是多样化的,由决策者选择其中的某一个,事实上也就是由决策者行使自己的裁量权,因此决策者必须说明为什么要采取某个行动方案,以及不采取其他行动方案的理由。

概言之,在"裁量＋参与"模式下,相关行政机关在整个公共决策中仍然具有决定性的地位,但是需要依法对行政过程中参与者的意见和诉求做出必要的回应,特别是要说明不予采纳的理由,由此实现民意与理性的良性互动,既有助于防止傲慢的科学主义,又有助于防止狭隘的平民主义。所有这一切都是为了更好地实现和维护集实体正义与程序正义于一体的科学不确定性背景下的环境正义。

仅就公众参与风险规制过程中所出现的众多困难和问题来看,大都需要政治上的妥协,而很少能够由科学直接解决。公众参与是涉及风险的相关各方向政府或者政策制定者表达观点和诉求的过程,从不

---

① ［英］伊丽莎白·费雪. 风险规制与行政宪政主义. 沈岿, 译. 北京:法律出版社, 2012:41.

同主体的参与形式来看,主要有以下几种模式。第一种是独任模式。采取这种参与模式的主体,要求政府将自己的利益放在优先考虑的地位,而不认为其他主体有参与的资格或必要。在转基因生物安全风险监管过程中,欧盟地区的有机农场主就采取了这种立场,他们认为有机栽培及其产品具有更高的价值,应该在转基因生物安全监管政策中优先考虑对其加以保护。第二种是对抗模式。相关主体都参与进来,各自提供事实、证据和观点,不同主体都可以论证自己的诉求并反驳其他主体的主张。政府则作为中立的决定者,把各方对所涉问题的讨论及其结果作为制定政策时必须加以权衡的重要参照内容。第三种是协调模式。一般来说,总是由政府来承担协调的角色。与政策存在利害关系的主体,提出事实和论证,并就最终结果达成协议。在这个过程中,不同参与方认同政府的协调立场,政府不是消极的倾听者,而是作为协调人的角色积极介入,对各方的观点进行调和,以期形成可接受的最终方案。第四种是激进抗议模式。在环境领域,激进的环境保护组织经常会采取这种方式,意在使其成为公共事件,反映了激进者对行政过程本身的高度不信任,通常无益于有关风险以及风险对策的知情对话。在这种情况下,政府与激进者的对话很难达成一致。第五种是咨询委员会模式。由规制者任命一个由无利害关系的专家组成的委员会,就技术问题为政府部门提供咨询。专家根据科学规范、研究报告等,就如何解决问题向规制者提出建议方案。这种模式与第一种独任模式具有相似性,只是将话语权由直接利害关系人转交给具有中立性的科技专家。①

五、结论

现代科技的不断进步带来了新的机遇、财富和保障,同时也带来了新的环境、健康等方面的危害或风险,深刻而全面地影响着每个人

---

①　[美]托马斯·麦克凯里. 风险规制中的公众参与//金自宁. 风险规制与行政法. 北京:法律出版社,2013:236.

乃至整个人类的生存和发展。在风险社会的这种新格局下,收益与负担、自由与安全等相互竞争、相互冲突的社会关系开始呈现出自身的新特点,从而对传统的市场自由、政府干预、社会自治等价值和利益配置机制,特别是相关法律制度造成一定的冲击和挑战。如何应对风险特别是科学不确定性所导致的风险,克服环境风险行政所面临的合法性、正当性等危机,实现和维护环境正义是当今时代的一个核心议题。基于此,本文以转基因生物安全这一典型的科学不确定性下的环境风险为例,结合罗尔斯的正义理论和哈贝马斯的交往行为理论,探讨如何通过市场调节、政府规制、公众参与等综合机制和法律制度,平衡相关价值和利益,保障环境正义。

以转基因生物安全为代表的科学不确定性背景下的环境正义,需要建立在相应的科学研究基础之上,但在本质上乃是一种社会构建。对转基因生物技术及其产品等现代科技的研发、应用和推广等活动,应当维护其市场自由,与此同时,为了公共安全以及社会弱势群体的最大利益,还应当对相关科技活动进行必要的政府干预和法律规制;由此,公共行政的性质需要从大都基于确定性的传统秩序行政和福利行政转变为基于不确定性的现代风险行政,而对正义的追求则需要从实体正义逐渐转向程序正义;转基因生物安全规制以及其他科学不确定性背景下的环境风险行政应当以"专家知识"和"公众参与"为重要基础,重视专家和普通公众依法参与行政决策过程,即要从依靠"传送带"模式和"专家知识"模式逐步转向"裁量+参与"模式。

仅就目前中国的转基因生物安全管理以及其他科学不确定性背景下的环境风险行政而言,其首要任务应当是在以下两个层面重视并完善科技专家和普通公众依法参与行政决策的过程,促进"专家知识"和"公众参与"的互动与融合:一方面,在体制内的专家委员会的构成和评审环节,要改变科技专家垄断全局的现状,逐步提高法律和管理专家的比例;另一方面,要在现有的较为封闭的政府决策机制的基础上建立和完善信息公开与公众参与制度,适当考虑和吸收社会公众对转基因生物安全管理等问题的意见和建议。唯有如此,才能形成政府、专家和社会公众等多元主体共同参与的治理格局,经过充分的商谈沟通,形成对转基因生物安全等问题的共识或主流看法,并以这种认识作为相关政府决策的重要基础,从而实现代议制民主和参与式民主的有机结合,进一步增强公共管理的正当性与合法性,更好地维护和促进环境正义。

(原文载《中国社会科学》,2017(1):125-142。)

17 树应该有诉讼资格吗？

——迈向自然物的法律权利

克里斯托弗·D. 斯通[*]著

王明远^{**}译

一、导言：难以想象的

在《人类的起源》一书中，达尔文评述道：人类道德发展的历史，就是其"社会本能与同情心"的对象不断扩展的历史。起初，每个人只关心自己以及自己周围非常狭小的圈子里的人；后来，他开始越来越多地关心"其全体同胞的福利和幸福"；再后来，"他的同情心变得更加温柔，并且广泛地散布开来，扩展到所有种族的人，扩展到低能者、残疾人以及社会上其他无用之人，最后扩展到低等动物……"。①

法制史显示出了类似的发展态势。可能从来都没有纯粹的霍布斯式的自然状态，除了每个人的"自卫权"这一空洞概念之外，那里不存在任何"权利"。但是，对于最早期的"家族"（包括延伸意义上的血

---

   * 克里斯托弗·D. 斯通（Christopher D. Stone），南加州大学法学教授，美国法学院联合会法律与人文科学委员会主席。

   ** 清华大学法学院副教授，清华大学环境资源与能源法研究中心主任。本文原文为 "Should Trees Have Standing——Toward Legal Rights for Natural Objects"，South California Law Review 45，1972：450-501。作者对国家人文科学捐赠基金的资助表示感谢。

   ① C. Darwin. The Descent of Man. London，John Murray，1874：119，120-121；R. Waelder. Progress and revolution：a study of the issues of our age. New York，International Universities Press，1967：39。

缘关系群体和部落）而言，家族之外的每个人都是嫌疑犯、异类、无权利之人。这并非是不可能的。^① 甚至在家族内部，我们现在认为其至少是某些权利的自然持有者的人，如儿童在当时也没有任何权利。从普遍存在的杀婴——尤其是杀害残障儿童和女孩的习惯中，我们知道一些早期的儿童权利状态^②（遗弃老人致死，^③就像在北美印第安人中存在的，则是与杀婴相对应的老年人无权利的现象）^④。梅因告诉我们，直到罗马的父权时代，父亲对自己的孩子还拥有生杀大权（Jus Vitae Necisque）。梅因写道：更不用说，父亲有权力"自由进行体罚；能任意改变孩子们的人身状况；能给儿子娶个妻子；能给女儿找个丈夫；能让任何性别的孩子离婚；能以收养的方式把孩子转让给另一个家庭；能出售孩子"。孩子绝对不是人，而是一个客体，一件物品。^⑤

---

①　C. Darwin. The Descent of Man. pp. 113-114：

……如果谋杀、抢劫、背叛等盛行，没有什么部落能够保持团结；结果，在同一部落范围内的这种犯罪"被打上了永久耻辱性的烙印"；但如果超出这种范围，就不会引起这样的态度。当一个北美印第安人剥下另一部落成员的头皮时，他对自己非常满意，并且还会受到他人尊重；一名迪雅克人砍去一个无罪之人的头颅，并将其弄干作为战利品……有记载，一名印第安暴徒在良心上表示遗憾，遗憾他没有如同其父一样抢劫并扼死那么多的旅行者。的确，在文明未开化的原始状态下，抢劫陌生人通常被认为是光荣的行为。

亦参见 Service, Forms of Kinship//Y. Cohen ed. Man in Adaptation. Chicago, Aldine, 1968：112.

②　C. Darwin. The Descent of Man, p. 113；E. Westermarck. The Origin and Development of the Moral Ideas. London, London Macmillan and co., 1912：406-412.

显然，允许有病儿童死亡的习惯，甚至在我们最著名的医院里，至今仍未被彻底摒弃。参见 Hospital Let Retarded Baby Die, Film Shows, L. A. Times, Oct. 17, 1971，§ A, at 9，col. 1.

③　似乎不存在"gericide"或"geronticide"一词来指称杀害老年人的事。"Senicide"接近于牛津英语词典的释义。尽管，正如该词典所示，该词很生僻。Oxford English Dictionary 9, 1933，p. 454.

④　C. Darwin. The Descent of Man, pp. 386-393。Westermarck. The Origin and Development of the Moral Ideas, pp. 387-389，认为在杀死年老或体弱之人屡见不鲜的地方，经常有人道主义的正当理由来支持这种行为；然而，这与声称杀人行为是应受害人的请求而实施的，是受害人的权利，却有迥异之处。

⑤　H. Maine. Ancient Law. Pollock ed., John Murray, 1930：153. 梅因声称，父亲的这些权力扩展到私法的所有领域，却不涉及公法。在公法之下，无论儿子在私人生活中如何顺从，他都有权与父亲一起投票。同上，152 页。Westermarck. The Origin and Development of the Moral Ideas, pp. 393-394，父亲对孩子的独断权力一直延续到罗马法的早期，这是值得怀疑的。

　　自原则上被认可以来，儿童的法定权利就一直长期延续，并且至今仍在实践中发展。只是在最近，我们才看到高尔特案[①]（In re Gault）承诺为青少年被告提供基本的宪法保护，才看到《1970年投票权法案》[②]的通过。我们一直致力于让儿童成为"人"，尽管他们过去在法律上不一定是"人"。而且，尽管有人会说不够完美，但我们也同样致力于加强对犯人[③]、外国人、妇女（尤其是已婚妇女）、精神病人[④]、黑人、胎儿[⑤]和印第安人的保护。

　　是否仅承认人类是权利的持有者，这无关紧要。律师的世界充斥着无生命的权利持有者，在此仅举几例：信托、公司、合资企业、自治

---

　　①　387 U. S. 1 (1967).

　　②　42 U. S. C. § § 1973 et seq. (1970).

　　③　参见兰德曼诉罗伊斯特案（Landman v. Royster），40 U. S. L. W. 2256 (E. D. Va., Oct. 30, 1971)（第八修正案以及第十四修正案的正当程序条款要求联邦提供禁令救济，包括强制起草新的监狱规则，以帮助弗吉尼亚监狱的囚犯抵制监狱由于规则含糊或无规则而实施应予禁止的行为。这些行为缺乏包含起码的正当过程的训诫程序，并且惩罚的花样繁多，残酷而又罕见）。参见 Note. Courts, Corrections and the Eighth Amendment: Encouraging Prison Reform by Releasing Inmates. 44 S. CAL. L. REV. 1060 (1971).

　　④　T. Szasz. Law, Liberty and Psychiatry. New York, Collier Books, 1963.

　　⑤　Dietrich v. Inhabitants of Northampton, 138 Mass. 14, 16(1884)；In re Byrn, L. A. Times, Dec. 5, 1971, § 1, at 16, col. 1 及下文相应正文部分。堕胎自由化趋势或者被视为立法倾向倒退到胎儿无权的方向上来，或者被视为立法朝着增加妇女权利的方向发展。这种矛盾当然不是在法律上独一无二的；只是支持了霍菲尔德（Hohfeld）的观点，即某人权利的"法律对立面"就是另外一个人"无权"。Hohfeld. Wesley Newcomb. Some fundamental legal conceptions as applied in judicial reasoning. Yale Law journal 23, 1913:16.

　　在这方面，笔者想到了纽约的一个案例。在该案中，一名财产托管者 S 代表一些指定姓名的受益人和一些"现有的生命"设立了信托。委托人想修改信托契约，她根据法律规定采取措施，以获得"在（该）信托中受益的所有人的书面同意"。当时委托人怀有身孕，信托人蔡斯银行（Chase Bank）提出它不会认可拟议中的修改内容，因为尚在其母腹中的孩子可视为信托受益人。法院支持这一修改，认为在确定某人是否在委托人寻求修改的信托中受益时，出生是一种可控因素，这与怀孕不同。In re Peabody, 5 N. Y. 2d 541, 158 N. E. 2d 841 (1959).

　　加州最高法院最近否决了一项针对故意杀害胎儿之行为（在非堕胎的情形下）的谋杀指控。法院裁决胎儿不属于界定谋杀之法律中的"人类"一词。Keeler v. Superior Court, 2 Cal. 3d 619, 87 Cal. Rptr. 481, 470 P. 2d 617 (1970)。另，参见下文讨论。

　　某些司法管辖区域有成文法对"非法堕胎"（故意引起未出生婴儿的死亡）犯罪作出界定。在加州的判例中，没有这样的非法堕胎具体规定可以作为凯乐（Keeler）一案裁决的依据。参见 2 Cal. 3d at 633 n. 16, 87 Cal. Rptr. at 489 n. 16, 470 P. 2d at 625 n. 16.

市、有限合伙①和民族国家。依然被法院以女性相称的船舶，长期以来都拥有独立的法律生命，并常常由此产生重大的后果。②为了很多法律或宪法上的目的，公司有"它"自己的权利，有其"人"和"公民"的身份。对于这一观念，我们已经变得如此习以为常，以至于忘记了，对于早期的法官而言，这种主张是多么刺耳。"那个看不见、摸不着的人工玩意，只是个法律实体"——在美利坚银行诉迪威奥克斯（Bank of the United States v. Deveaux）③一案中，首席大法官马歇尔（Marshall）这样描述公司——难道还能以它的名义提起诉讼吗？10 年之后，在达特茅斯学院（Dartmouth College）案中④，他仍然拒绝放过"仅存在于法律的沉思之中"⑤的实体，无视这一创举。然而，在马歇尔为将现代公司拟人化而烦恼之前很久，最睿智的中世纪法律学者已经耗费数百年时间，纠缠于那些关于大型公共"团体"、教会及国家之法律性质的想法。作为超越教皇和国王的实体，它们怎么能在法律中存在？国王如何通过条约来约束自己——将荣誉束于其上，这是十分清楚的。但当国王去世时，则其手签的协议之下的义务负担和权利主张应寄身于何处？中世纪的聪明人看到了（而我们却已经丧失这种洞察力）⑥这是怎样的

---

① INT. REV. CODE of 1954，§ 1361（自 1969 年 1 月 1 日起，被 Pub. L. No. 89-389 废除）。

② 例如，参见 United States v. Cargo of the Brig Malek Adhel, 43 U. S. （2 How.）210（1844）。在本案中，一艘船被海盗劫持和使用。这一切都是在没有征得船主认可或同意的情况下进行的。在该船被俘获后，美国宣判该船是"有罪之船"，并且将其出售。船主提出了反对意见。在拒绝把该船交付给船主时，斯托里（Story）大法官援用了首席大法官马歇尔（Marshall）早期的判例："这不是一项针对船主的诉讼；而是一项就船舶所实施的犯罪针对该船舶的诉讼；这仍然是犯罪……因为它未经船主的授权，并且违背了船主的意志，而实施了犯罪。" 48 U. S. at 234，引自 United States v. Schooner Little Charles, 26 F. Cas. 979 （No. 15,612）（C. C. D. Va. 1818）。

③ 9 U. S. （5 Cranch）61, 86（1809）。

④ Trustees of Darmouth College v. Woodward, 17 U. S. （4 Wheat.）518（1819）。

⑤ Trustees of Darmouth College v. Woodward, 17 U. S. （4 Wheat.）636（1819）。

⑥ 譬如，美国以每年两千美元的租金使用关塔那摩湾海军基地，是根据古巴总统何塞·蒙特斯（Jose Montes）与代表总统西奥多·罗斯福（Theodore Roosevelt）的部长于 1903 年签署的条约；该条约后来由参议院以 2/3 票批准，而议员们现在早已作古。Lease ［from Cuba］ of Certain Areas for Naval or Coaling Stations, July 2, 1905, T. S. No. 426; C. Bevans. Treaties and Other International Argreements of the United States 1776-1949 6. U. S. Dep't of State Pub. 8549，1971, p. 1120.

难以想象,并炮制了最为精致的幻景和谬论,将其作为普世教会和普世帝国的神、人同形同性论的血肉。①

提到"难以想象",笔者沉思片刻。通观法律史,权利每一次扩展到新的实体,在那时都有些难以想象。我们倾向于假设无权"物"的无权性是一种自然定律,而不是一种致力于维护某种现状的法律规定。基于此,我们怠于在它们全部的道德、社会和经济层面考虑其所涉及的各种选择。因而,在德雷德·史考特(Dred Scott)案中,美国最高法院能够严肃地告诉我们,黑人"作为一种已被优势种族征服的下级、劣等种族"②,被否认享有公民权利。在19世纪,加州的最高法院解释道,中国人无权在刑事案件中针对白人作证,因为他们是"这样一种人:大自然已经在其身上烙下了劣等的印记,其进化或智力发展不能超越某一高度,大自然在他们与我们之间已经设置了不可逾越的差距"③。在13世纪,关于犹太人的流行观念造就了一项法律。该法律将其待为"野生人类,受准森林法律的保护。就像狍和鹿,他们构成另

---

① Otto von Gierke. Political Theories of the Middle Ages, trans. by Frederic William Maitland, Cambridge, Cambridge University Press, 1927, 特别是在 22-30 页。读者可能会试着提出文中"公司"的例子不同于环境物品,因为前者是由人构成的,并且服务于人。与此相反,笔者认为我们越了解公司社会学和我们社会的现实政治,就会越发现这些制度最终的现实状况,以及不断增加的对于个人的法律虚拟。参见本文下文论述。

② Dred Scott v. Sandford, 60 U. S. (19 How.) 396, 404-05 (1856). 在 Bailey v. Poindexter's Ex'r 案中, 56 Va. (14 Gratt.) 132, 142-43 (1858),所涉遗嘱的一个载明立遗嘱人的奴隶可以在获得释放与公开出售两者之间作出选择的条款被认定无效,理由是奴隶没有做出选择的法律权利能力:这种认定是从奴役制度的清楚、简单、根本理念自然得出的必然的法律结论。这个根本理念是,在法律的眼中,就民事权利及关系而言,奴隶并非人而是物。授予奴隶以民事权利或法律权利能力,在法律上确实是一个错误和谬论。将法律人格授予被奴役的奴隶——法律良知,法律理性,法律自主或自由,自由选择和行为的权力,以及由这些品质、能力和行为产生的相应的法律义务——有明显的术语上的矛盾。

③ People v. Hall, 4 Cal. 399, 405 (1854). 其时成文法解释规定"不得允许黑人、黑白混血儿以及印第安人提供有利于或不利于白人的证据",但未提及中国人。法院据以将中国人置于"黑人……或印第安人"之下的"政策"分析,是关于"政策"决定与"正义"决定之间关系的迷人例证,特别是根据哈特(Hart)和福勒(Fuller)之间的交流。参见 Hart. Positivism and the Separation of Law and Morals. Harvard Law Review 71, 1958:593 和 Fuller. Positivism and Fidelity to Law-A Reply to Professor Hart. Harvard Law Review 71, 1958:630.

外一个阶层"①。回想起来，就在不久以前，胎儿还被"像狍和鹿"一样对待。在一个试图代表被过失杀害的胎儿提起不当致死之诉的早期案件中（这是现在广为接受的实践），霍姆斯（Holmes）其时正在马萨诸塞州最高法院，似乎认为，"一个人可能对一个目前尚不存在者负有民事义务，并由此承担有条件、可预期的侵权责任"，这简直是不可想象的。② 在威斯康星州，第一个认为自己可能有权做执业律师的妇女被告知其并无此项权利，说法是这样的：

　　大自然的法则注定女性适于为我们生儿育女，照顾家小……妇女追求一生的事业是法律职业，与她们这些根本及神圣的义务相违背，就是对大自然规律的背离；如果主动追求的话，就是对它的背叛……女性特有的品质，温柔优雅，多愁善感，脆弱，纯洁，细腻，感情冲动，滥用同情，肯定不适于解决法庭上的冲突。大自然对于妇女的恩典，使其不适于在法庭上解决司法争端，就如同不适于在战场上肉搏一样……③

　　事实上，每一次出现将权利授予某些新"实体"的运动，所提建议

---

　　① Schechter. The Rightlessness of Mediaeval English Jewry. JEWISH Quaterly Review 45，1954：121-135//M. Bateson，Medieval England，1066-1350，Longdon，T. Fisher Unwin，1904，p. 139. 谢克特（Schechter）还引用亨利·德·布莱克顿（Henry de Bracton），大意是"犹太人无权拥有其自己的东西，因为无论他获得什么，都不是给自己的而是给国王的……"同上，第 128 页。

　　② Dietrich v. Inhabitants of Northampton，138 Mass. 14，16（1884）.

　　③ In re Goddell，39 Wisc. 232，245（1875）. 法院继续持有下列"定论"：

　　当律师为该女士辩称第一百一十九章第三十二节"尊重那些有资格执法者"中的"人"这个词，必然也包括女性时，她的出现使得将他作为其立场的"反证"成为不可能之事，而对同样词语的同样解释，将使女性可以对私生子的父亲提起诉讼，接着，……对强奸提起诉讼。

　　同上，第 246 页。

　　一方面，是我们对妇女的态度；另一方面，是本文主要的关注点——土地。这两者之间的关系，在我们的同行科特·伯杰（Curt Berger）身旁，一不留神就被抓住了："归根结底，土地，就像女人一样，天生为被占有之物……" Curtis Berfer. Land Ownership and Use. Boston，Little Brown & Company，1968：139.

一定会听起来怪异、吓人或可笑至极。① 部分原因是，直到这些无权之物获得权利为止，我们只能把它们看作是一个供"我们"——那些当时正享有权利之人，使用的物，而不是其他任何东西。② 在这种思路之下，上面所述的威斯康星州案件中比较引人注目的是，法院在其关于妇女的讨论中，没能从实然角度（和应然角度）来看待妇女，这一点是如此之明显。法院能够看到的全部，就是有关它所需要的一件物品的流行的"理想化"观点。这也是奴隶制之下的南方对待黑人的方式。③ 这里就像有一张丝丝相扣的网：在物能够被看见且自我估值之前，会存在给予其"权利"的阻力；而在我们让自己给予其"权利"——对于许多人而言，这几乎必然是听起来不可想象的——之前，很难看见这个物并让它自我估值。

如果读者仅仅看了本文的标题，到现在应该知道（笔者）对"难以想象"作这样琐碎之论述的原因了。笔者正十分严肃地建议，给予自

---

① 最近，一群在萨福克县（Suffolk County）监狱同住的囚犯驯服了一只他们发现的老鼠，并为其取名莫里斯（Morris）。有一名狱卒发现了莫里斯，并通过马桶把它冲走了。囚犯们提起了针对监狱长的诉讼，其中的诉由是：莫里斯遭受了歧视性的排放，受到了不公平的对待。诉讼未能成功，理由是囚犯们本身"非法监禁莫里斯，无控诉，无审判，亦无保证金"，并且监狱里的其他老鼠未能受到更优厚的对待。"至于真正的受害者，法院仅能再一次表示同情，这种同情最初是由罗伯特·伯恩斯（Robert Burns）提供给它的祖先的……"法官继续引用伯恩斯的《致老鼠》一文。Morabito v. Cyrta, 9 CRIM. L. REP. 2472 (N. Y. Sup. Ct. Suffolk Co. Aug. 26, 1971).

当然，整个事件看起来很幽默。但我们需要更多知晓的是幽默在掀开文明页卷中的功能，及其所牵涉和体现的不断成长的社会痛楚的方式。为什么人们对妇女解放运动开玩笑？这不是"由于"——而不是"尽管"——抗议的潜在效力以及不安地意识到对它们的认可是不可避免的吗？凯斯特勒（Koestler）适时地开始了对人类思维的研究，《创造行为》(1964)，有对幽默的分析，名称是"笑的逻辑"。比较 Freud. Jokes and the Unconscious. The Standard Edition of the Complete Psychological Works of Sigmund Freud, vol. 8, trans. J. Strachey, 1905（疑问点：授予适当的名称，如莫里斯，与授予社会及法律权利之间的关系是什么？）。

② 因此，只有开国元勋们能够就所有人的不能剥夺的权利大谈阔论，而又维持一个依现代标准来看缺乏黑人、印第安人、儿童及妇女的最基本权利的社会。没有任何伪善之处；在情感上，没人觉得其他这些也是人。

③ 来源于老南方的另一种想法……是诚挚而热烈的信念，认为在人类和牛群之间的某个地方，上帝创造了第三种东西，并称为黑人——一种滑稽、简单的生物，有时在其限度内甚至有些可爱，但上天注定其可以在天国中行走。W. E. B. Du Bois. The Souls of Black Folk. New York, Bantam, 1924: 89.

然界中的森林、海洋、河流以及其他所谓的"自然物"以法律权利,给予整个大自然以法律权利。①

这种提法可能听起来奇怪,但它不是幻想,也不缺乏可操作性。

────────────

①　在本文中,笔者基本上把自己限定于讨论非动物自然物。笔者相信读者有能力辨别,为了增强我们对赋予那些现在未被赋予权利的其他物品——比如说,不仅指动物(它们中的一些在某种意义上已经享有权利了),还包括人形机器人、计算机,等等——以"权利"将会涉及之问题的理解,哪里的分析是合适的。比较 the National Register for Historic Places,16 U. S. C. § 470 (1970),discussed in Ely v. Velde,321 F. Supp. 1088 (E. D. Va. 1971)。

就如读者将会发现的,在确定"自然物"的界限时,存在很大的问题。例如,有时候人们希望说起流经某个已知的法律管辖区域的河流段;在其他时候,人们可能又会担心整条河流,或水循环,或整个大自然。人们本体的选择会对法律制度的形态产生强烈的影响,而这种选择并不容易作出。参见本文下文论述。

另外,选择适当的本体是所有语言都存在的问题——不仅仅是法律概念用语,也包括日常用语。比如说,考虑法律或日常会话中"人"的概念。每个人都具有一系列固定的关系,历经时间流逝也不改变吗? 我们的分子和细胞不是每时每刻都在变化吗? 我们的实体化总是对他们有实用性。参见 D. Hume. Of Personal Identity//Treatise of Human Nature,bk. 1,pt. IV,§ VI,in the Philosophical Works of David Hume,Whitefish,Kessinger Publishing LLC,1854,pp. 310-318;T. Murti. The Central Philosophy of Buddhism. George Allen and Unwin,1955,pp. 70-73. 在 Norman O. Brown. Loves Body. Berkeley,Los Angeles & London,University of California Press,1966,pp. 146-147 中,诺曼·O. 布朗(Norman O. Brown)评述道:

"让我们假设"界限的存在并不能阻止真正的车轮通过。外化及内化,使本体与外界相区别的过程得以形成,这并非过去的历史,亦非是孩提时代的事件,而是一种不断创造的现时过程。本体和外界的二元论是通过这两者之间持续不断的相互作用过程而建立起来的。本体作为稳定的东西,通过不断地从外界吸收善的部分(或人),从内心驱逐恶的部分,经过时间的磨砺,身份得以维持。"其他的人格无意识地漫游进我们自己的人格,这个过程从不间断。"

这样,每个人同时也是许多人。众多的人构成一个人,一个法人团体;组成一家公司,一家"独资公司";每个人都是牧师之人。人的联合就和公司的联合一样,真实或不真实。

通常参见,W. Bishin,C. Stone. Law,Language and Ethics. Foundation Press,1972,Ch. 5.

在不同时代的不同法律制度下,在被认为是应对伤害行为"负责"的实体方面,有多次反复:在个人责任的观念出现以前,整个家族为所犯的罪行承担责任。在某些社会,实施犯罪的手而非整个身体要为之"负责"。即使在今天,为某些目的,我们将父亲与儿子作为独立的法律实体分别对待,但为其他某些目的,则将其作为一个单一的法律实体。总的说来,笔者不明白为什么设计出自然物(以及"质量",如气候变暖)的法律本体这一任务会更加棘手。或许在将来某一天,为某种目的,全人类都会被认为是法律上的"自然物"。

事实上，尽管我们还没有使用那些特定的术语来勇敢地面对我们的所作所为，但我们已经处于赋予某些此类权利的边缘了。笔者认为这并非是对法律最近发展的错误描述。① 我们应当立即着手发掘这种提法所具有的内涵。

二、迈向环境权利

现在，说自然环境应当享有权利，并非傻到说任何人都不得伐树。我们说人类享有权利，但至少在写这句话的当口，他们还是可以被处决。②公司也享有权利，但它们不能以第五修正案为借口。③高尔特案(In re Gault)给予 15 岁的未成年人诉讼中的某些权利，但并未赋予他们投票权。因此，说环境应该享有权利，并不是说它应该享有我们能够想出的所有权利，乃至享有与人类一样的权利体系。也不是说环境中的每个物都应该享有与环境中的每个其他物同样的权利。

权利的赋予涉及两个方面，第一个方面可以称为法律操作方面，第二个方面则是心理及社会心理方面。以下将分别阐述之。

---

① 文中的说法未必十分真实；比较 Murphy. Has Nature Any Right to Life? Hastings Law Journal 22，1971：467。一家爱尔兰法院，判断为某人的狗的利益而设立的遗嘱信托的有效性，法官在附带意见中说道："'生命'是指人类的生命，而非位于加州的动物或树的生命。" Kelly v. Dillon，1932 Ir. R. 255，261。(欲在最后一只存活的狗死亡后施与礼物，被认定无效，原因是太过遥远，法院拒绝"讨论狗的预期寿命问题"，尽管其准备说"事实上，邻居的狗和猫都不讨人喜欢地长命……"同上，第 260-261 页。)

② 根据第八及第十四修正案提起的有关死刑合宪性的四个案件都被美国最高法院搁置着。Branch v. Texas，447 S. W. 2d 932 (Tex. 1969)，cert. granted，91 S. Ct. 2287 (1970)；Aikens v. California，70 Cal. 2d 369，74 Cal. Rptr. 882，450 P. 2d 258 (1969)，cert. granted，91 S. Ct. 2280 (1970)；Furman v. Georgia，225 Ga. 253，167 S. E. 2d 628 (1969)，cert. granted，91 S. Ct. 2282 (1970)；Jackson v. Georgia，225 Ga. 790，171 S. E2d 501 (1969)，cert. granted，91 S. Ct. 2287 (1970)。

③ George Campbell Painting Corp. v. Reid，392 U. S. 286 (1968)；Oklahoma Press Pub. Co. v. Walling，327 US. 186 (1946)；Baltimore & O. R. R. v. ICC，221 U. S. 612 (1911)；Wilson v. United States，221 U. S. 361 (1911)；Hale v. Henkel，201 U. 43 (1906)。

三、法律操作方面

（一）何为法律权利持有者

据笔者所知，对于应如何使用"法律权利"一词，并无一个普遍接受的标准。在此，笔者简要说明在本文中笔者将如何使用之。

首先，也是最明显的，如果该术语要从根本上有一些内涵的话，那么，除非有的公共权威机构已准备对与该"权利"可能不一致的行为实施一些审查，在此之前，我们不能说一个实体享有该法律权利。比如，如果一个学生可以被大学开除，而他无法求助于任何政府官员，哪怕是最低层级的法官或行政官员，或者要求大学证实其行为是正当的（只要达到填写宣誓书，宣称该开除决定"完全不是武断和反复无常的"之程度），或者迫使大学给予该学生一些程序上的保护（听证，聘任律师权，获得指控通知权），那么，说该学生享有教育方面的法律权利，这是根本不能成立的。①

但要成为法律权利持有者，除了要有权威机构对那些威胁法律权利之人的行为和方法进行审查之外，还需要更多的东西。当笔者使用"法律权利的持有者"这一术语时，另三个标准也都必须全部满足。可以看出，这三者都是用来使某物在法律上有价值——凭借其自身的权利享有法律认可的价值和尊严，而不是仅仅充当使"我们"（可能是当下的权利持有者群体中的任何人）获利的工具。它们是：第一，该物可以依其意愿提起法律诉讼；第二，在确定给予法律救济时，法院必须考虑其所受伤害；第三，救济需为其利益而实施。

举例来说，正如在两个容许奴隶制的社会之间，有着本质的不同。在第一种社会，主人可以（如果其选择）诉诸法院，就减损的动产（此处指奴隶，译者注）价值，从殴打其奴隶的人那里获得损害赔偿金。在第二种社会，奴隶本人就可以为他自己的康复提起诉讼，比如说用他的

---

① Dixon v. Alabama State Bd. of Educ., 294 F. 2d 150 (5th Cir.), cert. denied, 368 U. S. 930 (1961).

疼痛和苦楚来衡量损害赔偿金的数额。注意,让奴隶不受殴打的利益完全不受保护,两个社会的制度都不是这样建构的。相较于社会一来说,在社会二中,奴隶有三个操作上的显著优势,这使得社会二中的奴隶虽然还是奴隶,但已成为权利持有者。再一次对两个社会进行比较。在社会一中,出生时是活体的婴儿在出生前所受的伤害,使婴儿的母亲有权,经其请求,为其利益,基于其所受精神痛苦,起诉侵权行为人。在社会二中,婴儿有权为了自身的康复,以其自己的名义(通过指定监护人)提起诉讼,获得相应赔偿。

因而,当笔者说普通法中的"自然物"并非法律权利持有者时,笔者不是在简单地评论我们都会接受的显而易见的东西。笔者的意思是强调环境所缺乏的三个特定的法律操作上的优势,使其处于社会一而不是社会二中的奴隶和胎儿的地位。

(二)普通法中自然物的无权性

比如说,让我们思考普通法对溪流污染的态度。确实,在某些情形之下,法院总是能够发布命令以制止污染——正如在社会一中,其法律制度的设计只是为了顺便阻止殴打奴隶和鲁莽地对待孕妇。从根本上说,溪流本身是没有权利的,由此产生的可能影响值得仔细再考虑。

溪流不是权利持有者的首要意义与诉讼资格有关。溪流本身并无诉讼资格。就普通法而言,除非能够证明其权利受到了侵犯的下游河岸所有人,或者另一个人提出请求,通常没有办法去挑战污染者的行为。河岸所有人作为提起诉讼的权利的持有者这一观念,不仅仅具有理论上的重要意义。下游河岸所有人可能完全不关心污染。他们本身可能就在制造污染,不希望搅起诉讼这潭水。他们也可能在经济上依靠其产生污染的邻居们。① 当然,在他们根据提起诉讼的成本以

---

① People ex rel. Ricks Water Co. v. Elk River Mill & Lumber Co., 107 Cal. 221, 40 Pac. 531 (1895).(拒绝应司法部长的请求禁止一个上游河岸所有人所造成的污染,理由是下游河岸所有人——其中的大部分都依赖污染工厂的木材生意,并没有提出请求。)

及胜诉机会感到胜诉价值打折扣的时候，看起来可能不值得提起诉讼。比如说，污染者对一百个下游河岸所有人所造成的损害一年总计可能高达 10000 美元，但每一个河岸所有人单独遭受的损害也就仅够100 美元——这一金额可能不足以使其中的任何一个人想要单独提起诉讼，甚至不足以使其中的任何一个人愿意惹这个麻烦，承担确保共同原告中的每个人都获益的成本。当潜在的原告考虑到法律为他们设置的各种负担时，这种犹豫尤其可能会出现①：比如，证明特定损害赔偿金、被告用水的"不合理性"、消除污染的实用方法存在，克服由共同致害行为因果关系、依规定进行污染的权利之类的问题所引发的困难，等等。即使在那些寻求通过授权司法部长在有限的情况下提起消除污染之诉这一方式来克服这些困难的州，像加州，人们也保守地运用该权力，并且，当应用时，由法院严格地解释。②

　　普通法否认自然物"权利"的第二个意义，与某些案件中决定价值的方法有关。在这些案件中，有人有能力并且愿意建立诉讼资格。在其较为初期的层面上，普通法制度保护财产"权利"，仅承认人具有最小限度的价值权重："拥有土地之人，拥有该土地上至天空下至地心"。③ 今天，我们越来越要达到平衡，但仅在其能够调整特定个人的最佳经济利益的意义上。比如说，继续以溪流案为例，有评论人讨论"一般规则"，即"在不损害其质量的前提下，河岸所有人依法有权用河

---

　　①　对原告一方，禁令救济诉讼中的法律普遍比损害赔偿诉讼中的法律更简单。J Gould. A Treatise on the Law of Waters. Chicago, Callaghan, 1883，§ 206.

　　②　然而，在 1970 年，加州修改了其《水质量法》，使司法部长更容易获得救济。例如，在申请禁令的诉讼中，不再需要宣称受到不可修复的伤害。C. Water Code § 13350(b)(West 1971).

　　③　拥有土地之人，拥有该土地上至天空下至地心。W. Blackstone. Commentaries on the Laws of England, 1979, Chp. 18.

　　在早期的普通法，土地所有人可以"自由随意地"使用在其土地下发现的所有东西，不需要考虑任何"对其邻居造成的不便"。Acton v. Blundell, 12 Meeson & Welsburg 324, 354, 152 Eng. Rep. 1223, 1235 (1843). "其（土地所有人）可随意地浪费或破坏该土地……" R. Megcarry, H. Wade. The Law of Real Property, 3d ed., London, Stevens & Sons, 1966, p.70；R. Powell. The Law of Real Property. vol. 5, 1971, p.725.

流灌溉其土地",并注意到,"据初步认定,上游所有人无权污染水流。"①这一原则如果被严格援用,则不论何时提起诉讼,都会绝对地保护溪流。但很显然,环顾我们四周,法律并非依此方式运作。基本上在任何地方,都有关于河岸所有人享有溪流不受污染之"权利"的原则性标准。②尽管这些规则在各司法管辖区之间都不相同,而且在提起衡平禁令之诉和提起损害赔偿之诉时也不相同,但它们的共性都是某种平衡。不论用语是"合理使用""合理的使用方法""便利之平衡",还是"公共利益原则"③,法院所平衡的依直接性的不同程度,是上游河岸所有人(或附属经济体)消除污染的经济困难和下游河岸所有人遭受持续污染的经济困难之间的比较。在这个平衡中没有权衡的,是对溪流、其中的鱼儿、乌龟以及"更低等"生命的损害。只要自然环境本身没有权利,这些就不属于司法认定的事项。因而,我们发现宾夕法尼亚州最高法院拒绝阻止一家煤矿将污染的矿水排入拉克万纳河(Lackawana River)的支流,其理由是原告的"委屈仅为个人之不便,并且……仅为私人性的个人之不便……须为重大公共产业的需要而让步,这些产业虽然是在私人公司手中,却能促进重大公共利益"④。

---

① Note. Statutory Treatment of Industrial Stream Pollution. George Washington Law Review 24, 1955, pp. 302-306; H. Farnham. Law of Waters And Water Rights, 1904, § 461; J. Gould. A Treatise on the Law of Waters, § 204.

② 例如,法院支持按规定进行污染的权利,Mississippi Mills Co. v. Smith, 69 Miss. 299, 11 So. 26 (1882),以及按地役权进行污染的权利,Luama v. Bunker Hill S. Sullivan Mining 8- Concentrating Co., 41 F. 2d 358 (9th Cir. 1930)。

③ Red River Roller Mills v. Wright, 30 Minn. 249, 15 N. W. 167 (1883) (河岸所有人对溪流的享用,可因他人对溪流的合理使用而被改变或取消);Townsend v. Bell, 167 N. Y. 462, 60 N. E. 757 (1901) (在无法证明工厂对水的不合理使用导致溪流污染的情况下,河岸所有人无权继续诉讼);Smith v. Staso Milling Co., 18 F. 2d 736 (2d Cir. 1927) (在申请禁令的诉讼中,受损害的下游河岸所有人所享有的权利,是两个相互冲突的利益之间的一个定量妥协);Clifton Iron Co. v. Dye, 87 Ala. 468, 6 So. 192 (1889) (在确定是否向下游河岸所有人授予禁令时,法院必须权衡公益利益与个人或其他当事人所受的伤害)。亦参见 Montgomery Limestone Co. v. Bearder, 256 Ala. 269, 54 So. 2d 571 (1951)。

④ Pennsylvania Coal Co. v. Sanderson, 113 Pa. 126, 149, 6 A. 453, 459 (1886).

在"两个冲突利益间的定量妥协"中,溪流本身被忽略了。①

　　普通法使自然物无权利的第三个层面,与谁被认作是有利判决的受益人有关。同样,自然物不能主张其自身的权利,这也造成相当大的差别。为了说明这一点,谈论并且确定对自然物的法律上的损害是非常有意义的。就其最明显的要素而言,要是能够"使其成为整体"就好了。这也是笔者讨论的起始点。② 例如,使森林成为整体的成本,包括重新播种、修理分水岭、重蓄野生动植物的成本——森林服务管理局在森林发生火灾后所要承担的成本之类型。使受污染的溪流成为一个整体,成本涉及重蓄鱼儿、水禽及其他动物和植物,疏浚,过滤杂物,设立自然和/或人工的充气剂,等等。现在,需要着重注意的是,在我们现有的制度下,即使原告河岸所有人在水污染的损害赔偿诉讼中胜诉,也没有任何金钱会被用于溪流自身的利益,对其损害进行修复。③ 这种不作为有进一步的效果,至多法律让污染者面对所有的原告河岸所有人。这样,赔偿数额可能会远远少于溪流所受到的损害④,几乎不会多到迫使污染者终止。例如,很容易设想一个污染者,其行为对溪流所造成的损害每年达 10000 美元,而对参与诉讼的所有的原告河岸所有人所造成的损害总计只有 3000 美元。对污染者而言,如果 3000 美元少于关闭设施或实施必要的技术革新的成本,他可能宁愿支付损害赔偿金(即法律认定的损害赔偿金)并继续污染溪流。同样地,即使司法机关应原告的请求签发禁令(而非命令支付损害赔偿金),也无法阻止原告"出卖"溪流,即在某个价格(在上面的例子中,就

---

　　① 　Hand, J. in Smith v. Staso Milling Co., 18 F. 2d 736, 738 (2d Cir. 1927) (emphasis added). 亦参见 Harrisonville v. Dickey Clay Co., 289 U. S. 334 (1933) (Brandeis, J.)。

　　② 　通过"使其为整体"来度量原告的损害赔偿金有几个限制;关于这些限制以及在这一领域度量损害赔偿金的问题,在本文下文会有更全面的讨论。

　　③ 　在此,再一次类推至公司法可能会有好处。假设在公司董事疏于管理的情况下,并无股东提起派生诉讼以强制董事将公司作为一体,那么有据可依的唯一诉讼是股东直接诉讼,以获得他们自己作为股东所受损害的赔偿金。在理论上和实践上,两个案件中可能出现不同的损害赔偿金,且不仅仅是因为在股东的直接诉讼中债权人的损失并未合计。

　　④ 　与通过溪流衍生出来的所有人类经济利益相比,就少得更多了;参见本文下文论述。

在原告的损害赔偿金 3000 美元及被告的下一个最佳经济选择点之间),同意撤销或不强制实施该禁令。确实,笔者认为这正是勒尼德·汉德(Learned Hand)的思想。他的观点是,在签发反污染禁令之后,建议被告"尽可能地与原告和解"①。其意思是他们之间的和解,而非他们与溪流之间的和解。

在这一点上,笔者应当讲清楚,普通法在其影响笔者迄今为止一直用作例子的溪流及河流的时候,与影响其他环境物品的法律并不完全相同。确实,就环境物品的法律待遇而言,很难说存在一个"典型"环境物品。适用于各种不同的共有资源,如河流、湖泊、海洋、沙丘、空气、溪流(地表及地下)、海滩等的法律,都存在一些差异。②并且,同样地,在这些传统的公共资源与传统的私人土地上的自然物,如农民田地里的池塘,或郊区居民草地上的树林之间,甚至存在着更大的差异。

尽管存在这些差异,使得概括一个自然环境法律显得很愚蠢,但这些差异中的大多数只是强调以河流及溪流为例而得出的几点内容。这些自然物不论是共有还是位于私人土地之上,不具备权利持有者三大标准中的任何一个。它们没有自己的诉讼资格;在确定判决结果时不考虑它们独特的损害赔偿金;它们亦非判决的受益人。这样,这些自然物在传统上被普通法,甚至被除最新近立法以外的所有法律,视为人类征服、控制和利用的客体——正如法律曾经看待"人"与非洲黑人的关系一样。即使采取特殊措施来保护它们,如分季节打猎,限制砍伐树木,其支配性的动机还是为了我们——为了最多数人的最大利益而保护它们。据笔者所知,自然保护主义者通常不愿以其他方式来

---

① Smith v. Staso, 18 F. 2d 736, 738 (2d Cir. 1927).

② 这些公共财产中的一部分受"公共信托论"的支配。这种学说虽然不够明了,却能以这样的方式发展,以致可以完成十分广泛的环境保护任务。参见 Gould v. Greylock Reservation Comm'n, 350 Mass. 410, 215 N. E. 2d 114 (1966); Sax. The Public Trust Doctrine in Natural Resource Law: Effective Judicial Intervention. Michigan Law Review 68, 1970, p. 471, pp. 492-509 一文对此进行了讨论。

保护大自然。① 顾名思义，他们是要保护并保证我们对这些其他生物的消费及享乐。而就自然物自己的权利而言，就像在大众运动中一样，其在法律上几乎也一文不值。

然而，正如笔者在开头处所述，自然环境的无权利状态可以改变，应当改变，并且这样的一些迹象已经在显现。

（三）走向享有自己的诉讼资格

自然物无权为其自己的利益寻求救济，这既非必然，亦非明智。说溪流和森林不能享有诉讼资格是因为溪流和森林不会说话，这并不是问题的答案。公司也不会说话，国家、不动产、婴儿、无行为能力人、自治市或大学也一样。律师为它们说话，就如它们平常为普通公民解决法律问题一样。人们处理自然物的法律问题，就应该像处理已经成为植物人的法律上无行为能力人的问题一样。如果一个人显示出衰老征兆，又有其在法律上无力处理的事务，那些与其福祉相关的人就此向法院作出说明，法院会指定某人有权处理该无行为能力人的事务。这样，监护人②（或"保护者"③或"委员会"④——用语可能不一）就在法律事务中代表该无行为能力人。当公司变得"无行为能力"时，法院也会作出类似的指定——在必要时，为破产或重组之公司指定信托人以监管其事务，并在法院代表其说话。

由此类推，我们应该有这样一项制度，当自然物的朋友认识到其

---

① 比如说，与人类社会相比。

② Cal. Prob. Code §§ 1460-62 (West Supp. 1971).

③ Cal. Prob. Code § 1751 (West Supp. 1971)对指定"保护人"作了规定。

④ 在纽约，最高法院以及纽约市外的县法院都有权为某人指定一个委员会，和/或为某人的财产指定一个委员会，如果该某人"无能力管理其自己或其事务"。N. Y. Mental Hygiene Law § 100 (McKinney 1971).

濒临危险时,可向法院申请设立监护权。① 或许,我们已经有这样的机制。例如,加州法律将无行为能力人定义为"任何人,不论是否患有精神病,由于年老、疾病、心智羸弱或其他原因,不能独力、适当地管理或照顾其自己或其财产,并且由于上述原因,可能被狡猾或算计之人欺骗或强加负担"②。当然,要游说法院,说依该条,濒危的河流是"一个人",这需要律师大胆、自信而且富有想象力,就像那些使最高法院相信,根据第十四修正案,一个在那以前一般被看作是设计用来保护被解放的奴隶之权利的宪法条款,铁路公司是一个"人"的律师一样。③在本文交付印刷时,福德姆(Fordham)的拜恩(Byrn)教授请求纽约最高法院指定其为一个即将被堕胎、与其无关的胎儿的法律监护人,以便使其能够代表位于纽约市十八家市立医院的所有类似胎儿提起集

---

① 前文所讨论的本体论问题在此情形下变得非常严重。可以想象这样一种情形,县法院将为一条溪流指定监护人,针对据称的污染者提起诉讼,结果败诉。现在假定,联邦法院将为一个更大的河流系统指定监护人,该溪流是该河流系统的一部分,并且,联邦指定的监护人后来又代表整个河流,而非溪流,在州法院针对同一被告提起诉讼。(如果上述诉讼败诉,是否可能由国际法院指定的监护人代表整个水循环,再次提起诉讼?)

这些问题十分棘手,但并非无解决之道。其一,审前听证和干预权可以进一步改进。再者,法院多年来一直在处理潜在的判决不一致的问题,如当一个州即将宣布的离婚法令与另外某州法院的判决不一致的时候。Kempson v. Kempson, 58 N. J. Eg. 94, 43 A. 97 (Ch. Ct. 1899). 法院可以并且当然会保持某些自然物的无主物状态,以便避开这一问题。同样,如果几个"物品"都相互关联(情形往往如此),可能会涉及几个监护人,涉及将案件移转至适宜之法院——可能是最临近受到严重威胁的"被监护人"之监护人的法院的程序。在某些情况下,由更临近被监护人且未有疏忽的监护人再次提起诉讼,可能更为妥当。至少,这些问题并不比法律多年来所处理的集团诉讼中的相应问题更复杂。

② Cal. Prob. Code § 1460 (West Supp. 1971)。The N. Y. MENTAL HYGIENE LAW (McKinney 1971) 规定"就人及其财产的监护,如其由于年龄、酗酒、精神疾患或其他原因,无能力管理其自己或其财产……",具有管辖权。

③ Santa Clara County v. Southern Pac. R. R., 118 US. 394 (1886)。布莱克(Black)大法官依据第十四修正案否认公司享有"人"的权利。Connecticut Gen. Life Ins. Co. v. Johnson, 303 U. S. 77, 87 (1938) (Black, J. dissenting): "公司既无种族,亦无肤色"。

团诉讼。霍兹曼（Holtzman）法官同意了该监护权申请。① 如果基于现有成文法的这种论调失败，就可以沿着传统的监护权线路颁布特别的环境立法。这样的条款既能为公共自然物规定监护权，又能为处于"私人"土地上的自然物规定监护权，可能两者的标准稍有不同。②

这种成文法制度所需要的"潜在"朋友并不缺乏。比如塞拉俱乐部（Sierra Club）、环保协会（Environmental Defense Fund）、地球之友（Friends of the Earth）、自然资源保护委员会（Natural Resources Defense Council），以及艾萨克·沃尔顿联盟（Izaak Walton League），这些只是立意明显、不屈不挠致力于环境保护，并且越来越有能力组织必要的技术专家和律师的众多团体中的几个例子。比如说，如果环保协会有理由相信某一公司的露天采矿行为可能正在对大片土地的生态平衡造成不可挽回的破坏，它可以依照这一程序，申请该土地所

---

① In re Byrn, L. A. Times, Dec. 5, 1971, § 1, at 16, col. 1. 随后授予了初步禁令，被告在反诉中的撤销监护权提议被否决。Civ. 13113/71 (Sup. Ct. Queens Co., Jan. 4, 1972) (Smith, J.). 上诉被搁置。在这种情形下授予监护权，看起来似乎比给湖泊之类的公共自然物授予监护权，在法律上更有实质性的进展。在前一个案例，该物品有传统上认定的监护人——母亲，其决定是赞成打掉胎儿。

② 关于各种公共资源的法律，必须沿着自己的路线发展，这不仅是因为其同时并且频繁不断地涉及如此众多且不同之人的消费和使用"权利"，也是因为没有人必须为其消费公共资源而付费，这与私人土地上的资源所有者为其自己的所作所为承担成本完全不同。比如说，如果土地所有人砍光其土地上的树木，且不种植替代物，他就会以其土地价值减少的形式，为自己的所作所为承担代价。但就河流污染者而言，其污染行为是无成本的——除非法律制度以某种形式迫使其将该成本内部化。结果就是，私人土地所有者对其土地上的自然物的权利，与其对自己可获得的公共资源的权利相比，受法律的限制极小（与经济学相比）。如果要改变这种状况，对传统认定的"私人"土地上的自然物的利益进行调整，其标准可能正好与法院处理某些人的孩子抚养之事宜的指导规则相类似。这些人的孩子抚养（或缺乏抚养），会造成社会威胁。比如说，法院可以使儿童成为"法院的附属人"，如果该儿童的"家由于父母任何一方的疏忽、残暴或堕落而不适于其居住……"Cal. Welf. & Inst. Code § 600(b) (West 1966). 亦参见同上 § 601：任何儿童"由于任何原因，有过虚度、挥霍、淫荡或不道德生活之危险，可由法院判决为法院的被监护人。"

在地的法院指定其为监护人。① 作为监护人，它可能会被授予调查（或搜索）权，以确定关于该土地状况的更详尽的调查结果并使法院关注。如果有迹象显示，根据实体法，可以为土地利益提供某些救济，监护人就有权以该土地之名义，伸张该土地之权利，即无须如下文所论，作出转弯抹角而又往往无效的证明，表明俱乐部成员的"权利"正在受到侵犯。监护人同样也会被看作其他保护性任务的主人，如监控污水（和/或监督监察员），在有关设定州的水质量标准等事务的立法及行政听证中，代表它们的"被监护人"。法院可以基于利益冲突或其他原因撤销和更换监护人②，也可以终止监护人，③这样的程序存在并且可以被加强。

实际上，尽管并未以和监护人方法一样令人满意的方式，法律上正在兴起一个赋予环境以诉讼资格之利益的运动。笔者所指的是，在最近的几个环境保护组织挑战联邦政府行为的案件中，传统的诉讼资格要求被显著放宽。哈德逊风景保护协会诉联邦电力委员会案（Scenic Hudson Preservation Conference v. FPC）④是这一进展的绝好例子。在该案中，联邦电力委员会已经为纽约联合爱迪生公司

---

① 参见同上法条。现在处理这种"私人"财产问题的方法，是尝试颁布在警察权力之下普遍适用的立法，参见 Pennsylvania Coal Co. v. Mahon, 260 U. S. 393 (1922)，而不是提起民事诉讼。这种诉讼，通过零散的过程，可以适合于个别的情形。

② Cal. Prob. Code § 1580 (West Supp. 1971) 列举了在通知和听证后可以撤销监护人的具体原因。

尽管有这些保护，监督监护人的问题依然特别严重，就像在此情形下，并无直接的可以确认的人类受益者，这些受益者的私利可以鼓励其对监护人进行密切监视。为了改善这个问题，可以从一般的慈善事业信托法律中借鉴经验，这种信托一般置于司法部长的监督之下。CAL. CORP. CODE § § 9505, 10207 (West 1955).

③ Cal. Prob. Code § § 1472, 1590 (West 1956 and Supp. 1971).

④ 354 F. 2d 608 (2d Cir. 1965), cert. denied, Consolidated Edison Co. v. Scenic Hudson Preservation Conf., 384 U. S. 941 (1966).

(Consolidated Edison)颁发许可证，允许其在斯特姆国王山(Storm
King Mountain)的哈德森河段建设水电项目。环境利益保护者反对
颁发许可证，理由是输电线不美观，鱼会被毁灭，山中小路会被淹没。
此类两家保护团体，以哈德逊风景保护协会的名义联合起来，请求第
二巡回法院搁置该许可。尽管有人辩称，由于未提出"委员会的行为
导致任何个人经济损害"这一传统请求[①]，哈德逊风景保护协会没有诉
讼资格，但该请求仍然得到审理，案件被发回联邦电力委员会。就诉
讼资格而言，法院提到《联邦电力法》第三百一十三条(b)款赋予"因联
邦电力委员会所发布的命令而受侵害"[②]的任何当事人以提起审查的
权利；基于此，它将"受侵害"解读为并不限于那些声称遭受传统上的
个人经济损害的人，而是宽泛到足以包括"那些通过其行为或活动已
经表现出其在电力发展等项目的美学、自然保护及娱乐方面有特别利
益的人"[③]。类似的推理已经影响其他巡回法院，它们允许环境保护团
体基于其成员的娱乐和美学等利益，而不是直接的经济损害，对联邦

---

　　① 　354 F. 2d 608，615 (2d Cir. 1965).

　　② 　Act of Aug. 26，1935，ch. 687，Title II，§ 213，49 Stat. 860，codified in 16 U.
S. C. § 8251(b) (1970).

　　③ 　354 F2d 608，616 (2d Cir. 1965). 法院可能已经感觉到，因为纽约-新泽西审判会
议，组成了哈德逊风景保护协会的两个环保组织中的一个，在斯特姆国王山地区有大约17
英里长的小路，因此有足够的经济利益来确立其诉讼资格。因此，海斯法官的观点并非如此
站得住脚。

电力委员会、内政部以及卫生、教育和福利部所拟议的活动提出挑
战。① 只有第九巡回法院犹豫不前。这其中的一个案子,涉及塞拉俱
乐部试图挑战迪士尼公司在美洲杉国家森林公园中的一个开发项目。
在撰写本文时,该案正在等待美国最高法院的判决。②

---

① Road Review League v. Boyd, 270 F. Supp. 650 (S. D. N. Y. 1967). 原告,其中包
括贝德福德镇(Town of Bedford)和公路审查联盟(Road Review League),一个关注社区问
题的非盈利协会提起了诉讼,请求审查并搁置联邦公路管理局局长作出的关于州际公路布
局的决定。原告宣称拟议建设的公路将对当地的野生动物禁猎区产生不利影响,污染当地
湖泊,与当地需求及规划不一致。原告依据《行政程序法》的相关规定,即 5 U. S. C. § 702
(1970)提起诉讼。该规定授权"依相关成文法之规定受行政机关行为侵害"之人可以获得司
法审查。法院认定原告享有诉讼资格,可以获得针对拟议的公路布局的司法审查。

笔者找不出任何原因,为什么"受侵害"这个词在《行政程序法》中的含义与《联邦电力
法》所赋予的含义应有所不同……"相关成文法",即《联邦公路法》,就地方及环保利益而言,
其所含语言甚至比《联邦电力法》更强烈。

同上,第 661 页。

在哈德逊河谷市民委员会诉沃尔普一案中(Citizens Comm. for the Hudson Valley v.
Volpe),425 F. 2d 97 (2d Cir. 1970),原告被认定有诉讼资格,可以挑战在临近哈德逊河谷
处建设堤防和堤道的行为。塞拉俱乐部和达里敦村(Village of Tarrytown)基于《1899 年河
流与港口法》起诉。虽然《河流与港口法》并不像《联邦电力法》那样规定了司法审查,但法院
认定,根据《交通部法》《哈德逊河流域协定法》以及陆军工程兵部队据其签发了许可证的规
章,认定原告"受到了侵害"。这些立法都含有许多提及休闲资源、环境资源以及需要对其进
行保护的条款。援引道路审查联盟案件的判决,法院认定,作为《行政程序法》所规定的"受
侵害"的当事人,原告同样也有诉讼资格。法院基于《行政程序法》授予诉讼资格的其他案件
包括: West Virginia Highlands Conservancy v. Island Creek Coal Co. , 441 F. 2d 231 (4th
Cir. 1971); Environmental Defense Fund, Inc. v. Hardin, 428 F. 2d 1093 (D. C. Cir.
1970); Allen v. Hickel, 424 F. 2d 944 (D. C. Cir. 1970); Brooks v. Volpe, 329 F. Supp.
118 (W. D. Wash. 1971); Delaware v. Pennsylvania N. Y. Cent. Transp. Co. , 323 F.
Supp. 487 (D. Del. 1971); Izaak Walton League of America v. St. Clair, 313 F. Supp.
1312 (D. Minn. 1970); Pennsylvania Environmental Council, Inc. v. Bartlett, 315 F.
Supp. 238 (M. D. Pa. 1970).

② Sierra Club v. Hickel, 433 F. 2d 24 (9th Cir. 1970), cert. granted sub nom. Sierra
Club v. Morton, 401 U. S. 907 (1971) (No. 70-34). 塞拉俱乐部,一个关注环保的加州非盈
利团体,宣称其在自然公园的保护和良好管理方面的利益会受到内政部颁发的一个许可的
不利影响,该许可允许迪士尼公司在美洲杉国家森林公园中建设矿石之王娱乐场(Mineral
King Resort)。法院认定,由于塞拉俱乐部未声称有直接法律利益,该组织无诉讼资格。法
院阐明,塞拉俱乐部所声称的利益,仅仅是在拟议中的行动会令其成员感到不愉快的意义上
而言的。法院意欲与哈德逊风景案区别开,理由是那个案件中的原告资格请求受到《联邦电
力法》中"受损害的当事人"这一用语的支持。

即使最高法院在迪士尼—美洲杉国家森林问题上推翻第九巡回法院的立场，并因此鼓励各巡回法院延续其在该领域放宽诉讼资格的倾向，还是存在迫切需要监护人方法的重要理由。一方面，基于对特定联邦法律——《联邦电力委员会法》①《行政程序法》②《联邦杀虫剂、杀真菌剂及灭鼠剂法》③以及其他法律的解释，此类案件已经拓展诉讼资格。但这一基础仅在涉及联邦机构的行为时才能支持环境诉讼案件。甚至，或许仅在有一些特定的法定用语——如《联邦电力法》中的"受侵害"的时候，环境保护团体才可以依赖。以巴斯鱼垂钓爱好者协会诉美国钢铁公司（Bass Angler Sportsman Society v. United States Steel Corp）④为例，在该案中，原告依据《美国法典》第 33 部第 407 节（1970）[33 U.S.C. § 407（1970）]起诉了位于亚拉巴马州各地的 175 个公司被告。该节规定如下：

将任何废物……抛弃、排放或堆积……至美国的任何适航水域，或至任何适航水域的任何支流，而废物可以从其中流入或冲入该适航水域的，均属非法……⑤

该法的另一节规定，罚款的一半将支付给提供控诉信息之人。⑥

---

① 16 U.S.C. §§ 791(a) et seq. (1970)。参见 Acc of Aug. 26, 1935, ch. 687, Title II, § 213, 49 Stat. 860. Codified in 16 U.S.C. § 8251(b)(1970)及上文相应正文部分。

② 5 U.S.C. §§ 551 et seq. (1970). 依据 5 U.S.C. § 702 作出的判决在前文中列明。

③ 7 U.S.C. §§ 135 et seq. (1970). 对于受到依该法签发之命令的"不利影响"的任何人，第 135b(d) 节赋予其司法审查权。Environmental Defense Fund, Inc. v. Hardin, 428 F. 2d 1093, 1096 (D.C. Cir. 1970).

④ 324 F. Supp. 412 (N.D., M.D. & S.D. Ala. 1970), aff'd mem., sub nom. Bass Anglers Sportsman Soc'y of America, Inc. v. Koppers Co., 447 F. 2d 1304 (5th Cir. 1971).

⑤ 《1899 河流与港口法》第 13 节。

⑥ 33 U.S.C. § 411 (1970) 内容如下：任何个人或公司，违反或故意协助、教唆、授权、授意违反本部第 407 节、408 节和 409 节之条款的，法院可依情形判处罚金……或拘禁……，上述罚金的一半将支付给提供导致有罪判决之信息的人。

据此条款,原告将其行为定为既为国家又为自己的起诉行为①,寻求通过禁令和罚款执行该法。地区法院裁定,除非有相反的明示规定,司法部之外的任何人都没有资格依据刑法提起诉讼,并且拒绝讨论是否发生了违法事件。②

和放宽诉讼资格的方式不同,监护权方法可以确保为环境发出有效的声音,即使在不涉及联邦行政行为、公共土地及水体的场合下亦然。它也会减轻法院——如第九巡回法院对扩展的诉讼资格概念的担忧:如果任何特别团体都能在一夜之间如雨后春笋般冒出,援用一些就像其成员的美学和娱乐利益那样可以普遍主张的"权利",并因此诉诸法院,怎能防止诉讼的洪水泛滥?③ 如果一个特别委员会在以保护我们的树木委员会(Committee to Preserve our Trees)的名义提起的诉讼中败诉,那么在两年后,其完全相同的成员又重新组织起来,并

---

① 这是拉丁文,"起诉既是为公,也是为私",是指公民提起的既为了国家,也为了自己的诉讼。

② 这些部分规定了刑事责任。民事诉讼不能导致对这种责任的承担,刑事法律只能由政府来强制执行。要求取得罚金的诉讼,仅在成文法明示或默示地授权由民事诉讼而非刑事罚金来强制执行惩罚时方可提起。

324 F. Supp. 412,415-16(N. D. , M. D. ﹠ S. D. Ala. 1970). 由巴斯鱼钓鱼者冒险家协会(Bass Angler Sportsman Society)提起的其他要求取得罚金的诉讼同样未获成功。Bass Anglers Sportsman Soc'y of America v. Scholze Tannery, 329 F. Supp. 339 (E. D. Tenn. 1971); Bass Anglers Sportsman's Soc'y of America v. United States Plywood-Champion Papers, Inc. , 324 F. Supp. 302 (S. D. Tex. 1971).

③ 在 Alameda Conservation Ass'n v. California, 437 F. 2d 1087 (9th Cir.), cert. denied, Leslie Salt Co. v. Alameda Conservation Ass'n, 402 U. S. 908 (1971)案中,塔斯克(Trask)法官担心环境组织提起的诉讼将要泛滥,他的这一观点很鲜明。该案中一个其主要宗旨是保护位于旧金山海湾的公共利益的非盈利团体,想要寻求禁令,阻止一项据称将会毁灭野生生物、鱼类以及该海湾独特的奔流特性的土地交易,法院否认其享有诉讼资格:该团体提起诉讼,不会仅仅因为其目的之一是保护旧金山海湾水域的"公共利益"而确立诉讼资格。无论其成员多么有意愿,他们也不可能通过联合,为自己创造出一个超行政的机构或一个相当于 民之父母的官方地位,具有对任命或选举的州政府官员的行为进行监督和起诉的能力。虽然最近的一些判决已经极大地拓宽诉讼资格的概念,但看来他们还未走那么远。

如果各种俱乐部,无论是现在的还是将来要建立的政治、经济及社会团体,都能够严重破坏政府管理,包括联邦和州政府的管理,情况就会大不相同。还有其他一些论坛,它们可以有效地发出其声音,表达其观点,但要具有向联邦法院提交"案件或争议"的资格,这还需展示更多东西。

以麦瑟拍葵森林保护联盟（Massapequa Sylvan Protection League）的名义提起诉讼，情况又会怎样？这个新团体是否受既判案件的约束？集团诉讼法律也许能够改善一些较为明显的问题。但尽管如此，通过简单地指定监护人，作为自然物的权利之代表，可以更好地实现法院之经济。监护人的权利可受其他人的任意干预，而自然物亦应受不利判决的"约束"。[1] 监护人概念，也会为濒危自然物提供破产信托人为濒临破产的公司所提供的东西：一段时期内连续的监管，对被监护人的问题有更深入、更广泛的了解，而不是仅仅限于在某一特定诉讼中表现出来的问题。这样就可以向法院保证，原告具有提起诉讼请求的专业知识，且确实处于不利境地，这也是一个真实"案件或者争讼"的前提条件。

然而，监护权方法容易招致两种异议。在笔者看来，这两种异议的理由都不充分。第一种异议认为，委员会或监护人在其指控中不能判断河流或森林的需求。确实，可以说，"需求"这一概念，在此处只能以最隐喻的方式使用。第二种异议是，这样一种制度与我们现有的制度不会有太大差别：难道内政部不是公共土地的监护人？难道大多数的州没有立法，授权其司法部长以一种政府监护的方式为此种损害寻求救济，就如同监护人的所作所为一样？

就第一种异议而言，自然物能够告诉我们它们的需要（需求），且其沟通方式并不是极其含糊不清。笔者肯定，与司法部长能够判断美国是否需要以及何时需要针对下级法院所作出的不利判决提起上诉相比，笔者能够更确定并且更有意义地判断出笔者的草地是否需要以及何时需要水。草地通过叶片及土壤的干燥程度——这一触即知，秃点的出现，变黄以及踩上去之后缺乏弹性，告诉笔者它需要水。"美国"如何与司法部长沟通？类似地，与公司董事能够断言"公司"需要宣告红利相比，监护人——被烟雾危害的松树林的代理人，更敢于满怀信心地确定其被代理人需要阻止烟雾。我们每天都代表他人，并为了他人的所谓利益作出各种决定。这些"他人"常常是这样的生物：

---

① 参见本文上文论述。

与河流、树木和土地的需要相比,其需要更加难以证实,在概念上甚至更加形而上学。①

　　至于第二种异议,人们确实能够找到证据,证明内政部被认为是公共土地的一种监护人。② 但要牢记两点。首先,就该部已经是适当的监护人而言,按照宪法第三节第四条的规定,这种情形只是适用于联邦公共土地。③ 内政部的监护权既不涉及地方公共土地,也不涉及私有土地。其次,从环境保护主义者的文献以及环境保护团体所提起的诉讼案件来判断,此部本身就是环境运动的恶魔之一(试想一下印第安人与印第安事务管理局之间不稳定的和平)。不论各种指控是对还是错,人们不得不看到,该部承担了好几项制度上的使命(从来都不是简易的负担),现在正被许多种利益团体看中作为诉讼对象,而环境保护主义者团体只是其中一个。在这种背景下,体制之外的监护人就变得特别有价值。此外,为了充分实现其权利,人们所需要的是保持其独立协商的能力,即使是在或许特别是在政府以一种慈善方式"为其"行事的时候。例如,笔者没有理由怀疑社会保障体系是在"为我"运行的,但当他们对笔者产生不利影响时,如果有必要,笔者不想放弃自己挑战其行为的权利。④ 面对内政部,笔者不会要求自己对国家森林有更多的期盼。在涉及地方机构时,也会有同样的考虑。比如地区水污染委员会,其成员在污染事件上的专业知识实在是太可信了。⑤

---

　　① 在此,我们同样被上文所讨论的本体论问题所纠缠。要说受烟雾危害的松树林"需要"阻止烟雾(假定其是重要的法律实体),这甚为简单,但要说山川或地球行星,或宇宙都关注该松树是立是伏,却是有些冒险了。受关注的实体越复杂,我们对宇宙中任何特定物质、品质或物种的"需要"所作的大胆判断就越不可靠。宇宙还关心人类是否存在吗?"天地不仁,以万物为刍狗。" Laotzu. Tao Te Ching. trans. D. Goddard, Compromise Press Inc., 1919: 13.

　　② Knight v. United States Land Ass'n, 142 U. S. 161(1891).

　　③ 第二条授权国会"处理属于美国的领土及其他财产,并制定与之相关的任何必要的规则及规章。"

　　④ Flemming v. Nestor, 363 U. S. 603 (1960).

　　⑤ The L. A. Times editorial Water: Public vs. Polluters 批评道:

　　……地区水质量控制委员会的可笑的内在利益冲突。通过法律,7 个席位中的 5 个给了工业、政府、农业或公用事业使用者的代表。只有 1 个代表广大公众,1 个代表渔业及狩猎利益。Feb. 12, 1969, Part II, at 8, cols. 1-2. 1.

关于司法部长在现有结构内可以作为环境的保护者这一异议，差不多也是一样。他们的法定权力有限，有时还不清晰。作为政治动物，他们必须行使其享有的自由裁量权，着眼于推进并协调一系列重要的社会目标，如保护道德，增加其辖区内的计税基础等。我们环境的现状，以及书本上有关环保法律谨慎适用与发展之历史的长篇大论[①]，都证明司法部长职责广泛，负担沉重，很显然并未留下多少人力来保护大自然（参见上文巴斯鱼垂钓爱好者案件）。毫无疑问，人们正在增强的环境兴趣会激发检察官的更大热情，特别是在，情形一般都是如此，形象良好的公司污染者身为目标的场合之下。确实，美国司法部长已逐步加强污染防治行动，这种发展态势应当得到进一步鼓励。[②]司法部长的法定权力应该增大，他们应该拥有刑事处罚权，处罚力度至少应该与因违反法律而可能获得的经济利益相当。[③]另外，我们不能忽视的事实是，公共执法部门面临的压力不断增大，要求其更加关注一系列其他问题，如"街头"犯罪，（我们为什么不说"河流上"的犯罪？）消费者利益保护和校车事件等。如果不愿让环境在公共部门的工作次序的变换中迷失，笔者认为，采用监护权方法作为额外的保护，从概念上将主要的自然物作为其自身权利的持有者，通过法院指定的监护人对其进行抚育，我们就会做得很好。

（四）迈向其自身损害的承认

就裁决争议中的价值而言，也可以做出一个考虑环境自身所遭受之损害的很好的判例。如上所述，在影响环境的法律诉讼中，至少是在涉及公共财产的场合，决定是否签发禁令的传统方法，是在相关之人的经济困难间达致某种平衡。恰好在最近，大法官道格拉斯

---

①　《联邦废物法》已超过 70 年了。Refuse Act of 1899, 33 US. C. § 407 (1970).

②　Hall. Refuse Act of 1899 and the Permit Program. National Resources Defense Council Newsletter 1, 1971.

③　作为有效的威慑，制裁应该足够严厉，从而可以导致公司结构的内部重组，使未来再违法的可能性最小化。因为公司并不必然是一个利益最大化的"理性经济人"，没有理由相信，设定的罚款与违法活动的预期收益一样高（但不超过）就可以终止违法行为。

(Douglas)先生,这个在其私人生活中最富有自然保护同情心的法理学家,正在判定一个新堤坝的适当性。其依据之一,是捕鱼的预期利益损失,该损失约为每年 1200 万美元。[①] 尽管他决定该项目延期,直至作出进一步的认定,但其推理似乎不完整并充满妥协。这是不必要的。为什么环境只是间接地,如作为他人的利益损失,才具有重要性?为什么不在算账时考虑对环境产生的成本?

从损害赔偿额计算的观点来看,有关将环境"拟人化"的争论可以从福利经济学的立场得到最佳论证。每一个运行良好的法律－经济体制,其构建都应该使我们每一个人都承担我们自己的行为给社会造成的全部成本。[②] 理想的状况是,在一家造纸厂决定生产什么和在哪里生产、用什么方法生产时,不但应当迫使其考虑其生产活动从社会其他用途"购得"的木材、酸性物质和劳动的成本,而且应当迫使其考虑替代性生产计划将会通过污染给社会造成的成本。比如,通过合同法与刑法,法律制度使工厂面临第一类需要的成本。当公司的采购代理商从 Z 公司定购 1000 桶酸性物质时,Z 公司能够约束该工厂支付相应价款,并因此就该工厂从替代性用途搬走的东西补偿了社会。

不幸的是,就污染成本而言,配置的理想状况垮掉了,因为传统的法律制度较难"捕获"我们自己的行为所造成的全部社会成本并使我们承担之。以湖边工厂为例,湖边主要的利益相关者可能会提起诉讼,迫使法院权衡他们遭受的全部损失以及工厂安装污染防治设备的成本。但是很多其他利益——笔者此时说的是公认的人类中心的

---

① Udall v. FPC, 387 U. S. 428, 437 n. 6 (1967). 亦参见 Holmes, J. in New Jersey v. New York, 283 U. S. 336, 342 (1931). "河流不仅仅是令人愉快的,它也是宝藏。河流提供生活的必需品,需在对其享有权力的人们之间进行分配。"

② 为了简化描述,笔者在此正用一种普通的语言来解释因果关系,即假定污染引起对河流的损害。就如科斯教授在《社会成本问题》中 Ronald Coase. Problem of Social Cost. Journal of Law & Economy 3, 1960,所指出的那样,致害可被视为一个相互的问题,也就是在本文的术语中,工厂想损害河流,并且,河流——如果我们假设它"想"维持其现在的环境质量,"想"损害工厂。科斯正确地指出,至少在理论上(如果我们有数据),我们应当比较不同社会安排的替代性社会结果,而不是简单地使通常认定的致害者一方当事人承担全部成本。

(Homocentric)利益，如拥有夏日度假别墅和汽车旅馆的人们，出售钓具和鱼饵的人们，租赁划艇的人们，他们的利益太分散，因果关系上"太遥远"，不能保证得到表达并获得恢复。作为确定其损害的初步印象方法，没有理由不让湖泊去证明它们自己遭受的损害。通过这样的做法，我们实际上使自然物通过其监护人，成为一个法律实体。它有能力收集这些分散的以及以其他方式无代表为之代言的损害请求，并向法院提出这些请求。甚至在那些基于法律或实践的原因，传统集团诉讼的原告们不愿提起诉讼的场合，也是这样。①确实，一种看待笔者目前所提观点的方法（人类中心的方法）就是将自然物的监护人视为未出生之世代的监护人，或是以其他方式无代表但又间接受到伤害的当代人的监护人。② 通过使湖泊自身成为这些损害赔偿的焦点，也就是说将其"公司化"，该法律制度就能够有效地以更宽泛、更具代表性的方法，就污染所致损害获取证据，并使排污工厂承担相应的责任。

目前，笔者并不认为笔者的经济学家朋友们（不懈的人类沙文主义者，他们中的每一个人！）会对这个概念有任何大的、原则性的争议。许多人会把它看作最多是用来实现模范集团诉讼或模范水污染控制区之目标的一个视幻觉。在我们容易分开的地方，团体出现了——笔者建议，不仅仅应当将大多数人目前认为在经济上有效的损害赔偿的松散需求收集起来。监护人将促请法院承认目前尚不可以审理的伤害——鹰及非食用蟹的死亡，海狮遭受的痛苦，地球表面各种无商业价值的鸟类品种的灭绝，野生区的消失。当然，有人可能会说这些伤害是我们人类受到的"损害"，各地环境团体的大量增长确实说明人类已感觉到这些损失。但是目前，这些损失在经济上还无法量度：监护人在法庭上怎样才能证明它们具有金钱价值？

---

① 假定作出"太遥远"之判断的考虑因素之一是不想鼓励人们提起多得难以承担的不重要诉讼。这是法院倾向于说——用本文的例子——出售钓具和鱼饵之人未受污染者"直接"伤害的原因之一。以此种方法来使用最接近的原因，法院可使自己免于陷到诉讼的汪洋大海之中。一旦监护人已在法庭之上，该考虑就不会还如此强烈，法院可能就会更倾向于允许遥远的受害人证明其损害赔偿金（虽然证据本身也是一种额外增加的负担）。

② Golding. Ethical Issues in Biological Engineering. UCLA Law Review 15, 1968：443，451-463.

笔者认为答案很简单。无论在什么情况下，只要刻画出"财产"权，法律体系就开始了创造金钱价值的过程。人们的文学作品，如果他人可以任意复制，也会产生最小的金钱价值。它们对作者的经济价值是版权法的产物。复制受版权保护书籍之人，必须向版权人支付一定的费用，因为法律规定这是必须的。类似地，通过侵权法，我们使隐私成为一种"权利"，并保障其具有经济上之意义的价值（我们置于黄金——一种黄色的无生命泥土之上的价值，并不只是为了供需上的功能。野生区也同样稀缺、漂亮，但这是世界上法律制度运行的结果。这些法律制度将其价值制度化了，甚至做了大量的工作来稳定其价格）。笔者建议我们像对待版权作品、专利发明及隐私一样来对待鹰和野生区：通过宣告对它们的"侵害"为侵犯财产利益，使得对其权利的侵害成为一种有成本的行为。[①] 这样做的话，污染者所要承担的净社会成本，将不仅包括其污染所致的扩展的以人类为中心衡量的成本（上文已讨论），还要包括环境自身的成本。

然而，如何计算这些成本？当我们保护一项发明时，通过参照可以计算出的损害赔偿金额，我们至少能够说出一个公平的市场价值。但我们现在所说的丧失的环境"价值"，明显地高于市场准备支付的价格：他们是无价之宝。

先前已经建议过的一个可能的损害赔偿金的量度方法，是将环境作为一个整体。这就如同一个人被交通事故所伤，我们让责任方承担受害者的医疗费用一样。受污染河流的可比费用，包括疏浚、再蓄鱼群等相关费用。正是基于此类成本，笔者设想我们可以算出拯救伊利湖[②]（Lake Erie）的成本是 10 亿美元。作为一种理想，笔者认为这是可以适用于很多环境状况的有益的指南。当然，这样做绝不是没有什么困难。

将环境作为一个整体，以此为基础来计算损害赔偿额的一个问题

---

① 当然，在版权和专利保护的情形下，基于人类中心的理论，创设"财产权"的正当性能更直接地得到证明。

② Schrag. Life on a Dying Lake//R. Meek, J. Straayer eds. The Politics of Neglect. Boston, Houghton Mifflin Company, 1971：178.

是，如果大多从字面上理解，这相当于要求"冻结"环境质量，甚至要承担保护"无用"物品的成本（肯定存在这种成本）①。对于笔者来说，作为一个总体目标，这种"冻结"并非不可想象，特别是考虑到，在如此多的我们应当清理干净而不是仅仅保持环境现状的区域，存在着的各种利益，哪怕只是其中最直接可辨的人类中心的利益。实际上，目前国会中存在着一种很强的观点，要在 1985 年之前完全消除所有河流中的污染物②，尽管这一决定会给我们所有人都带来大笔的直接或间接成本。在此，人们很容易想起海斯（Hays）法官在哈德逊风景（Scenic Hudson）案中将联合爱迪生公司的斯特姆国王项目向联邦电力委员会提出的申请发回时发出的指示：

委员会的再审理程序，必须将对自然美景及自然历史圣地的保护作为一项基本关切纳入其中，牢记，在我们富裕社会中，项目成本仅是应该考虑的诸多因素之一。③

然而，无论在原则上这一目标的好处为何，实现该目标的社会价格标签似乎高得令人难以接受，这样的例子比比皆是。比如说，一家海滨核电站可以为 100 万个家庭生产低成本电力，使每个家庭每年节省 1 美元，并使我们免受由化石燃料燃烧所造成的空气污染，但它通过微小的加热效应，会使一个对温度敏感的稀有海胆物种面临灭绝的危险。再假定科技进步足以将温度降低到现有的环境质量水平，但要花费预计由燃料节省下来的整整 100 万美元。那我们准备代表海胆每年向我们自己征收 100 万美元的税吗？在现有的损害赔偿法律下，

---

① 也应当看到，就边际福利的真正效果而言，贫穷者很可能会承受这种妥协的冲击。他们可能缺少必要的资金以离开乡村——并且可能比富人更迫切需要增加物质产品。

② 1971 年 11 月 2 日，参议院以 86：0 票通过了拟议的《1971 年联邦水污染控制法修正案》，并送达众议院。117 Cong. Rec. S17464 (daily ed. Nov. 2, 1971). 法案的第 101(a) 及(a)(1)节宣称："国家政策是，与本法规定相一致，不迟于 1985 年，杜绝向适航水域排放污染物。" 2770, 92d Cong., 1st Sess., 117 Cong. Rec. S17464 (daily ed. Nov. 2, 1971).

③ 354 F.2d 608, 624 (2d Cir. 1965).

遇到与此相当的问题时,我们通过放弃恢复原状成本和要求公平的市场价值,制定出切实可行的折中方案。比如,如果汽车受损严重,以至于通过修理使其恢复原状的成本高于公平的市场价值,我们将允许侵权责任人仅支付公平的市场价值。或者,如果有人损失一只胳膊(就像我们所想象的海洋不可恢复地失去海胆),我们可以退而求其次,将减少的赚钱能力(以及疼痛和苦楚)资本化,以估量损害赔偿金额。但海胆的公平市场价值是多少? 我们如何将它们对海洋所造成的损失资本化,而不依赖其对他人而言所具有的商业价值?

答案是,这个问题有时可以避开,结果相当令人满意。在海胆的例子中,一种折中的解决方案就是让核电站承担使海洋在其他地方、以其他方式成为一个整体的成本,如在其他某个地方重建一个海胆群落,或以某种方式做出与此相当的贡献。[1]在有关铺设横贯阿拉斯加的管道的辩论中,管道建筑商显然已经准备在可行的范围内,在远离管道之处重新安置野生生物,以此应对自然保护主义者中途提出的反对。[2]

但是,即使不得不计算损害,人们也应当承认,对损害赔偿金的量度很少是关于"市场"之经济事实的简单报道,不论我们是对损失一只脚、一个胎儿进行估值,还是对一件美术作品进行估值。作出此类决定总是很难的,但也不是不可能的。在计算损害赔偿金时,我们越来越多地将(人类)疼痛和苦楚也考虑在内,这不是因为我们感到自己能够像对待宇宙客观"事实"一样将其确定,而是因为,即使考虑到所有的争论空间,对它们做一个粗略的估价,也比将其忽略掉,更能实现一

---

[1] 这又涉及我们认为的受伤害实体是什么的问题。参加本文上文的讨论。
[2] New York Times, Jan. 14, 1971, § 1, col. 2, and at 74, col. 7.

个美好的社会。① 在充分意识到我们真正的所作所为是在作出含蓄的标准判断（就如针对疼痛及苦楚一样）——就社会将要对什么"进行估值"制定规则而非报告市场估价的情况下，我们可以作出此类关于环境损失的评估。在作出此类标准评估时，如果决策者依"高"评估，将砍价的责任放在人类现在的直接利益上，肯定不会错。所有的举证责任都应该体现共同的经验；我们关于环境事宜的经验，是持续地发现我们的行为所造成的损害，比我们在开始时能意识到的更多、更长久。

笔者不知道，决策者应该在何种程度上将诸如动物及其他能感知的自然物所遭受的疼痛和苦楚之类的成本列为重要因素，虽然笔者在

---

① 法院并非不情愿对传家宝、文学手稿或其他并无可确定的市场价值的财产之破坏判予受害人损害赔偿金。在 Willard v. Valley Gas Fuel Co., 171 Cal. 9, 151 Pac. 286 (1915) 一案中，法院认定，对由于疏忽而破坏了原告的一个祖先所撰写的古旧稀有图书的损害赔偿金的量度标准和数额，应能够弥补对所有人的全部损害，包括由于这种破坏而直接造成的精神损失。法院在 171 Cal. 15, 151 Pac. 289 中，支持引用 Southern Express Co. v. Owens. 146 Ala. 412, 426, 41 S. 752, 755 (1906) 案件：

一般地，如果财产具有可显示的市场价值，该价值就是可据以确定财产破坏或遗失的实际损害赔偿金的标准。但也有可能，被破坏或遗失的财产并无市场价值。在此情形下，虽然可能没有将会在双方之间绝对无疑地实现公正的规则可用，也不用遵守这种规则，但法律也不是说原告必须被赶出法院，仅能得到名义上的损害赔偿金。如果物品或物件的特性非常与众不同，以致无法预估其市场价值的，其价值或原告的损害赔偿金，需根据可获得的要素，以其他理性方式加以确定。

同样，法院在不当致死诉讼中也判予了损害赔偿金，而不管在这种案件中精确评估损害赔偿金的不可能性。在确认一个有利于在被告所造成的车祸中死亡的儿童的财产管理人的判决中，俄勒冈州最高法院，in Lane v. Hatfield, 173 Or. 79, 88-89, 143 P. 2d 230, 234 (1943) 中，承认损害赔偿金的量度标准具有推测性质：

无人知晓或可以知晓，一个 7 岁女孩何时会长大成人，因为她的婚姻可能发生在其 21 岁之前……更有甚者，任何人生命的长或短都充满不确定性。同样不确定的还有未成年人未来的收入能力及其节俭习惯。疾病或非致命的意外事件或可使本应具有价值并能获利的生命贬值成为一种负担或责任。

由不当致死事件中死者的私人代表采取的补救措施，体现的是逝者生命的价值，如果其并非如此意外地走向生命的终点。这种规则如果不算作是推测的话，其条件也是模糊、不确定和尝试性的。然而，这却是司法智慧所能创造出来的最好方式。

原则上准备这样做。[①] 考虑到在所有事件中进行"估计"所具有的推测性质,及其所涉及的"便利平衡"程序的粗糙程度,这种实践从社会精神的观点看比从法律运作的角度看更具有重要意义,这一点将在下文论述。

(五) 迈向成为自我权利的受益人

如上文所建议,使环境本身成为判决受益人的理由之一,是防止其在私力诉讼当事人之间的协商中被"出卖"——当事人同意不强制执行他们之间已经确立的权利。[②] 使自然物成为禁令处理的一方当事人将会促进这种保护。更为重要的是,我们应该使其成为金钱赔偿的受益人。如果法院在签发禁令时进行必要的权衡,判决不禁止一家每年造成 50 万美元损害的湖泊污染者继续排污,那么湖泊的所有人及湖泊都应该获得损害赔偿金。自然物的份额可以投入信托基金,依上文提出的有关监护权的建议,由该物的监护人进行管理。如前节所述,通过让自然物累积其他损害赔偿金作为其自己损害赔偿金的表面证据,只要损害赔偿金得到证明,当然就会涉及分配的问题。但即使该物被简单地解释为,依适用的民事规则[③],代表共同原告,仍然很可能有大把的恢复赔偿金归属于未提出分配请求(因为他们按比例的份额十分小,或者由于他们的环境利益)的一些共同原告成员。不仅损

---

① 要摆脱"低级"生命具有意识、能够感受痛苦这种想法,并不容易,特别是甚至很难知道这些术语用在人类身上时意味着什么。Austin. Other Minds//S. Flew. Logic and Language. New York, Anchor Books, 1965:342; Schopenhauer. On the Will in Nature// Two Essays by Arthur Schopenhauer. George Bell, 1889:193, 281-304. 植物敏感性实验——他们的说法有不同程度的夸张——包括 L George Lawrence. Plants Have Feelings, Too. Organic Gardening & Farming, April 1971:64; Woodlief Royster, Huang. Effect of Random Noise on Plant Growth. The Journal of the Acoustical Society of America 46, 1969: 481; Backster. Evidence of a Primary Perception in Plant Life. the International Journal of Parapsychology 10, 1968:250.

② Hand. J. in Smith v. Staso Milling Co., 18 F. 2d 736, 738 (2d Cir. 1927) (emphasis added) 和 Coase, "Problem of Social Cost", Journal of Law & Economy 3, 1960.

③ Federal Rules of Civil Procedure 23 和 Kempson v. Kempson, 58 N. J. Eg. 94, 43 A. 97 (Ch. Ct. 1899).

害赔偿金应该放在基金里,如果有刑事罚金(如针对水污染者),笔者认为该笔钱(或许应当扣除起诉费用)也应当进入到基金而非公共财政,这才是一种聪明的做法。监护人费用,包括法律费用,将从该基金支出。更为重要的是,该基金将会用来保护自然物,尽可能地使该自然物维持其在环境成为权利持有者时的状况。[①]

尽我们所能评估损害赔偿金并将其置于信托基金内,这一想法比希望环境现状被完全"冻结"要现实得多。大自然就像一个持续存在的剧场,其中各种物体及物种(最终是人类)一定会登场和退场。[②] 同时,人类及其环境共存,意味着每一方都不得不为了双方的更佳利益而妥协。比如说溪流遭受一些污染,在某些时候可能是不可避免的。不要设定绝对禁止所有此类污染物的排放这样一个无法实现的目标,而要代之以信托基金概念,这将有助于保证污染仅发生于这样的情形,即社会对这些污染物质产品(通过其现在的生产方法)的需求程度很高,以至于污染者能够承担所有的人类中心的成本以及一些估算的环境自身的成本,成为存钱的蓄水池。当技术发展到某种水平,修补被损害的环境变得切实可行时,如有必要,可以用来购买该技术。此基金甚至可以资助必要的研发工作。(如果"权利"可以被授予给环境,那么出于基本相同的原因,环境亦应承担"法律责任"——就像古代的无生命体一样。[③] 河流淹死人,不停泛滥并且毁坏庄稼;森林燃烧,向邻近的社区纵火。如果建立信托基金,就可以利用它们来满足

---

① 当然,这是一种理想,就好像无人可以干涉他人这一理想一样。Dyke. Freedom, Consent and the Costs of Interaction, and Stone, Comment//E. Rostow. Is Law Dead? New York, Simon & Schuster, 1971: 134-167. 某些损害必然是不受补偿的损害。

② 某些形式的进化具有必然性,这与建立试图干预或改进此过程的法律制度并不矛盾:人类现有的法律,如反对谋杀的法律,不也同样不正确吗?

③ Holmes. Early Forms of Liability. The Common Law, 1881, 讨论了早期希腊、罗马及一些之后的法律中动物和无生命物的法律责任问题。比如说,阿尔佛雷德法律(871～901年)规定,杀害人的树应"交由其亲属处理,让他们在三十夜之内将其剥离出地面。"同上,第19页。在爱德华一世时代,如果有人从树上摔下,该树就成了赎罪奉献物。同上,第24页。或许非人类的法律责任事宜,在历史上,是人类发展过程中的多疑、自我保护阶段的一部分;在人类变得更富足时——无论是物质财富还是精神——他们可能愿意发展到非人类物享有权利的时代。

针对环境的判决,使环境承担其对其他权利持有者所造成的某些危害的成本。事实上,我们将缩小不可抗力主张的范围。然而,本体论的问题在此比较棘手:当尼罗河泛滥了,是河流的"责任"? 还是山川、大雪的"责任"? 又或者是水循环的"责任"?①

(六)迈向实质性权利

到目前为止,我们一直在关注作为权利持有者所应当具有的特点,探讨使环境成为权利持有者所必需的一些内涵。通过监护人,自然物本身将具有诉讼资格;其所遭受的或者实施的损害将作为一个独立因素予以确定和考虑;它们也会成为法律判决的受益人。但这些思考仅给我们一个有意义的权利持有者所涉内容之骨架。为了让环境"权利"充满血肉,需要我们为其提供有意义的权利体系,供其在法庭上援用。

在这一点上,律师一直都很清楚,权利并非像门外汉所想的那样,是一个人或者有或者无的某种奇怪的东西。一个人的生命、投票权以及财产,都有可能被剥夺。但那些侵害它们的人必须通过一定的程序才能这样做;这些程序是我们的社会重视什么的一个量度器。这样,"权利"的一些最重要的问题就转变为程度的问题:审查多少,何种类别,当我们宣称我们的"权利"正在遭受侵害时,哪一个国家机构能与我们站在一起?

对于自己的生命或驾驶证,我们都没有绝对的权利。但我们对自己的生命有更大的权利,因为即使国家想要剥夺我们的这一"权利",也会有权威机构要求国家在如此行为时提供非常强有力的证据,必须在大陪审团、小陪审团(使他们相信"排除合理性怀疑")、审判陪审团席前,更经常地,是在各级上诉法院前证明其行为的正当性。刻画出学生受教育的"权利",就是由这样一类程序上的结构组成的。笔者认为,没有人主张学生在任何情况下都不得被学校开除。学生"权利"的

---

① 参见本文上文讨论。有人在靠近河岸的地方建房,河流泛滥,在该事件中,可以为了河流的利益而适用"自愿承受风险"原则吗?

争斗涉及将答案转变为问题,比如,在学生被开除以前,他是否必须获得听证;他是否必须事先获得听证通知和指控通知;他是否可以带律师(如果他没有能力请律师,国家是否需要为其提供);是否需要有成绩单;学校是否需要承担证明其指控的责任;他是否可以直接面对证人;如果他被开除,他是否可以申请民事法院进行审查;如果可以进行审查,是否需要学校来证明其行为"合理",或仅仅是"并非不合理",等等?①

以这种思路,将环境作为一个权利持有者带入社会之中,其所处的地位并不会比我们这些每天遭受不受补偿之损害的普通人更有利。环境所必须寻求的,是其利益以一种更微妙、更程序化的方式来考虑。

《国家环境政策法》是这种通过完善程序保障来设定权利的完美典范。在其众多的条款中,它规定每一个联邦机构都必须:

(C) 对于严重影响人类环境质量的立法和其他重大联邦行为之建议,在每一份相关的介绍或报告中都包括由负责官员提供的详细陈述,涉及:

(i) 拟议行为的环境影响;

(ii) 如果实施该建议,不可避免将会产生的任何不利环境效果;

(iii) 拟议行为的替代方案;

(iv) 当地短期使用人类环境与维持并促进长期生产力之间的关系;

(v) 如果实施该拟议行为,任何不可逆转、不可弥补的相关资源负担。

在进行任何具体的陈述之前,负责的联邦官员应咨询任何依法享有管辖权或对相关的环境影响具有特殊专业知识的联邦机构,并获取其意见。这些陈述、意见以及被授权制

---

① Dixon v. Alabama State Bd. of Educ. , 294 F. 2d 150 (5th Cir.), cert. denied, 368 U. S. 930 (1961); Comment, "Private Government on the Campus-Judicial Review of University Expulsions", Yale Law Journal 72, 1961, p. 1362.

定并执行环境标准的适当的联邦、州及地方机构的观点的副本,应当按照《美国法典》第 5 部第 552 节的规定,呈报给总统和环境质量委员会,提供给社会公众,并应附上通过了现有的机构审查程序之后的建议。

(D) 对于就可得资源的替代性利用陷于未解决之争议的任何建议中的推荐做法,研究、制定并描述适当的替代方案。

(E) 承认环境问题具有世界性和长期性的特点,在与美国的对外政策协调一致的场合,对于其目的是在预见并防止人类环境质量下降方面进行最大程度的国际合作的提议、解决方案和计划,给予适当支持。

(F) 向州、县、市、机构及个人提供在恢复、维持和提高环境质量方面有用的建议和信息……①

这些程序上的保护已经开始在法院取得成功。例如,正是基于联邦电力委员会在哈德逊风景案(Scenic Hudson)中未能就"替代方案"(按照第 iii 款)进行充分调查,原子能委员会在安奇卡岛(Amchitka Island)地下实验爆炸项目上明显地未能按照第 i 和第 ii 款的规定作出充分的认定②,联邦法院才推迟了对环境有危害的计划的实施。

虽然在门外汉看来,这类控制(将诉讼案件发回某一机构去作进一步的认定)是无效的,或者只是对不可避免将要发生之事的拖延,但律师和制度分析者却知道这种进一步认定的要求能够产生影响。它可能会鼓励其行为威胁环境的机构去真正地思考其所作所为,这既非无效之业绩,亦非微小之业绩。确实,笔者愿将该原则拓展,使之不再仅仅适用于联邦机构。许多环境不是受到它们的威胁,而是受到私人公司的威胁。毫无疑问,强制其行为可能对环境产生重大不利影响的

---

① 《国家环境政策法》,92 U. S. C. § 4332 (1970)。

② Committee for Nuclear Responsibility Inc. v. Schlesinger, 40 U. S. L. W. 3214 (Nov. 5, 1971) (Douglas, J. dissent to denial of application for injunction in aid of jurisdiction).

所有私人公司作出像现在强制联邦机构去做的那种认定，这种宪法权力并不缺乏。再者，应该要求这些认定和报告有渠道提交给董事会；如果董事并不知晓其公司对环境的所作所为，那么较低级别的管理层要阻止这种报告到达政策制定层就太容易了。如果这些程序未被执行，我们可以使之成为监护人要求禁止私人公司之行为的根据。

通过借用环境保护法的另一卷页并强制执行相当于"私人政府"的有关规定，可以扩大环境权利。该法在总统办事机构（Executive Office of the President）内设立了环境质量委员会，以"关注国家的科学、经济、社会、美学和文化需求并作出响应；阐明并推荐促进环境质量改善的国家政策"①。在我们最大的"公司"——国家之内，该委员会应成为收集、评估环境信息并将其传递给我们的首席执行官，即总统的一个焦点。这可能是左右组织行为的一种非常先进的方式，而非无效的安排。公司——特别是一贯的污染者和土地破坏者应该设置与之相当的内部组织机构，如设立生态事务副总裁。笔者所提的这一建议并非包治百病的万灵药，但无论如何，笔者不怀疑这种对内部公司组织的控制，是对民事诉讼、许可、行政机构及罚款等传统机制的有效补充。②

类似地，法院在作出可能影响环境的裁决时，也应被迫作出关于环境危害的认定——显示如何计算环境危害，其权重有多大，甚至对于在现有环境保护法之外的事宜亦应如此。这至少会有两个重要结果。首先，这会稍微转移法庭证词及关注的焦点；其次，上诉法院，通过其对"不充分认定"的审查和撤销，将会给予环境权利以实质内容，并构建其体系，这非常像多年以来给予"正当法律程序"之类的术语以内容和体系。

---

①　42 U. S. C. § 4342 (1970).

②　作为较低层级的管理人员倾向于从事的工作之证明，Ehrenreich, Ehrenreich. Conscience of a Steel Worker, 213 THE NATION 268 (1971)。钢铁公司的"主要让步（对1899 年废物法的遵从，见《联邦废物法》相关规定）是命令工人在夜班倒油，即海岸警卫队在白天巡逻。而在晚上，水黑油也黑，没人能分辨出。"有效的公司法律将保证公司内部信息渠道能够迫使高层管理人员注意此事。即便如此，也不能保证法律会得到遵守——但我们可提高这种概率。

　　在这些程序性保障之外,是否有一些环境权利可被视为"绝对"权利,至少像言论自由一样？ 在此,不可修复的伤害原则出现在笔者的脑海中。长期以来,如果司法部长能够证明公共财产所遭受的伤害是"不可修复的",衡平法就支持其禁止之。换句话说,虽然环境所遭受的可修复的损害可以平衡和考量,但不可修复的损害可以绝对禁止。这个原则未能被有效利用的原因众多(以伊利湖为证)。① 毫无疑问,政治压力(就最宽泛的意义而言)是一种影响。我们所有的人也都未能很好地理解环境平衡是多么的脆弱;这种缺失使得我们不知道早期的"不可修复的"伤害是如何发生的,或者即使知道,也无法在法院证明。但笔者认为,最为重要的是该原则完全不是可以放之于四海而皆准的。首先,像上文中海胆例子那样的案件数不胜数,在其中,即使环境自身所遭受的损害能够得到公平的评估,减少损害的边际成本似乎很明显要超过边际收益。其次,如何定义"不可修复的"也是一个大问题。的确,从"不可逆转地"之含义上来说,世界上文明区域的大部分环境已经被"不可恢复地"伤害了;我们已经不可能将其恢复到中世纪时的质量。不管该术语的科学含义是什么,对包括环境在内的"我们"全体,即对于"地球宇宙飞船"而言,关于"不可修复的伤害"之判断,将必然会包含受损害物品的损害程度问题和其价值问题。因此,如果我们要使"不可修复的损害"原则焕发新的活力,并期待它可以受到认真对待,我们必须承认,什么会被说成对电离层构成"不可修复的损害"——因为其对所有生命的重要性,或被说成对大峡谷构成"不可修复的损害"——因为其具有独特性,这将依赖于本应表述清楚的标准判断。

　　这意味着,通过设定"优先物品"的宪法清单,可以为环境界定一些(相对)绝对的权利,就像我们的一些大法官认为人类享有"优先权"

---

　　① 在伊利湖案件中,除下文中所述的需考虑的事项之外,可能还有另外的因素,如任何一个污染者的行为都不会被定性为造成不可修复之损害。

一样。^① 对这些最需要精心保护之物品的任何伤害威胁,都应由各级政府,包括我们的"反多数主义者"分支以及法院系统以最高级别的审慎进行审查。它们的"宪法权利"应该在立法和行政上通过设定环境质量标准等方式予以实施。

毫无疑问,有关环境可以享有权利的其他想法会出现在笔者的脑海中,并且,如笔者在以下所作的更全面的解释,要是我们应该用它们享有权利这样的话来表述的话,笔者会更倾向于有这种想法,尽管在开始时比较模糊。"权利"完全可能置身于人们未曾预料到的领域。举例来说,当首席大法官华伦(Warren)在雷诺兹诉辛氏案(Reynolds v. Sims)中评述"立法者代表人民,而非树木或田地"的时候,看起来他仅仅在陈述最明显之处。然而,难道不能为切实考虑某一地区之野生生物的分配制度做出一个案例吗?^② 阿拉斯加的国会议员人数不得多于罗德岛,主要是因为阿拉斯加都是那些树和田地、那些瀑布和森林,这种糟糕的想法对笔者的冲击很大。^③ 笔者并不是在说我们应当推翻贝克诉卡尔案(Baker v. Carr),并从一人一票制度退回到一人或树一票制度那样无聊的事。笔者的立场甚至也不是说我们应该把每亩田计算为五分之三的人,就如同我们曾经这样计算过每一个奴隶一样。笔者的看法是,总的来说,一个考虑到非人类生命的代表性"权利"并为之做出系统努力的选举分配制度,是没有什么难以想象之处的,甚至可能会做出一个关于此类制度的优势案例。如果可以做出这种笔者在此提出主要作举例说明之用的案例,笔者猜想,一个渐渐变得足够关心环境并因而使之成为权利持有者的社会,能够找到有待其诉诸法院的相当多的"权利"。

---

① For example Justice Reed's opinion for the Court in Kovacs v. Cooper, 336 U. S. 77 (1949) (but see Mr. Justice Frankfurter's concurring opinion, 336 U. S. 89-96), and United States v. Carolene Products, 304 U. S. 144, 152 n. 4 (1938).

② 注意,在接下来的讨论中,笔者所指的是适当的立法分配,而非投票分配。

③ 实际上,设想增加阿拉斯加的议员数量就会对环境有利,这并无道理;政治的现实状况可能导致选出更亲近石油公司或其他开发商额外的议员。

（七）我们真的必须这么做吗？

在这一点上，人们很可能要问，如果不引入树木、河流等"享有权利"的观念，上面所写的大部分是否都无法表达出来。例如，可以简单而直接地说，"有资格挑战河流污染的人的种类，应当加以拓展，不再局限于能够证明其自己受到直接不利经济影响者"（R1），"法官在权衡就某一野生区而提出的相互竞争的诉求时，所考虑的应当不限于对人类经济甚至美学的影响，在其天平上，应当同样多地放入对受威胁环境的关注"（R2）。并且，说树木与河流"享有权利"在本质上不是一项具有操作意义的努力——其意义不如说"人民享有权利"大。为了解决任何具体的案件，人们总是被迫作出更加准确而详细之陈述。在其中，"权利"一词可能只好从演讲词中剔除。

但是，这不等同于表明，引入树木与河流"权利"的观念，比引入一系列像上述（R1）和（R2）的具体规则，将不会取得更大的成就。笔者认为，说"A有权如何如何"可以按照某一特定系列的具体法律规则，以及法律制度中由其得出结论的方式得到充分解释，该说法十分容易令人误解。这仅是事实的一部分。引入某物享有"权利"的观念（简单这么说），会把一种弹性和开放性带入法律制度之中，这是像 R1、R2、R3 ……Rn 那样的任何系列特定法律规则都无法获得的。部分原因是"权利"（以及其他所谓的"法律术语"，如"婴儿""公司"与"合理时间"等）在日常用语中有其含义，虽然含糊却很有力。这些含义的力量不可避免地融入了我们的思维，成为我们当代"法律规则"的"法律语言"得以解释的部分背景。① 比如说，关于由谁以及在诉讼的什么阶段承担举证责任这一问题的"规则"。克里尔（Krier）教授已经论证过，在环境案件的审理中，这些决定是多么极端重要，以及法官据此享有

---

① Simpson. The Analysis of Legal Concepts. Law Quarterly Review 80，1964：535.

多大的自由裁量权。① 在有这种模糊规则的情况下，是背景——方向感、价值及目的——决定如何理解规则，完全与其推想的"直白含义"差不多。在谈及环境"享有法律权利"的制度之下，笔者猜想法官会倾向于从环境的观点对诸如举证责任之类的规则作出更加公平的解释。我们可以获得的词汇和表达同样影响甚至左右我们的思维，这样的事实也存在。考虑一下将像"动机""意图"和"正当程序"那样的术语引入法律所产生的效果。这些术语被微妙地转变为解释修辞呈给法官；使用这些术语，可以探讨、开发新的思考方式和新的见解。② 照这样下去，可以公然参考使用"环境的法律权利"的法官，会受到鼓励去创制一种可行的法律体系——部分只是简单地通过表达的可获得性及其力量。此外，法院的这种说话方式也会促进大众观念的形成，一个满口述说"环境的法律权利"的社会将倾向于通过正式立法，制定更多的环保规则。

如果笔者关于这些影响的见识都对，那么一个人们在其中声称"河流享有法律权利"的社会，不论这种说法如何模糊，都会发展出一套与未采纳这种表述的社会不同的法律制度，即便这两个社会在开始时具有在其他方面都完全相同的"法律规则"。

四、心理和社会心理方面

正如我们所看到的，在法律方面有许多发展，可能反映出大自然为人类而存在这种观念的变迁。这些变迁所涉及的范围很广，从对环境保护团体日益有利的程序上的裁决——关于诉讼资格和举证责任

---

① Krier. Environmental Litigation and the Burden of Proof//M. Baldwin, J. Page. Law and the Environment. New York, Walker & Co, 1970: 105; Texas East Trans. Corp. v. Wildlife Preserves, 48 N. J. 261, 225 A. 2d 130 (1966). 在该案中，人们成立维持野生物保留地的团体，抵抗、谴责原告的管线建设，法院判决如下"……证据的定量化要求被告证明其所遭受的恣意妄为，这并不会像将其土地完全作常规之用的普通财产所有人所认为的损害那样重大。"225 A. 2d，第137页。

② Stone. Existential Humanism and the Law//T. Greening ed.. Existential Humanistic Psychology. California, Brooks/Cole Publishing Company, 1971: 151.

方面的要求,到制定像《国家环境政策法》这样的综合性立法以及很有思想性的《1970 年密歇根环境保护法》都在其中。然而,关于这些发展,有人可能会说,不是我们准备重视的环境自身,而是人类对其自己可能遭受的长期影响所具有的日益增强的意识,起到了将环境危害消灭在萌芽状态的作用。这当然是事实的一部分。甚至是影响深远的《国家环境政策法》,在其序言"国家环境政策宣示"中也提到了两点:"为了人类的总体福利和发展,恢复和维护环境质量",创造和维护"人与自然能够富有成效地和谐共处的条件"。① 因为人类的健康和福利依赖于环境的健康,所以这些目标常常相互支持,以至于不用去确定我们的基本原理是改善"我们",还是改善一个包括环境在内的新"我们"。例如,《联邦杀虫剂、杀真菌剂及灭鼠剂法》(FIFRA)强调,举例来说,杀虫剂应当包含"足以防止对有生命的人类和其他脊椎动物、植物以及有用的无脊椎动物造成伤害"的警示。② 毫无疑问,这样的规定反映了一种明智的观念,即最好通过防止食物链中危险因素的累积来实现对人类的保护。这部法律的制定并不必然地预示着意识的基本内容发生了深远的变化,甚至没有对其提出质疑。

但是,当我们不得不考虑使某些人类的诉求屈从于环境自身的需要时,时代已经对我们提出了要求。比如说,有关保护野生区不受开发,以免被更多的人进入的争论。根据一个功利的计算使环境保护主义者的立场合理化,笔者个人觉得这是不真诚的,即使该计算考虑了未来世代的人,并且其"好"的定义也玩得很轻松。从增进最多数人的最大利益这一观点出发,赞成开发之人的论据较充分——他们至少可以阻止环境保护主义者的攻势。就有关保护毫无用处的动物物种的争论而言,如我们所假定的海胆,情形也是一样。有人可能会说我们从来都不知道在将来的某个时间点什么东西会被证明是有用的。因此,为了保护我们自己,我们在对待大自然方面就应该保守。笔者同

———————

① 《国家环境政策法》,42 U. S. C. §§ 4321-4347 (1970)。

② Environmental Defense Fund, Inc. v. Hardin, 428 F. 2d 1093, 1096(D. C. Cir. 1970)。

意这种观点。但当自然保护主义者如此争论，以排除其他论点时，或大谈"休闲利益"以不断地迎合、强化人类中心论的观点时，这一情形令人感到悲哀。可以感觉到这个观点甚至缺乏其支持者的信赖。笔者期望他们想说的话少一些自我中心、多一些断然决然，但我们社会上流行及认可的解释模式却没有为此做好准备。照此思路，肯定还会有废奴主义者提出黑人要让出更多的工作。霍兹沃斯（Holdsworth）评论早期的英国犹太人，说当其"被认为是一种无主物物种……其仅在其可得能力上有价值；也正因如此，国王才对其加以保护"①（即使在今天，商人仍被置于这样的境地，坚持说他们体面但可能不赚钱的行为将"有助于公司的名声，有利于盈利"②）。

就笔者而言，本人更喜欢一种甚至会为了美感的改善而进行调整的坦诚的声明，笔者的建议会使"我们"付出一些代价，即按照现在的价值观来衡量，会降低我们的生活水平。

然而，这种坦诚也孕育了一种坦诚的反应——笔者从同事处听说这些反应，且其一定发生在许多读者的身上。即便说该建议并非只是一种精心编制的法律虚构，而是实实在在得来的就我们与它们之间的利益达成妥协的最终的分析，我们为什么要采纳它？"其中对我们有何好处？"

笔者准备回答这个问题，但允许笔者先讨论这个问题有多奇怪。这要求笔者以笔者建议大家修改的非常人类中心主义的享乐主义者的条件来证明笔者的立场具有正当性。马上就会有人反驳："难道你（作为白人）不能提出与将你的优先权利——身份与黑人妥协一样的问题？"；或"难道你（作为男人）不能提出与将你的优先权利——身份与女人妥协一样的问题？"这些辩驳很不幸，似乎并不比问题本身更具响应性（他们有一个"你的也"是关于他们唠叨的循环）。这种交流所强调的，实际上是一个关于哲学辩论性质的基本问题。回想一下苏格

---

①　W. Holdsworth. History of English Law. Publisher，Methuen，1931：45.

②　注意，法律绝不把这种说话方式强加给商人。Dodge v. Ford Motor Co.，204 Mich. 459，pp. 499-505，170 N. W. 668，pp. 682-683(1919)，（认定亨利·福特，作为福特汽车公司的优势股东，不能为了把公司办成"半慈善机构而非商业机构"来扣留红利。）

拉底(Socrates)——我们都记得他是一位享乐主义的反对者,驳斥特拉西马库斯(Thrasymachus),辩称不道德使人们悲惨、不快乐！康德(Kant),其道德哲学奠基于绝对命令(爬过功利主义的蛇行状圈子的人是悲哀的①),认为自己正在实现公平,例如在最为谨慎的——有人几乎会说是商业性的——立场上信守诺言,叙述真实。② 这个"哲学讽刺"(正如恩格尔教授所称)或许应归功于有某种关于伦理争议的独特存在。③ "伦理难以言表",而维特根斯坦(Wittgenstein)却认为这种事情"自己可以自证。" ④另外,事实或许是在任何旨在说服人开始行动的论证里(以伦理或其他为基础),"逻辑"只是阐明立场的一个工具,最多,且是在最后的分析中,是对听众私利的心理-逻辑上的吸引力。这种吸引力具有支配性,不论逻辑之花言巧语的"原则性"有多强。

对接下来的论证的特别任务有了这一保留,笔者强调可以从人类授予环境权利的优势这一角度做出最为强有力的案例。科学家一直在警告,如果我们不剧烈地改变我们的方式,地球及其表面的所有人类都会面临危机,这些危机使丧失河流的"休闲用途"显得绝对地微不足道。地球的这个大气系统正在遭受威胁,面临多种令人感到恐惧的可能性:对整个生命循环所依赖的阳光的吸收可能会减少;大海可能变暖(增强大气的"温室效应"),融化极地的冰冠,破坏大量的沿海城市;保护我们免受危险辐射的大气部分可能会被破坏。大海探险家雅克·库斯托(Jacques Cousteau)在向国会作证时预言,海洋(我们梦想着指望其养育我们迅速增长的人口)正在走向死亡:"生命循环与水循环错综复杂地纠结在一起……如果我们要在地球上生存,就必须让

---

① I. Kant. Philosophy of Law. W. Hastie, Edinburgh, Clark, 1887: 195.

② I. Kant. The Metaphysics of Morality//Philosophy of Kant. J. Watson. New York, Macmillan, 1908 § 1, pp. 230-231.

③ Engel. Reasons, Morals and Philosophic Irony. Language and illumination 60, 1969.

④ L. Wittgenstein. Tractatus Logico-Philosophicus//D. Pears, B. McGuinness. London, Routledge & Kegan Paul, 1961, § § 6.421, 6.522.

水系统存活。"①我们正肆虐地消耗能源及食物资源,速度之快甚至都没有考虑现在活着的人们的需要。

这些问题不容易解决。只有通过自愿地中止地球上"发达"国家生活水平(按现在的价值来说)的提高,并稳定总的人口数量,才有可能从根本上解决之。对于一些人来说,这将牵涉到丧失物质享受;而对于另一些人来说,这将牵涉到放弃在将来某一天获得长期垂涎之享受的希望。对于我们所有的人来说,这将牵涉到放弃拥有所期望的那么多后代的权利。然而,这个计划并非不可能实现。我们许多的所谓"物质享受"不仅超过基本的生物学需要,还可能违背这种需要。再者,发达国家的"成本"并非像国民生产总值的数字所显示出来的那么大。国民生产总值所反映的社会收入未扣除相应的社会成本,如通过资源损耗、污染等造成的损失。很显然,当社会变得越来越"发达"时,对国民生产总值中新增加的每一美元而言,其实际边际收益变得越来越小。② 因此,放弃"人类进步"并不会像乍一看时那么高的成本。

虽然如此,这种影响深远的社会变革将会使我们陷入对我们的环境意识进行严肃的重新思考之中。笔者这样说,十分清楚这种说法里面还是有不少很晦涩的内容:首先说大众意识是一个有意义的提法吗? 如果是,我们现在的环境意识是什么? 它是导致我们的物质状况的原因吗? 我们是否应当调整我们的意识(如果是,要达到怎样的程度,基于何种理由)? 如果这样,意识的变化又如何被转化到切实的制度改革之中? 对这些问题的答案,没有一个能使每个人都感到满意,当然也不能使笔者满意。

目前的一般说法是,比如说我们的现状——至少在西方是如此——可以追溯到人类是大自然的主宰这一观点,而这种态度相应地又来自我们的宗教传统。

不论其渊源,很清楚文本是犹太教的,被完全吸收,不加改变,进

---

① Cousteau. The Oceans: No Time to Lose. Los Angeles Times, Oct. 24, 1971, § (opinion), at 1, col. 4.

② J. Harte, R. Socolow. Patient Earth. Holt, Rinehart & Winston of Canada Ltd, 1971.

入基督教,并充斥着人本主义,变成了西方人对大自然和环境的内在态度。人类是独一无二的天赐之灵,其他所有生物和物品都身份低下,通常无足轻重;人类主宰着所有生物和物品;他被命令去征服整个地球……环境是由相信宇宙是让人站在其巅峰之处的金字塔的人创造的,他相信现实的存在仅仅是因为人能够感知它,上帝也具有人的容貌,世界仅仅是由人类之间的对话组成的。确实,这种孩子气实在让人无法忍受。这是不合理之过去的遗留物,当时几个微不足道者哭喊着其至高无上,而世界却置之不理。这就需要精神病医生,可向人保证他的植根深远的文化劣等论不再是必要或适当的……为了获得上帝的偏爱,或甚至是为了获得他的专一关注而破坏大自然,实在是没有必要。①

可以确定,这是强制实施的,但作为对我们如何陷入目前境地的一种解释,却不能完全令人信服。一方面,就智力影响要对我们现在的状况负责而言,人们可以求助于达尔文,就像求助于《圣经》一样公平。无论如何,是达尔文的观点——部分是透过斯宾塞(Spencer)的视角给予了奋斗、征服和主宰以道德认可;确实,通过强调人的发展是偶然发生之事的产物,达尔文无论是有意还是无意,同样也产生了这样的效果,即弱化我们关于大自然中万事万物相互依存的意识。不仅如此,就如墨菲(Murphy)教授所指出的那样,在实现人与环境的平衡方面,中国人和印度人关于"天人合一"的精神信仰并不比欧洲与之相反的信仰更有效;他说,在中国,尽管有"道",但"无情的毁林一直在继续"。② 笔者也有同样的印象,尽管美国平原印第安人自我吹嘘他们与大自然之间非常"和谐",但是,一旦配备上来福枪,他们对野牛的追捕

---

① McHarg, "Values, Process and Form", The Fitness of Man's Environment, New York, Harper & Row, 1968, pp. 213-214.

② Murphy, "Has Nature Any Right to Life?", Hastings Law Journal 22, 1971, p. 477.

就会扩展,直至充分发挥其技术装备的潜力。① 事实是,"意识"解释太过迅速地省略了有关现实状况的不那么负面但却更为简单的观点:人的数量不断增长,需求不断增加,不断涌现的技术以牺牲人以外的大自然来满足这些需求。因此,我们不应当寄太多的希望于变化的环境意识本身,期待其扭转当前的趋势。再者,社会发展早就过了某一点,在该处,关于任何事物的人类意识的改变都可以远在我们落入制度之手之前,把我们从问题中解救出来。此外,这些制度并非"仅仅是法律虚拟",它们以自己的重要方式拥有意志、思维、目的和惯性,即能够使想与之妥协和想获得其服务的个人意识变化存活下来并超越(人类个体,及其意识,越来越成为法律虚拟②)。

综上所述,认为西方的"环境意识"是我们的环境危机的唯一或主要祸首,这是很不恰当的。另外,要说它让我们的怨恨和作出反应的决定迟钝,却不是很过分。由于这个原因,我们是否能够带来必要的制度及人口增长变化,部分地依靠我们关于"我们"在除人以外的大自然中之处境的感觉实现重大调整。

---

① 另外,文中的内容,以及前面墨菲教授所谈的内容,可能有一点严重。可以简单地说,从已经宣誓信教的基督徒经常以基督教的名义实施的杀戮来看,基督教对人类行为没有明显的影响。据我所知,风水影响了中国土地的发展。参见 Freedman, Geomancy, Proceedings of the Royal Anthropological Institute of Great Britain and Ireland, 1968, p. 5; March, "An Appreciation of Chinese Geomancy", Journal of Asian Studies 27, 1968, p. 253.

② 法律制度尽其所能来维持个人对现实的幻想。比如说,考虑有多少个涉宪案件,以某些便利之人的名义提起,代表了机构——全国有色人种协进会与学校董事会,天主教会与学校董事会,美国公民自由联盟与陆军等之间的权力斗争。个人原告是这些案件的真正动因吗? 抑或还需要再想想?

当我们认识到我们的问题越来越机构化,就可以看出解决问题的方案——如果有的话,必须理解人们如何指挥"公司"(具有最宽泛的含义)实体,必须以成功管理组织所需要的方式改变我们关于"财产"的观点。比如说,我们应该有更多预防性的现场检查,而不是无效的、事后反应的刑事罚金,尽管有人抗议这是"对'公司'秘密的侵犯。"

目前,仅在很狭窄的领域内允许对生产设施和记录进行现场检查。如在联邦法中,根据《联邦食品、药品及化妆品法》[21 U. S. C. § 374 et seq. (1970)]以及肉类检验规定[21 U. S. C. § 608 (1970)]可以那样做。类似地,根据地方建筑法规,在相关权威机构对建筑中所用的材料和工序进行调查之前,我们不会等待建筑物倒塌;检查人员会例行公事,来到现场检查每一个关键阶段的进度。一个明智的预防性法律制度需要扩大对产业现场检查的覆盖范围,使之与"侵犯秘密"制度的范围相当。

　　一个关于人与除人以外的大自然之间相互关系激进的新概念,将不仅仅是走向解决物质星球之问题的重要一步;从让我们成为更好的人的观点来看,这种意识改变还有更强烈的动因。如果我们仅稍微驻足,瞥过我们关于财产和大自然的当前态度所利用和强化的人类潜在品质,我们将不得不震撼于,当我们自己的个人成长和满足操纵我们时,会使人变得多么思维迟钝。黑格尔(Hegel)在使私有财产"正当化"时,无意地反映了一些被利用之需求的论调和品质:

　　作为实质目的,人有权将其意志置入任何以及所有的物之中,并由此使其成为自己的,因为物完全没有这种目的,而是从人的意志中得出它的命运和精神。这就是人对所有的"物"享有的绝对占有权。①

　　我们身体内的何物给了我们这种需求,不仅仅要满足基本的生物学需要,还要让我们的意志延伸到物上,让它们客体化,让它们成为我们的东西,利用它们,让它们保持在心理距离? 这些都能在"理性"的基础上进行解释吗? 难道我们不应该怀疑自己身体内的这种需求,对我们为什么想要满足之持谨慎态度? 当笔者第一次读到黑格尔的这段话,笔者不仅立即想到与斯宾诺莎(Spinoza)相反的情感,而且还想到卡森·麦克卡勒斯(Carson McCullers)的《一棵树·一块石·一片云》中的一段话。在这段话中,一个老流浪汉在一家有轨电车咖啡店拦住一个 12 岁的男孩,老人问男孩是否知道"爱应该怎样开始"。

　　老人靠近了些,低声耳语道:

　　"一棵树。一块石。一片云。"

　　……

---

　　① Hegel's Philosophy of Right. Trans. T. M. Knox, Clarendon, Clarendon Press, 1942：41.

"在波特兰，天气就像这样，"他说，"当我开始学科学时，我沉思，十分谨慎地开始。我会从街上捡起任何东西，随身带回家。我买了一条金鱼，我关注它，我喜爱它。我从一个个事物上进步。时间一天天过去，我学到了这项技术……"

……

"六年来，我四处游荡，增加我的学识。现在我是一个大师，小子。我可以爱任何东西。我甚至想都不用想了。我见到一条街上挤满了人，于是美丽的光便进入我的心中。我看到一只小鸟在空中飞翔。或者我在路上遇见一位旅行者。一切东西，小子。还有任何一个人。所有的陌生人他们都为我所爱！你知道像我这样的学识意味着什么吗？"①

要摆脱大自然是有用的无意识之物的集合体这一观点，就如麦克卡勒斯这样的"疯子"所述的，这种能力深深地涉入我们的爱的能力之发展——或者如果这样说太强烈，是能够对我们自己和其他存在物相互作用的能力具有更强的意识。这样做，我们必须放弃一些心理投入，即我们自己在宇宙中的分离意识和特别意识。这反过来确实又是一份难做的礼物，因为它让我们向后飞，回到早期的文明及孩提时代，当时我们不得不相信（或者是敬畏）我们的环境，因为我们没有能力来掌控它。在这样做的过程中，我们——作为人——逐渐使我们自己摒除了支持幻想之需要。我们给予黑人和妇女法律权利（或承认其法律

---

① C. McCullers. The Ballad of the Sad Cafe: and Other Stories. New York, Bantam Book, 1958: 150-151.

权利),这不是"我们"的胜利之一吗?①

为了这个星球和我们自己的改善,这类意识变化正在发生着。现在有联邦立法"依法确立"②人类伦理,给予动物基本的生物享受,包括充足的居住条件、充分的食品和水、合理的对待、像样的卫生、充裕的通风,免于极端天气和温度,以及包括适当使用去痛药物在内的充分的兽医照顾……③

越南战争促成了这个运动,就像它带来其他运动一样。5 年前,一

---

① 想想,大概在威斯康星州最高法院解释女人为何不适于做律师的同时,In re Goddell, 39 Wisc. 232, 245(1875),叔本华在《论女人》中写了些什么:

只要稍许观察一下她的构造方式,你就会看到,女人并不是命中注定要承受繁重的劳动,无论是脑力劳动还是体力劳动。她也不是要以这种劳动来偿还生命的债务,而是以其遭受的艰辛、生儿育女的痛楚以及抚养他们的辛劳、对丈夫的屈从——对丈夫,她应该忍让,应是其令人欢乐的伴侣——来偿还。那种痛不欲生的悲怆、欣喜若狂的欢乐并不属于她个人所有,她也不必处处显示自己的种种力量。她在生活中应比男人更温和、沉静和平凡,基本上不能比男人更快乐,也不能比其更痛苦。

女人最适宜的职业是护理和教育儿童,因为她们本身实际上就很幼稚、轻佻、目光短浅;一句话,她们毕生实际就是大儿童——是儿童与严格意义上的成熟男人的中间体……

无论这方面有多少缺点,但起码有一点可以肯定:女人比男人更注重眼前,而且,只要眼前生活还算可以的话,她们就会尽情地享乐。这就是女人所特有的欢乐的源泉,也使她们能在男人休息娱乐时给他们以欢乐,如果需要,当男人被烦恼压垮时,安慰他。

……

我们发现,女人秉性中的最大缺点是毫无正义感。主要原因就在于上面所述的女人缺乏推理能力和思考能力这一事实;当然也可溯及她们所处的地位,自然之神令其性别孱弱。女人不是依赖力量,而是依赖诡计,亦即依赖她们狡黠的本能和虚伪的本性。就像雄狮有尖爪利齿、大象与野猪有獠牙、牛有角、乌贼有黑烟状墨汁那样,自然之神赋予女人的防卫武器就是掩饰的诡术。自然之神赋予男人的全部力量,即强健的体魄和理智,都以这种方式给予了女人。因此,女人天生虚伪,无论是聪明的还是愚蠢的,皆然……

A. Schopenhauer. On Woman. Studies In Pessimism, trans. T. B. Saunders, London, Swan Sonnenschein & Co. ,1893, pp. 105-110.

如果今天的男人写下这样对他人感受漠不关心的胡言乱语,我们就会认为他是精神和情感上的白痴。我们满足那些促使我们将环境视为无感觉之物的需要——将珊瑚岛炸成碎片,看看核武器是否有效——而不是审查这种需要,那么,未来是否会对我们另有说法呢?

② 当然,人们所面对的阶段,正是此类情感不需要通过法律来规定的时候。

③ The "Purpose of the Legislation" in H. R. Rep. No. 91-1651, 91st Cong. , 2d Sess. , to the "[Animal] Welfare Act of 1970," 3 U. S. CODE CONG. & ADMIN. NEWS 5103, 5104 (1970). 西部出版公司(West Publishing Co.)的某些排字机可能还没为此做好准备,它们只是印出了"Annual Welfare Act of 1970"的标题。

位洛杉矶母亲做了一张海报，上面写着"战争不利于孩子和其他生物"①。这马上变得非常流行——首先，我猜测，是因为它听起来像另一个聪明的反战抗议，如采取了不同的角度。但当人们议论这种事情并对其加以思考时，他们偶然发现的可能性就变得十分明显了——在要求农业部部长撤销六六粉（DDT）登记的诉讼中，环保协会宣称DDT"对人和其他生物造成生理损害"②。几年前，溪流污染仅被认为是感觉难闻、难看、水不可饮用的问题。现在我们开始发现污染是一个过程，破坏水里面的生物以及水体与河岸之间极其微妙的平衡。这一意识的增强扩大了我们自己对于所面临之危险的感受。但这同时也扩大了我们的同情心。我们不但正在发展科学能力，而且正在培养我们自己身体内的能力，以便承认越来越多的方式，在其中，大自然——像妇女、黑人、印第安人和外国人——就如我们自己一样（我们也会变得更有能力来实际地定义、面对、共处和欣赏与我们都各不相同的方式）。③

这些观点与法律的早期躁动相结合，能够转化成为关于人与除人以外的大自然之间相互关系的激进的新理论或神话——感觉就像智能化了，这样的时代可能就要到来了。在此，笔者不是以贬低的意义来说"神话"这个词，而是说在历史的不同时期，我们的社会"事实"和社会关系通过引用"神话"而得到理解及整合，在这一"神话"之中，我

---

①　McCALL'S, May, 1971, p. 44.

②　Environmental Defense Fund, Inc. v. Hardin, 428 F. 2d 1093, 1096 (D. C. Cir. 1970). 原告似乎想以此力促法院对成文法 7 U. S. C. § 135(z) (2) (d) (1970)作一个比字面含义更广泛的法律解释，是指"……有生命的人类和其他脊椎动物，植物，以及有用的无脊椎动物"。

环保协会以及后来加入的全国奥特朋协会（National Audubon Society）、塞拉俱乐部和西密执根环境行动委员会都是提出请求者，428 F. 2d at 1094-95 n. 5.

③　在赋予其他人类以权利的案件中，诉讼同样有助于接受者在其自身之内发现新的个人深度和可能性——新的尊严。笔者不想提出许多该效果与赋予环境以权利的做法相关的可能性。但笔者也不会弃之不顾。归根结底，我们怎样评判一个人，比如说"充满新的荣耀感和自尊？"对于这种论点，以及我们赖以支持这种论点的证据的性质，我们的想法其实十分复杂。Austin. Other Minds//S. Flew. Logic and Language. 1965：342. 以一种"有权"的方式被对待的树，其反应方式，如果描述起来，听起来就会像被赋予"新的尊严"之人的反应一样。同本注文。

们是社会契约的联合签署者,教皇是上帝的使者,所有的人都生而平等。泛神论,日本的神道教以及中国的道教都有自己的神话,但它们以其各自的风格,都奇妙、原始并且陈旧。我们所需要的是能够适应我们日益增长的地球物理学、生物学及宇宙学知识的神话。按照这种思路,笔者认为我们可能会将地球当作一个有机体,就如某些人所建议的那样,这并不是一件很遥远的事。人类仅是构成地球有机体的一个功能部分,其思想或许不同于除人以外的大自然,但这种不同就如人的脑不同于人的肺一样。

自从第一个地球物理年以来,国际科学研究已经无可辩驳地显示出,作为一个整体,地球是一个由高度密切关联并且相互依赖之活动组成的有组织的系统。从相关术语最广泛的意义上来说,它是一个"有机体"。在全球性存在的平衡状态下,所谓的生物界和许多植物与动物物种都相互依存;他们依赖于自身的环境,受洋流和气流的影响,甚至更多地受电离层保护性行为和许多具有一定活动节奏的其他因素的影响。人类是整个有机行星的一部分;在这个行星组织(人类是其中的活跃部分)之内,人类应履行明确的职责。只要人类没有认可、接受和享受这一事实,就不可能有一个真正的新全球性社会,或许,在当今的状况下,根本没有什么社会。

为了给全球的人类社会活动一个建设性的意义,对于这些体力和脑力活动,应根据其对整个地球,甚至整个太阳系的有益机能予以理解和赋予基本价值。如果人类坚持认为,在这个悲伤的星球上,自己是一个被迫人格化的外来的灵魂,而且如果我们在地球这颗行星上所能看到的只是大量受机械规律支配的具体物质,而"生命"只是由分子集合体偶然组合而成的,这就不可能做得到。

……如笔者所见,地球只是一个充满活动的有组织的"场地",人类也是这样。但是,这些活动发生在不同层次、不同物质"范围"和意识领域。……岩石圈不是生物圈,而后者不是……电离层。地球并非只是物质的集合体。意识也不仅仅只是"人的",它存在于动物和植物的各个层面,最有可能是潜伏在分子和原子里,或以某种形式在其中运转;所有这些不同的、在某种意义上分等级的行为和意识模式应该结合起来予以观察，并且，可能会被一种无所不包和"永久存在"的行星意识所超越。

......

人类在地球组织中的职责，是从该组织内所有其他运行系统的活动中抽取出我们称为"反应性"或者"自我"意识的意识类型，或者，我们也可以说精神化，对地球场地内任何地方所发生的一切，赋予其意义、价值和"名称"......

这种"精神化"过程通过我们所谓的文化来进行。对于地球组织的每个地区以及全部领域的生存条件而言，某种明确的文化类型内在地与之对应。每个地区都是"子宫"，某种特定类型的人类精神和文化能够，并且早晚都会在其中出现。从过去、现在到未来，所有这些文化及其复杂的相互关系和相互作用，共同构筑了人类精神，以及有意识的地球精神这一方法。①

这样的意识今天听起来可能非常激进，但我们所看到的关于我们的所有显著变化都朝着这个方向。只需想一下，太空旅行、世界性的大众传媒以及日益增加的关于所有生命过程都相互关联的科学发现所具有的影响。"地球宇宙飞船"一词已经深深地吸引大众的想象，难道这不是奇迹吗？我们不得不面对的问题是一个全球性有机体日益加重的世界性危机：不是一条溪流的污染，而是大气与海洋的污染。越来越多地占据每个人之想象力的死亡不是其自身的死亡，而是地球行星上整个生命循环的消亡。对于地球而言，我们每个人就如同人体的一个细胞。

从这样一种高不可攀的意识行星化设想转换到城市法律制度的实施，又猛地回到了现实。在各种运转中的力量面前，我们的最高法院却是一个软弱无力，明显人类化的机构。然而，法院的最佳状态可能不是传递法令，其真正的任务是振作人类精神中大量存在的最善

---

① D. Rudhyar. Directives for New Life. Michigan，Ecology Center Press，1971：21-23.

良、最慷慨和最有价值的观念,给予它们形体、事实与合法性。① 见证学校废除种族隔离的案例比把这些学校整合起来更重要(假设他们这样做),这唤醒了我们的道德需要。当这种道德需要变得显著时,人们无法拒绝它。在此,关于环境,最高法院可能发现自己能够以有利于改变大众意识的方式赋予"权利"。这固然会是一种适度的举措,但也是一种促进一个巨大目标之实现的举措:为了我们所知的地球未来。

　　法律把"环境物品"看作法律权利的持有者,我们距离这种状况还有多远,笔者不知道。但是,关于得克萨斯州公路部计划修建一条穿过圣安东尼奥(San Antonio)公园的六车道的高速公路一案,布莱克大法官在其最后的不同意见中有一段的确令人感兴趣的语言。② 对法院拒绝阻止该计划,布莱克抱怨不已。他评述道:"在今天的判决之后,圣安东尼奥人以及把家安在公园内的鸟儿和动物,将与一条丑陋的、充满臭味的交通车流,共同分享这片安宁之所……树木、灌木丛和花儿将会被割刈殆尽。"③在其他地方,他提到了"埋葬公共公园",提到了一段段的高速公路"吞没园地",提到了公园的中心地带。④在他伟大的职业生涯的末期,他是接近于要说(只是说)"大自然有自己的'权利'"吗? 会这么难以实现吗?

① Stone. Existential Humanism and the Law//T. Greening. Existential Humanistic Psychology, 1971: 151.

② San Antonio Conservation Soc'y v. Texas Highway Dep't, cert. denied, 400 U.S. 968 (1970) (Black, J. dissenting to denial of certiorari).

③ San Antonio Conservation Soc'y v. Texas Highway Dep't, cert. denied, 400 U.S. 969 (1970) (Black, J. dissenting to denial of certiorari).

④ San Antonio Conservation Soc'y v. Texas Highway Dep't, cert. denied, 400 U.S. 971 (1970) (Black, J. dissenting to denial of certiorari).

下篇　规则与制度

18　虚拟网络，真实主权

——基于网络空间主权的网络国际法

张新宝* 　许 可**

　　本文产生于中国关于网络空间主权的一系列立法和国家主张以及由此而来的学术和政治争议。2015 年 7 月 1 日生效的《中华人民共和国国家安全法》首次将"网络空间主权"以法律形式予以明确。2015年 12 月 16 日，中国国家主席习近平在第二届世界互联网大会的主旨演讲中，进一步将"尊重网络主权"列为全球互联网治理体系四项原则的核心。2016 年 11 月 7 日，《中华人民共和国网络安全法》公布，第一条便开宗明义地申明"维护网络空间主权"的立法主旨。

　　尽管网络空间主权理念已经成为中国处理网络事务的根本指针，但无论是在中国还是国际上，它的正当基础和确切意涵均未形成共识。透过国内外围绕"网络空间主权"所生发的聚讼纷纭，本文试图回应层层相继的三大问题：①国家主权能否适用于网络空间？②网络空间中国家主权的行使是否遵循"多利益攸关方治理模式"？③如何以网络空间主权为基础，铸就多边、民主、透明的国际法制度？针对上述疑难，本文首先梳理了网络空间主权的概念和理论变迁，以凸显其关键争议。在本文的第二部分，我们将在剖析"国家主权"和"网络空

---

　　* 中国人民大学法学院教授。本文为张新宝主持的国家社科基金重大项目"互联网安全主要问题法律对策研究"的阶段性成果。
　　** 中国人民大学法学院博士后。

间"的基础上,论证了网络空间主权的正当性,并在揭示"多利益攸关方治理模式"和"全球公域"理论的缺陷之后,阐明"基于网络空间主权"国际治理模式的理据。本文的第三部分从政治上的"网络空间主权"转向法律上的"网络空间主权性权利",将中国网络空间主权的主张与国际法的制度相互融合,试展现国际法框架下的网络空间主权及互联网全球治理体系的初步图景。

一、网络空间主权的发展脉络与关键争议

(一)"网络空间主权"的流变

"网络空间主权"(Cyberspace Sovereignty)并非中国独创,而是由美国学界首先提出的。1997 年,美国著名网络法学者吴修铭(Timothy S. Wu)在《网络空间主权?——互联网与国际体系》一文中率先使用了这一用语[①],而与之相关的学术讨论更可追寻到美国电子空间法律研究委员会主席戴维·约翰逊(David R. Johnson)和戴维·波斯特(David Post)教授的《法律与边界——网络空间中法律的兴起》[②]。这篇开创性文献探讨了互联网对"信息主权"(Information Sovereignty)在内的传统领土主权的挑战,并建构出网络空间的自治模式。

尽管"网络空间主权"当下明确指向"网络空间之上的国家主权"(Sovereign over Cyberspace),但在这一术语被发明之初,它却意味着与现在截然相反的含义。在约翰·P.巴洛(John P. Barlow)[③]于 1996年发表的《网络空间独立宣言》(A Declaration of the Independence of Cyberspace)中,他慷慨地宣称:"工业世界的政府们,你们这些令人生

---

① Timothy S. Wu. Cyberspace Sovereignty? —The Internet and the International System. Harvard Journal of Law & Technology, 1997,10(3): 647-666.

② David R. Johnson, David G. Post. Law and Borders—The Rise of Law in Cyberspace. Stanford Law Review. 1996, 48(5): 1367-1402.

③ 约翰·P.巴洛曾是流行歌词作者,也是电子前线基金会的联合创始人之一,被称为"网络空间的杰斐逊"。

厌的铁血巨人们,我来自网络世界——一个崭新的心灵家园。作为未来的代言人,我代表未来,要求过去的你们别管我们。在我们这里,你们并不受欢迎。在我们聚集的地方,你们没有主权。"①借由电子前线基金会(Electronic Frontier Foundation)及其《连线》(Wired)杂志的鼓吹,国家主权在网络空间的失落被"网络自身主权"(Cyberspace as Sovereign)的兴起所填补。②

网络自身主权并不只是艺术家畅想的乌托邦,其更有着实质的法律影响。在"美国公民自由联盟诉雷诺"案中③,以巴洛为代表的电子前线基金会针对《传播净化法》(The Communications Decency Act)提起诉讼,提出这部管制网络空间淫秽信息的法律将造成一种寒蝉效应,使得政府可以据此控制和压制网络空间内的言论自由。最终,位于华盛顿的美国联邦最高法院支持了加利福尼亚州的工程师们创造出来的网络空间主权。斯蒂文斯大法官(Justice Stevens)撰写的法院意见认为,互联网不同于传统的传播媒介,构成了一种独一无二的媒介,它不设在任何特定地理位置,而是世界任何地方连接到互联网的任何人都可以进入,代表了一种"未受到……政府监督和规制的广阔的民主论坛"。据此,《传播净化法案》违反《美国宪法》第一修正案("国会不得指定任何法律……剥夺言论自由"),因而无效。

不过,随着千禧年的到来,这种网络空间的乐观主义褪色了。人们日益发现,网络自身主权所依凭的信息技术并没有使政治和权力消失,反而在某种意义上强化了它:一种新型的权力——网络权力(Cyberpower)出现了。通过基础设施、代码及人类技能,网络权力能够创造、控制和沟通相互联系的信息资源,从而在网络空间之内和之外达致期望的结果。④ 同时,随着网络空间的扩张及其与现实世界的

---

① [美]约翰·P.巴洛.网络独立宣言.李旭,李小武,译.//高鸿钧.清华法治论衡(第4辑).北京:清华大学出版社,2004:509-511.

② Timothy S. Wu. Cyberspace Sovereignty? ——the Internet and the International System. Harvard Journal of Law & Technology,1997,10(3).

③ Amehcan Civil Liberty Union v. Reno, 521 U.S., 844 (1997).

④ [美]约瑟夫·奈.权力大未来.王吉美,译.北京:中信出版社,2012:171.

互动,集体行动的困境和资源分配的冲突开始加剧,简单合意或自由联合均无法应对纷繁复杂的争议与纷争。在更深层次上,互联网科技绝非置身事外的独立决定因素,而是深深嵌入在社会之中,铭刻着时代价值和社会环境的烙印。① 正因如此,哈佛大学国际法教授杰克·戈德史密斯(Jack L. Goldsmith)等主张,鉴于构成互联网的硬件和软件都位于一国领土之内,基于领土的主权正当化了国家对其网络使用者的规制。② 无独有偶,曾于 2009—2012 年担任美国白宫信息管制事务办公室(Office of Information and Regulatory Affairs)主任的美国著名宪法学家桑斯坦(Cass Sunstein)亦指出:"尽管很多人声称网络已经或应该摆脱政府的控制,但虚拟空间和实际空间其实没有什么不同。管制和政府的力量仍然无所不在"。③

历史不会简单地重复自身。网络空间再次找回的"国家"并未承担和此前现实空间中一样的角色。从信息流动到政治忠诚,从国内组织到国际秩序,网络空间中国家形象的改变不可避免。对此,作为互联网发源地的美国抢占先机,将网络空间与海洋、国际空域、太空相提并论,划入单一主权国家无法企及的"全球公域"(Global Commons),进而呼吁建立网络空间的"多利益攸关方治理模式"(Multi-stakeholder Governance Model)。④ 显而易见,美国试图通过定义权

---

① [英]弗兰克·韦伯斯特. 信息社会理论. 曹晋,等译. 北京:北京大学出版社,2011:15.

② Jack L. Goldsmith. The Internet and the Abiding Significance of Territorial Sovereignty. Indiana Journal of Global Legal Studies. 1998,5(2):475-491.

③ [美]凯斯·桑斯坦. 网络共和国:网络社会中的民主问题. 黄维明,译. 上海:上海人民出版社,2003:93.

④ 相关官方的观点参见 Abraham M. Denmark, James Mulvenon. Contested Commons:The Future of American Power in a Multipolar World. Center for a New America Security, 2010, http://www. cnas. org/files/documents/publications/CNAS%20Contested%20Commons_1. pdf,January 22, 2016. 相关学者的观点参见 Chris C. Demchak, Peter Dombrowski. Rise of a Cybered Westphalian Age. Strategic Studies Quarterly, 2011,5(1):32;Justyna Hofmokl. The Internet Commons:Towards an Eclectic Theoretical Framework. International Journal of the Commons, 2010,4(1):226-250;Roger Hurwitz. Depleted Trust in the Cyber Commons. Strategic Studies Quarterly, 2012,6(3):20-45.

的巧妙行使，将网络技术和架构优势一举转变为政治和战略优势，从而成为网络空间事实上的主权者(de Facto Sovereign)。尽管全球公域理论居于西方主流地位，但质疑的声音仍不断发出。① 2013年，"棱镜门事件"所曝光的网络监控和窃密行为进一步激起了网络空间主权和治理模式的世界论战，至今仍硝烟弥漫，远未止歇。②

正是在上述背景下，中国提出了网络空间主权的主张。2010年6月8日，中国政府公布了第一份关于互联网的白皮书，在其中特别强调了"互联网主权"。这份题为《中国互联网状况》的白皮书指出："中国政府认为，互联网是国家重要基础设施，中华人民共和国境内的互联网属于中国主权管辖范围，中国的互联网主权应受到尊重和维护。"③2011年，中国、俄罗斯等上海合作组织成员国向联合国提交《信息安全国际行为准则》，重申与互联网有关的公共政策问题的决策权是各国的主权。当前，中国的主流观点认为，网络空间主权是国家主权在网络空间的自然延伸，有着独立权、管辖权、发展权、防卫权、参与权、治理权等丰富内涵。④ 此外，亦有学者将网络空间主权理解为国家对互联网根域名的控制权、网络地址的分配权、互联网标准的制定权、网上舆论的话语权等"制网权"或网络信息的控制、管理、共享的"信息

---

① 例如，美国白宫网络政策评论起草人 Sean Kanuck 认为全球公域说缺乏国际法和政治经济学的理论支持，参见 Sean Kanuck. Sovereign Discourse on Cyber Conflict Under International Law. Texas Law Review，2010，8：1571-1580；印第安纳大学 Scott J. Shackelford 助理教授直指网络空间是"虚伪公域"(pseudocommons)，参见 Scott J. Shackelford. Toward Cyberpeace：Managing Cyberattacks Through Polycentric Governance. American University Law Review，2013，62(5)：1285-1296；美国战略司令部官员 Patrick W. Franzese 剖析了全球公域的五大特征，而网络空间无一具备，参见 Patrick W. Franzese. Sovereignty in Cyberspace：Can it Exist? Air Force Law Review，2009，64：14-17.

② Sarah Myers West. Globalizing Internet Governance：Negotiating Cyberspace Agreements in the Post-Snowden Era. TPRC Conference Paper，2016-1-2. http://ssrn. com/abstract=2418762.

③ 中华人民共和国国务院新闻办公室. 中国互联网状况. 北京：人民出版社，2010：18.

④ 若英. 什么是网络主权? 红旗文稿，2014(13)；支振锋. 网络主权指引国际治理新格局. 人民日报，2016-1-5(5)；刘云山. 构建网络空间命运共同体 坚持网络主权理念. 网易科技，2018-8-8. http://tech.163.com/16/1117/06/C628B0PB00097U7R.html.

权"。然而,不论是中国的官方观点还是学界的理论探讨,都囿于传统主权和真实空间的预设,以至于无法面对西方对网络空间主权的质疑,陷入"理不屈但辞穷"的局面。

(二) 网络空间的主权争议

针对网络空间物理层、代码层和内容层的三层结构[①],各国都有迥然不同的主权诉求。首先,作为网络空间基础设施,物理层——计算机、服务器、移动设备、路由器、光纤、交换机——的主权已获得公认。北约卓越合作网络防御中心(NATO CCD COE)邀请国际专家小组编写的《适用于网络战争的塔林手册》开篇即确定了网络空间主权:"一国可以对其主权领土之内的网络基础设施和行为实施控制。"[②]类似地,时任美国国务卿顾问的高洪礼(Harold Hongju Koh)在 2012 年网络部队(US Cyber Command)会议上表示,支持互联网和网络活动的物理基础设施受制于领土国家的管辖权。[③] 就此而言,网络空间的物理层和电力、公路等公共基础并无二致。其次,对于代码层——特别是负责网络互联和传输的通信协议软件的主权则存在分歧。目前,ICANN、RIRs、ISOC、IAB、IETF、IRTE、ISO、W3C、INOG 等组织为互联网的稳定运行提供着技术支持,它们掌控的域名、号码、标准、监管构成并最终限定了用户使用网络的方式和限度。尽管上述组织的早期成员奉行网络自身主权原则,但随着网络空间日益膨胀,政府开始介入,一种自治为表、控制为里的治理模式形成了。正如弥尔顿·穆勒(Milton Mueller)所指出的,当 ICANN 以自上而下的非政府实体形象展示给公众的时候,ICANN 事实上在契约和政治上都受恩于美国政府;作为单边全球主义(Unilateral Globalism)的表现,ICANN 可

---

① 这里综合了 Stephen K. Gourley 和劳伦斯·莱斯格对网络空间的定义,参见 Panayotis Ynakogeorgos, Adam Lowther. Conflicict and Cooperation in Cyberspace, pp. 278-279;劳伦斯·莱斯格. 思想的未来. 李旭,译. 北京:中信出版社,2004:23.

② Michael N. Schmitt (gen. ed.). Tallinn Manual on the International Law Applicable to Cyber Warfare. Cambridge, Cambridge University Press, p. 15.

③ Harold Hongju Koh. International Law in Cyberspace. Harvard International Law Journal 54, 2012.

以被理解为一种对于全球治理问题的霍布斯解决方式。① 这种单一国家控制的治理模式被发展中国家普遍反对，网络主权的呼声开始兴起。

区别于物理层和代码层，围绕网络空间内容层——文字、图片、音频、视频等为人们直接理解的信息——的主权是各国论战的主要舞台。这是因为，作为人类数字化生存的空间，在未来，现实事物均将被尽其所能地转化成网络空间中海量的二进制代码，世界的一切亦将被测量、记录、分析、分享和预测，信息和数据必将成为和能量、物质同等重要的基础资源。② 不唯如是，网络信息还关涉到不同国家、地区、民族的文化、特性、价值观和意识形态，因此产生的深层次冲突难以轻易弥合。恰如 2000 年雅虎纳粹物品网络拍卖案所显示的：关于网络上的纳粹符号是否受到国家管制这一议题，德国和美国有着不同的传统和立场。③

网络主权和信息自由是内容层的首要争议。2012 年，就中国倡议的《信息安全国际行为准则》，美国国会众议院认为："该行为准则为政府排他性地控制互联网资源寻求合法性，对信息自由流动构成威胁。"④西方学者也将网络空间中的信息自由归入《世界人权宣言》《公民权利与政治权利国际公约》项下的言论自由，进而将互联网视为前所未有的"解放科技"和"自由民主工具"⑤，主张国家放弃对网络信息

---

① Milton Mueller. Networks and States, The Global Politics of Internet Governance. Cambridge, The MIT Press, 2013: 61-62.

② 关于数字化信息的巨大潜力，[英]维克托·迈尔·舍恩伯格. 大数据时代. 周涛，译. 杭州：浙江人民出版社，2013：98-126.

③ 在该案中，针对雅虎公司在网站上拍卖纳粹物的行为，法院认为法国用户接近、访问包含有纳粹物品的网站违犯了法国法律，因此判令雅虎关闭法国用户进入网页的途径。随后，雅虎将案件起诉到美国圣何塞(San Jose)的地区法院，主张该判决违犯了美国宪法第一修正案"言论自由"的规定。Stephen J. Kobrin. Territoriality and the Governance of Cyberspace. Journal of International Business Studies, 2001, 32(4): 671-672.

④ U. S. House, 112th Congress, H. RES. 628-Exprssing the Sense of the House of Representatives that the United States Should Preserve, Enhance, and Increase Access to an Open, Global Internet, April 19, 2012.

⑤ Larry Diamond. Liberation Technology. Journal of Democracy, 2010, 21(3): 70.

的干预。然而,在理论之外,包括美国、法国、德国、加拿大、日本、韩国、印度在内的 40 余个国家已经对网络信息加以普遍审查,[①]其关注对象涉及个人隐私、知识产权、大众生产、电子商务以及色情、暴力、仇恨、危害国家安全等广泛事项。[②] 实际上,网络信息始终在各国树立的栅栏里流动,区别仅仅在于它们是稀疏还是紧密。[③]

　　较诸抽象的价值之争,信息所有者、使用者、存储者在地理位置上的分离以及所引发的跨境流动、主体识别和权力行使是国家主权所面临的具体困难。[④] 一方面,鉴于网络空间依托于但不局限于领土的特质,国家难以判断在网络空间中传输的信息是否已跨越国境;另一方面,网络信息的即时性和巨量性也让国家不可能完成监控有害信息进入和防止自身信息泄露的任务。无论是网络空间主权的反对者还是赞成者都同时观察到这一现象,却又做出迥异的推论:前者认为这恰恰说明主权在网络空间的不适用性,后者则主张通过服务器和数据的本地化,努力恢复国家对信息的掌控力。[⑤] 后者显然日益占据上风,目前,全球已经有超过 60 个国家做出本地化存储的要求,其中既有加拿大、澳大利亚、欧盟等发达国家和地区,也包括俄罗斯、尼日利亚、印度

---

　　① 王孔祥. 互联网治理中的国际法. 北京:法律出版社,2015:100-103.

　　② Robert Baldwin, Martin Cave and Martin Lodge, eds. , The Oxford Handbook of Regulation. Oxford, Oxford University Press, pp. 533-542.

　　③ Ronald Deibert & Rafal Rohozinski. Liberation vs. Control: The Future of Cyberspace. Journal of Democracy, vol. 21, no. 4, 2010, p. 55.

　　④ Zachary Peterson, Mark Gondree, Robert Beverly. A Position Paper on Data Sovereignty: The Importance of Geolocating Data in the Cloud. Proceedings of the 8th USENIX conference on networked systems design and implementation, 2011, https://www. usenix. org/legacy/event/hotcloud11/tech/final_files/Peterson. pdf, Jan. 2 2016.

　　⑤ Jonah Force Hill. The Growth of Data Localization Post-snowden: Analysis and Recommendations for Us Policymakers and Business leaders//The Hague Institute for Global Justice, Conference on the Future of Cyber Governance, 2014, http://ssrn. com/abstract= 2430275, January 2, 2016.

等发展中国家。① 随着《网络安全法》的出台,中国亦加入了这一阵营。2015 年的施雷姆斯(Schrems)案件进一步彰显了上述对立:面对美国依据《爱国者法案》对欧洲网络信息行使管辖的威胁,欧盟法庭(CJEU)从现实主义的角度宣称,尽管存在欧盟委员会和美国达成的安全港协议,欧盟各国仍然有权审查欧美之间的数据传输是否违法,从而强化了欧盟各国对网络信息的主权权力。② 在此情形下,网络空间主权的批评者纷纷表示,强制数据存储于境内,破坏了开放、互通的互联网架构,最终导致互联网的分裂,即巴尔干化。③

网络空间日新月异,治理体制不断演进,各国对网络空间主权的概念、理论和制度均分歧重重,为此,我们有必要追根溯源地再思"主权"和"网络空间"。

二、网络空间主权的正当性

尽管国家主权和网络空间一古老一簇新,但时代的隔阂并没有成为两者融贯的壁垒;相反,正因为它们都处在网络社会的巨变之中,凭借着社会的网络化和网络的现实化,国家主权和网络空间同时演化、彼此交织,网络空间主权的正当性由此确立。

---

① Matthias Bauer, Martina F. Ferracane, Erik van der Marel. Tracing the Economic Impact of Regulations on the Free Flow of Data and Data Localization, 2016: 2. https://www. cigionline. org/publications/tracing-economic-impact-of-regulations-free-flow-of-data-and-data-localization, August 8, 2018.

② Schrems v. Data Protection Commissioner [Ireland], C-362/14, of October 6, 2015.

③ Global Commission on Internet Governance: One Internet, June 21, 2016: 36. https://www. ourinternet. org/report, August 8, 2018; Dana Polatin-Reuben and Joss Wright, 2014, An Internet with BRICS Characteristics: Data Sovereignty and the Balkanisation of the Internet, 4th USENIX Workshop on Free and Open Communications on the Internet (FOCI 2014), https://www. usenix. org/node/185057, August 8, 2018.

（一）国家主权："变"与"不变"

1. 国家主权的传统与挑战

国家主权可能是最能主导我们认识国家自身及其与国际关系的概念，它的历史与现代国家的演变若合符契。[1] 早在古希腊时期，柏拉图和亚里士多德就曾对城邦的最高权力（suremitas）有所论述，现代意义上的"国家主权"概念则源自法国学者让·博丹的《共和六书》，意即凌驾于公民和臣民之上的最高和绝对的权力。[2] 通过主权与国家的永恒连接，不可分割、不可转让、不可消灭的主权不但成为国家的固有权力，更是国家权力统一的正当性渊源，现代主权国家的原型由此诞生。之后，荷兰法学家格劳秀斯将主权从国内政治引入国际关系之中，他在《战争与和平法》一书里指出：凡行为不受其他人权力的限制，从而不因其他人的意志的行使而使之无效的权力，就是主权。[3] 1648 年的《威斯特伐利亚和约》汲取了这一思想，从而确立了以国家为基本单位的国际体系。据此，主权一体两面，一面着眼国家权威与个体及组织之间的"纵向关系"，是主权概念的基础；另一面指向国家与其他国家的"横向关系"，是主权概念的拓展，此即"内部主权"与"外部主权"的二元论。[4]

内部主权和外部主权有着不同的理论导向，前者以"主权归属"为中心，后者以"主权绝对"为中心。在时代变迁的背景下，内部主权依次呈现出君主主权、议会主权、国家主权、人民主权等各种样态。时至今日，人民主权已经成为各国普遍适用的基本准则，中国《宪法》第 2 条"中华人民共和国一切权力属于人民"亦属之。这意味着唯有人民才是国家权力的来源，也唯有来自人民授予的权威，国家权力才具有

---

[1] ［澳］约瑟夫·A. 凯米莱里，吉米·福尔克. 主权的终结——日趋缩小碎片化的世界政治. 李东燕，译. 杭州：浙江人民出版社，2001：13.

[2] 王禹. 主权的概念及其在中国政府收回香港和澳门过程中的运用. 一国两制研究，2012(2).

[3] ［荷］格劳秀斯. 战争与和平法. 何勤华，译. 上海：上海人民出版社，2005：88.

[4] Ivan Simonovi. Relative Sovereignty of the Twenty First Century. Hastings International & Comparative Law Review, 2002, 25(3)：371-372.

正当性。与国家内部主权归属的共识迥异，自 20 世纪 60 年代以来，随着国际人道主义和人权观念的高涨、经济全球化的兴起以及地区的一体化，国家外部主权的绝对性饱受挑战。① 简言之，基于种族灭绝、人道灾难和国家崩溃的国际干涉动摇了国家主权的排他性；资本主义的跨地域发展和巨型企业的出现使得国家丧失了独立行使宏观经济政策的能力；最后，以欧盟为代表的欧洲议会、欧盟宪法、欧元等新的国际制度越过了民族国家的藩篱，标志着从国家主权主义向世界主义的转变以及国家自主性的削弱。据此，形色各异的"主权过时论"开始涌现，以至于有人声称在当代全球化的背景下，主权已经消失了。②

2. 主权的坚守与调适

主权绝对性被侵蚀的事实，绝不意味着主权的瓦解。首先，作为国家与非国家（个人、社团、法人、非政府组织和国际组织）区分的标志，"主权"与"国家"具有同质性，借用国际法院法官詹姆斯·理查德·克劳福德（James Richard Crawford）的表述，"主权国家"是一种有意味的同义反复。③ 因而，离开"主权"概念，国家将无从定义。其次，主权还在国家秩序的形成过程中发挥着核心作用。④ 在相互尊重主权的框架下，国家享有自由订立国际条约、磋商条约内容以及要求他方遵守条约的权利。在这一意义上，"主权"恰恰致力于"在一个混乱与失序的世界中确立秩序与条理"，从而给我们这个缺乏共同价值观的危险的国际体系以唯一的安全网。⑤ 正因如此，建立在主权原则之上的《联合国宪章》才获得了实质的正当性。但不可否认的是，正如联合国前秘书长加利所言，绝对性和排他性的旧主权原则已经不再站

---

① 朱毓朝. 国家主权原则：国际关系的柱石还是"有规则的虚伪". 中山大学政治学评论，2008(3).

② 俞可平，等. 全球化与国家主权. 北京：社会科学文献出版社，2003：13.

③ James Crawford, Martti Koskenniemi. The Cambridge Companion to International Law. Cambridge, Cambridge University Press, 2012：118.

④ James Crawford, Martti Koskenniemi. The Cambridge Companion to International Law，p. 124.

⑤ 杨泽伟. 主权论——国际法上的主权问题及其发展趋势研究. 北京：北京大学出版社，2006：266-267.

得住脚,现在必须重新思考主权问题,承认它的更多形式,以发挥更多的作用。① 鉴于此,美国国际法学者路易斯·亨金(Lousi Henkin)在海牙国际法学院讲座时指出:我们必须将一些关于主权的比喻、假象剥离,令国家本质特征显露出来,那就是承认、尊重和促进一个国家在没有外来强迫和限制的情况下做出决定,据此,主权应祛除绝对性的神话,而代之以"主权独立"和"主权平等"。②

"主权就是独立,主权国家就是独立国家。"③前南斯拉夫特设国际法庭法官李浩培先生的论断与国际法权威著作《奥本海国际法》高度一致:主权是国内的最高权威,但在国际法上并非意味着高于所有其他国家,而是含有全面独立的含义。④ 较诸主权绝对,主权独立更侧重于在消极层面制止他国干涉本质上属于国家国内管辖之事件,尤其是领土的完整和政治的独立(《联合国宪章》第 2 条第 4 款)。此外,"主权"还标志了独立国家之间的平等关系。⑤ 作为《联合国宪章》对主权的唯一直接表述,"所有成员国主权平等原则"(第 2 条第 1 款、第 78 条)被世界各国一致接受,从而构成了主权本质要求以及国际关系和国际法体系的基础。

然而,独立和平等并不是主权的全部内涵。如果说安全和经济是主权的功能性目标⑥,那么各国日益发现:为了达致这一目标,它们不得不更少地依赖单个的国家手段,而更多地依赖复杂的国际体制(International Regime),意即"一系列围绕行为体预期所汇聚到的一个既定国际关系领域而形成的隐含的明确的原则、规范、规则和决策

① Boutros Boutros-Ghali. Empowering the United Nations. Foreign Affairs, 1992, 72(5):98-99.

② [美]路易斯·亨金. 国际法:政治与价值. 张乃根,等译. 北京:中国政法大学出版社,2005:13.

③ 李浩培. 国际法的概念和渊源. 贵阳:贵州人民出版社,1994:7.

④ [英]詹宁斯,瓦茨. 奥本海国际法(第一卷第一分册). 王铁崖,等译. 北京:中国大百科全书出版社,1995:92.

⑤ 王逸舟. 当代国际政治背景下的国家主权. 欧洲,1993(6).

⑥ [美]尼考劳斯·扎哈里亚迪斯. 比较政治学:理论、案例与方法. 宁骚,等译. 北京:北京大学出版社,2008:158.

程序"①。军事技术的发展，特别是核武器的问世使任何地理的防御屏障都不复存在，各国都不得不锁定在一个被动的相互影响格局中。与此同时，跨越国境的资本、商品、人员、知识和信息的流动促成了经济一体化，增进了各国在经济上的主动依存度。虽然安全和经济已经成为国家之间的共同利益，但这并不意味着世界和平；相反，相互依赖造成的冲突和摩擦加大了国际关系的敏感性和脆弱性。这令人们认识到：国际和平的维持以及随之而来的独立民族国家的维持，从长远来看，是以各国交出一部分主权为条件的。② 就此而言，对主权的自愿让渡和自我限制并未贬损主权；相反，它通过广泛的国际义务恰恰提升了国家主权的行动能力。③ 这里的"义务"首先是建立国际体制——一套促进国家间合作的正式和非正式规则的合作义务。据此，国家不只是单纯的"自由施动者"（Free Agents），更是前南问题国际刑事法庭庭长安东尼奥·卡塞斯法官（Antonio Cassese）所称的"国际共同体成员"④，因而"被期望能够遵守共同体演进中的关于正当性的相关规范"，通过透明、互相公开和互赖的国际体制来实现"共同利益"。⑤ 故此，该等义务不但是普遍的，即适用于所有国家，还是基本的，即旨在保护安全、和平、人权等重要价值。

总之，那些关于"主权死亡"的说法显然夸大其词，事实上，国家不但可以自由地行使主权，而且其利益保护也需要它。⑥ 就内部主权而言，它仍意味着人们所赋予的一国领土之上的最高权威，可就外部主权而言，它已经改变绝对不可侵犯的强硬面貌，体现为排除他国干涉、

---

① ［美］罗伯特·基欧汉，约瑟夫·奈. 权力与相互依赖（第3版）. 门洪华，译. 北京：北京大学出版社，2002：9.

② ［英］劳特派特. 奥本海国际法（上卷第1分册）. 王铁崖，陈体强，译. 北京：商务印书馆，1989：101.

③ 毛维准，卜永光. 负责任主权：理论缘起、演化脉络与争议挑战. 国际安全研究，2014（2）.

④ Antonio Cassese. International Law, Oxford, Oxford University Press, 2005：15.

⑤ Amitai Etzioni. Sovereignty as Responsibility. Journal of World Affairs，2006，50（1）：72.

⑥ James Crawford，Martti Koskenniemi. The Cambridge Companion to International Law. Cambridge，Cambridge University Press，2012：132.

平等开展国际活动和承担国际共同体义务的国际资格。①

(二) 网络空间主权：质疑与可能

尽管"网络空间"一词诞生于美国科幻作家威廉·吉布森 (William Gibson)1982 年的小说《燃烧的烙》(Burning Chrome)，意指由电脑控制的有关电脑网络的可航行数字化空间，但只有 1989 年万维网出现后，网络空间才走进现实。2003 年，美国的《保护网络空间的国家安全战略》(National Strategy to Secure Cyberspace)首次正式阐释，即"它由无数相互关联的计算机、服务器、路由器、交换机和光缆组成，并支持着国家基础设施的运转。"②随着信息技术的发展，网络空间从以互联网设施为中心的界定向更宽泛的含义迈进。2011 年，《英国网络安全战略》(The UK Cyber Security Strategy)把网络空间视为由多个数字网络组成的人际互动域(Domain)，它以存储、修改和交流信息为目的。此时的网络空间不但被实体化，而且超越计算机网络，囊括各种通信网络、军事网络、工业网络和服务网络。③ 晚近，国际电信联盟(International Telecommunication Union)进一步将之拓展为："由包括计算机、计算机系统、网络及其软件支持、计算机数据、内容数据、流量数据以及用户在内的所有要素或部分要素组成的物理或非物理领域。"④在网络空间内涵日渐丰富、外延不断扩张的背景下，本文将"网络空间"理解为"以信息通信设施及其使用者为基础，以数字化信息创造、存储、修改和流动为内容的互联互动空间"。

1. 网络空间的可规制性：国家主权介入的前提

网络空间之上的主权(Sovereignty over Cyberspace)所面临的首要挑战是"网络自身主权"论者的争辩：国家对网络空间的规制是不

---

① 联合国前国际法院特别法官伊恩·布朗利对主权的解说，[英]伊恩·布朗利. 国际公法原理. 曾令良，译. 北京：法律出版社，2007：257.

② 惠志斌. 全球网络空间信息安全战略研究. 上海：上海世界图书出版社，2013：8.

③ The UK Cyber Security Strategy. 2015-12-1. https://www.gov.uk/government/uploads/system/uploads/attachment_data/file/60961/uk-cyber-security-strategy-final.pdf.

④ ITU, ITU Toolkit For Cybercrime Legislation. 2016-1-22. https://www.itu.int/ITU-D/cyb/cybersecurity/docs/itu-toolkit-cybercrime-legislation.pdf.

可能或徒劳无功的。① 他们认为，作为塑造网络空间的核心力量，互联网基础架构（Internet Architecture）中的"端对端"（End to End）原则通过将更多的权力和创新交由"终端"，降低网络核心的复杂性，从而促成了网络的去中心化。② 因此，与之前的电报电话网依循的等级原则不同，网络空间中没有一个集中控制的总开关，信息的传递不再依赖于单一通道，而是将信息流动的权力赋予每一个使用者。③ 多路径、分组交换机制以及 TCP/IP 协议组使数据的生产、传输和解读彼此分离，这一设计颇具深意，它不但是网络结构最优设计的反映，更是排斥政治控制理念的反映。④ 正因如此，"不可规制性"才成为网络空间的本质属性。

虽然"网络自身主权"论者言之凿凿，其实却混淆了应然与实然，将国家不应干预的规范性主张和不能干预的描述性说明等量齐观。网络空间的真相是：并没有特定的架构决定着互联网的本质，支撑互联网的可选择架构可以开放或者封闭，谁在使用网络、使用者从何处来、他能够发送何种信息均可以被代码控制，不同的代码进而产生了不同的网络和生活，故此"可规制性"是架构设计的效力之一。⑤ 诚然，互联网的存在必须满足认证、兼容、互联等最低限度的架构要求，可与之相关的规制却进一步证明了网络空间规制的可行性。⑥ 首先，"认证"（Identification）通过对每一个用户或计算机分配独一无二的网络

① Timothy S. Wu. Cyberspace Sovereignty? —The Internet and the International System，p. 649.

② David D. Clark，Marjory S. Blumenthal. Rethinking the Design of the Internet：The End to End Arguments vs. the Brave New World. ACM Transactions on Internet Technology，2001，1(1)：71-79.

③ ［美］吴修铭. 总开关：信息帝国的兴衰变迁. 顾佳，译. 北京：中信出版社，2011：170.

④ Lawrence Lessig. Code and other Laws of Cyberspace. Cambridge：Harvard University Press，1999：32.

⑤ ［美］劳伦斯·莱斯格. 代码2.0：网络空间中的法律. 李旭，沈伟伟，译. 北京：清华大学出版社，2009：36-39.

⑥ Robert Baldwin，Martin Cave，Martin Lodge. The Oxford Handbook of Regulation. Oxford，Oxford University Press，2010：527-533.

地址,即域名系统来实现。作为全球互联网最重要的集中控制点,互联网名称与数字地址分配机构 ICANN 对域名注册享有绝对的权利,从而可以用来执行相关的非技术性政策。其次,"兼容"(Compatibility)意味着交互操作中技术标准的统一。目前,互联网工程任务小组 IETF 和万维网联盟 W3C 负责互联网标准的开发和推动,以解决不同平台、技术和开发者带来的不兼容问题。尽管这些标准只是推荐性的,可在网络效应下,一旦它们成为主流,就变为人们不得不遵守的强制规范。更重要的是,互联网标准并不纯粹是技术性的,它们的使用者将被有意无意地锁定在潜藏的商业利益、政治偏好和道德评价之中[1],中国的《互联网协议》(第 6 版)(IPv6)的发布和推广即是例证。最后,"互联"(Interconnectivity)要求网络运营者在"认证"和"兼容"的条件下达致计算机、局域网、万维网之间的互联互通。近年来,围绕着网络互联还是分裂,美国和欧盟展开了"网络中立性"(Network Neutrality)的论辩,其核心在于"端对端"是否依然为宽频时代的最佳架构。2010 年,美国联邦通讯委员会通过了"维护网络开放性"(Preserving the Open Internet)法令,以管制网络服务提供商的服务提供,借由透明度、禁止封锁、禁止不合理的差别待遇三大规则防止其滥用市场控制权,以维护网络中立性。[2] 对此,网络服务提供商反对说,禁止差别定价的管制将扼杀升级设备的投资意愿,反而限制产业创新的自由。[3] 这场企业与政府之间的争讼目前仍无定论,[4]但它从根本上动摇了网络空间不可规制的观念。

事实上,网络空间绝非哈耶克意义上的自在自为之物,而是由主

① Raymund Werle, Eric J. Iversen. Promoting Legitimacy in Technical Standardization. Science, Technology & Innovation Studies, 2006,2(1): 19-39.

② Angele A. Gilroy. Access to Broadband Networks: The Net Neutrality Debate. Congressional Research Service, 2015. 2015-12-21. http://fas.org/sgp/crs/misc/R40616.pdf.

③ Maureen K. Ohlhausen. The Open Internet: Regulating to Save the Unregulated Internet? 2015-12-21. http://www.ftc.gov/speeches/ohlhausen/121026mannheim.pdf.

④ 2014 年 1 月 14 日,美国哥伦比亚特区巡回上诉法院就 Verizon 公司状告联邦通讯委员会"网络中立条例"违法一案作出判决:"法律效力搁置,案件返回原审法院。"

权国家参与形成的"人为之物"，实际上，不论是互联网的诞生，还是其迅猛发展都是国家积极推动的结果。追根溯源，网络空间诞生于 20世纪 60 年代美国国防部高级研究计划局（Advanced Research Project Agency）设立的计算机网络——阿帕网（Arpanet）。作为"冷战"的产物，这一网络在设计之时就去中心化的包交换方式，以防范因苏联导弹摧毁信息交换中心，导致整个通信体系土崩瓦解的恶果。时至今日，从信息的生产、搜集到信息的交换、传输和利用，国家已深深镶嵌网络空间其中。[1] 就此而言，国家为网络空间的维系提供了必不可少的公共用品，没有国家的秩序保障，网络空间便不可能存在。在某种意义上，网络空间和信息自由未来最大的威胁不是国家的反应过度，而是它根本没有反应。[2]

2. 真实的网络空间：国家主权介入的背景

网络空间"独立性"是国家主权的另一道屏障。"网络自身主权"论者从例外主义（Exceptionalism）出发，将网络空间视为"自主之所"。简言之，计算机的跨界沟通打破了地域桎梏，动摇了基于领土的民族国家合法性，创造出人类活动的新领域。在该领域中，显示器、账号、网址、密码所组成的虚拟边界取代了地理边界，一个与原子世界不同的比特世界诞生了。[3] 在该世界中，"网民"而非"公民"通过伦理道德、个人自律和共同利益的驱动来达成"社会契约"，并经由自我规制守卫着网络空间的秩序。不过，这种将网络空间与日常空间区隔的观点固然正确认识到人们对网络的真切感受，即与现实空间迥然不同的"可经验空间"（Experienced Space），但却忽视了虚拟与现实之间的密切关联。站在网络空间之外观察，"空间"不过是一种隐喻，一种学术浪

---

① 张新宝. 从隐私到个人信息：利益再衡量的理论与制度安排. 中国法学，2015(3).

② Jack Goldsmith，Tim Wu. Who Controls the Internet? Illusions of a Borderless World. Oxford，Oxford University Press，2006：145.

③ David R. Johnson，David G. Post. The Rise of Law on the Global Network//Brian Kahin / Charles Nesson. Borders in Cyberspace：Information Policy and the Global Information Infrastructure. Cambridge，MIT Press，1997：3.

漫主义。① 因为并没有什么"空间"(Space),有的只是计算机构成的、与信件、电话甚至古老的烽火一样的信息媒介网络。②

显然,无论是将网络空间视为独立空间的内部视角,还是将其视为现实空间延伸的外部视角,都有失偏颇。事实上,今天的人类存在空间已经成为物理-网络空间,一个原子和比特高度融合、不可分割的世界。就此而言,我们可以用"网络化的空间"(Networked Space)来将"空间"和"网络"这两面融为一体。③ 质言之,它是一个以信息技术为驱动的,由节点(Node)、纽带(Tie)和流量(Flow)组成的流动性空间。④ "节点"中既有分散的网络用户,也有庞大的网络服务提供者;节点之间的"纽带"既指电缆、交换器等物理设施,亦指如 TCP/IP 网络连接的核心协议;通过纽带传递的"流量"不但包括各种无体资源,也包括与人格相关的个人信息。因此,网络空间的特色不是虚拟的或现实的,而是虚拟空间和现实空间的"跨越"与"互动"。⑤ 它在象征意义上是虚拟的连接,在功能意义上却依赖于物理场所和国家领地。就此而言,网络空间是一个脱胎于现实,可又区别于现实的他性空间,一个福柯意义上的"异托邦"(Heterotopies)。⑥

如今,网络空间与现实世界互动的与日俱增,永远"在线"和随时"接入"已成为众多个体的生存状态,虚拟"身份""行为"和"财产"和真实身份、行为和财产亦浑然一体。与此同时,网络侵权、网络病毒、黑客攻击等各种不法行为以及对社会政治经济的安全威胁不断涌现,网民之间的简单合意或自由联合再也不能应对纷繁复杂的冲突纷争,网

---

① Julie E. Cohen. Cyberspace As/And Space. Columbia Law Review, 2007, 107(1): 211.

② Orin S. Kerr. The Problem of Perspective in Internet Law. Georgetown Law Journal, 2003, 91: 360-361.

③ Trotter Hardy. The Proper Legal Regime for "Cyberspace". University of Pittsburgh Law Review, 1994, 55: 993-995.

④ [加]Darin Barney. 网络社会的概念:科技、经济、政治与认同. 黄守义,译. 台北:韦伯文化国际,2012: 31.

⑤ Julie E. Cohen. Cyberspace As/And Space. Columbia Law Review. 2007, 107(1): 237-243.

⑥ 关于异托邦的详细阐释,参见[法]福柯. 他性空间. 王喆,译. 世界哲学,2006(6).

络空间的自我规制无法持续，国家主权重新降临的契机已经到来。这一"降临"可以被理解为政经秩序在网络挑战面前的反弹，一种由"失序"回复到"有序"的过程。① 事实上，对国家权威和国家法律的需求是如此迫切，以至于长期倡导"网络自由"的美国在"9·11"事件以后不得不出台《爱国者法》《国土安全法》《关键基础设施信息保护法》《2008年外国情报监控法》《网络空间国际战略》等一系列法律、法规和政府文件，从而成为网络立法方面最发达的国家之一。②

总之，网络空间因互通性和虚拟性而给人异于现实的"异域"感，但比特世界之下的基础设施都真实地存在于物理世界中和特定主权国家的领土之上。因此，网络空间并非"风能进、雨能进、国家主权不能进"的"法外飞地"，而是扎根于大地、作用于现实的"第二人生"，真实世界一切可能的"恶"都以变形的方式映射其中，甚至凭借匿名性和跨地域的特征而膨胀。因而，关键并不在于主权国家能否在网络空间中现身，而在于其以何种方式行使其权力。③

三、基于网络空间主权的互联网治理模式

作为对"网络空间自身主权"的替代，"多利益攸关方治理模式"摆脱网络自治的乌托邦，却又陷入一切利益攸关方平等的幻象。面对多利益攸关方治理模式在正当性、有效性以及理论上的缺失，一种新的制度架构亟待出现，这就是"基于网络空间主权"的互联网治理模式。

（一）"多利益攸关方治理模式"及其困境

2005 年，联合国在突尼西亚突尼斯举行的信息社会世界高峰会

---

① 刘杨钺，杨一心. 网络空间"再主权化"与国际网络治理的未来. 国际论坛，2013(6).

② 黄志雄. 网络空间国际法治：中国的立场、主张和对策. 云南民族大学学报(哲学社会科学版)，2015(4).

③ Hofmann Jeanette. Internet Governance：A Regulative Idea in Flux//Ravi Kumar Jain Bandamutha. Internet Governance：An Introduction. Hyderabad, Icfai University Press，2007：74-108.

（World Summit on Information Society）上通过《突尼斯议程》（Tunis Agenda），该议程首次提出了网络治理中的"多利益攸关方主义"（Multistakeholderim），意即政府、私营部门和民间团体通过发挥各自的作用，秉承统一的原则、规范、规则、决策程序和计划，为互联网确定演进和使用形式。① 2013 年，国际互联网管治论坛（Internet Governance Forum）协调执行人 Markus Kummer 把"多利益攸关方治理模式"描述为"一种让所有利益攸关方在平等地位上，经由开放性、包容性和透明性的程序参与到政策对话之中的手段"②。与之类似，美国国家电信和信息管理局（National Telecommunications and Information Administration）部长 Lawrence Strickling 指出，多利益攸关方程序包括所有利益攸关方的全面介入、基于同意的决策制定以及开放、透明和有责的方式。③ 基于此，"多利益攸关方治理模式"包含若干要素：其一，该模式并不预设任何"中心权威"或"单一的领导者"。其二，该模式采取包容性和平等性的原则，赋予了各参与方相应的权利、义务和责任。其三，该模式坚持去中心化的、由下至上（Bottom-up）的进路，这要求所有的决策都应来自受其影响团体的合作和同意。④

多利益攸关方治理模式看似为平衡各方利益的完美方案，但实际上却窒碍难行。在此，我们可以从"正当性"（Legitimacy）和"有效性"（Effectiveness）两个维度予以分析。根据韦伯的阐释，"正当性"即"相

① WSIS. Tunis Agenda for the Information Society. 2016-1-2. http://www. itu. int/net/wsis/docs2/tunis/off/6rev1. html.

② Markus Kummer. Multistakeholder Cooperation: Reflections on the emergence of a new phraseology in international cooperation. 2016-1-2. http://www. internetsociety/org/blog/2013/05/multistakeholder-cooperation-reflections-emergence-newphraseology-international.

③ Lawrence Strickling. Moving Together Beyond Dubai. 2018-8-8. http://www. ntia. doc. gov/blog/2013/moving-together-beyond-dubai.

④ Avri Doria. Use [and Abuse] of Multistakeholderism in the Internet. 2018-8-8. http://psg. com/~avri/papers/Use%20and%20Abuse%20of%20MSism-130902. pdf.

信有权统治的信念"。^① 在自由主义的影响下,现代权力的正当性普遍诉诸个体自愿基础上的社会契约。就此而言,多利益攸关方治理模式从"参与式民主"(Participatory Democracy)中获得认同,主张人们自发自愿地亲自参与决定,强调以自我管理的方式实现公共目标和社会利益。由于统治者与被统治者的身份彼此重合,多利益攸关方治理模式意味着另一种形式的"自治",正当性自然得以确立。不过,实践永远和理念存在着鸿沟。^② 首先,利益攸关方的外延是不精确的,正如学者所批评的,没人说得清它们是什么或者拥有什么权利,这种模糊性使在决定由"谁"来代表不同社会部门时,代表权会被操纵或滥用^③;其次,积极参与的利益攸关方多为专业化的技术团体和商业组织,网络空间的一般消费者和使用者普遍缺席了;再次,作为后加入者,广大非西方主体对于现行秩序并没有表达同意与否的真正机会;最后,非政府组织和特定国家的密切联系削弱自身的公正性,引发了其他国家的不满和疑虑。例如,互联网名称与数字地址分配机构与美国商务部的协议关系,使其受制于美国国家电信和信息管理局,这背离了其声称的多利益攸关方治理原则。除了上述正当性的缺失,多利益攸关方治理模式还饱受实施"有效性"的质疑。其一,它缺乏具体的行为指引,以至于有人批评说它只是主张"包容性",但对于包容的方式和限制未做考虑。事实上,迄今亦没有任何正式规则来保证其顺利运行。^④ 其二,该模式试图回避或无视有关实质权利和权力的归属以及相关制度设计议题,落入了头脑简单的社群主义陷阱。其三,由下至上的决策

①　[德]马克斯·韦伯. 社会学的基本概念. 顾忠华,译. 桂林:广西师范大学出版社,2005:34.

②　James A. Lewis. Internet Governance: Inevitable Transitions. The Centre for International Governance Innovation. 2016-1-2. https://www.cigionline.org/sites/default/files/no4.pdf.

③　[美]弥尔顿·L·穆勒. 网络与国家——互联网治理的全球政治学. 周程,等译. 上海:上海交通大学出版社,2015:318.

④　John E. Savage, Bruce W. McConnell. Exploring Multi-Stakeholder Internet Governance. Breakthrough Group Working Paper. 2018-8-8. http://www2.ewi.info/sites/default/files/Exploring%20Multi-Stakeholder%20Internet%20Governance_McConnell%20and%20Savage%20BG%20Paper.pdf.

方式固然摆脱了行政干预和官僚机构,但私人同样可能以更隐蔽的形式对网络施加控制,并可能带来不公平歧视、隐私保护不力以及资源分配不公的恶果。① 其四,这一模式将权力分散给各方,可又缺乏事后的追责机制,最终陷入无人负责的尴尬局面。

(二)"全球公域"及其误用

"多利益攸关方治理模式"的困境不仅源自其正当性和有效性的不足,还在于作为其理据的"全球公域"与网络空间的凿枘。

"全球公域"即"不为任何一个国家所支配而所有国家的安全与繁荣所依赖的资源或领域"②。回顾历史,早在古希腊罗马时代,理性主宰的斯多葛主义哲学和万民法传统就使人们认识到"人类共有物"的存在,随着资本主义原始积累的海外扩张,海洋归属问题引发艾尔弗雷德·赛耶·马汉(Alfred Thayer Mahan)等对全球公域的初步思考。③ 20 世纪下半叶,由英国经济学家哈丁所创立的"公地"(Commons)理论逐渐被推广到全球政策领域,制度经济学由此成为法律上"共有物"之外的另一条进路。到了当代,理论研究的深化、国际依存度的提升和全球性问题的凸显,使全球公域的规则设计日益受到重视。近年来,国际法已经先后确认四种全球公域,分别是公海、大气、南极洲和外层空间。④ 作为一个复杂系统,全球公域具有如下特征⑤:首先,它处在单一国家管辖之外,从而不为任一实体所拥有或控制;其次,它是所有国家都能进入的领域;再次,就进入者而言,它具有

---

① Neil Weinstock Netanel. Cyberspace Self-Governance: A Sceptical View from Liberal Democratic Theory. California Law Review, 2000, 88(2): 395-498.

② The National Military Strategy of United States 2011, 2016-1-2. http://58.30.31.210: 9999/www. defense. gov/Portals/1/Documents/pubs/2011-National-Military-Strategy. pdf.

③ 韩雪晴,王义桅. 全球公域:思想渊源、概念谱系与学术反思. 中国社会科学,2014(6).

④ Division of Environmental Law and Conventions. IEG of the Global Commons. 2016-1-2. http://www. unep. org/delc/GlobalCommons/tabid/54404/.

⑤ 张茗. 全球公域:从"部分"治理到"全球"治理. 世界经济与政治,2013(11).

重要的政治、经济、科学、文化或军事价值;最后,它的整体功用大于作为部分的功用。全球公域的提出超越以主权国家为基本单元的传统国际关系思维,体现了国际共同体的共同关切,蕴含"公天下"的价值理性。但毋庸讳言,由于国家实力和话语权的失衡,某些国家能够凭借"巧霸权",将自身私利转变成世界公利,将国内规则转变为国际规则,甚至将他国主权范围内的"私域"转变成"公域"[①],最终导致全球公域的异化,网络空间便是一个最好的例证。

2005年,美国在其《国土安全和民事支援战略》中将网络空间归入全球公域[②],并在《2010年四年防卫评估报告》中进一步将网络空间明确为"信息环境中的全球领域",从而成为美国安全的重要支柱之一。诚然,网络空间无所不在的普遍性和开放性给人带来一种"公域"的错觉,其实不然。

首先,网络空间不符合"超出各国管辖范围之外的地球自然资产"这一联合国关于全球公域的界定。这首先因为网络空间非自然造化,而系人力所为,从而不属于由全人类共同所有和共同利用的"共同财产"(Common Property)或共同遗产(Common Heritage or International Patrimony)。[③] 恰如美国信息技术与创新委员会前主席威廉·J.米切尔(William J. Mitchell)所言,网络空间由无数分布广泛的企业与管理机构共同创建的,它们有着各自不同的权利和利害关系,并通过多种途径获利。[④] 根据学者的统计,高达90%的全球网络空间都是私人拥有。[⑤] 权利的既存性和主体的多元性使互联网难以成

① 王义桅.全球公域与美国巧霸权.同济大学学报(社会科学版),2012(4).
② U. S. Department of Defense. The Strategy for Homeland Defense and Civil Support. 2016-1-2. http://fas. org/man/eprint/homedefstrat. pdf.
③ 孙灿,郑普建.国内学界全球公域研究综述.战略决策研究,2014(3).
④ [美]威廉·J.米切尔.伊托邦:数字时代的城市生活.吴启迪,等译.上海:上海科技教育出版社,2005:13.
⑤ Scott J. Shackelford. Toward Cyberpeace: Managing Cyberattacks Through Polycentric Governance, p. 1288.

为"共同之地",而更类似于均有私公混合的"俱乐部产品"(Club Goods)。① 由此,我们可以网络空间理解为一系列网络化的"俱乐部",它们在不同层次有着差异化的开放性和规则。

其次,网络空间实际被网络中心国家所掌控。作为整个网络空间的底层框架,根服务器(Root Server)、根区文件(Rootzone File)和根区文件系统(Rootzone File System)构成了维系其正常运转的关键资源(Critical Internet Resources)。其中,全球总计13台"根服务器"中有10台位于美国本土,并实际处于美国的控制之下。② 就网络数据信息而言,美国也一直具备并在持续完善着对其实施有效监控的能力。美国国家安全局前员工斯诺登披露的"棱镜"项目显示:美国不仅可以记录通信人、时间、IP地址、通信时间长度等数据,还能实时监控特定对象在网络空间进行语音、视频通信内容。③ 当某一国家拥有压倒性优势的情形下,网络空间在事实上已经沦为其"私域"。

再次,全球公域的提出旨在防范因权属不明造成的过度开发,相关制度设计以化解"公地悲剧"为目的,而这与鼓励网络空间投资,从而以发展化解风险的网络空间治理思路存在抵牾。因为理论上,网络空间可以通过新的网络建设引入更多的使用者,而不会导致其"租值耗散"。考虑到降低网络空间价值的主要是网络攻击和垃圾邮件等不良使用,困扰网络空间并非"开发过度",而是"反公地悲剧"(the Tragedy of Anti-commons)造成的"开发不足"。④ 质言之,由于网络主体的复杂,任何人都在一定范围内排斥他人,但无法在更大空间内有效行使权利,从而造成主体权利、义务、责任以及网络治理的碎片化,结果损及网络空间的安全和创新。

最后,网络空间的虚拟主体同样是特定国家内的现实主体,它们

① Mark Raymond. The Internet as a Global Commons? 2016-1-2. https://www.cigionline. org/publications/2012/10/internet-global-commons.

② 沈逸. 全球网络空间治理原则之争与中国的战略选择. 外交评论,2015(2).

③ PRISM (surveillance program). 2016-1-2. https://en. wikipedia. org/wiki/PRISM_(surveillance_program).

④ Michael A. Heller. The Tragedy of the Anticommons: Property in the Transition from Marx to Markets. Harvard Law Review,1998,111(3):621-688.

的行动受制于且反作用现实世界。在某种意义上,形色各异的网络时空只是线下商店、图书馆、公共广场的线上变形而已,它们所适用的法律规则并无二致。故此,无论是依据国家管辖权的"领土原则"(the Territoriality Principle)还是效果原则(the Effects Principle),网络空间始终在国家主权所及的范围之内。

(三) 以网络空间主权为基础的治理模式

面对多利益攸关方治理模式和网络空间"全球公域说"的缺陷,国际上出现改革的呼声。2012 年 12 月,在国际电信世界大会(WCIT-12)上,发展中国家进一步祭起"网络主权"的大旗,要求重新塑造网络空间治理。在这一改进版的"利益攸关方治理模式"中,主权国家成为最重要的治理主体,政府、私营部门和民间团体之间理论上的平等被打破。然而,这一主张遭到美国和英国的强烈反对。正如人们所言:"迪拜过后,似乎只剩下两极的世界——大部分发展中国家(除印度外)已经选择网络主权者的阵营。WCIT-12 实际上变成了西方对抗其余所有国家的战场。"以此观之,国家主权在网络空间的回归,首先源自网络霸权对网络空间的戕害。

网络霸权是地理霸权在网络空间的投射。依循传统国际政治中"中心-半边陲-边陲"的三分法,世界各国根据拥有资源和决策权力的多寡,可区分为网络中心国家、网络化国家和网络边缘国家。以美国为代表的网络中心国家通过技术上的互联网管理权、网络规则的制定权和话语权以及军事上的制网权,获取了左右网络空间的强大力量。相反,众多发展中国家不但在网络域名、根服务器、信息通信主干线方

---

① Timothy S. Wu, Note. Cyberspace Sovereignty? —The Internet and the International System,pp. 647-665.

② Alexander Klimburg. The Internet Yalta, Center for a New American Security (CNAS) Commentary. 2016-1-2. http://www.cnas.org/files/documents/publications/CNAS_WCIT_commentary.pdf♯.UU8UjMyEmII.wordpress.

③ 杨剑.信息技术空间:权力、网络经济特征与财富分配.上海:上海社会科学院,2008:77.

④ 刘建伟,余冬平.试论网络空间的世界政治化.国际关系研究,2013(6).

面受制于人，它们自身的经济、文化和安全亦面临着网络挑战。① 详言之，在一个大部分由信息化交易和信息化产品构成的现代经济中，国家的税收管辖权和司法管辖权受到了极大侵蚀。同时，网络空间以"英语"为主要信息载体，这种单向的信息流动使英语所附的观念、思维和意识形态主导着网络世界。最后，由于网络安全防护能力薄弱，发展中国家无法有效化解信息战、信息犯罪、非法访问等引发的风险。不唯如是，在过去的数年中，网络中心国家和网络边缘国家的数字鸿沟非但没有弥合，反而有逐步扩大的趋势。"世界经济论坛"发布的《2014 年全球信息及技术报告》发现：大多数领先国家的"网络就绪指数"的排名均维持不变或上升，而中国、巴西、印度等很多大型新兴国家的排名则有所下降，从而展现出强者越强的世界网络格局。② 在此意义上，网络空间再主权化的实质系诉诸《联合国宪章》中"主权平等原则"，主张不论一国的网络能力如何，其均享有和其他国家同等的权利，有权在其领域之上管理与维护网络空间。③

网络空间主权不仅通过"平等原则"落实了"多利益攸关方治理模式"所欲的多方参与意旨，而且以更可行的方式化解了其正当性和有效性的痼疾。首先，建立在"人民主权"之上的现代国家，秉持着"间接民主"的制度安排，即人民通过由自己的同意所选举出来的代表来负责制定法律和管理公共事务，而不是直接进行统治。约翰·穆勒对之进行了有力的辩护："人民应该是主人，但他们必须聘用比他们更能干的仆人。"④在网络空间中，国家的立法、行政和司法机构既是网络治

---

① Panayotis A Yannakogeorgos，Adam B Lowther. Conflict and Cooperation in Cyberspace：The Challenge to National Security. Boca Raton，CRC Press，2013：283-287.

② 网络就绪指数（Networked Readiness Index）从三个方面衡量各国有效利用信息通信技术的成熟度：信息通信技术在整体商业、监管和基础设施方面的环境；个人、企业和政府使用并获益于信息通信技术的准备就绪程度；实际使用最新信息通信技术的情况。参见《2014 年网络就绪指数排行榜解读》，http://cioclub. chinabyte. com/259/12938259. shtml，December 1，2015。

③ Jensen，Eric Talbot. Cyber Sovereignty：The Way Ahead. Texas International Law Journal. 2015，50(2)：283-284.

④ 刘军宁. 直接民主与间接民主. 上海：三联书店，1998：37.

理的权力主体,又能通过代议制吸纳、代表网络使用者和消费者等大众的利益,再以公开透明的立法、行政和司法程序赢得多利益攸关方的认可,最终获得了实质和形式上的正当性。^① 其次,因权威性的不足、组织上的分散性以及资金、技术的依赖性,民间团体无法实现共同的网络治理愿景,加之搭便车、责任回避和机会主义诱惑,令私营部门彼此协作和通力合作困难重重,治理措施或者隔靴搔痒或者流于具文。^② 更重要的是,越来越多的网络私人纠纷向"私人-国家"争议和"国家-国家"争议演化,这集中凸显了多利益攸关方治理模式的有效性欠缺和主权国家的意义。最后,作为基本权利和法律秩序的维护者,国家通过界定市场结构与合作规则来降低网络主体的交往成本,通过公共产品供给的规模效应降低了执行成本,最终提升了网络治理的有效性。^③ 凭借着上述优势,"网络空间主权"的观念开始获得了国际认可。2015 年 7 月,联合国在《从国际安全的角度来看信息和电信领域发展的政府专家组的报告》中将"国家主权原则"作为提升信息和电信安全的核心,该报告第 27 条进一步规定:国家主权和由国家主权衍生出来的国际准则与原则,适用于国家开展的信息通信技术相关活动,也适用于各国对本国领土上信息电信技术基础设施的司法管辖。^④理论与实践的发展,为一种"基于网络空间主权"新型全球治理模式锚定了目标。

---

① Ralf Bendrath. The Return of the State in Cyberspace: The Hybrid Regulation of Global Data Protection//Myriam Dunn, Sai Felicia, Krishna-Hensel, Victor Mauer. The Resurgence of the State: Trends and Processes in Cyberspace Governance. Aldershot: Ashgate Publishing Ltd, 2007: 9-34.

② 蔡翠红. 网络空间治理的大国责任刍议. 当代世界与社会主义,2015(1).

③ [美]诺斯. 经济史中的结构与变迁. 陈郁,等译. 上海:上海三联书店,上海人民出版社,1994: 123.

④ Group of Governmental Experts on Developments in the Field of Information and Telecommunications in the Context of International Security. 2016-1-2. https://ccdcoe.org/sites/default/files/documents/UN-150722-GGEReport2015.pdf.

四、网络空间主权的国际法建构

网络空间主权不仅属于政治范畴,更属于法律范畴。作为中国网络法的核心概念之一,如何从法律体系的观点探求其意蕴,厘清其外延,构造其制度,最终用网络空间主权建构国际法制度,用法治框架落实网络空间主权,便是下文所要完成的任务。

(一) 从政治性主权到法律性主权

主权首先是一种先于法律的政治存在,一个政治范畴。[①] 正如美国学者韦罗贝(Willoughby)所言:"国家的本质特征,即是它有别于其他人类组织而拥有的政治主权。政治主权意味着,一方面它有不受法律和其他权利控制的绝对自由;另一方面,对它的公民的法律权利与义务也加以绝对的控制。"[②]因此,如欲在实在法的体系内把握主权,我们就必须区隔两种意义上的主权:"政治性主权"(Political Sovereign)与"法律性主权"(Legal Sovereign)。[③] 详言之,就一国之内的"内部主权"而言,政治性主权归属于国家中意志得到最终服从的君主或人民,法律性主权则归属于一个或数个国家组织;政治性主权因垄断了强制力而拥有要求他人服从的能力,它是一种事实(de Facto)主权,而法律性主权则以法律权威的基础,它是一种规范(de Jure)主权;政治性主权在根本上是制宪权,法律性主权主要指立法权、司法权与执法权;政治性主权者的命令只能通过选民或公共舆论来实现,法律性主权者的命令则由普通法院和行政机关强制执行。另外,就国家之间的"外部主权"而言,政治性主权系由"威斯特伐利亚和约"产生的

---

① 王铁崖,周忠海. 周鲠生国际法论文选. 深圳:海天出版社,1999:395.

② 陈序经. 现代主权论. 张世保,译. 北京:清华大学出版社,2010:157.

③ 政治性主权和法律性主权的区分由英国法学家戴雪提出. [英]戴雪. 英宪精义. 雷宾南,译. 北京:中国法制出版社,2001:148;[英]安德鲁·海伍德. 政治理论教程(第三版). 李智,译. 北京:中国人民大学出版社,2009:104-106;[美]梅里亚姆. 卢梭以来的主权学说史. 毕洪海,译. 北京:法律出版社,2006:181-182.

不干涉他国内政的"威斯特伐利亚主权"，法律性主权则指国家在国际体系中的合法地位，其表现为被国际社会承认的自主签订国际条约、参加国际组织、享有国际法权利及履行其义务的"国际法理主权"（International Legal Sovereignty）；政治性主权立足于国家的拟人论（Anthropomorphism of Nations），倾向于国家主权的抽象性和绝对性，法律性主权则试图在国际体制内认识主权，因而主权是具体的、弹性的，在某种意义上，它由包括国际法在内的国际规范所建构和塑造。①

政治性主权和法律性主权的两分法契合主权的双重性：既是抽象的，又是具体的；既是统一的，又是可分的；既是绝对的，又是相对的。② 因此，政治性主权向法律性主权的转向，也就是抽象、统一和绝对的"权威"（纵向）和"资格"（横向）向具体、可分和相对的"权力"（纵向）和"权利"（横向）转向，一言以蔽之，即从"主权"向"主权性权力/权利"转向。③ 事实上，早在博丹那里，两者的分离就已经出现。在《共和六书》中，他将"制定法律、媾和和宣战、设立国家的首要官员、终审权、定税和免税、赦免该受死刑惩罚之人、宣誓效忠、铸币和度量衡等"称为"主权特征的权力"。④ 当代国际法律文件延续了这一思路，1979年的《月球协定》、1982年的《联合国海洋法公约》都运用了"主张或行使主权或主权权利（权力）"的字样以示区别。⑤ 由此，我们得以摆脱政治性主权的宏大叙事，而聚焦于规范性和灵活性兼备的主权性权力/权利之上。

---

① ［日］篠田英朗. 重新审视主权：从古典理论到全球时代. 戚渊，译. 北京：商务印书馆，2005：147-150.

② 季卫东. 宪政新论——全球化时代的法与社会变迁. 北京：北京大学出版社，2002：220.

③ 主权在权力（Power）和权利（Right）上的区分，参见 Antonio Cassese. International Law. Oxford，Oxford University Press，2005：49-51.

④ ［法］让·博丹. 主权论. 李卫海，钱俊文，译. 北京：北京大学出版社，2008：102-145.

⑤ 喻锋. "主权权力让渡"新解. 海南大学学报，2003(3). 需要说明，海洋法中的主权和主权性权利并不一致，例如国家在专属经济区享有主权性权利，但并不享有主权。

一旦我们采用这种理解,就能看到网络空间主权争议的另一面:网络空间中的主权并没有衰落,改变的是国家对主权不同向度的认识以及为获得国家利益而在这些向度间的利弊权衡。[①] 以当前论战最为炽烈的内容层主权为例,跨境信息控制——这一"互赖主权"(Interdependence Sovereignty)的适当弱化,推动了网络经济和网络政务的发展,这反过来也增强了"国内主权"(Domestic Sovereignty);而当网络信息严重危及国家安全时,国家又通过国家合作与国际体制,令他国不得干涉的"威斯特伐利亚主权"(Westphalian Sovereignty)越过有形疆域,扩张到国家专属域名及其域内、核心网络系统等无形疆域。[②]

(二) 从主权到"网络空间的主权"

尽管在广义上可以把网络空间有关的所有主权性权力/权利统称为"网络空间主权",但这种只是将网络空间作为主权自然延伸的做法,显然难以逃避类似于美国法学家弗拉克·伊斯特布鲁克(Frank H. Easterbrook)的批评:既然网络空间主权就是与之相关主权集合的话,那它就与"马主权"(即针对马这一物种形成的主权)在本质上并无差异,并无必要建构一个独立法律概念和制度。[③] 因此,只有立足于网络空间的特殊机理,并以此透视主权性权力/权利,作为法律概念的网络空间主权才可能获得真正独立的地位。这一"特殊机理"的落脚点便是"空间"。主权与空间密不可分。在传统的主权概念里,主权即对特定领陆、领域和领空的绝对控制,这里的空间表现为"稀缺"

---

① Christopher Rudolph. Sovereignty and Territorial Borders in a Global Age. International Studies Review. 2005, 7(1): 1-20.

② 关于主权的不同维度,请参见 Stephen D. Krasnera, Biding Sovereignty. International Political Science Review, 2001, 22(3): 229-251.

③ 这里借用了弗拉克·伊斯特布鲁克对"网络法"的批评,Frank H Easterbrook. Cyberspace and the Law of the Horse. University of Chicago Legal Forum, 1996(1): 207-216.

(Scarcity)、"有限"(Finiteness)和"自然"(Nature)的特质。① 与之不同，网络空间系为人所造就的异托邦，它所拥有的不同于地理空间的特质对网络空间中的主权性权力/权利产生了微妙又重要的影响。

网络空间以"互联"为特色。由互联网奠基人之一保罗·巴兰所提出的多个节点彼此联接的"分布式拓扑结构"，不但解决了依赖于中央组织的信息传输模式，还使互联网能够像生物一样进化。网络空间演变的历史已经表明：它完全是按需求的、本地化的、分散式的决策所决定。任何人在无须中央机构允许的情况下，就能为网络添加节点和纽带，从而使网络空间从单一网络发展的到多个独立和互联的网络共存。② 据此，网络空间呈现出一个扁平化和多中心的场景。在这样的空间结构中，"由上至下"的"主权性权力"亦应适时而变，将更多的权力交由不同类型的网络主体、公众及非政府组织分享，以期通过水平分权和协同治理达成国家目的。③

另外，网络空间还是一个"互动空间"。这里的"互动"首先指涉的是全球范围内网络主体之间的沟通与对话，其次表征了现实空间和虚拟空间、网络设施和网络信息之间的交错与转化。凭借通信信息技术的空间互动(Spatial Interaction)，主权不但在一国领土之内加以落实，而且跨越领土边界而在"非领土或由网络行为连接的零散区域中"得以施展。④ 显然，这大大拓展了内部主权性权利的范围，使得国家的管辖呈现出无所不在的"普遍性"。但同时可以预见的是，这也增大了与其他国家主权的横向摩擦。为此，外部主权性权利更加强化平等性的面向，经由国家之间的公平互动，建构和遵守国际准则，实现合作共赢。这正印证了美国学者罗伯特·基欧汉和小约瑟夫·奈关于"信息革命极大地扩展了社会联系渠道，使国际体系更接近于复合相互依

---

① 毛维准,卜永光.负责任主权：理论缘起、演化脉络与争议挑战.国际安全研究,2014(2).

② [美]巴拉巴西.链接：网络新科学.徐彬,译.长沙：湖南科技出版社,2001：173.

③ 俞可平.治理与善治引论.马克思主义与现实,1999(5).

④ John Agnew. Globalization and Sovereignty. Lanham, Rowman & Littlefield Publishers, 2009：32-35.

赖"的论断。① 作为新型外部主权具体而微的反映,网络空间中的主权性权利固然包括传统上基于领土的"单边权利",可更重要的却是与他国合作治理网络空间的"共治权利"。②

(三)主权独立:网络空间单边权利

网络空间单边权利是主权独立及其所衍生的领土完整原则在网络空间的应用,其仅在消极意义上申明边界范围内网络设施、网络主体、网络信息权益的不可侵犯性。③ 在一系列单边权利束中④,"网络安全权"居于中心地位。这有着正反两方面原因。从正面观之,在发生学上,主权的出现使得国家成为国际安全的主要指涉对象,换言之,主权的意义在于透过国家互动形成安全复合体⑤,"安全"由此成为主权议题的关键所在;在实践中,恰如其他面临网络霸权威胁的"网络边缘国家"一样,中国网络空间的脆弱性和安全亦是主权性权利的首要关切。⑥ 从反面观之,网络空间独立权、防卫权等其他对网络空间主权的表达或缺乏逻辑性,或缺乏后果考量。详言之,中国主流观点将"独立权"界定为"本国网络可以独立运行,无须受制于别国"⑦,但该等理解不但与"按照自己意志处理本国事务,而不受他国干涉"的国际法概念不符⑧,更违背了网络空间互联互通的基本架构,其实质是混淆了国家主权和国家能力。类似地,"防卫权"被视为"国家对外来网络攻击

---

① Robert O. Keohane, Joseph Nye Jr. Power and Interdependence in the Information Age. Foreign Affairs. 1998, 77(5): 82.

② Adeno Addis. Thin State in Thick Globalism: Sovereignty in the Information Age. Vanderbilt Journal of Transnational Law, 2004, 37(1): 1-108.

③ 黄瑶. 后冷战时期的领土完整原则与人民自决原则. 法学,2006(6).

④ 关于主权权利束的说明,详见 Michael Ross Fowler, Julie Marie Bunck. Law, Power, and the Sovereign State: The Evolution and Application of the Concept of Sovereignty. Philadelphia, Pennsylvania State University Press, 1995: 71.

⑤ 陈牧民. 当代国际安全理论中的主权意涵. 全球政治评论,2008(22).

⑥ [美]斯蒂芬·克莱斯勒. 结构冲突:第三世界对抗全球自由主义.李小华,译. 杭州:浙江人民出版社,2001: 1.

⑦ 若英.什么是网络主权?

⑧ 关于独立权的界定,请参见李广民,欧斌. 国际法. 北京:清华大学出版社,2006: 38.

和威胁进行防卫的权利"，显然，这是自卫权——"在遭受外来武装攻击时采取相应武力措施进行反击的权利"的网络空间翻版。① 然而，这一对"武力制网"和"防卫权"的扩大解释可能正中网络霸权国家的下怀，帮助其实现通过单边军事手段来应对网络攻击的战略意图。② 实际上，中国在 2011 年提出的《信息安全国际行为准则》中便已明确反对单边的防卫权，主张任何网络争端都应以和平方式解决，从而共同构建和谐的网络空间国际秩序。③ 总之，网络安全权反映了主权的政治意旨，同时具有包容性和广泛性，足以成为网络空间主权性权利中的重要组成部分。

所谓网络安全权，即一国所享有的、排除他国对其网络空间恶意侵入和攻击，维护网络信息保密性、完整性和可用性的权利。④ 这一权利根植于网络空间的互联互通以及由此带来的时空压缩特质，从而令主权的封闭性让位于主权事实上的开放性。⑤ 借用量子力学的宏观表达，构成网络行为对象的电子可以在不同地方同时出现，廉价的存储器、便捷的访问和全球性的覆盖使主权国家难以掌控网络信息的流动。因此，网络安全维护便不得不舍弃固定化，而采用更灵活的方式，这就是"效果原则"。根据该原则，无论网络行为是否在一国领土之内，只要它在领土之内产生或意图产生不利影响，均在该国的管辖范围内。⑥ 为避免管辖权的过分扩张，这里的"影响"应做狭义理解，即仅限于"直接、可预见和实质性"的影响。尽管如此，由于网络空间的互动性，效果原则不可避免地对他国主权造成影响，为此，管辖权的行使

---

① 王铁崖. 国际法. 北京：法律出版社,1995：117.

② 黄志雄. 国际法视角下的"网络战"及中国的对策——以诉诸武力权为中心. 现代法学,2015(5).

③ 信息安全国际行为准则. 外交部网站,2018-8-8. www.mfa.gov.cn/chn//gxh/zlb/zcwj/t858317.htm.

④ 保密性是指未经授权无法访问系统或取得数据的特性；完整性是指未经授权无法改变数据内容的特性；可用性是指经授权可访问系统并在授权范围内使用数据的特性.

⑤ 刘连泰. 信息技术与主权概念. 中外法学,2015(2).

⑥ Wolff Heintschel von Heinegg. Territorial Sovereignty and Neutrality in Cyberspace. International Law Studies. 2013,89：133-134.

至少应不过分损及相关国家的国家利益,并受制于"主体"和"行为"的限制。

首先,网络安全权是国家间(Inter-national)的权利,因而只能由一国向其他国家而非个人或私营部门主张。但是,由于网络的匿名性,将特定网络行为和特定主体联系起来的"归属"(Attribution)认定成为最困难问题。① 目前,通过捕获他人电脑来展开其所有者并不知情的行动已习以为常,况且即使能把某种行为追溯到某一地点,要证明国家担当主使者或包庇者的正式角色仍难上加难。对此,我们尝试援引国际法的"禁止损害"规则(No-harm Rule)加以解决。根据该规则,一国境内或一国管辖、控制下的活动不得对他国造成损害。② 在1949年的"科孚海峡案"(Corfu Channel Case)中,国际法院明确指出:"每一个国家都有义务不得在明知的情况下允许其领土被用于损害他国权利的行为。"③这里的"明知"一般被理解为"对于某一活动可能导致的跨界损害已经或应当预见或知晓。"④正因如此,以"明知"为基础的禁止赔偿规则减轻了网络空间中国家对"归属"的证明负担。质言之,一旦国家能够证明危害网络安全的行为来自他国境内,且就该等事实对他国发出正式通报,则该国就负有采取必要行动的义务,否则便构成对网络安全权的侵犯。

其次,"网络安全权"指向的是任何损及网络设施和网络信息的网络行为。前者主要包括对传输光缆、服务器、路由器、工作站等物理设备的破坏,其中以有关公共通信、广播及电视传输网络、重要行业网络、电、水、气、医疗卫生和社会保障网络、军事网络、政务网络、公众网络等"关键信息基础设施"的设备为重。后者主要指采取网络病毒、僵尸网络、拒绝服务攻击、旁路控制、高持续威胁攻击等手段对网络信息

---

① Nathan A. Sales. Regulating Cyber-security. Northwestern University Law Review. 2013, 107(4): 1503-1568.

② 龚宇. 气候变化损害的国家责任:虚幻或现实. 现代法学,2012(4).

③ Corfu Channel (United Kingdom v. Albania), ICJ Reports, 4,22, 1949.

④ 龚宇. 气候变化损害的国家责任:虚幻或现实. 现代法学,2012,34(4): 151-162.

的窃取、拦截、修改和删除。① 目前，各国对国家安全行为已经达成基本共识。2015 年 7 月，联合国信息安全问题政府专家组（UNGGE）向联合国提交报告，中、美、俄、英、法、日等国均同意约束自身在网络空间的活动，不利用网络攻击他国核电站、银行、交通系统，不在信息产品和服务中植入后门程序。

（四）主权平等与主权合作：网络空间共治权利

1. 网络空间命运共同体：网络空间共治权利的理论基础

中国国家主席习近平在第二届世界互联网大会上旗帜鲜明地声明：网络空间是人类共同的活动空间，网络空间前途命运应由世界各国共同掌握，每一个国家都是"网络空间命运共同体"的一员。网络空间命运共同体的提出含义深远、意义重大，足以成为网络空间共治权利的理论基础。

首先，共同体一词反映了网络空间互联、互通、互动的特质。众所周知，网络空间依托于一个全球性的万维网，每个国家的网络空间都必然是全球性网络空间的组成部分。毫不疑义，当一国针对其所拥有的网络空间行使主权性权利时，它必然牵涉他国的主权和利益，一系列冲突与合作由此产生：我们可以在网络设施中根据服务器的全球分布、域名设置、互联网技术规范的全球统一性上发现这种冲突与合作，更能在网络信息的全球流动上感受到这一现象。事实上，网络空间的一体化是如此彻底，以至于离开各国的共同参与，任何一国都不可能完成与网络空间重大议题相关的主权任务，包括但不限于：①关键性互联网资源（Critical Internet Resources）的控制；②协议号、网页、通信等互联网标准设定；③进入网络和互联的协调；④ 网络安全治理；⑤ 与隐私、数据、言论有关的信息媒介（Information Intermediation）规制；⑥基于网络架构的知识产权执行。②

---

① 杨义先. 网络信息安全与保密. 北京：北京邮电大学出版社，1999.
② Laura De Nardis, Mark Raymond. Thinking Clearly about Multistakeholder Internet Governance. 2015-12-1. http://ssrn. com/abstract＝2354377.

其次,命运一词源自网络空间当前面临的重大挑战。根据对网络空间威胁程度的高低,这些挑战包括:①黑客攻击即黑客破解或破坏某个程序、系统及网络安全。以 2014 年为例,就发生了 OpenSSL 的"心脏出血"(Heartbleed)式漏洞、Linux 的 Bash 破壳、恶意软件 Havex 及伊朗黑客"剁肉刀"(Cleaver)行动等重大安全事件,金融领域、能源行业屡受重创,关键基础设施面临严峻威胁。①②有组织的网络犯罪不但指洗钱、贩毒、贩卖人口、走私等传统犯罪活动的虚拟化,而且涵盖数据窃取、网络钓鱼等互联网所特有的犯罪行为。近年来,有组织犯罪转战互联网的数量激增,其高科技、隐蔽性和跨国性给国家、公民和企业安全带来了前所未有的损害。据专家估计,仅在 2010 年,美国因网络犯罪造成的损失就已经高达 1 万亿美元。② ③网络恐怖主义是针对信息及计算机系统、程序和数据发起袭击,以动摇政府权威、制造民众恐慌,也包括恐怖组织借助网络空间进行的宣传、动员、招募、需求资助等辅助性活动。③ ④网络间谍意指利用互联网从特定目标或敌情信息库中监听、搜集和分析信息,如美国的"棱镜"计划。⑤网络战即一国对敌国的网络空间进行的、以干扰或破坏军事信息系统、武器装备和关键基础设施为目的武力攻击。④ 2008 年格鲁吉亚遭受的网络打击和 2010 年伊朗"震网"蠕虫病毒均被视为网络战的典型案例。在层出不穷的全球性挑战面前,没有哪个国家能够置身事外、独善其身,维护网络空间秩序由此成为国际社会的共同责任。

最后,网络空间命运共同体贯彻了主权平等与合作原则,是对全球公域理论的扬弃和发展。虽然如前所述,全球公域与网络空间不可同日而语,但它充分证明了各国参与对解决争端的重要作用。不过,共同参与只赋予了国家影响最终决策的机会,特定国家并不必然是决

---

① 洪京一. 世界网络安全发展报告(2014—2015). 北京:社会科学文献出版社,2015:8-9.

② U. S. Cybercrime Losses Double, Homeland SEC. News Wire. 2018-8-8. http://www. homelandsecuritynewswire. com/us-cybercrime-losses-double.

③ 郎平. 网络空间安全:一项新的全球议程. 国家安全研究,2013(1).

④ 李伯君. 论网络战及战争法的适用问题. 法学评论,2013(4).

策负责主体。① 针对这一不足,网络空间命运共同体赋予了每一个国家以平等身份共同治理国际网络空间的权利,为多边、民主、透明的全球互联网治理体系奠定了基础。放宽视野来看,网络空间命运共同体与国际环境法中"人类共同关切事项"(Common Concern of Humankind)的精神有着异曲同工之妙。② 作为一个产生于联合国1992年《气候变化纲要公约》和《生物多样性公约》的晚近概念,"人类共同关切事项"调整了以往属于个别国家主权管辖范围内、但国际社会对其具有共同利益的活动或资源。凭借对各国主权的尊重和对共同治理价值指引间的平衡,网络空间命运共同体的提出与人类共同关切事项具有同等重要性,足以成为网络空间主权国际法的根本理念。

2. 网络空间共治的既有努力与不足

国际社会很早就认识到网络空间共治的必要性。1998年,联合国领导下国际电信联盟全权代表大会提出了信息社会世界峰会的倡议。2002年,联合国大会第56/183号决议确立了峰会目标,同时决定分两个阶段召开。在2003年日内瓦会议和2005年突尼斯会议上,《原则宣言》《行动计划》和《突尼斯议程》相继通过。2006年后,联合国根据上述成果,先后召开8次互联网治理论坛,逐渐形成了"应对网络安全、网络犯罪、隐私和开放性问题,是所有利益攸关方的共同责任"的共识。③ 尽管如此,互联网治理论坛始终未能在具体问题上形成一致的、有效的解决方案,也未改变在美国对互联网资源的垄断现状。④ 鉴于此,国际电信联盟试图对互联网治理机制进行彻底革新。在其举办的2012年国际电信世界大会(WCIT-12)上,各国以修改《国际电信规则》为契机展开交锋,由于对"成员国拥有接入国际电信业务的权力和国家对于信息内容的管理权"的严重分歧,最终规则无法完全生效。⑤

---

① 郭秋永. 政治参与的意义:方法论上的分析. 人文及社会科学集刊,1992:5(1).
② 共同参与和共同治理的区别,参见施文真. 人类共同遗产原则与共同资源管理. 科技法学评论,2007:7(1).
③ 王孔祥. 国际化的"互联网治理论坛". 国外理论动态,2014(3).
④ 刘杨钺. 全球网络治理机制:演变、冲突与前景. 国际论坛,2012(1).
⑤ 鲁传颖. 试析当前网络空间全球治理困境. 现代国际关系,2013(11).

在 2014 年国际电信世界大会(PP-14)上,在美国的推动下,"网络安全和互联网治理事项不在国际电信联盟的强制事项内"的议案得以通过,国际电信联盟承担更积极角色的道路几乎被断绝。① 另外,中国、俄罗斯、巴西、印度等发展中国家利用联合国平台发出的声音一直未获得重视。例如,2013 年,金砖五国向联合国提出《加强国际合作,打击网络犯罪》的决议草案,美国、日本及部分欧洲国家在会场内外阻挠,致使会议进展相当有限。② 再如,中国、俄罗斯等上合组织成员国两次提交的《信息安全国际行为准则》,也因美国的抵制而无果。当然,在相关国家的努力下,联合国还是通过多份涉及网络恐怖主义的决议以及《从国际安全的角度来看信息和电信领域发展的政府专家组的报告》,但它们并不具有法律上的约束力。

较诸联合国框架下的正式多边机制,由主权国家发展的多边和双边关系在网络空间治理中发挥着更大作用。迄今为止,作为全球范围内针对网络犯罪达成的唯一多边公约,欧洲委员会于 2001 年牵头起草的《网络犯罪公约》已获得 39 个重要国家的签署,被称为国际合作治理的里程碑。与此同时,欧盟还发起了国际磋商和对话的"伦敦进程",成为第一个专门针对网络安全和网络空间治理的多边会议。2011 年,在法国召开的 G8 峰会首次将"加强网络安全、保护个人信息和防止网络犯罪"列为核心议题,并启动相应的针对性措施。③ 中国亦在东南亚国家联盟、上海合作组织、金砖国家等国际组织框架内签署了《中国-东盟电信监管事会关于网络安全问题的合作框架》(2009年)、《上合组织成员国保障国际信息安全政府间合作协定》(2009年)。④ 另外,中美、中俄、美俄之间业已就网络安全事宜达成若干双边

---

① Outcomes from the International Telecommunication Union 2014 Plenipotentiary Conference in Busan, Republic of Korea, U. S. Dep't St. 2016-1-2. http://www.state.gov/r/pa/prs/ps/2014/11/233914.htm.

② 于志刚. 缔结和参加网络犯罪国际公约的中国立场. 政法论坛,2015(5).

③ 王孔祥. 网络安全的国际合作机制探析. 国际论坛,2013(5).

④ 汪晓风. 中美关系中的网络安全问题. 美国研究,2013(3).

协定①，2015年9月中美两国就网络安全形成的共识尤其引人注目，同年12月通过的《打击网络犯罪及相关事项指导原则》便是落实上述共识中"中美打击网络犯罪及相关事项高级别联合对话"机制的重要成果。②

尽管非正式的多边和双边机制看似更有效率，但其不可避免地反映了制定国的利益和偏好③，甚至存在利用优势地位强迫他国同意的情形，从而违反了主权平等原则。更重要的是，这一机制有悖于网络空间命运共同体的宗旨，无法容纳更多元的声音和诉求，对部分国家的排斥或无视，只能使网络空间的全球治理和共同规则有名无实，最终事倍功半。故此，中国一方面坚持联合国作为最权威和最具代表性平台的地位，积极推动联合国框架下国际准则或公约的制定，另一方面正视当前联合国主导路径的挫折，利用在中国乌镇召开的世界互联网大会倡导基于网络空间主权的共享共治理念，在复杂国际关系中合纵连横，寻找和促成各国在网络空间治理的利益共同点，早日成就符合大多数国家期待的国际法制度。

3. 网络空间共治的前景：网络共治权利的国际法准则

"一切有关合作的努力，都是在某种制度背景下发生的。"④网络空间主权的国际法不但影响着网络空间共治的方式，也决定了网络空间命运共同体能否形成。因此，如何为网络空间寻求共治权利的规范基础便成为克服集体行动悖论、化解意识形态分歧、建构网络空间秩序的当务之急。对此，美国学者多希望类推适用《联合国海洋法公约》

---

① Scott J. Shackelford, Enrique Oti, Jaclyn A. Kerr, Elaine Korzak, Andreas Kuehnvia. Spotlight on Cyber V: Back to the Future of Internet Governance? Georgetown Journal of International Affairs. 2016-1-2. http://journal. georgetown. edu/back-to-the-future-of-internet-governance/.

② 首次中美打击网络犯罪及相关事项高级别联合对话成果声明. 2016-1-2. http://www. mps. gov. cn/n16/n894593/n895609/4923384. html.

③ 例如，《网络犯罪公约》对侵犯著作权的高度重视，从而不利于包括中国在内的发展中国家。

④ Robert O. Keohane. International Institutions: Two Approaches. International Studies Quarterly, 1988, 32(2): 379-396.

《国际民用航空公约》《外层空间公约》等国际法规则[1]，但网络空间与全球公域的不兼容性令他们徒劳无功。故而，我们需要放开视野，从更基础和更广泛的国际法渊源中细化网络共治权利。

（1）平等参与

依托于《联合国宪章》的主权平等原则，"平等参与"得以成为网络空间共治权利的出发点。

首先，意指国家之间互不隶属，任何一国都不能通过胁迫等手段使他国接受或服从条约和国际规则。同时意味着国家之间互不歧视，每个国家不论政治、经济和社会制度的任何差异，均有权进行网络空间合作，以维护网络空间安全、促进网络空间进步。

其次，"平等参与"还意味着网络空间相关国际会议和国际组织中，各国应享有同等的代表权和投票权。[2] 同时，由于网络空间的扁平化和多中心特色，非政府组织应当享有特别的参与地位和表达诉求的机会。正如中国国家主席习近平在第二届互联网大会上所指出的："国际网络空间治理，应该坚持多边参与、多方参与，由大家商量着办，发挥政府、国际组织、互联网企业、技术社群、民间机构、公民个人等各个主体作用，不搞单边主义，不搞一方主导或由几方凑在一起说了算。"考虑到技术能力、合法性、利益资源等不同因素，非政府组织在网络空间代码层的治理中应发挥重要作用，包括但不限于关键互联网资源的运行、互联网标准的设定、接入和连接的协调、互联网技术的设计与发展等议题。[3]

最后，网络空间共治权利对网络空间的价值原则保持中立，并不预设特定选择。当前，各国对网络信息自由与网络秩序、网络空间开放与安全等议题持有不同立场[4]，这种实质性的价值之争只能通过公

---

① Kristen Eichensehr. The Cyber-Law of Nations. Georgetown Law Journal, 2015, 317(2): 340-344.

② 杨泽伟. 国家主权平等原则的法律效果. 法商研究,2002(5).

③ Laura DeNardis, Mark Raymond. Thinking Clearly about Multistakeholder Internet Governance. Eighth Annual GigaNet Symposim, pp. 1-2.

④ 汪晓风. 中美关系中的网络安全问题. 美国研究,2013(3).

平决定程序才能求同存异、相互谅解。如果说国际法是持续的集体利益的法律结果，那么基于国际法的网络空间主权性权利亦应尽可能促成各国意志和利益的协调，以达至"交叠共识"。①

（2）共同利用

对网络空间的共同利用是各国平等参与的自然结果，也是习近平主席"共享共赢"思想体现。互联网发展是全球盛事，它引领了社会生产新变革，创造了人类生活新空间，拓展了国家治理新领域，极大提高了人类认识世界、改造世界的能力。"凡益之道，与时偕行"。所有国家都有权从网络空间的繁荣中受益。然而，在不同主体同时利用网络空间这一共享资源的场合中，冲突不可避免，亟待公平合理地确定各国权利的边界。实际上，国际法院已经在 1969 年"北海大陆架案"、1974 年"渔业管辖权案""格陵兰岛与扬马延海洋化划界案"等案件中运用"公平原则"化解共享资源争端。② 国际法协会的《国际河流利用规则》和联合国的《国际水道非航行使用公约》亦针对国际河流——这一跨域两个或两个以上国家的水资源，特别明确了"公平合理利用原则"。③ 尽管该原则因标准模糊而受到批评，但它毕竟在赋予各国利用权的同时，苛以不剥夺他国利用以及保护资源的义务，从而为各国间的持续关系建立了弹性框架。以此作为参照，首先，针对网络空间的公平合理利用要求任一国家不得在网络空间中从事或指挥、控制私人从事有损于他国利用权的行为。其次，网络中心国家不得凭借自身在核心技术、信息通信技术产品和服务、信息通信网络等方面的优势，不公平地分配国家顶级域名（ccTLD）、通用顶级域名（gTCD）等重要网络资源，维护或破坏光纤电缆等关键性基础设施的稳定运行。最后，公平合理利用还要求相关国家对网络空间保护和发展的努力应当与其网络能力及可能造成的威胁或可能获得的利益成比例，从而实现权利义务的平衡。总之，公平合理利用的原则表明了远未定型的网络空

---

① 秦天宝. 国际法的新概念"人类共同关切事项"初探. 法学评论，2006(5).

② ［爱］欧文·麦克因泰尔. 国际法视野下国际水道的环境保护. 秦天宝，译. 北京：知识产权出版社，2014：148.

③ 曾彩琳. 国际河流公平合理利用原则：回顾、反思与消解. 世界地理研究，2012(2).

间国际法争议的基本态度,即遏制网络霸权、弥合网络中心国家和边缘国家的巨大鸿沟、促进实质平等。

(3) 善意合作

各国善意合作是网络空间共治的落脚点,也是主权合作的题中之意。在国际法上,合作解决问题的一般义务,已得到普遍接受,得到《联合国宪章》第 1 条第 3 款和 1970 年联合国大会《各国友好关系和合作决定》的支持。此外,针对多国共享自然资源和跨境污染事件的合作义务,联合国在 1973 年《关于在两国或多国共享自然资源的环境领域进行合作的决议》和 1993 年《里约宣言》中专门予以重申。

根据上述国际法原则并充分考量网络空间的特性,这里的"善意合作义务"首先意味着"安全合作"。质言之,由于网络所面临的全球危机及其对国家的重要意义,网络空间已经成为全球安全和国家安全的交汇点。各国网络空间的密切关联,又使它们必须整体考虑,不可分开,一种虚拟的"安全复合体"由此诞生。[①] 在这一复合体中,尽管冲突、竞争与合作并存,但在共同问题的压力下,合作打击网络犯罪、网络恐怖,抵制网络间谍和网络战的目标始终居于主导地位。其一,有效的合作依赖于信息,一国就关系自身利益且在他国控制下的网络信息有权主张共享。[②] 其二,在一国的措施对他国网络空间造成不利影响或其领土内发生造成跨界损害时,应及时通知或警告,以便后者做好评估、预防和应急工作。同时,在一国行为严重影响他国利益时,还应提前协商。其三,各国应致力于建立正式的磋商平台和机制,定期举办国际会议,逐步建立联合国及其安理会下的"以国家为主体、多利益攸关方参与、公私合作"的国际网络空间组织,[③]全面协调和管理网络空间事务。其四,作为网络空间全球治理的最终解决之道,各国应秉承坦诚和善意,尽可能促成网络空间国际准则和公约的订立,并采

---

① 这里借鉴了布赞的区域安全复合体理论,参见王志坚. 水霸权、安全秩序与制度构建:国际河流水政治复合体研究. 北京:社会科学文献出版社,2015:20.

② 任明艳. 互联网背景下国家信息主权问题研究. 河北法学,2007(6).

③ 张晓君. 网络空间国际治理的困境与出路——基于全球混合场域治理机制之构建. 法学评论,2015(4).

取一切必要措施保证相关准则或公约的严格执行,特别是建立网络空间的争端解决机制,以实现国际规则的长效约束力。①

五、结语

在网络化和信息化的浪潮中,网络空间治理已经成为国际政治和国际法的核心议题之一。作为拥有网民最多、网络经济位居世界前列的国家,中国政府的主张和努力是网络空间治理体系中的关键一环。正如有识者所洞见的:"现在的问题不再是互联网如何影响中国,而是中国如何影响互联网。"②面对历久弥新的主权观念和日新月异的网络空间,包容自由、法治、民主的网络空间主权是中国给予世界的又一贡献。网络空间主权并没有损及网络自由,因为网络自由主义者所称的信息自由从未诞生过。③ 网络空间主权亦没有损及法治。网络空间立法权、行政权和司法权贯穿权力有限性和内容明确性的法治原则,而网络空间单边权利和共治权利不但契合国际法,还为未来国际准则和公约的制定搭建架构。这恰恰印证了英国人的历史经验:法治是主权的基本原则。④ 总之,只有以网络空间主权为基石,一个民主、公正、可切实执行的网络国际法才可能早日形成。

---

① 张新宝. 论网络信息安全合作的国际规则制定. 中州学刊,2013(10).

② Peter Yu. The Path of Sinicyberlaw, presented at Digital Silk Road: A Look at the First Decade of China's Internet Development and Beyond, 2005.

③ [美]弥尔顿·L·穆勒. 网络与国家——互联网治理的全球政治学. 周程,鲁锐,夏雪,郑凯伦,译. 上海:上海交通大学出版社,2015:322.

④ Lord Hope of Craighead. Is the Rule of Law now the Sovereign Principle?//Richard Rawlings, Peter Leyland, Alison Young. Sovereignty and the Law. Oxford, Oxford University Press, 2013: 89-97.

19　中国网络公共领域的功能、异化与规制

陆宇峰[*]

一、问题的提出

我国公共领域的发展一直较为缓慢。新中国成立后的前 30 年，虽然历次运动都注重"发动群众"，并且创造了"大鸣、大放、大辩论、大字报"和"批斗会"等"民间对话模式"，但由于公民基本权利缺乏保障及民间社会主要被理解为"改造"对象，连接国家与社会的公共意见形成过程并未真正出现；经由动员的汹涌舆论局限于对革命领袖的"三忠于四无限"，匿名的"群众"实际充当着路线斗争和权力斗争的工具。[①] 后 35 年，党的核心任务由领导革命向建构国家转型，党的自身属性亦由革命党向执政党转型；在此宏观背景下，作为市场经济和法治国家建设的副产品，公共领域才获得了可能的成长空间。[②]

尽管如此，在 1978 年以后的整个前互联网时期，以及门户网站占据主导地位的 Web 1.0 时期，由于传媒领域的市场准入限制和内容审查机制始终高效运转，公共领域仍然受宣传部门以及贯彻其意图的官方媒体支配，被国家纳入自上而下的意识形态整合轨道。近年来，随着 Web 2.0 的技术进步，尤其是 SNS 在线社交网站、网络"自媒体"、

---

　*　华东政法大学副研究员。本文原载《现代法学》2014 年第 4 期，有改动。
　①　马长山. 公共舆论与和谐社会的法治秩序. 浙江社会科学,2006(5).
　②　闫健. 中国共产党转型与中国的变迁——海外学者视角评析. 北京：中央编译出版社,2013：194.

Wiki 社区的日益繁荣,国家的准入限制和内容审查才被实质性地突破;这样一来,公众就从信息接收者变成信息的传播、共享、协作生产者,公共舆论也几乎在一夜之间自下而上地形成。[①]

不是只有中国,在西方国家乃至全球范围内,Web 2.0 技术同样促成了公共领域的跨越式发展。按照"Web 2.0 之父"蒂姆·奥莱利的理解,"Web 2.0 没有一个明确的界限,而是一个重力核心""不妨将Web2.0 视作一组原则和实践"。在他看来,Web 2.0 理念主要包含迥异于 Web 1.0(当然更迥异于前互联网时代的传统媒体)的七项原则,即以网络为平台、利用集体智慧、以数据为核心、软件发布周期终结、轻量级编程模式、软件超越单一设备、更丰富的用户体验。[②] 对应于上述七项原则,结合大量的经验观察,互联网政治学家安德鲁·查德威克论述了 Web 2.0 技术给西方国家公共领域的民主政治生活带来的七项新特征:以互联网作为政治讨论平台、源于政治性网络使用的集体智慧、数据相对于特定软件和硬件的重要性、公共空间持续不断的实验主义、基于消费主义的小规模政治参与的创造、通过众多应用进行的政治内容传播、政治性网站的丰富用户体验。[③]

简单的历史考察和比较分析已经暗示,在中国公共领域迅速崛起的当下图景,主要不是政治国家导控松动的结果,也不是社区形态转变、社会组织发展、公民品格发育、社会运动展开的结果,而是互联网技术升级的产物。从语言的使用、文字的发明,到印刷术、报纸、电报、电话、广播、电视的出现,历史已经不止一次地证实"媒介即信息",新

[①]　有论者将互联网的演化分为三个时代,认为前 Web 时代,互联网是由机器连结构成的"终端网络";Web 1.0 时代,互联网是由超链接构成的"内容网络";而在 Web 2.0 时代,互联网是由个体连结构成的"关系网络"。参见彭兰. "连结"的演进——互联网进化的基本逻辑. 国际新闻界,2013(12).

[②]　Tim O'Reilly. What Is Web 2. 0?: Design Patterns and Business Models for the Next Generation of Software. 2018-8-8. http://Oreilly. com/pub/a/oreilly/tim/news/2005/09/30/what-is-web-20. html.

[③]　Chadwick Andrew. Web 2. 0: New Challenges for the Study of E-Democracy in an Era of Informational Exuberance. I/S: A Journal of Law and Policy for the Information Society, 2009, 5(1): 19.

的媒介带来新的信息；媒介是"人的延伸"，新的媒介塑造新的人乃至新的公民。^①归根结底，互联网的技术升级深刻地改变了社会沟通的数量、性质和后果，进而推动了整个社会结构的转型以及分散的社会力量在公共领域的汇聚。一个早已广受瞩目的现象是：在 Web 2.0 环境下，由于在线存储和在线发布的成本趋近于零，多元的内容市场得以蓬勃发展，"长尾效应"随之呈现，"内容生产的政治经济学"被彻底改变^②；相应地，"精英"与"公众"的意见重要性突破"帕累托法则"（二八定律），以至于"草根"阶层真正取得公共领域的主体资格，"参与式民主"进入崭新的发展阶段。^③

仅此一点就足以令人怀疑，从汉娜·阿伦特到于尔根·哈贝马斯的传统公共领域理论，强调奠基于"公民美德"或者"充满活力的市民社会"的公共领域的缓慢成长，并不适合描述以互联网为主要媒介、突然兴起的当代中国公共领域。网络公共领域向政治范畴以外的运作扩张、其极为特殊的异化现象，以及 2013 年遭遇挫折的全国互联网整

---

① "对人的组合与行为的尺度和形态，媒介正是发挥着塑造和控制的作用"。[加]马歇尔·麦克卢汉. 理解媒介——论人的延伸. 何道宽，译. 南京：凤凰出版传媒集团，译林出版社，2011：19.

② Chadwick, Andrew. Web 2.0: New Challenges for the Study of E-Democracy in an Era of Informational Exuberance, p. 20.

③ 准确地说，参与式民主在西方已经走过兴起——衰落——复兴的一个周期；所谓"崭新发展阶段"，可以视为网络公共领域崛起之后，全球参与式民主的一个新周期的开始，而中国的相关实践直接从这个新周期起步。大致上，20 世纪六七十年代，考夫曼、佩特尔曼、麦克弗森阐述的参与式民主理论兴起，相关实践也在许多西方国家进入全盛时期，核心观念在于反对由政治精英和利益集团主导的代议制民主，强调将民主扩展至工作场所和传统上的非政治部门；20 世纪 80 年代，巴伯的《强势民主》——参与式民主理论的集大成之作出版，全面清算包含无政府主义、现实主义、最小政府论三大倾向的自由主义民主，但很快因其"乌托邦"色彩受到批评，并被哈贝马斯等学者倡导的、政治公共领域的审议民主所取代；20 世纪 90 年代之后，参与式民主理论继续衰落，相关制度和实践却在世界各地复兴，结合合作性所有、共同审议、共同决策、共同管理等多种形式的参与式民主较之单纯审议民主的优势不断展现。随着 21 世纪 Web 2.0 时代的到来，参与式民主在线上空间开辟新局面，一方面坚持民主的广泛性和直接性，另一方面又在技术层面降低了参与的成本、增加了参与的现实性。[加]杰弗里·希尔墨. 参与式民主理论的现状（上、下）. 毛兴贵，译. 国外理论动态，2011（3，4）；梁军峰. 从"弱势民主"到"强势民主"——本杰明·巴伯的参与式民主理论评析. 国家行政学院学报，2011（6）.

治运动更清楚地表明,网络公共领域的功能定位、结构风险、规制模式都需要重新予以理论审视。①

二、网络公共领域的功能——促进社会各领域自我反思

西方传统的公共领域理论聚焦政治性的公共领域。阿伦特以亚里士多德的分析为基础,指出在三种具有根本性质的人类活动中,"劳动"服务于"必需"的事物,"工作"生产"有用"的事物,只有公共领域的政治参与——"行动"才是"完整意义上的生活,一种自主的和真正属于人的生活方式"②。她追溯古希腊、古罗马的历史,强调"行动"帮助人们走出私人领域,通过公共领域的政治讨论展现卓越、追求不朽,进而摆脱必然的束缚、获得自由的可能。她惋惜古希腊哲学家陷入面向彼岸之"永恒"的"沉思",更批判现代过度发展的"社会"将财产等私人事务带进公共领域,因为两者都从根本上消解了追求尘世之"不朽"的自由"行动",模糊了公共领域的政治属性。作为阿伦特的理论后继者,哈贝马斯尽管曾经谈及非政治形式的公共领域——文学公共领域,却也仅仅将之视为具有政治功能的资产阶级公共领域的"前身",其意义在于为公开的政治批判提供"练习场所"。③

今天,国内外众多关于网络公共领域的研究,仍然高度依赖西方传统的公共领域理论,尤其是经由哈贝马斯进一步发展的公共领域理论。自 Web 1.0 时代起,后者所提出的交往理性概念,所倡导的审议民主模式及所设定的"理想言谈情境",都被研究者用于分析、评估、预

---

①　有学者也认识到在网络公共领域兴起之后,"哈贝马斯的概念需要重造",但其目的仅仅在于"使其符合大规模社会中的交往关系的条件——这种条件不可避免的是超越时空的"。胡泳.众声喧哗:网络时代的个人表达与公共讨论.桂林:广西师范大学出版社,2008:183.

②　[美]汉娜·阿伦特.人的境况.王寅丽,译.上海:上海世纪出版集团,2009:6.

③　[德]哈贝马斯.公共领域的结构转型.曹卫东,等译.上海:学林出版社,1999:34.

测网络公共领域"电子民主"的现状与前景。① "电子民主"被赋予审慎、理性的商谈品格,西方学者希望借以弥补代议制民主下正式政策制定过程的固有缺陷,中国学者则希望借以弥补普通公众政治参与的制度化渠道的不足。然而,在 Web 2.0 时代,至少在西方的实践中,作为政治公共领域的网络公共领域远远没有实现"电子民主"论者的美好愿景。不论是真诚的对话、基于合理理由的相互说服,还是由此带来的偏好改变和共识达成,都没有令人满意地展开;尤其在强调用户自身内容生产的各种新兴在线社交网络中,情绪性的意见表达和五花八门的自我表现充斥其间,商谈和审议并未如期而至。②

更重要的是,正当学者还在为网络公共领域的政治民主潜能争论不休之时,Web 2.0 时代已经在社会各领域全方位降临。其结果是,由于技术门槛的降低以及由此带来的利益和意见表达的便利,各行各业的公众参与飞速增长,公共领域的运作向政治范畴之外革命性扩张。当代中国,网络公共领域的崛起也是全方位的;互联网以其固有模式"再制"了社会生活的方方面面,受信息共享优势和"人气"效应的吸引,线下世界迅速地全盘网络化。除了以电子政务为代表的互联网政治之外,以电子商务和互联网金融为代表的"互联网新经济"已经引发热议③,互联网传媒、互联网教育、互联网艺术、互联网科学、互联网体育也蓬勃发展。它们建立在以互联网为媒介、经由代码转换的社会沟通基础上,却并非线下社会系统的单纯"复制",而是 Web 2.0 技术

---

① ［英］安德鲁·查德威克. 互联网政治学:国家、公民与新传播技术. 任孟山,译. 北京:华夏出版社,2010:142;杨吉,张解放. 互联网革命:网络空间的权利表达与正义实现. 北京:清华大学出版社,2013:77.

② 实证性的研究,Stuart Shulman. Whither Deliberation? Mass E-Mail Campaigns and U. S. Regulatory Rulemaking. Journal of E-Government, 2006, 313:41-64.

③ 这场热议的焦点最近进一步集中到互联网金融问题,尤其是 2013 年 6 月上线的"余额宝"是否冲击传统金融系统、提高社会融资成本、危及经济安全的问题。在 2014 年 4 月 10 日的博鳌亚洲论坛上,国务院总理李克强做了题为《共同开创亚洲发展新未来》的主旨演讲,指出"各国要顺应全球新技术革命大趋势……推动以绿色能源环保、互联网等为重要内容的'新经济'发展,占领未来发展制高点,提升产业和经济竞争". 2014-4-10. http://politics. people. cn/n/2014/0410/c1001-24870401. html.

环境下"苗生"(emergence)①的新型社会系统,因此极大地改变了社会系统原有的组织结构、运作过程和行为准则:信息可存储性的提升导致移动学习的兴起,以及课堂教育垄断地位的丧失;信息可分析性的提升导致面向点击率的新闻制造,以及新闻选题的非人工化;信息共享度的提升导致艺术再创作的繁荣,新的艺术形式层出不穷;信息聚合度的提升导致资料收集、分类、整理的智能化,知识生产方式乃至思维模式发生变革②;信息可交换性的提升导致更多资金涌向虚拟经济,独立于中央银行、无法操纵币值的电子货币投入流通;信息技术环境模拟能力的提升导致网络游戏的兴盛,电子竞技运动成为新的体育项目……

与此同时,在各种全新的互联网社会系统内部,业余、自发的"边缘"正日益壮大,并与专业化、组织化的"中心"进一步分离,逐渐形成互补关系和互动态势。③ Web 2.0 的技术发展加速、拓展了在线互动的频繁度和网络化,并与网络用户对于自主性、荣誉感、参与意识、共同体观念的社会心理体验耦合在一起,使这些业余、自发的系统"边缘"得以吸引大量扮演不同网络社会角色的公众参与,迅速形成不同类型的网络公共领域。不那么准确地说,"博客"和"微博"构造了网络政治和网络法律公共领域,"维基百科"和"百度百科"构造了网络科学公共领域,"视频网站"构造了网络艺术公共领域,"大众点评网"构造了网络经济公共领域,"哈佛公开课"构造了网络教育公共领域,"虚拟

---

① "苗生"是系统理论和社会系统理论的术语,指"在质上出现了新的秩序层次,这个秩序层次的特色是无法由物质性及能量性的下层建筑的特色来解释的"。[德]Georg Kneer/Armin Nassehi. 卢曼社会系统理论导引.鲁贵显,译.台北:巨流图书公司,1998:83.

② 比如"大数据"带来了从因果关系分析向相关关系分析的转变,"建立在相关关系分析法基础上的预测是大数据的核心"。[英]维克托·迈尔-舍恩伯格,肯尼思·库克耶. 大数据时代:生活、工作与思维的大变革.盛杨燕,周涛,译.杭州:浙江人民出版社,2013:75.

③ 卢曼曾经论及法律系统、经济系统、政治系统的"中心/边缘"内部分化,[德]尼可拉斯·卢曼. 法院在法律系统中的地位.陆宇峰,译.清华法治论衡,2009(12).托依布纳进一步指出,每个社会功能系统都存在"职业-组织核心"与"自发边缘"的内部分化。Gunther Teubner. Constitutional Fragments: Societal Constitutionalism in Globalization. Oxford, Oxford University Press,2012:23.

教堂"(Cyber Church)构造了网络宗教公共领域①,"在线电子竞技平台"构造了网络体育公共领域,各式各样的"自媒体"构造了网络传媒公共领域……在这些不同类型的网络公共领域中,通过不依赖于正式组织化模式的分享、合作、集体行动,业余者随时进行着"简单得可笑"的群体构建。②

　　问题在于,根据哈贝马斯的观点,公共领域的核心功能是通过民主的商谈和理性的审议凝聚公众共识,从而将根植于"生活世界"的"交往权力"转化为政治权力,为政治系统输入合法性,亦即合法化政治决策和立法决定。③然而,经验观察已经表明,对于网络公共领域及其电子民主实践来说,这样的要求不仅过度浪漫主义,而且根源于对"民主"的狭隘理解。网络论坛中那些专业化程度较高的严肃"商谈"固然正在衰落,但它们毕竟并非网络公共领域政治参与的唯一合理模式;在 Web 2.0 环境下,亿万普通公众夹杂着娱乐姿态、使用着日常话语的诉求表达,尽管无法满足达成"共识"的目标和开展"商谈"的理想,却同样可能对政策和法律的制定过程造成重要影响。此处更需强调的是,无论采取怎样广义的理解,面对超越政治范畴运作的网络公共领域,哈贝马斯的上述功能界定都已不再合适:在经济领域,企业并不利用网络民主机制进行商业决策;在法律领域,法院并不将网络公众舆论作为裁判依据;在科学领域,网友的共同意见无法决定命题的真伪;在传媒和艺术领域,恰恰是制造差异而不是寻求共识才能成功吸引浏览和点击。

　　归根结底,西方传统的公共领域理论立足一项过时的预设,亦即侵犯整个社会自治和全体人类人权的力量主要来自政治国家。因此,以"民主"方式集合分散个人的意见和意志,营造社会团结,以抗衡公权力的恣意行使,是公共领域的首要目标。然而,随着现代社会"功能

　　①　秦州. 虚拟教堂:对"传播的仪式观"的另类解读. 中国地质大学学报(社会科学版),2009(6).
　　②　[美]克莱·舍基. 人人时代:无组织的组织力量. 胡泳,沈满琳,译. 北京:中国人民大学出版社,2012:译者序.
　　③　[德]哈贝马斯. 在事实与规范之间. 童世骏,译. 上海:上海三联书店,2002:474.

分化"的展开①,这项源于西方"启蒙"时代的预设早已摇摇欲坠。自19世纪以来,除了政治系统之外,经济、科学、法律、传媒、教育都在自主运转的过程中竭力扩张,由此产生相互侵犯自治边界、威胁个人基本权利的倾向。② 20世纪90年代以来,互联网的兴起和普及更是加速了围绕不同"符码"(Code)和"纲要"(Programme)展开的各种社会沟通,不仅加速了各种社会系统的自主发展,同时也加速了它们负外部性的增长和全社会离心力量的膨胀。相应地,公共领域逐渐将关注焦点从单一的、政治系统之中的国家,转向更多专业化、组织化的体制力量,尤其是经济系统之中的大型企业、法律系统之中的法院、传媒系统之中的官方媒体、科学系统之中的研究机构、教育系统之中的高等院校、艺术领域之中制定行业标准的协会以及互联网系统自身之中占据垄断地位的互联网巨头。

在此背景下,有必要改造哈贝马斯关于政治公共领域核心功能的论述。一是应当依据现实经验在一定程度上淡化其乌托邦色彩,尤其是淡化其对于严肃审慎的"理性商谈"的过度强调,承认"草根阶层"丰富多元的诉求表达和自我表现同样具有政治上的民主价值;二是应当超越"政治民主"范式本身,在更高层面将公共领域的功能分析予以理论一般化,以便使之适合于描述已然扩展到全社会各子系统的网络公共领域。社会系统理论有助于相应的"双重改造":从社会系统理论的视角出发,政治公共领域的功能可以更加"价值中立"地重新界定为通过促成正式与非正式的政治过程的内部再分化,提升整个政治系统的自我反思能力;在此基础上进一步抽象来讲,则网络公共领域的社会功能,就是通过在各种社会子系统内部造成"职业-组织中心"与"业余-自发边缘"的再分化,促进后者批判潜力和创造性的发挥,并最终促进社会各领域的自我反思。

这种"自我反思"产生两种重要后果:一种是划定了诸社会子系

---

① Niklas Luhmann. The Differentiation of Society. New York, Columbia University Press,1982:232-238.

② 陆宇峰. 全球的社会宪法. 求是学刊,2014(3).

统的运作边界,使它们各自运行不悖、加速发展。比如,近年来的司法公开化改革以及由此带来的网络司法舆论的高涨,不仅不应对司法权威和审判独立的匮乏负责,反而有助于推动法院地位的上升和司法权的强化。2009 年最高人民法院《关于司法公开的六项规定》和《关于人民法院接受新闻媒体舆论监督的若干规定》颁布后,网络公众、网络媒体以及律师和法学家"博主"积极参与热点案件的公开讨论,由此产生的新型"社会声誉机制"迫使当事人考虑长远利益,提高了法院判决的执行力;由此产生的新型"公众强制机制"增加了政府在行政诉讼中的公关成本,强化了司法权约束行政权力的能力和意愿。①

　　另一种是社会自我反思的发展也有益于矫正诸系统的扩张主义倾向,防止它们相互侵犯体制完整性,以及威胁人类的身心完整性。今天正在广泛讨论的互联网之于诸多传统产业的颠覆性效果,就是根源于网络公共领域所激发的这种自我反思力量:在第三方交易平台上分享商品信息的网络消费者改变了经济领域的定价机制,并通过众多分散的意见回馈建立起庞大的电商信用体系,要求企业和商家真正面向需求、面向无法操纵的市场提高商品质量;博客、微博等自媒体日复一日地生产海量新闻、形成舆论热点甚至设置公共议题,迫使传统媒体改革形式和内容,放弃意识形态控制的幻想;网络作家及其千万粉丝重新界定了文学标准,官方协会的权威形象遭到解构,传统文学期刊"优秀作品"的读者流失;网络"恶搞"文化对电影、电视剧进行再创作,实际上构成文艺批评的新形式,就连大牌导演都不得不予以重视②;网络环保主义者有力地塑造了公众的环境意识,环保抗议运动风起云涌,石油化工企业和其他污染企业在抗议声浪中四处搬迁;越来越多的网络公开课增加了人们的学习时间,动摇了学校在教育领域的垄断地位,照本宣科的教学逐渐方式退出课堂;婚恋和交友网站扩大了人们的择偶范围,年轻人的交往进一步冲破家庭的束缚和地域的限

---

① 钱弘道,姜斌. 司法公开的价值重估——建立司法公开和司法权力的关系模型. 政法论坛,2013(4).

② 季卫东. 网络化社会的戏仿与公平竞争——关于著作权制度设计的比较分析. 中国法学,2006(3).

制,恩格斯所说的以爱情为基础的婚姻正在实现……

一言以蔽之,随着网络公共领域的崛起,诸社会功能系统的基本游戏规则都在动摇。占据系统中心的专业化、组织化力量制定了这些既有的游戏规则,其对基本权利和人权的潜在侵犯,以及经由与法律系统的耦合而被再度强化的负外部性,尽管早已在个人的生活历史中留下了痛苦记忆,但长期作为无可逆转的命运被无奈接受。更严峻的问题是,系统运作的惯性削弱了系统反思既有规则的能力,除非在极度膨胀后彻底崩溃,系统内部的合理化进程以及系统间的相互协调进程不会开启。后现代主义的解构叙事对此有所揭示,比如福柯描述的"全景敞视主义"的"规训社会"[①],就曾唤醒人们对于"无所不在的枷锁"的感悟,但其提供的唯一反抗方法似乎只是自我放逐;大量人群仍然只能被动接受"旁若无人"、自主运转的社会系统的"排除"(Exclusion)——或者沦为形式平等的牺牲品,或者沦为福利救济的对象;包括经济在内的各种社会子系统周期性陷入崩溃,不仅一再造成无可估量的资源浪费,而且总是伴随着对"弱势群体"的洗劫和残酷的"马太效应"。

就此而言,网络公共领域的"苗生"带来了现代社会"凤凰涅槃"的希望。公众得以通过各种形式的信息共享、意见表达、协同行动、群体建构,依靠"弱联结基础上的社会网络""无组织的组织力量",绕过易受社会事实性摆布的各种中介结构,直接参与游戏规则的重制,进而提升诸社会系统的自我反思能力。对于陷入"加速发展螺旋"的各种社会系统来说,网络公共领域为其崩溃风险提供了预警机制,一轮又一轮"触底反弹"的恶性循环可能走向终结[②];对于那些因历史原因遭遇"排除"的个体来说,网络公共领域为其"涵括不足"提供了修正机

---

① ［法］米歇尔・福柯.规训与惩罚(第2版).刘北成,杨远婴,译.上海:上海三联书店,2003:219.

② ［德］贡塔・托依布纳.宪法时刻的来临——"触底反弹"的逻辑.宾凯,译.交大法学,2013(1).

会,使之可能得到"再涵括"(Re-inclusion)①,亦即再涵括进诸"自创生"的功能系统,有效参与社会现代化的进程;压抑多时的利益需求和价值诉求一旦释放,社会各领域的利益格局都将面临重新洗牌,更加公平的再分配将从普遍意义(而不仅仅是经济意义)和实质意义(而不仅仅是形式意义)上展开。从法律层面讲,所有这一切都意味着在更大范围内落实以自由、平等为核心的基本权利和人权。

三、网络公共领域的异化——基于技术设置的结构风险

也是由于聚焦政治性的公共领域,哈贝马斯强调公共领域的风险根源于其"交往结构"易于受到"权力化"的破坏。他认为,严格意义上的公众舆论应当满足两个条件:一是"合理形成",即舆论形成基于对可认知事态的自觉把握;二是"在商谈中形成",即舆论形成经由具有批判意识的公众的矫正。他由此断言,在从"自由主义法治国家"向"社会福利国家"转变的过程中,政治权力和准政治性的社会权力"异化"了承载公众舆论的公共领域。尽管大众传媒的商业化和广告业的兴起,本身并没有模糊私人领域与公共领域的界限,阻碍公共领域的功能发挥;但借助大众传媒和广告的操作模式,大型企业和现代政党都发展出一套公关技术,将私人利益包装成具有普遍性的公共利益加以"宣传",进而左右政策和法律的制定。尤其是,现代政党以争夺选票为目的的大规模政治推销和政治动员,与"娱乐文化"所塑造的并不真正关心政治的"政治消费者",以及习惯于提出要求而非参与政治商谈的"社会福利接受者"三方面共同作用,造就了在竞选期间定期出现的、受操纵的公共领域。这样一来,"随时准备欢呼的情绪"和舆论"氛围"就取代了公众舆论本身。②

与哈贝马斯的理解不同,对于当代中国的网络公共领域来说,外

---

① 现代法律系统对个人的"涵括"与"排除":[德]尼可拉斯·鲁曼.社会中的法.李君韬,译.台北:五南图书,2009:635.

② [德]哈贝马斯.公共领域的结构转型.曹卫东,等译.上海:学林出版社,1999:251.

部权力干预并非影响其功能发挥的主要因素。从政治权力角度来看，由于技术上无法垄断网络话语权，尤其是无法排斥"草根"阶层通过社交网站、博客、微博进行政治参与，政党的宣传攻势随时面临解构威胁，甚至因被理解为打压言论自由而遭到公众敌视；官方的网络媒体越是介入政治议题的争论，越是暴露出意识形态权威地位的丧失，扮演中立角色以维持"左右互搏""左右均势"似乎更为明智；被讥讽为"五毛党"的"网络评论员"队伍仅仅起到负面作用，以至于任何稍显直白的支持政府的声音都可能引发公众的敏感和警惕。从准政治性的社会权力角度来看，由于自媒体和电子商务带来了资讯和商品的进一步多元化，个性化消费、消费信息共享和消费者批评日趋成熟，大型企业和大众传媒的社会权力逐渐瓦解；网络危机公关行业的兴起，从反面显示了舆论"失控"的严重程度，以至于大型企业和大众传媒从主动操纵舆论转向被动应对舆论；面对竞争激烈化造成的利润率下降，以及电子商务挤压线下市场的现实，大型企业甚至逐渐放弃与昂贵的大众传媒结盟，转而发展自己的广告部门，或者求助于分众传媒、网络营销甚至"网络推手"——后者价格更为低廉，且更能理解和适应网络公共领域的意见形成过程。总而言之，在"信息过剩"的网络公共领域，政党、大众传媒、大型企业都遭遇了"宣传滑铁卢"，不论政治权力还是社会权力，都难以将其私利包装成公益。

经验观察也表明，较之传统的政治公共领域，网络公共领域在认知、对话、行动三个层面均出现了不同的异化现象。尤其进入 Web 2.0 时代以后，网络公众一是同时免于信息的封锁和受到不良信息的腐蚀，不仅阴暗心理产生病毒式传播，而且由于群体无意识的作用，更加易于丧失自控力和辨别力[①]；二是同时面对信息爆炸和遭遇信息的选择性供给，不仅难以展开理性商谈，而且由于既有偏见的不断强化，情绪宣泄现象日益严重；三是同时成为信息提供者和沦为无偿的信息工人，不仅在网络企业的鼓励下免费生产信息，而且由于"点击率"法

---

① ［法］古斯塔夫·勒庞. 乌合之众——大众心理研究. 冯克利，译. 北京：中央编译出版社，2005：15.

则的导控,时常相互侵害名誉和隐私。可以说,无论是政党还是大型企业和大众传媒,都并不愿意面对这样的网络公众,也不可能有意识地"制造"这样的网络公众。它们无法促进诸社会领域的合理化,却致力于摧毁现有秩序;无法抵御诸社会系统的负外部性,却试图解构所有组织形态和专业知识;无法就现实的解决方案达成共识,却成功地形成了无条件对抗一切权威的群体意识。要言之,异化的网络公共领域尽管无法实现自我反思功能,却完全可能危及政治支配和社会整合。这就再一次表明,尽管政治权力和社会权力仍然可能长期致力于舆论控制,但网络公共领域的异化问题并非根源于此。

唯有互联网企业在乱局中获利。正当学者们针对互联网服务提供商区别对待内容提供商的问题("接入平等"问题),争论"网络中立"原则之时①,由于众多内容提供商摇身一变"平台提供商",后者自身的实质性"平台中立"问题也已提上议程。在 Web 2.0 环境下,那些提供信息交互平台的互联网企业日益主导网络空间的基本架构,它们基于自身利益最大化的考虑进行技术设置,造成了网络公共领域独特的结构风险:借助"互粉""取消关注""拉黑""关闭评论"等设置,微博在不断吸引更多用户的同时,各种意见圈子的规模和封闭性也在增长,就事论事的温和观点陷于"沉默螺旋",言论自由由于"群体极化"失去协商意涵②;电商过度利用"大数据"详尽记录和分析消费者偏好,通过共享这些数据推销符合偏好的商品,潜在地剥夺了消费者的选择权,削弱了消费者的商品批判能力;网络论坛为了提高点击率,放任隐私甚至诽谤信息的传播,默许"人肉搜索"和其他类型的群体宣泄,或者直接与"网络推手"和公关公司联合,靠侵犯公众知情权的虚假宣传和"删帖"服务牟利;③搜索引擎采用单纯的"竞价排名"模式,使网页优化

---

① Tim Wu. Network Neutrality, Broadband Discrimination. J. on Telecomm. & High Tech. L. 2, 2003: 141. 另参见付玉辉. 美国"网络中立"论争的实质及其影响. 国际新闻界, 2009(7); 罗昕. 美国"网络中立"争论: 在接入控制与开放之间. 新闻与传播研究, 2010(3).

② [美]凯斯·桑斯坦. 网络共和国. 黄维明,译. 上海:上海人民出版社, 2003: 50.

③ 胡凌. 商业网络推手现象的法律规制. 法商研究, 2011(5).

技术(SEO)变得毫无意义,欺诈信息、钓鱼网站获得更高排名,公众遭受严重误导,寻医问药者甚至被危及生命;电子文库和视频网站借口"信息分享""平台开放"和"技术中立",变相鼓励用户上传侵犯知识产权的论文、书籍、电视剧、电影,并利用"避风港规则"规避法律责任[①];网络游戏中赌博、暴力泛滥,未成年人"沉迷"现象严重,电子竞技运动走向衰落;"网络民科"抢占贴吧和博客阵地,以毫无科学精神的方式宣扬伪科学,鼓吹"科学大跃进"。在很大程度上,这些异化现象应当归咎于自诩只是"平台提供者"的网络企业。这些平台的设计便利了符合设计者(网络企业)利益的信息传播,却严重地异化了网络公共领域的反思功能,使之沦为娱乐文化的信息剧院、山寨文化的信息作坊、消费主义的信息市场、民粹主义的信息广场、反智主义的信息狂欢节,预示着线下空间的游戏规则重获支配地位。

　　更明确地说,诸多非理性网络行为的基本模式是由互联网技术设置决定的,无关网络公众自身的素质和意愿。只要网络游戏开发游戏币、鼓励装备交易,玩家就难免沉溺其中;只要"粉丝"数量等同于信息传播范围,微博博主就必须尽可能迎合大多数人的偏见,或者对"平庸"观点保持沉默;只要被下载次数与积分挂钩,进而与下载的权利挂钩,用户就可能不断上传盗版或者色情作品;只要购物网站根据大数据分析推荐同类商品,消费者就难以改变根深蒂固的消费偏好,建立"低碳"生活理念。尤其以当前最受关注的各种在线社交网络为例,如果不采取将合理理由、论理质量纳入评价指标的技术措施,使较高质量的意见和建议能够经由"推荐"得到更多倾听,用户就不可能呈现所谓"公民品格"和"理性精神";反过来说,如果互联网企业不改变技术设置,所有直接约束网络行为的方法都难以起到应有的作用:"文明上网"的频繁宣传只会招致反感和"别有用心"的怀疑;"实名制"无法促成声誉监督机制的运转,其潜在威胁无非迫使一部分人退出,另一部分人依然我行我素;网络社区的自治规范约束不了影响力巨大的特殊用户,这些用户可能不符合公共道德的要求,但在两种意义上恰是

---

① 崔国斌. 网络服务商共同侵权制度之重塑. 法学研究,2013(4).

互联网企业的利益所在。一方面,他们贡献了点击率,提升了网络活跃度,带动了广告收入的增长;另一方面,成功赢得关注的事实本身就表明,他们的行为充分利用了互联网企业的技术设置,符合网络公共领域的"真实规则"。

四、网络公共领域的规制:"行为主义"模式的错位

正是因为局限于规制网络用户的"行为",在向网络公共领域延伸的过程中,传统的内容管理体制和手段早已陷入困境。在传统公共领域和 Web 1.0 网络公共领域中,只有少量媒体机构享有信息传播的特权,且此种特权以及附着其上的稳定的经济利益根源于"政治信任";因此,以业务许可制度、年度审查制度为核心,以专项审查为补充的内容管理成效显著,甚至完全可以做到"收放自如"。为了适应改革要求、促进行业发展,主管部门可能在一段时间内放松监管,使媒体机构受益于市场化进程;一旦失控风险出现或者重要政治时点到来,主管部门又能迅速"收网",保证"大局稳定"。但在 Web 2.0 网络公共领域中,技术发展造就了"人人都有麦克风"的全新局面,数以亿计的"新媒体"根本无法纳入许可管理,年度审查和专项审查也应付不了海量的信息传播,以及随时随地形成的无可预料的舆论。换言之,仅仅是公共传播主体及其"行为"数量暴涨这一最为基本的变化,就决定了传统的行政管理手段难以在网络空间延续高效内容控制。

为了弥补常规行政手段内容监管能力的不足,近年来,宣传、公安、司法部门的非常规行动逐步登陆网络公共领域[①],并在 2013 年汇集成一场全国性的互联网整治运动。遗憾的是,"行为主义"的规制模式并无改变迹象:官方媒体日复一日的"文明上网"教育仍然聚焦网络公众传播谣言和发表煽动性言论等威胁社会稳定的"行为";各地公安机关的"清网"行动,以及试图为此项行动提供合法性支持的"两高"

---

① 郭栋. 运动式治理、权力内卷化与弥散性惩罚. 国际新闻界,2013(12).

的"网络诽谤"解释①,仍然没有将决定网络行为基本模式的互联网技术设置作为规制重心。因此,从媒体宣传到公安执法再到刑法司法解释,尽管明显可以看到网络行为控制手段的升级趋势,效果却并不尽如人意。

网络舆论尤其对"两高"的"网络诽谤"司法解释充满疑虑。批评意见集中在三个方面:第一,由于刑法介入的门槛设置过低,涉嫌诽谤和寻衅滋事的网络行为可能数量极大,相关打击行动无法避免"选择性执法"问题,甚至可能沦为公权力报复网络监督的工具;第二,将"同一诽谤信息实际被点击、浏览次数达到 5000 次以上,或者被转发次数达到 500 次以上"认定为刑法诽谤罪条款中规定的"情节严重",将网络实际上认定为"公共场所",进而将辱骂、恐吓他人或者散布虚假信息的网络行为纳入寻衅滋事罪的范畴,是不合理地扩大解释和违反刑法"罪刑法定"原则的类推解释;第三,"两高"的司法解释权本身不合法,根据《中华人民共和国立法法》(以下简称《立法法》)第 42 条的规定,当法律需要进一步明确具体含义,或者法律在制定后出现新情况,需要明确适用法律依据的时候,应当由全国人民代表大会常务委员会进行解释。

三条批评意见都存在似是而非之处,但也都富有启发意义,值得认真分析。

首先,可以看到自媒体时代公共传播行为在数量方面的急剧增长,再次对网络规制提出了挑战。从理论上讲,作为"规则之治","法治"首先强调法律本身的"匿名的权威",反对任何人、任何组织的操纵;在统治秩序受到威胁时,将刑法与刑罚作为"专政工具",通过选择性的适用制造"震慑"效果,有悖于法治国家的基本理念。对于普通公众来说,较之主管部门对于网络公共领域的日常行政规制,司法规制尤其是刑法规制必须更为严格地满足"法律面前人人平等"的要求。行政机关区别对待各类网站尚可理解,比如官方网站担负意识形态宣

---

① 《最高人民法院、最高人民检察院关于办理利用信息网络实施诽谤等刑事案件适用法律若干问题的解释》(法释〔2013〕21 号)。

传的政治职责且大量属于非经营性网站,私人的非经营性网站和经营性网站亦存在是否以赢利为目的的差异,采取不同形式的监管手段有其合理之处①;司法机关区别对待网络传播者却不可原谅,尤其是利用刑法处罚某些网民的诽谤行为,同时又放纵更多网民以及网络官媒的类似行为,必然在动机层面引起怀疑。为此,最高法院新闻发言人专门指出,"广大网民……即使检举、揭发的部分内容失实,只要不是故意捏造事实诽谤他人的,或者不属明知是捏造的损害他人名誉的事实而在信息网络上散布的,就不应以诽谤罪追究刑事责任"②,似乎意在回应公众关于网络诽谤犯罪的司法解释可能成为地方官员打击报复网络反腐之工具的担心。但鉴于"两高"解释设置了极低的犯罪门槛,并且着眼于海量的网络传播行为,选择性司法的现象是无可避免的,动机"纯正"的自我声明也因此于事无补。

其次,从合理性和合法性角度对司法解释的质疑揭示了一个新的问题,即在线行为和线下行为不仅存在数量上的差异,而且存在性质和后果上的差异。一方面,公众之所以直觉地认为"诽谤信息转发五百次入罪"是不合理的扩大解释,根本原因是互联网的技术设置导致线上/线下社会空间的分化;而在高度分化的两个社会空间中,"相同"行为的固有性质可能截然不同。③ 线下空间人际联系固定,当捏造的事实被五百名熟人口耳相传,确实可能形成长期的社区舆论;线上空间人际联系松散,舆论热点切换又极度频繁,转发 500 次的信息往往不值一提。日常生活中的诽谤者无法控制不实信息的进一步传播,容易给他人名誉造成不可挽回的影响;网络用户如微博用户却可以在转

---

① 比如,根据国务院《互联网信息服务管理办法》第 3 条,国家对经营性互联网信息服务实行许可制度,对非经营性互联网信息服务实行备案制度。

② 中国出台司法解释划定网络言行法律边界. 新华网,2013-9-9. http://news.xinhuanet.com/legal/2013-09/09/c_117295827.htm.

③ 学者早已指出,"赛博空间"以账户和密码为边界,其规则体系与以领土为边界的现实空间的法律体系截然不同。David R. Johnson, David Post. Law and Borders——the Rise of Law in Cyberspace. Stanford Law Review 48,1995:1367.

发量超过 500 次后主动删帖,从根本意义上消除严重的危害后果①;更不用说,只要自主"删帖"或者设置"转发上限"的功能获得技术支持,意图诽谤的网络用户完全可以规避刑罚,使打击网络诽谤变成一场"猫鼠游戏"。此外,热烈争论"500 次转发"的公众没有意识到,"实际被点击、浏览次数达到 5000 次以上"其实是更为严格、也更为模糊的网络诽谤认定标准:在线下空间中,理论上可以查证人们是否"实际"获知一则诽谤传闻,在线上空间中,计算机统计根本无法区分"实际/不实际"的"点击";两种空间的"浏览"行为也存在本质上的不同,比如为了铺餐桌而摊开报纸肯定不算浏览,但随手打开根本没有阅读的网页已经是"浏览"。

再次,公众批评者也以刑法禁止"类推解释"为由,反对司法解释将网络认定为需要"秩序"保护的"公共场所",并因此适用关于寻衅滋事罪的规定。他们强调,《刑法》第 291 条关于扰乱公共场所秩序罪的规定列举了"车站、码头、民用航空站、商场、公园、影剧院、展览会、运动场"等公共场所,因此在规定寻衅滋事罪的《刑法》第 293 条第 4 项中,"公共场所"的外延应当与之保持一致。这种批评其实是站不住脚的,《刑法》第 291 条毕竟采用不完全列举的方法,留下了"或者其他公共场所"这一待解释空间;随着社会的发展和技术的进步,公共场所存在形式的多元化不仅实属正常,而且意味着公共生活的日益丰富;更不用说网络公共领域确实也与那些被列举的公共场所一样,面向公众的社会生活需要,具有开放性、人员的多数性和不特定性等诸多共同特征。

又次,批评者没能合理论证他们的正确直觉。"两高"将网络空间等同于线下的公共场所之所以属于类推解释,原因并不在于法律没有

---

① 此处仅就一般而言。具体说来,社会联系越是紧密的网络空间,如电子邮件、QQ 群、微信群等,越是与线下空间近似;社会联系越是松散的网络空间,如微博、社交网站、维基百科等 Web 2.0 网络空间,越是与线下空间分化明显。因此,在具体的司法操作中,可能有必要区分强联系/中等联系/弱联系的网络空间,以便论证特定法律规范的可适用性。Tal Z. Zarsky. Law and Online Social Networks: Mapping the Challenges and Promises of User-Generated Information Flows. Fordham Intell. Prop. Media & Ent. L. J. 18, 2008: 741-746.

明确列举,而在于两种空间的高度系统分化及由此造成的行为后果差异。举例来说,如果有人在车站、码头、机场、剧院"起哄闹事",作为乘客、顾客是无法立即离开现场的,公共场所秩序的混乱往往使他们无可选择地成为被动受害者;相反,如果有人在网络社区"起哄闹事",作为网友可以马上关闭网页甚至关闭计算机,网络"围观"则是其主动的选择。至于网络空间的"秩序",典型如"黑客"的非法侵入,确实足以造成混乱,但"起哄闹事"者根本没有这种能力——较之钢筋水泥架构的物理空间,信息技术架构的网络空间容量之大,很大程度上消解了物理空间意义上的秩序问题。换言之,刑法上"公共场所"所具有的"开放性"特征,实际上是"受限于物理空间容量的可进入性",而诸多网络空间的"开放性"则是"无限的可进入性",故既不存在社会秩序问题,也不应归属于"公共场所"。①

有学者已经认识到,"对网络的管理……绝不是通过一个对传统刑法随意延展的解释所能解决的"②;但也有学者不承认线上/线下空间的高度分化,认为 Web 2.0 网络正在"从虚拟性向现实性过渡""网络行为不再是单纯的虚拟行为,它被赋予了越来越多的社会意义",并以赌博网站与物理性的赌博场所被统一视为刑法中的"赌场"为例,论证网络空间也是"公共场所"。③ 这种论证认识到线上/线下空间的现实性以及线上/线下行为的社会性,却混淆了"网络社会"的"现实性"与"现实社会"的"现实性",以及"网络行为"的社会意义与线下行为的社会意义。此处的关键问题是,类似行为在不同空间语境下是否仍然保持相同意义? 毫无疑问,具体情况必须具体分析:不论开设赌博网站还是物理性的赌博场所都是"开设赌场",这是因为该行为的特定性质和后果不因线上/线下的空间转换而呈现重要差异。这并不意味着

---

① 有学者认为,较之作为"限于私人之间的非开放圈子"的微信,微博具有开放性,更可能属于刑法意义上的"公共场所"。这种观点的错误,就在于片面理解公共场所的"开放性"特征。于志刚."双层社会"中传统刑法的适用空间——以两高《网络诽谤解释》的发布为背景. 法学,2013(10).

② 孙万怀,卢恒飞.刑法应当理性应对网络谣言. 法学,2013(11).

③ 于志刚. 网络、网络犯罪的演变与司法解释的关注方向. 法律适用,2013(11).

所有网络空间都可以与物理空间一一对应；恰恰相反，网络空间与物理空间的高度分化普遍存在，只不过在定性问题上，"开设赌场"这类犯罪行为缺乏"空间关联性"罢了。另有学者转而强调，网络寻衅滋事犯罪所扰乱的不是网络社会的秩序，而是现实世界的社会秩序。① 这种观点在一定程度上限缩解释了网络寻衅滋事犯罪的认定条件，似乎试图扩大网络言论自由的边界，但仍然必须面对一项关乎"立法者原意"的质疑：刑法惩罚"在公共场所起哄闹事，造成公共场所秩序严重混乱"的寻衅滋事行为，有何证据表明此处的两个"公共场所"的不同？

　　最后，网络公共领域的兴起还改变了公众的行为预期，造成"两高"解释可能陷入"违宪"境地。尽管在法学界内部，司法解释权与立法权、法律解释权的界限早已引发争论，但普通公众广泛质疑司法解释权的情况还是第一次出现。网络舆论反复强调《立法法》将法律解释权授予全国人大常务委员会，却忽略了鉴于我国的立法水平尚有待进一步提高，没有司法解释或者仅仅依靠立法解释只会造成司法工作的混乱；忽略了《立法法》尽管在效力等级上属于宪法性规范范畴，但专门致力于规范"立法"行为，其所谓"法律解释"仅仅指"立法解释"；忽略了我国《宪法》并无"三权分立"的制度设计，不仅惯例上允许针对具体法律适用问题的司法解释，最高人民法院《关于司法解释工作的规定》甚至赋予抽象的司法解释以"法律效力"②；也忽略了自 20 世纪60 年代以来，全球范围内都出现了"司法治理"（Juristocracy）的潮流，司法成为社会治理的主导机制，法院在法律系统的中心地位不断巩固，"司法至上"原则实际上获得确立。③ 更不用说，如果全国人大常委会在网络诽谤、寻衅滋事等问题上做出了与"两高"一致的解释，公众还能质疑什么呢？

　　平心而论，司法解释权本身的非法性只是部分公众的一个借口，用以表达对"两高"限制网络公共领域的不满，其实质是恐惧于《宪法》

---

① 曲新久.一个较为科学合理的刑法解释.法制日报,2013-9-12(07).

② 金振豹.论最高人民法院的抽象司法解释权.比较法研究,2010(2).

③ ［美］肯尼迪.法律与法律思想的三次全球化：1850—2000.高鸿钧,译.清华法治论衡,2009(12)：114.

基本权利可能遭受的侵害,因此选择了富于进攻色彩的自我保护策略。在"文化大革命"结束后的 20 多年中,我国的言论控制主要不再依靠向个体施加刑罚,私人领域的言论一般不会遭到"检举揭发",试图进入公共领域的言论则由行政监管下的媒体加以过滤。但在那个时代,绝大多数的普通人局限于私人领域,本不可能获得稀缺的公共媒体资源,出版著作、撰写报纸专栏或者发表电视讲话,是故只有少数知识分子和政治异议人士感受到言论自由的限制。然而,随着 Web 2.0 互联网技术的发展,即便"草根"阶层也获得了面向全国乃至全世界说话的实质性权利,公众对于言论自由的理解很快发生了改变。"普通人的言论不入刑"这项前互联网时代的行为预期,由此扩展到高度开放的网络公共领域;所有试图控制普通公众网络行为的法律,都难免从根本上面临合宪性质疑。

五、结语:走向"公—私"合作的新型网络规制

再一次强调,全新的中国公共领域,归根结底是 Web 2.0 技术进步的产物。在 Web 2.0 环境下,网络公共领域向传统的政治公共领域之外延伸,其功能不再局限于凝聚商谈共识和支撑政治合法性,而是扩大为通过推动各种社会子系统的内部分化,全面提升政治、经济、法律、科学、教育、传媒、艺术的自我反思能力。作为具有业余、自发特征的系统"边缘"部分,各种类型的网络公共领域都富有创造性和批判潜力,有助于改善"组织化、专业化"的诸系统"中心"制定的游戏规则。这就同时促进了已然高度分化的各社会系统的"合理化",以及被现代化进程"排除"的弱势群体的"再涵括"。各种社会离心力量得到有效遏制的前景,对于普通公众来说,意味着人权和基本权利的进一步落实;对于政治系统和法律系统来说,意味着社会复杂化带来的整合压力可能全面缓解。

由此可见,网络规制的首要目标,不应是维护网络公共领域的秩序"稳定",而应是保障其自我反思功能。为了实现这一首要目标,必须化解网络公共领域的异化风险。与传统的政治公共领域不同,网络

公共领域的异化主要不是源于政治权力和社会权力的外部侵蚀,而是源于互联网企业主导的内部技术设置和架构设计。美国学者莱斯格早已指出:"互联网的'性质'并非由上帝的旨意来决定,而仅仅是由它的架构设计来决定,并且,那些架构设计可以是五花八门的。"①正是诸多技术设置搭建了不合理的网络"架构",才模糊了各种社会系统已然展开的"中心/边缘"分化,形塑了网络公众带有非理性色彩的行为模式。长此以往,系统"边缘"的批判潜力和整个网络公共领域的反思功能可能再度受到抑制,职业化、组织化的"中心"以及符合其利益的游戏规则可能重新获得支配地位,对抗诸社会系统扩张倾向的理性化进程可能被迫中断,普通公众基本权利的扩大化进程可能走向停滞。

当前的"行为主义"网络规制模式着眼于普通公众的网络行为,而非形塑其行为的互联网技术设置和架构设计,因此难以应对网络公共领域的异化风险。在 2013 年的全国性互联网整治运动中,"两高"司法解释由于忽视互联网技术发展带来的线上/线下社会空间分化,以及网络行为在数量、性质、后果、预期方面的特殊性,受到网络公众诉诸直觉的广泛质疑,并在实践中陷入困境。② 这一例证再次表明,调整线下社会空间的法律规范不能不加甄别地直接"移植"到线上的网络公共领域③;未来网络公共领域的规制重心应当从行为向架构转移,从普通网络公众向互联网企业转移,从单纯的外部规制向"自我规制的规制"转移。

例如,由微博运营商自主设置"官方辟谣微博"和"不实信息曝光专区",就比强行推出"微博实名制"更能有效抑制虚假信息传播,同时

---

① [美]劳伦斯·莱斯格.代码 2.0:网络空间中的法律.李旭,沈伟伟,译.北京:清华大学出版社,2009:43.

② 2013 年 9 月 27 日,最高法院"有关人士"通过媒体表示,已注意到"出现对执法过程中存在个别偏失现象的质疑",并透露"最高法已经对地方法院进行指导,将进一步统一执法标准,规范执法行为".最高法将统一执法标准.京华时报,2013-9-27.

③ 有学者甚至认为,"全球信息化技术的迅速发展……将使 18 世纪工业革命以来围绕能量与物质构建的法律秩序向围绕信息构建的法律秩序全面转型".余盛峰.全球信息化秩序下的法律革命.环球法律评论,2013(5).

又不必付出侵犯公民隐私权的成本[①];再如,要求观点对立的政治性网站和网络社区相互链接,以增加异质信息的传播和不同意见的理性讨论,不仅无损公众的言论自由,而且比惩罚发表激进观点的网民个人更能防止群体极化;又如,数字权利管理技术(DRM)可以在很大程度上控制数字环境下的内容使用,通过法律合理规制数字化作品经销商的技术实施,远比"严打"盗版用户或者简单地提供司法救济更有助于保护版权人的合法权益。[②] 一言以蔽之,未来的网络法应当避免直接侵犯公众在 Web 2.0 技术条件下获得落实的宪法基本权利,应当更加重视向互联网企业强加监管责任,积极探索政府与企业"公-私"合作的新型网络规制模式。[③]

中国互联网经济日益被少数企业主导的现实,也迫使当前网络规制模式的转型。经过多年的残酷竞争,一些互联网巨头在全国乃至全球范围内脱颖而出,并逐渐通过"对内容、服务、应用、操作系统、硬件终端、甚至是管道的垂直整合""排他地向用户提供一站式服务"。[④] 与此同时,由于我国在互联网领域实行严格的市场准入管制,大量中小互联网企业被排除在许可之外,后进入的企业不仅处于不利的资本市场竞争地位,以及受制于高科技行业特有的知识产权"差序格局",而且因为难以获得"牌照"而面临巨大的政策和法律风险。[⑤] 在市场准入管制短时间内难以松动的情况下,主导网络架构的企业数量可能越来越少,其规模和影响力可能越来越大。这种发展趋势一方面便利了开展"公-私"合作的网络规制,另一方面也要求国家强化对大型网络企业的法律规制。

毋庸讳言,Web 2.0 网络公共领域有力地冲击了既有社会规则,

---

① 韩宁. 微博实名制之合法性探究——以言论自由为视角. 法学,2012(4).

② 王迁. 论网络环境中的首次销售原则. 法学杂志,2006(2). 关于数字权利管理技术的滥用, Lawrence Lessig. Re-crafting a Public Domain. 18 Yale Human Rights & Development Law Journal 62, 2006.

③ [德]贡塔·托依布纳. 魔阵·剥削·异化——托依布纳法律社会学文集. 泮伟江,高鸿钧,等译. 北京:清华大学出版社,2012:154.

④ 胡凌. 大数据革命的商业与法律起源. 文化纵横,2013(3).

⑤ 马骏,等. 中国的互联网治理. 北京:中国发展出版社,2011:21.

甚至全面地解构和重构着既有社会秩序,难免遭遇大量利益集团和保守势力的围追堵截。在这种局面下,"公-私"合作可能沦为"公-私"合谋,反而加剧网络公共领域的功能异化。因此,不论具体的规则为何,"公-私"合作首先要求更高程度的公开透明,其基本规则应当通过立法形式确定下来,接受公众舆论基于宪法基本原则的检验。其次,鉴于"电子执行"的极端彻底性,网络企业的私人管理行为可能更为严重地侵害网络公众合法权益,应当严格限定在法律的明确授权范围内进行,防止公权力借助网络企业的技术手段对网络公共领域实施不当干预。再次,权利救济方面,互联网企业不得利用点击生效的电子协议等手段排除用户的申诉权利,对于用户与互联网企业之间基于私人管理关系产生的纠纷,互联网行业组织应当积极探索各种解决机制,法院更应保障相关的诉讼权利。最后,互联网企业的技术设置还应当有助于经由网民互动自主形成的自律规范的运行,亦即在架构搭建的过程中充分考虑自治元素①,以强化"软法"治理、减少"硬法"的不当干预——正如 Web 2.0 带来了"软件发布周期的终结",在 Web 2.0 网络公共领域中,各种社会规则的演化速度也在不断加快,而作为"软法"的各种自律规范无疑更具回应性、效能性。②

　　网络公共领域的崛起开启了一个新的时代,如何加以适当的规制,考验着包括中国在内的世界各国的战略眼光和法治决心。从我国的信息化发展战略来看,可以认为,中国互联网规制模式转型的长期目标和未来方向是走向多元网络"治理",即"坚持法律、经济、技术手段与必要的行政手段相结合,构建政府、企业、行业协会和公民相互配合、相互协作、权利与义务对等的治理机制,营造积极健康的互联网发

---

　　① 举例而言,维基百科的秩序维持,一方面依靠"保留网页历史版本""版本对比""更新描述""沙箱测试""IP 禁止""页面锁定"等技术手段,另一方面也依靠经由用户互动自发产生的一系列编辑规则,以及监督执行这些规范的具有准官僚制特点的志愿管理者体系,两者相得益彰。以这种"自组织模式",维基百科保障了多人协作、共享的有序知识生产,并且贡献了大量高质量的知识产品。周庆山,王青山.维基百科信息自组织模式探析.情报资料工作,2007(2).

　　② 软法的主要功能参见:罗豪才,等.软法与公共治理.北京:北京大学出版社,2006:55.

展环境"①。但鉴于目前中国的互联网行业组织仍然受主管单位管理或"业务指导""自主性、志愿性、非政府性并不明显"②,网络公众自治意愿和自治能力的提升又在技术上取决于网络企业的平台设计,此项转型的短期目标只能是走向政府与互联网企业"公-私"合作的新型网络规制。尽管如此,"公-私"合作模式毕竟是实现多元"治理"模式的关键一步,并且分享了后者的一项基本预设:任何试图通过控制网络公共领域,维护既有规则、恢复既有秩序的企图,都与时代的发展方向背道而驰;相反,至少在诸大国之中,谁能够有效保障和充分发挥网络公共领域的自我反思功能,防止其因功能异化而丧失冲击、解构和重构能力,谁就可能更快实现社会结构的全面转型升级,进而在 21 世纪的国家竞争中立于不败之地。

(原文载《现代法学》,2014(4):25-34。)

---

① 2006 年 5 月 8 日中共中央办公厅、国务院办公厅印发的《2006～2020 年国家信息化发展战略》。

② 唐康廉. 互联网及其治理. 北京:北京邮电大学出版社,2008:15.

20　超越代码：从赛博空间到物理世界的控制/生产机制

胡　凌[*]

一、引言：传统理论如何解释网络法的核心问题

本文对当下发生的新型社会控制现象和权力关系进行探究，从而反思数字化世界的结构和本质。这一趋势肇始于赛博空间(Cyberspace)产生之前，却因后者得到强化和延伸，最终影响到线下物理世界，使两个世界不断趋同。互联网自 20 世纪 90 年代商业化并向全球扩散时，曾在美国引发相当程度的讨论，理论问题之一是赛博空间是否可被视为一个自在自为的空间而独立存在，并抵制来自传统政府/主权国家的控制。[②] 这一观念源于更早先的"虚拟-真实"哲学二分法，极大影响了人们对赛博空间性质的看法。[③] 从自由至上主义角

---

　*　上海财经大学法学院副教授、副院长。本文是国家社科基金一般项目"中国网络法的演进模式研究"(批准号：17BFX027)的阶段性研究成果。

　②　[美]约翰·P. 巴洛. 网络空间独立宣言//高鸿钧. 清华法治论衡(第四辑). 北京：清华大学出版社,2004. 至少是在美国,保持网络空间自治的设想被政府加强对互联网管理的现实无情地打破,这一现实在"斯诺登"事件达到顶点。尽管还有像比特币这样的发明,重新燃起少数人超越主权国家的希望,但区块链技术也随着各类 ICO 的出现而声誉扫地。

　③　例如,Michael A. Geist. Is There a There There—Toward Greater Certainty for Internet Jurisdiction. Berkeley Tech. L. J. 16, 2001：1345. 近年来被炒作的 VR 不过是一个低端版本的商业服务而已。尽管本文讨论的基础是赛博空间的哲学性质,但这一问题即使被悬置,也并不影响本文的讨论。

度观之，人们当然可以设想纯粹虚拟世界的自治领域存在，但需要回答：①这一空间在多大程度上是特殊的，以至于需要和真实世界截然不同的规则和治理者；②如果有规则，这一规则由何种力量促成。① 一些法律理论家从不同角度对这一问题进行了思考和解释，较有影响的理论有以下三种。

（1）代码理论。劳伦斯·莱斯格（Lawrence Lessig）在《代码》②一书中，首次系统地探讨了赛博空间中自由的边界。作为一个法律社会学范式，作者提出法律、市场、社会规范和架构四要素能共同影响人的行为；由于赛博空间不同于物理世界的架构，代码设计成为实际约束力量（代码就是法律），比法律更为有效。莱斯格提出的核心问题是，如何面对这样一种由私人权力塑造、不受民主制度约束的规则，以及这类规则多大程度上能被法律（主权）控制。互联网由巨头平台企业主导的发展过程证实了这一理论，人们不再谈论虚拟世界，而是习惯于一个线上和线下服务打通的消费者服务体系③；同时，各国政府在赛博空间中的权力也迅速扩张，通过技术手段加大监控力度。④ 但代码理论未能深入讨论商业/政治力量利用代码实施控制的动机和微观机制，特别是未能延伸至当下大数据与智能算法时代；这一理论也没能解释法律与代码之间此消彼长的动态过程，即当赛博空间蔓延时，传统法律为何会退却，以及其如何转变。⑤

---

① Frank H. Easterbrook. Cyberspace and the Law of the Horse. University of Chicago Legal Forum, 1996: 207; Lawrence Lessig. The Law of the Horse: What Cyberlaw Might Teach. Harvard Law Review 113, 501-549.

② Lawrence Lessig. Code and Other Laws of Cyberspace. Basic Books, 1999. 该书后来有了扩充第二版，但主要观点没有变化。

③ 平台主导的私人规则被转化成架构和场景设计，成为不容用户选择的默认设置。这被以各种意识形态包装（如"网络中立"），试图加强私人对赛博空间"总开关"的控制。吴修铭. 总开关：信息帝国的兴衰变迁. 北京：中信出版社，2011.

④ Jack Goldsmith, Tim Wu. Who Controls the Internet?: illusions of a borderless world. Oxford, Oxford Press, 2006.

⑤ 关于代码理论的反思参见：Egbert Dommering, Lodewijk Asscher. Coding Regulation: Essays on the Normative Role of Information Technology. T. M. C. Asser Press, 2006. 语义学上的延伸见：Stefan Larsson. Conceptions in the Code: How Metaphors Explain Legal Challenges in Digital Times. Oxford University Press, 2017.

　　（2）社会生产理论。就商业力量而言，有必要从社会生产的角度解释互联网为何繁荣，架构设计如何成就新的生产方式，以及需要何种内生性法律规则保护其利益。尤查·本科勒（Yochai Benkler）的《网络财富》①对此给出了回答。作者提出了一种不同于线下企业生产的新型模式：同侪生产（Peer Production）。互联网服务的架构设计可以允许大量用户利用其空闲时间在线参与，完成传统上无法想象的工作，打破传统企业边界，使人们得以自由创造。尤查·本科勒后来的研究将这种广泛参与归结为人类天生的自发合作性②，其理论潜在的结论是，只要生产的架构设计得当，便可利用互联网和人的天性产生巨大共同价值。这一理论较好地解释了互联网繁荣的生产过程，即数字经济如何可能，以及生产性架构在其中的重要功能。但问题是，互联网上的资源流动性极大，互联网平台如何与传统企业稳定的生产过程进行竞争、提升基础服务能力、将用户永久留在本服务中固定持续地生产，这些问题没有得到解释。③

　　（3）创生性理论。和尤查·本科勒的生产资源角度不同，乔纳森·齐特林（Jonathan Zittrain）的《互联网的未来》从生产结构和工具的角度对数字经济为何繁荣进行了解释。④ 在作者看来，原初的互联网"端到端"架构设计和操作系统具有很强的"创生性"（Generativity），人人都可以利用信息技术进行创造。⑤ 同时，他指出了互联网走向封闭

① Yochai Benkler. The Wealth of Networks: How Social Production Transforms Markets and Freedom. 2006.

② ［美］尤查·本科勒. 企鹅与怪兽：互联时代的合作、共享与创新模式. 杭州：浙江人民出版社，2013. 具有类似观点的还有 Clay Shirky. Cognitive Surplus: Creativity and Generosity in a Connected Age. New York, Penguin Press, 2010.

③ 这还是从自由主义经济学视角出发进行的解释，批判性的解释更为强调劳动和分配，见 Trebor Scholz. Digital Labor: The Internet as Playground and Factory. New York & London, Routledge, 2012.

④ Jonathan Zittrain. The Future of the Internet—And How to Stop It. New Haven & London, Yale University Press, 2008；简要的版本见 Jonathan Zittrain. The Generative Internet. Harvard Law Review 1974, 2006: 119.

⑤ 类似的研究是 Barbara van Schewick. Internet Architecture and Innovation. Cambridge, MIT Press, 2012.

的重要原因：由于缺乏适当的控制机制，赛博空间变得极度不安全，这使大型互联网企业有动力开发更加封闭可控的操作系统，并以牺牲创新程度和自由度为代价；也使政府有动力介入，对网络行为加强监控。这一理论同样没能进一步阐释人们为何会主动采用数字工具创造、封闭互联网出现的经济动因及施加控制的微观机制如何出现。

上述 L-B-Z 理论集中代表了美国自由主义学者关于赛博空间、数字经济和法律如何可能的论述，其共同问题意识是，从追问赛博空间的本性出发，看到造成互联网繁荣和个人自由的架构设计，也看到作为自由和繁荣的架构逐渐走向封闭的过程。然而，更多地反映 PC 互联网时代的上述理论未能在移动互联网时代进一步推进，它们无法解释如下悖论：一方面，互联网繁荣靠极客们的热情或大众合作的文化产生（从而可能是随机、不稳定的）；另一方面，来自企业和政府的新型控制手段也不断深化，开发出成熟机制稳定地约束赛博空间主体（从而降低风险，加强对未来的预测）。本文试图在上述理论的基础上推进关于赛博空间控制和生产机制的研究①，不拟延伸至更宽泛的监控理论②或控制论哲学③，而是观察和讨论（特别是在中国语境下）真实的权力机制如何发生，解释互联网在表面上变得自由灵活的同时如何更有利于控制和生产。

目前大部分赛博空间由私人主导，并体现出强烈的商业性，即信息技术更多地被用来获取经济利益，将用户变成劳动者、消费者甚至

---

① 这也延续了笔者过去两类看似不同的研究：网络主权和生产性的网络法。它们本质上都是关于流动和虚拟社会中的控制/生产机制如何可能，把商业和政治逻辑加以整合。胡凌. 信息基础权力：中国对互联网主权的追寻. 文化纵横，2015(6)；人工智能的法律想象. 文化纵横，2017(2).

② 源自福柯的监控和生命政治理论被大量应用至网络空间中，即传统上以组织为单位的规训进一步扩散到全社会，变成纯粹个人化的监控。例如，Christian Fuchs. Internet and Surveillance: The Challenges of Web 2.0 and Social Media. New York & London, Routledge, 2011; Alexander R Galloway. Protocol: How Control Exists after Decentralization. Cambridge, MIT Press, 2006.

③ [德]托马斯·瑞德. 机器崛起：遗失的控制论历史.北京：机械工业出版社，2017.

商品本身。商业/政治力量看到赛博空间不断扩展，试图应对流动性开发出更加日常化的控制机制，使大众在赛博空间中的行为变得更加可预测，得到规训和有效治理。就商业力量而言，需要用户作为恒久的产消者(Prosumer)，持续为互联网生产数据，而不是短暂的针对流量收割。就政治力量而言，需要实现对用户的持久监控和追踪，以便安顿秩序，而非被动地对失序现象做出回应。两者都有动力加强对用户历史行为的记录和分析，识别身份，并提供各种激励措施使用户的在线行为变得合规，使看上去无序的赛博空间变得可控。由此，这一逻辑的讨论至少应涵盖如下要点。

（1）身份控制。探讨赛博空间和真实世界中的身份问题，最主要的是对基础身份的认证和对次级身份与行为的识别。重要的是，识别不是静态的被动识别，而是主动将各类标签赋予主体，并强化主体在特定场景下的自我意识。

（2）连接点。赛博空间中的主体和真实世界主体是否需要分离，如果通过前者加强对后者的控制，账户就成为两个主体之间的连接点。

（3）时间性。真实的控制机制强烈依赖于受控主体的历史。在赛博空间中，主体活动的历史依靠行为活动数据积累下来，这些海量数据对主体能产生极大影响和约束。同时，控制不仅看历史，还展望未来，正是对未来的风险和不确定性的担忧使当下行为具有了时间维度，并受到极大制约。①

（4）激励机制。为鼓励主体持续地按照期待生产能带来价值的数据，需要对用户行为通过智能算法进行评分，激励更多优质稳定的数据生产，淘汰不稳定的生产者。

这些要点部分反映了线上和线下治理机制相互融合的趋势。首先，稳定的控制和生产一直是线下组织追求的目标：从古至今，政府在面对人员和物理物品流动性增大的情况下不断增强认证能力，试图

---

① 李晟. 通过算法的治理：人工智能语境下的法律转型. 法学评论,2018(1).

将被治理者与稳固的身份绑定[1];企业组织则通过缔结合同和物理性劳动空间约束雇员。互联网不过是这类思路的延伸,这可以从互联网发展早期监管机构和治理机制的设计看出。[2] 其次,线下世界受制于信息收集成本和技术条件局限,为治理和生产能力带来"瓶颈",也造成了控制的地域性和封闭化。[3] 信息技术则将打消这些边界,地方政府需要面对来自全国甚至世界的网民行为,企业需要服务于上亿用户。这迫使治理者思考如何面对不确定的赛博空间,将传统机制进行创造性转化。同时,用户在线行为积累的海量数据和成本不断降低的计算能力填补了新的空白,某种程度上帮助增强了治理能力。最后,随着互联网治理机制的深化,赛博空间中的控制/生产机制反过来会影响真实世界的治理(特别是对数据和评分工具的重视),而非线上治理单纯服从于线下规则。

不难看出,L-B-Z 理论都围绕着互联网架构设计及其影响展开,本文将它们提出的约束人行为的规范性代码(架构)称为代码 1.0,作为塑造生产方式的代码(架构)称为代码 2.0。[4] 本文将在其基础上整合,进一步探讨 3.0 版本的控制/生产机制,这一机制不仅能进一步深化 1.0 版本的控制维度,也可以解释 2.0 版本的生产维度,从而进一步打通互联网治理的政治逻辑和商业逻辑。"代码 3.0"由三个要素构成:账户(Account)、数据(Data)和评分(Scoring)。本文即在第二至四节对这一模型的原理进行详细阐述,解释三要素如何逐渐出现并共同服务于统一的机制,并就其运作与传统法律控制进行比较。账户处

---

① 欧树军. 国家基础能力的基础:认证与国家基本制度建设. 北京:中国社会科学出版社,2013.

② 至少是中国的互联网监管机构模仿了线下治理机制,这发生在互联网早期,是既有体制的本能反应. 王融. 中国互联网监管的历史发展、特征和重点趋势. 信息安全与通信保密,2017(1);胡凌. 网站治理:制度与模式. 北大法律评论,2009:10(2).

③ 传统企业存在边界,而互联网试图打破这一边界,见 Yochai Benkler. Coase's Penguin, or, Linux and "The Nature of the Firm". Yale Law Journal 112, 2002:369.

④ 关于代码及其法律是为新经济的价值生产服务的观点,参见胡凌. 人工智能的法律想象. 文化纵横,2017(2);胡凌. 保护原创靠原创标识和白名单就够了吗? 腾云,微信公众号,2017-1-10.

于互联网治理过程的核心，由认证（Authentication）和识别
（Identification）两部分构成；通过账户，赛博空间和现实世界中的主体
被联系起来，通过网上的活动稳定地积累数据，依据数据对其场景化
行为的评价反过来进一步成为影响其未来活动的重要约束力量。在
第五节中还将讨论发生在政府、企业和个人之间围绕控制三要素开展
的博弈，这将帮助推进赛博空间和主体自主性关系的讨论。最后将回
到代码1.0，简要展望本文的3.0理论框架将如何重新塑造控制的诸
多要素。在论述过程中，本文还将触及一系列相关的子问题，它们都
是网络法中重要的议题：①除了不断将线下的生产性资源重新数字
化和数据化加以调动匹配外，数字经济应如何持久发展[1]；②实名制
认证的制度设计；③个人信息保护的边界，等等。

二、连接点：账户、认证与识别

（一）商业账户的兴起

账户被广泛应用于赛博空间，已经成为用户绑定在各类服务中不
可或缺的一部分。[2] 互联网商业化之前的账户被设计用于研究者分时
使用同一台主机，以便节约资源。随着互联网扩展至社会更多领域，
计算能力和存储空间早已不是一个问题，账户就成为服务提供者远程
服务的前提。账户是一种获得使用特定数据库或资源的资格，这种资
格通过用户协议得以确认。同时，账户还是一个控制体系，用户有权
通过账户支配用户协议允许的服务行为，并通过账户为非协议行为的
外部性承担责任。[3]

账户通常由几部分构成：开启方式、接受服务的操作能力和累积

---

① 笔者称为"非法兴起"，可以部分地解释过去20年中国互联网的发展逻辑。胡凌.
非法兴起：理解中国互联网演进的一个框架. 文化纵横, 2016(5).

② 尽管仍然存在不用注册即使用的服务，但越来越多的服务倾向于要求人们现行注
册一个账户，从而将用户固定住。尽管IP地址、MAC地址也可以定位用户，但都不如账户
直接。

③ 例如，通过封禁账号、列入黑名单等。

的数据。首先,从开启方式来看,账户经历了从输入用户名、密码到语音、人脸识别的过程,这一过程不仅使用户通过账户使用服务更加便捷("无感知"刷脸即可开启特定账户,无须手动输入),也试图不断降低账户失窃的风险。① 账户甚至不依赖于个人是否拥有智能硬件,尽管终端的普及是赛博空间得以扩展的必要途径,但未来的智能化环境将使终端无处不在。

其次,从服务操作能力来看,账户在操作时间和空间上都发生了变化,体现了互联网经济模式的转变。①从时间上来看,账户从需要不断登录、离线转向了永远在线。在智能终端人们不需要每次退出特定应用程序,这一默认架构的变化无疑减少了 PC 互联网源于 cookies 追踪用户行为带来的纠纷,变得更加自动化。② ②从空间上来看,随着平台企业向各个领域扩张(自营或收购),人们只需要使用少数几个账户就可以使用绝大部分重要的日常服务,而避免了不得不记住数十个密码的麻烦。③ 大型平台的账户还向第三方开发者开放,共享账户并交换数据,都扩展了特定账户的权能。更为重要的是,人们使用服务的行为账户和便捷支付的金融账户也时刻绑定在一起,提高了账户本身的重要性和风险,从而推动了加强认证与识别技术的需求。④ 这种机制可以看成一个更广泛趋势的一部分,即像手机和可穿戴设备这样的终端会变得越来越精巧,和人们的日常生活工作融为一体,随着物联网与智能环境开发,终端会变得无处不在,其实质是统一的账户以多种方式开启使用。这样就彻底改变了人们和赛博空间的关系,所有人生存在这一数字架构中,不存在真正退出的问题,其中稳定的连接

---

① 以一串字母、数字代表的账号不仅产生了财产权利纠纷,也产生了监管问题。关于财产权利问题,见岳林.网络账号与财产规则.法律和社会科学,2016,15(1);关于内容监管,见国家互联网信息办公室《互联网用户账号名称管理规定》。大部分平台用户协议都规定账户仅限向唯一的注册用户提供服务,这不仅是为了避免纠纷,更是为了持续追踪,确保数据质量。

② 见朱烨诉百度隐私权侵权案(2015年)。

③ 也可能带来因账户合并产生的隐私纠纷。

④ 周子衡.账户:新经济与新金融之路.北京:社会科学文献出版社,2017.

点就是账户。①

最后，用户通过账户积累数据，不仅包括自身活动的记录，也包括自身生产和存储的信息内容，如下文阐述，围绕这些数据产生了虚拟物品的财产性质和继承的诸多争议。② 数据积累得越多，越能够反映该账户及其使用者的稳定性。

从商业逻辑和政治逻辑出发，不难理解账户的重要性。互联网平台需要通过账户绑定特定用户，通过账户的活跃度不仅能预测稳定的流量和在线生产，还可以根据用户状况进行持续追踪，精准投放广告，甚至识别机器网络推手和僵尸账户。政府为维护公共安全，打击网络犯罪，需要了解和辨识特定账户的行为，甚至通过账户追踪到特定行为人，为违法行为承担法律责任。这些需求都通过实施"实名制"机制表现出来。③

广为接受的狭义实名制是通过验证身份证号码（或经过认证的电话号码）确认账户背后的行为人是否是唯一真实的主体。④ 这一思路至少有三层含义使实名制得以扩展。首先，现代国家中的身份证意味着一种基础设施，确认生活于一国之内的自然人或组织拥有某种政治身份，便于国家进行深入治理，身份证就代表了每人独一无二的"公民"身份（户口和档案是身份证背后的配套控制机制）。这意味着国家可以针对赛博空间开发出另一套身份认证机制（甚至依托私人基础设

---

① 尽管一些互联网服务设置了账户删除服务，但依据用户协议，平台仍可在后台永久使用账户关联的内容信息，而不能彻底删除，这些信息往往被用来继续发送广告信息，或者随时准备为用户一键恢复。

② 江波. 虚拟财产司法保护研究. 北京：北京大学出版社，2015.

③ 胡凌. 网络实名制：目的、机制与效果. 探寻网络法的政治经济起源. 上海：上海财经大学出版社，2016.

④ 例如，《全国人大常委会关于加强网络信息保护的决定》《电话用户真实身份信息登记规定》《个人存款账户实名制规定》。

施)。① 其次,"公民"身份更多地在使用公共服务或行使公共政治权利、承担宪法义务的场景下,而非一切场景(特别是私人活动)中得到应用。但在实际操作中,用户在各种场合被广泛要求使用身份证验证,增加了身份证泄露的风险。② 这一风险的出现源于政府对独一无二特征的追求,而非身份证件本身(事后的责任追查不过是把身份证当成一个由国家控制和维护的庞大账户,通过在不同地点的使用轨迹进行追踪)。如果能找到其他替代性认证方式,将降低基础身份信息失窃的风险。最后,商业和政治逻辑对实名制的追求不同,因此在功能上有必要区分"认证"和"识别",在维持独一无二基础身份认证的同时开发对更多社会身份的挖掘与创新。这同时意味着早期互联网追求的匿名性自由的消亡。③ 下文将分别论述这两个经常被混同在一起的层面含义。

(二) 对基础身份的认证和对次级身份的识别

现有实名身份认证实践倾向于将"认证"和"识别"两个不同层面的功能相互混同。在本文严格意义上,认证是使用一个固定不变的特征或在先赋予的身份资质对主体真实性进行确认的过程,往往依据某些基础身份信息。这意味着认证过程需要在一定范围内保证唯一性和固定不变性。唯一性涵盖生物信息(包括面部、指纹、虹膜等)、国家赋予的唯一号码(身份证、社会保险账号)、任何特定组织赋予的资质

---

① 例如,公安部第一研究所以身份证制证数据为基础,通过国家"互联网+可信身份认证平台"签发与实体身份证芯片唯一对应的电子映射文件,身份证"网证";而公安部第三研究所则开发出 eID,是通过各类实体卡加载,由"公安部公民网络身份识别系统"签发给公民的网络电子身份标识,能够在不泄露身份信息的前提下在线远程识别身份。认证连同支付、物流等基础服务已经成为新经济的基础设施,集中的研究见胡凌:"从开放资源到基础服务:平台监管政策的新视角"(未刊稿)。

② 最为典型的例子是韩国的实名身份泄露事件,最后以停止实名制告终。

③ 1993年《纽约客》上的经典漫画"在网上没有人知道你是一条狗"永远成为历史。从根本上说匿名性消亡是互联网的分布式和创生性架构决定的,因为会产生众多信息安全问题,见 Jonathan Zittrain. The Future of the Internet—And How to Stop It. 从言论自由角度对匿名性进行的正当性证明,见杨福忠. 公民网络匿名表达权之宪法保护——兼论网络实名制的正当性. 法商研究,2012(5).

（军官证、记者证、毕业证书），等等。① 基础身份的固定不变性会遇到安全问题，即一旦失窃更改成本高昂，需要投入更多的资源保护。从这个意义上说，基础身份信息的确定和使用是拟制和专断的，它和非基础身份信息的区别不在于表现形式和技术手段，而在于使用的场合和功能。例如，以身份证为代表的基础身份（应当）被用于国家公共服务或者公共活动，以表明其作为一国公民的政治身份，但无须在所有场合展示使用。

　　一旦用户通过认证正式进入赛博空间并开始使用其中的服务，就踏入了"识别"的权力域。识别和认证的区别在于，第一，单纯的基础身份信息并不能揭示用户广泛的社会身份，最多是简单的自然信息（身份证、出生日期、电话、性别、住址）；而从商业的角度来看，需要了解不同场景下人们的活动轨迹，识别出他们丰富的社会身份和特征，以便预测其需求。第二，基础身份不应当在认证环节用于追踪用户，只是起到一次性审核或仅仅记录少量登录信息的功能，而识别则需要通过账户的后续活动数据分析挖掘用户的社会身份。一旦两个功能合并，就会造成基础身份信息泄露。第三，认证是根据一个在先的权威基础信息作出的，强调的是因果性，只需要证明是自然人、法人而非机器人或其他生物，就可以使用该服务。而识别则是一种基于概率的预测，有两个层次，第一层是对现有社会接受的"客观的"社会关系进行识别和还原，如职业、不同场景等，第二层则是根据后续数据创设出新的"主观的"社会标签和风潮，不是被动记录，而是主动塑造，基于数据进行分类管理，以期影响人的未来行为。第四，认证强调的是现实世界中的主体唯一性，而识别正相反，强调的是身份多样性和场景丰富性，针对的是账户表现出来的行为。如果真实的主体依据账户和平台的指示从事生产活动，则可以说明识别行为是有效的。识别依赖于认证，在确保账户主体不变的情况下，通过数据挖掘赋予主体新的身份和内涵，但永远只是用户的一个侧面。

识别本身代表用户身份的生产和再生产过程，能创造出更多的关系和身份，这说明识别本身就是用户数据创造性再利用的过程，是赛博空间发展的基础活动。其背后的原理在于，人的社会身份是不断变化的，需要某些场景展示这些身份（如社交网络），从而进行识别，将人和人之间的社会关系转化为人和平台的生产关系（进而是松散的法律关系），并鼓励用户扩大再生产。因此，数字时代的控制权在于通过各类方式控制数字身份的生产过程，包括下文提到的评分机制、适当的信息披露①、市场引导等。问题就变成了如何塑造身份生产的机制——连接。人的身份在符合差序格局的各种连接中形成②，不同连接的强弱和场景形成了不同的身份以及更加宽泛的、可以由数据动态生成的社会标签。所谓的在线身份管理，就是不断地创设机会和场景，允许各种类型的资源互动、创新的动态过程。③

本文主张认证与识别应当在技术和法律层面上分离，避免使用基础身份进行识别，基础身份只能用于认证，由政府统一提供，并且需要使用加密技术确保安全性，否则就会涉及基础身份的互认问题，导致基础身份的淡化。基础身份认证意味着网络架构的变化，在某些情况下可以转变为不经同意的默认设置；但识别是使用个人信息的过程，特别是敏感信息应当经过用户同意，且用户有权对个人可识别信息进行修改，更好地控制自己的社会身份不被滥用和歧视。④ 为避免个体过度被追踪，有必要以账户为限，允许平台挖掘账户的行为，但同时保持数据使用和贴标签的透明化，使用户在一定意义上也能控制账户，使账户成为用户和平台之间的隔离带和智能交易代理人。

---

① 理性的用户在特定的信息披露要求下会稳定地生产隐私. 戴昕. 自愿披露隐私的规制. 法律和社会科学，2016，15(1).

② 罗家德. 复杂：信息时代的连接、机会与布局. 北京：中信出版社，2017.

③ 社会网络分析已经证明，在更大社会范围内弱连接带来的价值要广于强连接，但从社会治理的角度来看，强连接的安全性要高于弱连接，如何能够在维持广泛的弱连接的情况下保持信任和秩序就成了一个问题。

④ 法律由此开发出一套个人信息可识别的标准，相关讨论见：岳林. 个人信息的身份识别标准. 上海大学学报（社会科学版），2017(6).

三、作为生产资料的数据：生产与利用

（一）我们如何成为数据

信息时代的数据主要部分来自各类资源通过信息平台调动与匹配的副产品，就个人活动而言，通过对账户的认证，即可以积累起用户在赛博空间中的各种数据。数据至少可以分为几个层次：①用户在平台公开区域生产的数据（信息内容）；②自动记录的账户行为痕迹数据（元数据）；③根据前两者分析出的深层数据（默会知识）；④可识别个人身份的、不依赖于特定信息系统的个人基本信息（认证信息）。随着各类场景的进一步数字化，赛博空间更加明显地成为大规模数据生产的场所，默认架构是搜集行为主体的数据而非排斥。① 在特定账户内，用户积累起来的数据不断增多，可以形成精准丰富的用户画像，比原来的线下档案更能反映用户的特性，且能以低成本实现大规模监控和追踪。②

数据和新经济的生产过程密不可分，业已成为驱动数字经济的重要动力。首先，数据可以在某种程度上帮助改进人的活动，投放精准广告，并精确地分析预测用户的行为。③ 数据生产的逻辑和通过账户的识别一脉相承。表面上看，数据是人们在线活动客观记录，但随着平台得以分析更多数据，就可以通过识别产生更多新身份，在赛博空间中产生新的生产渠道，控制了身份的生产机制，就控制了数据的生产机制。④ 通过数据的生产和再生产，用户被卷入一个永无止境的"商

---

① Lawrence Lessig. The Architecture of Privacy. Duke Law Journal 51, 2002：1783.

② John Cheney-Lippold. We Are Data：Algorithms and the Making of Our Digital Selves. New York, New York University Press, 2017.

③ ［德］克里斯多夫·库克里克. 微粒社会：数字化时代的社会模式. 北京：中信出版社, 2017.

④ 类似的逻辑是，"分享经济"先是对闲置资源的大规模使用，一旦成熟击败传统行业竞争对手后，本身就成为新的生产平台。

品化"过程,通过数据分析不断优化。① 其次,很难将数据从赛博空间中彻底删除,根据用户协议的规定,即使用户选择退出,其先前产生的账户数据也可以被用来继续在物理空间中追踪。用户很难行使真正的"被遗忘权"(赛博空间退出权),删除权也很难得到保障。② 最后,在早期用户还可以脱离赛博空间时,互联网的发展只是简单依赖于流量和广告,但随着统一账户积累更多数据,数据及其质量就成为平台关注的问题,例如,数据的真实性会因为网络推手或机器人刷单而受到污染。③

(二) 数据法律边界的变迁

随着数据能够产生的经济利益越来越得到关注,通过法律手段进行认可和保护就成了顺理成章的话题。④ 和网络法其他问题类似,探讨这一问题的核心逻辑是,数据如何通过商业模式和技术措施得以产生和利用,同时要求法律在财产权利层面进行回应和保护。⑤ 从某种意义上讲,信息技术并不挑战财产权利的法律构成(占有、使用、收益、处分),而是在数字经济的生产过程中提出了如何重新划定生产资料和收益的产权疆界问题。例如,重要的问题不是支付宝中的钱财是否可以继承,而是那些尚未被认定为财产的虚拟物品如何被赋予财产性价值,如何流动起来并被有效地利用,如何最终成为数字经济的免费生产资料,以及如何分配由此而来的价值。在生产关系与社会关系中(而非在真空中)探讨各类物品的财产属性有助于进一步理解三个相

---

① 关于数字商品化的更集中的哲学阐释,见:Christian Fucks. Social Media: a critical introduction(2nd ed). Los Angeles etc. ,SAGE Publications Ltd, 2017.

② 这一要求的另一面向是人们不希望永久删除,而是保留及如何更好地利用自己的数据。笔者在一篇小说形式的文章里探讨了这个问题。胡凌. 虚拟遗产风波. 法律和社会科学,2016,15(2).

③ 胡凌. 商业网络推手的演进与法律回应. 经济法论丛,2017(1).

④ 综合思路的讨论:许可. 数据保护的三重进路——评新浪微博诉脉脉不正当竞争案. 上海大学学报(社会科学版),2017(6).

⑤ 胡凌. 商业模式视角下的信息/数据产权. 上海大学学报(社会科学版),2017(6).

互联系的关键词：劳动及其商品化、控制、价值分配。① 正是在对虚拟物品的确权过程中，我们可以看到权利关系、技术、商业模式、利益冲突和反抗是如何交织在一起的。

本节将讨论两类数字财产，一类是虚拟空间中以 0 和 1 构成的各类形态的数字化物品（如文档、视频、软件、游戏装备、虚拟币），另一类是能够被信息平台调动增强使用性的物理物品，包括动产和不动产。随着互联网从文化工业向线下服务扩展，即按照从比特到原子的逻辑，越来越多的物理物品将被纳入数字平台的统摄范畴。本节针对 B2C 和 C2C 两类模式分别讨论常见的虚拟物品形态如何得到商品化和财产化，并影响法律制度和社会观念。

1．B2C

信息技术极大降低了大规模分发数字内容和物理物品的成本，使集中化提供信息服务和物理服务成为可能，常见的模式往往是部分免费服务（一种补贴或折扣）＋后续收费（包月或计件）。这一模式带来的直接后果是，传统上人们需要在本地拥有并消费的具有物理实体的文化产品，越来越多地通过中心控制的流媒体服务以数字化形式提供。② 即使在本地有副本，也要受到云端的制约，用户失去了自主控制其购买的数字物品的能力和权利，尽管人们仍然在"购买"，但其实质是有特定期限的租用，普通数字物品的形态也更多地变成服务，提供较低的质量保证和安全保障。换句话说，数字财产要受到信息架构设计和物理存储条件的极大影响。

（1）软件产品。软件经历了从终端到云端服务的转变，以有缺陷和不断更新为特点，通过拆封合同避免责任。用户并不拥有这类产品，只能被动使用。③

---

① 这里特别针对流行的意识形态——"失控"，从而凸显语词所能代表的不同层面和立场。相反的代表性观点见：［美］凯文·凯利. 失控. 东西文库，译. 北京：电子工业出版社，2016；Alexander R. Galloway. Protocol：How Control Exists After Decentralization.

② Aaron Perzanowski, Jason Schultz. The End of Ownership：Personal Property in the Digital Economy. Cambridge，MIT Press，2016.

③ 胡凌：《人工智能的法律想象》。

（2）文化产品。类似地，用户不需要购买光盘、书籍，也不需要在本地储存数字文档（包括盗版），直接通过流媒体在线使用。尽管他们可以通过像 Kindle 和 QQ 音乐这样的服务下载到本地终端，但仍然无法像控制物理实体一样使用（捐赠、修改、通过其他软件运行），只能遵守既定代码设计规则，在服务提供者的领地内使用。①

（3）游戏装备。游戏内置装备或虚拟币被设计出来实现游戏娱乐功能，但无论是用户协议还是代码设计，都限制了用户拥有这类物品的能力，用户只能在游戏场景下使用它们，既无法控制，也不能向游戏提供商要求绝对财产权。②

（4）共享单车。如果从软件到游戏装备的服务模式还令人迷惑的话，共享单车更突出地展示了大规模租赁的前景，其逻辑和信息物品一致，即以低成本加快物理物品的使用速度，通过用户规模获利（租金＋押金）。③ 不同之处在于，这类财产由于占用物理公共空间，其技术标准、产品质量和投放数量、方式要受到监管。④

（5）智能终端。从 PC 到智能手机、手表的演进说明，这类终端在变得智能化的同时也更加封闭，成为一个生态系统，用户很大程度上难以创造性地改造（"越狱"不被许可，且有很大风险），只能按照规定使用其服务。⑤ 服务商从云端源源不断通过终端向用户提供流媒体服务，事实上将两者融合在一起，终端也就失去了独立性。

----

① 这消解了首次销售原则，也使盗版变得更困难。盗版行为更多地通过盗链或屏蔽广告方式变成不正当竞争。

② 账户被盗后由服务商恢复是一种继续履行服务合同的行为，而通过私服外挂修改游戏进程则侵犯了游戏公司著作权。

③ 未来的无人驾驶汽车也可能以这类方式提供群租服务，而不是由个人购买，从而消解了交通事故中购买者的责任问题。新问题是在人机交互过程中的激励和责任分配问题，如人类驾驶员是否会因为有保险而消极怠工。

④ 只要维护成本高于单辆车出租获得的价值，共享单车服务商就急于进行维护，并通过用户协议约定，只对产品本身质量瑕疵造成的伤害负责，但显然不包括其他用户对单车进行改造或损耗导致的损害。

⑤ 从 3Q 大战到软件捆绑的历史推动了封闭操作系统的发展，这不意味着用户对其终端的控制力提升，反而说明终端生产/服务商进一步整合硬软件，控制力增强。类似地，在 FBI 和苹果关于搜查嫌疑人手机的争议中，用户事实上没有多大话语权。

（6）人工智能（AI）产品。真空中的法学讨论关注 AI 批量生产的信息内容权属，但在本节背景下，不难看出这类服务不过是更低成本的 B2C 模式而已，互联网公司通过智能算法提供更多自动生成的在线信息产品，其政治经济学意义只有在和人类生产的信息内容的对比过程中方能彰显。①

（7）平台。作为信息技术的平台可以趋近于零的边际成本与众多开发者/服务提供者分享，产生的价值随规模增加而递增。② 但平台并非开发者所有，不是公共平台而是实现投资人利益最大化的私人营利工具。

2．C2C

这一模式意味着互联网公司完全变成"平台"，由服务提供者和用户进行交易，自己仅提供信息匹配和支付等基础服务，因此可以调动更大范围内的信息/物理产品。选择 B2C 还是 C2C 要考虑到技术架构如何设计、大规模生产如何组织、如何调动不同产品产生的负外部性（特别是和线下其他价值发生冲突）等问题。只要前者成本低于后者（如 AI 自动化生产），就意味着平台模式可以被取代，表面上的"分享经济"也失去了存在根基。这一模式的特点是，平台持续利用用户间交易获得价值，将用户财产/免费劳动转变为自身数字资产的一部分，但在法律关系上保持着轻资产状态，通过简单的用户使用协议与交易各方保持灵活的服务关系（而非劳动关系）。例如：

（1）云存储。这类服务允许用户将终端的数字物品上传到云端，以碎片化的方式存储在地理位置不明的服务器中，服务商鼓励其进行分享（而不单纯是存储），使之变成用来吸引更多用户和广告的资产。同时，这进一步便利了政府的搜查和监控。③

---

① 下文将指出，在 AI 时代，人们的分享无足轻重，甚至不受鼓励，AI 以一个极端的方式揭示出分享经济的假象，平台通过机器人服务进一步把人们从生产者转为消费者。

② 姜奇平．分享经济：垄断竞争政治经济学．北京：清华大学出版社，2017．

③ 胡凌．从 Uber、Airbnb 到云盘：分享经济的真面目．澎湃新闻网，2016-11-17；［加］文森特·莫斯可．云端：动荡世界中的大数据．杨睿，陈如歌，译．北京：中国人民大学出版社，2017．

（2）用户生产内容服务（UGC）。从视频、图片到社交、问答服务，无不体现出利用用户免费劳动获利的模式，同时用户协议规定了平台有权永久免费使用 UGC，确保互联网上永远有可使用的资产，尽管用户仍然拥有著作权。

（3）分享物理物品与服务。上述逻辑扩展到物理物品/服务时，所谓的分享经济就出现了，这类经济形态迅速从某种礼物经济蜕变为商品经济，以单纯的营利为目的，起初帮助调动闲置财产，增加了使用率，随后通过高额补贴吸引更多新资源投入，成为算法驱动的新生产活动的引擎。①

（4）隐私与数据。数据作为用户线上与线下活动被追踪记录后形成的副产品，凝结了用户和平台双方的劳动投入。从平台角度来看，集体性的数据池（Data Pool）通过算法挖掘，可以有效刺激更多线上线下的活动，推动更多交易达成，因此主张对数据池的排他财产权（占有、使用）。② 从个体用户角度来看，则希望拥有对自身数据的控制力（如透明性）和财产权（处分、收益），尽管事实上其价值微不足道。用户的隐私在事实上得不到较好的技术性安全保障，即使有保障也只能默认平台的优先使用权。③

（5）从数字遗产到永生。当用户离世之时，UGC 和个人数据的可继承性就变得更有争议，和能否继续使用平台服务问题纠缠在一起。为避免类似纠纷，降低数字遗产的甄别费用，同时把离世用户家属进一步绑定在平台上增加黏性，平台完全可以将用户数据进一步商品化，利用生前数据创造出 AI 为基础的虚拟形象或对话机器人，并向家属提供"永生"增值服务。④ 用户是否还拥有肖像等人格权并不重要，重要的是被谁使用，产生价值的归属如何。

---

① 类似地，通过数据分析驱动实体经济生产也遵循着这一逻辑，从淘宝村建设到《人民日报》宣布的"新实体经济"都说明了这一点。

② 当然平台更愿意维持现有通过人格权而非财产权保护隐私的法律体系，在该体系下可以继续从隐私商品化中获利。

③ 详细的分析见胡凌：《商业模式视角下的信息/数据产权》。

④ 哈利·波特的父母、霍格沃兹的校长们都生活在相框/画框中，以生前拥有的记忆为限与人沟通，其原理类似，但 AI 会产生更多衍生数据，从而变成另一个主体。

　　不难看出，数字时代的财产深深嵌在以平台为中心的生产过程中，不论 B2C 还是 C2C，信息/物理产品依托互联网分布式结构不断再生产出来，以更加碎片化的形态存在，边界难于精确划分，都可以产生直接或间接的价值。① 从权属划分来看，用户的占有愈加不重要，由于分析挖掘能力的不平等，用户无法自己进行数据分析，脱离了平台的架构无法单独使用，控制权仍然在平台，使其处分权大打折扣，收益权（价值分配）也很少体现在这一过程中。就平台而言，重要的是对数据池的占有，通过大数据挖掘调动更多财产和劳动，排他地为平台定向生产。个人的财产甚至作为劳动力的自己全部变成无法控制的平台上的商品和财产。②

　　同时，以平台为中心的财产体系进一步冲击了线上和线下的公共资源（Commons），十分普遍的是，线上的公共资源被转变为私人平台控制的围墙花园，线下的各类社群和公共空间也不断受到影响，愈加萧条。③ 由此可见，未来智慧城市的打造也会更多地围绕单一平台的需求和利益进行重新设计，如交通系统、物联网等，如何实现多元化的公共利益就尤为重要。

四、规训：行为评分机制

（一）评分机制的起源

　　行为评分机制是在数字时代被不断发掘的重要机制，其经济意涵是柔性而低成本地管理大规模在线劳动力和资源，而通常这些劳动力

---

① 数字产品的定价可以按件计费（少量高质量产品），也可以按使用时间计费（大量低质量产品）。

② Joshua A. T. Fairfield. Owned: Property, Privacy, and the New Digital Serfdom, Cambridge. Cambridge University Press, 2017.

③ 房屋短租进一步破坏小区的集体管理秩序，共享单车在占用公共空间的同时不断要求新的路权。类似地，在深圳，伴随电商、外卖平台发展起来的物流电动车也要求新路权，反对取缔。

和资源是通过社会中的企业组织进行管理和调配。① 在传统社会治理和组织过程中,往往是通过行为数据对组织进行评估,或者由组织对其成员进行考核评价,并没有针对社会大众的大规模适用。赛博空间中的资源变得更加灵活这一现实对社会管理提出了新的要求。

评分在当下中国逐渐成为普遍的权力机制,由多个起源共同促成。首先,分享经济平台广泛使用外在评分机制(服务提供者和用户相互打分),试图以此类自我监管措施替代来自外部政府力量的监管。② 其信息性功能主要体现在,通过表现在外的更加对称的信息展示起到信息撮合的作用,降低市场交易的信任成本。其次,传统的征信业一直在缓慢发展,通过特定信贷信息的收集进行评分,决定用户的信贷数额。随着互联网金融的扩展,由于传统信用卡业务不发达,对大规模小额金融的需求就成了一个问题,如何重新塑造新的信用基础设施就成为当务之急。③ 再次,平台通过对用户账户行为积累下来的数据进行创造性挖掘后,在后台通过一个算法进行评分,需要对特定行为进行判断,以便引导和激励其进一步以稳定而灵活的方式为平台生产。这本质上是在信息不对称基础上对用户行为进行的预测而非客观描述,平台会不断调整算法,使自身的利益最大化。最后,行为评分和识别紧密联系在一起,通过识别出特定人的社会身份,开发出适合于该种类型行为的标准和规则,判断其是否能否进一步为平台生产,降低风险。当所有领域都开始按照征信和金融领域进行风险识别时,评分就变得愈加重要。从这个意义上说,评分机制不是单纯为用户打分,而是将用户看成消费者和劳动者,只有放在资本主义生产框架下才能更好地理解。

评分机制并非十全十美。首先,作为黑箱的算法在多大程度上需

---

① 详细的讨论见:胡凌. 在线声誉系统:演进与问题//胡泳,王俊秀. 连接之后:公共空间重建与权力再分配. 北京:人民邮电出版社,2017:120.

② Adam Thierer et al. How the Internet, the Sharing Economy, and Reputational Feedback Mechanisms Solve the 'Lemons Problem'. Mercatus Working Paper, May 2015.

③ 像阿里巴巴这样的公司就首先借助第三方支付缓解交易信任,在获得大量真实交易信息后,有能力打造私人推动的芝麻信用评分,但大数据征信的科学性仍存在很大争议。

要公开是一个难题,如果信息披露太多,会鼓励用户根据算法规则刷分和虚构交易;但如果规则完全不透明则难以预测平台行为,容易出现歧视。[①] 事实上,平台能够通过特定生产组织机制将有能力生产优质数据的用户留在赛博空间,而排斥劳动能力弱的用户。表面上看,通过低成本的信息技术能够实现弥合数字鸿沟的普惠服务,但这仍不意味着用户能摆脱数据鸿沟。[②] 其次,和识别与数据的问题类似,用户无法控制他人和平台对自己的评价,评价本身是专断的,甚至不同平台的分值也不尽相同。重要的不是评价的科学性(很难说清我们过去的行为数据在多大程度上能够直接或间接地说明未来的偏好和选择),而是评价本身代表了难以抗拒的权力。[③] 最后,算法很难给具体场景下的人打分,因为每个人的分值是通过类似场景的推演获得的,事先没有预设标准,更不用说很多情况下分数本身很难准确反映人的行为。[④] 每个分值给出的都是高度场景化的答案,但最终的应用环节却可能是超越这些场景,用不同场景的分数来决定其他场景的结果,也会进一步导致预测偏差。[⑤]

从账户认证、识别到通过个人数据的积累进行评分,都不断折射出赛博空间和物理世界的关联。当各类资源和用户需要从物理世界不断纳入赛博空间秩序时,稳定的连接点就尤其关键,这一过程既意味着数字基础设施的建设过程,也意味着数字化转换可能导致的信息失真和行为失序。但随着越来越多的资源可以一开始就以数字化形态生产出来,赛博空间无处不在,这一微观机制将运行得更加顺畅。

---

① 即使黑箱的条件公开并写入了用户协议,也可能因为不公平而面临审查。丁晓东.算法与歧视——从美国教育平权案看算法伦理与法律解释.中外法学,2017(6).

② 例如,在算法看来,把滴滴平台当成职业来做的专车司机,可以得到更多优质的订单,而把开车完全当成纯粹分享活动、不接受强制派单的用户则享受不到类似的好处和补贴。

③ Cathy O'Neil. Weapons of Math Destruction: How Big Data Increases Inequality and Threatens Democracy. NewYork, Crown, 2016;[美]安娜·贝尔纳谢克,D. T. 摩根.谁动了你的数据:数据巨头们如何掏空你的钱包.北京:中国人民大学出版社,2017.

④ 胡凌. 在线声誉系统:演进与问题.

⑤ Danielle Keats Citron, Frank A. Pasquale. The Scored Society: Due Process for Automated Predictions. Washington Law Review 89, 2014: 1.

（二）通过评分与信用的治理

传统的政府监管长期以来大量应用诸如信息和信用工具①，在信息时代政府能够广泛获取更多公民个人行为信息时，将这类信息工具应用于个人主体，这代表了社会控制方式的转向。它不仅体现为外在的评分机制（如公共信用信息和诚信体系建设②），也体现为黑箱内部的预测（如预测性警务③）。和平台企业的逻辑类似，政府需要利用信息技术整合自身拥有的数据资源，才能在全国范围内推行信用评分机制。以政府数据公开项目为契机，一些省级政府通过信息技术整合政府内部数据资源池，为信用治理奠定了基础。④ 另外，政府希望在维护社会稳定的前提下尽可能控制风险，通过数据搜集进行事先预防就成了有吸引力的选择。

有必要看到传统的法律之治和当下通过信息和信用进行治理之间的关联。法治作为一个意识形态和现实治理工具一直伴随着国家能力增强和社会规则性提升而不断演进。概括说来，经历了从简单到复杂的如下几个阶段。

（1）简单规则阶段。国家拥有少数法律，解释空间较大，实际上熟人社会中的其他社会规范（如声誉、道德）会填补法律的空白，对人的行为进行日常控制。弱国家能力需要通过事后严厉的惩罚来威慑未来潜在的不法者。

（2）复杂规则阶段。随着熟人社会解体，社会流动性增加，变得更复杂，国家能力增强后试图介入更多领域，创造出更多回应社会需

---

① 王瑞雪. 政府规制中的信用工具研究. 中国法学，2017(4)；吴元元. 信息基础、声誉机制与执法优化——食品安全治理的新视野. 中国社会科学，2012(6)；Daniel B. Bouk. How Our Days Became Numbered——risk and the rise of the statistical individual. Chiacago, University of Chicago Press，2015.

② 白坷. 测度、评估和奖励：中国和西方建立社会信用体系的挑战? 互联网金融法律评论，2018(1).

③ Andrew Guthrie Ferguson. The Rise of Big Data Policing: Surveillance, Race, and the Future of Law Enforcement. New York, New York University Press，2017.

④ 何渊. 政府数据开放的整体法律框架. 行政法学研究，2017(6).

求的规范及相关的司法解释、执行规则，形成一个庞大繁杂的由职业法律专家维护的法律系统。同时为应对陌生人社会中广泛的资源流动，防止失序，开始应用柔性治理手段（如档案、信息公开、认证）和技术辅助措施（如摄像头监控）并建设统一的市场基础设施，注重事前监管和预防。① 同时依靠企业和社会组织作为治理的二级辅助主体。

（3）规则从外在强制转向默认设置。当正式规范不断深入更多场景，给执法能力、纠纷解决能力和守法认知与行为合规能力都提出了更高的要求。借助信息技术将法律的要求变成物理世界和赛博空间中的默认设置可以帮助降低治理成本，减少人们的自由度和选择。②

（4）柔性评分机制的出现。随着赛博空间扩展，个体的活动不断被记录积累，可见暴力权力不再出场或较少出场，人的行为通过日常行为评分得到引导和预测，使治理资源得到进一步优化。传统企业组织在和互联网平台的竞争中不断减少和转型，客观上会减少二级治理组织而增加国家直接面对个体治理的成本和压力。

我们当下的状况处在第三和第四阶段早期，还无法精确判断未来的评分社会究竟会带来哪些具体争议。但和企业平台出现的问题类似，当国家变成一个数字平台的时候，公共权力对公民选择和未来行为的影响与限制应当更加透明，在数据搜集分析与算法设计上面也应有更高的标准。

五、围绕三要素开展的控制权博弈

（一）网络控制中心化再解释

上文简要展示了，账户、数据和评分共同构成本文称为代码 3.0 的理论框架。这一框架在微观层面解释了赛博空间中来自政治和商

---

① 详细的理论模型见：Richard H. McAdams. The Expressive Powers of Law: Theories and Limits. Cambridge, Harvard University Press, 2017.

② 或者说是通过国家"助推"的能力帮助人们做出更好的选择，见：［美］理查德·泰勒，卡斯·桑斯坦. 助推：如何做出有关健康、财富与幸福的最佳决策. 北京：中信出版社，2015.

业逻辑的控制/生产机制，尽管目标不同，但实现的手段相近，都是为了稳定地追踪在线活动主体，将虚拟身份与实体身份绑定。鉴于活动主体的多重社会身份，通过累积的数据分析识别各种身份，就可以获得更多收益，实现生产和治理的目标。原本用户可以隐藏的各类社会身份、私人信息在赛博空间中难以控制，其社会身份不仅被识别，而且不断再生产出来。用户的特定行为和偏好数据被以商业或政治目的进行强化，从而使某类社会标签变得更突出，可以加强预测，使赛博空间中社会秩序不断稳定。

这一控制机制的后果趋向于中心化的互联网。传统上人们认为互联网的特征在于去中心化，而商业和政府力量共同使互联网控制权重新变得集中。① 从商业角度来看，少数巨头掌握了诸多资源的流动，通过少数基础服务深入不同领域，形成半封闭的互联网领地。② 从政治管理角度来看，政府部门使用和线下传统媒体一致的分口和属地管理方式，使互联网治理方式碎裂封建化。③ 这两类现象确实反映了互联网走向和原初架构设计不同的前景，但本文的框架表明，互联网出现了一种独特的中心化控制机制，即少数平台得以通过账户-数据-评分机制加强对社会的治理。尽管看起来资源和人力可以在更大范围内流动，表现出来的关系更灵活、松散、更自由，但平台或治理者对用户仍保持着有利的影响和控制，这样不论赛博空间中的主体流动至何处都能得到认证和评价，持续为平台生产，控制力远远超越了传统的地域性和时间性。同时，新型认证机制依托少数巨头平台开发④，数据

---

① Jack Goldsmith, Tim Wu. Who Controls the Internet?: illusions of a borderless world.

② Joshua A. T. Fairfield. Owned: Property, Privacy, and the New Digital Serfdom.

③ 胡凌：《网站治理：制度与模式》。

④ 用户更广的巨头推行特定认证机制更为有效，且《网络安全法》规定，国家支持研究开发安全、方便的电子身份认证技术，推动不同电子身份认证之间的互认。

的使用伴随着服务场景的集中①，以及评分机制的中心化②，都使这一底层基础设施的集中化趋势更为明显。

这个过程是从用户逐渐从传统私有领域丧失隐私和财产权利开始的。上文已表明，新经济模式使终端财产变得愈加不重要，用户通过带有服务性质的账户进入赛博空间，却无法控制：①对其身份的识别；②对其数据的搜集、使用和流通；③对其行为的评分。根据代码理论1.0版本，网络法的核心问题是谁能控制作为赛博空间枢纽的代码，那么在3.0版本语境下，围绕三要素展开的博弈将是未来互联网法律关注的重点，最终会归结到对账户的控制权及其权益分配。③

（二）生产/控制过程中的争夺和反抗

自由主义路径关注信息技术带来的个人赋权和国家权力失控，却有意无意地忽略了代码的控制力及背后的政治经济利益。至少从生产过程来看，尽管有各类开放计划，平台对生产资料的控制力不是削弱而是逐渐增强，强化了做大蛋糕的生产过程（针对传统经济组织），但价值分配尚未广泛提上议程（针对个体劳动力，号称把他们"解放"出来）。自互联网扩散以来，终端用户不断以各类方式挑战、反抗新型资本主义的商业模式和财产模式，避免被吸纳进新经济的生产体系中，这主要体现在五个不断递进的层面中，下面简要进行阐述。

第一，以礼物经济对抗商品经济。有必要看到，恰好是信息内容和数据的"商品化"过程导致了对财产权利的需求，要求法律予以承认

---

① 尽管法律没有明确规定数据池的财产权，一系列不正当竞争案件已经表明，依托技术措施和信息系统建立的服务场景足以确认平台企业的数据池得到法律保护。

② "信联"将由中国互金协会牵头，芝麻信用、腾讯征信等8家个人征信业务机构为共同发起方，旨在将央行征信中心未能覆盖到的"征信空白"人群的个人客户金融信用数据统一在一个官方平台内。

③ 这也和互联网法律过去20年中发展的路径类似。过去20年的经验是，作为上层建筑的网络法不断确认先进生产力的合法性地位，并在新旧利益冲突中做出妥协。胡凌：《非法兴起：理解中国互联网演进的一个框架》。

和保护。① 但在此之前,在线信息内容的生产更多地遵循非商业化的礼物经济逻辑,强调用户的广泛参与和非盈利目的的贡献、互惠与合作。字幕组、戏仿、开源运动、Creative Commons 都试图以在线社群为基础建立这样的生态环境,至少在中国,在线社区内受到商业模式和政治监控的双重影响,无法形成稳定的自主性。

第二,争取终端行为的自主性。类似于智识性隐私,终端行为的自主性是任何财产权利和自主地使用生产工具进行劳动的基础。如上所述,数字财产的逻辑在于压缩终端用户的自主空间,只能严格按照平台的产品架构要求使用平台的财产,否则就是侵犯平台的财产权。从早期的软件最终用户责任的争议,到当下的智能设备越狱、自主屏蔽广告、改造共享单车的行为,都体现了用户希望增加自主能力、使用自主可控生产工具的过程。进一步来讲,像欧盟的数据可携带权(Portability)这样的制度设计、使用区块链技术追踪个人信息的使用等都为用户控制作为生产资料的个人数据提供了展望。

第三,争取公平分配权。平台和其上调动的资源不存在隶属关系,以劳动力免费生产和生产资料的免费使用过程掩盖了价值分配过程。在商品经济逻辑下,有必要承认原来没有被纳入财产范围的信息产品的财产属性,并探索多元的分配模式。劳动关系及其工资制是一种标准较高的分配模式,在平台灵活用工的环境下,现有的广告分成制、打赏制都可以进一步探索,减缓单纯靠补贴模式带来的收入波动。在未来 AI 取代更多人力劳动时,像"全民基本收入"这样的制度实验也提供了可选择的视角。

第四,探索平台合作社。这一制度的主要目标是允许平台参与劳动和价值生产的所有用户拥有对平台的集体所有权,其范围要大大超过全体出资人或股东,本质上是对非物质劳动形态的价值生产进行确认。同时,需要用户通过账户参与平台的日常治理。但其最终目标仍

---

① 这被认为是为更多的信息与数据生产提供经济激励,但和知识产权问题类似,事实证明用户的大量在线分享行为并不需要财产权利激励,数据的多寡也更多取决于用户行为的增减,否则就是泡沫。

然是互助的礼物经济，只是在商业环境下为保障稳定运营，需要进行一定程度的商业化和公平分配。目前中国各类线下合作社经济形态提供了有益的示例，有必要进一步贯通研究。①

　　第五，警惕数据拜物教。数据的生产和挖掘为企业和社会带来巨大价值，逐渐形成以数据为导向的思维方式和生产方式。一切社会价值及其表现都可以数字化、数据化并最终商品化，这迫使我们重新思考个体/种群存在的意义和各种社会价值的生成机制，如死亡、信仰与永生。

　　上述五个层面以抵制数字劳动商品化为起点，转而寻求商品经济中的劳动自主权与公平分配权，进一步共同拥有作为生产资料的平台，最终回到警惕异化的数据拜物教。其核心不是像勒德主义一样抵制信息技术的应用和要求被赛博空间"流放"，而是在承认数字劳动的基础上，从商品化式的"分享"转向非商品化的"共享"，包括平台所有权、个人数据使用的透明性和探索多元的分配机制。需要注意的是，五个层面虽然逐步递进，但并非要逐个实现的某类乌托邦议程设置，而可能是在当下同时动态地存在。

六、结语

　　传统的代码理论通过本文中账户-数据-评分机制的重塑得以在万物互联时代进一步推进，特别是物理世界和赛博空间之间的界线变得愈加模糊不清，两个时间都使用同一套微观层面的生产/控制机制。这一机制源于物理空间中的各种资源（人、物品、社会关系、生产要素）的数字化过程，通过账户进行认证和识别，从而便于在赛博空间中调配匹配；而这一过程也是商品化的过程，即原来不是商品的东西也可以通过纳入生产流程而产生经济价值。流动性的增强不仅帮助数字

---

① 关于西方的平台合作社探索，见：Trebor Scholz, Nathan Schneider (ed.). Ours to Hack and to Own: The Rise of Platform Cooperativism, A New Vision for the Future of Work and a Fairer Internet. New Nork & London, OR Books, 2016.

平台企业击败传统企业,也势必打破原来物理世界中的规范,迫使权力主体(包括政府)接受一个统一的赛博空间规范,其中经济价值生产的实质没有改变,只是变得越来越自动化。太阳底下无新鲜事,本文在道理上并没有超出福柯当年的判断,即现代社会从(事后)惩罚社会转向(事前)控制社会①;账户-数据-评分机制要回应的仍然是现代性和资本主义世界面对的老问题:如何实现不断加速的流动性获取收益,又保证有稳固不变的要素可以保持追踪和控制,使监控权力弥散在整个社会和生产环节中。

账户-数据-评分机制还深刻地影响了传统代码理论的诸多控制要素:法律、社会规范、市场和架构,由于信息技术低成本的广泛使用,四要素将变得更加理性化甚至过度理性化,在一个微观层面上趋同,以类似的机制影响人的行为,边界也变得更加模糊不清,从而进一步表明代码3.0如何在1.0版本基础上得到深化。另外,无论是身份识别还是数据分析,都隐含更宏大的问题:复杂算法的使用规范和限制。这些内容限于篇幅无法展开,有待于按照这一框架思路进一步研究。

(原文载《华东政法大学学报》,2018(1):6-21。)

---

① [法]米歇尔·福柯.规训与惩罚(第4版).刘北成,杨远婴,译.上海:上海三联书店,2012.

21　法律如何处理数据财产？

——从数据库到大数据

李　谦[*]

一、引言

　　人类的知识信息、艺术感悟甚至个人情感，由于认知思维的生理制约，必须以符号的形式寄寓到某一物质载体之中，即媒介。然后，人的认知思维再将符号形态的信息与情感从中识别、感知。原始时代的岩石壁画、结绳记事是这样的符号载体；文字发明之后，碑刻、铭文、竹简和图书也是这样的符号载体。[①]　过去，符号和媒介的认知同一性表现为某一具体物，最典型就是图书。这是一种特殊的物，具体的物质载体和抽象的信息符号相互结合，即为具体物与抽象物（Abstract Objects）的结合。[②]　现行法律对此给予特殊的权利配置，具体物上赋予财产权，抽象物上赋予知识产权或其他精神权利。这种权利配置是历史发展的产物，偶然性与必然性彼此伴随。随着技术发展、商业实践和思想控制等各种力量共进催化，最终形成了处理具体物与抽象物

---

[*]　清华大学法学博士。

[①]　［美］詹姆斯·格雷克. 信息简史. 高博，译. 北京：人民邮电出版社，2013.

[②]　Peter Drahos. A Philosophy of Intellectual Property. London，Dartmouth Publishing Company，1996：173-174.

权利关系的现代知识产权法体系。① 今天，数据（Data）成为抽象物的新类型，是信息得以存储、传播和再生产的新形式。围绕着数据，各方利益相关者展开了激烈博弈，传统知识产权法上抽象物与具体物的权利配置是否同样适用于数据成为争锋焦点。此外，数据法律构造的其他实践和理论探寻也层出不穷，特别是在获取数据与利用数据方面，合同法实践已经悄无声息地越走越远。②

数据作为法律客体所引发的重大法律争议，主要因为其特殊的媒介属性和技术属性。数据的媒介属性，通常认为由彻底脱离具体物的物质性的原子构成，而呈现为非物质性的比特（Bit）构成，所谓比特，通俗理解为信息的数字化存在形式。③ 这一媒介特性意味着，数据不再需要具体物作为物质载体，它既是载体亦是符号，只需要相应的数字化系统工具加以呈现，使得人的认知思维可以直观识别。换言之，信息的数据形式表明，具体物与抽象物是可以分离的。这样的可分离，一方面使得抽象物的商业利用方式发生了深刻的剧变，占有式的物质性的货物交易急剧转变为体验式的非物质性的服务交易④；另一方面，因商业实践的变化而直接影响现行版权法对作品抽象物的权利安排，传统的复制权式微，新兴的信息网络传播权成为核心。同时，数据还有相对复杂的技术属性，如果数据规模集聚，便具有反复挖掘数据而获取新信息的可能性。随着信息科技的深入发展，数据在将来可能会成为最为广泛、普通的信息存在形式，数据的种种属性将接二连三地冲击现行法律对于抽象物的权利配置，深刻地引发出隐伏在抽象物权利配置之中的诸多价值冲突。

本文将交织运用数据的技术属性、商业实践和法律价值冲突等观察视角，首先简要地考察信息产业兴起之后，现行法律如何处理数据，

---

① ［澳］布拉德·谢尔曼，［英］莱昂内尔·本特利. 现代知识产权的演进. 金海军，译. 北京：北京大学出版社，2012：251-261.

② 高富平. 信息财产. 北京：法律出版社，2009：353-364.

③ Raymond T. Nimmer, Patricia Ann Krauthaus. Information as a Commodity：New Imperatives of Commercial Law. Law and Contemporary Problems 55, 1992：106.

④ 当然，这并非是数字信息技术兴起之后的新现象，而是一个信息技术长久演化的缓慢趋势，如电影作品的商业利用方式就主要是体验性的服务交易，而非占有式的货物交易。

特别是现有的法律体系如何将数据库(Database)纳入制度安排。其次,着重指出大数据(Big Data)将彻底改变以往法律体系处理数据的制度建构,而问题的焦灼在于,商业利益冲突之后还有难以消解的价值冲突。最后,尽管抽象物的法律构造之中充满了历史的诡变与偶然,但是信息商品化与商品交换关系的变化则是隐伏其间的主线,抽象物的权利配置背后是商品交换关系的常态与变态的交替,更是信息商品化的反复变奏。然而必须注意的是,信息抽象物的公共性寄身于数据已重回法律视野之中。

二、数据库的权利配置：价值冲突和商业实践

数据作为信息的存在形式并非相当晚近的历史现象,但是,其成为备受关注的现实问题则是因为个人数据和数据库所引起的一系列政治与法律争议。由于过去技术发展和商业实践的历史局限,人们习惯于将数据所表达的不同信息内容客体作为数据区分标准。于是,在数据的权利构造上,通常认为个人数据关乎个人隐私与人格权利,而数据库则与财产权利关系紧密。数据库,顾名思义,即大量数据的信息集合体(Collections of Information),是信息产业至关重要的"心脏"。[①] 从数据库产业链的演化形态来看,早期的数据库商业模式依赖于已有的版权内容产业,庞杂的版权内容是信息数据化的基本"原料"。因此,数据库的法律问题一开始就围绕着知识产权与不正当竞争,数据收集与存储直接影响着作品的权利安排和版权产业的竞业关系。同时,这也是为什么数据库法律的推动者首先就是相对发达的版权内容输出国,如英国和美国,而被动接受的版权内容消费国则一直在国际立法上消极应对数据库立法。[②] 可以说,相较于个人数据所依托的人格权利,数据库并非一个简单的"自然权利"所能覆盖,而是由

---

① 中国没有数据库立法,因此没有如欧盟立法上法定通行的数据库概念定义。由于本文所分析的是依然处于商业变化和技术发展的数据库,因此采用比较宽泛的数据库定义。这一定义的法律解释可参考美国数据库立法 HR. 354 法案。

② 许春明. 数据库的知识产权保护. 北京：法律出版社,2007：10-16.

众多历史关系牵引的复杂问题。

（一）域外法经验：何种程度的财产权？

欧盟国家和美国是数据库立法的主要倡导者,但是双方基本立场与立法技术存在重大差别,这些区别折射出抽象物之上权利配置所隐含的价值冲突和商业差异。时至今日,欧洲的《欧盟数据库法律保护指令(1996)》和《欧盟关于协调信息社会版权和相关权特定方面的指令(2001)》等立法与司法实践所树立的数据库版权保护、特殊权利保护,与美国积极倡导的数据库反不正当竞争法保护,已成为数据库立法的两大主流意见。①

比较欧美的两大主流意见,究其实质,双方争论焦点在于数据库的财产权利应当到达何种强弱程度上。② 数据是将信息内容进行数字化处理之后的技术产物,信息内容的数字化过程令人很自然地联想起版权法上所规制的复制行为。③ 早期数据库的制作技术和商业模式直接脱胎于版权法上汇编作品,汇编作品与作品之间的法律关系可以直接映射到数据库与数据之间。尽管大数据兴起之后,数据及数据库的内涵已经超越法律上的传统数据库观念。但是,当初数据与作品之间所想象的法律拟制关系却关键性地决定了数据库的法律构造:财产权利是数据库的起点。

首先,数据库被视为版权法上的汇编作品,数据库的制作与编排因其独创性,遵循版权法上汇编作品的权利安排,将获得汇编作品所享有的版权权利。就财产权的强度而言,比之传统物权,版权是一种相对较弱的财产权利,其有明确的权利期限和严格的权利限制,数据库作为版权客体,其权利配置自然沿袭诸多限制。更重要的是,在实践中,作品的独创性门槛标准会造成数据库因没有独创性而丧失作品

---

① 高富平. 信息财产. 北京:法律出版社,2009:236-237.

② 郑胜利,崔国斌. 数据库保护的立法现状与基础理论. 北京大学知识产权评论,2003,1.

③ 将作品数据化的临时复制本身就是一个重要的版权法争议. 王迁. 网络环境中的著作权保护研究. 北京:法律出版社,2011.

资格，在实际认定中很难获得版权法的保护。① 应当说，数据库不能直接等同于汇编作品，两者只是在认知上有一种便于理解的隐喻关系，某些有汇编作品性质的数据库只是数据库的一种，而不能代表所有数据库。两者的隐喻只是由于早期的数据库商业模式迫切需要版权作品通过数字化处理为数据以此构成数据库，才形成数据库主动汇编作品或其他材料而形成汇编作品的法律想象。当然，更关键的原因，数据作为新型的抽象物，沿袭已有的版权法法律概念和法律关系，能够及时地保障数据库产业的利益。②

其次，在个案实践中，各国一直都在较为务实地运用反不正当竞争法来处理数据库的法律纠纷。与版权法的权利配置相反，反不正当竞争法明确拒绝将财产权利配置给数据库，而是通过判断具体商业竞争行为的性质和程度来展开一系列复杂的司法考量，特别是分析当事人的商业竞争行为究竟有什么具体影响，以及综合考虑到当事人可能从制作数据库的资本投入中所获得的合理收益。③ 这一法律保护的运作形态即至今通行美国的数据库的盗用侵权（Tort of Misappropriation）保护原则，不仅如此，盗用侵权还是屡次立法失败的美国数据库立法的基础原则。换言之，在立法意旨上，美国数据库立法就偏离了欧盟的财产权模式，其不认为数据库应该获得一种典型的财产权利。盗用侵权是美国法上一种独特的反不正当竞争保护，其流变复杂，在美国各州皆有不同形态的判例规则。盗用侵权保护的独特之处在于，一方面，它与基于保护作品的数据库版权权利截然分立，断然否定数据库自身存在一种财产法上的具体权利；另一方面，至少在有关信息或版权内容竞争上的侵权盗用保护，都要求原告实施某种程度的财产法或美国版权法上的先占适用，使得侵权盗用保护在某种程度上又是以一种准财产权利的存在为前提。④ 当然，相对财产权利属性明确的版权和数据库特殊权利，盗用侵权保护只能算是一种最弱

---

① 李扬. 数据库的法律保护研究. 北京：中国政法大学出版社，2004：57.

② ［澳］马克·戴维森. 数据库的法律保护. 北京：北京大学出版社，2007：12.

③ 同上注，180.

④ 同上注，180-193.

的财产权利。

最后，欧盟所倡导的数据库特殊权利保护是一种强大的财产权利，数据库几乎等同于获得一种不动产意义的财产权利。① ①从权利构造来讲，相比其他抽象物客体的权利行为，数据库特殊权利的权利行为类型化程度相对模糊。以"提取"和"利用"来定义权利行为，一方面，因行为特征外延包涵较广，从而扩大了数据库权利人对抽象物利用行为的控制权；另一方面，突破了控制商业利用的传统观念，明确认定数据库"提取"或"利用"的行为不管其是否为商业目的都在控制之内。② ②抽象物的知识产权都是有一定时间期限的财产权利，数据库特殊权利依循法理，同样有法定期限。但是根据欧盟立法，经实质更新的数据库保护期应独立计算，换言之，数据库更新即能获得永续时限的数据库特殊权利。然而更具颠覆性的则是权利的正当性，数据库特殊权利的正当性论证完全摆脱了"激励创作"的版权法原理，反而直接以"激励投资、保护投资"为基础。由此，数据库不再受制于传统抽象物上的权利配置原理，作品门槛标准遭到摧毁，产业发展的经济价值成为立法导向。特殊权利论所立足的"投资激励说"，其实也并不是数据库的独特学说，知识产权学说中一直就存在"创作保护论"与"投资保护论"的争论。③ ③仅从实用效果来看，知识产权在现实运作中的确表现出有效的投资激励，但是，就算不考虑抽象物之上的重叠利益和多元价值这一复杂问题，仅从功利主义的经济效率角度来观察也会发现信息流通与信息生产之间具有十分复杂的流变关系，过强的财产权利可能会严重阻隔信息流通，进而阻滞信息生产。④ 传统知识产权之所以有限保护抽象物，恰恰是反思与权衡的结果，是一种必要的妥协和因势的策略。正因如此，数据库特殊权利论遭到了严厉批评和实践质疑。实证研究发现，提供数据库特殊权利保护的国家，他们的数

---

① 许春明. 数据库的知识产权保护. 北京：法律出版社，2007.

② 高富平. 信息财产. 北京：法律出版社，2009：210-214.

③ 熊琦. 著作权激励机制的法律构造. 北京：中国人民大学出版社，2011：20-24.

④ ［澳］彼得·德尔霍斯，约翰·布雷斯韦特. 信息封建主义. 刘雪涛，译. 北京：知识产权出版社，2005：247.

据库产业并未因为"投资保护"增强而获得巨大发展。[①]

归根结底，强弱不同的数据库财产权利安排实际上反映了各个国家对同一个价值冲突，即信息私有化与信息公共化的不同立场和处理方式。信息私有化代表着鼓励投资，保护投资的经济价值，实现信息的其他价值必须以此为基础；而信息公共化则认为信息流通是人类社会基本准则，更是思想自由、民主政治的基础，优于经济价值。此外，版权法保护与特殊权利保护的差异还显露出经济激励自身的内部张力：激励的最终目的究竟是激励创作还是激励投资？如前所述，信息所有与信息生产之间关系复杂，权利实现受制于商业支配，财产权利的激励对象可能仅仅是版权产业的投资者而非版权法字面意义上所明确的激励对象即作者，强财产权并不意味着信息生产获得提高。[②]而且，传统知识产权的权利配置充分考虑到信息流通的重要性，在信息数字化技术之前的信息印刷时代，版权法规定合理使用等权利限制以保障信息流通。现在，数据成为信息存在于形式之后，具体物与抽象物已然合一，无法接触数据就无法接触信息，数据库赋予强财产权之后将如何保障合理使用？事实上，数据库的商业模式已经造成某些合理使用的消失，数据使用者的行为要么是商业购买取得数据库使用权，要么就是数据库侵权而盗用数据。

纵观历史，信息抽象物的权利安排深受价值立场选择差异的影响，精雕细琢的权利话语在字面上呈现为不同价值观的义理推演。但是，知识产权实质上是一种特定抽象物的商品化利用权。从这一权利的构造及其演变来说，价值选择是立法者的预期目标，真实而具体地塑造权利的往往是特定抽象物的商业化利用行为。抽象物需与具体物结合才能完整呈现，这一自然的物理属性造成以往的抽象物的商业化利用主要是具体物品形态的货物交易。这样，将抽象物固定制作为

---

① S. Maurer. Across Two Worlds: Database Protection in the US and Europe. 2015-4-29. http://www. researchgate. net/publication/228794091 _ Across _ Two _ Worlds _ Database_Protection_in_the_United_States_and_Europe.

② 费舍尔对美国音乐产业版权状况的分析非常清晰地证明这一点。[美]威廉·W. 费舍尔. 说话算数. 李旭，译. 上海：上海三联书店，2008.

某种物质形态的复制行为成为主要的抽象物商业行为,同时亦是最重要的权利行为。具体以版权作品为例,书籍是版权作品的具体物,抽象物的流通则是以具体物的货物交易来完成。在数据技术应用早期,数据主要用以数字化转化处理已有的作品内容信息,当大量的版权内容信息需要集聚性地数字化转化处理时,制作数据库的技术行为就被认为具有汇编作品的特征。因为这些特殊的相似性,早期数据库的商业形态同样很接近传统图书贸易的抽象物商业模式,典型即是数据库光盘软件销售类比为图书销售。从知识产权商务运营的角度来讲,制作版权作品的数字化产品无疑是对版权作品的商业新开发,将与图书贸易形成并行不悖的商业新途径。以理想状况考虑,数据自身的媒介属性,一方面会适当地减缩传统作品内容产业中各种僵化的交易成本;另一方面会扩大数据信息流通的各种渠道,对整个社会公共利益具有积极的正外部性。发达的版权内容输出国正是看到数据库的未来广阔前景,才不遗余力地推进数据库的产业政策和立法保护。

发展数据库,借此催生发达的信息产业,这是欧盟数据库保护立法的基本目标,由此才生成强大的数据库特殊权利保护。然而,强保护的数据库特殊权利仅仅是欧盟数据立法的一个面向,同样强大的个人数据权利保护则是欧盟数据立法另一个不可忽视的面向。质言之,欧盟并非视而不见数据的多元价值和重叠利益,相反,其有着更加详细周密的思考。欧盟在立法上兵分两路,一方面激励数据库投资,保护数据库商业模式,以版权保护和数据库特殊保护两重权利塑造出最强力度的数据库财产权利;另一方面又通过制定个人数据保护指令,全程规制个人数据的收集、存储、流转和利用,将个人数据权利视为宪法基本人权,严格控制个人数据的商业实践。[①] 由此可见,欧盟的立法本意可能认为数据库和个人数据可以在各自的数据定义范围里获得正当、有效的权利配置,彼此不会冲突影响。换言之,数据库的商业实践与个人数据的法律保护能够获得协调,不会冲突。时至今日,欧盟

---

① 克里斯托弗·库勒. 欧洲数据保护法——公司遵守与管制. 旷野,等译. 北京:法律出版社,2008.

的这一深远见识利弊两现。第一,互联网与大数据兴起之后,数据库与个人数据成为数据法律的争议核心,表明欧盟双管齐下的数据立法确实契合趋势。第二,商业实践将数据库与个人数据紧密相连,欧盟将两者并立的立法框架某种程度上反而掩盖了两者的内在联系与价值冲突。其中最为关键的一点是,欧盟过于自信地认为数据库的产业发展与个人数据的权利构造并无直接冲突。

为什么欧盟会出现这样的认识? 笔者认为,这是由于欧盟对于数据库的商业实践有一个基于历史实践的理想预设。这个理想预设就是已经讨论过的抽象物商业利用问题。欧盟沿袭传统的抽象物商业模式,等同看待数据与图书的媒介属性,潜在地将图书商品交易模式视为数据库商业模式的模板,即以基于具体物的货物交易来实现抽象物的流通。同时,欧盟亦意识到非物质性的数据难以控制流转的特征,以数据使用替代货物占有,这才在传统版权法的实践基础上构造出行为类型化相对模糊、财产权利程度更强的数据库特殊权利。同时,为与个人数据的法律权利构造相互协调,欧盟在司法实践中甚至忽视数据库的技术与商业发展趋势,以司法判例缩限数据库保护的客体范围。2004 年欧盟法院遵循所谓副产品原则(spin-off theory),判定只有直接投资于数据库的生产,从外部收集、核实、汇编形成的数据库才能够赋予数据库权利,而其他不是主动收集而是因经营活动意外获得的"副产品"数据库则不是保护主体,这就将处于数据库发展前沿的,以各种行为数据、事实数据收集和挖掘为商业驱动的互联网数据库排除在外。① 于是,欧盟的数据立法产生了出乎意料的后果,代表数据库发展前沿的互联网数据库不仅仅丧失保护,更重要的是,个人数据的强大权利保护又直接制约着互联网数据库的发展。因此,通观欧盟的数据库法律理论与实践,可以判断,欧盟的数据库与个人数据立法框架、司法实践对不同类型数据的权利配置间接地锁定了数据库的商业模式,即一种类似于图书商品交易的数据商品交易成为权利配置

---

① 高富平. 信息财产. 北京:法律出版社,2009:239-245; Sarah Wright, Priya Vatvani. Death of the database right. Copyright-world, Sep. , 2005.

所意外锁定的商业实践模式。然而,意想不到的是,如此权利配置所锁定的商业模式并不是数据库技术乃至数据产业发展的未来趋势,这或许就是导致欧盟数据库立法失败,没有到达预期目的的现实制约之一。

通过立法保护乃至发展以数据为驱动的信息产业同样是美国的经济战略,由于各方博弈僵持不下,美国始终没有在联邦层面上通过制定一部法律来处理数据库的法律问题。自欧洲 1996 年通过数据立法以来,美国国会试图推进的数据库立法都未获成功。① 仅从法律构造的角度而言,财产权与不正当竞争的两难选择始终是美国立法的难点。起初,美国毫无疑义地坚持强财产权保护,108 届国会之前所有法案要旨都是承袭欧洲《数据指令》的数据财产权观,但是,"美国立法建议的出发点是欧盟立法的终结点,而它的终结点与欧盟的出发点非常类似"(戴维森教授语),108 届国会的立法草案表明了美国的最大共识就是回归不正当竞争权利,以商业保护、侵权责任的法律形式处理数据库,信息流动的公共利益如果不是超越信息生产的私有权利,那么至少也是同等重要的。由于没有统一的法律保护,美国继续沿袭传统的行业自治和竞争法规制,这样的法律现状反而使美国没有像欧盟那样以具体的权利配置来过早锁定数据库的技术发展和商业实践,最终令美国的数据库产业远远胜过欧洲。② 此外,平实而论,美国普通法中分散而庞杂的隐私法判例、灵活处理竞业关系而模糊配置权利的盗用侵权用于解决数据库实际法律问题并不逊色。总而言之,欧美的数据库立法与实践告诉我们,数据的权利配置与商业实践的互动关系微妙而复杂:欧盟雄心壮志的个人数据与数据库立法框架在商业实践中进退失据,令其立法目的最终落空,过强的财产权利不一定利于产业

---

① 分别为 104 届国会的 H. R. 3531、105 届国会的 H. R. 2652、106 届国会的 H. R. 354 和 H. R. 1858、108 届国会的 H. R. 3261 和 H. R. 3872。

② [美]卡尔·劳斯迪亚,[美]克里斯托夫·斯布里格曼. Copy Right! 模仿如何激发创新. 老卡,等译. 北京:电子工业出版社,2015:238-245.

发展,稍弱的财产权利也不一定阻滞产业发展。①

（二）中国的数据库法律保护和商业实践

与过去系统地继受国外知识产权法有所不同,没有强大的国际谈判压力,中国面对数据库的法律争议时,没有亦步亦趋国外学说与司法实践;相反,谨守抽象物权利配置的知识产权法原理,认定数据库属于汇编作品,尤其强调独创性的重要。② 因此,有学者总结学术界主流观点认为中国法上的数据库法律保护应该是一种混合式的法律交叉保护模式:第一,利用版权法为在编排制作上具有独创性的数据库提供版权保护;第二,利用反不正当竞争法为市场竞争领域内的数据库提供保护;第三,利用民法、商业秘密法为某些种类的数据库提供保护;第四,利用个人数据保密法、隐私权制度及宪法中的某些制度对数据的权利设计进行平衡;第五,利用行政法、刑法为数据库权利提供有力保障。③ 当然,在学说与实务上,要求援引欧盟主导的数据库特殊权利保护的主张也不乏其声。④

需要强调的是,在数据库法律保护上,欧洲更强调特殊权利保护论,美国则更侧重不正当竞争法保护,但其共同之处都是一定程度地放弃了版权法上的作品保护原理,迂回地援引其他法律关系作为正当性基础,从而可以重建法律框架来宽泛保护各种内容类型的数据库,特别那些不是作品数据而仅是事实数据,同时在数据库制作编排上亦很难体现独创性的数据库。判断作品的独创性本身是一项相对复杂的法律认定,而数据库制作的技术属性使得其每一个独立数据库的技术架构和制作工艺有很多相同之处,特别是针对同一类信息又具有商业竞争关系的数据库,往往很难区别它们各自所谓汇编作品的独创

---

① 欧洲数据库产业的实证调查参见：Commission of the European Communities. DG Internal Market and Services Working Paper, First Evaluation of Directive 96/9/EC on the Legal Protection of Databases. at § 1.4, Brussels, December 12, 2005. 2018-8-1. http://ec.europa.eu/internal_market/copyright/docs/databases/evaluation_report_en.pdf.

② 高富平. 信息财产. 北京：法律出版社,2009：415-442.

③ 管育鹰. 知识产权法学的新发展. 北京：中国社会科学出版社,2013：409.

④ 李扬. 数据库的法律保护研究. 北京：中国政法大学出版社,2004：57.

性。相较于其他国家或地区,中国没有回避独创性的底线要求,反而在数据库法律保护中坚持以作品保护为主,反不正当竞争为辅的法律保护原则。显然,这一定程度上造成事实内容型的数据库在中国很难获得实质有效的法律保护。①

故此,中国的数据库法律保护是一种较弱财产权的权利安排,如果仅从正式的法律渊源角度来看,这种权利安排主要还是针对具有独创性的汇编作品型数据库,而事实信息型的数据库则几乎是裸于法律真空之中,只在某些特殊个案裁判中获得其他部门法的相应保护。那么,这种弱财产权的权利配置对中国语境下的数据库商业实践究竟意味着什么?

首先,观察中国目前整体的数据库产业现状。参照欧美数据库立法目的,一般认为,如果没有相应的法律权利保障,数据库产业应该遭受严重阻碍,特别是司法实践中法律保护不确定的事实型数据库。然而,相当吊诡的是,中国的数据库产业发展并没有因为较弱财产权的权利配置而受到严重阻碍,短短十几年的时间,中国的数据库产业从无到有、由少变多获得快速发展。② 这还仅仅是作品内容型数据库的商业发展势头,其商业实践与欧美国家的早期数据库商业实践相同,即一种类似图书商品交易的数据信息供需交易模式。更令人意想不到的是,裸露于法律保护之外的事实内容型数据库,伴随着中国互联网产业的迅速崛起,获得飞跃性发展,已成为互联网信息产业的核心技术及商业未来。③ 其次,从数据库的具体演变来看,事实内容型数据库也并未因为法律权利的缺失而萎缩。相反,生成于互联网产业的事

---

① 北京华信捷公司诉机械信息研究院侵犯著作权及不正当竞争纠纷案,(2001)京高知终字第 33 号民事判决书;本案是比较典型的事实型数据库未获保护的案例。不仅如此,互联网产业兴起之后,类似案件中事实内容型数据库依然很难获得法律保护,详见上海汉涛信息咨询有限公司诉爱帮聚信(北京)科技有限公司侵犯著作权纠纷案(大众点评网诉爱帮网),(2009)京一中民终字第 5031 号民事裁定书。

② 季星,丁胜. 我国商业数据库产业发展状况分析. 科技情报开发与经济,2007(22):109;许春明. 数据库的知识产权保护. 北京:法律出版社,2007:4-7.

③ 赵国栋,易欢欢,糜万军,鄂维南. 大数据时代的历史机遇:产业变革和数据科学. 北京:清华大学出版社,2013.

实内容型数据库革命性地扩展了传统事实内容型数据库的数据范围，以人的网络行为数据为纽带重新汇总一切基于人的事实信息，作品、行为或其他事实信息在此意义上均被同质化为数据类型而不视为具有实质区别。从技术演化的趋势来看，作品内容型数据库已被吸纳为互联网产业数据库制作的一个子集，与事实内容型数据库彼此支撑。数据库制作也由此获得新定义，在欧盟数据库司法实践中曾被认为是因经营活动而产生所谓"副产品"的各种非作品内容的数据已经成为数据库制作的主要数据资源。

通观现状，我们是否可以认为中国数据库法律保护的缺失并没有影响数据库乃至信息产业的发展？ 为此，我们要深入理解中国数据库产业发展的具体环境。

第一，中国的数据库产业刚好内嵌入中国互联网产业，两者几乎同时起步。因此，传统的作品内容型数据库一开始就只是中国数据库产业发展的一个断面枝节，互联网产业蓬勃兴起的平台战略很快推动事实内容类型数据库跃升为数据库的技术未来和商业愿景。与此相应，作品内容型数据库其类似于图书商品交易的数据交易商业模式也被边缘化，由此，数据商品交易中极易引发数据版权侵权的法律问题也并不是事实内容型数据库的主要问题，因为事实内容型数据库已将数据由商品交易对象转化为商业秘密，互联网公司基于自身商业秘密而展开数据挖掘，以优化网络服务和优化产品来摸索数据商业实践。因此，除非网络黑客攻击和自身管理失误，事实数据很难外泄，而保护数据的则是代码[1]；同时，按照帕梅拉·萨缪尔森(Pamela Samuelson)教授的理解，商业秘密只是商业竞争中受保护的特殊法律情状，并非一种财产权意义上的权利。[2] 简言之，事实内容型数据库在实践中并不亟待一种财产权的保护；相反，依循新兴的数据商业模式的生成逻辑，软件代码和硬件服务器已构筑出相当于版权法上技术保护措施的

---

[1] ［美］劳伦斯·莱斯格. 代码 2.0. 李旭，等译. 北京：清华大学出版社，2009：245-251.

[2] Pamela Samuelson. Information as Property：Do Ruckelshaus and Carpernter Signal a Changing Direction in Information Intellectual Property Law. CathU. L. Rev. 38，1989.

自力保护。

第二,决定事实内容型数据库的商业实践及其法律构造的个人数据保护法律在中国近乎空白。事实内容型数据库不需要财产权的强力保护,并不表示它不希望获得财产权保护。但是,在理论与实践上如何界定事实信息的权利配置,尤其有关个人行为的人格和隐私等事实数据如何配置财产权和人格权,这是一项世界范围内的难题。如前所述,欧盟的数据立法正是在数据库和个人数据的权利配置上过度自信,错误地间接锁定数据库的商业路径,意外造成数据库特殊权利失去实效,整个数据法律框架反而妨碍欧洲互联网产业的发展。在欧盟的统一数据法律制度和美国的分散性处理数据法律问题的法律框架之外,中国则是近乎空白的个人数据法律保护现状。尽管随着实践和立法不断推进,在《民法通则》和《侵权责任法》等法律框架下有关个人数据泄露方面的法律保护正在不断受到重视①,但是,有关个人数据的收集、存储和分析等正式法律保护依然付之阙如。可以说,正是这样一种"低法治状态"(冯象教授语)下的个人数据保护状况,与中国目前的数据库法律保护形成了某种难以言述的脆弱平衡,这一脆弱平衡所塑造的法律环境成为事实内容型数据库技术及商业实践兴起的最重要的外部条件。② 事实内容型数据库在技术发展和商业实践中所显示出的某种程度的独立封闭性,与这一外部条件相互协调适应,才使尽管个人数据法律保护严重缺失,但在商业竞争层面之外的个人数据法律争议并不特别引人注目。

因此,不能仅仅以数据库的财产权利配置来理解中国数据库产业的发展状况,数据库的财产权利和其他数据的相关权利并非截然无关,两者在何种程度上形成协调或者彼此冲突,会直接影响数据的重叠利益和多元价值。因为,权利配置的衍生后果将是间接锁定抽象物

① 郭瑜. 个人数据保护法研究. 北京:北京大学出版社,2012:45-72.

② "低法治"状态下的市场竞争是经济全球化之后的经济新现象,尤其是在知识产权法和劳工法方面。中国情况的研究详见:冯象. The End of Intellectual Property. International Critical Thought 2(1), March 2012:99-106. 美国情况的研究详见:Anupam Chander. How Law Made Silicon Valley. Emory L. J. 63, 2014.

之商业模式。从这一视角出发,才能将中国数据库法律保护的弱财产权配置和中国个人数据保护的缺失相互联系起来,再完整地结合数据库产业的技术发展和商业趋势,由此可以理解为什么中国数据立法的"荒芜"会成为中国数据商业实践兴起的重要条件。

中国的数据库商业实践依托于互联网产业,互联网甚至重构了作品内容型数据库的商业模式,将货物贸易改造为服务贸易。随着互联网逐渐深入中国社会的各个层面,中国庞大的网民数量及各类数据将会加速推进事实内容型数据库的发展。这一切将引出与担忧信息生产激励相比更加深重的疑虑,即数据库信息垄断的要害可能并不在阻碍作品生产,而是各种基本事实信息的绝对垄断。特别是,在大数据兴起之后,个人主体的各类数据、商业运营的各类数据和社会国情的各类数据成为互联网时代的主要事实数据,这些备受关注的事实数据被视为经济发展和技术进步的驱动力,而围绕数据的收集、存储、分析乃至最终形成商业服务与数据产品则全部建基在数据库制作之上。数据库的法律问题将以更加复杂的形态呈现出来,这个时候我们重新反思欧盟数据库立法的意外失败、美国数据库立法的屡战屡败和中国数据库立法的"空白荒芜",就有着非常重大的现实意义。

三、大数据的冲击

时至今日,大数据的概念依然没有一个获得绝大多数科学界、产业界人士所认可的权威定义。目前,商业机构所宣传的大数据商业概念是较为流行的论调,其中美国咨询公司麦肯锡是较早向社会公众推介大数据商业概念的机构,其认为,大数据就是大小、类型超出常规数据库工具处理能力的数据集。① 观察舆论,这样一种"口袋型"的定义反而脱颖而出,成为大众广泛讨论的大数据概念。纯粹就技术特征而

---

① McKinsey Global Institute. Big Data: The Next Frontier for Innovation, Competition, and Productivity. 2015-4-29. http://wenku. baidu. com/link?url=1K6tPJsKjv4SqKdbw3QbuA_xiPfB-g-FSdC7ZvCkzoeiuAjJegYpjl-aQuQETeL7bE0Rv0z2yxtZ39olj4NQtTpyzF2KpjY7IXU1ImT449K.

言,学界与产业界普遍认为大数据与以往传统信息数字化技术的区别在于"3V"特征:第一,数量(Volume)极大。随着移动互联网、物联网的逐渐成形,社会所积累的数据量正在不断刷新,正迈向前所未见的PB(Petabyte)级、ZB(Zetabyte)级数据量,而至今五千年以来的人类文字数据只有 5EB(Exabyte)而已。第二,数据类型的多样性(Variety)。数据多样性是指数据类型的复杂性,包括结构化、半结构化和非结构化数据,主要有文本、图片、传感器数据、音频、视频、点击流、代码文件、人机互动的行为痕迹等,类型庞杂,现有的常规软件与算法都无法精准分析这些汇聚一起的多样性数据。第三,数据的实时速度(Velocity)。与传统的静态数据相比,大数据必须是运动中的实时数据,通过互联网信息传播、各种实时传感器与在线监测不断收集海量数据,始终保持数据的新鲜度。①

(一)大数据对数据库的超越

互联网技术及其经济形态的演化是大数据出现的主要动力,从传统数据库技术角度来看,数据库是大数据的技术基础,大数据则是数据库的技术飞跃,两者都是针对信息数字化产生的海量数据而发展的数据技术。不言而喻,大数据的技术突破将会深重影响到数据及数据库的商业实践及其法律构造,从原有法律关系的客体角度来观察,大数据相比之下有着非常鲜明的特点。

第一,大数据的数据类型突破了传统数据库的作品数据和事实数据的狭窄范围,以互联网与移动互联网为平台收集各种结构化、半结构化和非结构化的数据信息,一切信息的数字化都是其最终目标。传统数据库的具体应用则起源于文字作品的信息数字化,俾便考查文字信息存储与传播,数据类型多为版权法上的作品。同样地,传统的事实内容型数据库所收集、存储和分析的事实数据也是易于结构化的数据,而且事实内容型数据库的早期商业实践之一就是将能够结构化、

---

① 〔英〕维克托·迈尔-舍恩伯格,肯尼思·库克耶. 大数据时代. 周涛,等译. 杭州:浙江人民出版社,2013:27-97.

可视化认知的事实数据信息作为商品出售。第二，传统数据库的编排和制作需要独创性才能获得版权法上汇编作品的相关权利，这是传统知识产权理论中抽象物赋予权利的智力创造原则；如前所述，传统数据库的数字化编排、制作技术过于雷同，尤其针对同一信息而具有竞业关系的数据库彼此之间很难区分出独创性，造成数据库的智力创造性偏低，最终引出投资保护与创作保护之争。然而，大数据不仅仅意指海量数据的汇总集聚，更是意谓海量数据的挖掘与分析，这就重新发现数据的信息媒介属性之外的技术属性，因此大数据其最终表现为一种基于数据的智力洞察和决策判断。这无形中使大数据与软件算法关联起来，当大数据真正实现媒介属性和技术属性的高度融合，呈现为一种实体化的技术产品，此时的数据财产权利究竟更接近于版权还是专利？毫无疑问，大数据相较数据库具有更多的智力创造性。[1]第三，传统数据库收集原始数据需要大量的资本投入，数据库的制作和维护非常昂贵，但从数据库制作与维护的法律关系主体来看，相对比较单一，主要为数据库制作者的主动收集和作品版权所有人的被动参与。大数据的参与主体则日趋复杂，呈现为多向互动的情况，在互联网和移动互联网的数据信息网络平台上，互联网公司是数据库所有人，互联网用户则是数据提供者，双方通过网络服务协议而彼此关联，缺一不可。换言之，大数据意义上的数据库制作，制作商的资本投入只是其中一方面，网络用户的服务参与是数据的直接来源。随着物联网的兴起，作为财产上的物也将汇入大数据的数据收集之中。[2] 第四，传统数据库的法律关系中存在类似于版权法上的作品生产者、作品传播者和作品消费者的三角关系，具体为数据内容版权所有人、数据库制作者、数据库消费者。这样的数据库商业模式及其法律关系决定了传统数据库具有某种程度的开放性和公共性，同时亦因数据库的开放和数据复制的便捷，造成盗用或侵犯数据库的侵权行为极易发生。但是，大数据的数据库商业模式及其法律关系则有封闭性的特征，以服

---

① 大数据战略重点实验室. 块数据. 北京：中信出版社，2015：91-117.

② 同上注，80-92.

务协议合同为纽带,将数据库所有人和数据提供者、数据使用者两两结合在一起,数据库极少开放给社会公众意义上的大众使用。换言之,数据收集并不是主要为了到达对外数据交易的目的,而是内部运营,将大数据意义上的数据库转为数据库所有人产品研发、商业服务和战略投资的重要支柱。从此意义来说,大数据意义上的数据库确实已经成为数据库所有人的商业秘密和战略资产。

大数据的商业实践还刚刚起步,目前表现出以下几种形态:第一,汲取过去数据商业模式的有效经验,通过数据挖掘,将数据制作为某种内容信息产品,以版权交易或版权实物交易获得收益。① 第二,大数据其实指向的是一种基于数据的智力洞察,所依靠的是软件算法,所获得的是数据分析能力,以数据能力提供服务贸易——尤其是基于数据独占而获得的数据能力——同样是大数据的重要商业实践形式。② 第三,在没有法律风险的情况,直接或间接地以原始数据作为商业交易的标的物,这种商业实践比较精巧的形式是通过公司收购或公司入股的公司资本运作间接地将原始数据作为公司资产而货币化,这一现象在中美互联网产业界屡见不鲜。③ 当然,更加完整地体现大数据所表现的商品服务化和内部封闭性的商业实践毫无疑问是各大互联网巨头公司都将数据视为自身公司发展的驱动力,换言之,大数据内化为公司的核心竞争力。④

这些技术特点和商业实践投射到法律关系层面会造成什么样的影响?当初传统数据库财产权利争议兴起之时,与信息网络技术相伴随的新型数据库并非没有被研究者关注到,因为两者本身就是一个数据信息技术系统的不同板块组成。只是由于依然局限于数据客体类

---

① 大家都意识到原始数据交易具有较大的法律风险,这一方面案例以贵阳大数据交易所为典型,详见下文。

② 周艳清. 数据堂:新三板上的大数据公司. 创业邦网,2015-6-15. http://www.cyzone.cn/a/20150614/276203.html.

③ 有"BAT"之称的中国互联网三巨头百度、阿里巴巴和腾讯通过资本运作,并购、控股和参股相关公司获得数据,整合业务. 苏龙飞. BAT并购争霸. 新财富,2015-4-29. http://www.xcf.cn/jrdd/201408/t20140815_626665.htm.

④ 徐晋. 大数据经济学. 上海:上海交通大学出版社,2014:105-123.

型作品与事实的简单分类,局限于制作商投资巨大的单一主体视角,局限于传统抽象物之上的财产权利框架,因而一开始就将数据库的法律起点定位在财产权利。事实证明,如果这不是一个错误的方向,也是一个模糊的起点。

(二) 大数据的法律冲击与价值冲突

大数据的法律冲击主要体现在两个方面。首先,重新唤起人们对数据保护的法律思考,反思过去数据库法律保护所延续的财产法框架,抽象物上赋予较强的财产权利是否能适用数据保护,是否有利公众利益。在实践中,商业秘密、版权、专利权、个人数据权利、合同权利及广泛适用的不正当竞争法都从不同层面参与数据法律构造的复杂演化,这些强弱不同的财产权利在具体个案中反复伸缩,不断探试着数据私产化的程度及其可能激起的各种强烈反对,如图 20-1 所示的法律链条。显然,财产权利的数据法律框架会突破以往的三种模式,未来将呈现极大的偶变性。

更重要的是,数据的财产权利安排已经不再是有关数据的权利(力)建构的主要争议,个人数据权利和国家数据主权全方位地进入数据权利(力)的演化逻辑之中。个人数据权利和国家数据主权并不是现有的法律概念,它们都是在已有的法律概念中推理衍生出的新内涵,个人数据权利来源于人格权和隐私权;国家数据主权来源于国家最高主权对一国内的自然资源具有占有、管理、控制、利用和保护的权力。[①] 数据主权最典型的体现是 2014 年以来一些国家所规定的数据本地化现象,尤其是 2015 年 9 月 1 日生效的俄罗斯数据本地化法案,其要求互联网公司将俄罗斯用户的个人信息数据存储到俄罗斯本地服务器。[②]

当前最为紧迫的现实问题则是数据的权利配置困境,个人的数据

---

① 齐爱民,丁胜. 数据权、数据主权的确立和大数据保护的基本原则. 苏州大学学报(社会科学版),2015(1): 67.

② 俄加快网络信息本土化. 人民网,2015-4-29. http://media.people.com.cn/n/2015/0409/c40606-26817706.html.

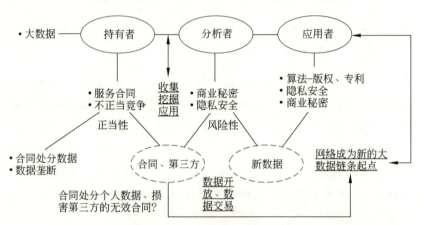

大数据法律链条

• 人格法、合同法、知识产权法、不正当竞争法和反垄断法

• 大数据 —— 持有者 —— 分析者 —— 应用者

收集挖掘应用

• 服务合同
• 不正当竞争
正当性

• 商业秘密
• 隐私安全
风险性

• 算法-版权、专利
• 隐私安全
• 商业秘密

• 合同处分数据
• 数据垄断

合同、第三方　　新数据

网络成为新的大数据链条起点

合同处分个人数据、损害第三方的无效合同？

数据开放、数据交易

• 从目前的常态来看，数据安全的薄弱环节往往在这两个衔接处，数据流动，就意味着数据安全性降低

图 20-1　大数据商业实践中凸显的法律关系

权利与占有原始个人数据的数据库所有人财产权利之间充满了紧张矛盾，甚至可以说，传统数据库基于财产权利的体系建构由此将遭到重构。率先在这一方面破冰试水乃至改弦更张的地区依然是欧洲。欧盟的《数据保护指令》已公布执行 15 年，目前又计划提出新的《一般数据保护条例草案》(Draft of General Data Protection Regulation)来取代前者。值得注意的是，欧盟一反故态，不再坚持反复强调的数据库保护的财产权立场，重新正视个人数据与数据库之间的权利冲突，提出了以"被遗忘权"为代表的个人数据权利，其所专门针对的就是大数据意义的数据库模式：2014 年 5 月，欧洲法院判决谷歌公司必须依法承担侵犯个人数据"被遗忘权"责任。[1]　同时，在具体法律规范的适

----

① David Coursey. How The Right "To Be Forgotten" Threatens The Internet. FORBES, Feb 24, 2012; Meg Leta Ambrose, Jef Ausloos. The right to beforgotten across the pond. Telecommunications Policy Research Conference, 2012: 7. 最新判决情况参见：https://privacyassociation.org/news/无访问时间且已无法访问.

用方面，数据收集、使用、流动和泄露等几个层面都不同程度地渗进个人数据权利主张，如"数据最小化"原则已经成为数据收集方面最基础的法律原则，很多国家数据保护法中都有所体现；在数据使用方面，用户应该享有数据控制权以对抗数据库所有公司的数据滥用已成为一般性的大众共识；而极其复杂的数据流转问题，则受到更加严格的政府监控和个人限制，澳大利亚在《隐私法》修正案中明确规定数据流动，尤其是数据售卖要受到严格监控。①

　　尽管欧盟关于数据库法律保护的基本框架在名义上并未更改，但大数据兴起之后，数据库特别保护论在欧洲似乎已经势微，这样的急剧变化很难以法律理论的自身逻辑来解释，必须予以政治经济学的洞察。简单地说，欧盟的数据库特殊保护论并未保障欧洲传统数据库产业的高速发展，相反，在互联网产业兴起之后，美国与东亚地区在 20 年互联网产业竞争发展中已经跃升为世界性的互联网产业核心，而互联网公司巨头成为大数据意义上的数据库所有人；欧洲在这一场新的数据圈地运动中明显是失利的一方。由数据所有权而衍生的数据主权在"棱镜门"事件中已经给全世界都上了一课。欧盟的数据立法风向变化似乎更应该从经济产业公共政策和国家安全的角度去审视，申言之，围绕数据的价值冲突已经突破信息私有化与信息公众化的原有结构矛盾，数据信息原本所具有的多元价值和重叠利益终于在数据这一新形式里重新完整地释放出来。对于已经奇迹般地"弯道超车"、在互联网产业中异军突起的中国互联网产业来说，数据的法律构造同样迫在眉睫。

　　目前的数据产业直接根源于互联网产业的变革和创新，环顾各国，中美两国不仅在互联网产业上具有某些相似性，而且在互联网产业崛起的过程中其法律治理也具有某种同构性，即所谓"低法治"状态。更加意味深长的是，比之欧盟依然全面规划、大兴土木地改建数据立法框架，中美两国面对本国异常复杂的商业实践，在法律治理上

---

　　①　腾讯研究院法律研究中心：《中国互联网法律政策研究报告》，第 6 部分《个人信息保护》，内部报告。

都呈现出一种"补丁"式立法,利益重叠、权利交错的数据使得利益攸关的各个领域的法律治理都显得保守审慎。比如,面对数据产业与隐私保护的冲突,中美两国至今维护其信息隐私权的分散化法律趋势,明确表示不会照搬欧盟的"被遗忘权";同时以国际安全为由,强化其与各大跨国互联网公司的数据合作,并"军工复合体"的商业投资形式与众多互联网公司合作发展数据产业前沿。[①] 在国外,面对欧盟缩紧其数据跨境流动的"安全港"规则,侧重从国际贸易的保守角度以经济互利、产业交换的手段去弥补,"跨大西洋贸易与投资伙伴关系协定"(TTIP)即是典型一例,同时"跨太平洋伙伴关系协定"(TPP)也有类似规定。中国与此类似,受人期待的《个人信息保护法》并未出台,只以工业和信息化部 2013 年制定的《电信和互联网用户个人信息保护规定》,结合之前颁布实施的个人信息保护国家标准《信息安全技术公共及商用服务信息系统个人信息保护指南》,糅合形成了个人信息保护政策的初步框架。之后,2016 年又颁布《网络安全法》以网络信息安全一章节的形式融入综合的网络安全治理中。与此同时,数据留存、数据交易和数据开放也纷纷在国家与地方各级层面上展开,而这些法案都显现出尊重,甚至迎合现有商业实践的某种暧昧立场。的确,商业实践的号角比法律治理的试探要勇敢得多。

2015 年 4 月 14 日,地处西南的贵州贵阳市正式挂牌成立贵阳大数据交易所。据报道,贵阳大数据交易所是工信部批准的唯一一个试点机构,其作为第三方机构对数据进行清洗和建模分析,为买卖双方提供一个数据结果交易的场所,而不是直接进行底层数据库的原始数据交易。但是,该所认为大数据本身是一种资产,值得进一步探索数据抵押融资、典当和期权融资的数据金融模式。[②] 大数据产业的商业模式探索日趋激进,在规避原始数据库交易的同时,数据挖掘和数据交易被默认为一种资产使用及交易方式。抽象物的权利配置历来都

---

① Frank Pasquale. The Black Box Society: the secret algorithms that control money and information. Cambridge, Harvard University Press, 2015.

② 历史变革:贵阳大数据交易开启互联网金融新版本. 贵阳网-贵阳日报,2015-4-29. http://www.gywb.cn/content/2015-04/28/content_2955903.htm.

与抽象物的商业实践模式息息相关,目前中国大数据的资产界定和交易探索由于沿袭着传统数据库的财产权利框架,如前所述的种种权利交叠和价值冲突,在激烈的商业竞争面前暂且搁置。

数据作为信息新的存在形式,依据抽象物赋权的传统法律原理进行权利安排本无不可,而且退一步来说,如果依然因循过去的数据法律框架思路,反而更容易且更深入地将抽象物"非物质性"所内蕴的多元价值和重叠利益暴露出来。不管赞成还是反对目前知识产权制度安排,学界都有一定程度的共识,认为知识产权的价值目标应该多元化,但实证考察知识产权制度的实际运作后却又不约而同地发现,知识产权主要功能其实是在保护投资而非所谓的作品创造。① 然而碍于知识产权传统理论与实践的种种限制,投资保护论最终只能在新型抽象物的法律构造中跃为主流意见,并以此希望突破传统知识产权相对较弱的财产权框架,赋予抽象物更强的财产权利。大数据兴起之后,围绕数据的价值冲突愈加明显,财产权利和人身权利,商业发展和国家安全,信息流通与作品激励这些彼此冲突的利益与价值需要进行重新安排。而且,不容乐观的是,大数据时代的数据库所有人比其他任何时代的抽象物所有人拥有更为强大的技术垄断能力,对于个人数据权利人来说,没有法律的直接介入,几乎没有任何技术能力去维护个人数据权利。② 正是在这样的情况下,将支配性更强的财产权利赋予数据库制作人,是否有利于数据产业发展,是否有利社会公众,恐怕都是悬而未决的问题。现实的产业经验表明,欧盟的数据库特殊权利保护并没有促使其信息产业的加速发展;中美数据公司巨头依靠各自的大数据商业实践最终造成至今拉锯不断的数据孤岛现象③;公众数据非常态的跨境商业流动将在很大程度上威胁到国家数据主权。④

---

① 熊琦. 著作权激励机制的法律构造. 北京:中国人民大学出版社,2011:23-24.
② [英]维克托·迈尔-舍恩伯格,肯尼思·库克耶. 大数据时代. 周涛,等译. 杭州:浙江人民出版社,2013.
③ 大数据战略重点实验室. 块数据. 北京:中信出版社,2015:8-21.
④ 齐爱民,丁胜.数据权、数据主权的确立和大数据保护的基本原则.苏州大学学报,2015(1):67-68.

　　以数据为资源的信息产业兴起不能简单视为一个经济现象，数据已经深入现代社会的方方面面，对我们的个体表达、文化创造、社会生活、政治意识产生了重大影响。与周遭的自然环境一样，信息产业为我们构筑了一个崭新的人造环境，这是一个用"比特"来构造的数字化生存空间，在这里，思想和信息的传递成本已经趋近于零。但是，信息产业所塑造的这样一个新世界并不是如许多人所臆想的那样虚拟而无限；相反，它是由各种数据产品、服务合同、知识产权和基础设施所围造的物质实体，这些各种数据、代码和电流所承载的绝不是免费之物，同时它们所承载的也绝不是单纯的经济利益所能覆盖的。必须重新探索数据的法律构造路径，这需要我们从理论上反思抽象物的法律构造传统原理，从现实中去观察抽象物的商品交换模式，从价值冲突层面去正视无可回避的权利困境，这样才可能博弈出一个相互协调的法律政策框架。

　　首先，我们必须承认抽象物的法律构造不存在一个单一的、线性的客观规律，而是财产权观念、人身权观念和政策利益考量相互影响，历史路径与现实格局彼此交错。现代知识产权法的渊源之一英国知识产权法的历史演变已经充分证明，围绕抽象物的知识产权法由"一组复杂而变化着的环境、实践和习惯共同作用的产物"[①]。故而，抽象物的价值多元和交叠利益表明不存在任何优先权利而预定抽象物的法律构造。相反，权利配置可能是一个妥协性应对的权宜之策，但内含复杂而艰难的利益协调。因此，作为抽象物新类型的数据，它不应该贸然锁定为新类型的财产，反需谨慎对待依附其上的巨大财产利益，以网络个人数据为例，互联网公司以免费服务换取个人数据的对价是否合理合法尚有斟酌。更何况，数据的媒介特点和技术属性已经超越过去种种抽象物媒介，不断演化的商业实践还在持续发掘其中价值，过强的财产权权利配置可能会严重影响依附其上的其他重要价值，如过于强调数据跨境流通的商业价值，个人数据的隐私性和国家

---

　　① ［澳］布拉德·谢尔曼，［英］莱昂内尔·本特利. 现代知识产权法的演进. 金海军，译. 北京：北京大学出版社，2012：7.

· 570 ·

数据的安全性又将如何保障。欧洲的历史经验表明,过强的财产权利配置如果不与其他权利相互协调,适得其反的结果也可能出现;谦抑的立法理性不是一句空话。

其次,历史上很多新型抽象物,如计算机软件、形象公开权、商业方法专利等,都是随着技术与商业的双重变革而进入非物质性的知识产权体系之中,但是技术革命与商业贸易究竟怎么改变知识产权? 新的知识产权权利如何证成? 新的知识产权客体又如何认定? 这其中的具体逻辑为何? 笔者认为,真正在将技术革命与商业贸易相互勾连起来的正是商业模式的变迁,商业模式的变迁根源于商品交换行为的变化,而抽象物的商品交换行为正是知识产权的权利行为在商业实践中的具体体现,三者环环相扣,彼此支撑,最终投射进法律规范层面,即是知识产权的历史演变;而数据不过是这一古老逻辑的新展开。大数据将促进当代经济中抽象物商业模式的巨大变迁,商品交换关系的变化必然要投射进法律规范之中,法律规范会将实践中的现实逻辑重新颠倒性地叙述在法律文本之中,完成对现实中的商品交换关系的正当性叙事,顺利实现古老财产权对新兴非物质客体的攫获和控制。数据库特殊权利保护论和大数据资产论正是前述逻辑展开的自然结果。因此,我们不能仅仅依据传统知识产权所给定的法律框架刻舟求剑地搬用到数据的法律构造上,也很难做到一厢情愿地以个人数据保护的优先性去严格控制拥有强大技术能力的数据巨头,而是应该回到现实商业场景中去观察数据的商品交换行为,测定其限度,观察其效果,衡量其得失,确定各种交叠权利彼此冲突的范围,这才是对其数据进行权利设置的切实之道。数据的技术发展表明其与商业实践息息相关,其法律构造依然受制商业实践的曲折演化,恰如马克思主义法学家帕舒卡尼斯所言:"反映法律形式的唯一社会关系就是商品拥有者之间关系。"[①]通过数据媒介,作品内容、事实信息、人格隐私这些抽象物才整合进新的商品交换关系之中,没有数据媒介,这些抽象物难以进行

---

① Evgeny B. Pashukanis. Law and Marxism. A General Theory Towards a Critique of the Fundamental Juridical Concepts//Barbara Einhorn. London, Pluto Press, 1978: 138.

商品交换,没有商品交换,这些抽象物之间难以爆发激烈的利益、价值冲突。

最后,以上两个不同方面的论述似乎存在矛盾,一方面谨慎地对待抽象物财产权的配置,另一方面强调观察数据之商业实践具体演化,难道数据商业实践的前提不是财产权吗?传统的知识产权并非一种典型的财产权利,知识产权并不保护相关抽象物客体的信息独占和垄断,而是对客体的商业利用行为进行垄断,典型即为财产权利力度最强的专利权,公开专利技术方案内容信息而获得独占专利技术方案的商业利用独占权利。这种具体权利体现为一种禁止权,垄断某一商业利用行为而禁止他人未经许可而实施该行为。因此,这种权利配置模式并不是以财产权利的所谓价值目的性为伸张;相反,而是通过甄别具体的商业行为的正当性来定义财产权利的具体权能,这在知识产权基础理论里通常被理解为权利法定原则,体现了知识产权的功利主义和社会本位。[①] 从这样一种功利主义和后果主义立场出发,确实会陷入权利配置和行为正当之间的两难判断,但是,这未尝又不是对财产权利并非来源于道德论辩而是来源于实际行动的真实揭露?抽象物之上的财产权历来是发现的而非自然的。申言之,谨慎对待数据财产权,是强调抽象物之上的财产权利构造需参照知识产权法的历史经验和价值定位;观察商业实践的演变,是突出数据作为新型抽象物的独特属性和潜在影响还远远未被人们清晰认知,此时,辨析某种数据商业实践行为的正当性对于抽象物之权利配置就显得尤为关键。

四、结语

因为出现了数据这种新型信息形式,我们借此机会重新发现某种抽象物如何在历史路径和现实条件之间沿着商业实践逐渐演化其权利构造。欧美国家的立法得失与中国的法律空白显示,数据的权利配置与商业实践关系复杂:第一,数据财产权利的自身限度需要在商业

---

① 崔国斌. 知识产权法官造法批判. 中国法学,2006(1):159-162.

实践中获得确认；第二，数据之上种种权利的各自边界需在商业实践中相互协调。商品交换的行为及其限度成为理解数据权利的基本视角。

信息数据的公共性与私权性交织而冲突已无可争辩，从数据库到大数据的演化过程不过是将其深层次的公共性重新通过商业实践而暴露出来。不断演进的各种革命性巨变还在持续地推进这一过程，如以云计算、大数据为代表的技术革新，以"数据资产"为代表的商业革新和以"数据开放"为代表的观念革新。在某种程度上这是对抽象物私权性质简单认知的拨乱反正，权利（力）的边界只能是另一权利（力）。因而，围绕数据的法律主体和法律场域已经在性质上、范围上超出以往，要以一种层次分明的宏大视野才能包容透视到数据之上的重叠利益和多元价值，大数据需要一种公私混合的"大法律"框架与之对应，一种三类主体互动博弈的数据法律构造活动已在逐渐展开，即个人数据提供与享用者、商业数据使用与管理者、国家数据监管者正在实践中各自站位。① 申言之，数据抽象物之法律构造的起点应该是公共性与私权性并重。

（原文载《法律和社会科学》，2016(1)：73-100。）

---

① 张新宝，葛鑫，张乐. 从隐私到个人信息：利益再衡量的理论和制度安排. 中国法学，2015(3)：55-59.

22 数字经济时代公共话语格局变迁的新图景

——平台驱动型参与的兴起、特征与机制

张 欣[*]

一、平台驱动型参与的提出

互联网时代平台经济的崛起被视为"数字革命"时代改变当下和未来的三大源泉之一。^① 与传统企业的发展路径有所不同,平台企业在数字环境下以边际成本趋近于零的方式接入、再生产和分配^②各类生产要素,在颠覆传统组织的边界范围内进行资源的精确配置。在这一过程中,为最大化平台企业的生产效益,采取迅速增加用户数量从而获得指数级增长^③是其商业逻辑运行的重要内在机理。但在扩张阶

---

* 对外经济贸易大学法学院助理教授。本文是国家社会科学基金项目"移动互联时代立法公众参与的类型特征、形成机制和应对策略研究"(17CFX058)的阶段性成果。本文发表于《中国法律评论》2018年第2期思想栏目,第119-132页。

① Andrew McAfee. Erik Brynjolfsson. Harnessing Our Digital Future, Machines, Platform, Crowd, W. W. Norton & Company, 2017. 该书中指出机器相对于人的心智(Mind)、平台相对于传统的产品(Product)、众包和集群智慧(Crowd)相对于核心团队(Core)将会成为数字革命改变当下和未来的三股重要力量。

② Andrew McAfee, Erik Brynjolfsson. Harnessing Our Digital Future, Machines, Platform, Crowd, p. 137.

③ 陈蓉,郭晓武. 网络外部性解析.现代经济探讨,2001(8).

段,这种颠覆性的商业运行模式是否严格合法、合规并非首要顾虑。① 若遇法律"掣肘",平台企业常以极强的动机、意愿和激励来推动法律 的变迁,寻求释放更多的制度空间以适应其增长和扩张的需要②,从而 在客观上担任起"规制企业家"③的角色。在平台企业推动法律变迁的 三项核心策略中④,通过精确把握用户和利益相关者的偏好和行为模 式,迅速营造情感联结和价值认同,联合公众的力量以大规模网络请 愿的方式获得议价能力,以促使立法者做出有利回应成为重要且正在 兴起的策略之一。时下的平台企业中,优步(Uber)、爱彼迎(Airbnb)、 来福车(Lyft)等诸多企业对于这一策略屡试屡验⑤,逐步演化形成了 一种新的公众参与类型——平台驱动型参与(Platform-driven Participation)⑥。

　　从动力结构来看,平台驱动型参与与政府驱动型参与和媒体驱动

---

　　① Scarol Hazard, Andrew Cain. Uber Says It Will Operate Despite DMV'S "Cease and Desist" Order. 2018-2-15. http://www. richmond. com/news/virginia/uber-says-it-will-operate-despite-dmv-s-cease-and/article_216140ee-eda3-11e3-8d40-0017a43b2370. html.

　　② Jordan M. Barry. Elizabeth Pollman, Regulatory Entrepreneurship. Southern California Law Review 90, 2016:393.

　　③ Jordan M. Barry. Elizabeth Pollman, Regulatory, Entrepreneurship,p.395.

　　④ 平台企业常采取的三种策略是:第一,依靠一定程度上以补偿的形式承担违反现行 法律的风险以继续运行;第二,以"游击队式扩张"的策略寻求达到"过大而无法禁止"的效 果以寻求客观的影响力和支配力;第三,与本文讨论的平台驱动型参与原理相类似,通过动 员支持者的方式获得谈判的话语权。Jordan M. Barry, Elizabeth Pollman, p. 393.

　　⑤ 例如,来福车曾在其应用上嵌入动员用户支持一项包容性规章的功能;爱彼迎曾在 旧金山地区为"公平分享"倡议活动提供资金并动员用户予以支持。当面对与阿歇特出版公 司(Hachette)的争议时,亚马逊曾发起"读者联合"的活动寻求获得支持。易贝(eBay)也曾 向用户发送电子邮件动员用户与在线销售税收立法进行抗争。因此,有评论者将这种现象 称作"优步式行动主义"(Uber-ization of Activism)。Edward Walker. The Uber-ization of Activism. The New York Times, Aug. 6, 2015. 2018-2-15. https://www. nytimes. com/2015/08/07/opinion/the-uber-ization-of-activism. html.

　　⑥ 有学者曾提出平台参与(Platform Participation)一词来定义这一现象。但这一术语 未能指明平台在该种参与类型中的作用和位置,反而容易给读者造成误解,以为是平台企业 作为主体参与某一政策制定。实际上,参与的主体是广大的平台用户和利益相关者,平台企 业只是作为动员者角色存在。故本文采用平台驱动型参与这一术语来加以定义。Rodrigo Davies. Three Provocations for Civic Crowdfunding. Information, Communication and Society 18, 2015:342.

型参与①的最大不同在于其由平台企业②发起。通过动员平台用户和利益相关者在平台客户端和社交媒体上展开在线一致行动,以期对特定的立法政策展开制度外的影响。平台驱动型参与是一种数据驱动的精准化在线参与,具有网络参与和立法游说的混合特征。这种新的参与类型预示了网络时代颠覆性科技主体与立法者互动的新兴趋势和未来方向。与此同时,平台驱动型参与还彰显了网络公共空间的多元化趋势。它为我们展现了在政府主导的制度性参与渠道之外,公众参与不仅可以兴起于社交媒体领域,还能够发端于平台企业的客户端上,并成长于平台企业自行开辟的参与空间之中。因此,平台驱动型参与不仅提供了一个帮助我们理解平台经济公共性特征的视角,还有助于我们把握信息技术在推动公众参与时的潜力和感知其能够达到的边界。

围绕平台驱动型参与这一核心研究对象,本文第二部分将剖析其产生的外源动力,以获得对这种参与类型演化背景的深度理解。第三部分以最具代表性的优步网络请愿为例,总结平台驱动型参与的四项核心特征。第四部分从技术架构和动力机制的角度探索其形成机制。第五部分对这一现象进行简要反思和分析,以期获得在移动互联时代达成公众参与有效性和规范性平衡的启示,为我国立法者探索智能化、高效化、透明化、精准化的智慧型参与③提供些许有益的视角和维度。

---

① 有关政府驱动型参与和媒体驱动型参与的研究参见:展江,吴麟. 社会转型与媒体驱动型公众参与//蔡定剑. 公众参与:风险社会的制度建设. 北京:法律出版社,2009:352-353.

② 从平台的功能或者属性来看,可以分为信息内容类平台、交易类平台和其他类平台三类。从其所涉及主体的关系来看,又可分为第三方平台、自营平台和混合型平台。本文所指平台企业侧重于第三方互联网应用平台。该类平台主要是指双边或者多边市场的用户之间进行信息交互或交易的载体。中国信息通信研究院. 互联网平台治理白皮书. 2017:6-8.

③ 张欣. 我国立法电子参与的完善——基于公众参与法律草案征求意见的实证研究. 法商研究,2018(2).

二、平台驱动型参与产生的外源动力

伴随着网络技术的迅猛发展,以社交媒体为平台节点的网络参与形式已经得到多学科的探讨和挖掘。[①] 但伴随着网络空间参与者的不断丰富和演化,网络技术架构的不断更新与升级,网络的经济性和公共性以更为紧密的形式交织呈现,出现了平台驱动型参与这一新型参与现象。在这种新的参与类型中,平台企业作为驱动主体,主动寻求在"政府/媒体"二元驱动的公共空间之外开辟新的参与空间,以网络请愿和立法游说相结合的方式努力拓展法律制度的边界。产生这一现象的根植于颠覆性科技时代法律制定所面临的一系列挑战和难题背景之中,尤为集中地呈现了平台企业和立法者在当前法律制度建构生态中的多层次冲突和张力。

(一)平台经济的迅速迭代和立法回应滞后性形成"步伐困境"

平台经济的创新具有迅速迭代性。这种始终处于高速发展的状态使得立法者在立法时机的选择、立法策略的设定和立法框架的形成等诸多关键决策领域面临系列挑战。立法的审慎性一定程度上内生决定了其在回应社会变迁时的滞后性。但与以往的科技变迁不同,依托于数字技术,平台经济将科技的发明、创新、扩散和应用等各个阶段之间的时间间隔不断压缩。平台经济发展日益攀升的速率[②]使得立法者常处于一

---

① 代表性研究可以参见赵鼎新. 合法性的政治:当代中国的国家与社会关系. 台北:台大出版中心,2017;Jacques DeLisle, Avery Goldstein, Guobin Yang eds.. The Internet, Social Media, and A Changing China, Philadelphia, University of Pennsylvania Press, 2016; Marco Adria, Yuping Mao eds. Handbook of Research on Citizen Engagement and Public Participation in the Era of New Media. Hershey, IGI Global, 2016; Christian Fuchs, Marisol Sandoval eds. Critique, Social Media and the Information Society. London, Routledge, 2014.

② Rita McGrath. The Pace of Technology Adoption is Speeding Up. Harvard Business Review,2018-2-16. https://hbr. org/2013/11/the-pace-of-technology-adoption-isspeeding-up.

种被动追赶和缓慢滞后的状态,出现了"步伐困境"以及"规制断裂"的难题。① 与此同时,技术发展带来的科林格里奇困境(Collingridge Dilemma)使得及时性的立法供给显得日益紧迫。这一困境警示我们,当一项技术的社会后果不能在技术生命的早期被预料到而加以及时调控和规制时,技术的普及和应用将使其成为经济和社会结构的一部分,由于对负面结果的控制变得昂贵、困难和消耗时间,以致难以或者不能改变。② 对于寻求短期内用户数量的跃迁式发展和商业运营模式迅速繁殖的平台企业而言,这种蔓延式发展的态势就使得立法者可能面临平台经济立法的科林格里奇困境。例如,2009 年才成立的优步平台曾以约每 5 天进入 1 个新市场的速度迅速扩张,平均每周就拥有将近 30000 人下载优步应用并使用其提供的叫车服务。③ 截至 2017 年 12 月,优步已经在全球为超过 80 个国家、760 个城市提供服务。④ 当伦敦的立法者和监管者决定拒绝向优步颁发私人雇佣经营者许可证时,有评论者一针见血地指出"优步仅在伦敦就雇用了 40000 名司机。(因此)这一决定就像是关闭了一个城镇一样"⑤。除此之外,优步还在不断扩展其业务边界⑥,不断更新其技术应用。平台经济的迅速迭代特性和立法回应的天然滞后性形成的"步伐困境"促使平台企业拓展和探索以立法

---

① Braden Allenby. Governance and Technology Systems:The Challenge of Emerging Technologies//Gary Marchant et al. eds.. The Growing Gap Between Emerging Technologies and Legal-Ethical Oversight:The Pacing Problem. Dordrecht,Springer Netherlands,2011:3-18.

② David Collingridge. The Social Control of Technology. St Martin,1980//陈凡,贾璐萌. 技术控制困境的伦理分析——解决科林格里奇的伦理进路. 大连理工大学学报(社会科学版),2016(1).

③ Sam Knight. How Uber Conquered London. The Guardian,April 27, 2016. 2018-2-16. https://www. theguardian. com/technology/2016/apr/27/how-uber-conquered-london.

④ Uber Estimate. Uber Cities, https://uberestimator.com/cities. February 16, 2018.

⑤ Amie Tsang, Michael Merced. Morning Agenda:London to Ban Uber. The New York Times, September 22, 2017. 2018-2-16. https://www. nytimes. com/2017/09/22/business/dealbook/london-uber-ban. html.

⑥ 优步不仅提供打车服务,还分别在纽约提供快递服务(UberRUSH)、接送孩子的家庭服务(UberFAMILY)以及在亚特兰大市和纳什维尔提供搬家服务(UberMOVERS),以及在硅谷以南的圣莫妮卡测试午餐外卖服务(UberFresh)。李蓉慧. 司机为什么抗议 Uber? 第一财经周刊,2014-10-31.

游说为代表的传统立法影响机制之外的更加立竿见影的策略,以推动立法者尽快确认其合法性,为其发展做出更为及时、包容的回应。

(二)平台经济的开放协同性加大立法事实识别和判断的困难

平台经济具有开放协同性特征。其已经跨越传统企业内部孤立式协作和运营的体系,转而诉诸于大规模的社会化的协同。因此,平台经济的开放性、网络化、协同性使得其不仅颠覆了主营经济领域,还对关联领域带来了牵一发而动全身的巨大影响。这使得立法者对相关立法事实[①]的识别和认定变得更为困难和复杂。例如,爱彼迎在方便游客旅途住房的同时却一定程度上抬升了固定地段的房价。[②] 又如,优步虽然在交通运输服务领域为用户提供了便捷化服务,为弱势群体的出行提供了更多选择,但其在行业公平竞争、保护传统就业、劳动用工保护等方面却带来了一定的负面影响。[③] 于决策者而言,到底哪些事实才是应当纳入立法决策的关键信息? 在安全、廉价、公平竞争、平等就业等各种公共利益之间到底应当如何平衡?[④] 这些抉择于立法者而言是巨大的挑战。因为在平台经济诞生的"后事实型社会"[⑤]中,其立体化、复杂性使得立法者已经逐渐缺乏可以依赖的标准来指引其判断哪个"事实"是最为相关的、是客观真实的,从而协助其做出妥当的决策。当依靠科学提供的具有限定性和确定性的知识作为决策基础的时代已经逐渐褪去,平台企业便展现了较强的激励与传统利

---

①　本文所指立法事实是从立法过程的视角来看,立法决策者在形成立法决策时所依据的事实基础。

②　Mark Fenwick, Wulf Kaal, Erik Vermeulen, Regulation Tomorrow. What Happens When Technology is Faster than The Law? American University Business Law Review 6, 2017: 580.

③　Ibid., p. 580.

④　例如,一位曾工作于英国伦敦交通局的雇员加勒特·埃摩森(Garrett Emmerson)明确表示:"自从优步来到了伦敦,其实很难去衡量其对于传统出租行业带来的影响。我很想回答但却无力回答的一件事情是,到底优步在何种程度上扩展了市场,到底在何种程度上它们掠夺了传统行业的就业机会。"Sam Knight. How Uber Conquered London.

⑤　Mark Fenwick, Wulf Kaal, Erik Vermeulen. What Happens When Technology is Faster than The Law? p. 582.

益主体进行竞争,积极"构建"并试图影响能够纳入立法决策视野的"事实基础"。因此,在积极扩展商业版图之外,通过多元化渠道争夺立法决策者的注意力也成为平台企业的另一个重要战场。①

(三)平台经济的技术性为立法决策形成过程的有效沟通带来挑战

大数据和云计算等新兴技术的出现纷纷为平台企业的发展助力。平台经济的专业性和技术性特征虽为其带来了巨大优势,使其具有明显优于传统行业的技术竞争力。但技术的参与也给立法决策圈中各方的有效沟通带来了重大挑战。传统的以立法游说、立法论证等制度设计为代表的沟通机制无法真正应对平台经济的技术性所带来的智识挑战。实践中,一系列事实表明平台企业雇用的立法游说者较易因传统行业的立法游说竞争和立法决策者的不信任态度而宣告失败。②与此同时,为了防止监管空白和监管套利③,决策做出的时间紧迫性又侧面加深了决策过程中相关主体在沟通和商谈时所面临的困难和阻碍④。因此,我们常可以看到平台企业面临法律挑战时的抱怨和质疑。例如,爱彼迎就曾明确表示现有的法律既未从根本上抓住平台经济商业模式的本质,也未能制定出真正适合新的经济形势发展的制度设计⑤。故当下各国立法者尚在努力探索行之有效的沟通机制,以期能够帮助决策者对于平台经济发展真正有益的创新性想法予以清晰知

---

① 张海柱. 话语联盟、意义竞争与政策制定——以互联网"专车"论证与监管政策为例. 公共行政评论,2016(5).

② Sarah Cannon, Lawrence Summers. How Uber and the Sharing Economy Can Win Over Regulators. Harvard Business Review, October 13, 2014. 2018-2-16. https://hbr.org/2014/10/how-uber-and-the-sharing-economy-can-win-over-regulators.

③ 杨松,张永亮. 金融科技监管的路径转换与中国选择. 法学,2017(8).

④ Mark Fenwick, Wulf Kaal, Erik Vermeulen. What Happens When Technology is Faster than The Law? p. 573.

⑤ David Streitfeld. Companies Built on Sharing Balk When It Comes to Regulators. The New York Times, April. 21, 2014. 2018-2-16. http://www.nytimes.com/2014/04/business/companies-built-on-sharing-balk-when-it-comes-to-regulators. html.

晓[1],同时可以在一定程度上防止因专业知识不足而在沟通中被所涉利益各方不当干扰和捕获。因此,面对传统立法游说的失灵,平台企业转而联合广泛存在的用户,以一种创新性的"草根式动员"方式协助其开启与立法者的沟通和商谈渠道。

基于上述三个困境,目前各国立法者大多采取两种路径。一种采取包容和宽松的立法思路。另一种则采取较为严格保守的规制策略,明令禁止不符合现有法律框架的平台经济业态。[2] 当面对这一情境时,平台企业主动扮演"规制企业家"角色,利用其与平台用户的联结性,成功地在世界各地发起多起颇有影响的网络请愿。因此,从平台驱动型参与产生的外源动力来看,这一现象深刻地折射出了平台经济主体是如何从经济领域介入到公共领域,成为继社交媒体之后公众参与领域的又一"颠覆性基点"的。同时,这一现象还展现了当面对传统立法决策机制应对迟缓所带来的法律困境时,平台企业是如何依靠一己之力开辟出新的沟通渠道,突破传统竞争企业和决策者的"层层围困",最终进入立法决策圈并成功对法律变迁施加影响的。

三、平台驱动型参与的四项特征——以优步网络请愿为例

互联网的开放性和多节点融通性使得网络空间的资源和权力富有流动性。它们不属于任何人,而属于互联网本身。在网络社会中,解决某一问题的关键并非缺少资源,而在于是否具有从互联网上获取所需资源并凝聚成"点"的优势和能力。[3] 伴随着商业逻辑的重大变革,"大平台+小前端+富生态"的组织形态开始大量出现。[4] 这种组

---

① Mark Fenwick, Wulf Kaal, Erik Vermeulen. What Happens When Technology is Faster than The Law? p. 573.

② 在包容性的监管路径之下,监管者还通常采取设立新的行业范畴或者将其置于已有的宽松监管行业,依据客观实践动态收紧监管政策两种做法。Katrina Wyman. Taxi Regulation in the Age of Uber. Legislation and Public Policy 20, 2017: 1-100.

③ 张雷,刘力锐. 网民的力量:网络社会政治动员论析. 沈阳:东北大学出版社,2014:1.

④ 高红冰. 平台经济崛起改变互联网治理模式. 阿里研究院,2018-2-16. http://www.cbdio.com/BigData/2015-11/16/content_4154954.htm.

织形态使得平台企业具有极强的自我演生性。当面临来自外部的挑战之时，其可以依托现有资源打通新的资源，成为新的关键节点。因此，平台企业虽然在诞生之初以商业化和经济性为其核心追求，但伴随着商业交易模式的不断延展和更新，平台参与者的不断增加和丰富，平台的角色、功能和定位亦不断演化。从商品、服务供给和需求的中介者，到制定交易规则、纠纷解决、认证身份等提供"准公共服务"的治理者，平台的经济性特质逐步培育和发展出公共性特征。在这一演化过程中，从"信息聚合者"到"平台生态治理者"再到扮演本文所探讨的公众参与领域的"颠覆性基点"，平台的功能和定位逐步立体、丰富和多元。正如奥利·罗贝尔所总结的："若要对平台经济进行定义，首先需从反面排除两项相悖的特质：传统性和静止性。"①

由此可见，平台经济的本质就蕴含一种不断演化的生态学。② 当遭遇立法阻挠或者外部挑战之时，借助于自身拥有的规模庞大而稳定的用户群、利用数据获取用户的精准偏好，从而运用策略吸引用户的注意力，这既是一直以来平台企业的核心业务资源，也是平台企业顺势而为进行立法博弈的有效利器。在众多平台驱动型参与实践中，总市值预计超过 680 亿美元③，于世界各地成功发起多次网络请愿的优步公司堪称典型。这家成立于美国旧金山的科技公司开启了一扇宝贵的窗口，为捕捉、观察平台驱动型参与的特征和机制提供了良好的样本。

优步成立于 2009 年 3 月，依托移动互联设备和复杂的匹配算法，其将乘客和有意兼职的司机通过智能化的算法系统④予以即时、就近

---

① Orly Lobel. The Law of the Platform. Minnesota Law Review 101，2016：89.

② Ibid. , p. 89.

③ Natalie Walters. How Much Is Uber Worth Right Now? 2018-2-16. https://www. fool. com/investing/2017/12/12/how-much-is-uber-worth-right-now. aspx.

④ 优步主要使用基于代理人的仿真模型（Agent-based Modeling）作为算法基础，打造人工智能仿真框架来支撑其派遣系统。同时运用动态定价算法来判断某一区域是否需要执行溢价策略来达到供需平衡。Bradley Voytek. Optimizing a Dispatch System Using an AI Simulation Framework. 2018-2-16. https://www. uber. com/newsroom/semi-automated-science-using-an-ai-simulation-framework.

和精确对接,为超过 80 个国家和地区①提供实时共乘服务。作为平台
经济企业的典型代表,在过去的 5 年中,仅在美国,优步就身陷超过
173 起法律诉讼②,并被 12 个国家和地区禁止营运③。当面对来自传
统出租行业和监管机关的挑战之时,优步一方面依靠自己组建的立法
游说"军团"④施加影响;另一方面借助其积累的大量用户数据,通过精
确的算法指引,成功地在全球范围内发起多次颇具影响的立法请愿,
并由此为其实质性参与到多地立法和监管政策的形成提供了重要契
机。据不完全统计,从 2014 年到 2017 年,优步在美洲、欧洲、亚洲发
起了十余次立法请愿⑤,如表 21-1 所示。

表　21-1

	国家	地区	参与人数
北美	美国	弗吉尼亚	450000
		芝加哥	80000⑥
		佛罗里达	32500⑦

---

①　https://www.uber.com/zh-US/country-list/,February 16,2018.

②　Pascal Ryffel. Don't Buy into Uber Myths. Edmonton Journal,November 16,2015.

③　Ryan Craggs. Where Uber is Banned Around the World. Conde Nast Traveler,April 20,2017.

④　仅 2017 年一年,优步在立法游说上的花费就达到 1830000 美元。Opensecrets.org. Center for Responsive Politics. 2018-2-16. https://www.opensecrets.org/lobby/clientsum.php? id = D000067336&year = 2017 -network/2014/12/13/3f4395c6-7f2a-11e4-9f38-95a187e4c1f7_story.html?utm_term=.9592363fc066.

⑤　除此以外,在美国的华盛顿特区、加拿大的温哥华、比利时的布鲁塞尔、德国的柏林、法国的法兰克福等多地也发起立法请愿。但因请愿网页已经失效,这些地区的请愿数据未能收录到表 21-1 中。

⑥　第一个小时就有 25000 名支持者签署请愿。该次请愿最终成功地促使伊利诺伊州州长否决了要求共享驾驶司机必须承担商业自动保险的措施。该项措施本来在通过时获得了压倒性两党的支持。

⑦　Michael Auslen. Plan to Regulate Uber, Lyft All But Dead in Florida Legislature. Herald Times Tallahassee Bureau. 2018-2-16. http://www.miamiherald.com/news/politics-government/state-politics/article65208997.html.

续表

国家		地区	参与人数
北美	美国	西雅图	36000①
		纽约	17000
		得克萨斯	92000②
欧洲	英国	伦敦	856754③
亚洲	中国	香港	50000④
		澳门	23000
		台湾	50000⑤
	泰国	曼谷	51000⑥

---

① 西雅图市议会试图投票通过一项针对共享租车业务公司的管理规定。但 Uber、Lyft 和 Sidecar 这三家公司则向市议会提交了 36000 个支持性签名,是进行全民公决要求人数的两倍多,导致这项管理规定被搁置而未生效。Natasha Chen. Rideshare Companies Turn in Signatures for Referendum. 2018-2-16. http://www. kiro7. com/news/rideshare-companies-turn-in-signatures-referendum/82099572.

② Dan Solomon. Uber's Petition to the Texas Legislature Has Nearly 100000 Signatures. 2018-2-16. https://www. texasmonthly. com/the-daily-post/ubers-petition-to-the-texas-legislature-has-nearly-100000-signatures/.

③ 优步于 2017 年 9 月 22 日发起的网络请愿活动至 24 日仅有 2 天时间,就在 Change. org 上有超过 60 万人签名支持优步抗议伦敦交通局取消优步运营权的决定。王莉兰. 英伦敦叫停优步经营牌照市长称或存安全威胁. 环球网,2018-1-20. http://world. huanqiu. com/exclusive/2017-09/11281522. html.

④ 在线请愿开始的前 2 个小时就有超过 10000 个签名支持。优步的官方推特也号召支持者转发和扩散"支持优步香港"的讯息。Zen Soo. Hongkongers Rally to Uber's Cause As Nearly 50,000 Sign Petition in Favour of Continued Service After Arrests. South China Morning Post,August 14,2015. 2018-2-16. http://www. scmp. com/tech/enterprises/article/1849493/hongkongers-rally-ubers-cause-nearly-50000-sign-petition-favour.

⑤ 该次请愿仅用时 31 小时就完成了 50000 人支持的目标。继 2017 年 2 月 10 日优步暂停在中国台湾地区服务后,通过在线请愿的方式成功帮助优步开启与监管者的对话,于 4 月 13 日重启在台运营。过去持反对立场的台北市小客车租赁商业公会也改变态度,称优步"合法纳管、纳税、纳保",让民众有更多选择。Uber(优步)宣布重返台湾市场. 中国新闻网,2018-2-16. http://www. chinanews. com/cj/2017/04-13/8198818. shtml.

⑥ Sa Siwimon Boonruang. Uber Petitions Lawmakers for Legal Fix. 2018-2-16. https://www. bangkokpost. com/tech/local-news/1290403/uber-petitions-lawmakers-for-legal-fix.

与政府驱动型和媒体驱动型参与相比较,以优步为驱动主体发起的平台驱动型参与具有如下四个特质。

(一)参与人数呈现瞬时指数级跃迁增长

无论在哪个国家和地区,优步常常在发起请愿行动(Uber Action)的几个小时内就可以在平台上获得数万签名,瞬时聚合众意,迅速达成预期的请愿目标。例如,在伦敦交通局提议针对私人雇用车辆的严格管制措施时[①],仅用时不到 24 小时,优步就通过网络达成了其预期的 100000 个签名[②]。同样地,在美国弗吉尼亚州监管机构即将做出针对优步的关键决策时,通过在优步应用上发布动员信息,以平均每秒产生 7 个电子签名的速度,优步就迅速成功募集了超过了 450000 名用户的支持。[③] 这种参与人数规模的指数性跃迁增长并非仅限于欧美地区。在我国澳门地区,由于当地监管者采取较为严峻的执法手段[④],且并不愿意与优步商讨其合法性,在优步发起的针对性请愿活动中,仅用时 24 小时就获得了 15000 个网络签名,直接引发了交通局运输管理处负责人的回应[⑤]。同样,2016 年在我国台湾地区发起的"让优步留在台湾"的网络签名请愿活动中,仅 4 小时参与用户就突破 2 万,最终亦获得逾 4 万人的网络支持。[⑥] 由此可见,与政府驱动型

---

① Tanya Powley. Uber Rallies Customers Against London Plans to Tighten Rules. 2018-2-16. https://www. ft. com/content/c96383f2-6768-11e5-a57f-21b88f7d973f.

② Ibid. .

③ Rosalind S. Helderman. Uber Pressures Regulators by Mobilizing Riders and Hiring Vast Lobbying Network. The Washington Post,December 13,2014. 2018-2-16. https://www. washingtonpost. com/politics/uber-pressures-regulators-by-mobilizing-riders-and-hiring-vast-lobbying-network/2014/12/13/3f4395c6-7f2a-11e4-9f38-95a187e4c1f7 story. html?utm_term=. efb6c983e02c.

④ 根据当地媒体报道,优步在我国澳门地区上线 10 个月以来,司机收到的罚单总额已经超过 125 万美元。澳门交通事务局认为根据现行法规优步的设计和运营模式属于违法行为。参见:司机被罚 125 万美元,Uber 宣布退出澳门市场. 科技新报,2016-8-25.

⑤ 网上叫车运营须依法. 澳门日报网. 2018-2-16. https://web. archive. org/web/20161004162035/http://www. macaodaily. com/html/2016-08/31/content_1118074. htm.

⑥ 黄立翔. Uber 网络联署请愿 四小时破两万. 自由时报网,2018-2-16. http://news. ltn. com. tw/news/life/breakingnews/1786064.

参与长期以来面临的参与人数不足、参与动力薄弱、参与冷漠性强的现状相比①,就参与人数规模而言,平台驱动的公众参与不仅参与人数众多,而且呈现瞬时指数性增长的特点。

(二) 参与媒介呈现融合性和扩散性

政府驱动型参与多遵循制度框架内设定的参与渠道和参与方式,在参与人数、参与范围上均难以与平台驱动型参与相比,具有架构上的封闭性和控制性。媒体驱动型参与虽然具有较强的开放性,但主要在社交媒体形成的场域内扩散,参与者的利益联结性不强,具有松散联合的特性。以优步网络请愿为代表的平台驱动型参与充分彰显了平台的开放性,既确保了参与者的利益联结性和参与效能感,又通过深度融合多类媒介施展扩散性和辐射性。网络请愿的动员虽然最初在平台应用上展开,但优步应用的用户大多具有使用社交媒介的习惯。为最大化地扩展影响力,优步充分利用其平台的开放性以及对用户社交媒介习惯的精准了解,积极鼓励用户将请愿活动在社交媒体上一键分享,由此融合平台应用和社交媒体,联合打造优步行动的广阔空间。例如,在我国澳门地区发起的请愿中,脸书页面就相继开启了支持优步的专页,并获得了多个民间团体的自发支持②,引发了持续性的网络支持和关注。再如,在我国香港地区,由于警察逮捕了多名优步注册的出租车司机,优步随即动员公众以网络请愿的方式支持优步。虽然在优步平台发起,但参与者踊跃在社交媒体分享观点,使得距请愿开始仅 1 个小时,10000 个签名就被成功集结,不到 24 小时,就有 40000 名优步用户以及通过社交媒体得知这一信息的支持者表达支持。最终,共有近 50000 名公众通过签订请愿的方式来支持优步。③

---

① United Nations Department for Economic and Social Affairs. United Nations E-government Survey 2016: E-Government in Support of Sustainable Development.

② 包括"爱护澳门""澳门人协会""撑优步澳门需要你""便民出行协会"等多个民间团体的自发支持。

③ Zen Soo. Hongkongers Rally to Uber's Cause As Nearly 50,000 Sign Petition in Favour of Continued Service After Arrests.

同样,在美国加州和纽约,当立法者试图收缩对优步司机的规制时,在优步平台应用上发起的在线请愿也如法炮制扩展到社交媒体上,获得了多位"意见领袖"的转发支持。① 由此可见,平台驱动型参与虽然最初于平台客户端上发起,但其依托丰富的网络生态和自身架构的开放性,可以让多种参与媒介深度融合,以广泛扩散和持续辐射的态势最大化地获取公众关注。

(三)参与方式呈现数据驱动的多元化特性

诸多研究表明,参与渠道的易用性、可及性与公众的参与体验紧密相连。② 平台企业作为"用户至上"理念的忠实践行者,在动员公众参与时从架构、技术和方式上进行了充分、周密的考虑,根据用户的特性提供智能、易用、便捷的参与条件。优步主导的网络请愿中,依托平台应用的架构为用户提供智能化的参与渠道。例如,其在应用上开发了名为优步行动③(Uber Action)的电子请愿参与功能,以此降低参与者的技术操作门槛。④ 同时,根据不同地区的用户特性,通过数据分析打造多元化参与方式。例如,在美国纽约地区,优步拥有超过 200 万的用户,每天客运派遣量超过 25000 次,相当于纽约传统出租体量的 2 倍。2015 年,纽约市长比尔·白思豪(Bill de Blasio)提出限制发放优步平台车辆许可证的法案。此法案一旦通过,对优步在纽约的扩张计划将带来实质性的影响。为最大限度地联结当地用户,优步在纽约地

---

① Jim Dallke. Uber's Victory in NYC Proves the Tech Giant Can't Be Stopped. July 23, 2015, AmericanInno, https://www. americaninno. com/chicago/ubers-victory-in-ny-proves-the-tech-giant-cant-be-stopped/, accessed on February 16, 2018.

② 联合国经济和社会事务部. 联合国 2014 年电子政务调查报告. 2014:5;陶文昭. 信息时代的民主参与. 社会科学研究,2006(2);郑曙村. 互联网给民主带来的机遇与挑战. 政治学研究,2001(2);陈云松. 互联网使用是否扩大非制度化政治参与. 社会,2013(5);臧雷振,劳昕,孟天广. 互联网使用与政治行为——研究观点、分析路径及中国实证. 政治学研究,2013(2).

③ Uber Online Petition in Chicago,http://action. uber. org/uberxchicago/,February 16, 2018.

④ Sofia Ranchordas. Digital Agoras: Democratic Legitimacy, Online Participation and the Case of Uber-Petitions. Theory & Practice of Legislation 5, 2017: 31-54.

区的应用平台上专门设计了名为"De Blasio's Uber"的功能。通过对用户数据进行地域化分析,当纽约地区的用户每一次登录并使用叫车服务时,都会看到"无车可用"或者"等待 25 分钟"的提示。实际上,该提示并非当下真实搜索后的结果,而是优步通过技术设计为用户做出的页面展示。模拟纽约提案一旦获得通过,该地区优步服务将要面临的境况是为用户清晰展现该法案与自身的利益联结性。在展示过后,会有页面弹出并号召用户"现在就采取行动"反对该法案的提示信息。同时,纽约市长的邮箱地址在页面上被即时提供。在这次动员中,优步轻松获得了数万名用户的支持。仅市长和城市委员会就收到了超过 17000 封反对邮件,由用户详陈反对法案的理由。由此可见,平台驱动型参与彰显了较强的数据驱动特性。平台企业通过为用户清晰生动地展示法案通过后可能带来的后果,以及提供最为易用、便捷的参与入口和多元化参与方式,汇聚了法案所在地用户的支持,在该场立法博弈中完胜。[①]

(四) 参与渠道聚结且呈现较强压力性特征

在业务领域,如何开拓全渠道并做到线上线下的融合共赢已经成为平台经济发展的主流趋势和关键布局。[②] 因此当平台企业由经济领域介入公共领域时,为聚结线上、线下的支持力量,全面协同的全景式思维被极尽能事地加以运用。当线上、线下参与渠道被有效聚合时,所生成的面向决策者的舆论压力异常活跃,也更易因此产生显著影响。例如,在纽约的请愿活动中,优步将"用户、数据、车辆"这三项在平台上积累的优势资源有机结合,通过线上请愿与线下集体行动联合一致的方式增加话语权和影响力,达到最大限度施加决策压力的目

---

① Richard Cohen. Uber Mows Down Bill de Blasio. The Washington Post,July 27,2015. 2018-2-16. https://www. washingtonpost. com/opinions/ubers-bare-knuckle-battle-against-the-taxi-industry/2015/07/27/e0e7be98-3483-11e5-8e66-07b4603ec92a_story. html? utm_term=. 813223531598.

② 中国信息通信研究院. 中国数字经济发展白皮书(2017 年). 中央网信办,2018-2-10. http://www. cac. gov. cn/files/pdf/baipishu/shuzijingjifazhan. pdf.

的。2015 年 6 月 30 日,优步应用的用户通过推送功能获知其可以在固定时段免费搭乘 UberPOOL 拼车服务前往纽约市政厅参加集会,以反对市长提出的法案。[①] 经过前期充分的线上动员和社交媒体的大规模转发,集会当天获得媒体的广泛关注。最终,迫于线上和线下的双重压力,纽约市长的提案搁置并专门启动一项交通调研以期研究后再议。[②] 在美国俄勒冈州波特兰地区,当被禁止提供叫车服务时,优步同样轻车熟路地采用类似策略。通过对当地法律的分析,优步暂时以快递公司的身份策略性地运行,通过在城镇周围派送免费的冰淇淋获得大量可靠的用户数据。利用收集的数据,优步在线上、线下联合召集了大量支持者,成功地给当地的监管者施加压力,最终为其运营获得了制度空间。[③] 当线上、线下融合制胜、各方力量广泛协同的经营思维被运用于公共领域时,平台企业具备成为公众参与助推器的种种资源和优势。通过将平台升级打造成为公众参与领域的新兴"基础设施",平台企业逐步建立起新的立法博弈平台,展现了数字经济时代立法博弈的新图景。

通过上文论述可知,平台企业正在利用大量的交互数据作为决策基础对用户和利益相关者进行精准化动员。通过联合线上、线下参与渠道并对多属性媒介予以融合,平台企业正在世界范围内掀起一场场让立法者和监管者猝不及防的"战役"。正如有评论家所指出的,"优步想让你不用离开家就能改变世界"[④]。平台驱动型参与展现出了不同于任何一种已存参与类型的独特特质。这种参与现象的背后深刻地展现了信息技术在公众参与领域的潜力。当拥有用户、数据、算法时,平台企业不仅成为数字经济时代经济领域的先锋代表,其还正以

① Sarah Begley. Uber Offers Free Rides to Its New York Protest. Time,June 30,2015.

② Edward Walker. The Uber-ization of Activism.

③ Edward Walker. The Uber-ization of Activism.

④ Ludovic Hunter-Tilney, "Uber Wants You to Change the World Without Leaving Home", https://www.ft.com/content/3b311720-6830-11e5-a57f-21b88f7d973f, February 16,2018.

颠覆者的姿态阔步迈入政治和法律领域。① 在平台驱动型参与中,我们看到了通过形式上的民意展示,平台企业是如何让社会和立法者了解公众对于新兴科技和共享经济的支持态度并借此获得议价能力的。② 我们也看到了依托新的信息基础设施和新的生产要素,平台企业是如何通过对用户"赋能",激发和释放公众的参与热情,完成了正向激励和技术突破,推动法律变迁并获得了更为包容和弹性的制度空间的。③ 平台驱动型参与虽然仅是网络社会变迁图景中的一角,但其却是影响巨大并超越国界的。

四、平台驱动型参与的形成机制

平台驱动型参与虽独具特质,但从本质上而言仍是一场发端于网络的集体行动。虽然任何一种集体行动形成的影响因素和形成机制都十分复杂。④ 但各种类型集体行动的达成所彰显的共性之处在于动员者或从宏观或从微观获得了克服集体行动困境的有利环境、资源和动力。平台驱动型参与发端于平台应用之上,成长于以社交网络为代表的多元媒介之中,并在线上、线下两个维度的公共空间蓬勃发展。因此其核心动力应嵌入于平台企业之中,其关键资源应依存于平台应用之上。平台驱动型参与的最终达成还需要技术、对技术的创造性应

---

① Rosalind Helderman. Uber Pressures Regulators by Mobilizing Riders and Hiring Vast Lobbying Network: A New Era of Influence. Washington Post, December 13, 2014, https://www.washingtonpost.com/politics/uber-pressures-regulators-by-mobilizing-riders-and-hiring-vast-lobbying-network/2014/12/13/3f4395c6-7f2a-11e4-9f38-95a187e4c1f7_story.html?utm_term=.4f1209dbc8f2.

② Rosalind S. Helderman. Uber Pressures Regulators by Mobilizing Riders and Hiring Vast Lobbying Network.

③ Sofia Ranchordas. Digital Agoras: Democratic Legitimacy, Online Participation and the Case of Uber-Petitions.

④ 因此,集体行动理论、资源动员理论、政治过程理论以及框架建构理论等为代表的一系列研究曾从宏观、微观层面为其解释做出过积极的尝试。参见冯仕政. 西方社会运动理论研究. 北京:中国人民大学出版社,2013.

用以及相关社会环境的复杂性互动。① 限于篇幅,本节聚焦于平台应用相较其他参与平台所具有的技术优势,以及平台企业作为驱动主体在建构激励机制时所采取的行动逻辑。

(一)数据和算法赋予平台应用促成公众参与的技术性竞争力

依据平台的架构,从信息流和数据流出发,可以将平台划分为参与层、规则层和数据层。② 三个层级交互作用、联动反馈,积累了巨大体量的数据。依托数据和算法构成的技术能力,平台企业拥有不同于其他参与平台的独特优势。③ 这为其卓有成效地促成公众参与提供了得天独厚的土壤。

首先,在平台的参与层,借助主营业务,平台积攒了海量规模的用户。这些用户生成的海量数据以及特定的媒介使用习惯成为克服集体行动困境的关键资源。一方面,平台企业的网络外部性特征使其在达到一定的用户基数后具有指数性增长的态势。平台企业因此兼具集聚性和开放性。④ 前者可以将由主营业务培养的巨量用户稳定"嵌入"到平台企业组建的网络结构中,形成平台企业迅速扩展立法影响力的基础资源。另一方面,与一般参与平台的关注人群有所不同,平台企业的用户不仅相对稳定,而且具备较强的数字媒介素养,对移动社交媒体持有积极开放的态度,并具有较强的社交网络影响力。在信源纷杂的时代,社交网络影响力意味着能够成功获取公众注意力的概率。无论是承载公众信任的"意见领袖",还是融合公众偏好的智能算法遴选,社交媒体对公众注意力的争夺都具有巨大优势。因此,在平台企业开启参与渠道后,平台媒介和社交媒介迅速融合,形成"连锁反应"并促使参与人数呈现指数型增长,这与平台企业希望达成的瞬时巨量、爆发性参与目标不谋而合。

其次,在平台的规则层和数据层,通过各类智能算法对用户数据

---

① 黄荣贵. 互联网与抗争行动:理论模型、中国经验及研究进展. 社会,2010(2).
② 徐晋. 平台经济学. 上海:上海交通大学出版社,2013.
③ 中国信息通信研究院. 互联网平台治理白皮书.11.
④ 同上注,12.

加以挖掘和解构,可以帮助平台企业精准刻画用户的偏好组成、行为习惯等关键数据,从而形成一系列智能决策支持技术。这些技术不仅为平台企业因地制宜地制定有效的动员策略提供科学依据,还为其全程掌握参与发展态势并及时做出动态性调整提供决策基础。虽然所有网络参与平台都因降低信息发布和获取成本而具有一定的动员优势,但平台应用的运行架构可以使其精准性地完成"平台—用户—立法者"间的信息传递。当促成公众参与有关的信息流与用户的偏好具有一致性时,公众参与被成功发起的概率会大幅提升。[①] 通过对算法和大数据的高度依赖[②],平台企业对用户数据进行智能化分析,筛选出利益相关的用户群体,在信息传递层面达到信息与用户偏好的一致。例如,当面对世界各地思路风格迥异的立法者时,优步就充分利用用户的数据信息,利用空间在线分析处理和挖掘等技术筛选出在地理位置上与相关立法政策联结最为密切的群体,以及在乘坐频率上最高、对其服务依赖性最强的用户群体作为核心动员对象。当这些被筛选出的核心用户同时又具有特定选区选民的身份属性时,联合其表达对特定立法的反对就会对决策者施加更为强有力的压力。因此,数据和算法的结合为平台企业创造了巨大的技术竞争力。这种技术优势具有强大的创新驱动和解构能力,有利于破除传统网络公众参与所面临的技术壁垒。[③] 这不仅可以帮助平台企业深入了解动员对象,还可以为其制定精准、有效的信息传递策略提供决策支持。像优步一样的诸多平台企业因这种技术竞争力获得了成功动员用户的能力,一定程度上因此改变了立法博弈图景中"强立法者-弱初创企业"的局面。

(二)合作共享的情感认同和策略性话语引导构筑参与动力机制

海量数据和智能算法为基础、兼具聚合性和开放性的动态架构为框架,平台企业具有其他参与驱动主体难以轻易具备的技术竞争力,

---

① 黄荣贵. 互联网与抗争行动:理论模型、中国经验及研究进展. 182.
② 中国信息通信研究院. 互联网平台治理白皮书.5.
③ 中国信息通信研究院.互联网平台治理白皮书.6 页.

为其形成科学的动员决策提供技术支持。但平台驱动型参与的形成不仅取决于平台企业蕴含的技术竞争力,还取决于平台企业对以合作共享为核心的企业文化的充分利用,以及对具有说服力和动员力的策略性叙事话语的使用。平台文化所带来的情感认同以及推进"意义共享"的愿景式叙事策略共同作用,建立起平台企业和参与者之间的联结性和信任感[1],形成了用户采取一致行动的正向动员结构,克服了个人理性支配下集体行动被侵蚀和消解的难题。

首先,平台企业合作共享的文化内核型塑了用户对于平台的情感认同和参与行动逻辑。平台经济的兴起与集体智慧被广泛运用密不可分。[2] 伴随着移动互联技术和共享经济模式的快速发展,汇聚群体智慧的各类众包技术已经被融入多元应用场景中。例如,优步平台的商业运行逻辑就典型地体现了众包思想。叫车用户为众包任务请求者,愿意提供运输服务的司机为众包参与者,通过优步建构的移动应用平台,将具有时空特性的众包任务分配给非特定的众包参与者,要求参与者以主动或者被动的方式来完成众包任务并满足任务所指定的时空约束条件。[3] 这种运营方式具有交易标准化、规则人性化、创新生活化的优良特质。这些特质反馈于平台方,使其召集力、支配力、影响力和渗透力更强。[4] 与此同时,虽因经济利益聚集于平台,平台的用户和利益相关者的行为心理范式却受平台组织"框架效应"的影响[5],更易形成群体性行为。因此我们看到平台企业竭尽所能地挖掘与用户高效互动所创造的独特价值。例如,在平台治理领域,越来越多的规则制定、纠纷解决都遵循"搭建内部平台、需求发包、接包者参与、任

---

[1]　Anne Marie Warren, et al.. Social Media Effects on Fostering Online Civic Engagement and Building Citizen Trust and Trust in Institutions. Government Information Quarterly 31, 2014, p.291.

[2]　Andrew McAfee, Erik Brynjolfsson. Harnessing Our Digital Future, Machines, Platform, Crowd, p.278.

[3]　童咏昕,袁野,成雨蓉,陈雷,王国仁. 时空众包数据管理技术研究综述. 软件学报, 2017(1):36.

[4]　徐晋:《平台经济学》,第五章。

[5]　同上注。

务完成"的思路,通过将不同群体有机汇聚从而将用户参与推向极致。故而在每次参与中,用户不仅可以习得参与的技能,强化合作共享的参与精神,还可能由此加深对平台文化的认同。这种认同可以提升用户的参与认知,完成对平台服务的情感转换。因此,当平台希冀扩展其在立法决策网络中的议价能力时,运用众包机制则顺理成章。平台企业通过将用户嵌入其创造的立法愿景,动员用户在请愿领域广泛协作完成民意汇聚和展示,由此获得立法博弈的更高筹码。因此,在优步于世界各地发起的公众参与中,特意选择了请愿这种参与方式。与其他参与形式相比,请愿方式常以达成固定数量的签名为基准。达成固定数量请愿的目标就如同一次需要发包给用户,需要其协作完成的"任务"一样,是又一次由用户参与的众包实践。所以,可以看到在伦敦的请愿中优步高调宣布希望达成 100 万联署签名的"任务目标";在温哥华的请愿动员中宣布希望达成 5 万的联署目标;美国亚利桑那州菲尼克斯的请愿动员中宣布希望达成 25000 人联署签名的目标。这其中的运行机理正如有学者所总结的:"一旦人类懂得驾驭合作之力量,就可以之改进商业流程、设计更为智能的科技、改革我们的经济体系、将对科学的志愿贡献最大化、减少犯罪、提升公民运动的效力。"[1]

其次,诉诸"共享精神"的愿景式叙事策略和对参与议题的框架化话语引导形塑公众对参与议题的认知。相关研究表明,参与者的利益嵌入性以及参与对象的知识复杂性是影响公众作出参与决策的两个关键因素。[2] 参与者的利益嵌入性是指参与议题对某一群体的潜在利益可能带来的损失或者收益程度[3];参与对象的知识复杂性是指相关群体在多大程度上可以结合自身偏好理解参与议题的争议点从而形成具体认知。平台企业通过诉诸"共享精神"的愿景式叙事策略构筑公众与参与议题的利益嵌入关系。同时,面对复杂的监管问题,平台

---

[1] 胡泳. 人,到底是无私的,还是自私的? //[美]尤查·本科勒:企鹅与怪兽:互联时代的合作、共享与创新模式. 简学,译. 杭州:浙江人民出版社,2013:推荐序二.

[2] 朱旭峰. 中国社会政策变迁中的专家参与模式研究. 社会学研究,2011(2).

[3] 同上注.

企业主动将议题框架化,引导公众形成对其有利的认知。两者有机结合、相互作用,构筑了平台驱动型参与的动力机制。

　　与其他参与类型有所不同,平台驱动型参与的目的在于助力平台企业,使其在立法博弈的战役中胜出。因此,面对如何规制平台经济这一新兴且热议性话题,不同的联盟主体常展开竞争性互动,争夺"话语霸权"①,以吸引公众注意力,寻求获得广泛支持。平台企业惯常运用的叙事策略之一是结合动员地的人文特点,寻求自身业务与城市愿景的契合之处,以此加强用户及更大范围的公众与参与议题的利益嵌入性。以优步为例,面对合法性、乘客权益风险、资源配置等涉及公共利益的论争,其主动诉诸于"共享精神"的美好愿景,以共享经济的践行者角色详细罗列其在节约资源、保护环境、保障弱势群体出行、推动城市就业、推动交通行业变革等多个领域的重要意义。② 尝试将企业愿景与城市愿景相融合,以激发参与者的情感共鸣,寻求成员之间共享的意义基础和认同,从而破除集体行动障碍。③ 因此,无论是优步我国澳门地区官方网页提出的"坚持风雨同路,为澳门继续出行"的标语,还是优步我国香港地区官方网页提出的号召公众"推动香港进步向前"的呼吁,这些叙事话语的目的都在于将用户使用并支持优步服务出行的"事实"赋予丰富意义,鼓励用户从社区和公共利益的视角采取支持行动。④

　　在成功建构参与者的利益嵌入性之后,平台企业还主动将议题框架化,通过策略性话语引导公众形成对其有利的认知。平台经济的监管本身是一项十分复杂的议题。但要获得公众的支持,需要突破立法者和传统行业的话语竞争,主动引导参与者形成认知共识。一方面,平台企业大多将自身定位于兼具科技创新和人文关怀的"初创性企

---

　　①　张海柱. 话语联盟、意义竞争与政策制定——以互联网"专车"论证与监管政策为例. 4.

　　②　Sofia Ranchordas. Digital Agoras:Democratic Legitimacy,Online Participation and the Case of Uber-Petitions, p. 38.

　　③　郭庆光. 传播学教程. 北京:中国人民大学出版社,1999:90.

　　④　Sofia Ranchordas. Digital Agoras:Democratic Legitimacy. Online Participation and the Case of Uber-Petitions, p. 37.

业"形象,相关参与议题的出现是因其触动传统行业的既有利益,以此刻意忽略参与议题具有复杂利益博弈的面向,从而为用户提供特定的认知和行动框架[1],形塑公众对网约车领域的个人偏好和风险态度[2];另一方面,通过技术辅助手段引导公众对参与议题进行解读,以降低法案及相关监管行为对公众的知识复杂程度,引导公众形成对其有利的认知。例如,在与纽约监管者抗争的过程中,优步应用就采用短视频的方式形象化地向用户展示,如果不利性法案获得通过,纽约用户的交通出行成本、就业损失等利益相关方面将会受到怎样的不利影响。[3] 因此,通过清晰、易懂、图文并茂的方式降低议题理解的知识复杂程度,为用户分析某一政策出台后将如何阻断公众获取相关服务带来的便利而强化公众参与的动力。

就平台经济所在的领域而言,原本并不属于公众参与的活跃领地。[4] 但平台企业在联结商品或者服务的供需两端时,也在其平台上获取了相当规模和数量、共享某一利益,拥有稳定特质的用户群,以此掌握网络动员所需的关键资源。借助数据和算法为依托的决策支持技术,合理运用合作共享的情感认同,通过对公众进行策略性引导,平台企业为用户构筑参与动力机制,其驱动下的公众参与便应运而生。

五、结语

科技虽然无法改变民主参与的全部问题,但它的确在今天变革了公众参与立法的渠道和方式及维度和内容。被喻为"科技巨人"的代表性平台企业从经济领域出发,介入、渗透并颠覆了公众参与领域。

---

① 张海柱. 话语联盟、意义竞争与政策制定——以互联网"专车"论证与监管政策为例. 第5页.

② 李文钊. 叙事式政策框架:探究政策过程中的叙事效应. 公共行政评论,2017(3).

③ Fitz Tepper. Uber Launches "De Blasio's Uber" Feature in NYC with 25-Minute Wait Times. July 16, 2015, 2018-2-16. https://techcrunch.com/2015/07/16/uber-launches-de-blasios-uber-feature-in-nyc-with-25-minute-wait-times/.

④ Sofia Ranchordas. Digital Agoras:Democratic Legitimacy. Online Participation and the Case of Uber-Petitions, p. 38.

伴随着平台经济的崛起,公众参与的渠道被进一步扩展,多属性参与平台之间进一步融合。通过平台企业对数据和算法的有效利用,一套具有智能细分、数据驱动特性,体现高效化、精准化和智能化的参与动员技术正在为动员公众提供智能技术支持。平台企业的进入还使公共领域话语分配格局发生了动态变换。本处于权力话语格局的边缘和弱势地位,但凭借对海量用户的充分了解和对动员策略的精准运用,平台企业可以成功地与传统参与平台争夺公众的注意力,主导公共领域的叙事话语。

面对平台企业对公共领域的渗透,一方面,立法者应当以更为敏锐的视角和更为开放的态度加以应对,主动探索并迈向具有智能化、高效化、透明化、精准化特征的"智慧参与",对现有的公众参与方式、途径、技术加以适时革新;另一方面,也需意识到平台驱动性参与所带来的复杂性影响。这种参与类型虽助推沟通渠道和沟通方式的多元化、移动化、扁平化。但目前频繁显现的无序、自发、集聚性的平台驱动型参与可能给决策质量带来诸多挑战,由此形成的应急性、压力性回应模式并不利于法律秩序的良好生长。尤其当平台经济主体意欲通过联结公众而扮演推动法律变迁的代理人时[1],这种新型的立法和规制俘获方式更值得警惕。更为重要的是,商业利益至上永远是平台驱动型参与产生的原初目的。就这个意义上而言,无助于促成理性共识达成从而促进改良沟通结构的参与仅是一种形式化和工具性的"民意展示"[2],极端发展后甚至是一种参与的异化。

但平台驱动型参与现象的确客观展现了数字经济在今天对社会发展带来的全局贯穿性影响和渗透。其不仅带来了商业模式和产业组织的根本性变革,还通过对政治、法律、文化等诸多领域提供扩展性入口[3],通过彻底践行协作共享精神,持续地打破各领域的原有概念和

---

①　Jordan M. Barry. Elizabeth Pollman, Regulatory Entrepreneurship, p. 383.

②　高恩新. 互联网公共事件的议题建构与共意动员——以几起网络公共事件为例. 公共管理学报,2009(4).

③　阿里研究院. 新经济框架:从行业分工到平台共享. 阿里研究院官网,2018-2-16. http://i. aliresearch. com/img/20160316/20160316151746. pdf.

边界①,促进"参与性社会"的全面来临。聚焦于立法领域,平台驱动型参与还深刻地折射出当下各国立法者在形成有关平台治理的各项决策时对平台企业以及平台用户纳入不足的现状。正如有学者所呼吁的,人们应当正视平台经济给法律带来的颠覆性意义,重新认识公众介入、市场创新和规制创新之间的联结和互动。② 在探索平台治理的未来立法实践中,如何达成平台、用户、立法者等多方主体间的有效联结、互动和协同,将会是一项重要而有意义的课题。③

（原文载《中国法律评论》,2018(2)：119-132。）

---

① Orly Lobel, The Law of the Platform, p. 103.

② Orly Lobel, The Law of the Platform, p. 92.

③ 协同的模式具有多元性。例如,在欧洲已经出现"众包立法"的实践。Pcearic, Tanja Aitamurto, Kaiping Chen. The Value of Crowdsourcing in Public Policy-Making: Epistemic, Democratic, and Economic Value. Theory & Practice of Legislation 5, 2017: 1-18.

23 中国关键信息基础设施保护的
基本问题和制度构造

刘金瑞[*]

一、关键基础设施保护是网络安全立法的核心

当前,互联网络和信息化浪潮遍及全球,深入社会生活的各个领域,极大地改变了人类的生活方式。随之出现的网络安全问题给人类社会带来了新的巨大挑战,网络安全的治理和立法已经成为一个全球性的议题。

(一) 网络安全的核心是保护关键基础设施

随着信息通信技术的革命性进展,交通、电力、电信、供水、金融及政府服务等基础设施的运营越来越依靠网络信息系统,人类的日常行为和生活越来越转化成网络空间的信息数据流。然而,互相连接、互相依赖的网络信息系统也极易因其一部分基础设施受损、被拒绝服务攻击而整个陷入瘫痪,流动在网络空间的信息数据也极易被拦截、窃取和破坏,从而引发网络安全的问题。

对此,美国立法界定为"信息安全"(Information Security),2002年《联邦信息安全管理法》规定"信息安全是指保护信息和信息系统不受未经授权的访问、使用、披露、破坏、修改或者销毁",以确保信息的

---

* 中国法学会法治研究所副研究员。

完整性、保密性和可用性。① 欧盟立法从最开始就界定为"网络和信息安全"(Network and Information Security,NIS),是指"网络或信息系统在一定的可信度下抵御突发事件或者非法或恶意行为的能力,这些行为会危害其所存储或传输的数据的可用性、真实性、完整性以及保密性,危害通过这些网络和系统提供的或者可获得的相关服务"②。网络安全就是要确保网络信息系统③及其所存储和传输的数据的安全。

就世界范围的网络安全政策和立法来看④,核心内容就是要保护事关国家安全、公共安全的关键基础设施(Critical Infrastructure),保护这些基础设施所依赖的网络信息系统及其所存储和传输的数据。关键基础设施面临的安全风险不仅包括自然灾害等物理威胁,更包括各国网络安全立法所强调的针对信息系统的网络威胁,表现为网络黑客、网络间谍、网络盗窃甚至令人担忧的网络恐怖主义、网络战争等。⑤

这并非杞人忧天。2010 年 9 月摧毁伊朗核电站离心机的 Stuxnet

---

① Federal Information Security Management Act, 44 USC § 3542(b)(1). 在美国版权法的某些条款中,将"信息安全"界定成"为了确定和解决政府电脑、电脑系统或者电脑网络漏洞而采取的行为",Copyright, 17 U.S.C. 1201 (e), 1202(d).

② Regulation No 460/2004 of the European Parliament and of the Council of 10 March 2004 establishing the European Network and Information Security Agency, art. 4(c), OJ L 77, 13.3.2004, p. 5; Communication from the Commission to the Council, the European Parliament, the European Economic and Social Committee and the Committee of the Regions on Network and Information Security: Proposal for a European Policy Approach, COM (2001) 298 final, 6.6.2001, p. 9.

③ "信息系统"(Information System)是指计算机和电子通信网络,以及它们为了自身的运行、应用、保护及维持的目的所存储、处理、存取或者传输的电子数据,Regulation No 460/2004 of the European Parliament and of the Council of 10 March 2004 establishing the European Network and Information Security Agency, art. 4(b), OJ L 77, 13.3.2004, p. 5.

④ 参见下文对美国网络安全政策和立法的梳理介绍;European Network and Information Security Agency. National Cyber Security Strategies: Setting the Course for National Efforts, 2016-7-29. http://www.enisa.europa.eu/activities/Resilience-and-CIIP/national-cyber-security-strategies-ncsss/cyber-security-strategies-paper/at_download/fullReport.

⑤ 平时指称网络攻击行为的这些种类并不是截然区分的,某个行为可能同时属于多个种类。

病毒,据媒体披露是由美国与以色列共同研发的[①],该病毒后感染世界各地,中国也深受其害;2013 年 6 月,美国情报部门前雇员斯诺登披露,美国国家安全局曾广泛入侵中国主要电信公司以获取手机短信信息,并持续攻击清华大学的主干网络等[②];近年来,针对我国关键基础设施和特定目标的高级持续性威胁(APT)攻击频现,如 2015 年曝光的境外"海莲花"黑客组织多年以来针对我国海事机构实施 APT 攻击以及长期针对我国政府机构实施攻击的 APT-TOCS 事件;2015 年,国家信息安全漏洞共享平台发现境外有千余个 IP 地址渗透扫描我国大量使用的某款工业控制系统,有数百个 IP 地址访问过我国互联网上暴露的工业控制设备。[③] 鉴于关键基础设施关系到国家命脉和社会运行,上述威胁对国家安全、社会稳定以及民众生活造成极大的挑战,关键基础设施保护已成为各国网络安全治理和立法的核心内容。

(二)关键基础设施概念的界定

美国最早开始关注关键基础设施保护,并逐步探索法律保护框架。1996 年 7 月,克林顿政府颁布《第 13010 号行政命令》(E. O. 13010),首次提出关键基础设施不仅面临物理威胁,也面临该设施信息或通信部分遭受攻击的网络威胁。[④] 1998 年 5 月,克林顿政府颁布《第 63 号总统决策指令》(PDD-63),将关键基础设施定义为"维持经济及政府最低限度运行所必须的那些物理的或基于网络的系统"[⑤]。

---

① David Sanger. Obama Order Sped Up Wave of Cyberattacks Against Iran. 2016-7-3. http://www. nytimes. com/2012/06/01/world/middleeast/obama-ordered-wave-of-cyberattacks-against-iran. html? pagewanted=all&_r=0.

② Snowden Reveals more US Cyberspying details. South China Morning Post. 2016-7-29. http://www. scmp. com/news/hong-kong/article/1266777/exclusive-snowden-safe-hong-kong-more-us-cyberspying-details-revealed.

③ 国家互联网应急中心. 2015 年中国互联网网络安全报告. 北京:人民邮电出版社,2016:17.

④ Executive Order 13010:Critical Infrastructure Protection,Federal Register, 1996, 61(138):37347-37350.

⑤ Presidential Decision Directive 63:Critical Infrastructure Protection,May 22, 1998, 2016-7-29. http://www. fas. org/irp/offdocs/pdd/pdd-63. htm.

2001 年 10 月，小布什政府颁布《美国爱国者法案》①（USA PATRIOT Act），将"关键基础设施"定义修正为"对于美国来说至关重要的物理的或虚拟的系统和资产，一旦其能力丧失或遭到破坏，就会削弱国家安全、国家经济安全、国家公众健康与安全之一或者这些重要领域的任何组合"。该定义为之后的美国立法所沿用。② 2013 年，奥巴马政府的《第 21 号总统政策指令》③（PPD-21）认为，关键基础设施涉及通信、信息技术、金融服务、政府设施、交通系统、商业设施、关键制造、能源等 16 个领域。

2016 年 7 月 6 日，欧盟通过《关于欧盟共同的高水平网络与信息系统安全措施的指令》（以下简称 NIS 指令），将于 2018 年 8 月 8 日正式生效，欧盟各成员国要在 2018 年 5 月 9 日之前将其转化为国内法。指令并没有采用"关键基础设施"的概念，而是使用"基本服务运营者"的表述。所谓"基本服务运营者"，是指"提供维续关键社会活动及/或经济活动基本服务的主体，该服务的提供依赖于网络和信息系统，网络安全事件会对该服务的提供造成重大的破坏性影响"，涉及能源（电力、石油及天然气）、运输（航空、铁路、水运及陆运）、银行、金融市场基础设施、医疗卫生、饮用水供应和分配以及数字基础设施（互联网交换点、域名系统服务提供者及顶级域名注册）领域。④

作为欧盟成员国的德国于 2015 年 8 月 14 日通过《加强联邦信息技术安全法》修正案，增加了"关键基础设施"的定义，是指"对于德国共同体的运作具有重大意义的设施、设备或者其组成，一旦停止运作

---

① 该法案的全称为"Uniting and Strengthening America by Providing Appropriate Tools Required to Intercept and Obstruct Terrorism Act of 2001"，译为"2001 年使用适当的手段来阻止或避免恐怖主义以团结并强化美国的法案"，取英文原名的首字缩写成为"USA PATRIOT Act"，译为"美国爱国者法案"。

② USA PATRIOT Act，Title X，Sec. 1016. Critical Infrastructures Protection Act of 2001，42 USC § 5195c.

③ Presidential Policy Directive 21: Critical Infrastructure Security and Resilience，February 19，2013，2016-7-29. http://www.fas.org/irp/offdocs/ppd/ppd-21.pdf.

④ Directive (EU) 2016/1148 of the European Parliament and of the Council of 6 July 2016 concerning measures for a high common level of security of network and information systems across the Union，OJ L 194，19.7.2016，pp. 13-14，27-29.

或者遭受损害将造成严重的供应紧张或者对公共安全产生严重威胁",涉及能源、电信、信息技术、交通运输、卫生、食品以及金融保险领域;具体由联邦政府以法规命令予以规定,但明确排除了这些领域中的小企业。[1]

可以发现,无论是美国还是欧盟,都将关键基础设施保护上升到维护国家安全和公共安全的高度,在界定"关键基础设施"及其范围时强调国家安全和公共安全,所谓的"关键"就是指事关国家安全和公共安全,这既突出了保护的重点,也避免了将过多企业纳入监管而徒增企业负担。

近年来,面对严峻的网络安全形势,我国高度重视关键基础设施保护。2015年7月1日通过的《中华人民共和国国家安全法》第25条明确规定:"实现网络和信息核心技术、关键基础设施和重要领域信息系统及数据的安全可控"。2016年3月,《关键信息基础设施安全保护条例》纳入国务院2016年立法工作计划的研究项目。2016年4月19日,习近平总书记《在网络安全和信息化工作座谈会上的讲话》更是明确指出:"金融、能源、电力、通信、交通等领域的关键信息基础设施是经济社会运行的神经中枢,是网络安全的重中之重,也是可能遭到重点攻击的目标。……不出问题则已,一出就可能导致交通中断、金融紊乱、电力瘫痪等问题,具有很大的破坏性和杀伤力。"

2016年11月,我国正式通过《中华人民共和国网络安全法》(以下简称《网络安全法》),其中第3章第2节明确规定了"关键信息基础设施的运行安全",建立了关键信息基础设施保护的基本框架,明确将"关键信息基础设施"界定为"公共通信和信息服务、能源、交通、水利、金融、公共服务、电子政务等重要行业和领域,以及其他一旦遭到破坏、丧失功能或者数据泄露,可能严重危害国家安全、国计民生、公共利益的"信息基础设施。2017年7月11日,国家互联网信息办公室发

---

[1]　Gesetz zur Stärkung der Sicherheit in der Informationstechnik des Bundes, BGBI. I S. 2821, §2 (10), §8c (1), http://www. gesetze-im-internet. de/bsig _ 2009/ BJNR282110009. html, July 29, 2016.

布《关键信息基础设施安全保护条例(征求意见稿)》(以下简称《条例》
征求意见稿),进一步细化了相关制度设计。

落实《网络安全法》确立的关键信息基础设施制度是切实维护我
国网络空间主权与网络空间安全的重大举措。《条例》征求意见稿力
图全面落实《网络安全法》要求的努力值得肯定,但从制度设计的可操
作性和实践需求的迫切性来看,还有较大的完善提升空间。本文就是
在这一背景下,针对《网络安全法》确立的关键信息基础实施保护的基
本法治框架以及我国面临的严峻挑战,在观察分析域外法治进展的基
础上,提出落实我国关键基础设施保护制度的思考与建议。

二、域外关键基础设施保护立法的制度架构——以美国为例

我国《网络安全法》作为我国网络安全领域的基本立法,虽然明确
规定了关键信息基础设施的定义、行业主管部门负责制、运营者的安
全保护义务、国家网信部门的职责范围,为我国关键信息基础设施保
护立法提供了基本的制度框架,但制度实施的体制机制有待后续制定
的《关键信息基础设施安全保护条例》进一步细化。本部分梳理分析
美国关键基础设施保护的立法经验和实施框架,以资我国后续立法
借鉴。

美国网络安全立法的核心就是关键基础设施保护,它的战略政策
和立法逐步推进,基本经历了从国内到国际,从政策到立法,从克林顿
政府的被动应对到小布什政府《网络空间安全国家战略》的主动防御,
再到奥巴马政府《网络空间国际战略》的国际威慑,美国网络安全风险
应对策略逐渐走向全面和成熟。[①] 在战略全面成熟之后,美国奥巴马
政府开始推动网络安全的综合性立法。

(一)美国关键基础设施保护立法的基本思路

对于网络安全和关键基础设施保护,美国有超过 50 部联邦法律

---

① 美国网络安全政策战略的演进:刘金瑞. 美国网络安全的政策战略演进及当前立
法重点. 北航法律评论,2013(1):209-218.

直接或间接与之有关,但至今仍没有一部统一的框架性立法。奥巴马政府上台以来,开始推动网络安全的综合性立法,其中最为重要的两个议题是"保护私有关键基础设施"与"促进网络安全信息共享"。[①] 对于前者,美国的立法设想集中体现为《2012 年网络安全法案》[②](S. 2105)的相关规定,但至今未获通过。之所以只是"私有关键基础设施的保护",是因为美国已经在行政系统内部署"爱因斯坦"计划[③]应对政府关键基础设施的威胁,但对于大部分的私有关键基础设施,美国政府不可能强行将其纳入检测防御系统,只能谋求其他解决方案。对于后者,美国的立法设想集中体现为 2015 年 12 月签署生效的《网络信息安全共享法》[④](CISA)。这两个议题是关键基础设施保护立法的两大重点,以下结合 S. 2105 和 CISA 的相关规定对美国的立法思路作一简要介绍。

1. 保护私有关键基础设施的立法思路

S. 2105 是唯一进入参议院全体辩论(S. 3414)的法案,是目前美国国会关于网络安全综合性立法最重要的法案。主要立法思路是授权国土安全部划定关键基础设施的范围,并赋予这些设施以强制性的监管方案和安全标准。其主要内容如下。

(1)定义该法案"所覆盖的关键基础设施"。其是指这样一些系统或资产,一旦它们被未经授权地损害或访问,便很可能导致维持服务的中断,进而足以导致大规模伤亡事件,或者导致美国长时间停工、造成灾难性经济损害的大规模疏散,或者导致国家安全的严重恶化。"灾难性经济损害"被定义为包括美国金融市场、交通系统的崩溃或根

---

① 对于美国网络安全综合性立法的相关法案及内容介绍,参见刘金瑞. 美国网络安全立法近期进展及对我国的启示. 暨南学报(哲学社会科学版),2014(2): 77-78.

② S. 2105, Cybersecurity Act of 2012, February 14, 2012, http://www.gpo.gov/fdsys/pkg/BILLS-112s2105pcs/pdf/BILLS-112s2105pcs.pdf, July 29, 2016.

③ 该计划旨在联邦政府网络部署入侵检测系统和入侵防御系统,美国国内对该计划的争议很大,主要问题在于这些系统可能会违反《美国宪法第四修正案》、侵害个人隐私和公民自由.

④ Cybersecurity Information Sharing Act of 2015. 2016-7-29. https://www.congress.gov/bill/114th-congress/senate-bill/754.

本性破坏,或者对美国经济造成其他系统性的、长期的损害。规定"商业性信息技术产品"①不能被指定为所覆盖的关键基础设施。②

(2) 对关键基础设施的特定系统和资产设立监管方案。将授权国土安全部来认定对关键基础设施的网络安全威胁,指定哪些资产或系统为监管方案"所覆盖的关键基础设施",并且确定其为抵御已认定的网络安全威胁而应该具备的性能标准。新的监管方案是否适用于某一主体的系统或资产取决于国土安全部部长是否已指定它们属于所覆盖的关键基础设施,关键基础设施的所有者也可以自己认定或请求将其系统或资产认定为所覆盖的关键基础设施。③

(3) 规定不遵守监管标准所承担的法律责任。S. 2105 明确授权国土安全部制定征收民事罚款的规定,以处罚关键基础设施没有遵守监管标准的行为。法案允许关键基础设施所有者或运营者每隔三年自我证明或交由第三方评估其遵守标准的情况,但是国土安全部有权在合理怀疑时可以审核和检查。在民事责任方面,对于正在经受的威胁的关键基础设施,只要其所有者或运营者满足法案规定的监管标准,已经顺利通过评估以及在事件发生时仍在实质性地遵守标准,就可以豁免惩罚性赔偿。④

(4) 规定国土安全部可以从关键基础设施收集有关信息。S. 2105 授权国土安全部部长为了进行风险评估以及评价性能标准的遵守情况,可以从关键基础设施收集相关信息,这些信息将被认定为《2002 年关键基础设施信息法案》(CIIA) 所规定的"关键基础设施信息"(CII),不适用《信息公开法》政府信息公开的要求。⑤

在美国,S. 2105 及类似私有关键基础设施保护立法引发的主要争议主要包括:①行政决定引发的行政诉讼问题。将私主体纳入关键基础设施并要求其承担强制性义务,如果这些私主体不服行政

---

① 该法案将其界定为"通过电子方式组织或传递信息的商品",S. 2105,§2(1)。
② §103,S. 2105.
③ §102-104,S. 2105.
④ §105,S. 2105.
⑤ The Freedom of Information Act,5 U. S. C. §522(d)(3).

决定,可能会对国土安全部提起行政诉讼。②纳入监管方案引发的责任承担问题。纳入类似 S. 2105 法案的关键基础设施运营者,不仅因为急于遵守相关安全标准而可能承担行政责任或刑事责任,而且可能因为不遵守监管标准这种注意义务而构成法律上的当然过失(Negligence per se),需要承担民事损害赔偿责任。

2. 促进网络安全信息共享的立法设计

2015 年 12 月 18 日,CISA 在争议中签署生效,以激励联邦政府和企业为了国家安全而共享网络威胁信息。主要立法思路是通过交换和共享安全信息,来预防和充分应对网络安全事件,以减少损害发生。其主要内容如下。

(1)联邦政府共享网络威胁信息。授权联邦政府共享非机密的"网络威胁指标"和"防御措施"——关于表明网络是如何被攻击以及这些攻击是如何被成功检测、预防或者减轻的,两者统称为"网络威胁信息";授权不仅可以在政府机构间分享此种非机密的信息,也可以与企业和公众分享;机密的网络威胁信息在政府机构之外的共享,仅限于具有适当安全资质的主体;要求联邦政府定期发布"网络安全最佳实践",以帮助小型企业应对其面临的网络安全挑战。①

(2)授权企业为了网络安全可以监控其自身的信息系统以及所有存储、处理和传输在该系统内的信息;完全豁免企业因为此种监控而可能承担的法律责任。②

(3)企业共享网络威胁信息。授权企业与七大特定政府机构分享网络威胁信息,这些机构包括国防部(包括国家安全局)、国家情报总监办公室、国土安全部;企业同样豁免因共享而可能承担的法律责任;规定企业与联邦政府共享网络威胁信息,不影响其他保护性法律的适用,比如保护商业秘密的规定仍然适用。③

(4)隐私保护。要求联邦政府保存、使用或者传播网络威胁信息

---

① Sec. 103,CISA.

② Sec. 104,CISA.

③ Sec. 105,CISA.

时,必须保护这些网络威胁信息里任何可识别的个人信息不被未经授权的使用或者披露;要求企业标明其所共享的网络威胁信息中的个人信息,删除和网络安全威胁没有直接关系的个人信息;规定发布相关指南,协助企业识别可能包含个人信息的网络威胁信息。[①]

(5)后续行动。根据 CISA,制定了四个相关程序和文件。除了2016 年 2 月制定的联邦政府向非联邦机构共享网络威胁信息(包括"网络威胁指标"和"防御措施")的程序规定之外,还包括 2016 年 6 月 15 日发布的"非联邦机构向联邦机构共享网络威胁信息指南""联邦政府接收网络威胁信息程序"和"隐私和公民自由保护指南"。[②]

在美国,CISA 和类似网络安全信息共享立法引发的争议主要包括:①企业采取技术措施监控自身的网络设施和共享网络威胁信息等,可能违反《电子通信隐私法》(ECPA)等隐私权保护的法律规定[③],CISA 对此虽然规定了企业责任豁免,但争议仍然存在。②规定豁免企业共享信息的法律责任,有两方面的争议:一方面,私主体对这种豁免仍存在不信任,联邦机构可能以此作为不利于当事人的证据用于行政执法等;另一方面,责任豁免如涉及舍弃第三方私主体的合法权益,其正当性受到质疑。③共享信息可能会侵害企业的商业利益。类似商业秘密等商业信息,可能发生泄露而被竞争对手获取。因此,企业一般不愿与政府共享涉及商业利益的信息,此类立法的成效有限。

(二)美国关键基础设施保护制度的实施框架

美国关键基础设施保护至今没有通过一部综合性立法,其通过一系列政策文件和行政法令构建了关键基础设施保护的制度框架。本文将这一制度框架梳理为以下五个方面,以清晰地展示美国的实际制

---

① Sec. 105,CISA.

② DHS, DOJ Release 4 Final Guidance Documents on Cyber Threat Data Sharing. 2016-7-29. http://www. executivegov. com/2016/06/dhs-doj-release-4-final-guidance-documents-on-cyber-threat-data-sharing/.

③ Aaron J. Burstein. Amending the ECPA to Enable a Culture of Cybersecurity Research. Harvard Journal of Law & Technology 22, 2008.

度运行,为我国相关立法和制度设计提供有益借鉴。

1. 建立政府和行业的协作机制

为实现政府和行业在保护关键基础设施方面的合作,1998 年,PDD-63 开始指定联邦的不同部门作为相关行业基础设施保护的领导部门,布什政府和奥巴马政府通过行政命令多次调整行业分类和所对应的领导部门。2013 年,PPD-21 法令确定的有 16 种行业分类和对应的领导部门,如财政部负责金融服务领域,国土安全部负责电信、信息技术、化学、商业设施等领域。

PDD-63 要求每个行业的领导部门都选任代表该部门的"行业联络官"和代表行业设施所有者/运营者的"行业协调员"。1999 年 12月,一些行业自发确立了"关键基础设施安全伙伴关系",以分享安全信息和策略,维护跨行业间的依存关系。国土安全部不是该合作伙伴关系的一部分,但是起到了联络作用,为其举行会议提供行政支持。这一合作伙伴关系联络协调其成员为国家相关战略和国家保护计划的制订提供支持。

之后,小布什政府提出了一个新的"关键基础设施保护伙伴关系模式",将 PDD-63 要求的行业联络官和行业协调员模式发展成"政府协作委员会"和"行业协作委员会",扩大了政府和所有者/运营者的代表性。"政府协作委员"包括州、地方和部落的政府机构。"行业协作委员会"建立自身架构和领导体制,独立于联邦政府运行。在这种模式下,之前跨行业的"伙伴关系"发展为"私营部门跨行业委员会"。行业协作委员会为国家关键基础设施保护计划(NIPP)和特定行业计划(SSP)制订提供支持。①

2006 年 3 月,美国国土安全部根据《国土安全法》②的授权建立了不适用《联邦咨询委员会法》的"关键基础设施伙伴关系咨询委员会"(CIPAC),这个委员会的会议和文件可以不向公众公开,但国土安全

---

① U. S. Congress General Accountability Office. Critical Infrastructure Protection: Progress Coordinating Government and Private Sector Efforts Varies by Sectors' Characteristics, GAO-07-39, October 2006.

② Homeland Security Act of 2002, Public Law 107 - 296—Nov. 25, 2002.

部会公开会议的时间和合适的议程。国土安全部是这个委员会的秘书单位。它的成员包括行业协作委员会的行业成员,也包括州、地方和部落的政府机构。

2. 制订国家关键基础设施保护计划

从 1996 年克林顿第 13010 号命令开始,就要求拟订国家关键基础设施保护的相关计划和对策。1998 年,克林顿政府的 PDD-63 要求制订"国家基础设施保障计划";2000 年,克林顿卸任之前,提出了《信息系统保护国家计划》(NPISP),但并没有实施。① "9·11"事件之后,2001 年小布什政府的第 13231 号行政命令、《国土安全法》、2003 年《网络安全国家战略》都有类似的要求,尤其是 2003 年小布什政府的《第 7 号国土安全总统指令》(HSPD-7)明确要求制定综合性计划,保护 14 类国家关键设施和重点资源保护(CIKR),重点资源指"维持最低程度的经济与政府运行必须的公有或私有的资源",HSPD-7 细化为水坝、政府及商业设施。②

国土安全部未能在 2004 年年底前按指令要求如期发布计划,直到 2006 年 6 月,小布什政府第一次正式发布国家关键基础设施保护计划(NIPP)。针对 HSPD-7 保护 CIKR 的政策目标,该计划不再仅限于防范恐怖主义,还包括预防天然灾害,强调增强国家事前准备、突发事件应对以及灾后恢复等;联邦相关部门分别负责细化的 18 种 CIKR(增加核能反应堆),并制订"特定行业计划"(SSP)。NIPP 于 2009 年第一次更新,部分特定行业计划也随之更新,2010 年决定每四年更新一次。

2013 年 2 月,奥巴马政府颁行《第 13636 号行政命令》③(E. O.

① The White House. Defending America's Cyberspace: National Plan for Information Systems Protection (Version 1. 0), January 2000, 2016-7-29. http://www. fas. org/irp/offdocs/pdd/CIP-plan. pdf.

② Homeland Security Presidential Directive 7: Critical Infrastructure Identification, Prioritization, and Protection, 39 Weekly Compilation of Presidential Documents, 1816, December, 17, 2003.

③ Executive Order 13636: Improving Critical Infrastructure Cybersecurity, Federal Register, 2013,78(33): 11737-11744.

13636)以及保障该命令顺利执行的《第 21 号总统政策指令》(PPD-21)。随后,根据 PPD-21 的要求,NIPP 第二次更新,新计划保留了之前基本的伙伴关系模式和风险管理框架,涉及 16 种行业,但信息技术业和电信业等特定行业计划并没有更新。

3. 设立信息共享和分析中心

1998 年,PDD-63 规定联邦调查局内部的"国家关键基础设施保护中心"(NIPC)维持政府和私营部门之间相关信息的流通和共享;与之相对,规定私营行业建立信息共享和分析中心(ISAC),负责收集、分析和共享其成员间的安全事件信息和应对信息,促成政府和私营行业之间的信息交换。这一设想最后发展成每个行业都有一个信息共享和分析中心。ISAC 和前述行业协作委员会的不同之处在于,ISAC是 365 天全天候运行的,设施运营者的安全事件报告和来自政府的威胁信息,都通过该中心被通报、分析和共享。

虽然 PDD-63 将 ISAC 设想成交换关键基础设施信息最主要的渠道,但国土安全部还是发展出一系列其他信息交换系统和机制。除了行业协作协会,美国计算机应急中心(US-CERT)①接受安全事件报告,公布最新的计算机漏洞威胁信息以及特定安全事件应对信息,也负责国家网络警报系统,任何组织或者个人都可以订阅这一系统通报信息。国土安全部还开发了国土安全信息网络(HSIN),最初是作为联邦、州和地方层级政府执法机构交流和分析威胁信息的主要通信网络。现在 HSIN 提供 50 个州、5 个领地、50 个城市以及国土安全部的国家行动中心的实时连接。HSIN 现正扩展到包含每个关键基础设施行业(HSIN-CI),作为关键基础设施保护伙伴关系模式的一部分。

"9·11"事件之后,国土安全部建立了"关键基础设施保护行政通知服务处"(ENS),该部门直接联系国土安全部和主要产业公司的首席执行官。ENS 负责向合作伙伴警示关键技术设施安全事件、发布警告产品和组织电话会议。国土安全部还负责运营不依靠公共交换电话网和互联网的"关键基础设施警告网络"(CWIN),为国土安全部与

---

① 承担国家关键基础设施保护中心(NIPC)的大部分职能。

其他政府机构、私营行业和国际机构提供安全通信。

此外,2002 年《国土安全法》要求建立"信息共享和分析组织"(ISAO),其是指"公共部门或私营行业组织建立或雇用的,以收集、分析、交流或者披露关键基础设施信息为目的的正式或非正式组织",以有助于检测、减轻或者恢复关键基础设施所遭受的损害。① 根据 PDD-63 建立的 ISAC 是行业导向的,而《国土安全法》界定的 ISAO 没有此种要求。2015 年 2 月,奥巴马政府的《第 13691 号行政命令》②(E. O. 13691)要求国土安全部长支持这些组织的发展,以促进网络安全信息分享。

4. 授权国土安全部认定关键设施、评估漏洞风险和确定优先防护措施

2002 年,《国土安全法》授权国土安全部负责以下任务:①从各种各样的渠道获取、接收、分析和整合信息,以识别和评估恐怖主义威胁的性质和范围;②开展美国重点资源和关键基础设施漏洞的综合性评估,以明确特定攻击类型引发的风险;③整合相关信息,分析漏洞评估,以确定优先的保护和支撑措施。根据小布什政府的《关键基础设施和重要资产的物理保护国家战略》③,国土安全部还负责"与其他主要利益相关者合作,发展一套以国家层面的关键性来识别设施、系统和功能的统一方法,以有助于确立优先保护者;建立一个综合性数据库,编录这些关键设施、系统和功能;维持一种针对关键行业漏洞和应备措施而不断更新的综合性评估"。奥巴马政府的 PPD-21 指令重申了这些职责。

国土安全部通过不同的机制,包括依靠通过州国土安全官员和行

---

① Critical Infrastructure Information Act of 2002, 6 U. S. C. 131 (5).

② E. O. 13691: Promoting Private Sector Cybersecurity Information Sharing, Federal Register, 2015, 80(34): 9347-9353.

③ The White House. National Strategy for the Physical Protection of Critical Infrastructure and Key Assets. February, 2003, 2016-7-29. http://www.dhs.gov/xlibrary/assets/Physical_Strategy.pdf, pp. 71-79.

业领导机构官员以及"国家基础设施模拟与分析中心"①（NISAC）和
"关键基础设施分析办公室"的分析等方式，来认定符合关键基础设施
定义的关键基础设施资产。国土安全部将关键基础设施资产分为国
内和国外两类，分别纳入"国家关键基础设施优先保护计划"（National
Critical Infrastructure Prioritization Program）和"关键海外依存行动
计划"（Critical Foreign Dependencies Initiative），两种计划对应两类
秘密的关键基础设施列表数据库。国土安全部通知这些资产的所有
者或运营者，帮助他们进行更为具体的漏洞/恢复能力评估，并对如何
减轻风险提供建议。此外，国土安全部还负责地区性恢复能力评估计
划（RRAP），将漏洞评估扩展到在特定地理区域的关键基础设施和重
要资源集群。评估结果将与相关参与者分享，包括设施的所有者或运
营者、州和地方政府。这些评估的参与者是自愿的，是否采纳减少风
险的建议也是自愿的。即使这些建议被采纳，国土安全部也不会去追
踪这些建议的实施情况。

5. 制定网络安全框架

在推动国会立法受阻之后，奥巴马政府于 2013 年颁行 E. O.
13636 和 PPD-21，要求国家标准和技术研究院（NIST）负责制定网络
安全技术标准，领导研发减少关键基础设施网络风险的"网络安全框
架"。该框架要侧重跨部门的、自愿性共识标准和行业最佳实践，保持
技术中立，必要时审查并更新，特定领域领导部门配合审查并制订特
定领域指南，该框架的安全标准将纳入政府采购计划和合同管理。②
这一框架是国土安全部负责建立的"自愿关键基础设施网络安全计
划"的基础。此外，E. O. 13636 要求国土安全部通过协商机制、参考
特定行业部门的专业知识，认定并且逐年更新关键基础设施列表，明
确那些一旦发生网络安全事故就可能在公共健康或安全、经济安全和
国家安全方面在地区或全国范围内产生灾难性影响的设施，但不包括

---

① National Infrastructure Simulation and Analysis Center，根据《2001 年关键基础设施
保护法》建立。

② Sec. 7-8，E. O. 13636.

商业信息技术产品或消费信息技术服务；秘密通知这些设施的所有者和运营者（可以复议），鼓励它们采用基于"网络安全框架"的"关键基础设施网络安全计划"。[①]

美国国家标准和技术研究院于 2014 年 2 月 12 日发布了 1.0 版的《网络安全框架》，该框架包括：①用以预测和防护网络攻击的常见活动（框架核心），确定了关键基础设施实体应具备识别、保护、检测、响应和恢复五种能力；②用以评估核心活动实现程度和测算应对攻击准备程度的分层方法（框架实施层），根据框架执行情况分为部分具备、熟知风险、符合标准和自动适应四个层级；③根据各组织业务需求、风险承受能力和资源确定的实施方案（框架配套方案），比较当前配套方案和目标配套方案，可以暴露问题，提升组织的网络风险管理。该框架还包括一份较为全面的参考资料，列出关键基础设施各个行业通用的一些特定标准、指南和实践。[②] 目前，NIST 正在修订该框架，2017 年 12 月已经公布 1.1 版的《网络安全框架》（第 2 稿）。

三、关于落实我国关键信息基础设施保护制度的建议

关键基础设施保护就是要保护关键基础设施所依赖的网络信息系统及其所存储和传输的数据不受非法行为的威胁和侵害。我国《网络安全法》确立了关键信息基础设施保护制度的基本框架，本文针对这一基本制度实施的重点难点以及正在制定的《关键信息基础设施安全保护条例（征求意见稿）》，提出以下几方面的理解思考和完善建议。

（一）进一步理清关键信息基础设施保护的领导体制

《网络安全法》第 32 条原则上规定了关键信息基础设施分行业、分领域主管部门负责制，《条例》征求意见稿第 4 条规定"国家行业主

---

① Sec. 9，E. O. 13636.

② National Institute of Standards and Technology. Framework for Improving Critical Infrastructure Cybersecurity (Version 1. 0)，February 12，2014，2016-7-29. http://www. nist. gov/cyberframework/upload/cybersecurity-framework-021214. pdf.

管或监管部门按照国务院规定的职责分工,负责指导和监督本行业、本领域的关键信息基础设施安全保护工作"。但"国家行业主管或监管部门"的表述还是比较原则,《条例》征求意见稿本身就是国务院的行政法规,建议在《条例》中直接把"按国务院规定的职责分工"规定下来,进一步明确领导不同行业关键信息基础设施保护的主管部门,明确国家网信部门、工信部门、公安机关等各自职责范围和执法权限。

鉴于关键信息基础设施是该行业和领域中事关国家安全的重要信息系统,确定主管部门不一定囿于国家对行业主管部门的分工安排,如美国就规定国土安全部负责保护电信、信息技术、国防工业基地等多个领域的关键信息基础设施,建议考虑由国家网信部门主管多个领域的关键信息基础设施安全保护工作,比如可以规定其负责保护核设施、水坝、关键制造等领域的关键信息基础设施。

在明确关键信息基础设施分行业分领域主管部门的基础上,建议修改《条例》征求意见稿第19条,对于关键信息基础设施认定指南,规定由各主管部门分行业、分领域分别制定。原因有以下几点:①不同行业不同领域有不同的特点,各主管部门在多年监管中也积累了不同的宝贵经验,如我国能源等行业的监管就是例证;②分行业、分领域认定更有利于实现认定指南和监管清单的动态调整,更便于主管部门听取、吸收行业企业的意见建议;③从美国、欧盟的监管经验来看,也基本是由各行业、各领域主管部门分别提出认定意见。对于不同领域关键信息基础设施认定指南,建议规定由国家网信部门会同国务院电信主管部门、公安部门等负责审核并提出修改建议。

此外,《网络安全法》并没有对政府部门和私营部门的网络信息系统进行区分保护,政府网络信息系统需要遵循与私营部门一样的网络安全义务。但政府部门的系统比一般私营部门更加重要,这些系统被攻击所造成的危害更大。美国、欧盟都规定了比私营部门更严格的监管标准,美国还在政府系统专门部署"爱因斯坦"入侵检测系统和入侵防御系统以应对威胁。建议《条例》征求意见稿应针对政府部门和私营部门的关键信息基础设施设立不同的监管框架,对于政府部门要规定采用统一的技术规范,严格遵守统一的监管标准。

（二）进一步明确关键信息基础设施范围的认定制度

《网络安全法》第 31 条采用了"列举＋概括"的形式，将"关键信息基础设施"界定为"公共通信和信息服务、能源、交通、水利、金融、公共服务、电子政务等重要行业和领域"，以及其他可能严重危害"国家安全、国计民生、公共利益"的信息基础设施，明确了所谓的"关键"是指事关国家安全、国计民生和公共利益。该定义虽然存在较大的解释空间，但从制度目的和实践需求看，关键信息基础设施保护应限定在较窄的范围内，如此便可处理好与覆盖一般网络信息系统的网络安全等级保护的关系，也可避免对产业界施加不当的监管负担。《条例》征求意见稿第 18 条重申了"危害国家安全、国计民生、公共利益"的表述，并细化列举了可能纳入关键信息基础设施保护的"单位"。

但是该条列举"单位"的各项表述，在逻辑层次上并不一致。第（一）、（三）项列举的"能源、金融、交通、水利、卫生医疗、教育、公用事业、国防科工、大型装备、化工"等侧重的是"行业领域"，第（二）项列举的"电信网、广播电视网、互联网"等侧重的是"网络设施"，第（四）项列举的"广播电台、电视台、通讯社"侧重的是"新闻单位"，第（五）项兜底规定了"其他重点单位"。《条例》征求意见稿在《网络安全法》基础上进一步细化保护范围的尝试值得肯定，但关键信息基础设施保护的具体范围，实际上是要确定纳入保护范围的具体的"网络信息系统"，《条例》征求意见稿规定到"单位"这个层面并没有解决根本问题。

考虑到《条例》征求意见稿不可能列举出纳入保护范围的具体"网络信息系统"，建议《条例》征求意见稿将细化保护范围的思路转向规定关键信息基础设施认定制度。从美国、欧盟的经验来看，国外认定关键信息基础设施有两种基本方式，一是从网络架构设施入手，二是从关键网络服务入手。从"网络架构设施"入手，是将国家网络设施看成整体，侧重认定保护其中的骨干网络和关键运行节点，上述第 18 条第（二）项的列举有这种方式的影子，但这种方式往往忽视金融、能源、交通等很多行业领域的重要网络服务，因此各国大都并未以此作为主要认定方式。域外认定关键信息基础设施主要采用"从关键网络服务入手"的方式,这种方式的认定方法有三步:一是确定关键行业领域;二是确定关键行业领域中的关键网络服务;三是确定支撑这些关键网络服务的网络信息系统和设施。

基于域外经验,再加上前述关键信息基础设施的认定由各主管部门主导为妥,建议《条例》征求意见稿第 18 条修改到关键信息基础设施所涉及的"关键行业领域"这个层次,将该条的各项列举修改为"不同的关键行业领域所对应的不同主管部门",如规定"国防领域的关键信息基础设施具体范围由国防部负责认定"。同时,进一步完善《条例》征求意见稿第 19 条的规定,一是规定各领域关键信息基础设施认定指南由各主管部门分别制定;二是完善关键信息基础设施的认定程序,考虑到纳入保护范围的经营者应遵守强制性监管标准,应当规定相关运营者不认可主管部门行政认定时的复议等救济程序;三是规定认定的关键信息基础设施纳入秘密清单予以保护,从域外经验来看,关键信息基础设施虽然涉及的重要行业领域是公开的,但考虑到切实确保国家安全,其具体范围是秘密不公开的,建议我国也建立关键信息基础设施秘密清单制度。

(三)进一步细化关键信息基础设施的特别保护制度

鉴于关键信息基础设施的重要性,《网络安全法》对其供应链安全和数据留存传输作出了特殊规定,但这些规定比较原则,《条例》征求意见稿基本上沿袭了《网络安全法》的相关规定,制度细化落实看似要通过《条例》征求意见稿的配套行政规章予以解决,但《条例》征求意见稿作为《网络安全法》的配套行政法规,本来就是要解决上位法的具体实施问题,建议抓住此次立法时机通盘予以考虑,在《条例》征求意见稿中一揽子"批发"规定关键信息基础设施特别保护制度的细化落实,避免在《条例》征求意见稿之下再出现大量行政规章"零售"现象。

《网络安全法》第 35 条规定了关键信息基础设施采购网络产品和服务的国家安全审查制度,《条例》征求意见稿第 31 条规定了这一审查要按照"网络产品和服务安全审查办法"的要求。根据 2017 年 6 月 1 日起施行的《网络产品和服务安全审查办法(试行)》第 10 条规定,

"产品和服务是否影响国家安全由关键信息基础设施保护工作部门确定",实际上并未明确审查的机制和程序。建议《条例》征求意见稿细化落实这一审查制度,进一步明确关键信息基础设施运营者采购网络产品和服务时安全审查的具体范围、程序标准以及不同行业领域的审查机制。此外,还要规定运营者纳入关键信息基础设施保护范围之前所采用的网络产品和服务如不符合安全审查要求时的处理机制。

《网络安全法》第 37 条规定了关键信息基础设施个人信息和重要数据境内留存和出境评估制度,《条例》征求意见稿第 29 条规定出境评估要按照"个人信息和重要数据出境安全评估办法"的规定。但从目前公布的《个人信息和重要数据出境安全评估办法(征求意见稿)》来看,该办法适用于所有的"网络运营者",规定需要出境安全评估的"数据"范围过于宽泛,部分条文强调个人信息出境时需经"主体同意",在一定程度上与域外一般探讨的"个人数据跨境流通规制"相混淆。这种宽泛的数据出境安全评估要求不符合我国《国家安全法》《网络安全法》的立法本意,会给国内外网络企业造成不必要的负担,也会引起国外政府和产业界不必要的误解。建议《条例》征求意见稿明确境内存储和出境安全评估义务仅适用于"关键信息基础设施运营者",并进一步明确个人信息和重要数据的界定以及这些数据出境安全评估的程序。

《网络安全法》第 38 条规定了关键信息基础设施定期进行安全检测评估制度,《条例》征求意见稿第 28 条重申了这一制度,要求关键信息基础设施运营者可以自行或者委托网络安全服务机构对其设施每年至少进行一次安全检测评估。鉴于关键信息基础设施事关国家安全,建议《条例》征求意见稿规定关键信息基础设施检测评估服务机构许可准入制度,规范这些服务机构的资质要求、测评流程、测评标准、测评结果的运用和报告等。

鉴于上述关键基础设施特别保护义务多通过国家监管标准来落实,建议明确规定国家组织制定的关键信息基础设施监管标准具有强制效力,纳入保护范围的运营者应严格遵守有关强制性标准,否则要承担相应的法律责任;明确关键信息基础设施监管标准的强制性,可以与网络等级保护标准的自愿性区分开来,以国家强制力确保关键信息基础设施的有效保护。此外,应承认关键信息基础设施保护法制是一个多层次规范相互配合的法制体系,《条例》征求意见稿应着重解决其中事关国家安全的重点问题,有些主要不涉及国家安全的问题应该通过其他法律规范来解决,比如对网络信息系统非法侵入的规制,应主要遵循《刑法》第 285 条、第 286 条等的规定。

(四)进一步构建政府和企业之间网络安全协作机制

保护关键信息基础设施的技术性较强,实现关键基础信息设施安全可控,离不开产业界的支持,政府不应该把企业只当作被监管者,而应该把企业当成协作者,共同维护网络安全。《网络安全法》和《条例》征求意见稿都缺乏构建政府与企业之间协作机制的规定;对于网络安全信息共享,前者第 39 条和后者第 38 条只是强调促进有关部门、运营者以及有关研究机构、网络安全服务机构等之间的"网络安全信息共享";前者第 25 条和后者第 39 条规定了运营者应按照规定报告网络安全事件;前者第 51 条和后者第 36 条规定了建立网络安全监测预警和信息通报制度。

但这些规定相对比较原则和简单,没有具体负责机构和实现机制,对企业的激励也不够充分。建议《条例》征求意见稿增加授权政府与企业建立协作机制的规定,并进一步完善网络安全信息共享制度和企业责任豁免制度。基于此,本文提出以下几点建议。

一是授权国家网信部门、相关行业主管部门与关键信息基础设施运营者建立协作机制。在确定各行业领域政府主管部门的基础上,鼓励引导各个行业领域成立自身的行业协作委员会,授权政府主管部门和相应的行业协作委员会建立公私合作协作机制。私营部门通过这一机制反映自身面临的网络安全威胁,并协助主管部门制定行业关键基础设施保护和安全信息共享计划;国家网信部门等国家机关通过这一机制广泛征求产业界的意见,在制定关键基础设施保护政策和标准等过程中充分反映行业的最佳实践。

二是完善网络安全信息共享制度,包括政府和企业的网络安全信息共享机制和行业内网络安全信息共享机制。目前,我国虽然已建立国家网络与信息安全信息通报中心、国家计算机网络应急技术处理协调中心等网络安全事件监测、通报和处置机构,但力量比较分散,缺乏协调整合,与企业和行业组织的联系还不够充分。建议授权网信部门建立专门的国家级网络安全信息共享中心,负责发展相应的信息交换技术和共享标准,定期公布行业的最佳实践,为中小企业网络安全信息共享提供建议指南。还应授权政府各主管部门根据网络安全信息的分级,在国家级信息共享中心的支持下,积极发展多层次、多渠道的信息共享机制,推动建立私营行业之间的网络安全信息交换组织。此外,建议规定与政府共享信息和政府使用共享信息时,不能侵害个人隐私、商业秘密、知识产权等合法权益,规定这些信息不适用信息公开的披露义务,以维护私主体的合法权益。

三是规定企业责任豁免制度以激励其与政府协作。也就是说,规定企业在遵循法定强制标准和按照法定要求共享网络安全信息的情况下,减轻或免除因此而产生的法律责任,以此激励企业主动与政府部门进行网络安全协作和共享网络安全信息。例如,对于遵守监管标准的关键基础设施运营者,可以考虑规定其信息系统被恶意攻击而导致大规模数据泄露时,可只向消费者承担补偿性赔偿责任,而非承担惩罚性赔偿责任。为了提升企业发现网络安全漏洞的能力和打消其因分享信息而承担责任的顾虑,建议规定企业有权监视其负责运营的网络信息系统以及系统内存储、处理和传输的数据,并规定不承担因此而产生的法律责任。除此之外,激励企业与政府实现网络安全协作的制度设计,还可以考虑规定政府购买相关信息或服务、给予有关企业一定税收减免等措施。

（原文载《环球法律评论》,2016(5):116-133。文章内容有修改。）

24　论代码的可规制性：计算法律学基础与新发展 *

赵精武 ** 　丁海俊 ***

一、问题的提出

2016 年 6 月 17 日，一个被称为"太阳风暴"的漏洞激起了轩然大波，黑客发布一封公开信，声称其能够在不对系统自身造成任何破坏的前提下，通过 The DAO（Decentralized Autonomous Organization）自身系统功能获得以太币，因为"The DAO 代码本身就包含这种未被发现的功能"①，按照代码世界的通行规则，其行为并非盗窃，其所利用的漏洞没有任何超出 The DAO 代码设定，黑客认为自身的行为是"合法并正当的"。在公开信的后半部分，黑客强调，任何软分叉或硬

---

　* 本论文系中国法学会 2016 年度部级法学研究一般课题"安全防范信息的采集与利用相关法律问题研究"，项目号：CLS（2016）C13；国家社会科学基金重大项目"信息法基础"（16ZDA075）；中国法学会 2016 年度部级法学研究一般课题"大数据时代公共机构的数据开放及其法律问题研究"，项目号：CLS（2016）C37 阶段性研究成果。本文刊于北京大学《网络法律评论》第 19 卷。
　** 北京航空航天大学法学院 2015 级博士。
　*** 丁海俊，北京航空航天大学法学院副教授、法学博士。
　① TheDAO 被攻击事件考察报告、以太坊爱好者，2017-7-14. http://ethfans.org/posts/127.

分叉①都是在侵犯他人"合法且正当获得的以太币";黑客甚至带有威胁性地指出,任何分叉行为将有害以太坊生态②。

这一事件引发了激烈讨论,总结来看主要包含两个问题:去中心化的思想是否合理,究竟选择使用公有区块链还是私有区块链;智能合约是否是真的合同。笔者认为,上述两个问题可以归结成为一个问题,网络世界的法律"代码"是否应该受到现实世界法律的指引?③

二、代码是否需要管控

早期网络理论家持有一种代码自由主义的观念,认为代码空间具有一种抗拒管制的能力,不可以也不应被管制,政府对于代码世界施加管理的必要和能力都极为有限。④ 随着勒索软件等新兴网络安全事件频出、"网络主权"观念的不断深化,人们意识到完全放任自由的代码空间是不可能存在的,各学科专家都开始围绕网络是否应该被管控展开深入的研究。

---

① 软硬分叉的本质在于是否接受现实世界法律"诚实信用""公序良俗"等原则的规范。软分叉是指人们无须考虑黑客行为的合法性与否,需要接受黑客的行为,但接下来要避免类似情况的再次发生;更改既有的程序,使得协议发生变化,但旧节点却不能发现这个协议的变化,从而继续接受新节点用新协议所挖出的区块。旧节点矿工将可能在他们不能完全理解和验证的新区块上继续添加区块,易言之,强制回溯到问题交易发生前的状态。硬分叉是指必须接受现实世界的法律指引,黑客所导致的交易必须被取消。协议发生了一些变化,以至于旧节点不接受新节点所创建的区块。随着这些区块被旧节点抛弃,矿工们将在他们(各自)的协议中认为是正确的最近一个区块上添加区块。The Differences Between Hard and Soft Forks. 2017-6-26. https://www. weusecoins. com/hard-fork-soft-fork-differences/.

② Understanding the DAO Hack. 2017-6-25. http://www. coindesk. com/understanding-dao-hack-journalists/.

③ 说明:文中的网络世界指的就是代码世界,两者的含义相同。

④ 龙卫球. 我国网络安全管制的基础、架构与限定问题——兼论我国《网络安全法》的正当化基础和适用界限. 暨南学报:哲学社会科学版,2017(5);[美]劳伦斯·莱斯格. 网络自由与法律. 刘静怡,译. 台湾:台湾商周出版,2002:42-44. 例如 Paulina Borsook. How Anarchy Works. Wired, Oct 1, 1995; Davis Johnson, Davis Post. Law and Borders: The Rise of Law in Cyberspace. Stanford Law Review 48, 1996: 1367, 1375; Tom Steinert-Threlkeld. Of Governance and Technology. Inter@ctive WeekOnline, October 2, 1998.

计算机专家侧重标准与应用技术的开发，如 XML 和 Java[①]；电信专家侧重从关键基础设施强化角度加强网络治理[②]；通信专家侧重通信安全的保护[③]；法学家多从维护网络空间不同主体正当利益的角度[④]对于代码世界的治理加以认识[⑤]。

随着研究的深入，人们逐渐发现，一个学科的视角很难透析代码世界的全貌。库恩指出，研究范式的转换意味着思维方式的转换。[⑥]随着代码经济的发展[⑦]，法律自身的滞后性使其不能快速地回应类似新兴技术问题，技术的发展更不可能脱离法律的规制，技术与法律的融合成为必然趋势，计算法律学（Computational Law）在此背景下应运而生，当前域外已经针对计算法律学的结构、拓扑模型、理论框架进行较为深入的研究，包括加州大学伯克利分校[⑧]、斯坦福大学[⑨]、麻省理工[⑩]等多所国外高校都将其作为重要的理论研究对象。

未来社会一定是在计算法律学框架指引下安全、低成本、强隐私保护"数字化社会"，计算法律学的价值理念体现为对代码世界与法律世界两者共同关照，计算法律学所蕴含的价值观念，是一种通过法律

---

① Software Engineering. 2017-6-13. https://softwareengineering. stackexchange. com/questions/188128/java-xml-intraction-in-android.

② Telecommunications—Cyber Security. 2017-6-21. http://www. mcit. gov. eg/Project_Updates/442/TeleCommunications/JS/.

③ 魏亮. 网络空间安全. 北京：电子工业出版社，2016.

④ 周辉. 变革与选择：私权力视角下的网络治理. 北京：北京大学出版社，2016：20.

⑤ 龙卫球，赵精武. 我国网络安全规制的治理思维与架构//中国互联网协会. 互联网法律. 北京：电子工业出版社，2016：25-29.

⑥ 托马斯·库恩. 科学革命的结构. 金吾伦，等译. 北京：北京大学出版社，2012：94.

⑦ Julio Gil-Pulgar. The Programmable Economy，The Internet of Things，and Bitcoin Are Transforming the Future. 2017-6-22. https://news. bitcoin. com/programmable-economy-internet-things-bitcoin-transforming-future/.

⑧ Frame net. 2017-7-31. https://www. libqual. org/abour/information/index/cfm.

⑨ 斯坦福大学计算法律学项目. 2017-7-2. https://law. stanford. edu/projects/computational-law/.

⑩ Computational Legal Studies. 2017-7-2. https://computationallegalstudies. com/.

治理达成规制技术的治理观念①,计算法律学所秉承的技术治理并非技术主义至上,而是体现为一种法律治理先于技术的治理理念。

技术治理固然可实现对代码世界的管控,但技术治理绝非技术主义至上的乌托邦,技术治理应当与法律治理相互配合,技术治理绝不能突破法律治理的框架。为避免陷入无政府主义的泥淖,必须设计主体机制并赋予其治理之权,包括组织形式、权力依据、权力范围等制度规定,建立包含主体体系、一般管理体系、制度体系的法律机制。

法律治理应当优先于技术治理,体现为以技术治理的全部范围为指向的、一种通过特定法律体系运用权威去维护技术治理的需要。

具体来说,技术治理与法律治理相融合必须具备规制对象的领域性而非个别性、规制方法的体系性而非简单手段性、目的的事业性而非个别利益性、规制运行机制的互动性而非简单命令性等。其规范对象包含人们网络活动的全过程,本身涉及行为人之间复杂的利益关系。因此,技术治理与法律治理的融合具有活动属性并在某种具体当事人之间的利害关系中展开,应该呈现一种行为规制的特点。但是,这种融合最终附属于技术领域事业活动的开展,属于整体领域的具体化部分,且当事人具体利益关系的背后受制于制度整体配置的复杂性。在这种情况下,简单的行为规制是不够的,即不应以某种具体行为、具体利益关系为对象的单纯的行政规制、侵权法规制、刑法规制等手段实现对技术的规制,必须同时从网络事业概念出发,引入技术治理和法律治理共同作用的观念,进行一种立体意义的规制。

---

① 有关治理理念,最早在行业管理领域出现,随着工业革命以来社会事业分工日趋发达,这种行业管理的治理观得到极大的蔓延,包括各种产业、事业领域,前者如矿业,后者如金融、医疗、环境保护等。现代"治理观念"滥觞于1989年世界银行对非洲经济危机(Crisis in Governance)的形容,从此治理被广泛用于政治、社会、经济学的研究中。政治学者俞可平认为,治理一词的基本含义是指官方民间的公共管理组织在一个既定的范围内运用公共权威维持秩序,满足公众的需要。治理的目的是在各种不同的制度关系中运用权力去引导、控制和规范公民的各种活动,以最大限度地增进公共利益。治理与管理最大的不同在于其自身的高度包容性,其具有吸收非正式制度作为公共秩序规则补充的能力,且参与主体多元、以自身的过程性实现对静态命令与服从关系的超越。此外,治理本身还有善治与非善治的区别。

三、代码如何进行管控

　　人类用个人只能仰望的财富力量，用钢筋铁骨铸造了这恢宏的聚合。今天，一个时代理所当然地动摇了。[①] 随着域内外技术革命进程不断加速[②]，人类终将进入数字化、智能融合的数字社会时代，人类的行为和活动越来越依赖于网络虚拟世界。新技术正在成为虚拟世界和现实世界的黏合剂，如图24-1所示。

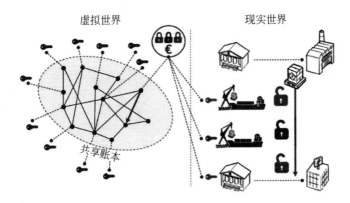

图 24-1　新技术正在成为虚拟世界和现实世界的黏合剂[③]

　　劳伦斯·莱斯格（Lawrence Lessig）教授的《代码 2.0》一书中将代码与法律关系互动关系分为东西海岸之争，用以说明究竟是代码世界影响法律，还是法律影响代码世界。其认为代码世界应当进行规制，市场、架构、社会规范（Norms）、法律四者共同构成规制网络空间

---

　　① 中央电视台大型纪录片"互联网时代"主创团队. 互联网时代. 北京：北京联合出版公司，2015：4.

　　② Digital Business Success Depends on Civilization Infrastructure，2018-7-18. https://www. gartner. com/doc/3657717/digital-business-success-depends-civilization.

　　③ Euro Banking Association. Cryptotechnologies as Major IT Innovation and Technical Change Agent. 2018-8-10. http://www. abe-eba. eu/media/azure/production/1344/cryptotechnologies-a-major-it-innovation-and-catalyst-for-change. pdf.

的核心。① 代码世界（网络世界）正在显著改变我们的时空，也正在改变国家、社会和个人，改变着生存、活动、利益、安全的概念和方式，技术革命正在不断冲击和影响人类现有的思维习惯和法律规制的方案。

（一）计量法学、旧计算法律学与新计算法律学

19 世纪 90 年代，中国一大批学者将视野集中于计量法学（Jurimetrics）②，计量法学是指通过理论假设、数据收集与整理、参数评估、建模型验证，以关系论证和证伪思想来研究法律现象，具体包括立法的科学性研究、法律实施效果评价、法律对经济社会发展影响评价三个领域。③

与计量法学不同，计算法律学（Computational Law or Legal Computing）是以研究法律推理（Automated Reasoning）和理解法律文本（Legal Formal Representations）为中心展开的。其核心在于将法律通过计算机语言进行形式化的表达，旨在通过代码的方式表达法律条文。计算法律学包含法律的可视化（Legal Visualization）、实证分析（Empirical Analysis）、法律条文的计算化（Algorithmic Law）④三大内容。法律的可视化（Legal Visualization）旨在通过引文图了解不同法律规范之间的内在联系及法律的内在逻辑结构。实证分析（Empirical Analysis）主要指的是通过构造引文网络图（类似于谷歌的知识图谱）分析不同判决之间、法条与判决之间关系，用来分析判例之间影响。⑤法律条文的计算化（Algorithmic Law）主要是对法律条文进行数学建

---

① L. Lessig. Code：And Other Laws of Cyberspace, Version 2.0. New York, Basic Books, 2006：123.

② 更为详细的论述，可参见何勤华. 计量法律学. 法学，1985(10)：38；屈茂辉，匡凯. 计量法学的学科发展史研究——兼论我国法学定量研究的着力点. 求是学刊，2014(5)：41；屈茂辉，张杰. 计量法学本体问题研究. 法学杂志，2010(1)：56-59；屈茂辉. 计量法学基本问题四论. 太平洋学报，2012(1)：26-33.

③ 屈茂辉. 计量法学基本问题四论. 太平洋学报，2012(1)：26-33.

④ Computational Law, 2017-3-25. http://worldlibrary.org/article/WHEBN0038358886/.

⑤ James H. Fowler, et al.. Network Analysis and the Law：Measuring the Legal Importance of Precedents at the U.S. Supreme Court. Political Analysis 15，2007：324-346.

模，让计算机通过逻辑推理进行逻辑分析。①

上述三者并非完全割裂，而是一种互动循环关系，通过对判决和条文的实证分析，对条文的理解精确化，而后将其进行可视化分析，可视化后发现新的问题可以修正实证分析的错谬之处。

随着人工智能、区块链、大数据等新兴技术的广泛应用，计算法律学概自身也正在不断迭代升级，发展为依托区块链、人工智能、认知计算（Cognitive Computing）并结合新的应用框架的新计算法律学。

（二）新计算法律学：应用框架

当前，新的计算法律学应用框架不断涌现，如麻省提出的 ID3 OMS（Open Mustard Seed）安全计算框架体现了"通过设计保护隐私"（Privacy by Design）的设计观念，充分结合了加密算法、法律的形式化表达、新计算机架构及法律代码化。ID3 致力于开发一个可信的、自给自足的数字社会生态系统，在法律框架的指引下，通过技术构造"尊重信任"框架（Respect Trust Framework），确立了控制身份证和个人数据的五个原则，即 5 个准则（p）：① 承诺（Promise）；② 许可（Permission）；③ 保护（Protection）；④ 可携（Portability）；⑤ 证明（Proof）。其赋予个人的数据资料决定权，由个人来管理自己的数字身份凭证和个人资料，充分保障数字社会中个人的隐私。② 其主要技术包括以下三个部分。

（1）存储技术：进一步强化数据脱敏处理，将原始数据与使用数据相分离，因为原始数据中包含大量隐私信息（如一张照片的数据中可能包含该照片拍摄的时间和地点），如图 24-2 所示。ID3 系统的使用过程中，第三方只能获取软件和系统的计算结果，以防范用户信息

---

① Michael Genesereth. Computational Law：The Cop in the Backseat. 2017-3-25. http://logic. stanford. edu/complaw/complaw. html. 周学峰. 解析计算法律学. 中国计算机学会通讯,2017(5)：29."汉谟拉比项目"致力于使用计算机对法律进行建模，从而将法律转化为可执行的计算机代码. The Hammurabi Project. 2017-7-5. https://github. com/mpoulshock/HammurabiProject.

② Open Mustard Seed（OMS）Framework. 2017-7-5. https://idcubed. org/open-platform/platform/.

泄漏问题。

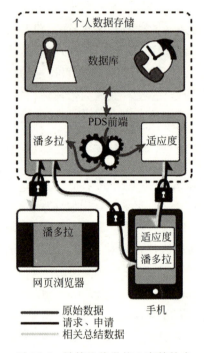

个人数据存储

数据库

PDS前端

潘多拉　　适应度

潘多拉

网页浏览器

适应度
潘多拉

手机

—— 原始数据
—— 请求、申请
∼∼∼∼ 相关总结数据

图 24-2　计算法律学核心存储技术

（2）开放式芥子结构（Open Mustard Seed，OMS）：提供一种新的自主部署和自主管理的网络基础设施层，强化个人对自己的身份和数据进行控制。该架构集成可信的执行环境、区块链、机器学习和安全的移动终端和云计算等技术，可以实现公开认证和技术保护的统一。

（3）可信任的计算单元（Trusted Computing Cell，TCC）：该计算单元由注册管理系统、身份识别系统、个人数据信息管理系统、计算管理系统和应用管理系统组成，综合管理整个系统的运行，整个系统对外表现为一个整体的服务，可以使 ID3 整个系统变得可信，方便用户使用，如图 24-3 所示。

（三）新计算法律学：作为保障的区块链技术

如前所述，新计算法律学的发展以区块链、人工智能、认知计算

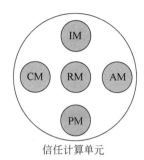

(1) RM=注册表管理
(2) IM=身份管理
(3) PM=个人数字系统管理(personal digital system)
(4) CM=计算管理
(5) AM=应用管理

信任计算单元

图 24-3　可信任的计算单元技术分析图

(Cognitive Computing)为依托。其中，区块链技术是计算法律学信任保障的核心技术。

人们对区块链的认知滥觞于中本聪的《比特币白皮书：一种点对点的电子现金系统》[①]，电子货币率先引起了人们对区块链技术的注意。然而，大部分人对区块链的认知仍停留在其作为比特币的底层技术，具有去中心化、无政府主义的特点。

自比特币之后，各国加快了对区块链技术的研究[②]，《中国区块链技术和应用发展白皮书 2016》对区块链技术进行了较为详细的说明：狭义来说，区块链是一种按照时间顺序将数据库区块以顺序相连的方式组合成的一种链数据库结构，并以密码学方式保证的不可篡改和不可伪造的分布式账本；广义来说，区块链技术是利用块链式数据机构来验证与存储数据，利用分布式节点共识算法来生成和更新数据，利用密码学的方式保证数据传输和访问的安全，利用由数自动化脚本代码组成的智能合约来变成和操作数据的一种全新的分布式基础架构和计算范式。[③]

---

① Nakamoto S. Bitcoin：A peer-to-peer Electronic Cash System. 2018-8-1. https://bitcoin.org/bitcoin.pdf.

② 世界各国区块链普及情况综述. 2017-6-27. http://news.p2peye.com/article-485188-1.html.

③ 工信部发布《中国区块链技术和应用发展白皮书（2016）》. 未央网，2017-6-27. http://www.weiyangx.com/213889.html.

从时间维度来看,迄今为止,区块链发展经历了三个阶段,如表 24-1 所示。

表 24-1　区块链的发展阶段

区块链的三个阶段	代　表
区块链 1.0:数字货币	比特币
区块链 2.0:数字资产	智能合约
区块链 3.0:监管科技	电子政务、金融科技

区块链的技术原理如图 24-4 和图 24-5 所示。

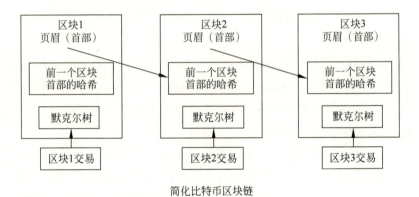

简化比特币区块链

图 24-4　区块链的技术原理图 1

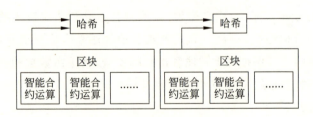

图 24-5　区块链的技术原理图 2

区块链具有不可篡改性、分布式架构、去中心化、数据采用密码学加密、记录可追踪等特点。其本质上是一个多中心化的数据库,是一串使用密码学方法相关联产生的数据块,每个数据块都可用于验证数据的有效性和生成下一个区块。这些块在逻辑上串联成链条,这样,每一次生成新的区块都是对前次区块真实性和完整性的"加强"，随着区块链长度的增加，其中区块的可信性也在增加。同时，这种链式结构也可以保证数据的时序性，一个区块的产生时间一定早于其后继区块，从而保证数据的时序性。

区块链技术采用分布式平等部署系统、分布式共享相同数据，全网参与的节点协作完成智能合约代码的验证和存储。节点之间采用拜占庭一致性协议，从而保证在不超过 1/3 节点出错的情况下系统能够正确运行。假设每个节点出错的概率为 P，那么一个由 n 个节点组成的区块链系统出错的概率为：$\sum_{i=\lfloor \frac{n}{3} \rfloor+1}^{n} C_n^i P^i (1-P)^{n-i}$。系统出错的概率随着 n 的增大而减小。

当前，计算法律学存在管理、可控、安全、可信透明等问题。与旧的计算法律学不同，综合区块链技术的新计算法律学，可以解决计算法律学的信任问题，如表 24-2 所示。其所进行的记录具有即时性、过程性、不可更改的特点，这也可以满足证据法客观性的要求。链上代码所特有的不可伪造、不可篡改、不可撤销，在应用层面具有公开透明、可跟踪的特征[1]，充分保证在纠纷时有据可循。

表 24-2　旧计算法律学和新计算法律学的对比[2]

	研究目标	研究方法	具体技术	具体应用
旧计算法律学	分析和了解法律	静态的	实证分析 法律计算法 形象化、可视化	美国司法引文网络分析[3]
新计算法律学	使法律代码化，进而可以执行	动态的	区块链 认知计算 新安全计算框架	ROSS 人工智能

---

① Nakamoto S. Bitcoin：A peer-to-peer Electronic Cash System. 2018-8-1. https://bitcoin. org/bitcoin. pdf.

② 周学峰. 解析计算法律学. 中国计算机学会通讯，2017(5)：29.

③ 周学峰. 解析计算法律学. 中国计算机学会通讯，2017(5)：30. James H. Fowler 使用引用网络来分析案例，以案例为图的节点，以边的权重来表示案例的关联程度，使用图论中遍历的算法来对美国最高法院的案件进行分析。

当前新技术的不断突破,计算法律学从静态的文本分析转向更为注重法律逻辑推理,比较典型的如 2015 年 6 月 22 日 IBM 宣布将运用 Watson 软件来分析法律合同[1],以 Watson 为基础开发的 Ross 机器人[2],通过自然语言处理技术,对用户需求进行分析后,自动抓取海量文本中的信息,构造知识图谱,进行分析、归纳、推理、总结并反馈。

四、计算法律学有待澄清两个基本问题

近年来,比特币自身自动执行、去中心化的特点,引发了人们对于法律与代码关系的再思考。加密货币的产生、流通、交易均依赖代码,完全无须依靠任何法律和执行机关。这是否标志着代码世界可以脱离现实法律的指引?

从 The DAO 事件中我们可以发现,代码世界需要现实世界法律的监管,完全脱离法律的监管的代码世界秩序终将沦为"互联网民粹主义"。代码世界和现实世界一样,需要"中心化"的裁判者定纷止争,应当选择更利于管控的私有区块链。智能合约的非法律、非智能化表明,任何脱离法律指引的技术都是不完美的,纯粹强化事后施加给代码控制者的责任路径抑或事前对代码设计者的准入路径都不具有合理性,需要强化对代码架构的控制,同时代码必须与法律紧密结合。

(一)计算法律学框架下的架构选择:公有区块链链抑或私有区块链

学界对于代码世界的监管采用公有还是私有区块链一直有很大的争议,但实务界率先进行反馈。2016 年,Swift 发布白皮书指出,当

---

① Computational Legal Studies. 2017-7-3. https://computationallegalstudies. com/2015/06/22/ibm-watson-for-contract-analytics-at-legal-onramp-via-ron-friedmann/.

② Meet Ross, the IBM Watson-Powered Lawyer. 2017-7-3. https://www. psfk. com/2015/01/ross-ibm-watson-powered-lawyer-legal-research. html.

前很少有机构可以接纳完全脱离法律监管的公有区块链。[①] 公有区块链与私有区块链的对比如表 24-3 所示。

表 24-3　公有区块链与私有区块链对比

	公有区块链	私有区块链
参与投票	任何节点都可以参与投票	被特殊允许的节点可以参与投票
参加投票者	数量庞大	数量小
投票机制	工作证明	拜占庭协议
速度	慢	快
网络	P2P 网络(Peer-to-Peer Network)	高速网络(High-speed Network)
节点存储	个人计算机	大型服务器
交易数据	公开	非公开
属性	不变的数据存储 加密 时间戳技术	不变的数据存储 加密 时间戳技术

依据计算法律学价值理念，区块链架构的选择应当考虑法律的可管制性。[②] 从法律规制的角度来说，采用私有区块链技术更具有合理性，因为私有链自身具有特殊的加入和配对机制和安全的算法，可以充分保证数据的安全性和确定性，并确保私有链所有者对该链的完全控制。同样，私有链的节点可以置于被信赖的第三方机构（如公安、法院或者非政府组织）中，这可以保证所获得的证据具有不可更改性。区块链技术的不可更改性充分保证在纠纷时有真实依据可循，符合证

---

① Adriana Krasniansky. 2017-7-6. The Impact and Potential of Blockchain on the Securities. 2017-7-6. https://www. swiftinstitute. org/wp-content/uploads/2016/05/The-Impact-and-Potential-of-Blockchain-on-the-Securities-Transaction-Lifecycle _ Mainelli-and-Milne-FINAL-1. pdf.

② 从法律规制的角度来看，"去中心化"的表述具有误导性，"Decentralization"思想常常被翻译成"去中心化"，笔者认为译为"非中心化"似乎更加合理。在 The DAO 事件的后续处理中，无论是软分叉还是硬分叉，都需要由少数人组成中心单位来管理，其行为本质均为中心化的行为。

据法客观、真实、合法的基本要求。

（二）计算法律学框架下的智能合约：智能合约何以法律化

20 世纪末期，尼克·萨博首次提出"智能合约"的概念①，试图将陌生人之间的合同经由网络协议变为自动执行的"代码合同"。随着区块链技术的不断发展，计算机专家对"智能合约"认知发生了变化，意图建立一种无法被人为篡改和操控的升级版的"代码合同"，应用于物联网、登记、慈善②等领域。

事实上，目前区块链语境下的"智能合约"与尼克·萨博的观点有天壤之别，尼克·萨博重视智能合约的法律属性，而计算机专家强调智能合约的可执行性。计算机专家所强调的法律的可执行性，只是类似于 20 世纪 80 年代末期的知识系统应用，并非任何新技术。③ 要知道，通过编写几条 Java 或 Solidity 的执行代码就认定为合同，并不考虑合同双方当事人的意思表示真实合法、权利义务对等基本的合同法要素，也没有考虑所执行代码是否符合现行法的规定，是否会因为违反禁止性规定（如合同法 52 条）而归于无效。正因为如此，IBM 公司对计算机专家的"智能合约"概念评价道："当前智能合约只是一段可执行的'链上代码'（Chain Code），既不智能，也并非严格法律意义上

---

① Nick Szabo. The Idea of Smart Contracts. 2017-7-5. http://szabo.best.vwh.net/smart_contracts_idea.html.

② 赵精武. 慈善事业的公信力契机//卢卫. 互联网法律. 北京：电子工业出版社，2016：589.

③ 20 世纪 80 年代的基于知识系统（Knowledge-based Systems），最为核心的是基于规则触发设计的系统（Rule-based Systems）指的是当满足某个条件时，相应的规则就会被触发。如果有多个规则同时被触发，会有相应机制协调这些规则的并发运算。类似的还有三种，一种是黑板结构系统（Blackboard Architecture），该系统有多个代理负责监控，当某个条件满足时，相应的代理激活自身规则并执行。与基于规则触发设计系统不同之处在于代理可以被分组，同一组代理会基于相同的平台分享相同的数据。还有一种是数据库触发器（Database Trigger），当数据库中的某个数据的改变满足数据库触发条件时，相应的程序就会自动被激活执行。此外还有面向服务的系统（Service-oriented Systems），当服务调用者满足条件时，系统就会提供相应的服务给服务调用者。

的合同。"①

　　The DAO 事件直接回应了作为"代码合同"的"智能合约"是否可信的尖锐问题,法律问题终究不能被技术解决,与法律规范不相匹配的智能合约并非严格意义上的合同,智能合约取代现实世界的合同仍然任重而道远,但如何通过法律实现对智能合约的法律控制值得深思。

　　值得关注的是,当前"智能合约"非法问题已经引起重视,域外如Codius②、CommonAccord③ 与 Kantara Initiative④ 等公司都试图在智能合约中加入自动化法律文件,将代码与法律相配套,并把智能合约包装成定义明确的法律文本,使其具有相应的法律效力。

五、计算法律学实现方案：法律规则如何代码化

　　当前,计算法律学主要通过法律规则的代码化实现,通过构造"法律本体"(Ontology)⑤来实现法律规则的代码化,计算法律学的本体分析、语义分析有助于更好地识别不同法条之间的矛盾和冲突,帮助立法者发现不同法条之间的文意冲突,为立法提供一定的科学指引。

---

　　① Error deploying chaincode—"unrecognized import path". 2017-3-28. https://developer. ibm. com/answers/questions/338785/error-deploying-chaincode-unrecognized-import-path/.

　　② Codius. 2017-3-15. https://codius. org/. 交易的双方或者多方在系统平台上制定自己的交易合约,对合约内容达到一致后就可以签订合约,直到合约执行完成。智能合约及其执行过程都会被记录在区块链中,产生纠纷后双方就合同争议内容查看代码,以太坊就是把合约本身及其状态存储在区块链中,当合约的条款条件满足时,存储在区块链的合约代码也会被触发执行。由于以太坊智能合约的执行由区块链上的分布式虚拟机完成,相当于分布式系统,所以不仅不存在单点失效,而且还能直接拥有区块链不可更改与可验证的特点。因此,智能合约与区块链结合的研究有很大的发展空间。

　　③ Common Accord. 2017-7-2. https://commonaccord. wordpress. com/.

　　④ Kantara Initiative. 2017-7-2. https://kantarainitiative. org/.

　　⑤ 这里的"法律本体"研究指法律规则代码化、法律规则的形式化表达研究,并非法理学意义上为法律的存在提供合法性论证,法理学意义上的法律本体研究主要表现为三种理论形态,即神法论、自然法论和实践法论。具体参见丁以升. 关于法律本体的三种理论形态. 现代法学,2003(4):33.

当前法律本体表达语言主要通过 W3C 推出的网络本体描述语言 OWL 实现,例如 Peters[①] 等介绍了 LOIS 工程中的法律知识结构,探讨了如何将法律变为可执行的代码,当前世界范围内的法律通用本体包括 LLD、FO-Law、FBO、KBO、LRI-Core、LKIF-core 和 JurWordNet 等。[②] 计算法律学的本体以功能本体、框架本体、知识本体为核心。法律本体的研究现状如表 24-4 所示。

表 24-4　法律本体的研究现状[③]

本体或工程	应　用	类　型	功能	建构方式
专业法律知识本体	法官智能问答系统(Intelligence FAQ System)(信息检索)(Iuriservice)	构建的 RDF 知识基础高度结构化,可转化为 OWL	语义索引及检索	半自动
专业法律知识本体(OPJK)	I-FAQ(Iuriservice 第二版)	Protégé 构建的 OWL 知识基础高度结构化	语义索引及检索	手工
法国法典本体	法律信息检索	面向自然语言处理字典式知识基础高度结构化	语义索引及检索	自动
金融诈骗本体	金融诈骗案件的表达	UML 格式的知识基础高度结构化	语义索引及检索	手工
意大利犯罪本体	意大利法律规范中犯罪的表示框架	UML 格式的知识基础高度结构化	语义索引及检索	手工
CLIME 本体	海洋法法律咨询系统	Protégé 构建的 RDF 知识基础适度结构化	推理及其问题解决	手工

---

① Wim Peters et al.. The structuring of legal knowledge in LOIS. Artificial Intelligence and Law 15, 2007: 117-135.

② 赵忠君. 国外法律本体研究综述. 情报科学, 2012(1): 149-154.

③ 赵忠君. 国外法律本体研究综述. 149-154.

续表

本体或工程	应 用	类 型	功能	建构方式
法律因果推理	法律中的因果关系的表达	知识基础高度结构化	澄清领域内容	手工
法院多媒体流程本体 E-Sentencias	西班牙民事听证程序的表达	西班牙民事听证的 RDF 格式的程序知识	办公视频记录的内容分类与标注（图像和音频）	手工
葡萄牙律师事务本体	为法律文件添加语义信息	OWL 和逻辑程序（ISCO 和 EVOLP）	组织及构造信息	自动
非专业本体	表达非法律专业人士的关于责任的知识	OWL 和自然语言处理（NLP）非专业的自然语言表达的知识基础	澄清领域（侵权，非专业的法）内容，自然与法律概念的互操作	半自动
荷 兰 Wordne (Crime. NL)	荷兰刑法本体	OKBC	刑法的主要结构	自动
微观本体	表达欧盟指令	OWL 和 NLP（TERMINAE 方法）	澄清领域内容	半自动
UCC 本体	表达顶层概念（如所有权）	基于 NM 的 NML 上层本体	组织及构造信息	手工
IRC 本体	美国税收法典	OWL	基于税收案例进行推理	手工

　　法律功能本体（Functional Ontology of Law）指法律知识工程所使用的法律模型应以一个清晰的法律本体为基础。本体在此起到法律理论的作用，其中所提到的法律本体依据功能不同将法律知识分成许多相互联系的类及子类，主要类别包括规范知识（Normative Knowledge）、世界知识（World Knowledge）、义务知识（Responsibility Knowledge）、反应知识（Reactive Knowledge）、元法律知识（Meta-legal Knowledge）、创造性知识（Creative Knowledge）。法律框架本体主要包含三个框架结构，分别是规范框架（Norm Frame）、行为框架

(Act Frame)和概念描述框架(Concept-description Frame)。基于知识的法律本体由 6 个基本类别构成,即实体(Entities)、本体状态层(Ontological Status Layers)、认知角色(Epistemic Roles)、关系(Relations)、行为(Acts)、事实(Facts)。[①]

构造法律本体并非易事,对法律规则代码化的困难之处在于:首先,立法、司法活动很大程度上受制于政治决断、社会实践等法外因素,这直接导致法律规则中诸多名词有多重含义,很多词语在不同法律中的内涵与外延边界并不统一,甚至有时候同一法律体系内部的不同语词之间也会发生冲突。其次,法律需要面向未来,这使得立法者在立法过程中故意选择包容性很强的抽象词语,过于抽象的名词很难通过代码表述清楚其真实含义的边界。最后,由于法律的本体构造需要和具体案件情节相匹配,但国内很多判决并未向社会公开,这进一步增加了因为案情样本容量过小导致构造的本体不具有普遍性的潜在风险。

笔者认为,法律规则的代码化需要遵循一定的方法,首先,将法律进行形式化表达,创造一个有法律效力的智能语义本体库,智能语义本体库必须符合现行法律要求,不得违反现行法律所规定的禁止性规定。其次,将法律规则写入智能合约,通过对智能合约的形式化建模和验证,并对合约的多种属性进行观察,区块链上的智能合约需要满足五大特性,即一致性、可观察性、可验证性、自强制性与接入控制。再次,通过匹配案例对法律本体进行交叉验证,对语义表达错误进行修正。最后,由区块链技术对整个过程进行记录,保证过程数据真实、可信。其所使用的区块链也必须具备可扩展性,充分考虑数据安全及与其他区块链之间的兼容性。

六、余论

代码世界固然需要自治,但其存在目的在于服务人类,因此需要

[①] Wim Peters et al.. The structuring of legal knowledge in LOIS. Artificial Intelligence and Law 15, 2007: 117-135.

受制于人类行为规则的限制。不可否认的是，当前代码世界正在和现实世界融为一体①，人类现实世界的"法律"（Law）如何与代码世界的"法律"（Code）相统一值得每一位技术专家与法律专家思考。可以期待，我们一定会迎来数字化社会（Digital Society）②的新时代，未来的数字化时代一定是在计算法律学框架指引下安全、低成本、强隐私保护"数字化社会"。未来计算法律学不仅仅以区块链和智能合约为核心，其同样可能融入机器学习、云计算等新技术工具。

从技术维度来看，计算法律学将以区块链架构为依托，通过运用"法律本体论"，将法律变为可执行的代码，进而写入智能合约中使法律变得可执行，最后由区块链技术对整个行为过程验真；从应用场景来看，计算法律学可应用于金融、保险、慈善事业等多个领域；从产业维度来看，未来计算法律学可能融入机器学习，开发智能律师，作为法律人法律判断的准据，也许在不久的将来，当事人产生纠纷无须聘请律师，只需将法条与相关案情进行匹配后，向机器人询问相应的法律责任建议，法官也可以通过询问智能律师得出合理的判决参考。同时，通过代码世界与真实社会法律的交互过程，可以评估和预测对社会法律的影响。

研究基于中国特色的计算法律学，最终需要落实法律本体问题的研究，包括法律条文的语义处理、合同文本的代码化、法律推理分析等，此文仅起到抛砖引玉的作用，供学界同人参考。

---

① 指如 AI 等新技术的应用，使代码世界有和现实世界融合的趋势。

② Catherine Middleton. Building a Digital Society. 2017-3-15. http://telsoc. org/ ajtde/2014-03-v2-n1/a27.

25　商业自动化决策的算法解释权研究

张凌寒 *

一、问题的提出：商业自动化决策广泛应用带来的"算法暴政"

打开购物网站，页面会自动推荐用户感兴趣的商品；打开手机地图，导航功能会自动规划回家的最优路线……这些发生在日常生活的场景，都是算法根据我们在网络世界中留下的浏览历史、上网习惯、购物记录、位置数据等做出的评价和预测。这种算法根据大数据做出的打分、评价和推荐等称为自动化决策，它被广泛用于商业领域，以提高客户点击率和交易利润率。人工智能的本质就是算法的自动化决策，正如 Cloudera 联合创始人兼首席技术官 Amr Awadallah 所说："我不喜欢人工智能这个说法，更准确的说法是决策的自动化，我们如何来收集数据，利用数据进行分析，并尽可能多地让机器做出一部分的决定。"[②]

和人的决策相比，算法的自动化决策具有相对客观、公正、高效等特点，因此其应用逐渐遍布社会生活各个领域。例如，我国某大学使

---

　　* 东北师范大学副教授，北京航空航天大学博士后研究人员。本文系国家社会科学基金重大项目"信息法基础"（项目编号：16ZDA075）的阶段性成果。感谢龙卫球老师在写作过程中给予的悉心指导与帮助。

　　② Cloudera 联合创始人：AI 还在决策自动化阶段. 第一财经日报，2017-11-14//新浪网，2017-12-13. http://tech.sina.com.cn/it/2017-11-14/doc-ifynstfh7781147.shtml.

用算法根据消费记录识别学生经济状况,帮助确定贫困生补助发放[①];银行广泛利用算法来对客户进行信用评估以决定是否发放贷款;美国教育部门使用算法对确定教师聘用合同是否续期[②];美国某些法庭中,法官利用算法来对罪犯重复犯罪的风险进行评估[③]。算法的自动化决策甚至通过国家公共部门在社会保障、医疗保健、公职人员监督和司法系统等领域,直接影响着人的各项基本权利。

　　但是由于历史数据的偏差、设计者嵌入的偏见或者技术的不完善,算法经常做出错误的、歧视性的自动决策。例如,美国航空公司的一位资深驾驶员称,由于机场人脸识别的算法将他与一位爱尔兰共和军领导人混淆,他先后80次在机场遭到拘禁。[④] 美国一些法院使用犯罪风险评估算法 COMPAS 来证明对黑人造成了系统性歧视。[⑤]有学者指出,私营企业和政府公共部门采用算法和大数据做出的自动决策,使得数百万人无法获得保险、贷款、出租房屋等一系列服务,如同被监禁在"算法监狱"[⑥]。然而,自动化决策的算法不公开、不接受质

---

① 据报道,中科大采用算法,根据学生的消费频率、消费金额来识别贫困生并进行隐形资助。而未曾在学校食堂经常用餐却消费很低的学生也由算法判断不符合资助标准。参见:暖心!这所大学竟用这种方式,偷偷资助"不舍得吃饭"的学生……. 搜狐网,2017-8-20. http://www.sohu.com/a/157397381_252526.

② O'Neil C. Weapons of math destruction: How big data increases inequality and threatens democracy. New York, Broadway Books,2017.

③ Northpoint 公司开发的犯罪风险评估算法 COMPAS 对犯罪人的再犯风险进行评估,并给出一个再犯风险分数,法官可以据此决定犯罪人所遭受的刑罚。Kirchner et al.. Machine Bias: There's Software Used Across the Country to Predict Future Criminals. And It's Biased Against Blacks. 2017-11-1. https://www.propublica.org/article/machine-bias-risk-assessments-in-criminal-sentencing.

④ 应建立第三方机构以管控作出糟糕决定的人工智能. 搜狐网,2017-8-12. http://www.sohu.com/a/125322861_465915.

⑤ 非盈利组织 ProPublica 研究发现,Northpoint 公司开发的犯罪风险评估算法 COMPAS 系统性地歧视黑人,白人更多被错误地评估为具有低犯罪风险,而黑人被错误地评估为具有高犯罪风险的概率两倍于白人。Kirchner, et al.. Machine Bias: There's Software Used Across the Country to Predict Future Criminals. And It's Biased Against Blacks.

⑥ Davidow B. Welcome to Algorithmic Prison—the Use of Big Data to Profile Citizens Is Subtly, Silently Constraining Freedom. The Atlantic, February 20, 2014.

询、不提供解释、不进行救济,相对人无从知晓决策的原因,更遑论"改正"的机会,这种情况被学者称为"算法暴政"①。

各国均试图解决自动化决策不透明对公民权利的危害,其共识是提高自动化决策算法的透明度,以接受公众监督和质询。例如,美国联邦贸易委员会技术研究和调查办公室进行独立研究,向 FTC 消费者保护调查员和律师提供有关算法透明度的培训和技术专业知识。②我国则针对魏则西事件成立联合调查组,要求百度采用以信誉度为主要权重的排名算法并落实到位,严格限制商业推广信息的比例对其逐条加注醒目标识,并予以风险提示。③ 以上案例表明,提高算法透明度只能作为事先监管的手段,却无法救济已经受到自动化决策损害的人。

现实的迫切需求是,如果算法自动化决策做出不利于相对人的决定,他们是否有权利知晓这些决定是如何做出的? 如果这些决定是错误的或者歧视性的,如何对相对人进行事后有效的救济? 欧洲最先做出了重要举措,即将于 2018 年实施的《欧洲通用数据保护条例》(GDPR)第 22 条提出:"应该采取适当的保障措施,……保证数据主

---

① Lepri B, et al.. The Tyranny of Data? The Bright and Dark Sides of Data-Driven Decision-Making for Social Good, Transparent Data Mining for Big and Small Data. Berlin, Springer International Publishing, 2017: 3-24.

② John Frank Weaver. Artificial Intelligence Owes You an Explanation: When an A. I. does something, you should be able to ask, "Why?". 2017-12-20. http://www. slate. com/articles/technology/future_tense/2017/05/why_artificial_intelligences_should_have_to _explain_their_actions. html.

③ 魏则西事件是指 2016 年 4 月至 5 月初在互联网引发网民关注的一起医疗相关事件。2016 年 4 月 12 日,西安电子科技大学 21 岁学生魏则西因滑膜肉瘤病逝。他去世前在知乎网站撰写治疗经过时称,在百度上搜索出武警北京第二医院的生物免疫疗法,随后在该医院治疗后致病情耽误,2016 年 5 月 2 日,国家网信办会同国家工商总局、国家卫生计生委成立联合调查组进驻百度公司,对此事件及互联网企业依法经营事项进行调查并依法处理。参见:国信办联合调查组结果:百度竞价排名影响魏则西选择 百度:从 6 方面整改. 观察网,2017-8-20. http://www. guancha. cn/economy/2016_05_09_359617. shtml.

体获得对此类评估之后达成的决定的解释,并对决定提出质疑。"①但也有学者指出,由于相关条文没有法律强制性,且解释内容是系统一般功能,此权利形同虚设。②

人工智能时代,自动化决策算法被广泛应用,但法律尚未配置相对人知情、质疑、救济的机制。这种不平衡提出了一系列亟待解决的问题:如何救济被不公正对待的自动决策的相对人?配置给相对人挑战算法决策并提供解释的权利是否具有正当性?这种权利的来源和内在价值是什么?如何构造这种权利,行使的限度和程序又应如何设计?自动化决策相对人的制度需求得到学者的注意,普遍认为有必要应对自动化决策错误与算法歧视等现象③,但尚缺乏细致深入的制度研究。

虽然此文研究的对象名为算法解释权,实则在于建立自动化决策相对人的事后救济机制。由于其以赋予自动化决策相对人权利为主

---

① 《欧洲通用数据保护条例》(GDPR)中在71条明确提出了解释权,表述为被自动决策的人应该具有适当的保护,具体应包括数据主体的特别信息和获得人类干预,表达自己的观点,并且有权获得在评估决定的解释,并对决定提出质疑。"Recital 71, a person who has been subject to automated decision-making: should be subject to suitable safeguards, which should include specific information to the data subject and the right to obtain human intervention, to express his or her point of view, to obtain an explanation of the decision reached after such assessment and to challenge the decision ."

② Sandra Wachter, et al.. Why a Right to Explanation of Automated Decision-Making Does Not Exist in the General Data Protection Regulation. International Data Privacy Law 7 (2), 2017: 76-99.

③ Government Office for Science (2016). Artificial intelligence, Opportunities and Implications for the Future of Decision Making. 2018-8-10. https://assets. publishing. service. gov. uk/government/uploads/system/uploads/attachment _ data/file/566075/gs-16-19-artificial-intelligence-ai-report. pdf; Devlin H.. Discrimination by algorithm: scientists devise test to detect AI bias. 2018-8-10. https://www. theguardian. com/technology/2016/dec/19/discrimination-by-algorithm-scientists-devise-test-to-detect-ai-bias; Information Commissioner's Office (2017). Big Data, Artificial Intelligence, Machine Learning and Data Protection. 2018-8-10. http://www. statewatch. org/news/2017/sep/uk-ico-big-data-ai-machine-learning-data-protection. pdf. 国内有关人工智能的研究参见马修,谢勒,曹建峰,等. 监管人工智能系统:风险,挑战,能力和策略. 信息安全与通信保密, 2017(3): 45-71;曹建峰. 人工智能:机器歧视及应对之策. 信息安全与通信保密, 2016(12): 15-19;齐昆鹏. "2017人工智能:技术、伦理与法律"研讨会在京召开. 科学与社会, 2017,7(2): 124-130.

要内容,以算法解释权为起点展开。自动化决策的算法既在私法领域的商业部门广泛使用,又深度参与了公共部门的决策。然而私法与公法两个领域均有独立的基本原则和运作规则,公共部门的自动化决策涉及公权力的运行规则,相对人提起解释的权利基础与私法领域并不相同,故此本文将算法解释权的探讨局限于私法领域,即商业自动化决策,为了行文简洁,下文均简称为自动化决策。

二、商业自动化决策情况下既有法律资源之不敷使用

算法解释的目的是使自动化决策的相对人了解对其不利的决定是如何做出的,以便在确有算法歧视和数据错误时提供救济。商业自动化决策下,算法解释可适用的法律资源应先通过梳理既有民商法制度寻找。自动化决策是根据用户与自动化决策使用者订立的合同实施的,当可能发生错误时,相对人可考虑的路径包括要求确认自动化决策的用户协议符合显失公平、欺诈、重大误解条件,也可以考虑适用民事合同相对人的违约请求权、侵权责任中的赔偿请求权,以及在商业场景中消费者的知情权。然而,现有法律资源面对自动化决策场景均有严重不足,适用场景与算法场景差异太大,效果并不符合算法解释问题的初衷,无法起到救济自动化决策相对人的作用。

(一)合同效力制度不符合算法解释之场景

当自动化决策发生错误时,受到不利决策的相对人可考虑通过合同效力制度来救济。但经过梳理可发现,通过认定合同效力瑕疵无法获得自动化决策解释,其制度效果不符合算法解释的初衷。如 2017年 5 月美国二手房销售网站 Zillow 被一位房主告上法庭,房主认为其使用的自动估价算法 Zestimates 严重低估了其房产价值,造成其二手

房几年内无法售出合理价格,给销售造成了严重障碍。[①] 相对人的诉求是 Zillow 能够为其估价提供合理解释,并重新合理评估其房屋价格。然而,这样的相对人的目的并不能通过合同效力制度得到实现。

第一,合同效力制度相悖于算法解释之目的。无论是重大误解或欺诈均为合同意思表示的"错误制度",即表意人若知其情事即不为意思表示的,表意人可撤销其错误的意思表示。[②] 重大误解制度指因重大误解订立的合同,一方可请求法院或仲裁机构变更和撤销。欺诈合同的可撤销制度与此类似。然而,此类准则的表面目的是为非自愿同意的合同的后果提供救济,而不是对实体不公平本身提供救济。[③] 就这两种制度而言,其目的是回到当事人未缔结契约前的权利状态,从目的来说,算法解释的目的是使当事人知情,而非回到原始权利状态。相对人需要包含自动化决策的这份合同,以获得评估、预测、信贷等服务。其目的是知情以修正,而非退出合同。

第二,难以认定自动化决策存在意思表示瑕疵。合同效力制度的手段是认定合同的缔结违反意思自治原则,即合同存在意思表示瑕疵,而意思表示瑕疵分析不适用于自动化决策错误的场景。从手段来说,很难认定自动化决策者意思表示具有欺诈的故意,其相对人为海量用户,显然不可能对每个用户均有欺诈故意。如果认定相对人重大误解,也仅仅是受到不利决策的相对人有得到解释的需求。换句话说,非出于救济需要,相对人不会主张"若知其情事则不为意思表示"。

另外,自动化决策对当事人的影响并非一过性的,仅仅通过撤销合同无法实现有效救济。如果自动化决策是由于错误数据产生的,相对人需知情修正以防止困于错误数据被反复错误决策;如果错误决策是由于算法错误产生的,算法解释权的行使更可惠及未来更多的自动化决策相对人。

---

① Kenneth R. Harney. Cook County homeowner sues Zillow for low "Zestimate". 2017-12-2. http://www. chicagotribune. com/classified/realestate/ct-re-0514-kenneth-harney-20170510-column. html.

② 崔建远. 合同解除的疑问与释答. 法学,2005(9):69-77.

③ [英]休·柯林斯. 规制合同. 郭小莉,译. 北京:中国人民大学出版社,2014:281.

（二）违约请求权无力救济自动化决策相对人

那么,上文提到的相对人是否可以要求 Zillow 承担违约责任呢?遗憾的是,民事合同的违约请求权由于制度目的、程序与举证责任等因素,无法救济自动化决策的相对人。例如,淘宝网的用户协议要求用户接受自动化决策对于违约行为、支付风险的判定结果。"淘宝可依据您的用户数据与海量用户数据的关系来认定您是否构成违约:您有义务对您的数据异常现象进行充分举证和合理解释,否则将被认定为违约。"①"淘宝会依照您行为的风险程度指示支付宝公司对您的支付宝账户采取取消收款、资金止付等强制措施。"②但如果支付宝用户发现自己被无端降低信用评分之后,很难通过违约请求权知晓具体算法决策的理由,进而获得救济。

首先,违约请求权的制度目的在于公权力保障当事人适当依照合同履行约定。一方面,自动化决策错误并不等于没有依约履行合同,即合同中并未保证决策正确,如支付宝并未在合同中将决策合理、正确作为合同义务。另一方面,算法解释目的在于知晓错误决定如何做出,而知晓决策的考量因素和利用数据并非用户协议中明确约定的合同义务。根据用户协议支付宝也没有义务提供决策的考量因素和参考数据。

其次,算法自动化决策使用者多为面对海量用户的互联网平台。当用户不服自动化决策时,一般首先要走内部的申诉和处理流程。但其规则和程序完全由互联网企业设定,更不会在做出接受或否定申诉

---

① 淘宝自动化决策对用户违约的认定(6.1),"6.1淘宝可在淘宝平台规则中约定违约认定的程序和标准。如:淘宝可依据您的用户数据与海量用户数据的关系来认定您是否构成违约;您有义务对您的数据异常现象进行充分举证和合理解释,否则将被认定为违约。"淘宝平台服务协议全文(2016 年 10 月版).电子商务研究中心,2017-11-23. http://b2b.toocle.com/detail-6361764.html.

② 自动化决策对用户行为风险的评估条款(6.2)"6.2淘宝会依照您行为的风险程度指示支付宝公司对您的支付宝账户采取取消收款、资金止付等强制措施。"淘宝平台服务协议全文(2016 年 10 月版).电子商务研究中心,2017-11-23. http://b2b.toocle.com/detail-6361764.html.

的决定时告知用户实质性的理由。

最后，如果自动化错误决策的相对人起诉至法院，按照民事诉讼的举证责任"谁主张谁举证"，相对人则需要在不知晓自动化决策规则的前提下，证明其决策是错误的。

如前文提到的支付宝的用户协议，相对人需要在不知道支付宝为何认定存在"支付风险"的情况下证明自己的支付行为是合理的，类似于刑事案件中要求当事人"自证其无罪"。因此在现行算法自动化决策的使用者——网络平台早已形成网络治理的私权力情况下①，以相对人一己之力对抗算法的错误决策基本不可能实现。

（三）不利的自动化决策不满足侵权责任之构成要件

受到不利决策的相对人可考虑主张侵权责任。由于自动化决策并无适用特殊归责原则的情形，一般适用于过错责任原则。但此路径受到侵权责任的过错、损害因果关系等构成要件的多重限制。

首先，主观过错难以证明。自动化决策的使用者一般主张算法错误为客观"技术错误"而非主观错误。以相对人的技术能力证明其使用的算法确实存在嵌入的偏见和数据的滥用极不现实。其次，损害结果难以证明。自动化决策的不利结果很多是"拒绝"，如不予提供贷款、不予批准保险等。此类机会的丧失仅是不利决定，很难被证明是对权利人的人身和财产的损害。最后，决策与损害的因果关系难以证明。算法使用数据进行自动化决策多依据相关性进行预测和评价，而非依据因果关系。侵权行为与损害结果之间的因果关系链条难以成立。

此外，也可思考特殊的侵权责任路径，即向算法开发者主张产品责任的困境。产品责任属于特殊侵权责任，除了上文所述的一般侵权责任的主观过错、损害结果与因果关系的证明困难之外，产品责任的救济路径还面临更多困境：其一，算法的法律地位是"产品"吗？我国

---

① 周辉. 变革与选择：私权力视角下的网络治理. 北京：北京大学出版社,2016.

的《产品质量法》对产品的定义为"经过加工、制作,用于销售的产品"[①],而用于自动化决策的算法并无实体,甚至在知识产权领域尚未明确作为专利保护。其二,产品责任的核心是产品缺陷。错误的自动化决策有可能是算法本身缺陷造成的,也有可能是决策使用的错误数据造成的,而仅有算法本身的缺陷方可主张产品责任。但是,没有具体自动化决策错误的解释,无从了解错误决策的原因。

由以上分析可得出结论,侵权责任路径难以适用于自动化决策解释权的场景,无法救济不利决策的相对人。

(四) 消费者知情权无法提供真正的算法解释

相对人如主张消费者的知情权,算法的法律定位仍为企业的工具而非商品,并且算法使用者可主张算法属于商业秘密提出抗辩。

其一,商业场景下算法的法律定位仍为企业的"工具"。现行法律尚不认可算法自动决策独立拥有资源配置权力,可直接影响消费者权利。其二,即使算法直接作出决策损害消费者利益,自动化决策的算法使用者也可以商业秘密为抗辩理由拒绝公开决策的内容和理由。即使在支持数据控制着对用户有一定信息披露义务的欧洲,适用于自动化决策的算法访问权限的限制也尚未在欧洲各地的法院的判例中得到普遍的明确范围。[②] 例如,德国数据保护法规定,数据控制者必须在决策的"评估"中向用户通报其所考虑的因素,但不必揭示给予每个因素的精确重量(在自动化决策过程中使用的版权保护算法)。[③]德国

---

① 《中华人民共和国产品责任法》第 2 条第 2 款。

② For instance, debate in the UK House of Lords concerning the meaning of "logic involved" and "trade secrets" in the 1998 Data Protection Act: Grand Committee on the Data Protection Bill, "Official Report of the Grand Committee on the Data Protection Bill [H. L.]". 2017-8-2. http://hansard. millbanksystems. com/grand_committee_report/1998/feb/ 23/official-report-of-the-grand-committee # S5LV0586P0_19980223_GCR_1.

③ Douwe Korff. New Challenges to Data Protection Study - Country Report: United Kingdom. 2017-7-15. http://papers. ssrn. com/sol3/papers. cfm?abstract_id=1638938.

SCHUFA59 判决①显示,用户没有权力彻底调查自动处理系统(在判例中是信用评分)的准确性,因为基础公式受到商业秘密的保护。

　　现有法律资源都无法为受自动化决策损害的相对人提供算法解释权提供的救济。当算法自动化决策相对人受到损害时,提供救济又是切实的利益需要。考虑依据算法的法律定位而配置独立的算法解释权成为必要。

三、自动化决策下算法解释权的确立及其理论正当性

　　智能革命的出现,对当下的伦理标准、法律规则、社会秩序及公共管理体制带来一场前所未有的危机和挑战。②已有的法律秩序面对智能产业的发展存在严重缺陷,现有人工智能时代的法律制度供给严重不足。越是在此时越应保持法学研究的冷静与克制,避免草率地以"现象描述"方式创制权利。但当穷尽现有法律制度仍无法为相对人提供合理救济时,即应大胆配置新型权利,以弥补传统权利体系应对人工智能时代技术发展的不足。正如哈贝马斯所言,"权利是一种社会构造"③,算法解释权既符合公平正义的价值取向,又符合人工智能时代的需求和特征。

(一)新的路径:配置独立的算法解释权

　　本文的算法解释权指的是,当自动化决策的具体决定对相对人有法律上或者经济上的显著影响时,相对人向算法使用人提出异议,要求提供对具体决策解释,并要求更新数据或更正错误的权利。在商业自动化决策领域探讨算法解释权配置的必要性,无法绕开的问题是,

---

　　① Wachter S et al.. Why a Right to Explanation of Automated Decision—Making Does Not Exist in the General Data Protection Regulation. , pp. 76-99. Judgment of the German Federal Court,28 January 2014-Ⅵ ZR 156/13. LG Gießen 6 March 2013-1 S 301/12. Also, AG Gießen 11 October 2014-47 C 206/12.
　　② 吴汉东. 人工智能时代的制度安排与法律规制. 法律科学,2017(5).
　　③ [德]哈贝马斯. 在事实与规范之间:关于法律和民主法治国的商谈理论. 童世骏,译. 上海:上海三联书店,2003:278.

一份基于意思自治而同意参与自动化决策的民事合同,为何要超越合同配置给一方相对人额外的权利?算法解释权配置的目的究竟是什么?

包含同意自动化决策的合同,使自动化决策者和相对人之间已经从平等的民事主体关系转化为权力和支配关系。传统的私法手段不能完成对相对人地位的衡平与权利的救济,合同制度需要作出因应性调整。算法解释权的配置为法律的创制,其目的为平衡两者之间的不平等,为相对人提供额外制度救济以达成实质平等。此论断可从两个方面获得解释,其一,自动化决策者和相对人的权力维度是财富和市场地位差距的附属物;其二,算法解释权的配置可有效衡平此种差距。另外,算法解释权的确立可为人工智能技术的未来发展预留一定的空间。

其一,自动化决策使用者与相对人之间存在着巨大的财富、地位、权力差距,合同的形式无法保证平等。算法自动化决策使用者多为面对海量用户的互联网平台,姑且不论垄断型网络企业与普通用户之间的财富差距,仅由于格式化用户协议的存在,双方就确立了权力支配关系。第一,用户协议不是经过协商的合同,提供格式合同的算法自动化决策使用者享有更为充分的话语权和解释权,因此其并非双方自我规制的结果,而是一方独占的单边规制的结果。相对人毫无参与协商制定的议价能力,而仅仅有接受与否的可能,否则就是与网络服务的自我隔离。第二,用户协议的格式合同的条款仔细考察均会发现,自动化决策使用者通过免责和排除条款将风险分配给相对人。在履行合同出现争议的情况下,格式合同赋予自动化决策使用者在与相对人谈判中强大的讨价还价的能力。例如,支付宝的用户协议已经要求用户需"自证其清白",在此基础上要达到无须承担证明责任,进而要求自动化决策者提供解释显得如同天方夜谭。第三,格式用户协议中往往包含对相对人的自我执行,因此也就根本不需要协商。实证研究也显示,相对人完全处于被裁决的弱势地位,并无实质性的交涉,网络平台内自设的申诉调解机制根本无法发挥救济作用。①

这种自动化决策使用者与相对人不对称的权力关系,达到了有史以来合同双方地位悬殊的顶峰。在亚当·斯密时代,也就是英国工业革命期间,小工厂主、小企业主身兼所用者与经营者于一身,不法奸商至多可以偶尔利用欺诈来骗取对方,合同制度中的意思表示错误制度上可以应付此类问题。② 随着公司的兴起、贸易的扩大,股份公司兴起但仍以中小型企业为主,斯密的理论逻辑仍然成立。然而,当垄断市场形成,公司巨型化发展,定制化、反复化交易普及,格式合同日益增多后,合同双方不平等加剧,合同法制度被迫作出调整规制格式合同,甚至交由经济法来解决市场主体不再平等、传统手段失灵的问题。③如果说垄断市场下,企业与用户的地位仅仅是由于财富和市场地位差距的产物,那么自动化决策使用者与相对人之间还有知识垄断的鸿沟。这种基于财富、市场、知识技术地位带来的合同双方的悬殊地位,需要合同法制度创新予以应对。

其二,算法解释权的配置,是合同制度应对当事人之间地位差距的加剧而做出的调整。这并非合同法制度第一次因为双方权力差距而做出创新。这些创新的一致之处就在于额外配置权利或义务以使双方地位接近平等,保证意思自治与平等原则。比如,消费者与商家的合同,法律施加给商家明码标价、质量担保、出具收费单据等义务;保险业发展后,面对保险合同双方实际地位的悬殊,合同制度赋予投保人享有有利解释的权利,即当合同需要解释时,偏向有利于弱势投保人的一方。产业革命后,劳资双方力量对比日益加大的情况下,合同制度甚至一定程度上牺牲意思自治原则,允许劳动者订立集体合同,获得与雇佣者谈判的能力,以衡平双方实质上的地位不平等。算法解释权的配置是在一份看似基于意思自治而缔结的民事合同之外额外赋予相对人得到算法解释的权利,以对双方悬殊的地位做出纠偏

---

① 胡平仁,杨夏女. 以交涉为核心的纠纷解决过程——基于法律接受的法社会学分析. 湘潭大学学报(哲学社会科学版),2010(1):29.

② 邢会强. 信息不对称的法律规制. 法制与社会发展,2013(2).

③ [英]休·柯林斯.规制合同.郭小莉,译. 北京:中国人民大学出版社,2014:251.

的制度。

　　此外,算法解释权本质是对自动化决策"算法权力"的规制,用以应对人工智能时代的技术特征。当网络平台基于民事合同进行网络治理的"私权力"已经逐渐被广泛了解和接受时[①],"算法权力"[②]也应引起关注。算法权力并非为引人眼球而提出的新鲜名词,而是真真切切的现实。其"权力"如前文所述,包括控制新闻议程以影响言论自由,决定资格审查批准以影响地位收入,协助评估雇员影响人的工作机会,而以"算法"作为主语则是因为算法逐渐脱离纯粹的工具性角色,而有自主性和认知特征,甚至具备自我学习的能力。

　　谷歌算法 Alpha Go 打败人类顶尖围棋高手还恍若昨日,2017 年 Alpha Zero 从零自主学习打败 Alpha Go 的新闻就扑面而来。[③] 所谓人工智能就是算法与大数据计算,而机器人也不过是算法与传感器、控制器等配件的组合,算法才是"智能"所在。传统民事责任制度之所以难以适用于算法自动化决策的损害,根本原因在于由于机器学习技术的发展,算法的自主性越来越强,很难当作人(开发者、使用者)的简单工具。尤其当算法可以从既往数据和经历中学习并独立自主地做出决策,算法的法律地位问题就越加紧迫需要法律做出回答。法律逐步承认算法控制下的智能人的法律地位是必然趋势,为其创设新类型,具有自身特性和内涵的权利、义务、责任承担等也是未来法律的发展方向。[④]

　　算法解释权应对人工智能时代"算法"角色的转化,并为其未来法

---

　　① 周辉. 变革与选择:私权力视角下的网络治理. 北京:北京大学出版社,2016.

　　② Diakopoulos. N. Algorithmic Accountability: Journalistic Investigation of Computational Power structures. Digit. Journal, 3(3), 2015: 398-415. 此文中作者也提出了"algorithm power"算法权力的概念。

　　③ 算法 Alpha Zero 从零开始学习,4 小时就打败了国际象棋的最强程序 Stockfish,2 小时就打败了日本将棋的最强程序 Elmo,8 小时就打败了与李世石对战的 AlphaGo v18。参见:比 AlphaGo 更的 AlphaZero 来了! 8 小时解决一切棋类!. 新浪网,2017-12-3. http://sports. sina. com. cn/go/2017-12-07/doc-ifypnqvn1012530. shtml.

　　④ [美]佩德罗·多明戈斯. 终极算法:机器学习和人工智能如何重塑世界. 黄芳萍,译. 北京:中信出版社,2017.

律定位发展的可能性预留空间。以"算法"解释权为名,既强调解释的对象,也考虑到未来可能的解释的主体。当算法的智能性逐渐超出开发者、使用者的解释能力后,算法本身可能成为提供解释的主体。这也是为何算法解释权不应该贸然选择侵权责任路径对受害人进行救济,毕竟无论哪种责任分配方法,其逻辑基础都在于假设任何损害都可归结为人类的行为,进而进行责任的分配。尤其是当算法的功能较为依赖数据的情况下,责任更加难以从数据流和算法中被识别,只有算法本身才有可能提供合理的解释。

(二)算法解释权确立的理论正当性

算法解释权既是合同法顺应时代的制度创新,又是传统理论顺理成章的发展延续。算法解释权可消弭法律实然权利与应然权利的鸿沟,其理论正当性的证成充分说明,算法解释权并非心血来潮的创制,而具有传统权利的逻辑基础,是对现有的利害关系人权利畸轻的调适,目的是以新制度实现古老平等、自由、正义的目标。

1. 平等:算法解释权是信息不对称的矫正工具

平等的内涵随着时代变迁不断改变,早已从强调自由和人权的政治平等扩展到强调资源和福利的经济平等,进而到强调机会和能力平等的社会平等。[①] 人工智能时代的到来产生了新的不平等,而这种不平等更加隐蔽和严重——知识、信息获得和掌握的不平等。这种不平等甚至会转化为认知的不平等和能力的不平等,对人的权利和地位造成实质影响。人工智能时代,自动化决策应用虽广泛但知晓算法知识者寥寥,相对人即使掌握专业知识也对自动化决策所使用的算法和数据一无所知。相比民事合同中双方当事人、消费合同中消费者与商家对于商品价格、品质信息的信息不对称,自动化决策事项上的信息不对称堪称"黑箱",而算法解释可在商业化决策领域促进此种信息获取和掌握上的平等。

信息不对称是现代契约理论中最为重要的部分之一。信息不对

---

① 俞可平. 重新思考平等、公平和正义. 学术月刊,2017(4):5-14.

称是指这样一种情况，即缔约当事人一方知道而另一方不知道，甚至第三方也无法验证的信息。即使验证，也需要巨大的人力、物力和精力，在经济上是不合算的。①掌握信息的不平等打破了民商法对于当事人均为平等主体的假设，合同双方的地位由于信息优劣势的不同不再是平等的、相当的。信息劣势影响意思表示的真实性，一方无法有效做出判断而引发不公平和低效率。故而民商法中许多重要制度设立都是在尽力扭转信息劣势一方的地位，使其能够获得更多信息披露，以提高其经济地位与缔约能力，保障民商法意思自治、平等保护等精神内核。② 合同中一系列意思表示影响合同效力的制度，如重大误解、欺诈制度，对格式合同弱势当事人的保护就起到了"信息纠正"的作用。③ 法律甚至创制看似偏向一方的制度来纠正信息不对称的地位，如保险法合同中的最大诚信原则与有利解释原则也源于保险合同的高度信息不对称性。④

算法解释权是自动化决策中信息不对称的有效纠偏工具。在自动化决策中，相对人通过合同授权企业使用历史数据与算法进行自动化决策。然而，缔结合同前，相对人对算法决策的要素及要素占比一无所知，缔结合同后，相对人对不利决策使用的具体数据与原因无从了解。这构成合同缔结前与缔结后的双重信息不对称。民商法一般采用信息工具来规制信息不对称。⑤ 在合同缔结前的信息不对称采用"信号发送"手段，如格式合同中条款提供方必须提请对方注意免责条款并予以说明。在合同缔结后，民法则采用"信息纠正"手段，如欺诈和重大误解对合同效力直接产生影响，格式合同中排除对方主要权利的格式条款无效，以上种种工具均为了矫正信息不对称双方的地位，以期符合意思自治与平等原则。

---

① 张维迎. 博弈论与信息经济学. 上海：上海人民出版社，1996：396.

② 邢会强. 信息不对称的法律规制. 法制与社会发展，2013(2).

③ 刘大洪，廖建求，刘建新. 消费信息不对称的法律规制. 法学论坛，2003，18(4)：61-66.

④ 唐清泉. 信息不对称下的激励与监控的模型分析. 中山大学学报（社会科学版），2001(2)：119-125.

⑤ 邢会强. 信息不对称的法律规制. 法制与社会发展，2013(2).

算法解释权是典型的"信息纠正"手段以矫正自动化决策中双方严重信息不对称的地位,其作用在于使信息从信息优势方向信息劣势方流动,而达到双方衡平。基于民商法的私法属性,无须公权力的强制执行力介入,仅通过制度设计来达到信息披露的目的。因此赋予信息弱势的相对人以算法解释权,使其得知不利自动化决策做出的具体原因,达到对信息不对称事后补救的效果。算法解释权合理性证成可在现行法律寻找类似制度。在保险合同中,保险合同具有高度信息不对称性,保险公司需履行主动告知义务,且告知需遵循最大诚信原则。在自动化决策合同中,自动决策的算法完全处于"黑箱"中,仅需依相对人请求而履行告知义务,解释不利决策的原因。根据"举轻以明重"的原则,信息优势更强者拥有减轻所承担义务的算法解释权具有当然的理论正当性。

从效率角度考量,由自动化决策者承担算法解释的义务也更加节约交易成本。各种促进信息对称的工具都有其交易成本或制度成本,如保险合同告知义务的交易成本是保险公司成本增加,重大误解合同的制度成本是法院需裁判合同效力。将算法解释的义务配置给自动化决策者是交易成本最低的制度工具。自动化决策者获取不利决策的成本最低,"信号发送"成本与相对人比较更低。可以预见,如果在短期内算法透明度的问题无法得到根本解决,此项义务由相对人主动提起、自动化决策者解释是成本最低的。

由此可见,算法解释权的确立是民商法的私法属性和意思自治原则使然。这是基于平等主体假设和意思自治基本原则采用的事后补救措施。与民商法中的其他类似制度相比,算法解释权加诸信息优势地位者的负担甚轻,甚至并非真正意义上的矫正工具,仅聊做补救而已。

2. 自由:算法解释权是意思自治的必然推论

意思自治原则为民事领域保障自由价值的基本原则。它允许民事主体以自己意思设立民事法律行为,对于保障民事主体的自由权利,体现民事主体人格利益的存在,保障个人尊重、社会公平正义至关重要。算法解释权是意思自治原则的应有内涵和必然推论。

当采用自动化决策为商业运行之必要时,即意味着商家需面对大规模的用户,如阿里巴巴交易的创建峰值达到 32.5 万笔/秒,支付峰值 25.6 万笔/秒。[①] 此情形下只能依赖算法的自动化决策进行庞大的平台管理,通过用户协议获得用户对自动化决策的同意成为必然选择。[②] 即使用户协议中没有自动化决策的条款,用户接受自动化决策也因实践行为而成为事实合同。故对算法解释的理论分析首先依据合同理论展开。意思表示是合同效力的核心要素,而算法解释是当事人基于意思自治同意用户协议的必然推论。

通过整理知名互联网服务企业的用户协议可发现,其用户协议均包含获取用户对自动化决策知情同意的条款,即提示用户存在自动化决策,并要求用户服从自动化决策的结果。[③] 用户同意的内容应该被合理的告知,任何人都不应该为自己所不了解的事情负有义务,这是意思自治的基本规则。[④]姑且不论格式合同条款中,处于地位和知识劣势的用户"同意"的质量。仅从以上分析可得结论,用户同意的前提必然是知情,即存在着对存在自动化决策和风险的事先解释,换句话说,有知情才有同意。那么,用户知情同意所需的告知义务是否延伸至事后解释呢?

如果事先解释已经能够提供用户应知的全部合理内容,事后解释殊无必要。然而,在很多情况下,合同产生的风险并不能在签订合同的时候被完全地描述和预见。上文中淘宝对自动化决策语焉不详的事先解释并不能使用户真正甚至只是适度地知情。用户知情应包含事先和事后解释,这种安排类似于医疗合同中患者的知情权。自动化决策领域与医疗领域十分相像,算法使用人与医生都具有专业知识,用户和患者一样弱势,而使用网络和参与医疗一样必要。医疗合同

---

① 高红冰. 2017 新零售在路上:20 个先行者的探索报告. 阿里研究院,2017-11-23. http://www.aliresearch.com/blog/article/detail/id/21413.html.

② 用户协议显然符合格式合同的定义,见《中华人民共和国合同法》第 39 条:由"当事人重复使用而预先拟定,并在订立时未与相对人协商"。

③ 新浪微博用户协议. 微博网,2017-11-23. https://weibo.com/signup/v5/protocol/.同时参见后文中提到的淘宝与支付宝的用户协议。

④ 董安生. 民事法律行为——法律科学文库.北京:中国人民大学出版社,2002.

中,即使医务人员事先履行告知义务,并不排除患者在事后的知情权利,即了解自己接受的治疗具体情况。由于患者很难真正理解医疗程序和风险,医务人员即使事先履行告知义务,也不等于可以将医疗的风险和责任完全转嫁给患者。回到算法的自动化决策领域,当淘宝使用的算法可以判定用户是否违约,或者直接停止提供支付服务时,用户仅仅在事先知道有自动化决策显然不是真正和适度的知情。在算法环境中,尊重用户要求事后解释的权利,应该是企业对于用户告知义务的合理内容。

企业提供详尽的事先解释是否可以排除事后解释的义务呢?任何事先解释都无法完全或者充分地对自动化决策的后果和风险进行描述。即使有,这种事先解释也必然文字极多,对于用户而言无法理解也与自己不相关。显然,要求患者接受治疗前必须学习医学知识是荒谬的,让用户通过事先解释了解自动化决策,而排除事后解释的义务也是不合理的。

从另一个角度论证,用户接受用户协议也即接受事先解释中的风险提示,换句话说,用户预见到自动化决策错误的风险,那么,用户的预见和接受是否可以排除事后解释的权利呢?显然不能。用户意思自治下的"同意"必然包含,用户有理由期望在发生危害和错误时企业将以公正和负责任的态度做出回应,否则将无从基于信赖利益接受用户协议。这种合理要求并不因服务协议中没有提及或排除而消失。与此类似的是,很多互联网企业提供的服务协议均要求用户放弃起诉的权利[1],如必须仲裁等条款,但用户要求法院裁决合同纠纷的权利并不因此消失。如果没有法院背后的公权力作为公正裁决和履行合同的保障,势必从一开始用户就不敢信任企业并接受用户协议。同样,也是基于这种基本的信赖用户才可能同意接受自动化决策。

由上得出结论,赋予用户要求自动化决策使用者事后解释的权利,是用户基于意思自治同意用户协议的应有之义。事后的算法解释

[1] 用户条款和法律文书,藏污纳垢之严重令人震惊。其中揭示了很多知名网络平台利用用户协议躲避官司的行为. 2017-12-6. https://news.cnblogs.com/n/578564/Equifax.

是合同意思自治的必然衍生的权利,而且不可被事先解释所替代。

3. 正义:算法解释权是合同风险的合理分配

葛德文说:"正义的原则,引用一句名言来说,就是一视同仁。"①
在本文语境下,正义在于公平合理地分配自动化决策带来的风险。拉
伦茨指出:"合同中的均衡与公平原则是民法的精神基础……在双务
合同中,给付与对待给付至少必须具有相近的价值,还关系到如何公
平地分配那些与合同相关的风险和负担问题。"②现实状况是,自动化
决策根据作出影响用户合同权利的决定,用户只有接受的义务并承担
全部自动化决策带来的风险,双方给付完全与风险负担完全不对等。
这显然偏离法律追求社会正义的价值目标。算法解释权能够有效地
促使企业和用户之间的权利义务,以及基于自动化决策产生的风险负
担趋于等价。

自动化决策是一种独特的"知识和无知的结合",其带来的损害符
合风险多样性、突发性和随机性的特点,是人工智能技术发展必然伴
随的风险。③ 自动化决策的算法一旦发生错误,将给整个社会运行带
来巨大风险。2010 年,由于算法的错误,美国股市道琼斯指数下跌达
998.5 点,10000 亿美元财富蒸发。④ 目前学界对自动化决策算法法律
制度的讨论多集中在如何进行风险防范⑤,而算法解释权意在如何分
配风险以求得全社会利益最大化。

---

① 葛德文.政治正义论(第一卷).北京:商务印书馆,1982.
② [德]卡尔·拉伦茨.德国民法通论(上册).王晓晔,等译.北京:法律出版社,
2003:60.
③ 杜仪方.风险领域中的国家责任——以日本预防接种事件为例证.行政法论丛,
2011,14.
④ 2010 年 5 月 6 日早 10 点美国股市大跌 2.5%,后到东部时间下午 2 点 42 分,股市
剧烈波动后进入自由落体状态,2 点 47 分,仅仅 300 秒之后,道琼斯指数创下了有史以来单
日最大跌幅。然而,在 1 分钟之内,道琼斯指数又暴涨了 300 点。虽然原因众说纷纭,但普
遍认为堪萨斯城的一位财富投资经理人的算法过快出售了价值 40 亿美元的股指期货,导致
其他算法跟风。[美]克里斯托弗·斯坦纳.算法帝国.李筱莹,译.北京:人民邮电出版社,
2014:4.
⑤ 司晓,曹建峰.论人工智能的民事责任:以自动驾驶汽车和智能机器人为切入点.
法律科学:西北政法大学学报,2017(5):166-173.

现有的状态是由相对人承担全部自动化决策带来的风险：接受结果（无论对错）并自己提供数据推翻决策。对于影响相对人的自动化决策来说，决策错误可能由两个原因造成，一是使用的数据错误，二是算法本身的错误。算法解释对此种错误造成的风险均可充分消解。如果为算法决策的数据错误，可通过对算法决策的解释发现自动化决策做出的依据，从而让用户获得更新数据获得重新决策的机会，避免错误数据被多个算法反复使用。如果为算法本身的错误，如算法本身有歧视因素（如性别歧视或种族歧视），则可通过算法解释充分避免在全社会带来更大范围内的风险。

通过算法解释将其再分配给算法的开发者或使用者，基于以下考量：其一，算法的开发者和使用者具有风险分散的能力。风险虽然本质上具有无法被完全控制的特征，但对于自动化决策技术的掌握而言，算法的开发者和使用者总是具有一定程度上的控制能力可以影响风险的进程。考虑到相对而言相对人的力量过于弱小，应把风险分配给技术力量更为强大的算法开发者和使用者，可诱导可控制风险之人尽可能初期就降低风险避免损害发生。其二，自动化决策事实上的强制性。相对人提供数据接受自动化决策，看似基于私法的用户协议。但由于互联网行业垄断态势决定相对人无法"用脚投票"拒绝用户协议。如果拒绝则意味着无法获得贷款、租房、就业机会，自主隔绝于社会生活，因而具有事实上的强制性。虽然欧盟有法律提出相对人应享有"拒绝接受数字化决策，要求人为干预"的权利，但其仍停留在学理讨论阶段。[①] 自动化决策是为了应对海量数据以提高效率，可以想见此种权利启动可能仍以自动化决策出现严重问题为前提。其三，保护相对人的信赖利益是由算法开发者和使用者承担算法解释责任的基础。合理信赖之保护的不断加强为法律现代化进程中的主线之一。[②] 受害人基于信赖利益委托算法使用个人数据进行自动化决策。法律

---

① Goodman, Bryce, Seth Flaxman. European Union Regulations on Algorithmic Decision-Making and a Right to Explanation. 2016 ICML Workshop on Human Interpretability in Machine Learning, New York, ArXiv e-Prints.

② 马新彦. 信赖与信赖利益考. 法律科学，2000(3)：75-84.

这样分配风险有助于形成人对算法自动化决策的基本信任,而工业的发展、科技的研发等都需要一种信任模式的建立和良性运作。①

反对算法解释权可能源自担忧其限制技术创新降低社会效率。然而,算法解释权并非为了公平而牺牲效率的选择。效率价值可以体现在责任认定的具体规则上,或通过责任限额制度、保险制度与责任基金制度来分担责任,以防科技企业损失巨大而无以为继。算法解释权的设立是保证基本公平的必然选择,现在无可用法律资源的情况下如不提供自动化决策造成损害的救济,则受害人完全没有自我保护的可能性,这种受害人完全无助的境地显然是法律所应避免的、违背基本公平正义理念的。更何况算法解释权不仅可以救济受害者,也可能避免未来风险进一步扩大的状况出现。

基于以上讨论,人工智能发展迅猛而法律未及应对,自动化决策合同双方权力差距较一般的格式合同更为恶化,为平衡双方地位应配置独立的算法解释权。除此之外,算法解释权是意思自治原则的必然推论,是合同信息不对称的矫正工具,也是对合同风险的合理分配。此番探讨引来下一个问题,如何设置算法解释权的内在构造与具体制度,以实现公平与效率的兼顾呢?

四、自动化决策下算法解释权的制度设计

如果说前文是算法解释权理论正当性和实践效用性的论证,本部分则是对具体制度设计的畅想。算法解释权的确立满足了自动化决策领域基本的公平正义,此部分制度的设计则体现了对相关科技发展、效率等社会利益的考量。需要注意的是,权利的内在构造、适用范围、行使程序等具体规则可根据人工智能等技术的发展而调整。在技术起步发展阶段,适当限定算法解释权行使的范围可偏于促进产业发展,这也是现阶段制度设计更应重视的价值;而当人工智能得到充分发展后,则应适度放宽行使的条件以偏重保护人的权利。

---

① 龙卫球. 我国智能制造的法律挑战与基本对策研究. 法学评论,2016(6):1-13.

（一）算法解释权的内在构造

算法解释权的目的在于披露信息与提供救济，因此在构造算法解释权时既把为相对人提供救济作为首要目的，又要兼顾保护算法使用人的创新、节约公共资源等因素。这就决定了算法解释权只能由具体决策的相对人在事后提起。算法解释权的内在构造从权利主体、解释标准、解释权内容层次三个方面展开。

1. 算法解释权的权利主体：自动化决策使用者与相对人

算法解释权的主体应为受到自动化决策不利决策的相对人，如经过算法评估不被雇用的候选人，自动化信用评分体系拒绝批准贷款的相对人等。负有义务者为自动化决策的使用者，既包括根据合同自动化决策的使用者，如网络平台、保险公司、银行等，也包括使用自动化决策决定涉及资格、权利等事项的企业，如决策获得教育入学资格、雇佣合同续约资格等公司。需要指出的是，当算法的使用者无法提供解释时（如由于技术能力的限制），算法的开发者有义务进行协助，为相对人提供具体决策的解释。

2. 算法解释权的解释标准：相关性与可理解性

那么，算法解释权的解释内容标准如何？对解释内容的顾虑主要在于，提供的解释是否应包括技术细节，答案显然是否定的。解释包括技术细节既有害商业秘密之保护，又使相对人不能理解而无实际意义。技术上的可解释性如随机扰动技术①、不变形分析、可视化和维度降低②，并非法律上的可解释性之"有法律意义的信息"。如同患者对医生提出知情的具体要求并不等同于要知晓每一个具体的医疗事实一样。算法解释权不应以纯粹的技术知识作为解释的内容，不仅由于商业秘密和技术难度，也由于披露一切科技细节并不会有助于相对人

---

① Matthew D Zeiler, Rob Fergus. Visualizing and understanding convolutional networks. European Conference on Computer Vision, Berlin, Springer, 2014: 818-833.

② Aravindh Mahendran, Andrea Vedaldi. Understanding Deep Image Representations by Inverting Them. 2015 IEEE Conference on Computer Vision and Pattern Recognition, IEEE, 2015: 5188-5196.

得到救济,或增强对自动化决策使用者的信赖。出于救济的目的,解释的内容应符合两个标准:第一,具有相关性,即必须与相对人所受的具体自动化决策相关;第二,相对人能够理解。最终目的是证实自动化决策可资信赖。在此原则上,除了可理解性和相关性,应针对不同的自动化决策内容制定不同的解释标准,而非"一刀切",涉及人的权利越加基本和重要,则解释内容的标准应该越高。

3. 算法解释权的双层结构:具体解释与更新解释

算法解释权以救济为要旨,故其具体内容应包括两个层次。第一层次为事后的具体解释,第二层次为事后更新解释。此外,还应对自动化决策者拒不提供解释或没有提供相对人满意的解释提供进一步协商和救济的选择。以上层次应为层层推进的关系,上一层次的解释完备后即排除下一层次的解释权利,以最大程度地节约资源提高效率,减轻自动化决策使用人的负担。

第一层次为事后的具体解释。这一层次使相对人了解具体决策的规则和因素,既可以排查具体决策适用的规则是否包含有歧视性、非法性问题,又可以让相对人知晓具体不利决策做出的原因。在符合相关性和可理解性标准的前提下包括两个层面:其一,解释与具体决策相关的系统功能,如自动该决策系统的逻辑、意义、算法设定的目的和一般功能,包括但不限于系统的需求规范、决策树、预定义模型、标准和分类结构等。其二,解释具体决策的理由、原因、产生决策结果的个人数据,如每种指标的功能权重,机器定义的特定案例决策规则,起参考辅助作用的信息等。[①]

举例而言,银行使用公民数据(如纳税记录、收入记录等)对用户进行信用评级决定是否发放信贷。这种信用评分的自动化决策,用户可以申请信贷公司或算法提供者解释算法的功能、通用的逻辑(如参与决策的数据类型和特征,以及决策树的类别)、算法的目的和意义

[①] Goodman, Bryce, Seth Flaxman. European Union Regulations on Algorithmic Decision-Making and a Right to Explanation. 2016 ICML Workshop on Human Interpretability in Machine Learning, New York, ArXiv e-Prints.

（进行信用评分以发放贷款）和设想的后果（可能影响信用记录，影响利率）。在第二个层面，用户可以要求解释具体决定的逻辑和个人数据的权重，如用户的信用评分结果参考了哪些数据以及这些数据在决策树或者模型中的权重。第一个层次的信息类似行政复议中对行政决定的合法性审查，通过对算法的决策基本情况的了解，用户有权知晓算法是否合法，是否包含有歧视因素等。第二个层面的审查类似行政复议中对行政决定的合理性审查，即每个数据在评分中所占的比重是否合理。否则，如果一个人被互联网信贷公司拒绝，他被告知算法充分考虑他的信用记录、年龄和邮政编码，但此人仍然不清楚每种因素所占比重和哪个因素导致自己被拒绝，解释权便形同虚设。

　　第二层次为事后的更新解释。相对人在知晓有关不利决策的原因后，有两种选择：其一，为发现不利决策是由算法错误引起的，可以要求算法使用人对自动化决策进行修正。其二，为发现不利决策是由于使用的数据造成的，要么可以更新数据（提供正确或删除错误数据）要求重新自动决策，要么可提出退出自动决策。

　　第一种情况下，如果相对人发现不利决策是由算法引起的，如求职被拒者发现算法歧视年轻女性，则可以要求算法使用人更新自动化决策的算法。以事后救济为目的的算法解释权，必然包含使权利状态恢复公平正义的事后更新的请求权。第二种情况下，算法是根据历史数据做出的，如果相对人发现算法使用的历史数据错误，应有权提供正确数据，或消除错误数据的不利影响，要求重新做出决策，或者退出自动化决策。如前文的美国 Zillow 二手房销售网被顾客起诉自动估价算法 Zestimates 严重低估了顾客的房产价值，给其二手房销售造成严重障碍的案件①，如果结果发现算法使用有关该房产的错误数据造成房价低估，用户可以要求更新正确数据。如果此番解释仍不能使估价回归常态，用户有权要求退出自动估价的决策。应特殊注意的是，这种退出自动化决策否决权的行使应受到一定限制，即在前两个层次的解释权都无法解决的情况下方可适用。但此种退出决策的否决权

---

① Kenneth R. Harney. Cook County homeowner sues Zillow for low "Zestimate".

十分必要，在相对人遭受不公又无法解决时，应提供其不受自动化决策的权利。类似的情况是，当病人在了解摘除肿瘤或器官移植等医疗手术风险后，决定接受医生的手术，但并不意味着病人一定有义务完成手术，即使手术中病人仍可使用否决权要求终止手术。

算法解释权内部的配置和内在构造属于基本的制度设计，应设有开放空间，给未来具有智能性的算法预留一定程度法律地位的可能性。考虑到现阶段为相对人提供救济的必要性和紧迫性，应同时考虑权利实施中的具体规则，使此种权利能够尽快落地，实现从权利到利益的转化。

（二）算法解释权的适用限制

算法的应用极为广泛，从百度的搜索结果排名到视频网站的定制广告，但并非所有的算法都应适用算法解释权。对算法解释权的适用不仅应从使用者和使用方式出发考虑，还应从对相对人的影响方面进行限制。

1. 算法解释权适用应限于评价类算法

从算法的分类看，算法解释权应适用于所有评价类算法。根据学者对算法的分类①以及现有算法功能的基本归纳②，可将算法大致分为以下几类，如表 25-1 所示。

表 25-1　算法的分类

算法功能	应用类型	实　例
优先排序	搜索引擎，问答类服务	百度，知乎，Google
分类	声誉、信用评分，社交评分	大众点评，支付宝，芝麻信用
相关性	预测发展和趋势	视频推荐，犯罪预测
过滤	邮件过滤，推荐系统	头条新闻、垃圾邮件过滤系统

---

① Diakopoulos N. Algorithmic Accountability：Journalistic Investigation of Computational Power Structures. Digit. Journal. 3(3)，2015：398-415.

② Nicholas Diakopoulos. Algorithmic Accountability：On the Investigation of Black Boxes. 2017-12-9. https://towcenter. org/research/algorithmic-accountability-on-the-investigation-of-black-boxes-2/.

需要强调的是,这种分类仅仅是从规制意义上对算法功能进行的大致分类,并未涵盖所有算法功能以及算法的类型。其中评价类算法通过历史数据对财产、声誉、人的资格直接进行评价或排序,计算结果对人或财产置于评价体系内排序,根据与标准的比较得出结果。如文中所提到的案例包括价格估算、福利发放、贷款评估、教师资格评价等绝大多数都属于评价类算法。由于评价类算法自动化决策结果直接关系到相对人的得失,有经济上或者法律上的直接影响,故而评价类算法均应适用于算法解释权,如 Yelp、大众点评之类的网站对商家的评分和排序直接关系到商家客流量,二手房估算网站 Zillow 的价格估算也直接关系到用户出售的价格。如果使用的评价类算法直接涉及资格(教师资格评分)、机会(贷款或雇佣),毫无疑问更应适用算法解释权。

其他算法自动化决策并非对相对人没有直接影响,如社交媒体 Facebook 可能推荐热点新闻,淘宝等网站可能分析用户信息以推送定制广告。但此类自动化决策对用户权利影响甚微,且可以通过用户的自主行为调整和改变(如用户自行搜索其他结果就可能改变推送内容),故而出于节约社会资源的考虑暂不予配置算法解释权。

2. 算法解释权适用应限于"自动化"决策

适用算法解释权的自动化决策应主要为算法的"自动化"决策,即未达到人类参与决策的必要程度。对于纯粹的算法自动化决策结果应赋予相对人解释权,那么是否只要有人参与决策就可以不必配置算法解释权呢? 欧洲《通用数据保护条例》提出,算法解释权仅限于"完全基于自动化决定的处理",即只要人参与决策过程都意味着其不再是"自动化决策",即不应适用第 22 条有关算法解释权的规定。[①]此项规定未免过于绝

---

① 人的参与是否排除算法解释权的适用的问题在欧盟的立法中也经历多次反复。在最早《欧洲通用数据保护条例 GPDR》中,欧洲议会(EP)草案提案的第 20(5)条提出只要"主要"由算法自动化决策即可使用算法解释权,(有关资料主体的权利或自由不得单独或主要基于自动处理,而应包括人类评估……)。但是到了正式公布的 GPDR 版本中,欧盟委员会(EC)则变成了"完全基于自动化处理的决定"。欧洲议会(EP)比欧盟委员会(EC)更希望严格限制自动化决策,可是最后文本中"主要"的主张并未被采纳,只有严格的"单独"的自动化决策有未来适用的可能。Sandra Wachter et al. . Why a Right to Explanation of Automated Decision-Making Does Not Exist in the General Data Protection Regulation,pp. 76-99.

对且流于形式,可以想见将会导致很多自动化决策使用者设置人在"临门一脚"的位置来规避算法解释权。适用算法解释权的自动化决策不应以形式为标准,而应该取决于人的参与是否达到必要程度。

那么何为人对决策的参与达到"必要程度"呢？在此首先应判断算法的作用。如果算法负责准备决策的依据或证据,则不属于自动化决策。但如果人最终完全采纳算法自动化决策给出的建议,并未对决策做出任何人为的干预,如验证、修改或者更改决定的行为,则显然有理由将其作为自动化决策。举例而言,CT、核磁共振等医疗器械在扫描人体后,机载计算机会根据图像给出诊断建议,但仍需医生阅读报告并给出诊断后,方依照此诊断进行治疗。在此种情形下,则是算法为人为决策提供证据。但如果医疗器械扫描后直接开出处方,则为算法的自动化决策。

在判断是否自动化决策而应适用算法解释权的问题上,应本着宁严勿纵的原则,因为人对计算机的本能依赖与决策惰性已经在心理学研究中得到广泛证实。人类极容易受到"自动化偏见"的影响,指的是即使人能够认识到情况需要另一种选择,也更倾向于计算机判断。[1]据研究,算法的自动化决策系统使用"超级推理",能够以微妙而有效的方式塑造用户的感受和行为,破坏个人的独立判断力。[2]判断过于关注人是否参与的形式则可能造成损害实质正义的结果。

3. 算法解释权适用应限于重大影响之决策

适用算法解释权的自动化决策必须对相对人具有法律效力或重大影响。[3] 算法自动化决策广泛应用早已对人类生活方方面面产生影

---

① Carr N. The Glass Cage: Where Automation Is Taking Us. London, Random House, 2015.

② Yeung K. Hypernudge: Big Data as a Mode of Regulation by Design. Information Communication & Society 1, 2016: 118-136.

③ Mario Martini. DS-GVO Art. 22 Automatisierte Entscheidungen im Einzelfall einschließlich Profiling//Boris P. Phaal, Daniel Pauly, eds. Datenschutz-Grundverordnung. Munchen, C. H. Beck, 2017: 249-265//Sandra Wachter et al.. Why a Right to Explanation of Automated Decision-Making Does Not Exist in the General Data Protection Regulation, pp. 76-99.

响,但本着效率原则,算法解释权适用应限于对相对人产生重大影响的自动化决策。

对当事人产生法律效力较为容易判定,即对当事人具有法律上的直接影响,此类判定根据法律规定即可。例如,自动化决策是否批准当事人的假释申请,判断当事人获取福利的资格。但是一些公认对相对人具有较大影响的自动化决策,如在线信用卡申请和自动化招聘,其对相对人的影响是拒绝相对人签订合同,很难谓之为具有法律效力。此类自动化决策可以归类为具有"重大影响"。"重大影响"的判定应考虑多种因素。尤其是对相对人不利的决策是否具有"重大影响"还应结合当事人的具体情况,如拒绝批准贷款对经济条件较差的人可谓重大影响,对相对经济条件较好的人则可能不构成重大影响。此外,还应结合自动化决策是否具有可替代性。如果做出自动化决策的算法使用者垄断程度较高,则更易被判断为重大影响;而如果具有较强可替代性,则不构成重大影响。自动化决策具有"重大影响"的标准应结合实践逐步依靠判例发展规则体系。

综上所述,适用算法解释权的自动化决策应为对相对人具有法律效力或重大影响的,人类参与未达到必要比例的评价类算法。以上适用条件的限定既提供给相对人以救济,又能防止算法解释权的滥用给自动化决策使用者增加过多负担。

(三)算法解释权的行使问题

算法解释权对于自动化决策使用者是一种法律上的负担,故应遵循法定的程序。庞杂程序的制度设计不是本文目的,仅在此列举几点基本构想。

1. 算法解释权的先行处理原则

算法解释权的行使应秉着算法使用人先行处理的原则。从行为动机上说,自动化决策使用者的相对人一般数量甚巨,出于避免出现大规模集体诉讼与自动化决策效率优化的需要,有动机进行自动化决策算法的纠错与调试。从能力上说,算法使用人与算法开发者对算法的规则、设计更为了解,也较司法机关能够更快地为相对人提供解释与数据更新。设立算法使用人先行处理的原则,一方面,可以要求当事人现行协商解决之后再进入司法程序,减少司法负累;另一方面,方便当事人,可以不经过烦琐的司法程序获得算法决策的解释,以及及时更新数据的权利。

目前的虚拟财产纠纷,电商平台消费合同纠纷等一般均由平台设置内部自治机制进行调节或由其根据内部规约做出纠纷解决决定,这也是互联网自治的发展方向。但同时用户力量过于弱小,消费者权益容易被漠视等问题也日益凸显。单独依靠内部规约来解决算法解释权问题极容易陷入与普通纠纷类似的境地。但评价类算法实际上具有类似平台范围内"法律"类一般规则的地位,显然要比用户之间的纠纷更为重要。因此,算法解释权的请求如果想在制度上得到算法使用者的重视,还需在算法监管、算法透明度等方面加强对评价类算法的预先监管,以及完善算法解释请求权与诉讼的衔接制度。

2. 算法解释权的程序要素

算法解释权的程序要素包括相对人提出算法解释权请求的程序,自动化决策使用者履行义务的步骤、方法、形式等综合要素。[①]

算法解释权不应由相对人提起请求即启动,而应设置一定的启动程序以排除权利滥用。那么是否应由相对人举证自动化决策结果错误,以启动算法解释权呢?这样的启动方式对相对人的负担过于沉重。相对人或需提供自我的正确数据,或需找到条件相当的其他自动化决策相对人以证明有错误可能。这两种启动方式要么需要相对人大致了解算法自动决策使用的数据和决策路径,要么需要花费时间精力调查其他人的情况。应设置满足前文的三个适用条件的情况下,相对人举证对自身有法律效力或重大影响,即可提起算法解释权。

相对人提起算法解释请求权后,自动化决策者有没有停止原行为的义务呢?既然算法解释请求权为质疑结果的请求权,自动化决策自不存在停止的意义。但基于自动化决策而生的状态,或暂停服务,或

① 马怀德. 行政机关赔偿协议程序. 法律适用,1994(2): 15-17.

取消资格等行为,应推定其为合理而不要求因算法解释权的提起而停止,直到生效判决推翻自动化决策。

自动化决策者提供的算法解释与决策原因应为书面形式,并应规定法定期限。一定的法定期限一方面督促决策者尽早履行解释义务,另一方面可使相对人在前置程序无法得到解释的情况下寻求诉讼路径的救济。书面解释应达到具有可理解性、相关性,即具有法律上的意义,不符合法定标准的书面解释应等同于未提供解释。

3. 算法解释权的举证责任

举证责任是加诸当事人的不利负担,其分配一定程度上决定案件结果。在现有的少数案件中,自动化决策的相对人或基于用户协议,或基于行政机关要求均需承担自动化结果错误的举证责任。考虑到相对人对自我正确数据的调用能力较算法使用者更高,应要求相对人提供正确数据,但证明标准仅为决策存疑即可,不应为决策错误,因证明决策错误对相对人加诸的举证责任过重。算法解释权的内容包含要求对算法本身合法性和合理性的审查,类似于因具体行政行为提起诉讼后,对抽象行政行为的附带性审查。应考虑将证明算法合法、合理、无歧视的责任分配给自动化决策的使用者和设计者,因为如果自动化决策具有歧视性,则需要多个自动化决策作为数据集才能得出歧视的结论。

算法解释权行使的程序设计需充分考虑自动化决策相对人在技术和力量上的弱势地位,不宜为其分配过多的程序性义务。此类程序上可参考行政诉讼的程序,将自动化决策使用者地位类比行政机关进行设计。除司法机关之外,算法具体决策的理由和情况的解释,应专门为审计算法创建监管机构,辅助司法部门为相对人提供专业技术帮助。

不同的制度具有不同的价值目标取向,而引导确定制度的价值目标取向的基因是它所要弭息的法律争议的性质。算法解释权是在产业发展效率和相对人保护平衡原则指导下的制度设想。虽然其具体规则设计并非本文篇幅能够胜任,但其目标的内容应分解消融在未来每一项具体制度设计中。算法解释权具体规则面临着重重障碍:技术方面,机器自动深度学习使得算法决策日益"黑箱化";制度方面、商业秘密、知识产权等仍有重重限制;经济方面,各国都在发展人工智能产业都不倾向于为其施加义务。如何在这些阻力下设计出兼顾各利益相关方的具体制度,是对立法者和司法者智慧的考验。

五、结论:实现人工智能时代个案中的公平正义

算法的法律规制是人工智能时代的重大法律问题,可同时考虑设置事前风险防范机制和事后问责制。现有思考多为事先机制,即提高算法透明度,设置机器伦理制度,让算法接受公众和专家机构的质询和评估。然而涉及事后监管的算法问责制时,复杂的智能和自主技术系统的法律地位问题与更广泛的法律问题交织在一起。[①] 机器深度学习等技术,算法的自主性和认知能力不断增强,自动化决策的可解释性、因果关系等原因,都使算法问责制面临制度设计的困境。但算法的问责制更能够确保有效地为造成的损害分配法律责任,对一个个具体受到自动化不利决策的个体来说,算法问责制可以彰显个案中的公平和正义。

算法问责制应是一个由多种权利构成的权利束,而事后算法解释权是最为核心和必要的一支。本文就是为了应对自动化决策广泛应用,而相对人权利无从救济的困境,对算法解释权的正当性从私法领域进行理论证成。在穷尽现有法律资源仍无法实现救济功能的情况下,算法解释权作为人工智能时代风险分配的方式和对算法权力的规制,具有不可替代的实践效用性。这样的算法解释权的内在构造具有独特的内容要求和双层架构,并且其适用范围、行使程序等具体制度

---

① 美国时间 2017 年 12 月 12 日上午 9 点,电气电子工程师协会(IEEE)于全球发布第2 版"人工智能设计的伦理准则"白皮书("Ethically Aligned Design" V2),其中提到了算法问责制的法律框架,提到自动化决策时,指出政府和行业利益相关者应该确定哪些决策和操作决不能委托给这些系统,并制定规则和标准,以确保人类能够有效地控制这些决策,以及能够有效地为造成的损害分配法律责任。http://standards. ieee. org/develop/indconn/ec/autonomous_systems. html,2017 年 12 月 13 日最后访问。

均应在兼顾效率和公平的原则下进行设计。人工智能和算法的知识具有较强的专业技术性,且在短期内无法广泛普及,我国互联网法院的设立开创世界互联网司法先河,对于未来算法解释权相关纠纷也是较好的解决思路。可考虑设立专门的互联网法院且由专门的算法技术机构予以协助,使算法解释权从制度设计到具体实施得以实现。

(原文载《法律科学》,2018(3):67-76。)

26 法律的"死亡"：人工智能时代的
法律功能危机

一、法律的独特功能：深度不学习与规范性期望

    人工智能时代的法律区别于以往，将发生何种意义的演变？ 在何种意义上，我们说法律可能面临"死亡"？ 本文试从一个核心概念入手，探讨法律的功能性变迁及其内在危机。

    这一核心概念即今天在人工智能领域至为流行的"深度学习"（Deep Learning）。[①] 在此概念基础上，本文从功能性的角度揭示法律最为核心的特征，即"深度不学习"，也即通常而言的法律"规范性"。所谓规范性，乃对应于认知性和事实性的概念。[②] 简言之，当社会期望失落，当他人未能按照预期相应做出行动，没能按照法律规定执行的时候，法律一定要通过暴力威慑或制裁机制，强行维持其规范性权威，

---

* 北京航空航天大学人文社科高等研究院副教授。

    ①   除了深度学习之外，AI领域还包括强化学习、监督学习、无监督学习、迁移学习等。可参见［美］古德费洛，本吉奥，库维尔. 深度学习. 赵申剑，等译. 北京：人民邮电出版社，2017；［英］弗拉赫. 机器学习. 段菲，译. 北京：人民邮电出版社，2016.

    ②   卢曼指出："在规范的功能性概念中——规范乃是作为一种反事实性的、被稳定下来的并且关于行为的期望——尚未蕴含任何关于规范会被遵守或者不被遵守，其背后所隐含的动机的先在决定。正好相反：倘若规范要满足其功能，则这些动机不应被纳入考量。"（德）卢曼. 社会中的法（上册）. 李君韬，译. 台湾：台湾五南图书出版股份有限公司，2009：159.

而绝不因为期望的失落,对期望中的规范性预期,做出认知性的实用调整。正如卢曼所言,法律的功能既不是社会控制,也不是惩罚犯罪,法律最为核心的功能乃是维护社会规范性期望的稳定。[①]

也就是说,法律和人工智能不同,它不能采取深度学习的态度,时刻根据外界信息、参数或标识的变化,灵活调整它的规范、原则和价值。朝令夕改,则无以措手足。法律最本质的特征,即"深度不学习"。这一核心特征的形成来自于法律所面临的先天悖论:法律必须对一系列不可决定的事务做出决断。[②] 正是矛盾无法解决,才需要法律给出终局判决。由于当事人无法通过武力、经济和伦理方式解决纠纷,法律才必须对不可决定的事情做出决断。在这个必须做出决断的时刻,法律最大的功能特征即体现为"不学习":法律不再参照外界的各种地位、关系、信息、参数和数据进行反馈式调整,不会考虑当事人的情感或道德诉求,也不会参照当事双方的经济状况及其财政效果,更不会采取科学实验推理的方法模拟法律结果,而是必须"照章办事",严格按照法律条文来断案。

经典研究已揭示,在人类历史上,无论中西方文明,法律从早期的巫术、神判、占卜、决斗开始,实际都采取了此种深度不学习的功能态度。[③] "龟为卜,策为筮,卜筮者,先圣王之所以使民信时日、敬鬼神、畏法令也;所以使民决嫌疑、定犹与也"[④];"皋陶治狱,其罪疑者,令羊触之。有罪则触,无罪则不触"[⑤]。西方法律史上,诸如热铁法、热水法、

---

① 可详参卢曼关于法律功能的专章论述,(德)卢曼. 社会中的法(上册). 李君韬,译. 台湾:台湾五南图书出版股份有限公司,2009:152-193.

② "禁止拒绝审判"是司法的核心原则,法院必须基于法律上的理由,对在其面前提出的所有诉讼,都做出裁判。正如卢曼所说,只有法院才在必要的时候,将不可界定性转化为可界定性。可参见[德]卢曼. 社会中的法(上册). 李君韬,译. 台湾:台湾五南图书出版股份有限公司,2009:356,第七章"法院在法律系统中的地位".

③ [德]卢曼. 社会中的法(上册). 李君韬,译. 台湾:台湾五南图书出版股份有限公司,2009:280-288.

④ (汉)郑玄注. 礼记正义. 上海:上海古籍出版社,2008:曲礼上第一.

⑤ (东汉)王充. 论衡. 上海:上海人民出版社,1974:卷十七是应第五十二.

冷水法、吞食法、摸尸法、决斗法，更是不绝如缕。① 尤其在早期文明中，由于技术手段落后，法律不学习的"野蛮"特征就尤为突出，必要时就诉诸神秘的巫术、无常的命运或冷酷的暴力来形成法律裁断。即使到现代理性法时期，对于疑难案件，由于彻底还原事实真相或适用法律的困难，仍然需要法官的自由心证或陪审团裁决，需要在必要时采取不学习的态度，对案件做出终局裁决。

由于社会的高度复杂化以及由此带来的大量疑难案件，无论采用金钱赎买的方式（如欧洲中世纪早期的赎杀金制度），还是采取家族复仇和同态复仇，不仅社会成本和负外部性高企，而且还将陷入人人自危的丛林状态。② 至于非诉讼纠纷解决（ADR），除了成本因素，也需特定熟人社会或稳定社区的基础。在进入现代社会后，对于疑难案件，上述方式都难以可行。那么，是否可以采取"科学学习"的方法，也即认知性、实验性的方法？通过设置模拟性实验，提出新假说、新工具、新方法，来反馈式地调整假设，根据认知变化和实验结果，对于原先的期望做出调整，进而形成新的结论。如此行之，"学习成本"是极为惊人的，如此采纳科学学习的方法处理各种争端，势必陷入极大麻烦。社会矛盾的积累不容许如此从容的"学习"，不允许经由认知性过程，依赖认知工具的改进，通过实验模拟过程，一步步修正和论证，最终才做出"可证伪"的认知性科学结论。③ 更关键的是，休谟对认知和规范所作的经典区分，科学学习揭示的"是什么"（Is），无法推出社会规范意义的"应当是什么"（Ought）。④

法律过程因此是一种深度不学习的制度安排，是高度反认知性的规范化操作技艺。如果每一次沟通都需要通过"学习"来验证各种身

---

① 有关神明裁判、共誓涤罪裁判和决斗裁判：［美］伯尔曼. 法律与革命. 贺卫方，高鸿钧，等译. 北京：中国大百科全书出版社，1993：57-100.

② 有关血亲复仇、赔偿金（Bot）和赎杀金（Wer）制度：［美］伯尔曼. 法律与革命. 贺卫方，高鸿钧，等译. 北京：中国大百科全书出版社，1993：57-100.

③ 有关科学的可证伪性标准：［英］波普尔. 猜想与反驳：科学知识的增长. 傅季重，等译. 上海：上海译文出版社，2005：361-390.

④ 有关"休谟法则"（Hume's Law）：［英］休谟. 人性论. 关文运，郑之骧，译. 北京：商务印书馆，2005：509-510.

份、事实、时间和权利状态，那么社会沟通势必遭到阻碍。因此，必须借助类似法律这样的"不学习"机制，通过各类第三方法律机构的认证、判决和裁断，来保障社会沟通进程的顺畅。这与人工智能"深度学习"所代表的认知性操作技术正好形成鲜明对比。法律不学习的根本目的正是为了化约社会的高度复杂性，从规范化的角度将学习带来的没有止境的认知链条暂时切断。在人类社会演化中，经常需要切断这一认知性和共识性的链条。如果一切社会沟通都需要通过学习达成共识，将成为阻碍社会演化的沉重负担。古代社会的共识形成具有便利条件，而当发展到高度复杂和分化的现代社会，共识成本已不可同日而语。

所以，众多法律制度发展都是用来斩断此种社会沟通的共识需求。例如，法律上的所有权制度（Ownership），其实就是对财产占有在所有主体之间所需达成共识的一种切断。① 所有权设置之后，所有权人无须再和所有非所有人——谈判来达成产权共识。法律所有权切断了此种共识获取的必要，直接赋予财产在规范上的法律效力。国家暴力威慑确立了所有权的权威，中断了社会共识通过认知性学习持续获取的必要，赋予了财产具有规范性权益的共识。所有权制度只是其中一例，除此之外，包括法定物权、合伙、法人、契约、侵权、犯罪、知识产权等各种法律类型，都在特定领域承担了此种切断共识获取的功能。这使高度复杂的社会沟通避开了进行持续认知性学习的必要。②

只有通过法律不学习，才能有效化约社会复杂性。为了适应社会的高度复杂性，也需要增强法律系统自身的复杂性。必须通过法律自身的高度复杂性，才能化约社会的高度复杂性。法律通过内部学习的方式，维持它以不学习方式化约社会复杂性的规范化功能。这事实上

---

① 托依布纳通过对卢曼的引用指出，所有权意味着"切断对共识的要求"，这是特定沟通能够成功的前提。［德］托依布纳. 宪法的碎片：全球社会宪治. 陆宇峰，译. 北京：中央编译出版社，2016：131.

② 正是因此，卢曼说只有法律规范才使不学习失去病理性质。在卢曼看来，法律系统是社会的免疫系统。［德］卢曼. 社会中的法（下册）. 李君韬，译. 台湾：台湾五南图书出版股份有限公司，2009：621.

正是当代法律大爆炸的根本原因。尤其是现代法律，必须通过内部的深度学习来维持其对社会深度不学习的功能方式。概言之，法律乃是一门同时结合内部学习和对社会不学习来维护规范性期望的特殊技艺。

人类法律起源于古老的占卜活动，占卜产生了最早的文字，随之产生了吉/凶这样的源初代码。[①] 实际上，吉/凶就是规范性的二元代码。对占卜人提出的任何疑问，卜辞都直接给出吉/凶的决断，这种决断是反认知性的，没有任何"科学性"可言。占卜所实现的，因此也就是一种法律的功能。当有疑难案件需要占卜，卜辞直接就会给出"法律"上的决断，吉/凶即为合法/非法。实际上，一直到今天，法律这种不学习的类占卜术的规范性特征都没有被根本改变。法律一直是通过对社会不学习的功能方法，来维护社会的规范性期望稳定，从而实现其特殊的功能。

二、智能机器社会的崛起：小法律、实验法、区块链和智能合约

但是，在人工智能带来的机器学习潮流之下，当法律遭遇代码和算法，当法律代码化，当代码法律化，当代码逐步接管法律，当法律由于机器学习带来的学习能力的急剧提升和学习成本的急速下降，其独特功能就遭遇到深刻挑战。

我们通常所谓的机器学习的要义是：对于某类任务 T 和性能度量 P，在 T 上以 P 衡量的性能随着经验 E 而自我完善。[②] 简言之，机器学习实际上是一种从随机数据中提取模式的方式（Extract Patterns

---

① 文字在占卜中的使用，为其自身带来了在全社会范围的传播。在早期文明的发展中，法律问题展现为占卜问题，也就是说，它们展现为这样一些问题：要去发现发生了什么事情，以及去发现，在与有利和不利情况进行的紧密类比中，罪与非罪如何被分派。在为了占卜目的发展起来的复杂知识中，最早就有了法律的参与。正是因此，汉谟拉比法典就不是通常理解的制定法，在"若-则"的形式中，它对应着占卜的通常规则。（德）卢曼. 社会中的法（上册）. 李君韬，译. 台湾：台湾五南图书出版股份有限公司，2009：280-288.

② ［美］米歇尔. 机器学习. 曾华军，译. 北京：机械工业出版社，2008.

from Data)，与规范性方法不同，它是一种建立于学习性、描述性和统计学基础上的定量方法。它的机理在于将新增加的信息和之前形成的记忆不停进行综合，从动态的随机数据中临时建立相关性的模式，进而做出当下的判断。这种学习过程需要通过感知不断收集新的信息，同时经由记忆的储存调用历史信息，最后基于当前状态对未来做出预测并行动，从而改变现有系统的运行。也就是说，机器学习是一种自我适应和自我改进的反馈机制，它以当前的运行作为下一步指令的基础，根据实际的状态而不是规范的预期作为策略选择的依据。这就与法律不学习形成了鲜明对比。因为，法律不学习始终是以一整套固定的符号系统来维持规范性期望为目标。如果说机器学习是一种基于统计学的随机性控制，那么法律不学习则是致力于逻辑确定性的反认知性技艺。

法律不学习是因为世界的高度复杂性，它必须借助不学习的规范化机制来化约这种复杂性；而机器学习则预设了世界的离散性（Discreteness），它假定世界可以被一种数学机制来完全化约。正如著名的丘奇-图灵论题（Church-Turing Thesis）就宣称所有足够强的计算装置都可以相互模拟，正是在这个意义上，法律系统也认为可以被机器学习所模拟。①

李晟博士对机器学习给传统法律实践带来的影响做出了深入的说明，他指出，在智能机器的法律学习中，每一个当事人数据的输入都不再是孤立的数据，而是会成为机器学习的内容，并发展出处理未来数据的方法。在法律活动的参与者与提供法律服务的人工智能之间，就会形成密切的互动。当事人获得人工智能依据数据输出的反馈，做出自己的行动决策，而决策本身也形成新的数据供人工智能进一步学习。② 这就深刻改变了传统法律的运作特征，因为传统法律的不学习是通过规范性预期的稳定来实现法律的功能，它在意识形态上建立了对这种法律规范性封闭运作的信心，因此只需在"合法/非法"这样一

---

① 尼克.人工智能简史.北京：人民邮电出版社，2017：196-197.
② 李晟.略论人工智能语境下的法律转型.法学评论，2018(1).

组二元代码中执行法律的运作,并有意与日常经验和实践反馈拉开距离。机器学习的逻辑则与之不同,它会通过各种大数据、身份虚拟账户、评分系统、智能算法的技术装置帮助,形成对法律主体持续追踪认知、认证、评价、识别和反馈的学习性网络。① 正是由此,各种控制论、系统论、信息论、演化论、博弈论、概率学、复杂性思想和统计学方法正在不断侵入法律领域。

也就是说,随着智能机器社会的崛起,人类法律正出现一个从牛顿式的大定律-小数据向默顿式的大数据-小定律模式演变的趋势,正在从 UDC(不定性、多样性、复杂性,Uncertainty, Diversity, Complexity) 的社会向 AFC(灵捷、聚焦、收敛,Agility, Focus, Convergence)的方向演化。② 也就是说,传统的法律不学习实际是基于牛顿的经典力学模式,它根据统一化的"大法律"来整齐划一地规范各种"小事件",它需要通过不学习人为地简化和收敛各种复杂场景,化约社会沟通复杂的事物、社会和时间维度,以更好地实现韦伯有关法律成为自动贩卖机的理想。智能化的机器学习则开始从海量的"大数据"中根据特定的场景、语境和实用的需要,随机提取特定的"小法律"来形成对行为的反馈机制。在这种情形下,"数据"甚至不必是实际发生的案例,而可以利用各种基于代理的模拟仿真技术(Agent-Based Simulation),或通过智能生成性对抗网络(GANs Generative Adversarial Nets)来人工地生成海量数据并以此进行预测性和实验性立法。一方面,通过去语境的信息化模式提取出特定规则;另一方面,通过模拟仿真进行动态观察和效果评估,再模拟各种虚拟场景,并在此过程中生成各种具有学习性特征的"小法律"。这些学习性的"小法律"同时具有规范性和认知性特征,可以通过给定目标,通过设置一系列变量及相关的变化概率,模拟建立包括一系列行动者、互动规则和各种动态环境特征在内的法律推演,来同时实现描述、预测和引导社

---

① 胡凌.超越代码:从赛博空间到物理世界的控制/生产机制.华东政法大学学报,2018(1).
② 王飞跃.人工智能:第三轴心时代的到来.文化纵横,2017(6).

会沟通、建构法律动态模拟过程和结果的功能。这种意义上的学习性法律，就可以突破事实和规范的二分，通过科学学习改造通常认为不可以学习的法律等规范化领域。

不学习的法律可以应对一个具有高度确定性的社会，但是随着贝克所言的风险社会的到来，社会交往的复杂性和不确定性急剧提升，如果继续沿用不学习的法律，主要基于事后规制针对特定当事人进行治理，势必难以应对风险社会的各种问题。风险社会的风险效应一般不止于当事人，而事后规制会造成无可挽回的后果。正是因此，必须让法律逐渐取得更高的学习属性，能在事前甚至即时性地进行反馈式规制，这就可以推动各种学习机制和实验式治理方法在法律中的应用。在风险社会中，法律再不能只是一种不学习的规范性技艺，相反，它必须随时根据新的信息和情境认知性地进行自我调整，以适应各种风险和变化，甚至根据实验模拟的结果来调试和出台新的法律规则。①

贝克对此作了深入说明，在风险规制中，学习的要求会逐渐变更传统不学习的法律对于确定性、普遍性、一致性这些价值的追求，以便更好对基本权利进行动态性的保护。例如，在德国，就已经出现一系列学习性的法律机制：第一，弹性化与暂时性处理，如制定临时性规范、附变更保留的规范、赋予观察义务。根据风险的最新变化，行政机关可事后修正、变更先前的风险决定、给该决定课予事后的负担。法律学习会更多从程序法原理来重构，如让生产经营者承担对更好知识的观察义务和事后改善义务。第二，将某些法律去实质化，法律仅做出一般指引，采用"接纳性概念"，在法律中规定"一般承认的技术规则""技术水准""学问和技术的水准"等原则。这样，就在法律不学习的基础上开放了根据科技发展水平变化进行学习的空间。第三，扩大行政机关的任务，授权其制定规则并负责执行，改变对法的明确性要求。让行政权更多担当法律学习的功能，建立做出判断（风险评估）的法定程序和组织。第四，将法律程序视为一种"社会理解的过程"，而不再是法律机构单边自上而下的规制过程。风险的复杂性、科技的动

---

① 王贵松. 风险社会与作为学习过程的法. 交大法学, 2013(4): 172-175.

态性和学习的过程性,要求各方主体都围绕法律过程进行风险沟通,从而提高法律的学习性。①

可以看到,从晚近以来,伴随着从压制型法到自治型法再到反思型法的发展,法律的学习性早就在不断彰显。② 例如,在德国,目前就出现一种新型的法律,即实验法(Experimentalrecht)。"实验法"之所以被形容为"实验",是因为它具有下述两个不同于以往法律不学习的核心特征:第一,它设有期限;第二,伴有评估措施(评估的义务、评估委员会的设立、评估报告的制作)。③ 这种具有高度灵活性、机动性、过渡性特征的"实验法",无疑是对以往有关"令行禁止""有法必依"这些法律信条的深层次挑战。

当下,智能社会的迅速崛起则会从根本上推动法律的学习化转向。我们可以从人工智能、区块链(比特币)、虚拟现实、智能合约这几项革命性技术的交叉演化来审视它对法律功能变迁将带来的深远影响,并且,法律智能化的迅速发展也将深刻改变法律的规范主义特征。

首先,各种数字智能技术的交叉兴起导致世界社会分化趋势的加速。区块链就可以视为一个正在演化的新社会系统,按照卢曼社会系统理论,当前的区块链已经形成一个完整的系统生态:它形成系统/环境的区分(通过共识算法和独特的证明机制)、独立的时间维度(每10分钟为时间单位的区块生成速度)、独特的运作媒介和加密手段(哈希计算和时间戳)、特定的二元代码(记账/不记账)。在这样一个新的区块链世界中,还可以进一步搭载人工智能、虚拟现实等技术,在技术

---

① 王贵松. 风险社会与作为学习过程的法. 交大法学,2013(4):174.

② [美]诺内特,塞尔兹尼克. 转变中的法律与社会:迈向回应型法. 张志铭,译. 北京:中国政法大学出版社,2004.

③ 德国法学家迪·法比奥(Udo Di Fabio)指出,必要的实验法成为事物本质上要求法律动态地比照学问发展的行为形式。实验法虽然用规范予以确定,但面向未来开放着修正的可能性。王贵松. 风险社会与作为学习过程的法. 交大法学,2013(4):174-175.

推动下,区块链理论上可以将所有人和事物都陈列到虚拟网络世界的"货架"上,面向智能技术进行统一标识,并确保标准化的智能操作。技术变革必然涉及新财富的创造和旧财产的重新分配,而区块链技术的革命性就在于它实际上正是一种价值协议,它不只是关涉现实世界财产的数字化问题,而更是解决了虚拟世界资产的创造、分配、定价和交换问题。例如,比特币作为区块链技术的首要应用,就解决了虚拟世界的货币化问题。

顾名思义,传统法币是一种基于法律权威的不学习货币,它由国家主权进行信用背书,强制赋予它唯一合法的货币地位。比特币则是一种学习性的货币,它奠定在学习性的代码、算法和技术协议之上,因此,在比特币中适用的"法"实际不再是外在的法律文本和规范,而是内嵌于区块链系统的数字协议,"合法/非法"是根据数字签名(非对称加密算法)自动加以识别的,而不再诉诸立法和司法机关的相关规定。可以看到,区块链技术作为一种有关价值生成和确权的协议,其实正是一种新型的"法律"共识机制和确权手段。依靠具有学习进化能力的数字加密技术,借助由特殊算法保障的去信用、去共识化的技术手段,它可以即时地生成和确认某种价值和权利的归属,这可以有效取代传统法律的规范性确权的功能。它是深度学习的,同时又将学习时间压缩到忽略不计的程度,相比不学习的法律,它在效果、效率、成本方面都有明显优势,并且更具"科学"层面的说服力。在区块链技术迅猛发展的趋势下,传统的法律规范手段如何继续保持其竞争优势?

其次,再以新商人法和智能合约为例。古代商人法主要是一种习惯法,它基于历史形成的商人共同体来解决合同的信用和效力问题;而现代商人法的载体则主要是标准合同,特别是在跨国商业合同领域,如托依布纳所言,它通过各种外部化机制比如指定仲裁机构的方式,实现合同效力自赋的悖论转移,其推动者主要是各类跨国公司和跨国律所。① 无论是古代商人法还是现代商人法，它们都是基于不学习的法律，都需要通过规范化的方式进行效力赋予。依托区块链技术的智能合约则提供了商人法的一个替代性方案，它将是合同效力自赋的全新升级，因为它可以通过智能技术的内部化方式直接取消效力自赋的悖论。只要触发事先设定的交易条件，合同就会被自动执行。也就是说，在类似的智能技术帮助下，以往我们熟悉的不学习的法律的特征、功能和模式，将面临全面冲击。智能合约会创建一个基于逻辑的自动执行结构，从而消除现实交易中对第三方法律机构的需求。双方一旦通过合约达成协议，合约就直接扮演仲裁者的角色，自动推动交易的完成。在这个过程中，法律被排除在外，不再是合法/非法，而是合约代码本身成为元代码。

可以设想，不远的未来，我们如何向手术机器人支付费用？如何对自动驾驶出租车付款？在物联网（IoT）平台上，智能洗衣机又如何向智能平台直接发出购买洗衣液的邀约？智能汽车如何向维修机器人支付修理费用，它又如何发起智能投保并与智能代理进行理赔谈判？对于这些可以预想的问题，事实上只有"区块链"，才可能成为超越以人类和法律为中心的传统操作平台，实现跨越人与人、人与机器、机器与机器的依托于智能算法的跨平台运作。在这些新的虚拟世界空间中，传统不学习的法律的作用将不断被边缘化。在这些新的虚拟世界中，利用各种智能技术，其便捷性和适用性会使传统法律在其中变得没有用武之地，不再需要法律来处理各种有关虚拟化财产的交易

---

① ［德］托依布纳. 魔阵·剥削·异化：托依布纳法律社会学文集. 泮伟江，高鸿钧，等译. 北京：清华大学出版社，2012：46. 在当代商人法实践中有三种解悖论的方法：时限、位阶和外部化（外部转移）：其一，它既包含实体性规则，也有规定如何将纠纷提交仲裁的"司法性"条款。其二，合同既是初级性规则，也是次级性规则，其效力自赋的悖论通过一系列的法律区分（如位阶、规则/元规则的区分）予以掩盖。通过将悖论放置到一个连续性运作的法律系统之中，通过设定悖论的时限，由此形成一个自我指涉的法律空间。其三，它还经由合同自我创设的外部化过程掩盖悖论：合同自己规定由合同外的仲裁机制处理合同纠纷，仲裁的正当性是合同自我赋予的。仲裁决定合同的效力，而仲裁的效力也由合同来设定，这就形成一种自我指涉的循环关系. 余盛峰. 全球信息化秩序下的法律革命. 环球法律评论，2013（5）：112.

和确权问题。智能技术通过自我学习的方式，可以更有效地执行并保证各种交易的完成。例如，目前的 Modern VR 平台就利用区块链等新兴技术，使虚拟财产所有权和交易更加安全。虚拟现实平台 Decentraland 则使用区块链来识别和指派虚拟世界中的土地所有权。[①] 由于 VR 的各种应用，现在虚拟不动产可以像现实世界的财产一样出售、租赁，并用于虚拟活动。从这些发展中可以看到，未来将更多是区块链技术而不是传统法律来规范虚拟财产市场，平行世界/虚拟世界的财产交易，难以接受现实世界法律的规制，而更容易接受机器学习的算法和代码规制。因为，虚拟世界高度随机性、即时性、可塑性的特点，决定了它难以通过不学习的法律进行控制，而具有深度学习能力的智能机器则可以更好地确保财产交易的效率和安全。如果说，传统法律的不学习机制主要应对的是现实世界的问题，那么面对一个正在涌现的多极和平行世界的治理问题，法律的形态必然面临转型。

最后，智能技术的发展也将以不同程度改变法律的规范主义特征。第一层次的智能应用，诸如法律检索、文件自动审阅、文件自动生成、智能法律咨询、案件结果预测等，还无法改变法律不学习的本质，因为它主要是通过法律信息化、信息流程化、流程自动化的过程，提高不学习的法律的运作效率。法律智能化的第二个层次，则是从"不敢违法"直接提升到了"不能违法"，诸如自动驾驶技术中的嵌入式代码（法律），就可以自动执行法律的预期结果，在事前就禁止了相关违法行为（如酒驾或超速）。诸如智能合约、欺诈智能识别系统等技术，则是法律智能化的第三个层次，即达到了"不用违法"的效果。也就是说，在原有技术条件约束下，合同效力需由不学习的法律来担保，但是现在，智能技术可以直接推动和保障交易完成，从而使法律完全失去用武之地。可以设想，随着智能技术和学习能力的不断提升，社会主体的各类信息都将数据化，所谓"法律事实"也将趋于透明化，证据链

---

① Decentraland 的英文官网介绍，https://decentraland.org/cn，2018 年 2 月 12 日最后访问。

的形成可以被机器学习捕捉,法律流程将更多以认知性需要而不是规范性要求作为规制的导向。

三、机器学习之后:法律功能的蜕变及其效应

(一)计算法学与法律社会科学的转向

法律一旦开始学习,它就会陷入霍姆斯的"坏人-预测"视角的悖论。因为,对法律运作的学习性预测,会深刻改变当事人的规范预期,使规范预期不再稳定,从而也就会相应改变当事人的动机和行为模式。也就是说,哈特意义上的法律外在视角(学习性)会解构法律的内在视角(规范性),观察和预测会直接改变法律系统的正常运作。这就与不学习的法律形成对比,因为不学习的法律所要做的正是切断观察者的预测视角对法律规范运作的影响,让观察者收敛在观察状态;而与之相反,预测性、学习性、认知性这种"坏人"视角的介入,则会让法律参与者和观察者的界限消失,霍姆斯意义上的"坏人"就会一步步改造哈特笔下所描述的"无知之人和迷惘之人"。①

这其实正是晚近以降法律全面社会科学化的背景。一方面,法律不断摆脱道德或伦理的负担,法律进一步代码化和算法化;另一方面,脱离具体伦理负担的法律,需要更加适应或者主动预测和引导精细行为的能力。这种深度学习法律转型的目标不再只是福柯意义上面向整个国家人口的生命政治,也不再是指向霍布斯意义上抽象和平的法律秩序,而是一个更接近边沁全景敞视的可以精细识别不同苦乐场景的功利主义理想。它所追求的也不再是总体性的"大多数人的最大幸福"此种意义的功利计算,因为,边沁和密尔时代的功利哲学仍然依托于相对粗放的法律算法。也就是说,传统法律实证主义只是将法律学习包含在每一次立法周期内,法律现实主义则主要聚焦于对法律事实的学习,而功利主义法学派虽然致力于将法律算法进一步精细化,但

---

① [英]哈特.法律的概念.张文显,等译.北京:中国大百科全书出版社,1996:41-42.

其仍然没有突破规范主义的传统，只是尽力在规范一致性、司法确定性和处理结果可接受性这些矛盾要求之间寻求平衡。实际上，法律社会科学化所要应对的核心问题，就是法律不学习和学习之间存在的深刻悖论。

当前正在发展的计算法学建立在智能学习技术以及将自然法律语言全面人工化的技术意识形态。[①] 可以说，计算法学将是法律社会科学发展的终极版本。从其背景而言，整个社会计算能力的过剩，消解了过去由计算力稀缺所带来的全面深度学习的难题。由于计算力过剩和冗余的不断加剧，法律计算化的技术冲动会不断侵蚀传统法律的规范主义地带。在此背景下，富勒描绘的作为法律内在道德的一系列指标性特征都会遭遇挑战。[②] 换言之，传统法律只是一种简约而粗糙的算法（典型如《法国民法典》），它虽然为避免决疑主义而提高了化约的效率，但也因此无法做到精细。在实践中，那些"有待填空"的法律条款给执法者和法官留下广大的裁量空间，由此带来的专断或腐败颇受诟病。那么，当人工智能和计算科学的发展使计算能力不再稀缺，当算法比不学习的法律能以更为低廉的成本更为高效、精确和便捷地实现各种治理目标，就势必推动作为法律算法的全面兴起，与此对应，作为算法的法律则会开始衰退。

（二）法律空间的多极化与平行化

现代法律主要围绕主权空间展开，它依循政治国家和市场社会的二元空间建构公法与私法体系，在此结构下，国际法和家庭法的特殊性就在于主权空间与其空间关系的暧昧性。也就是说，现代法律的空间结构是依托国家公权力的宪法空间效力辐射实现的。这也正是法律不学习背后的主权保障机制。但是机器学习的技术发展将会推动

---

① 赵精武，丁海俊.论代码的可规制性：计算法律学基础与新发展.网络法律评论，2017，19.

② 富勒列举了法律道德性的八项必要条件：一般性、法的颁布、法不溯及既往、清晰性、无矛盾性、不要求不可能之事、连续性、一致性.［美］富勒.法律的道德性.郑戈，译.北京：商务印书馆，2005：40-111.

法律与主权的脱嵌化趋势。法律不再完全依靠由国家主权保障来实现其不学习的规范化机制,法律的去主权化完全可以依托各种学习性、去中心、分布式的数字技术实现。换言之,一系列算法机制会不断催生各种类型的"私人订制"的法律。法律不再只是主权威慑下令人"不敢"违法的形象,同时还会包括由各种代码实现的"不能"违法、由各种算法实现的"不用"违法的现象。例如,针对个体的法律诊疗、行为矫正、制裁和惩罚,针对特定公司的特定规制,针对不同个体的侵权保险机制,等等。以往,不学习的现代法律天然反对歧视(Discrimination),而法律学习化则首先会诉诸于更为精密的区别对待技术。也就是说,现代的法律不学习根据统一的权利和行为能力建立平等对待和尊重的反歧视性标准。这些反歧视标准不管是基于古典自由主义的占有性个人主义,还是德沃金式的平等关怀与尊重的理念,在机器学习的视角下,它们都会褪去神圣性的光环,而被视为只是在计算力和学习能力屡弱的背景下解决社会矛盾和纠纷的一种相对低成本和低效率的工具。

法律不学习依托于由国家暴力机器支持的主权空间(合法化的不学习),借助惩罚的威慑,霍布斯的利维坦设想就是希望将现代世界的复杂性化约集中到中心化的政治主权和法律规范维度解决,通过绝对主权的建立,特别是暴力手段的合法化垄断,通过不学习的法律来化约世界的复杂性。机器学习则依赖于技术的智能反馈机制,其规制是自主执行的。由于这个原因,现实空间和虚拟空间将会遵循两种完全不同的规制及其正当化机制。伴随着虚拟世界的进一步分化,围绕着现实和虚拟的多个平行世界展开的"主权性"冲突将会不断升级。现代法律的不学习主要通过政治民主的可问责性获得正当化,而当法律不断被代码/算法替代,逐渐被黑箱化的算法/代码规制取代,民主机制也会伴随现实法律空间的瓦解失去用武之地。现代法律通过民主化机制使其不学习的面向得到公共商议的平衡,不同利益和价值通过政治商议予以讨论和修正,主体间的民主商议确定了社会交往的基本规则;相反,"学习性"的代码/算法机制则可能依据某种编狭的技术或价值理性,受控于缺乏民主机制过滤的治理、资本和技术逻辑,从而使其走向实质的"不学习"。与民主性相关的一系列现代法律价值，诸如公开性、确定性、明确性、统一性、可知性等，都会跟随民主一起在虚拟世界空间面临解构的危险。

更进一步，机器学习的演化还会继续瓦解主权国家对法律规范性的垄断，因为机器算法本身无法被主权垄断。相反，它可以被不同的技术平台占有，主权算法因此会不断被各种机器算法取代。这也就意味着"法将不法"或"多龙治法"的现象会持续涌现。在此过程中，传统的公法-私法二元框架就会伴随国家-市场-技术架构的深刻转变而蜕变，以主权国家为空间平台的规范化机制，将被各种新的跨国家、超国家、亚国家、区域性、平台性、私人性、随机性、部落化、区块化的空间算法机制取代。

更大的问题还在于，我们过去所熟悉的法律都是在一个统一的"现实世界"的想象中创建的，而当虚拟和现实的空间界限被打破，当世界的"多极化"趋势加速，当多元的世界之间不再有一个具有压倒性的政治空间拥有最终的决断权，这就会给法律的权威带来根本的挑战。由于失去一个统一化的政治和法律空间，我们很难再对不同空间的秩序构建做出一致性的协调和安排，从而就会陷入一种丧失价值衡平的"碎片化"治理。在传统法上当然也存在"主权"的冲突问题，但是，国际空间距离的缓冲，法律冲突在时间上的错开和延迟，这使冲突能够比较有效地在"国际法"维度下处置。但是，新的"主权性"冲突将失去这些缓冲保护，由于人已不可避免地同时生活在这些实时连接的不同世界，"法律身份"将变得空前多元、模糊和充满张力。空间上，一方面是规制自然世界的"物法"，一方面是规制社会世界的"人法"，又同时是一个规制正在崛起的人工世界的"网络信息法"。这种多重平行的世界社会的空间结构又镶嵌在一个由主权、亚主权、超主权和跨主权构成的传统法律空间中，这同时激化了在此种平行法律空间结构中生成的时间意识的复杂性。

（三）法律时间的倒置与映射

法律从一种不学习的自治型法向一种学习的反身型法转变，首先就会带来法律时间观念的革命。如果说,古代法是从过去到当下的涵摄,现代法是由现在指向未来的规范,那么学习性法律则会实现从未来到当下的映射。因为,基于机器学习的法律规制虽然也会基于过去的规则和判例,但更多会趋于面向未来、预测未来和引导未来。这种时间意识的转变会从根本上改变法律的不学习特征,也会进一步升级实用主义和后果主义导向的法律范式。进言之,法律不会只是从基于过去和规范主义的时间视野向未来和后果主义的视野转变,而将是一种从当下的未来到未来的当下之时间意识的根本转变。这是一种依托于信息主义范式的人工社会世界或者说平行虚拟世界兴起所带来的时间意识的蜕变。空间结构和时间意识的变化会形成相互激荡之势。上述多重平行世界的空间交错会不断推动法律从依据过去来稳定当下从而规范未来的时间技术,转变为一种依据想象的未来或者预测性的模拟仿真来引导当下从而重构历史的规制模式。

(四)财产形态的转变:从物的所有权到财产的可进入

正如从物权中心到债权中心的演变,核心生产资料从土地、矿产和劳动力向算力、智力和数据的转变,主要产权对象从有形物质向无形信息的转移,都提供了法律对财产更为灵活操作的基础。传统法律之所以不学习,部分源于物权变动天然受制于不动产的不可移动性以及动产移转的安全性问题。财产不是处于真空之中而是深深嵌于自然与社会网络,因此以往只能用一种相对静态的规范化机制来维持财产的安全性。信息作为一种财产,则可以被抽离出具体自然和社会的语境,摆脱有体物稀缺性的限制而自由增值和流动。近代实证法的兴起因资本主义条件下财产流动性的极大增强,但它仍然主要围绕以土地和劳动力为主的生产性资本形态,实证法的学习性因此只能被固定于不学习的规范化机制。财产的信息化、知识化和虚拟化则为法律的学习化、代码化和算法化提供了基础性的社会经济条件。财产不再内嵌于社会网络,而是从属于一个以货币为代码的经济系统,从属于一个以代码为中心的可以虚拟化操作的技术系统。这些提供了作为上层建筑的法律进行学习化转型的经济和技术基础条件。作为物的所有权（Ownership），开始被作为财产（Property 作为某种属性/性质，而不是实体）的进入（Access）所取代。由所有权的"不可侵犯"所促成的法律不学习，现在开始被作为财产权的"可进入"所推动的法律学习取代。法律经济学正是法律和产权由不学习向学习性转变在法理学上的典型呈现。

（五）无须法律的信任：从人格信任到制度信任再到机器信任

随着人类文明发展，世界的复杂性不断增强，它不再是一个预先被确定和规范的结构，这对信任提出了严峻的挑战。法律首要解决的其实正是信任问题，它以不学习的方式来化约世界复杂性，将其压缩为按规范性逻辑来定位的形式，由此来限制各种风险，并确保信用的稳定。信任因此是一种社会关系，而社会关系的建立则依赖于特定的规则体系，这些规则体系作为制度中介，通过法律人格、意思自治、主观要件、法律责任等一系列概念，使信任在法律符号上变得可操作。因此，在交易合同的签订过程中，其实不是信任在发挥作用，而是法律对信任在规范上的重新诠释和强化，法律及其制裁机制有效地塑造交易者的动机，从而使交易过程摆脱对于特定对象的信任。

古代的法律不学习是将某些禁忌和规范设定为神圣不可侵犯，借此来塑造期望的结构和动机的模式，从而支持信任的生产。进入现代社会之后，则更多是通过抽象的制度来提供这种功能，除了法律之外，货币、科学也扮演类似角色，这些抽象制度使信任脱离了特定的人格，从而使社会信任可以依靠抽象制度生成。① 它使信任变成一种系统性的反馈机制，使人格信任转变成系统信任。这种抽象的系统信任不再去学习具体的语境来吸收风险，而是将其加以普遍化处理，从而解决每件事都必须重新建立信任的难题，这为期望的稳定提供确定性，为社会合作在更为复杂的维度展开提供机会。法律信任的特征又区别于诸如货币或科学信任，因为它是中心式的，通过建立各种科层化的

---

① 有关从人格信任到系统信任的演变，以及权力、真理和货币在其中发挥的关键作用：［德］卢曼. 信任. 翟铁鹏，李强，译. 上海：上海世纪出版集团，2005.

政治和法律组织,使信任的建构过程集中化,根据事先确定的规则来激活强制手段,并且在必要的时候诉诸于暴力。

传统信用附着于特定的制度结构,特别是法律制度,通过不学习的法律可以简化人际交往的不确定性,并担保信用的稳定。正是因此,各种法律制度特别是民商事法律都包含"诚信"条款(罗马法上的Fiducia)。机器学习的发展则使信任既不再需要基于人格,也不再基于制度,甚至是不再需要信任本身。在过去,主要是基于各种法律制度来提供信任的框架,它们通过一系列仪式、手续、步骤、条款、程序、制裁来建立信任的框架,由于交易无法克服时间的不同步问题,要约和承诺的兑现无法同时完成,因此特别需要法律以规范化的方式来解决这种由时间延迟带来的信息不对称问题。因此,只要是主权领土范围内的国民成员,就必须承认和接受官方法律提供的信任担保。但是,学习性的代码/算法的发展则使法律违约在技术上变得不能或不用,从而可以通过智能算法来即时性地解决或直接取消信任问题。

传统信用依靠法律、道德、组织等中心型权威的背书来提供,需要建立各种冗杂的官僚体系,需要各种耗费成本和人力的考核、评估、征信与公证机制。现在信用不再是简单的关于某个个人良好行为或声誉的规范性评价,而成为越来越细而无所不包的与事实相关的数据挖掘和概率统计。此时,更多的是需要机器学习来形成征信和计算,法律保障信用生产的规范功能也就被边缘化。在更为复杂和动态的社会中,社会信用不再是一个客观的常量,而是社会沟通在环境条件的约束下所达成的一种暂时的准平衡态,对于这种平衡态无法套用一个固定的规则,而更需要一种概率论和统计学意义上的"行为的语法"。区块链技术实际就通过一种智能机制,实现一种"无须第三方"的信任,这是"无须信任的信任",直接通过平等主体之间点对点(PEER TO PEER)的机器算法解决信任问题。以往通过法律实现的信用现在可以通过加密程序实现,以往通过权威机构作出的公证现在可以通过机器算法完成。或者说,韦伯所描述的卡里斯玛、传统和法理型三种支配类型,实际都有关信任的建立,都从属法律信任的范畴,而现在则出现一种超越韦伯视野的机器信任。它类似于斯密所说的"看不见的手"，因为它需要系统中的每一个节点只根据自身利益行事，就可以在机器代码和算法的帮助下自动解决自由和安全的两难问题。

（六）失调的调制解调器：技术、自由和法律的悖论

传统法律对于自由的保护方式包括为市场运行提供保障、对财产进行确权、对合同履行进行监督、对投资行为进行规制、为道德规范提供底线标准、为社会架构和现实空间的代码提供框架、方向和指引。最重要的是，法律可以在市场、道德和架构这些规制手段全部失效的情况下发挥最后的自由保障作用。法律不学习最为极端的形态就是死刑罪，它可以直接以消灭单个主体（Agent）自由的方式，把干扰社会沟通自由的噪声彻底排除掉。可以说，不学习的法律是社会规制自由最终的调制解调器。

"法不禁止即自由"，这一原则实际上也出自于近代治理技术的局限。不学习的法律无法将其触角伸到人类行动的每个领域，因此就将这些领域规定为"法律上的自由"。也就是说，现代的自由价值悖论依赖于一种技术上的"低效"，而当技术效率不再成为问题，它就可能一步步侵蚀自由的领地，将本来不被法律规制的领域转变为技术规制的对象。法律不学习建立在外部环境作为一种既定事实的基础之上，不管这些事实是自然法则、经济规律或是人性本然，法律面对的这一环境都是客观给定的，因此，法律的控制范围和深度有限；但是，机器学习却围绕着一种可以被人为建构、改造、干预和引导的"环境"展开，它"深度学习"，因而可以处于一种随时"立法"的状态。

正如莱斯格所言，"自由来自于使规制保持昂贵，当进行规制变得很简单或廉价时，自由就面临危险了"。[①] 也就是说，当规制技术廉价化，当"法律"不再昂贵，法律与自由的辩证关系也就面临深刻的挑战。自由当然需要法律的保护，但法律之手保持在一个合适的距离，这在传统上依赖于对行为/意识、主观/客观、过程/结果、程序/实体这些区

---

① ［美］劳伦斯·莱斯格. 代码：塑造网络空间的法律. 李旭，等译. 北京：中信出版社，2004：70.

分在法律技术上的应用,但是随着技术条件的变迁,这些区分所仰赖的社会基础条件也发生了变化,法律本身也开始被重新定位在一个可能比它更为根本的新的社会框架结构中,在这种趋势下,传统的法律原则和司法技术对于自由的保护都将可能逐渐失效。

(七) 形式正义 VS 实质正义:悖论丛生

法律史上关于实质正义和形式正义的长期争论,实际上隐含与技术能力相适应的法律正义机制的特征及其变迁过程。古代和中世纪法的发展经历一个从早期法的形式主义和仪式主义向卡迪司法的演化过程(韦伯笔下的从形式非理性法到实质非理性法)。这揭示了法律的学习能力在不同社会结构条件下的变化过程,以及由此形成的法律正义实现方式的差异。早期法应对的是部落社会的块状分化,主要围绕图腾仪式建构的形式化法律,所相应的是法律学习能力的极端贫困,而随着道德-伦理话语资源的丰富化,伦理话语的复杂性提供了以实质主义进行法律正义操作的能力。法律不学习也因此开始具备一些内部学习的潜力。当发展到近代资本主义形式理性法,法律则又开始集中以形式主义立法的方式来救济不学习的贫困,以"齐平主义"的方式推进法律正义。由于法律从原初的地缘和血缘空间向抽象领土主权空间扩展,必须以牺牲法律实质正义尤其是放弃道德主义和情感考量作为前提。技术能力的进化,持续推动了法律不学习方式的变迁。

晚近以来,法律正义再次以新实质主义的兴起(升级版本的卡迪司法)作为现象标志,法律经济学、政策分析法学和新治理主义都是其代表。正如肯尼迪所言,"二战"后的全球法律范式呈现出一种悖论现象,即公法上的形式主义和私法上的实质主义的并存,而两者又都以"权利"话语作为共同的中介。① 实际上,这恰恰是当代全球法在维护其自身稳定和内在变异的过程中追寻正义的反映,它需要在通过学习

---

① [美]邓肯·肯尼迪. 法律与法律思想的三次全球化:1850—2000. 高鸿钧,译. 清华法治论衡,2009(12):47-117.

进行变异的同时，维持其作为规范性技术的不学习特征，而只有权利话语能作为连接此种学习性变异和规范性稳定的通用概念。为了更好地实现"正义"，需要通过"权利"的学习性变异来调整规范期待，同样也为了更好地保护"正义"，又要求以形式主义和程序主义的"权利标准"来保持规范期待的稳定，这也解释了晚近法律话语中几项核心法律正义原则的流行，如比例原则的兴起，以及作为形式主义和实质主义的正当程序原则的同时并存。当代权利话语的爆炸一方面透露出法律系统剧烈的演化动力，另一方面也掩盖了法律正义所遭遇的真正冲击。实际上，权利话语的兴起，恰恰可能并不是传统自然法规范主义的回归，而是某种维纳式的法律控制论和学习性法律深化的体现。重要的不是话语本身的延续，而是由社会结构变迁带来的语意的深层改变及其由此带来的对法律正义的考验。

四、法律死亡的危机：在认知性与规范性之间

中心化的不学习的法律机制，正在转向去中心化的机器学习。如果说，法律不学习依托于主权国家的暴力保障机制，机器学习则依赖于代码/算法的自主执行以及它对控制架构的直接支配。越来越无形化、数字化、虚拟化的支付、社交等场景，必须依赖一个更加智能化的规制机制。由于场景不再是过去固定不变的物理场所，而是随时转换甚至根据每个参与者需要而灵活变换的场域，"法律"也就必须相应是一种更加具有学习能力的虚拟化机制，以更好地满足之前由它所承担的验证、授权、合规、归责和执行等功能。传统的法律预设它的规则可以统一、普遍地适用于所有场景，要求所有场景都必须按照它的书面化命令一致和确定地予以规范。而机器学习的兴起则首先会瓦解法律这种普遍化、命令化、统一化、确定化、成文化的性格。现代法律是印刷术时代的产物，一旦文本印刷（制定）出来，再次进行印刷（制定）的成本过高，法律文本因此就天然具有不学习性，它不可能根据每一个新的法律问题、法律权利、交易类型、财产形态做出各不相同的版本，而必须在类似法律人格、民事行为能力、物权法定这些通用法律原

则之下锁定法律的规范性,特别是利用各种法律教义学和法律解释方法,来保持不学习的法律的运作弹性,另外,固定其系统边界,并吸收由学习所可能带来的系统不稳定性,只有如此,才能维持住法律不学习的规范性。它依据法律渊源理论、一般法/特别法、新法/旧法这些区分形式,在一个金字塔形的等级图式下在引入学习的同时控制学习的范围,并牢固确立法律学习与不学习之间存在的非对称性关系。

当前的法律研究仍然还在此种认知框架下考虑规制技术的问题,而实际上以人工智能为代表的技术发展已经深刻改变法律运行于其中的整个社会环境。人和机器的界限日益模糊,人进入机器(虚拟现实 VR),机器进入人(赛博格 Cyborg)。传统法律这种以固定文本为中心的不学习机制,如何适应和规制这一改变的现实?现代法律建立在以文本为中心的印刷文化之上,法律是一个外在、客观、中立、固定的规范权威,在过去的工业化时代,由于人和机器是相对明确的主客体关系,因此可以通过不学习的法律确立一个有关人法和物法严格二分的法律体系来规范这种生产和交换关系。但是当人机深度结合,人和机器彼此进入、彼此内嵌、彼此牵连、彼此塑造的时候,我们很难再通过静态的规范识别来映射外部世界和社会主体之间的法律关系,很难再通过一个固定书面化的法律文本来以坚定的不学习反向规范社会行动的展开;相反,现在必须根据每一个具体的场景与情境去重新定位关系的划分和资源的配置,技术和社会演化迫切需要一种学习性的机制来顺应这种变化。

人类法律在发生学意义上就是围绕合法/非法这样一个二值代码的悖论性建构。也就是说,法律的本质实际就是一种代码化机制,法律的效力来自于法律本身。为了掩盖和转移这一悖论,历史上产生了一系列包括宗教、自然法或历史主义在内的正当性论证,而近代法律实证主义则揭开了作为代码的法律的神秘面纱。在今天机器学习技术蔓延之时,由于代码和算法的全面崛起,法律面纱背后的代码本质被再次揭示,与此同时,科学化、非道德化的机器学习由于更接近代码化运作的实质,就有可能完全并直接取代法律的规范化功能。

传统法律在演化中形成了一种特殊的结合学习和不学习的悖论

性运作机制，一方面，学习是旨在维护法律的活力，与环境共同进化；另一方面，不学习则旨在维护其规范性，在功能上稳定人们的规范性期待。随着现代社会的复杂化，法律系统一方面提高内部操作的复杂化，这是其自身学习的体现，与此同时，它又通过规范化的不学习，通过"压缩"技术来实现对复杂社会的化约处理。法律系统内部过程的复杂化和法律系统在规范决断上的简单化，因此共同构成现代法律核心的悖论特征：以高度复杂性来化约高度复杂性。正是由于这个原因，现代法律系统需要在立法、执法、司法上实现高度的功能分化。换言之，现代法律结构和运作程序的高度复杂化，实际是要为司法决断的简单化提供"算法"上尽可能充分的"数据""场景"以及更为先进的"计算装置"。法律不学习是指其在规范运作上的封闭性，但运作的封闭性绝不等于法律一成不变；相反，现代法律在认知上拥有深度学习和开放性的特征，它感知系统外的环境激扰，做出有利于法律自身演化的调整。实际上，现代实证法就是这样一个结合学习机制的不学习机制，而它又依托于在学习和不学习之间所设定的特定的间隔。当技术革命使得从遇到问题到修改法律的时间间隔逐渐趋近乃至消失的时候，我们所熟悉的法律也就会面临"死亡"的命运。①

　　也就是说，法律不学习在人类演化史上，原先是不得不然。当机器学习全面崛起，当智能学习凭借其强大的计算能力和算法，有能力克服原先的决策和时间压力的时候，法律独特功能的存在意义就可能遭到严峻的挑战。法律不学习所实现的功能，如果通过机器学习也能更为高效地实现，人类社会为何还需要法律？ 特别是，现代法律由于内部学习已制造法律大爆炸，造成大量人力、财力和物力的沉没和浪费。机器学习却凭借越来越强大的计算能力和算法手段，解除了原来的认知力局限，在此背景下，法律不学习的规范性操作技艺就会逐渐丧失正当性。法律的独特功能、法律存在的意义将面临解构和质疑。法律实现共识切断的功能，如果机器学习通过认知性手段可以直接形成共识，法律就会被社会演化抛弃。

---

① 此自然段观点得益于和高鸿钧教授的交流，当然，文责自负。

对机器学习替代法律不学习的重要疑问是,机器学习能否将具有道德和伦理考量的法律规范进行代码意义的转换?能否将"不可支配"的价值规范转化为机器可以运算和执行的算法与代码?或者说,根据认知性期望进行实用调整的机器学习,如何能够同不学习的规范性机制进行协调?事实上,根据当前一些研究,机器学习被认为已经可以基于相关技术,采用建构政策网络和价值网络的方式,运用各种统计、概率和逻辑方法描述和量化各种价值与伦理范畴,进而用负载价值内涵的道德代码为智能机器编写伦理算法,最后再通过相应的工程设计来落实这些技术目标。[①] 对此,近代的功利主义思想家边沁和密尔都已进行理论设想,任何法律和政治价值都可以通过快乐和痛苦的精确计算来转换。同样道理,从不学习的法律向机器学习的转变,首先涉及如何将道义论的法律问题转换为算法和代码。权利、义务、责任、豁免、权力、自由、公正、善良、过失、故意,这些明显具有道德化色彩和伦理评价含义的法律概念,是否可以及如何经由代码转换成算法和程序?不学习的康德(道义论)如何才能变形为学习的边沁(功利论)?不学习的法律,如何才能被成功改造为"可计算的法律"?

以往,法律不学习的一个重要原因是法律执行成本的高昂,当技术发展使得这种成本大大降低时,法律的特征也就会随之改变。正如莱斯格所描述的,新技术可以规制和监控每一项权利的行使,它可以使版权人按照自己设定的条款出售作品,能够如实履行双方签订的合同。特别是,它还可以区别对待不同的法律对象,以更为精细的方式

---

① 段伟文. 人工智能的道德代码与伦理嵌入. 光明日报,2017-9-4(15). 作者还指出,在阿西莫夫的短篇科幻小说《转圈圈》(1942)中,著名的机器人三定律成为嵌入到机器人的"正电子"大脑中的运行指令:每个定律一旦在特定场景中得到触发,都会在机器人大脑中自动产生相应的电位,最为优先的第一定律产生的电位最高;若不同法则之间发生冲突,则由它们的大脑中自动产生的不同电位相互消长以达成均衡。康德绝对命令式的机器人定律,因此不再全然是道德律令,也成为能被技术实现的自然律。换言之,机器人定律所采取的方法论是自然主义的,它是人以技术为尺度给机器人确立的行为法则,它既体现道德法则又合乎自然规律。

控制作品的使用。[①] 以往,类似版权法的合理使用原则建立在传统版权计量和收费技术的局限之上,而现在,新技术则能替代法律更为高效地执行"权利"。莱斯格所担忧的是,这将会破坏建立在传统法律和技术平衡点之上的价值生态链。智能技术的高效率,也可能破坏类似"合理使用"这样的原则。[②] "当环境变化时,保留原始环境的价值是一个基本的问题"。[③] 同样的例子还有,在传统合同法发展中形成的权利生态平衡机制,当越来越多的合同交易在电子商务平台发生,乃至转移到将来的智能合约平台,可以预见,对合同的治理也将从原先的传统行政和法院机构,转移到机器学习架构下的算法/代码机制,而原先通过一系列有关合同邀约、承诺、诚信和违约的法律规范所建立的权利体系,就会在新的技术环境下遭遇挑战,因此需要在新的环境下重新建立一种生态平衡机制。

现代法律的不学习,对应于一个陌生化、匿名化的社会,它预设了法律的适用对象是没有区别的因此可以被平等对待的主体。机器学习的法律想象,则是一个根据效率原则为导向,对不同社会主体进行区别化对待的方式,这无疑会带来对现代法律平等价值的强大冲击。除了平等性原则,机器学习也将不断揭开每个主体的"黑箱性",从而解构匿名性、隐私性等价值所依赖的基础。实际上,不学习的法律可以提供包括平等性、匿名性、隐私性在内的一系列价值,来平衡和对冲机器学习的效率主义导向,法律运用规范性的原则可以有效阻断技术理性的过度扩张。也就是说,只要宪法和权利机制还在发挥作用,它就必须在新的技术条件下,重新界定和平衡私人权利和公共利益的范围,尽力捍卫宪法所致力保护的一系列价值。

具有深度学习特征的技术发展将带来法律价值的高度不确定性。一切传统的规范和价值因此必须根据新的技术语境予以重估,并且将这种评估结果通过同样的代码化技术,嵌入更稳健的技术架构和代码

---

① [美]劳伦斯·莱斯格. 代码：塑造网络空间的法律. 李旭,等译. 北京：中信出版社,2004：158-159.

② 同上注,168-169.

③ 同上注,171.

层面,使它们能够相互学习、适应、改造并且相互制衡。在法律的功能危机中,我们将不能只依靠当事人的法律主张和诉讼对抗来趋近对"公共性"的判断和界定,关键是,如何对这种新的"公共性"予以定位和寻找,并且又能与案件本身处理结果的"可接受性"相匹配?

法律沟通和机器沟通虽然都从属信息沟通,但存在着本质的不同。它们虽然都有关于信息、发送和理解的过程,但法律沟通存在着朝向可能性的意义环节,存在着意义沟通的双重偶连性问题。[①] 但机器学习则是一种必然性沟通,它只有技术性的信息发送/接收以及批处理过程。这乃是法律沟通和机器沟通的本质区别。随着机器学习不断取代法律沟通,哈贝马斯有关生活世界殖民化的命题会在新的技术条件下重新展现其批判潜力。

正如前述,不学习的法律也内涵学习过程,这使法律具有可变性。[②] 一方面,法律通过立法过程变成学习性的;另一方面,法律又通过宪法机制和法源学说来反身性地控制这种学习过程。法律学习经由权力启动,同时又通过权力-权利的反身性机制对这一权力加以控制和约束;我们同样需要追问,当机器学习启动之后,又应当建立何种反思机制对这一学习过程加以控制,并如何对其学习过程加以具有说服力的阐释和约束?

机器学习试图揭示过去的人类经验由于样本空间的限制,往往只是收敛于局部的最优,这将是法律被替代的深层原因。与此相伴随,在新的技术条件下,由于法律功能的不断蜕变,法律的定义又将如何随之改变? 在机器学习全面崛起的背景下,到底何者可以视为法律? 代码/算法又在何种意义上可被称为法律? 代码/算法和法律的边界如何在新的技术条件下重新划分? 是重新定义法律,把原先不在法律

---

① 泮伟江. 双重偶联性问题与法律系统的生成. 中外法学,2014(2).

② 有关哈特的"承认规则",参见[英]哈特. 法律的概念. 张文显,等译. 北京:中国大百科全书出版社,1996:96-97. 法律不学习对于科学学习建立了严格的隔离机制,例如在刑事诉讼中,法医学的鉴定成果只有被合理地镶嵌到特定的论证结构之中,只有经过合议庭、陪审团或律师的筛选,才能起到"定罪量刑"的效果。也就是说,法律中的学习是以不学习为前提的。

范畴的规制手段涵括到法律系统之中，还是依然坚持法律的不学习，严格确立法律和其他认知性规制手段的界限？法理学的核心命题将是，如何对从法律不学习向机器学习演变设置不同的警戒性临界值。在演化论的意义上，法律系统的代码化机制在机器学习兴起的背景下应当以何种方式吸收这种环境的变化，它能否成功地自我变异并经受新的社会选择过程，从而以新的稳定化方式将其成功遗传？法律系统的变异，是否可能由此突破其传统的功能特征，并且最终改变其以不学习的方式维持规范性期望的独特功能方式？一旦如此，法律是否可以称得上"死亡"？

新的机器学习技术正在共同形成一股认知性学习的力量，篡夺旧的不学习的法律的领地。法律正在丧失它作为独立社会系统存在的功能正当性。正是因此，人工智能时代对法律的最大挑战不是人法、物法这些领域的重构，不是隐私安全和被遗忘权的设计，也不是数据和算法何者作为未来法规制的重点。根本的挑战在于法律功能独特性的丧失。法律不学习被机器学习取代，规范性期望被认知性期望取代，法律被代码/算法取代，这将是法律"死亡"的前景。

法律正在面临严峻的危机。实际上，在人类历史演化中，遭遇同样命运的早有先例。比如，巫术在文明社会的基本消失，宗教在现代公共领域的全面退出，道德在当代社会的普遍无力。巫术、宗教、道德都曾扮演和法律一样的规范主义角色，而如今它们都已退出公共舞台。甚至可以说，法律作为一门不学习的规范化技艺，已成为人类规范文明遗留的火种，它成为人类规范性文明最后的守护者。那么，它是否会伴随机器学习的崛起而被全面取代？当法律失去它神圣的功能光环，当其势力范围不断沦陷，当法律的特殊领地不断坍塌，那么，人工智能时代的法律就可能面临最大的危机。此最大的危机就将是法律的最终死亡。

（原文载《华东政法大学学报》，2018（2）：5-20。）

27　通过算法的治理：人工智能语境下的法律转型

李　晟*

一、引言

不经意间，人类正在经历着逐渐加速的发展曲线而不断接触未来，人工智能的科学研究从何为意识、何为智能这样的基础性问题推进到计算机视觉、机器学习、机器对自然语言的理解与交流等更具有可操作性的应用性问题，从而使“人工智能”从一个神秘的科幻式的概念开始“飞入寻常百姓家”，成为大众媒体与街谈巷议中的高频词汇。为了在这场科技变革的新浪潮中占得先机，无论是政府机构还是商业化组织，也都积极推进这一领域的研究与应用。[①] 与科技的飞速发展同步，随着人工智能的普遍推广应用，与方方面面的社会生活形成接触与互动，法学研究也突然发现前方别有洞天，面对一个全新的领域。人工智能与法律的相关研究，作为一个新的学术增长点，在短时间内

---

* 中国海洋大学法政学院教授，中国科技法学会人工智能专业委员会委员。

① 2017年7月20日，国务院印发《关于新一代人工智能发展规划的通知》，明确提出把人工智能发展放在国家战略层面系统布局，牢牢把握战略主动。在中国互联网领域中处于主导优势地位的巨头“BAT”（百度、阿里巴巴、腾讯）也都高度重视人工智能的研究，投入了大量资金与人力。

可谓形成了爆发式的增长。[①]

在人工智能的法律问题研究广泛展开之后，通过对现有文献的梳理，可以发现，目前的研究总体上更多趋向于以法律作为一个外部框架来探讨法律如何应对人工智能发展形成的各种新型法律问题、如何对于人工智能的发展进行规制。在这一方面的研究中，既包括针对目前的弱人工智能（ANI）的实际应用进行法律规制的相关研究，也包括对于未来的强人工智能（AGI）可能向人类社会提出的挑战，进行预测性的研究，甚至还包含对于"奇点"之后的超人工智能（ASI）会造成什么样的颠覆性后果、是否可能进行法律约束的思考。三个层次的研究比较而言，由于弱人工智能事实上已经在生活中的方方面面出现应用，具体的法律问题已经形成，而且对弱人工智能在具体层面的应用所作出的法律回应也比较容易整合进入现有的法律框架当中，因此成为人工智能与法律相关研究当中最主要的主题，并主要梳理出几个较为集中的主题。[②] 其中最具有代表性的研究主要集中于人工智能创造物的知识产权研究[③]，以及关于智能汽车无人驾驶的相关法律问题的研究[④]。对于这一系列问题，虽然技术上有许多前所未有的创新，但从法律框架上还是基本上可以尝试纳入到传统的知识产权法、侵权法、行政法等框架当中进行处理。在强人工智能方面，人们关心当强人工智能在社会中出现时应当如何处理其法律人格、权利义务的相关问

---

① 中国知网的数据库统计显示，在法学学科的期刊文献分类范围内，关于人工智能这一主题的研究从 2001 年开始出现，从 2001 年到 2013 年，文献数目都徘徊于个位数，其中 2003 年和 2004 年完全空白，2014 年首次达到 10 篇，2016 年增长到 26 篇，2017 年目前已达到 98 篇。仅从论文数量的增长曲线就可以显示出相关研究的迅速扩展。

② 比较系统的梳理：吴汉东. 人工智能时代的制度安排与法律规制. 法律科学，2017(5). 文中梳理了六大主要问题，包括机器人法律资格的民事主体问题、人工智能生成作品的著作权问题、智能系统致人损害的侵权法问题、人类隐私保护的人格权问题、智能驾驶系统的交通法问题、机器工人群体的劳动法问题。

③ 王迁. 论人工智能生成的内容在著作权法中的定性//梁志文. 论人工智能创造物的法律保护. 法律科学，2017(5).

④ 司晓,曹建峰. 论人工智能的民事责任：以自动驾驶汽车和智能机器人为切入点. 法律科学，2017(5).

题。① 进一步来说，就是可能成为机器人形态的人工智能如何与人类在社会中有序共存。② 在这些研究中，法律也是一个给定的外部框架。

可以说，目前大部分研究关注的视角是法律在人工智能之外，作为一个外在框架来加以回应和调整。关心的是法律须规定人工智能可以被应用的形式，以及在特定情境下使用（某种）人工智能可能要承担的责任。③ 当然，与之相对应的也有另一方面的视角，即将人工智能的运用吸收到法律运作当中，探讨人工智能如何具体改进法律运作，并由此对于法律职业形成机遇与挑战。④ 这方面既有对更具有效率和规律性的司法的乐观预期，也有对"机器人法官""机器人律师"对人类形成替代的忧虑。较之于此前所述的以法律作为人工智能外部框架的研究，这类研究更注重从人工智能对法律的影响而非法律对人工智能的影响的视角切入。尽管如此，在此类研究中，法律仍然基本上作为一个常量进行分析，作为变量的更多是法律职业或是司法程序。

在弱人工智能阶段，由于人工智能处理的问题较为单一，仍然属于"工具"的范畴，与传统的"产品"别无两样。虽然无人驾驶汽车、无人机等新产品的出现给传统法律体系带来许多新问题，引发许多新思考，但仍然属于传统法律体系能够解决的问题。因此，可以理解几乎所有人工智能与法律的相关研究都还将法律作为一个常量处理。但是，如果要更为全面地认识人工智能与法律之间的关联，则有必要将法律也作为一个变量，思考人工智能可能会对于法律本身产生什么样的影响，也就是说，本文将要讨论的是人工智能语境下的"法律"转型，而非仅仅是"法律职业"抑或"法律运作"转型。只有理解人工智能这一技术变迁可能会使得法律本身有什么样的转型，才能更好地思考转型后的法律如何去应对人工智能所产生的具体法律问题。

---

① 郑戈. 人工智能与法律的未来. 探索与争鸣，2017(10).

② Yueh-Hsuan Weng, Chien-Hsun Chen, Chuen-Tsai Sun. Toward the Human—Robot Co-Existence Society: On Safety Intelligence for Next Generation Robots. International Journal of Social Robotics 1, 2009: 267-282.

③ [德]霍斯特·艾丹米勒. 机器人的崛起与人类的法律. 李飞，敦小匣，译. 法治现代化研究，2017(4).

④ 曹建峰. "人工智能＋法律"十大趋势. 机器人产业，2017(5).

　　同时，还需要界定的是，作为一项初步的研究，本文所立足的人工智能语境并不是非常超前的未来，而是基于当下并不试图将强人工智能乃至超人工智能纳入讨论，而仅限于适用于法律活动的专业性弱人工智能可能造成的影响与变迁，这种影响与变迁的出现并不会太遥远。对于这种弱人工智能的界定，去除简单的拟人式想象，只将其看作一种基于算法设计通过数据自主学习以优化数据处理的计算机制，本质在于算法和数据。①

二、效率导向推动下人工智能在法律活动中的应用

　　从将人工智能作为优化数据处理的计算机制出发，对于人工智能与法律的关联，很容易将其作为一种法律活动的辅助工具加以理解。事实上，最早对于人工智能与法律相关问题的研究，首先就注意到人工智能可能运用于司法裁判发挥作用。② 就专注于具体专业领域发挥作用的弱人工智能而言，对于大量信息处理的效率显然超过人类的法官与律师，通过其强大的计算能力，能够更快地通过现有的数据完成对于案件的前期分析，也能够更便捷地生成严格的形式理性化程序运作所需的各类材料，因而其在司法领域当中可能发挥的作用是显而易见的。尤其是当下受案多人少问题困扰的法院检察院，更加迫切的需求，希望通过人工智能的高效来缓解办案压力。

　　当然，在效率导向之外，对于人工智能在法律中的应用，公平导向也是一种重要的推动力。从对人工智能最早的想象开始，就有许多学者在思考如何通过人工智能的运算，既能够模仿人类法官的推理路径，又能够避免人类认知中的各类偏差与谬误，使法律能够更加的理性而克服非理性。③ 这一类型的研究更加侧重于通过对人工智能的推

---

　　① 胡凌. 人工智能的法律想象. 文化纵横, 2017(4).
　　② 在人工智能进入商业与大众视野之前，第一篇讨论其法律问题的文章就探讨了这个问题，参见：张保生. 人工智能法律系统的法理学思考. 法学评论, 2001(5).
　　③ 张保生. 人工智能法律系统的法理学思考//张妮, 杨遂全, 蒲亦非. 国外人工智能与法律研究进展述评. 法律方法, 2014, 16(2).

理模式进行设计,重点不是缓解案多人少的问题,而是使法律规则在
个案中的适用更为准确,使理想的司法审判更接近于得到实现,从而
更凸显法律的公平与理性。

　　尽管就法律价值而言,效率导向与公平导向都得到了高度的重
视,但在人工智能的司法应用中,效率的逻辑显然更为强大。造成这
种现象,显然并不是因为法律人在价值观上存在着高下之分,而是因
为对于人工智能而言,去把握如何提高司法的效率,要比去把握如何
实现司法的公平更容易。即使不涉及更复杂的理论分歧,仅以同案同
判作为一个简单的实现司法公平的标准,什么是同案同判,首先也是
一个众说纷纭的问题,关于同类的标准,在不同的法学理论中有不同
的认识。从不同标准出发,不同的法学理论也有不同的推理模式。因
此人工智能在进行具体的法律推理时,如何达到一个最优的选择,首
先还需要经历法学理论的诸神之争,目前不可能形成一种统一的得到
普遍认可的算法。而且,同法律推理的多元范式相似,机器学习中对
于终极算法的探索也还存在着符号学派、联结学派、进化学派、贝叶斯
学派、类推学派五大流派,每个学派对于学习的认识有着本质性的差
异。① 因此,如果要将人工智能想象成为一种拟人的存在,真正成为可
替代人类的"机器人法官"或"机器人律师",或者说能够在很大程度上
主导司法裁判,当前的研究普遍得出了一种较为否定性的结论。②

　　但与如何达成公平这一复杂标准相对,如何提高效率则是一个更
容易被量化的简单标准。人工智能完全可以不去涉足更深层次的法
学理论诸神之争,而是仅从已有的司法数据与司法流程模板出发,得
出较为表层的概括,为参与司法活动的人类提供辅助。例如,智能化、
自动化的法律检索将深刻影响法律人进行法律研究(检索)的方式,
基于 NLP、TAR(技术辅助审阅)、机器学习、预测性编程(Predictive
Coding)等技术实现法律文件审阅自动化可以显著提高这一工作效

<hr>

　　① [美]佩德罗·多明戈斯. 终极算法:机器学习和人工智能如何重塑世界. 黄芳萍,
译. 北京:中信出版社,2016.
　　② 吴习彧. 司法裁判人工智能化的可能性及问题. 浙江社会科学,2017(4);潘庸鲁.
人工智能介入司法领域的价值与定位. 探索与争鸣,2017(10).

率，大大节约审阅文书的时间，进一步可以通过数据的积累与学习，实现法律文件生成自动化。① 从这样的要求出发，算法的设计就可以相对简化，无须深入到终极算法的层面，只需要对现有数据进行一般性的归纳和类比，技术上也没有太高难度。因此，这一层次的人工智能在司法中的应用，具有较为明显的可行性，也就有较强的推动力。

在实践中，以功能较为单一的弱人工智能提升司法效率的尝试，已经在不同层级的司法机关得到实践，并且得到了高层领导的大力支持。上海高院院长崔亚东表示，上海法院第二个三年规划核心是"一个战略、两个行动"，即大数据战略，"互联网＋"行动、人工智能行动。② 最高人民法院周强院长指出要"综合应用各种人工智能技术，实现智能审判、智能诉讼等司法辅助功能"。③ 在国务院印发的《新一代人工智能发展规划》中，则更高层次的提出"建设集审判、人员、数据应用、司法公开和动态监控于一体的智慧法庭数据平台，促进人工智能在证据收集、案例分析、法律文件阅读与分析中的应用，实现法院审判体系和审判能力智能化"④。可见，从政治决策层面到司法领导层面，再到司法实施层面，对于人工智能作为一种辅助功能的运用都表现出较为积极的态度。

当然，人工智能的运用不会局限于司法机关，更重要的是在各类法律活动中的全面推广。当事人以及潜在的诉讼参与人同样有强烈的推动力借助于人工智能来提升法律活动的效率。在购买法律服务时，消费者会倾向于更为标准化并且可以被计算机处理的法律产品，因为这将意味着费用的降低。⑤ 互联网的发展历史也表明，网络空间

---

① 曹建峰."人工智能＋法律"十大趋势. 机器人产业，2017(5).

② 上海高院院长崔亚东对话法学专家：人工智能代替不了法官. 2018-4-28. http://www.thepaper.cn/newsDetail_forward_1700734.

③ 充分运用司法大数据加快"智慧法院"建设. 法制日报，2016-11-11(1).

④ 国务院关于印发新一代人工智能发展规划的通知（国发〔2017〕35 号）. 2018-4-28. http://www.gov.cn/zhengce/content/2017-07/20/content_5211996.htm.

⑤ Richard Susskind. The End of Lawyers? Rethinking of the Nature of Legal Service. Oxford，Oxford University Press，2008：27.

的生成和扩散可以看作一个由商业力量推动主导的生产性过程。[①] 从商业逻辑出发的这种推动力,甚至会比政府或司法部门的推动力更加有力。无论以何种形式,人工智能在司法中的应用都离不开大量数据的吸收与处理。如果个人的数据被严格的加以保护,算法就失去学习的基础。正是效率这一推动力,使得个人在参与时有可能承受放弃对个人数据严密保护这一成本,更有力地刺激人工智能在法律活动中的运用。

三、人工智能语境下对法律认知的重构

从政府部门的推动以及法律服务市场的商业逻辑出发,可以预见到专业化的弱人工智能在法律活动中的运用将会逐渐扩展开来。简单来看,这种运用同人工智能时代之前的法律活动并没有根本性的差异。参与或准备参与到法律活动中的当事人如果有需求,向提供市场服务的机构购买服务,并不需要在意这种服务产品的具体生产者究竟是人类还是人工智能。就弱人工智能的技术条件而言,并不会在形态上出现机器人律师这种科幻式的场景,当事人能直观感受到的区别可谓微乎其微。

但是,表面上看似并无区别的法律服务,实质上具有新的意义。在传统模式下,法律活动的参与者如果要购买专业机构的法律服务,时间与经济成本都需要进行更充分的考量。我们很容易设想这种模式下的典型场景:当事人向律所支付费用购买关于个案的法律服务,律所的知名度越高,则费用越高。而且,即使处理的是非常简单的法律活动,从不同律所中进行搜索、联系有意向的律所并进一步对所需要购买的服务内容进行沟通都需要花费相当的时间,从而成为成本考量的一部分。当人工智能开始介入到这种服务市场的情况下,更为便捷因而也更为廉价的法律服务则成为可能。例如,杭州互联网法院就在其立案平台向当事人直接通过关键词推送类似案件的相关数据,使

---

① 胡凌. 人工智能的法律想象. 文化纵横,2017(4).

当事人得以便捷地形成对所面对案件的处理结果的初步判断。类似的技术也完全有可能进一步进行商业推广，不局限于单一平台。如果法律活动的参与者可以在不同平台廉价而快捷地获取相关服务，就可能在进行每一步法律活动时直接接收到推送的法律意见，以此作为制定下一步对策的依据。如果更多的参与者都不是基于自己或购买服务的单个律师的服务形成对案件的预测，那么大量行动者对决策的调整会很大程度上改变当事人之间的博弈状态。因此，基于人工智能和大数据的案件预测将深刻影响当事人的诉讼行为和法律纠纷的解决。[①]

简单来看，这似乎也并没有什么根本性的变革。在传统模式下，如果法律活动的参与者有意愿和能力购买全面的法律服务，也完全可以一步步获取非常细致的法律意见进行决策。当然，很容易看到由于经济成本的考量，人工智能时代才有可能更大范围普及这种服务。以更低的价格获得更强大的计算能力，这一加速度过程正是信息技术革命从量变到质变的基础。正如我们在蒸汽火车时代无法想象高铁网络对地理空间的重塑，在手摇电话时代无法想象 4G 通信对信息传递的重塑，当这种预测的形成速度超过一定临界点时，变革就会变得明显起来。

重点其实还不在于普及的广度，而在于思维的速度与深度。传统的法律服务模式下，有财力的法律服务购买者从服务提供者那里所获取的意见，也可能表现为大数据基础上的归纳与分析，但局限于信息成本，基本上还是立足于个案进行相似案件的有限类比，而不可能在短时间内集合全局性的数据。对于人工智能而言，则不存在这一障碍，能够更为迅速完成整合全局数据的过程。既然要从效率出发，人们当然希望获得的服务能够转换为自然语言的表达，而非纯粹的数据。这样一来，普通公众对法律的认知已经悄然发生巨大变化，如果说过去的认知一般是基于法条和个案事实进行的演绎式认知的话，在新的技术条件支持下就更多变为对总体状况的归纳式认知。在前一

---

① 曹建峰."人工智能＋法律"十大趋势.机器人产业,2017(5).

种情形下,我们所认识的法律首先还是规范条文,而后一种情形下则更直接呈现为运作结果。我们可以设想,当这样一种认知途径得到普遍运用之后,普通公众对于法律的认知并不立足于个案中涉及的规范而是立足于个案就会形成的结果。当公众对法律的认识不再是"法律规定了什么"而是"法律会导致什么样的结果",这就成为对于法律认知模式的一种重构。据此我们很容易联想到霍姆斯著名的预测理论①,技术的进步正是为更快速也更准确地作出预测提供了可能。在法律预测更容易被提供的情况下,哈特所谓的"无知之人"(Puzzled Man)也会与霍姆斯所谓的"坏人"(Bad Man)变得更加接近,从而可以统一起来。②

在技术变迁带来的公众对于法律的认知模式转变的同时,从另一端来看,向公众输出的法律认知也由于技术的变迁而产生了变化。人工智能建立于大数据基础之上,但不是简单停留于对大数据的处理,而是试图向"小数据,大任务"的认知构架发展。③ 人工智能的运用,相对于此前的数据挖掘与处理技术,一个更为突出的特征就在于机器自身的深度学习。机器的学习不同于日常生活语言中所谓的学习定义,而是一个更为广义的概念,意味着计算机程序对于某类任务 T 和性能度量 P,在 T 上以 P 衡量的性能随着经验 E 而自我完善。④ 具有学习能力的人工智能可以无须局限于最初编写的代码,而是通过对于数据的学习形成更为深入的理解,从而完善其分析。因此,在人工智能研究领域中一个毫无疑问的共识就是"数据喂养着人工智能"。每一个

---

① [美]霍姆斯.法律的道路//霍姆斯读本:论文与公共演讲集.刘思达,译.上海:上海三联书店,2009:11-43.

② 哈特意义上的"无知之人"是指对法律没有提前预测,只要被告知怎么做就会怎么做的人。H. L. A. Hart. The Concept of Law,(2nd ed). Oxford, Clarendon Press, 1994: 40.

③ 朱松纯.浅谈人工智能:现状、任务、构架与统一.《视觉求索》微信公众号,2017-11-2. https://mp.weixin.qq.com/s?__biz=MzI3MTM5ODA0Nw==&mid=2247484058&idx=1&sn=0dfe92a0991294afba2514b137217a66.

④ [美]Tom. M. Mitchell. 机器学习.曾华军,张银奎,等译.北京:机械工业出版社,2008:3.

当事人数据的输入都不是孤立的数据，而是会成为机器学习的内容，发展出处理未来数据的方法。因此，在法律活动的参与者与提供法律服务的人工智能之间形成密切的互动。当事人获得人工智能依据数据输出的反馈，作出自己的决策，决策本身也就形成新的数据供人工智能进一步学习。商业竞争会进一步推动学习的改进，得到数据越多的平台越能进行有效的学习，也能够形成更具效率的算法，从而又形成更强吸引力来吸收更多数据。同其他互联网领域的商业竞争类似，也会逐渐表现出赢家通吃的状况。

站在正统的法律视角来看，由于法律本身的复杂性，人工智能的预测能力可能在较长的一段时间内并不能达到令人满意的程度，这种向公众输出的法律预测事实上很可能扭曲真实的法律。但是，如果人工智能的发达意味着数据量达到巨大的规模、获取这种服务的公众达到很高的比例，那么，究竟什么是"真实"、什么又是"扭曲"就变得不重要了。法律难以像自然科学一样加以检验，如果说我们设计一艘强大的战舰但一下水就沉入水底，自然就可以判断这是一种错误的设计，但是法律的真实与否不能单纯从案件结果来加以衡量。即使人工智能的预测真是扭曲真实的法律，但对错误的法律预测达到一定程度时，这种错误的预测本身就塑造了人们的预期，就像真实的法律一样产生作用。霍姆斯曾经在给拉斯基的信中这样表述："即便我的同胞们要下地狱，我也只能帮助他们，因为这就是我的工作。"[①]如果错误的预期足够强大，法律职业逆潮流而动就变得没有意义，而只能顺势而为。何况，在人工智能时代之前，人类提供的法律服务本身也可能是一种扭曲的想象，只是通过服务提供商形成的垄断卡特尔，以封闭的运作确认这种想象在意识形态意义上的真实性。[②]

在法律服务的消费者与通过人工智能提供法律服务的供应商之间展开互动的过程中，人们对于法律的认知实际上逐步被重构为不同

---

① 田雷. 奥林匹斯山下的扬基——霍姆斯法官的宪政悖论. 中华读书报, 2009-6-17 (20).

② 关于法律职业的垄断性质如何发挥作用，以及法理学如何服务于这个卡特尔，参见 [美]波斯纳. 超越法律. 苏力, 译. 北京：中国政法大学出版社, 2001: 54-93.

的当事人与不同人工智能之间复杂博弈之后形成的状态,而不是对于一个单一的立法权威所制定规则的认识。特别是由于社会发展的加速导致立法需要填充的领域越来越多,而传统的立法程序难以达到同步的速度跟进,当立法者立法的速度难以紧跟技术发展的脚步、立法产品的供给不能跟上需求时,仍然需要规则、需要预期的社会将会需求另一种形态的规则加以治理。传统的立法权威将会进一步衰落,从分散的平台上经由不同的算法,形成当事人所依赖的规则。"只有有理由预期规范性的预期能够通过规范的方式来形成预期,法律才算是法律。"①霍姆斯的预测理论意味着法律是预测在什么情况下公共权力通过法院起作用②,而当公众不仅仅预测通过法院起作用的权力,同时也在预测其他可能具有公共意义的权力如何发挥作用时,公众通过算法获得预期,算法也就成为法律。对法律认知的重构其实也会成为对法律主权的重构,通过算法,更多的权力将会渗透进来,这些渗入的权力不仅可能跨越政府-市场的边界,还可能跨越国家主权的边界。

四、人工智能语境下法律规则形态的重构

人工智能的运用,不仅仅导致公众对于法律认知模式形成重构,还会进一步对法律规则本身产生实质性的重构。上文的分析已经指出,对于规则的认识会成为一个动态的过程,数据的输入与反馈会不断引导人工智能进行学习,以自身的算法输出动态调整的规则。这样一个过程似乎在传统模式下也存在着与之相似的情形,虽然过程的周期要长得多,当事人对于规则适用于个案所做出的预测以及反应,也会导致现实中的法律与纸面上法律的分离,这种分离达到一定程度时也会重新塑造纸面上的法律。针对这一互动过程,也就有了法律现实主义与法律实证主义从各自关注的视角切入所展开的旷日持久的论

① Niklas Luhmann. Law as a Social System.//Klaus A. Ziegert, Oxford, Oxford University Press, 2004:158.
② [美]霍姆斯. 法律的道路//霍姆斯读本:论文与公共演讲集. 刘思达,译. 上海:上海三联书店,2009:11-43.

战。但深入考察则会发现，传统模式下对于法律的认知虽然也针对当事人所关注的个案，也可能表现为一种特殊性的认识，但是个案只是以特殊性的事实同一般性的规则相联系，而非完全的特殊性认识。在法律实证主义看来，规则与事实相结合形成的判决确定性是一种应对尽可能接近的理想状态；而法律现实主义虽然质疑这种确定性，但其指出的不确定性来源在于人的有限理性无法认识确定的事实或无法理解确定的规则，是一种局部不确定性，其前提还是存在着一般性的规则，因而对于许多简单案件是确定性的。在人工智能语境下，这种一般性的规则，本身已经遭遇挑战。

人工智能的运用同互联网、大数据紧密结合在一起。互联网上的海量数据一旦可以被储存和认知，也就成为有意义的信息。在具备强大的计算能力的人工智能出现之前，这些数据虽然仍然会出现在互联网上，但由于处理数据的成本过高，那么数据就只是数据，而不成为信息。香农开创的信息论提出的一个基础论断就是可以用信息熵来定量衡量信息的大小，小概率事件发生时所携带的信息量比大概率事件要多。[1] 因此，信息的意义在于人们能够对于事件的特定性进行更为准确的定位，我们所获得的信息越多，就越能确定一个事件相对于其他事件的特定性。在此前的人类社会中，由于信息成本的约束，人们进行交流时传递的信息量较小，因而只能处理概率性较大的事件。这样，对概率性较大的事件进行规制一般性规则的重要性就得以凸显出来，人们通过一般性规则的约束进行社会中的交往，可以无须收集全面的信息，因而能够避免高昂的信息成本。法律规则的意义就是使得信息更加经济，从而有利于更确定的预期。[2] 但在技术有了飞跃之后，此前构成约束的信息成本问题在很大程度上被消解了。在人工智能得以充分运用的互联网社会中，每个人活动所生成的数据更容易被发现，同时也能够以更低成本得以储存，在有强大的计算能力对其进行

---

[1]　[加]Simon Haykin. 神经网络与机器学习. 申富饶，等译. 北京：机械工业出版社，2011：299-301.

[2]　[美]波斯纳. 法理学问题. 苏力，译. 北京：中国政法大学出版社，2002：57.

分析之后,原始状态下的数据就转换成为更有意义的信息。因此,信息的丰富揭开了诸多"无知之幕"的遮蔽,作为一般性规则约束对象的抽象的"人"被逐步还原为特定的"个人",而个人的每一个行为也都能够更进一步确定其特定性。放在更大的历史尺度上来看,技术的发展带来的这种趋势正是对此前人类历史中简化信息、降低信息成本以促进社会合作的规则发展的一种反向运动。人们一度相信,"从身份到契约"的运动是历史前进的方向,人会逐渐成为一个抽象的自主性的个体而不是依附于某个群体获得不同的待遇,但现实却是信息的丰富使得群体的区分更加细致,人不是仅仅"我思故我在",而是复杂的权力关系所构建而成的存在。① 这样一种从"人"还原为"个人"的状态,使得在具体的行动中有可能形成针对个人的特定性规则。

为什么会形成特定性规则?信息成本的大幅度降低意味着规则所调整的行为可能进入一个长期动态的重复博弈,而非规则文本所预设的一次性博弈的静态。当信息费用无穷大的时候,信息熵为0,接收方无法从接收信号中获得任何信息。信息论意义上的这种极端情况,放在政治哲学的语境中,就是罗尔斯所设想的"无知之幕"。当只能认识到已经确定的唯一事件时,人们只能形成针对单一行为的一次性博弈对策。在信息成本的大幅度下降揭开"无知之幕"之后,人们可以确定参与博弈的对方的相关信息,因而进入到重复博弈中,每一项行为的评价与回应都不会是孤立的,而是和此前的行为结合在一起,因而引发相应的对策。在个人仅有死亡这种方式才可能完全退出社会的情况下(如果是信息时代的一个虚拟主体,如"账户",甚至连这种方式都可能不存在),博弈就成为一种无限重复博弈。在无限重复博弈中,行为主体通过此前传递的信息释放出展示其博弈策略的声誉。② 对于重复博弈行为的规制,会更加注重与此前的行为联系起来,以更有效率的行为合作预期。事实上,在传统法律体系中,也从来不试图排除

---

① [法]福柯. 词与物——人文科学考古学. 莫伟民,译. 上海:上海三联书店,2001:395-447.

② [美]道格拉斯·G. 拜尔,罗伯特·H. 格特纳,兰德尔·C. 皮克. 法律的博弈分析. 严旭阳,译. 北京:法律出版社,1999:203-205.

掉所有信息而创造出纯粹的无知之幕后的规则。一个很常见的例子就是,刑法中关于"累犯"的规定早已有之,这就意味着关于犯罪人这一方面早前行为的信息得到法律的重视,在法官作出判决时,这一信息是值得花费成本加以收集的,这方面信息的差异会影响到规则对于同类事实的不同适用。当然,这种规则的特殊性仍然是较弱的,针对的还是群体的人而非个体的人。但这类规则的存在,意味着投入信息成本事实上是有所取舍,而并非尽可能越低越好的。当技术的进步能够根本性降低信息成本时,规则也就有可能发生改变。能够以很低成本获取关于个人的信息,就能够进一步将个人同其他人区分开来,更为有效地预测他/她会对于规则的反应,也就能更有针对性地运用规则调整其行为。

在信息高度不完全、不对称的陌生人世界里,人们通过承担足以显示自己属于注重未来收益的"好人"类型的信号成本来寻求合作,法律以及其他各种类型的社会规范,都起到了信号传递功能。① 在双方传递信息表达自己的策略的过程中,信息中可能出现"噪声",即一方错误地理解另一方的信息所要表达的真实策略。② 此时,代表着凌驾于博弈双方之上的国家主权的法律的介入,有助于避免"噪声"的干扰,更好地简化信息熵,从而提供稳定的预期。在人工智能语境下,每一个个人此前的行为都经由数据被积累下来,这些信息进入人工智能的处理范围成本很低,从而使外界对这些个人的观察能够同此前所展现出来的信息结合起来,加以更立体的认识。人工智能的计算逻辑也很自然地会将这些信息进行细致的分解,明确分解后每一个步骤的价值函数进行回应。③ 例如,在网络平台上活跃的账户,会因为此前积累的"信用分""活跃度""贡献值"等各类积分系统的计算而引发对其行

---

① ［美］埃里克·波斯纳. 法律与社会规范. 沈明,译. 北京：中国政法大学出版社,2004.

② ［美］罗伯特·阿克塞尔罗德. 合作的复杂性：基于参与者竞争和合作的模型. 梁捷,等译. 上海：上海人民出版社,2008：30-31.

③ 再复杂的算法,在逻辑上都是一步步将情况分解简化后的回归,从而可以以 0/1 的二进制表现出来. ［美］佩德罗·多明戈斯. 终极算法：机器学习和人工智能如何重塑世界. 黄芳萍,译. 北京：中信出版社,2016.

为的不同回应,这是网络社会中人们所习惯的一种常态,而这种积分制的规则模式甚至当前已经有从商业平台向公共管理推广的趋势。①在这种情形,个人构成一种更具有时间性的存在。经由时间积累下来的所有数据都可能被记忆而获得其意义。即使提出"被遗忘权"这一权利,但由于人工智能的学习特性,在经过学习之后,数据本身被擦除并不影响其作用的发挥。这就从一个层面体现了海德格尔的论断:时间是领会存在的视野,没有离开时间的存在。②同样,也没有能离开时间的法律。法律运作的空间尺度是四维的,需要有时间的维度,而无法抽掉时间的绵延而在一个压缩到极致的静止时间点上讨论。

　　或许存在着一种质疑,法律规则不同于对个人的命令,规则的一般性是法律规则的根本特性,即使我们能够以极低的信息成本去认识每个个体,也不允许制定针对个体的法律规则。但为什么这一定是不可动摇的根本特性呢?仅仅是我们总结以往的法律规则都是一般性的,并不能构成有效的论证。如果我们假定人的法律行为是自由意志指导之下的产物,则也应当认为其此前的行为具有逻辑上的一致性,是其自由意志的反映,那么也需要给予回应。如果我们假定这种自由意志并不存在,而是一种随机的思维过程引发法律行为,随机变量的概率与此前状态的概率无关,那么为什么传统的法律规则仍然要考虑到某些先前的行为,而不是仅从一个瞬间的抽象点进行考虑。可以说,我们之所以愿意去获取关于累犯之类的早前信息,而不去获取关于当事人的其他信息,并没有价值上的绝对差异,而主要是信息成本的考量。从规则的可预期性这一价值出发,一般性规则的重要意义就在于其大大降低了信息成本,因而保证整个社会能够形成对于规则的有效预期。但当信息成本的考量面临根本性转变时,坚持一种意识形态立场,无助于我们对法律的全面理解。

---

　　① 据新闻报道,雄安新区相关负责人详细解释要实行的"积分制"将在遵纪守法、道德品质、社会贡献、公益活动、绿色生活 5 个方面建立个人城市诚信账户,不同积分所享受的待遇也将不同。雄安新区相关负责人详解积分制:5 方面建立个人城市诚信账户. 2018-4-28. http://finance.ifeng.com/a/20171025/15744081_0.shtml.
　　② [德]海德格尔. 存在与时间. 陈嘉映,等译. 上海:上海三联书店,2006:21.

退一步说，即使我们固守法律应当是一般性规则而非个体性规则的经典原则。但事实上，在人工智能时代，即使立法者名义上制定的仍然是同过去一样的一般性规则，实际上人们所能认识到的规则也还是个体化。法律活动的参与者之间形成契约时，算法已经将双方的具体信息纳入到分析评估的范围中，对于契约履行的预期，同他们对于法律规则的预期紧密联系在一起。更重要的是，当人们从平台获取法律运作结果的预测，由于此前的认知与反馈都可能成为积累下来的数据，其获取的结果正是人工智能学习这些数据之后形成的结果，这种结果不是一般性的，而是与具体的个人数据联系在一起。对于不同个人而言，即使他们知道法律规则是一般性的，也会发现对于自己有实际影响的规则是个体性的。

法律规则的个体性，意味着关于何为法律规则的经典理念遭遇挑战。在经典的法理学观念中，法律规则的重要特征就在于，以"全有或全无的方式"（All-or-nothing Manner）应用，只要是有效且可适用于特定案件，就能够完全确定结果。[①] 但个体性转型的法律规则，虽然形式上可能没有变化，实际上则处于一种不那么确定的概率状态，只有放在输入具体信息的观察下，才会从概率转化为实体。这样一种变化或许可以结合物理学中的一个模型来加以想象——电子的运动不是围绕此前人们理解的那种清晰稳定的轨道，而是概率分布的"电子云"，量子态的运动只有经过外界的观察才获得确定。在物理学中，经典的牛顿力学到量子力学的范式转型，就是从非此即彼的确定状态到概率统计状态下的分布。人工智能近年来的快速发展，也得益于互联网和大数据的运用促进其数理基础的转型，从逻辑推理转换到概率统计。或许，法律规则也将经历同样的转型。

五、人工智能语境下的法律价值重构

在讨论人工智能应用于法律时，人们持有的一个重要信念就是，

---

① Richard Susskind. The End of Lawyers? Rethinking of the Nature of Legal Service. p. 260.

人工智能无论多么强大，都只表现于对规则理性的推理方面，而无法像人类一样运用超越规则之上的价值判断。但是，人工智能对于法律认知与法律规则的重构，进一步的影响将会传导到法律价值层面。由于对法律的认知更多来源于算法，算法形成的规则也更为个体化，这两个方面的影响也将改变传统法律所体现的某些价值。

从法律认知这一角度来看，当对于规则的认知可以更便捷高效地从多元化的平台获取时，对于法律的规范性预期更为加强。当人们更直观地获得来自于人工智能的处理结果时，出于节约思维成本的考虑，会本能地快速接受这一结果，而不太愿意消耗自己的精力去分析推导过程。正如普通人在操作电脑时不会愿意自己运用程序语言编写程序来完成某一功能，而是选择使用某一软件进行一键式的操作。当这样的思维变得更为普及、流行之后，法律推理将变得更为形式理性化。人类虽然还有更强的能力进行感性的移情式理解，但却很难对抗高度理性化的算法。虽然人工智能被明确定位为辅助工具，但辅助工具在高度理性化的社会中却完全有可能喧宾夺主，成为一种异化的主宰。可以简单想象的一个场景是，当法官面临案多人少的情况时，很难有动力降低效率对人工智能生成的结果进行反思，进行说理更为复杂更有难度的价值判断。即使有法官这样做了，在科层制的体制中必然将承受更大的压力。不仅仅是自己的工作时间增加了，还需要考虑上级法官、上级法院是否能够认可他对人工智能生成结果的反思，需要承担更高的责任与风险。高度理性化法律的进一步强化，将会使社会向何处去，对此存在着两种极端的判断，帕森斯认为最为理性的现代社会也是最为自由的社会，而马尔库塞则认为高度工业化社会中强大的操纵力量威胁到本来便不多的自由。① 即使我们还无法在两者的判断之间作出选择，但至少可以明确，理性化的发展中蕴含着深刻的内在矛盾，将会对法律所表现出的价值观形成显著的影响。

更为理性化的法律缺少了感性的移情式理解，并不是说无差别的

---

① ［德］施路赫特. 理性化与官僚化：对韦伯之研究与诠释. 顾忠华，译. 桂林：广西师范大学出版社，2004：1-4.

面向所有个体；恰好相反，只是某些在人类思维中会得到重视的信息被省略，而另一些信息则进入算法处理的范围之中，表现为上一节所分析的那种个体性规则。个体性规则的概率特征，使之更容易被看作不透明的"黑箱"所形成的产品。不用说普通公众，即使是对于专业法律人而言，如果只精于法律规则但对于算法的设计不了解，也很难认识"黑箱"的运作。由于这种"黑箱"的特性，不同个体在面对法律规则时的强弱差距就更为明显地表现出来。由于算法形成的概率性规则基于此前积累的信息，那么那些对信息成本的承受能力较弱的法律活动参与者，就处于相对不利的地位。弱者只能了解到自己面对的规则会以什么样的概率表现出来，但不清楚"黑箱"是基于自己的哪些信息形成这种概率。信息不对称会进一步成为法律主体之间强弱分化的鸿沟。

当法律表现出更明显的时间维度时，过去积累的更多信息都对后来的规则形成影响，不同主体之间的强弱差距也更为明显，传统意义上的公平、正义等价值观都会面临重构。如果说蒙上双眼的正义女神曾经是法律中公平正义最典型的象征符号的话，那么，借助于人工智能的法律运作可能不仅摘下蒙眼布，而且还带上柏拉图在《理想国》开篇所讨论的"古各斯的戒指"（the Ring of Gyges），可以没有任何障碍地窥视一切人，以零成本获取信息。在传统模式下，法律面前人人平等意味着排除在法律行为之前存在的其他身份因素的干扰，仅从单一的法律行为来适用规则进行处理。但当上文所分析的那种概率性的个体化规则成为现实时，随着数据的积累与算法的学习，一个行为导致的影响不会因为单次的法律处理而终结，而是会持续产生影响，就无法真正排除法律行为之前的那些因素。例如，社会中经济或文化资产较弱的个人，其此前的数据会积累下来，成为表明其弱势地位的一种信息，而这种信息又会导致更为不利的个体化规则，而此后和其他人之间的互动，也会受到这种个体化规则的影响。在这样的情况下，强者越强而弱者越弱就成为一种难以阻止的趋势，法律面前人人平等将被解构。

在传统的法律体系中，在司法裁判中追求同案同判，也是法律面前人人平等的一种体现。法律人曾经寄希望于人工智能能够以比人类更强的计算能力来更好实现同案同判。但是，个体化规则难以比较何为同案，何为同判。既然规则都是由于此前积累的信息形成的一种针对不同个体的概率，那么由于这些长期积累的信息必然存在着诸多细节的差异，就难以比较这种规则的适用是否运用于同等情形。在人工智能进行机器学习时，过拟合（Overfitting）是一种更为常见也更难克服的问题，由于学习能力过于强大，将训练样本中的某些细节特点当作一般规律进行学习。① 面对适用个体化规则的不同案件，由于信息的细节差异很容易被认知，如果要求人工智能提炼出一般规律，则更容易遭遇过拟合的困境，将某些个案中的信息放大而当成一般特征。因此，不仅立法中何谓法律面前人人平等面临重构，司法中也是如此。

六、结语

人工智能在法律领域的运用，当前还只能说是刚刚起步。但从效率这一出发点来看，无论是国家还是市场都有较强的推动力进一步推广人工智能的运用，在这个过程中，技术的进步也将以更高的速度表现出来。只要人工智能在法律领域的运用普及到一定程度，并不需要太强的人工智能水平，量变的积累就会走到质变的临界点。这种质变并不是科幻式的场景，让我们立即进入人工智能所主宰的世界，也不会是人类与人工智能形成激烈冲突的“西部世界”。在整个人类社会可能被重塑之前，法律本身会在很大程度上面临重构。公众借助于人工智能作为更便捷因而也更廉价的工具来认知法律，更快捷也更普遍地形成对于法律的预测。这种对于法律认知模式的重构，会在很大程度上使人们对法律的预测由人工智能的算法确定，使算法实际上成为法律。同时，算法成为法律，将会形成更为个体化的规则。传统的一般性法律规则对于应对信息成本过高的社会有着重要意义，但人工智

---

① 周志华. 机器学习. 北京：清华大学出版社,2016：23-24.

能的运用将极大程度地降低信息成本，从而更为明确单一行为在重复博弈中的整体意义，运用个体化的规则进行更为精确的调整。这种个体化规则的出现，将重构法律规则的形态从非此即彼的确定状态向一种概率式的存在转型。随着法律认知模式的重构与法律规则形态的重构，法律的价值观也将随之重构，一方面体现为更加高度理性化，另一方面则体现为法律面前人人平等被淡化与解构。

总言之，本文试图预测人工智能在法律领域的广泛运用将会如何重构我们传统认知中的法律，人工智能是一个外在的变量，分析的重点仍然是法律本身。法学家自负地宣称，法律将会决定人工智能的未来。[①] 但从法律保守、克制的特性出发，我们首先应当谨慎地思考人工智能将会如何决定法律的未来。鉴于我们认知法律已有上千年的历史，对人工智能的认知则只是最近短短数十年间才开始的，我们也有必要更多思考法律本身，而不是过于大胆地试图思考人工智能。当然，作为一种面向未来的研究，本文所做出的预测很可能是完全错误的。"人类一思考，上帝就发笑"，在未来也许会表现为人工智能在"发笑"，但我们却不能因此就放弃思考。

（原文载《法学评论》，2018（1）。）

---

① ［德］霍斯特·艾丹米勒. 机器人的崛起与人类的法律. 李飞，敦小匣，译. 法治现代化研究，2017（4）.

28　人工智能对公司法的影响：挑战与应对

林少伟*

> 人是宇宙的精华，万物的灵长。
>
> ——莎士比亚：《哈姆雷特》
>
> 这是最好的时代，也是最坏的时代。
>
> ——狄更斯：《双城记》

一、人工智能对公司法的可能挑战

　　早在 2014 年，人工智能对公司法的挑战就隐隐若现。研究生物科技与再生医学的英国公司 Aging Analytics 于 2014 年 5 月宣布，启用一款名叫 VITAL（Validating Investment Tool for Advancing Life Sciences）的人工智能工具，并授权中国香港特区的风投公司 Deep Knowledge Ventures 将该人工智能用作该公司投资委员。在被记者问及为何采用这一人工智能时，Deep Knowledge Venture 的高级合伙人卡明斯基（Kaminskiy）称，人会受情感左右，有主观情绪，会犯错误，但 VITAL 这样的机器只会用逻辑思维，不可能因为一时意气出错。人类投资者的直觉和机器的逻辑性相结合，会打造一支完美的团队，

---

　　*　西南政法大学民商法学院副教授、硕士生导师，人工智能法律研究院区块链研究中心主任，LSW246@hotmail.com，本文是国家社会科学基金项目"《公司法》私人执行之检视"（编号：17CFX072）阶段性成果。

将错误的风险降低到最小。① VITAL 入场后,已经帮助公司批准两项投资：一个是在抗衰老医药领域开发计算机辅助方法的 Silico Medicine；另一个是使用选择个人化抗癌治疗方法的 Pathway Pharmaceuticals。Aging Analytics 声称,VITAL 在投资委员会和其他委员是平等的。事实上,VITAL 在当时虽然冠以"投资委员"之名,但实际上并非对任何投资都享有跟其他委员同等的表决权。根据香港公司法的规定,VITAL 也无法获得"董事"地位。因此,Aging Analytics 公司的其他委员认为,将之视为投资委员会的"观察员"(Observer)可能更为适当。②

　　VITAL 的出现,实质上引出更深层次的一个问题：公司法与人工智能的相遇将会擦出何种火花？在此案例中,VITAL 可能被视为公司的董事,也可能被视为公司董事决策的辅助（观察员）,但不管是哪一种情形,均会导致公司法语境的一连串追问：如果 VITAL 被视为董事,则传统公司法关于董事的相关规则（如董事义务规则）是否仍然适用？如果不能适用,应当如何重构？如若 VITAL 不被视为董事,而仅仅是被视为董事决策的辅助手段,则这种辅助性工具是否也受到公司法的规约？如董事因听信 VITA 作出的决策导致公司利益受损,VITAL 本身是否应当承担责任？作为无生命无感情之 VITAL,又该承担何种责任,才能与其行为与身份相匹配？凡此种种,无疑均会对公司法造成挑战与冲击。

　　事实上,人工智能的出现不仅会冲击公司董事,也会改变公司的其他元素。比如,人工智能也可以充当投资者或公司股东本身（或者为股东决策提供协助）,也可以充当劳动力,成为公司雇员。对于前者而言,当人工智能本身成为投资者时,其所作出的决定相对单一：或

---

　　① 华尔街. 香港 VC 的机器人创举：人工智能程序加入投委会. 华尔街,2014-6-5. 英国的每日邮报直接以"世界首个机器人公司董事"为题报道这一新闻. E. Zolfagharifard. Would you take orders from a Robot? An Artificial Intelligence becomes the world's first company director. Daily Mail, May 19, 2014.

　　② N. Burridge. Artificial Intelligence gets a seat in the boardroom. Nikkei Asian Review, May 20, 2017.

者支持,或者反对。这显然与作为董事的人工智能有明显不同,因为董事决策涉及方方面面,并须考虑各种因素,在日常管理中,也并非简单的支持或反对就可解决。因此,与董事相比,人工智能对股东或投资者的冲击相对较弱。此外,当人工智能充当股东时,相对董事而言,其对公司其他利益相关者的影响较弱。当人工智能充当公司雇员时,其所要应对的是人工智能作为劳动者的身份与地位的认定、对公司工作任务与规划的冲击与瓦解以及工作中可能产生的责任纠纷。① 这在很大程度上主要涉及《中华人民共和国劳动合同法》《中华人民共和国侵权责任法》等其他部门法,已远远超出《中华人民共和国公司法》(简称《公司法》)所能规制的范围,也非《公司法》所能承受之重。故此,本文关于人工智能对公司法的挑战,主要探讨其与公司董事之间的关系并分析由此关系所引发的冲击及其应对之道。

二、人工智能与董事的关系:两种形态

人工智能与董事之间的关系因人工智能不同的发展阶段而呈现不同的特点。根据人工智能的实力,有学者将人工智能分成三大类。② 第一类是弱人工智能(Artificial Narrow Intelligence),即擅长于单个方面的人工智能,如能够战胜围棋冠军的人工智能。但对这类人工智能,其也只能在围棋方面发挥才能,超出此范围,则无能为力。第二类是强人工智能(Artificial General Intelligence),即具有人类级别的人工智能,可以在各方面都与人类相同并比。对于这类人工智能,美国特拉华大学戈特弗雷德逊(Gottfredson)教授认为其"能够进行思考、计划、解决问题、抽象思维、理解复杂理念、快速学习和从经验中学习等操作"。③ 第三类是超人工智能(Artificial Super Intelligence),即在

---

① 丁治文. 人工智能背景下机器人投入劳动的法律问题初探. 决策探索,2017(9).

② Tim Urban. The AI Revolution:The Road to Superintelligence. Wait But Why, January 22,2015.

③ Linda S. Gottfredson. Dissecting Practical Intelligence Theory:Its Claims and Evidence. Intelligence 31,2003:343.

各方面都比人类更强大的人工智能。牛津大学知名人工智能专家博斯特罗姆(Bostrom)教授认为,这种人工智能"在几乎所有领域都比最聪明的人类大脑都聪明很多,包括科学创新、通识和社交技能"①。在弱人工智能阶段,由于人工智能仅限于处理相对单一事务,且其发展尚未达到"模拟人脑"程度,人工智能仍然被视为一种法律上的客体或物,被归为"工具"的范畴。此时,人工智能的出现虽引发诸多新问题,但仍可以在传统的法律规则之内得以妥善解决。目前的人工智能技术大多停留于第一类的弱人工智能阶段,强人工智能和超人工智能尚未出现。然而,尚未出现并不代表不会出现,法律对此不应坐视不理,高高挂起,而应未雨绸缪。事实上,介乎弱人工智能与强人工智能的阶段已然出现,赫伯特·波斯纳法官在 Pompeii Estates, Inc. v. Consolidated Edison Co 一案中所作出的"计算机仅能执行强制的指令——对其编程不是为了使其做出判断"这一论断显然已落后。② 比如,人工智能技术在 ICT 领域的迅猛发展而产生的无人驾驶汽车和医疗机器人就是佐证。无人驾驶车的人工智能系统显然已超越弱人工智能阶段,但尚未进入强人工智能。此时此刻,如果无人驾驶汽车出现事故,撞伤他人,该如何追责? 是"无人驾驶者"人工智能系统本身? 抑或背后的程序研发者、运营者还是使用者? 这显然已突破既有法律规范,而急需新型法律体系予以应对并加以规制。③

根据人工智能上述三大发展阶段,其与公司董事的关系可以分为两种:一是作为辅助董事的人工智能;二是作为董事独立个体的人工智能。作为辅助董事的人工智能,目前已经出现,并主要在投资银行业中使用。瑞银(UBS)在此领域可谓一马当先,其伦敦分行与德勤(Deloitte)会计事务所及金融科技公司 Tradelegs 合作开发人工智能

---

① Nick Bostrom. The Ethics of Artificial Intelligence//Willia, Ramsey, Keith Frankish ed.. Cambridge Handbook of Artificial Intelligence. Cambridge, Cambridge University Press, 2011: 254.

② Pompeii Estates, Inc. v. Consolidated Edison Co. 397 N. Y. S. 2d 577, 580 (N. Y. Civ. Ct. 1977).

③ 司晓,曹建峰. 论人工智能的民事责任:以自动驾驶汽车和智能机器人为切入点. 法律科学,2017(5).

及机器学习（Machine Learning）系统，帮助交易员分析数据及调度资金。他们合作开发的人工智能不仅能够处理一些重复性高、复杂性低的传统工作，更可以分析大量交易数据，针对金融市场变动趋势为瑞银制定投资策略以提供参考。此外，瑞银还与亚马逊的 Alexa 合作，聘请其为瑞银的客户解答相关问题。此时的人工智能可作为一种辅助董事的工具，为董事决策提供意见。作为董事独立个体的人工智能虽然尚未出现，但可以想象，当人工智能发展到一定程度、可以模拟人脑并具有抽象思维时，人工智能成为独立的董事也将水到渠成。然而，不管人工智能作为一种辅助功能抑或独立个体，均会对公司法造成一定冲击，公司法对此也需重新审视并作出相应的制度安排。

三、作为辅助的人工智能：迫在眉睫的法律应对

通过对算法的不断优化以及对数据的挖掘与分析，且因其本身所具有的"天然"优势，人工智能已在诸多领域达到甚至超越人类的水平，人工智能为公司董事的决策提供参谋辅助也不再是空中楼阁。甚至，人工智能因其本身无情感的"中立"地位，依据事先设置的算法与程序，更能为公司提供不夹带任何私利的意见。正如上面所述，瑞银与其他公司合作开发的人工智能，为其投资决策提供咨询意见已有数年，也已产生正面效果，人工智能为董事决策提供辅助意见已非天马行空。然而，在公司法视野里，这意味着两大挑战：一是公司董事可否授权给人工智能，让其代行处理本来应由董事所为之事；二是公司董事在一定条件下是否负有聘请人工智能提供决策咨询的义务。下面将就此两大问题展开论述。

（一）董事是否可授权给人工智能

1. 现行规定

人工智能辅助董事进行管理，涉及人工智能与董事之间的分工，也涉及董事可能需将部分权力授予人工智能的问题。因此，从公司法上而言，董事是否可授权给他人（包括人工智能）是关键。一般认为，

　　董事作为公司管理人员，应当履行亲自管理的义务，这已成为大多数国家公司法的基本原则之一，但亲自管理原则并不意味着不得授权他人管理。事实上，很多国家在确立亲自管理原则之外，也规定了例外情形。在新西兰的 Dairy Containers v NZI Bank 一案中，法官托马斯（Thomas）明确指出："董事最为重要的任务就是管理公司事务，这意味着他们享有管理的权力与责任。当然，为了提高管理效率，他们在必要之时可以将部分权力授予公司经理，以处理公司日常事务，但这并不意味着管理功能本身的转移。"[①]可见，托马斯法官虽认可公司董事在必要时可将部分管理权能授予经理，但实际上托马斯法官仍认为这种授权并非管理权的转移，且仅在必要时才可授权。在美国，在 Re Bally's Grand Derivative Litigation 一案中，法官认为"董事不得将管理核心的权力授予他人"。[②] 在 Barings plc 一案中，乔纳森·帕克（Jonathan Parker）法官也回应上述观点，并进一步指出"无论是作为集体抑或个人，董事负有对公司业务获取和维持充分知识和了解的义务，以便更好地履行作为董事的职责"。[③] 由此可见，在帕克法官看来，原则上董事职权可授予他人，但由于董事必须获得并保有作为董事所应当具备的知识与技能，因此不能随意授权给他人，且在授权范围方面，核心性管理权力也不得授予他人。然而，何为核心性管理权力，法官则语焉不详。瑞士在其公司法中对此有相对明确定义，根据瑞士公司法第 716 条规定，法律禁止董事将公司关键性管理权（Key Management of the Corporation）授予他人，在何谓"关键性管理权"方面，瑞士公司法规定"公司发展战略目标以及为实现并控制这些目标所决定采取的手段"属于关键性管理权，并不得授予他人。

　　在英国，历经数十年修改而成的《2006 年公司法》并没有禁止董事授权他人管理公司，其示范章程第 5 条则明确规定在不违反公司章程的情况下，董事可在其认为适当时将权力授予任何个人（Person）或委

---

①　Dairy Containers v NZI Bank (1995) 2 N. Z. L. R. 30.

②　Re Bally's Grand Derivative Litigation, 23 Del. J. Corp. L. 1997, p. 67 (Del. Ch. June 4, 1997).

③　Barings plc (No. 5) [1999] 1 B. C. L. C. p. 489.

员会（Committee）。① 由此可见，英国在这方面的规制相对宽松，只要不违反公司章程，董事便可授权给个人或委员会。然而，此处所采用的对象术语是"个人"或"委员会"，人工智能是否也包括在内不无疑问。如果从狭义的文义解释出发，人工智能既非"个人"，也非"委员会"，显然无法囊括在内。但如果从广义的目的解释出发，人工智能囊括在内也非无可能。显然，示范章程之所以允许董事将其管理权授予他人，其目的在于提高管理效率。在公司事务繁多、董事个人无法亲力亲为之时，将部分权力在某特定时间段授予他人，实际上有利于提高管理效率，更好地维护公司利益。以此目的而言，董事将部分管理权授予人工智能，让其代董事处理部分事务，本质上与其他"自然人"或"委员会"代为管理并无二异。因为一旦因授权代为管理而出现问题，首当其冲的担责主体是授权的董事。从此意义上而言，英国公司法并不禁止人工智能辅助董事，董事也可将其部分权力授予人工智能。

我国关于这方面的规定，涉及《公司法》两个条文：其一是董事因故不能出席董事会的，可以书面委托"其他董事"代为出席；②其二是董事会可将其职权授予经理。③ 据此，董事会的任何决议均需要具有"董事"身份的人出席，因此，董事不得将任何涉及参与董事会讨论或行使董事会表决权的权力授予给其他非董事的人。此外，其他职能权力，董事可授予经理。然而，问题的关键是：《公司法》第49条的规定是否为强制性规定？抑或是一种默示性规定？董事授权于他人是否仅限于经理，抑或可以授权于其他非经理人士？笔者认为，对此应当进行扩大解释，在章程没有其他规定的情况下，为提高公司管理效率，应当允许董事授权给他人。如此一来，人工智能作为辅助董事的角色也水到渠成。

---

① Article 72 of The Model Articles Table A. 具体详情，可参见：David Kershaw. Company Law in Contex：Text and Materials. Oxford ，Oxford University Press，2012：192-194.
② 《中华人民共和国公司法》第111条。
③ 《中华人民共和公司法》第49条。

2. 如何应对

当人工智能作为董事辅助性角色不存在法律障碍的情况时，需要解决另一问题：如何从法律上确定因人工智能的辅助而导致的责任。首先应明确的是，董事授予部分职权给人工智能后，并非从此就可以置身事外；恰恰相反，董事应当对此以及相应后果承担责任。帕克法官曾明确指出："在符合公司章程规定下，即便董事将特定权力授予其他非管理层人员，并合理相信被授权人具有一定的能力与诚信，也并不意味着可豁免其所负有的监督与履行被授予权力的义务"①。我国《公司法》虽对此没有明确规定，但在其他私法领域，比如《中华人民共和国信托法》（简称《信托法》）中有类似的规定，《信托法》明确规定受托人须亲自管理，但如果信托文件另有规定或者有不得已事由的，可以委托他人代为处理。如受托人依法将信托事务委托他人代理的，应当对他人处理信托事务的行为承担责任。②当董事将职权授予人工智能处理相关事务时，董事当然也需承担相应的后果，具体包括以下三个方面：第一，在选任方面，董事选任人工智能辅助其决策时，应当尽责了解相关信息，知悉人工智能的运行原理、工作目的、基本算法逻辑和相应设备的操作等。当然，基于董事本身并非人工智能专业人士，不可能要求董事对人工智能深刻了解和掌握，但其应当具备选任人工智能的相应知识储备和基本技术。第二，在人工智能工作期间，董事应当负有谨慎义务，这主要体现在输入与输出两方面：一方面，董事应当确保提供给人工智能的数据准确无误；另一方面，董事对人工智能所输出的结果也应进行一定程度的审核，不能未经审核就随意采信。第三，应确保人工智能不会对公司管理造成重大损失。董事应当通过各种途径，确保人工智能系统运用安全、顺畅，并定期让专业人员对人工智能进行维护，确保不因人工智能的出错而导致公司遭受重大损失。

---

① Re Barings plc (No. 5) [1999] 1 B. C. L. C. p. 489.
② 《中华人民共和国信托法》第 30 条。

（二）董事是否有义务聘请人工智能

既然人工智能在某些特定领域具有无可比拟的"超人"优势，那特定领域的公司董事是否负有聘请人工董事作为辅助决策的义务？此言并非凭空臆造，因为根据公司法原理，董事作为受托人，负有实现公司利益最大化的义务，而实现公司利益最大化，当然也包括董事需在决策之前获得最为充分的信息与分析。以此而言，提出董事是否负有聘请人工智能的义务这一问题显然并非天方夜谭。英国《2006年公司法》就明确指出，公司董事必须以他善意地认为为了公司成员的整体而将最大可能地促进公司成功的方式行事，虽然英国以"公司成功"一词替代"公司利益"，但其更改的主要目的在于用更为中性色彩和广义的概念来取代具有争议性且狭义的"利益"二字，本质上要求董事为公司利益最大化行事的规定依然如故。[①] 在美国，董事需为公司利益最大化而行事的规定已成各州公司法普适性原则之一，存有争议的仅仅是如何定义"公司利益"，是坚守公司利益等同于股东利益这一传统立场，抑或顺应历史潮流，将公司利益扩大至其他利益相关者。[②] 我国《公司法》虽然明确指出董事需负有以公司利益最大化行事的义务，但在《公司法》相关条款中可窥得有此要求。比如，我国《公司法》第21条要求公司的控股股东、实际控制人、董事、监事、高级管理人员不得利用其关联关系损害公司利益，即从关联关系的负面角度要求董事需为公司利益行事。第147条规定董事应当遵守法律、行政法规和公司章程，对公司负有忠实和勤勉义务。其中忠实义务所对应的不得有利益冲突以及勤勉所对应的谨慎和注意，无疑也是围绕着公司利益而展开。第148条则对董事不得从事具体行为进行详细列举。[③] 可见，我国《公司法》即便没有明确提出董事负有为公司利益行事之义务，但通过旁敲侧击的散落式规定，也呈现出董事需为公司利益最大化而行为

---

① 英国《2006年公司法》第172条。

② 关于这方面的争论，可参见：林少伟. 公司利益辨析：传统与变革之间. 月旦民商法杂志, 2017(3).

③ 包括不得挪用资金等。具体参见《中华人民共和国公司法》第148条。

这一潜在含义。

　　故此，如果人工智能有助于董事作出更好决策，则董事聘请人工智能作为决策参考也应当成为一种义务。特别是人工智能在信息处理与数据分析方面具有无可比拟的"超人"能力，而董事在决策前，受"注意"或"勤勉"义务之约束，又不得不在决策之前获悉一定的信息作为决策参考，否则可能违背注意义务。美国《公司治理通则：分析和建议》第 4.01(c) 款对董事注意义务明确作出规定，将"充分的知悉"列入在内。德国的《股份有限公司法》则规定董事应当具有一个正直的、有责任心的业务领导人的细心。① 英国的《2006 年公司法》虽大致规定了公司董事需负有勤勉、谨慎和技能义务②，但在《破产法》中则规定董事需具备可以合理地期待于履行同样职能之人的一般知识、技能和经验。③ 无论是德国的"细心"要求，还是英国的"知识或技能"，实质上都要求董事在决策之前需"充分的知悉"相关信息，否则可能触及注意义务之红线。④ 鉴于此，董事借助人工智能的优势获取相关信息则可能成为其做出决策的先决条件。当然，这种信息知悉具有较高的"信息成本"，如需要与其他公司合作开发相应的人工智能等。在当前人工智能尚未进入强人工智能阶段之时，要求董事负有聘请人工智能提供决策参考的义务过于超前，也并不现实。假以时日，随着人工智能的迅猛发展，对于某些特定行业的公司而言，董事负有此种义务的日子或许并不遥远。

四、作为董事的人工智能：一种可能的想象

　　当人工智能进入强人工智能时代，能够模拟人类脑袋，可以进行"思考"等抽象思维时，其角色也可能不再仅限于辅助性功能，而可能

---

① 《德国股份有限公司法》第 93 条规定。
② 英国《2006 年公司法》第 174 条。
③ 英国《破产法》第 214 条。
④ 即便各国在判断董事违反注意义务标准方面有所不同。陈本寒，艾围利. 董事注意义务与董事过失研究——从英美法与大陆法比较的角度进行考察. 清华法学，2011(2).

作为独立个体成为董事,与其他董事享有同等的表决权。事实上,即便尚未进入强人工智能时代,可以预见,短期内,机器人与人类的"抽象性"差异会越来越小,未来机器人拥有生物大脑的可能性也越来越大。有人提出,在 21 世纪中期,人工智能所拥有的智慧将会 10 亿倍于今天所有人的智慧。① 当然,人工智能以独立个体的形式出席董事会,意味着在法律上面临三大问题:第一,人工智能是否可以成为享有权利并承担责任的法律主体;第二,公司法是否允许人工智能成为董事;第三,公司法如何应对作为董事的人工智能。

(一) 法律人格的赋予与否

人工智能是否可以成为法律上认可之主体,这一问题仍存有争论,特别是在哲学界,人工智能与主体意识之间争辩几乎已成世纪难题,至今仍未达成共识。② 我国著名法学家吴汉东先生认为,机器人既非具有生命的自然人,且其与具有自己独立意志并作为自然人集合的法人也有所区别,将机器人作为拟制之人以享有法律主体资格,在法理上存有商榷之处。机器人的知识不仅限于特定领域,还都是人类输入,这种情况下,显然不具备人之心性和灵性,也不能与具有人类智慧的自然人集合体等同并论。因此,吴汉东先生认为,机器人不足以取得独立的主体地位。③ 但也有学者对此持不同意见,认为人工智能可以也必须成为一种具有人格的法律主体,有资格享有法律权利并承担义务,但由于人工智能承担行为能力的后果有限,人工智能应适用特殊的法律规范与侵权责任体系,其所具有的法律人格是有限的法律人格。④ 更有学者认为,探讨人工智能是否具有法律主体资格实际上显得多余,也毫无必要,因为即便赋予法律人格,最终的责任承担者都是

---

① 杜严勇. 论机器人的权利. 哲学动态,2015(8).
② 何怀宏. 何以为人 人将何为——人工智能的未来挑战. 探索与争鸣,2017(10);L. Solum. Legal Personhood for Artificial Intelligences. 70 North Carolina Law Review, 1992:123.
③ 吴汉东. 人工智能时代的制度安排与法律规制. 法律科学,2017(5).
④ 袁曾. 人工智能有限法律人格审视. 东方法学,2017(5).

人。① 然而，学术界的争论并不影响实践的进展。欧盟委员会法律事
务委员会曾在 2016 年 5 月发布《就机器人民事法律规则向欧盟委员
会提出立法建议的报告草案》(Draft Report with Recommendations
to the Commission on Civil Law Rules on Robotics)。同年 10 月，法
律事务委员会发布研究成果《欧盟机器人民事法律规则》(European
Civil Law Rules in Robotics)，向欧盟委员会提交动议，要求对人工智
能提出立法。在此立法建议中，法律事务委员会提出了多项立法建
议，其中包括建议"赋予复杂的自主机器人法律地位"，认定其为"电子
人"(Electronic Persons)。在认定哪些自主机器人能够成为电子人
时，法律事务委员会提出以下几个标准：①通过传感器和(或)借助与
其环境交换数据(互联性)获得自主性的能力，以及分析那些数据的能
力；②从经历和交互中学习的能力；③机器人的物质支撑形式；④因
其环境而调整其行为和行动的能力。虽然欧盟至今还没正式就人工
智能通过有约束力的法律，但假以时日，某些特定或符合设定标准的
人工智能成为特定主体并非遥不可及。

(二) 人工智能成为董事的公司法障碍

即便将来人工智能具有法律人格，或具有某种有限的法律人格，
也并不意味着其就可以水到渠成地成为公司董事，因为公司董事也需
符合一定的标准。因此，人工智能成为董事也存在着一定的公司法障
碍。人工智能能否成为公司董事，首先应解决非自然人可否成为公司
董事这一前置性问题。倘若连非自然人都不能成为公司董事，则举重
以明轻，人工智能当然无法成为董事，至少在法律逻辑内无法自圆。
根据我国《公司法》的规定，董事一般由自然人担任，即所谓的"股东董
事"。② 我国《公司法》第 44 条和第 108 条对董事资格的积极要件做出
了规定，第 146 条则对董事资格消极要件做出规定。根据上述规定，
《公司法》并没有明确禁止非自然人担任公司董事。然而，第 146 条第

---

① 郑戈. 人工智能与法律的未来. 探索与争鸣, 2017(10).
② 许德风. 论法人董事与代表人董事——兼议董事独立性的界限. 法学, 2015(3).

1 款所规定的不得担任董事的五种情形均是针对自然人而言的,这在事实上似乎排除了非自然人担任公司董事的可能性。这或许可以在上市公司的相关规定中得以佐证。我国证监会颁发的《上市公司章程指引》(2016 年修订)第 95 条直截了当地规定"公司董事为自然人"。从上述规定,似可得出这样的结论:我国上市公司明确禁止非自然人担任董事,而在非上市公司中,董事一般也是自然人。此外,在实践中,公司设立登记或董事变更登记时,工商管理机关都会要求提交董事身份证等个人证件,这似乎从实务角度证实非上市公司的董事也应是自然人。但也有学者提出,以此断然否定我国存在法人董事制度的观点并不正确,因为我国公司运作实务中,董事由特定股东指派并事实上由该股东任免的"股东董事"的情形仍然普遍存在,而这本质上与法人董事相去不远。① 我国著名商法学者赵旭东教授早在 2003 年就指出,法人董事在我国实际上已存在,很多公司控股股东已成为事实上的董事,或其派出的董事已成为其代言人,由背后的控股股东所操控,本质上而言这已是法人在行使董事的职权。因此,赵旭东教授提出应当从立法上明确允许法人担任董事,以便澄清此中的法人及其代理人的相关责任。②

此外,虽然《公司法》及《上市公司章程指引》的诸多条款或指向自然人董事,或明确规定自然人董事,但一些散落于各部门法的条款也闪烁着法人董事的身影。比如,《中华人民共和国中外合资经营企业法》(以下简称《中外合资经营企业法》)中规定的中外合营者一方可担任董事长或副董事长。③《中外合作经营企业法》中也有类似的规定。④《中华人民共和国合伙企业法》中也规定了法人或其他组织可执

---

① 许德风. 论法人董事与代表人董事——兼议董事独立性的界限. 法学,2015(3).
② 赵旭东. 有限责任公司的改造与重塑. 政法论坛,2003(3).
③《中外合资经营企业法》第 6 条规定:"合营企业设董事会,其人数组成由合营各方协商,在合同、章程中确定,并由合营各方委派和撤换。董事长和副董事长由合营各方协商确定或由董事会选举产生。中外合营者的一方担任董事长的,由他方担任副董事长。"
④《中外合作经营企业法》第 12 条第 1 款规定:"合作企业应当设立董事会或者联合管理机构,依照合作企业合同或者章程 的规定,决定合作企业的重大问题。中外合作者的一方担任董事会的董事长、联合管理机构的主任的,由他方担任副董事长、副主任。"

行合伙事务。①《中华人民共和国企业破产法》则规定债权人会议主席可从有表决权的债权人中指定,因此法人债权人完全有可能担任债权人会议主席。② 即便在《公司法》中,也可窥得法人董事犹抱琵琶半遮面。该法第 67 条第 2 款关于国有独资公司董事会成员的委派规定以及第 44 条第 2 款关于职工代表大会选择代表人担任董事的规定,实质上从另一侧面认可了法人董事。在域外,大多数国家在很大程度上已承认法人董事。比如,《法国商法典》第 L225-20 条明确规定法人可担任公司的董事。英国《2006 年公司法》则"含蓄性"地规定"公司必须有一个自然人董事"。③ 这显然意味着法人也可以担任公司董事。美国特拉华州公司法虽禁止法人担任公司董事④,但该规定却并不必然意味着公司章程不可以规定股东享有不经股东大会而任命董事的权利。根据《标准公司法》的规定,闭锁型公司可自行约定公司管理架构,当然也可约定特定人(包括法人)担任公司董事。⑤ 我国台湾地区也允许政府或法人在符合一定条件时可担任公司董事。⑥ 由此可见,法人可以担任董事在域外已逐渐被认可,在我国实践中也不乏存在,承认法人董事乃大势所趋。一旦允许法人担任董事,人工智能担任董事的公司法障碍也就自然消除。

(三)对公司法理论与规范的挑战

如人工智能成为董事,无疑会给公司法造成极大的挑战。公司法需提前介入,并作出相应的制度安排。正如李彦宏等所指出的:

---

① 《合伙企业法》第 26 条第 3 款规定:"法人、其他组织执行合伙事务的,由其委派的代表执行。"

② 《企业破产法》第 60 条规定:"债权人会议设主席一人,由人民法院从有表决权的债权人指定。债权人会议主席主持债权人会议。"

③ 英国《2006 年公司法》第 155 条第 1 款。

④ 《特拉华州普通公司法》第 141b 条规定:"公司应设一名以上的董事,每一名董事都应当是自然人。"此外,美国加利福尼亚州公司法也规定董事只能由自然人担任。

⑤ See § 7.32 of MBCA.

⑥ 林仁光."公司法"第二十七条法人董监事制度存废之研究. 台大法学论丛,2011(1).

"……也许真要靠算法的顶层设计来防止消极后果。人工智能技术可能不只是理工科专业人士的领域,法律人士以及其他治理者也需要学习人工智能知识,这对法律人士和其他治理者提出了技术要求。法治管理需要嵌入生产环节,如对算法处理的数据或生产性资源进行管理,防止造成消极后果。"①这种法律应对的顶层设计,无疑需要具体每个部门法的深入探讨,才可能形成并构建"人工智能社会的宪法"。

1. 代理成本理论的撼动

现代公司法得以塑造的核心基础是代理成本(Agency Costs)②,该理论认为公司治理最重要的问题是管理者与股东之间的利益冲突,而这种利益冲突根源于所有权与控制权的分离,即拥有公司的人不控制公司,控制公司的人不拥有公司。这种分离使得管理者会投机取巧、牟取私利。他们会通过各种途径假公济私,降低公司价值,进而产生代理成本。鉴于此,学界想方设法,实施代理参与权制度(Proxy Access)、董事义务以及禁止交错董事会等制度,试图问责管理者,降低代理成本。③ 可以说,公司法规则乃围绕如何降低代理成本而构筑。④ 然而,当人工智能成为董事时,由于人工智能本身不可能营私舞弊、损公肥私,传统的代理成本理论在人工智能面前也将烟消云散,而基于代理成本所搭建的公司治理架构以及公司法规则也需重构。

2. 决策风险的可控性

当自然人作为董事时,因每个人所具有的"特质愿景"⑤的不同,可

---

① 李彦宏,等. 智能革命:迎接人工智能时代的社会、经济与文化变革. 北京:中信出版集团,2017:312.

② Michael C. Jensen, William H. Meckling. Theory of the Firm: Managerial Behavior, Agency Costs and Ownership Structure. 3 J. F. E., 1976:305.

③ 当然,美国也有学者提出,公司法围绕代理成本而展开的规则基础也可能存在弊端,公司法及公司治理应当关注被代理人(本人)成本.[美]佐哈·戈申,理查德·斯奎尔.被代理人成本:公司法与公司治理的新理论.林少伟,许瀛彪,译. 交大法学,2017(2)(3).

④ Reinier Kraakman, et. The Anatomy of Corporate Law: A Comparative and Functional Approach. Oxford, Oxford University Press, 2017.

⑤ 戈申和哈姆达尼论述控制股东之所以愿意花费较大代价控制公司,其背后可能是由于其具有对"特质愿景"(Idiosyncratic Vision)的追求. Zohar Goshen, Assaf Hamdani. Corporate Control and Idiosyncratic Vision. 125 Yale L. J., 2015:560.

能会呈现风险偏好型特征，也可能出现风险保守型特征。除此之外，董事本人可能也会因其自身财富或其他考虑因素而呈现出不同的风险态度。一位腰缠万贯的富豪受邀担任公司高管，或者未经商战风浪锤炼而子承父业的富二代，他们在管理经营公司时，因对风险的可承受性较强，或对风险的失败感知度较浅，很可能会无所顾忌、大胆决策、贸然投资，采取更为激进的管理方式和经营方针；反过来，如果是胆小谨慎之人管理公司，则可能出现截然不同的经营战略。因此，当自然人担任董事时，决策风险相对难以把控。但如由人工智能担任董事，则通过对代码与算法的设计，完全可以对决策或投资的风险进行提前设置，也就可以提前实现对决策风险的把控，故此，公司法也无须担忧董事的过度激进或过度保守的行为会影响公司的未来，进而也无须设置与此相关的规则来鼓励或约束董事行为。

3. 激励机制的取消

为了减少代理成本，促进董事为公司服务，确保董事为公司利益尽心尽力，规制者可谓绞尽脑汁。激励机制是当中一种，即从正面角度约束董事行为，促使其与股东利益趋向一致。通过对董事赋予股权激励或其他激励方式，在很大程度上可有效降低董事假公济私的可能性。但在人工智能情况下，机器人显然没有金钱的概念，也不存在为了享受金钱所带来的优越感而营私舞弊，侵犯公司利益。因此，传统的董事激励机制在人工智能面前也毫无用处。与此同时，与绩效要求相关的规定也可能因此高高挂起，公司法在这一方面也需进行相应调整。

4. 董事义务的修正

传统董事义务包括忠实义务与注意义务，忠实义务之核心在于避免利益冲突，这在自然人担任董事中尤为重要，通过施加忠实义务以防止董事通过自我交易或关联交易损公肥私已成为各国公司法的标配之一。然而，通过代码与算法的设置，人工智能董事完全可以避免利益冲突，故此，忠实义务也失去规范的价值。注意义务主要强调董事决策的善意与信息知悉，对于人工智能董事而言，善意与否自不在话下，其主要在于决策的输出乃基于充分的信息。因此，应当根据特定行业相应设计一连串相关的代码与算法,确保人工智能董事在决策时,可以依据其原定的算法与获取的信息,形成合符注意义务的相关决策。这也意味着,公司法应当强调人工智能董事的注意义务,并且从多方面(包括人工智能生产商、供货商和系统设计者等)的有效规制来确保该注意义务的遵守。

5. 事后救济转变为事前预防

传统公司法规则注重救济,即通过对特定主体的不端行为予以惩罚的方式保障受侵犯者的合法权益。然而,这种规则框架本身也有其弊端,如果过度强调事后救济而忽视事前预防的重要性,则可能会因为董事出于侥幸心理而导致出现大量公司法纠纷,这并不符合公司法规制的初衷。人工智能董事的出现,则可以有效扭转这一规则方向。因为人工智能董事虽贵为董事,但毕竟既非自然人,无法受到肉体惩罚与精神折磨,同时也不是法人,难以受到金钱制裁。故此,传统公司法以事后救济为核心的规则框架,显然无法适用于人工智能董事,公司法规则也因此必须进行调整,从事后救济转变为事前预防,由原定的法律转化为代码,以抽象的代码取代特定场景型下的具体行为规制,以有效迎接人工智能的挑战。

6. 公司的潜在风险——公权的渗透

人工智能的发展离不开国家的统筹规划,事实上,业界人士也在呼吁国家干预,从国家战略层面制定人工智能的发展规划路线图,以避免重复和无序研究,实现全球人工智能的引领地位。一旦人工智能发展进入强人工智能阶段,机器人可以比拟人类之时,国家身影就更加不能缺位,国家之手也应当强硬,因为对一个中心的入侵,很可能会导致所有的终端都出现安全隐患,《西部世界》中人造人叛变并反击人类的故事也可能发生。也正因如此,当人工智能被设计用于担任董事时,对该类人工智能的代码与算法不应全然来自公司或股东或公司法专家,因为任何一个单方主体均不足以应付或掌控人工智能。此时此刻,政府干预不可缺少,公权机关应介入人工智能的代码与算法,以避免可能发生的机器人反攻人类的惨况。事实上,公权机关对算法的控制在某些领域已被视为理所当然的事情。^①当然，公权具体应从何种方式介入监管值得讨论，比如可以要求对人工智能设定安全标准，且针对一些重要设施或重要目标的源代码必须向监管机关进行备份，或在设计自动化交易程序时控制报单频率的阈值等。不论如何，一旦公权机关介入人工智能的算法，则公司的人工智能董事可能会受到某种程度的国家控制。如若国家通过算法实现对人工智能董事的控制，也就意味着公司存在被国家控制的潜在可能性，如此一来，可以说，只要有人工智能董事的公司，公权的渗透就无处不在，未来公司法如何应对这一挑战，如何在风险应对与私权保护、科技变革与法律秩序之间取得动态平衡，无疑值得法律人深思。

五、结语

人工智能给人类带来的便利超乎想象，与此同时，人工智能也会引发诸多问题，冲击现行法律制度规范。早在 20 世纪 80 年代就有学者声称："不容置疑的是，能够执行复杂计划和法律推理的计算机系统肯定是未来几十年法律实践的一场革命。"^②在现行科学技术条件下，人工智能尚处于弱人工智能阶段，人工智能的一切行为尚可以通过事先的代码、算法和规则模板的计算与设计预先安排，其所能操作或进行的行为均在人类的掌控范围之内。此时，人工智能对公司法的挑战相对不大，主要体现在辅助董事决策的角色，公司法应当予以解决的问题主要是董事可否将部分职权授予人工智能以及董事是否负有聘请人工智能的义务。当人工智能发展到强人工阶段，具有模拟人类思维之时，其将对公司法造成巨大的挑战。这并非杞人忧天、异想天开，正如美国人工智能专家拉塞尔（Russell）和诺维格（Norvig）所言："看来人工智能领域的大规模成功——创造出人类级别乃至更高

---

① J. Kroll, J. Huey, S. Barocas, E. Felten, J. Reidenberg, D. Robinson, H. Yu. Accountable Algorithms. 165 U. Pa. L. Rev., 2017: 633.

② Garry S. Grossman, Lewis D. Solomon. Computers and Legal Reasoning. 69 ABA Journal, 1983: 66.

的智能——将会改变大多数人类的生活,我们工作和娱乐的真正本质将会被改变。我们对于智能、意识和人类未来命运的观点也会如此。在此层次上,人工智能系统会对人类的自主性、自由乃至生存造成更为直接的威胁。"[①]如发展至这一阶段,则人工智能成为独立个体的董事,并非不可能。故此,公司法应当未雨绸缪,作出一系列制度安排与应对,争取在最好的时代运筹帷幄,防止最坏时代的出现。

(原文载《华东政法大学学报》,2018(3):61-71。)

---

① [美]拉塞尔,诺维格. 人工智能:一种现代的方法(第3版). 殷建平,等译. 北京:清华大学出版社,2013:878.

29　信任，但需要验证：论区块链为何需要法律

[美]凯文·沃巴赫* 著

林少伟** 译

区块链可谓是互联网问世后信息技术领域最重要的发展。为比特币等数字货币提供支持是区块链的设立初衷。事实上，区块链的作用远不止此，其还为解决人际间由来已久信任问题提供了新思路。古语有云，"矩不正，不可为方；规不正，不可为圆"。纵使区块链潜力无穷，若无有效管理，其对增进信任毫无助益。由于与法律实施完全脱节，区块链系统可能会起反作用，甚至造成危险后果。其与法律的关系也并非表面看来那样疏离。问题的焦点不在于如何监管区块链，而在于如何利用区块链进行监管。区块链可以补充法律、与之互补甚至取而代之。过度或不成熟地适用严格的法律义务都会阻碍创新，摒绝利用技术达成公共政策目标的机会。区块链开发者和法律机构可以携手共进，但必须承认对彼此的独特作用。

一、引言：代码的逆袭

区块链被称为"最有可能改变未来十年商业模式的技术"，同时也被称为犯罪活动、庞氏骗局、无政府和独裁主义的避风港。这样两极

---

　*　凯文·沃巴赫(Kevin Werbach)，美国宾夕法尼亚大学沃顿商学院法律研究与商业伦理副教授。

　**　西南政法大学民商法学院副教授、人工智能法律研究院区块链研究中心主任。

分化的评价源于区块链与法律关系的不确定性。区块链技术的拥趸认为其是克服地域法律制度缺点的民主化方法。批评家则认为这是规避法律责任的高招。这两种观点谈不上孰对孰错。两者都过分关注区块链的监管问题，却忽视区块链本身的监管作用。为扬长避短，区块链系统需要与法律实施和制度相结合。

2009 年，以比特币加密货币为基础，中本聪（Satoshi Nakamoto）提出了区块链概念，迅速在全球传播开来。自 2016 年年末到 2017 年中，比特币的价格暴涨 10 倍，加密货币的总市值超过 1200 亿美元。2013—2016 年，风险投资者向区块链初创公司注入超过 10 亿美元的资金。2017 年，区块链项目本身数量也创历史新高，通过向用户和投资者直接销售代币，募集到超过 20 亿美元的资金。

区块链技术的浪潮不仅席卷创业型企业，科技巨头［例如 IBM、微软（Microsoft）和因特尔（Intel）］以及主要专业服务公司［例如普华永道（PWC）和毕马威（KPMG）］也开始向区块链领域进军。世界上最大的金融机构几乎都在依照相同原则直接或共同使用分布式分类账技术。政府也不例外。有些在试验分布式分类账平台，而各国央行（例如英格兰银行和中国人民银行）则在探索独立发行加密货币的可行性。冷静如高盛集团（Goldman Sachs）的观察者，也看到这一"唾手可得"的机遇背后数十亿美元的年收益。虽然区块链近期的爆红可能名不副实，但长远来看，其极可能成为价值交换的分布式基础。

区块链是一项复杂的技术，但其基本功能非常简单，即提供分布式但高度精准的记录。换言之，每个个体都可以保留一份自动更新的分类账副本，但这些副本都保持不变，即使没有中央管理员或原本。这一方式有两大优势。其一，使用者可以对交易完全放心，无须受制于任何个体、中介或政府的诚信。其二，单一的分布式分类账取代需要对账的私人分类账，可以降低交易成本。以数字加密技术和博弈论激励机制为基础的软件使得欺骗系统难如登天，这是达成以上目的的关键。

区块链最初的利益来源于比特币这一脱离地域性政府管控的私人数字货币。为解决欺诈、洗钱、资金外流、货币操纵和恐怖主义融资等问题，货币交易往往会受到严格管控。^① 在某些区域，即使法律并未明确禁止，政府和强大的私人利益集团同样会说服银行或者支付平台，叫停涉及赌博、著作权资料传播或泄露政府文件传播的服务。比特币似乎是一种不受上述限制约束的价值储藏手段和交易机制。对于(部分)"抗审查"货币而言，比特币可谓是一个利好消息。

另外，不受监管的货币极易成为违法行为、消费者滥用和金融投机的避风港。比特币一度风评不佳。丝绸之路(Silk Road)——早期的比特币市场(最初用于毒品和其他走私品交易)——就是最典型的例子。^② 2013 年，美国联邦调查局(FBI)关闭了丝绸之路，其经营者罗斯·乌尔布里奇(Ross Ulbricht)被判处终身监禁。然而，在 3 年营业期间，丝绸之路经手处理了价值 950 万比特币的交易，时值约 10 亿美元。尽管之后的合法应用开始成倍增长，但对于罪犯而言比特币是否是最好的馈赠尚无定论。

与此同时，区块链系统软件看似会阻碍传统法律实施，但其规则运行方式却与法律制度类似。这印证了网络法学者劳伦斯·莱斯格(Lawrence Lessig)在其 1999 年出版的著作——《代码》^③——中提出的基本观点。20 世纪 90 年代，点对点文件共享引发著作权的变革，而网络言论自由脱离政府镇压，这大大鼓舞了想要推翻现有权力机制的人。法律学者亚伦·莱特(Aaron Wright)和普里马韦拉·德·菲利皮(Primavera de Filippi)指出，区块链"令公民创制习惯法体系变得更加容易，使其可在自身科技法律框架内，任意选择和实施自定规则"^④。但所有线上群体都能不受政府管制，实施自定规则，仍旧是不现实的想法，实施难度极高。网络自由主义，终究是美梦一场。

---

① U. S. Gov't Accountability Office，Gao-14-496. Virtual Currencies：Emerging Regulatory，Law Enforcement，and Consumer Protection Challenges，2014：23；Jerry Brito，Andrea Castillo，Bitcoin. A Primer for Policymakers. 19 Policy：A Journal of Public Policy and Ideas，2013：3.

② Joshuah Bearman. The Rise and Fall of Silk Road：Part I，WIRED (Apr. 2015).

③ Lawrence Lessig. Code Version 2. 0. New York，Basic Books，2006.

④ Aaron Wright，Primavera De Filippi. Decentralized Blockchain Technology and the Rise of Lex Cryptographia. SSRN (Jan. 2015).

2016 年中的几周内，全世界约有 11000 人在一家虚拟的区块链公司购买了价值约为 1.5 亿美元的以太币，而该公司没有员工、缺少管理且并非合法存在。The DAO（The Distributed Autonomous Organization，去中心化自治组织的简称）是一个完全由自我执行的软件（智能合约）组成的线上众筹系统。① 被誉为"经济合作的新范式……商业的数字民主化"。② 自动代码运行于无中央权威的分布式平台，取代法律、中介和人际关系成为信任的现实载体。随后，有人一夜之间窃取了该平台 1/3 以上的资金。③

自此，事情开始变得有趣起来。依照 DAO，被截留的资金完全合法。区块链无法辨识窃贼和客户。更为严重的是，区块链的记录恒定不变，这意味着无人能够阻止盗窃行为或者追回被盗资金。最后，为了追回资金，DAO 运行的区块链平台不得不一分为二。④ 反叛团体并不赞同这一决定，因而复制了被盗货币，而窃贼也保留了盗取的资金。⑤ 这听起来有些离奇，但却反映未来的趋势。无论过去还是现在，被盗取的资金都是真实存在的。DAO 软件的确起到了取代法律实施和第三方中介的作用。但这也是其短板所在。DAO 软件虽有查验功能，但已不具可信度。原本应当势不可挡的区块链实际运行中却不尽如人意，用户只好选择收回投资。

DAO 事件折射出更深层次的问题。区块链之所以需要法律，本质上来讲，是因为两者都是信任机制。分布式分类账技术使得参与者无须相信任何其他个体，只信系统结果即可。但信任同样意味着不确

---

① Max Raskin. The Law and Legality of Smart Contracts. 1 GEO. L. TECH. REV. , 2017: 304.

② Seth Bannon. The Tao of "The DAO" or: How the Autonomous Corporation is Already Here. TECHCRUNCH(May 16, 2016).

③ Klint Finley. A $50 Million Hack Just Showed that the DAO was All Too Human. WIRED. COM (June 18, 2016).

④ Michael del Castillo. Ethereum Executes Blockchain Hard Fork to Return DAO Funds. COINDESK (July 20, 2016).

⑤ Paul Vigna. The Great Digital-Currency Debate: "New" Ethereum vs. Ethereum "Classic". WALL ST. J. MONEYBEAT BLOG (Aug 1, 2016, 12:19 pm ET).

定性和脆弱性。这也是里根总统最喜欢的俄罗斯谚语,同时也是本文题目(若你相信,就不会坚持查验;若坚持查验,就是不信)①被认为毫无意义的原因。区块链虽然能够巧妙地解决查验的问题,但若想增强信任,还需法律从旁协助。

即使区块链能够完美运行,其设计、实施和使用都是由人来完成的。虽然其表现形式是客观代码,但主观意图对这一系统仍有影响。区块链容易受到自私的行为、攻击和操纵的影响。其合法实践范围本质上是一个治理问题,而非计算机科学问题。区块链开发者并未充分认识到这一点,便莽撞闯入法律学者争论几个世纪的领域。

因此,问题的难点在于分类账与法律结合会有哪些后果。诸如合约、财产、公司以及司法实施之类的法律结构以规范的权利、期望和救济替代人际信任。但仍存在法律制度难以规制之处,而且某些情况下,法律规范反而会对信任造成损害。针对此类状况,区块链提出了巧妙的应对之法。然而,要想实现区块链的巨大潜力,就需要对密码学"枯燥代码"(Dry Code)与法律"含糊其辞"(Wet Code)各自的作用进行严谨的映射。② 令人意外的是,我们往往需要将两者相结合才能达到目的。即使在现阶段,许多尝试仍不成熟。有些法律制度在运行方式上过于软件代码化,而有些区块链代码则过于法律化。

因此,将法律与区块链对立起来是不对的。人无完人,法律行为主体会犯错,软件设计师也不例外。区块链历史虽短,但屡遭重挫。DAO 只是其中之一。在业已完善的社区建立规则、规范、激励机制和技术结构并非易事。有观点认为,法律应作相应变通,才能真正发掘区块链的潜力;反之亦然。区块链需要法律。其开发者如何连接整合中本聪的加密经济信任模式与法律实施的正式结构和体制,这一能力决定区块链能够发挥多大作用。

---

① Barton Swaim. Trust, But Verify: An Untrustworthy Political Phrase. Wash. Post(Mar. 11, 2016).

② "含糊其辞"和"枯燥代码"这两个术语来自智能合约的创始人 Nick Szabo. Nick Szabo. Wet Code and Dry. UNENUMERATED(Aug. 24, 2008), http://unenumerated. blogspot. com/2006/11/wet-code-and-dry. html.

本文坚持这一观点：法律是区块链的必由之路，而非其毁灭的根源。这一领域的法学研究多关注加密货币的监管。[①] 虽然比特币及其子体的法律处置还有许多问题亟待解决，但追根究底，最核心的问题在于区块链能否完全取代法律。答案是否定的。第二部分描述了区块链的技术特征，并对其快速普及的原因加以阐释。第三部分阐述了在脱离法律实施的情况下，区块链系统可能出现的错误。第四部分描述了加密货币代码和法律的融合治理模式。第五部分对全文进行总结。就网络层面而言，区块链的确可以称得上是商业、政府和社会的变革性技术，但前提是与法律和谐共存。

二、区块链

短短几年内，比特币和区块链在科技领域引发狂热。[②] 该领域的领军人物将之与互联网相提并论，称之为彻底开放的分布式平台，可提供大量新颖完善的数字化服务。[③] 有人认为，这一平台能够预防金

---

① Kevin V. Tu, Michael W. Meredith. Rethinking Virtual Currency Regulation in the Bitcoin Age. 90 WASH. L. REV., 2015: 271; Jerry Brito et al. Bitcoin Financial Regulation: Securities, Derivatives, Prediction Markets & Gambling. 16 COLUM. SCI. & TECH. L. REV., 2015: 144; Stephen T. Middlebrook, Sarah Jane Hughes. Regulating Cryptocurrencies in the United States: Current Issues and Future Directions. 40 WM. MITCHELL L. REV., 2014: 813; Aaron Wright, Primavera De Filippi. Decentralized Blockchain Technology and the Rise of Lex Cryptographia; Trevor I. Kiviat, Beyond Bitcoin: Issues in Regulating Blockchain Transactions. 65 DUKE L. J., 2015: 569.

② Marc Andreesen. Why Bitcoin Matters. N. Y. TIMES DEALBOOK (Jan. 21, 2014,11:54 AM); Amy Cortese. Blockchain Technology Ushers in the "Internet of Value". Cisco(Feb. 10, 2016); Jerry Cuomo, How Businesses And Governments Can Capitalize On Blockchain. Fobes Brand Voice (Mar. 17, 2016).

③ Cadie Thompson. Bitcoin Transformative as the Web, Venture Capitalist Says. CNBC (Jan. 28, 2014); Scott Rosenberg. There's a Blockchain for That!. Bachannel(Jan. 13, 2015);Daniel Folkinshteyn, Mark Lennon, Tim Reilly. A Tale of Twin Tech: Bitcoin and the WWW. 10 J. STRATEGIC & INT'L STUD., 2015: 82.

融危机①，其至"变革商业、政府和社会"②。其他人则提出，区块链预示着能够取代政府主导型制度的新型私法的产生。③ 对自由主义者而言，这些技术是不受主权国家控制的经济活动。对于进步人士而言，区块链技术会摧毁根深蒂固的私有权力；而对于其他人而言，区块链仅仅是赚钱或解决问题的绝佳机会。

分布式分类账的绝妙之处在于，其能够确保特定活动可信无疑，无须以信任特定主体为前提。④ 亿万级企业家和风险投资者雷德·霍夫曼（Reid Hoffman）称为"不信之信"。⑤ 区块链的支持者指出，使用区块链技术就意味着，代价高昂的调解机制和法律实施可以退位让贤了。他们指出，与其相信银行、法院和政府，我们可以通过开源式密码协议，选择信任数学和计算。

（一）区块链的运行机制

2008 年，有人化名中本聪，在网络发布了一篇题为"比特币：一种点对点式的电子现金系统"的文章，首次提出区块链这一概念。⑥ 对于译码者而言，文中的许多观点和技术并不陌生，但该系统的运行方式却独具匠心。比特币是一种类似于现金的不记名票据。2009 年，中本聪所提的系统在开源式软件上运行，比特币自此正式进入流通。随后，不计其数的交易所如雨后春笋般在世界范围内全面开花，从事比特币与法定货币（如美元或欧元）的交易。一些开发者努力优化比特币软件（最后一次得知中本聪的消息是在 2011 年），而世界各地的"矿

---

① Editorial Board. Bring on the Blockchain Future. Bloomberg View (June 6，2016，10:05 AM EDT).

② Tapscott，D.，Tapscott，Alex. Blockchain Revolution：How the Technology Behind Bitcoin Is Changing Money，Business，and the World. New York：Portfolio/Penguin，2016.

③ Aaron Wright，Primavera De Filippi. Decentralized Blockchain Technology and the Rise of Lex Cryptographia；Michael Abramowicz，Cryptocurrency-Based Law. 58 ARIZ. L. REV.，2016：359.

④ Joshua Fairfield. BitProperty. 88 S. CAL. L. REV.，2015：805，814.

⑤ Reid Hoffman. Why the Block Chain Matters. WIRED，May 15，2015.

⑥ Satoshi Nakamoto. Bitcoin：A Peer-To-Peer Electronic Cash System 8 (2008).

工们"则为确保网络安全提供计算能力。自 2017 年 8 月开始,比特币的单币价值超过 3000 美元。

比特币是第一个区块链系统。随后的几年内,各种各样不同的区块链系统不断问世。有些系统会针对特定用途进行优化,如致力于促进金融服务提供商之间跨境货币兑换的瑞波(Ripple)。[①] 其他系统如以太坊则是通用平台。[②] 这些区块链均有可交易的加密代币(2017 年中期,以太坊的以太币市值超过 200 亿美元),主要目的是为了刺激市场活性。另一类系统被称为许可分类账,这一系统以服务私营公司、实现信息或交易的分享为宗旨,因而并不发行加密货币。最典型的两个例子就是超级账本(由 Linux 基金会赞助的开源式项目)[③]和 R3 金融服务联盟[④]。

各平台采用的技术方法大同小异。为对不同因素(例如,性能、去中心化、合规性、匿名化、安全性以及功能性)进行优化,各平台在设计上都有所取舍。未来,或许只会存在一条主要的区块链,或多个主要平台和成千上万的小平台。就代币市值而言,比特币仍是最大的平台,但其支配地位似乎岌岌可危。未来 20 年,比特币可能价值千金,也可能一文不值。随着市场发展,比特币代表的区块链结构也日趋完善。此类系统均包含以下三个主要特征。

1. 分类账

分类账指账目记录。最为人熟知的就是使用复式记账法(会计的基础)的分类账。然而,分类账的用途并不仅限于记录公司资产负债表中的借贷情况。[⑤] 房地产市场离不开土地所有权登记。民主要求分

---

① Nathaniel Popper. The Rush to Coin Virtual Money With Real Value. N. Y. TIMES DEALBOOK(Nov. 11, 2013, 4:17pm).

② Nathaniel Popper. Move Over, Bitcoin. Ether Is the Digital Currency of the Moment. N. Y. TIMES DEALBOOK (June 19, 2017).

③ Todd Benzies. Tech and Banking Giants Ditch Bitcoin for Their Own Blockchain. WIRED. COM (Dec. 17, 2015).

④ Paul Vigna. Blockchain Firm R3 CEV Raises $107 Million. WALL ST. JOURNAL (May 23, 2017, 6:37pm ET).

⑤ Dominic Frisby. In Proof We Trust. AEON(Apr. 21, 2016).

类账计算投票。著作权利用公共和私人记录来追踪权利登记和转让。现代公司不仅利用分类账处理其财务，还以之调节内部代理人与外部合作伙伴的关系，以及供应链、后勤部门和面向客户活动的关系。马克斯·韦伯（Max Webber）和维尔纳·桑巴特（Wener Sombart）等社会学家指出，复式记账法是现代资本主义的基础。[①]

区块链是一种分布式分类账。[②] 任何该网络的参与者均可保留分类账的副本。关键是所有副本的内容完全相同。风险投资者阿尔伯特·温格（Albert Wenger）提出，区块链在逻辑上是中心化的（因为只有一份分类账），但在组织结构上却是去中心化的（多个实体均保有该分类账的副本）。[③] 区块链系统的各节点为保持同步，彼此相互联系。由于并无规范的原本作为参照，保持同步（也称共识）才是难点所在。

中心化分类账本身也有弱点。若由单一节点保存主分类账，则这一节点就是整个系统的唯一故障点。任何其他节点的使用者都无法确认所见信息的准确性。另外，若各组织分别保存自己的分类账（和大多数公司的财务记录一样），则每笔交易至少会被单独记录两次。举例而言，公司向供应商付款或银行为其他银行客户兑换支票时，双

---

① Max Weber. General Economic History, p. 276. (Translated by Frank H. Knight. London, 1927); Werner Sombart. Der Moderne Kapitalismus. München, Leipzig, Duncker and Humbolt, 1916：23. Quinn DuPont, Bill Maurer. Ledgers and Law in the Blockchain. King's Review(June 23, 2016).

② UK Government Chief Science Advisor. Distributed Ledger Technology：Beyond Block Chain (2015), https://www. gov. uk/government/uploads/system/uploads/attachment_data/file/492972/gs-16-1-distributed-ledger-technology. pdf, 以下简称分布式分类技术, at 4("在分布式的分类账技术中，我们可能正在见证一种潜在的创造性潜能的爆发，它促进了卓越的创新水平。")；Paul Vigna, Michael J. Casey. The Age of Cryptocurrency：How Bitcon and Digital Money Are Challenging The Global Economic Order. New York, St. Martin's Press, 2015：124. 并非所有分布式分类账都是区块链的结构。例如，受监管银行之间的金融协议使用的 Corda 系统使用的就是一种不同的数据结构。Richard Gendal Brown. Introducing R3 Corda(TM)：A Distributed Ledger Designed for Financial Services. Richard Gendal Brown blog (April 5, 2016). 但区块链是最常用的结构，尤其是对于公共（无须许可）系统而言，因此这里使用"区块链"这个术语。

③ Albert Wenger. Bitcoin：Clarifying the Foundational Innovation of the Blockchain. Continuations (Dec. 15, 2014).

方均需通过对账程序同步其分类账。这会加大交易的复杂性,引发交易延迟或错误。区块链问世之前,这些问题被认为是难以避免的。

2. 共识

比特币的核心是一系列软件协议,通常被称为中本聪共识(Nakamoto Consensus)。[①] 共识指网络参与者确信其分类账准确一致。若无强力手段保障共识,比特币参与者就能重复使用比特币(重复消费问题),或谎称其拥有更多代币。大多数数字化系统共识的达成方法都有一个通病,即很容易产生大量虚假网络节点,也就是所谓的"女巫攻击"(Sybilattack)。[②] 即使大部分实际用户都是诚信的,但攻击者仍可伪造足够的节点控制网络,并在系统执行错误的共识。这就是密码学领域著名的"拜占庭将军问题"(Byzantine Generals Problem)。[③]

中本聪巧妙地将密码技术与博弈论观点相结合,对这一问题作出解答。首先,所有比特币交易的签署均应经过加密处理。只有相关私钥(由字母和数字组成的秘密字符串)的持有人才能发送相关信息,这一点在数学上是可行的。其次,比特币和其他共识系统以信任网络取代了信任个体。行为主体(在比特币系统中被称为矿工)负责查验交易。任何人都可以成为矿工。即使其中有些人并不可信,但只要大部分人是诚信的,系统便可正常运转。在中本聪看来,矿工竞相验证大块的比特币交易,也就是区块。[④] 每一区块的赢家都会得到奖励。

---

① Joseph Bonneau et al. Research Perspectives and Challenges for Bitcoin and Cryptocurrencies//Proceedings of the 36 th IEEE Symposium on Security and Privacy. http://www.jbonneau.com/doc/BMCNKF15-IEEESP-bitcoin.pdf, at 3; Nick Szabo. The Dawn of Trustworthy Computing. UNENMERATED(Dec. 11, 2014).

② John R. Douceur. The Sybil Attack. IPTPS '01 Revised Papers from the First International Workshop on Peer-to-Peer Systems. Cambridge, MA, USA, March 2002: 251.

③ Leslie Lamport, Robert Shostak, Marshall Pesce. The Byzantine Generals Problem. ACM Transactions on Programming Languages and Systems 4.3, 1982: 382.

④ Bitcoin. The Magic of Mining. Economist, Jan. 10, 2015, at 58; Andreas M. Antonopoulos. Mastering Bitcoin: Unlocking Digital Cryptocurrencies. Sebastopol, O'Reilly Media (1 edition), 2014; Kevin Werbach. Bitcoin is Gamification. Medium(Aug. 5, 2014).

对这一系统,"女巫攻击"是主要问题。若不守信,行为难度低回报高,有人变节是必然的。为解决这一问题,比特币领域的第二项加密技术——工作量证明——应运而生。工作量证明大大提高获得交易验证权的难度。比特币系统要求矿工解决涉及单向函数的密码问题(也称哈希)。解决上述问题需要巨大的且不断增长的计算能力,这一硬件要求令女巫攻击难如登天。欺骗系统的代价远超其收益。其他共识系统包括权益证明(该系统中,若验证人试图欺骗系统,就可能失去所有代币)和不要求"风险共担"的投票和彩票算法,如瑞波共识协议(Ripple Consensus Protocol)。

通过在区块中聚集交易,共识对单笔个人交易以及分类账整体的完整性予以确认。工作量证明系统会进行动态调整,每 10 分钟就生成一次区块哈希难题的有效答案。经验证的每一区块均以上一区块的哈希为密码签名,以此组成一条稳定的连续区块链。最长的链代表该系统的共识状态。攻击者只有掌握整个网络绝大部分的计算能力才能建立起"欺骗性区块",并以之"分叉"最长链(也称 51% 攻击)。因此,区块的位置越靠前,"分叉"难度就越大。

公共区块链(如比特币区块链)会记录网络上所有交易,且对全体参与者公开透明。不仅比特币区块链的内容向所有人公开,相关的软件也为开源式的,可免费获取。比特币还具有抗审查性和防篡改性。不存在任何政府可以操纵或拦截的中央控制点或网络。一旦一笔交易被记录下来,该记录就是不变的,这一特性也被称为恒定性。用户甲可向用户乙赠送比特币,用户乙也能够返还全部或部分,但用户甲、矿工或任何其他人都不能撤销最初的赠币行为。

这些特点彰显的开放性和去中心化与早期网络(而非如今管控较严的网络环境)类似。[①] 似乎能够实现某些互联网先锋对劳伦斯·莱

---

① Marc Andreesen. Why Bitcoin Matters. N. Y. TIMES DEALBOOK (Jan. 21, 2014, 11: 54 AM). http://dealbook. nytimes. com/2014/01/21/why-bitcoin-matters; Morgen E. Peck. The Future of the Web Looks a Lot Like Bitcoin. IEEE Spectrum(July 1, 2015).

西格所说的不可监管技术领域的梦想。①

中本聪共识的最后关键部分就是博弈论或心理学观点：验证区块吃力不讨好，矿工何苦来哉？毫不夸张地说，工作量证明代价极高：需要特定的计算硬件和大量的电力供给。仅仅是为他人谋利不足以令矿工变节。中本聪的处理方式非常巧妙。成功验证区块的矿工能够获得可观的奖励，即比特币。许多问题因此迎刃而解，包括货币如何在没有中央银行的情况下进入货币供应的问题。由于新的比特币只能通过奖励机制产生，生成率必定会逐渐下降。因此矿工验证区块虽然是出于个人利益，但同时也造福整个社群。

因此，比特币既是系统的输出，也是其输入；既是支持数字货币的信任基础架构，也是支持信任基础架构的数字货币。

3. 智能合约

分布式分类账是主动而非被动的。换言之，分布式分类账不只记录传递给其的信息。作为共识系统的一部分，其必须确保记录的交易已经完成，与共识相匹配。就比特币而言，这意味着系统会自动执行财务汇款。用户不能发起赠发比特币的交易，然后又反悔；汇款对账和达成的同步也是交易程序的一部分。这一机制被称为智能合约。权利和义务规定以及契约协议的执行都在该平台有所体现。

智能合约这一概念早于比特币产生，是专属于区块链的概念。但在中本聪发布论文之前，这两个概念风马牛不相及。比特币利用智能合约来进行交易，智能合约则利用比特币的分布式分类账来运作自治权。从技术角度看来，智能合约本质上是自治软件媒介。有了智能合约，分布式分类账能够实现分布式计算机的功能。同样的共识算法（这一算法下，各节点均可获得分类账的相同副本）使得智能合约以恒等顺序进行恒等计算。比特币以智能合约为运行基础，为保证安全性，严格限制智能合约的基本资金能力。

①　Lawrence Lessig. Deja Vú All Over Again：Thinking Through Law & Code，Again，VIMEO. https://vimeo.com/148665401.

现今最著名的智能合约平台就是 2015 年推出的以太坊。[①] 以太坊提供一种图灵完备的编程语言，理论上来讲，在普通电脑上运行的任何应用均可在以太坊共识网络的分布式电脑上运行。[②] 正如网络和各种基础设施工具（如应用服务器）是谷歌（Google）、亚马逊（Amazon）和易趣（eBay）的基础，开发者可在以太坊平台编写新的应用程序。以太坊的加密货币以太币是继比特币之后最具价值的加密货币。[③]

一般的智能合约平台是去中心化应用（也称 DApps）的基础。就区块链的财务用途而言，许多去中心化应用都模拟现有的中心化应用。星际文件系统（IPFS）和 Storj 提供了与 Dropbox 和苹果（Apple）的 iCloud 类似的去中心化云存储服务[④]；Decent 提供类似于博客和音乐发行服务的去中心化内容发布服务；Commuterz 则与优步（Uber）和来福车（Lyft）相同，支持去中心化的共享出行服务；OpenBazzar 则与易趣（eBay）类似，同样是去中心化的电子商务市场，但其以比特币为交易货币。

其他 DApps 则更具新颖性。例如，高盛集团指出，区块链对发展分布式电力市场大有裨益。使用者可以将屋顶太阳能电池生成的剩余电力转卖给当地的电力公司。由于个人客户和电力公司的潜在交易数量巨大，管理开销自然不菲，因而如今对此类交易的限制比较严

---

① D. J. Pangburn. The Humans Who Dream of Companies That Won't Need Us. FA COMPANY（June 19，2015）；Jim Epstein. Here Comes Ethereum，an Information Technology Dreamed Up By a Wunderkind 19-Year-Old That Could One Day Transform Law，Finance，and Civil Society. REASON. COM（Mar. 19，2015）.

② 分布式共识的开销意味着此类应用程序的运行速度可能远远低于单台计算机或 Amazon Web Services 等云计算平台上的运行速度。

③ Nathaniel Popper, Ethereum. a Virtual Currency, Enables Transactions That Rival Bitcoin's. N. Y. TIMES DEALBOOK（Mar. 27，2016）.

④ Storj. the New Decentralized Cloud Storage Platform Goes Live. NEWSBTC（Apr. 10，2016，4：30pm）；Ian Allison. How IPFS is Reimagining the Internet，Newsweek（Oct 21，2016，12：08pm）.

格。① 分布式分类账能够在没有中央系统开支的情况下,追踪上述交易。高盛集团预测,这会带来每年 25 亿～70 亿美元的市场机遇。②

DAO 是最具潜力的去中心化应用。在 DAO 中,对股权、债务和公司治理的标准公司安排会被编码为一系列智能合约。投资者可以加密货币的形式进行注资,而分布式应用将会对工资、股息和代理投票等事项的支付进行处理。DAO 这一曾遭毁灭性攻击的众筹系统被定义为区块链概念的初体验。③

(二)适用的理由

若分布式分类账不能解决实际问题,则其仅对译码者或哲学家有意义。区块链的适用一定程度上受到意识形态领域规避国家控制观

---

① Aviva Rutkin. Blockchain-Based Microgrid Gives Power to Consumers in New Nork. NEW SCIENTIST(March 9, 2016).

② James Schneider et al. Blockchain: Putting Theory into Practice. GOLDMAN SACHS EQUITY RESEARCH REPORT (May 24, 2016).

③ Nathaniel Popper. A Venture Fund With Plenty of Virtual Capital, but No Capitalist. N. Y. T IMES DEALBOOK (May 21,2016). https://www. nytimes. com/2016/05/22/business/dealbook/crypto- ether- bitcoin- currency. html;Joon Ian Wong. The Price of Ether, a Bitcoin Rival, is Soaring Because of a Radical, $150 Million Experiment, QUARTZ(May 20, 2016). https://qz. com/688194/the- price- of- ether- a- bitcoin- rival-is- soaring- because- of- a- radical- 150- million- experiment/; Christoph Jentzsch. Decentralized Autonomous Organizations To Automate Governance. https://download. slock. it/public/DAO/White Paper. pdf (describing the structure and functions of The DAO) 关于智能合约更加详细的讨论,Kevin Werbach, Nico Cornell. Contracts Ex Machina. 67 DUKE L. J., 2017: 313; Max Raskin. The Law and Legality of Smart Contracts; Seth Bannon. The Tao of"The DAO"or: How the Autonomous Corporation is Already Here; See Klint Finley, A $50 Million Hack Just Showed that the DAO was All Too Human; Nathaniel Popper, A Hacking of More Than $50 Million Dashes Hopes inthe World of Virtual Currency. N. Y. T IMES D EALBOOK(June 17, 2016). http://www. nytimes. com/2016/06/18/business/deal-book/hacker- may- have- removed - more - than- 50- million-from- experimental- cybercurrency- project. html. 一种说法将后续事件描述为"可以说是发生在你我生命中最具有哲学意义的轶事"。E. J. Spode. The Great Cryptocurrency Heist. AEON(Feb. 14, 2017). https://aeon. co/essays/trust- the- inside- story- of- the- rise- and-fall- of- ethereum; Michael del Castillo. Ethereum Executes Blockchain Hard Fork to Return DAO Funds; Paul Vigna. The Great Digital-Currency Debate: "New" Ethereum vs. Ethereum "Classic".

点的驱动。然而,当下大多数对区块链展开研究调查的创业者、大公司、主要的金融机构和政府都追求实际利益。区块链的两个主要价值主张分别为避免依赖中央行为主体和在相互猜忌的个体中建立普遍诚信。

1. 避免与中央机关的矛盾

2016 年,阿根廷布宜诺斯艾利斯当局禁止信用卡公司处理优步(网约车公司)的交易,因该公司违反了地方法规。发行比特币借记卡的 Xapo 能够规避上述禁令①,因其并不要求从本地连接传统支付平台。优步可以无视禁令,继续营业。

至于以这种方式规避监管恰当与否,仁者见仁,智者见智。但至少在某些情况下,不依赖中央行为主体的确难能可贵。这也是拉美国家积极采用比特币作为支付手段的原因。② 经历过恶性通货膨胀和货币贬值,民众对政府和金融制度的信心大打折扣。通常认为,比特币能够不受政治变迁和国际贷款机构需求的影响,因此其似乎是更加保险的选择。比特币的价值主张之一就是成为一种优于黄金的剩余价值储存手段,当下黄金的资产类别已达 7 万亿。③

当中央个体行为主体参与其中时,适用同样的机制。信任会带来风险。信任一个不可信的人往往是十分危险的。伯纳德·麦道夫(Bernie Madoff)庞氏骗局的投资者就是因为信任错的投资经理才倾家荡产。法律、法规和保险都是限制此类风险的机制。至少在美国,麦道夫的情况是例外,而不是规则。然而,对于受放高利贷者、发薪日贷款机构或敲诈勒索销赃人辖制的人而言,区块链提供了更好的选择。

---

① Jamie Redman. Uber Thriving in Argentina Once Again Thanks to Bitcoin. BITCOIN. COM NEWS (July 9, 2016); Joel Valenzuela. Uber Switches to Bitcoin in Argentina After Govt Blocks Uber Credit Cards. COINTELEGRAPH (July 6, 2016, 11: 40am).

② Sonny Singh, Alberto Vega. Why Latin American Economies are Turning to Bitcoin. TECHCRUNCH (March 16, 2016).

③ Nathan Lewis. Gold Or Bitcoin? Gold And Bitcoin. FORBES (June 30, 2017, 11: 59am).

即使被信任的权威机构具有一定可信度,其仍是会受到攻击的单一故障点。例如,加密证书仅对用户连接网站的正确性加以验证,并不干涉其他事项,以此确保访问网址的安全性。前述证书由中央证书授权机构签发。2011 年,DigiNotar——一家荷兰证书授权机构,受到黑客攻击。[①] 黑客伪造了多个虚假证书,拦截并重新定向谷歌 Gmail 服务及其使用者之间的流量。虽然谷歌和网络浏览器供应商迅速行动,作废虚假证书,将损失限制在可控范围内,但这一事件反映出中心化系统的风险。[②] 域名币(Namecoin)、以太网名称服务和 Blockstack 之类的项目旨在创建访问线上资源的安全结构,规避上述问题。[③]

此外,所有中介都收取费用。当中介机构为私营公司时,希望从其创造的价值中获得收益。谷歌向其用户推送广告以及精准定位投放广告,以此向广告商收取费用。如今的广告年收益已达数百亿美元,是典型的直接中介费用。若搜索引擎广告市场可以脱离谷歌而存在,则无须支付上述费用。随着中介机构数量成倍增长,费用也相应增长。举例而言,搜索引擎优化公司就是依附于谷歌而存在的中介机构。这些公司为其所提供服务收费,而谷歌则需要耗费大量的资源来避免过度依赖搜索结果。

为服务自身利益,中介机构不断改造市场。若无利益,它们就会限制行为或停止创新。2017 年,欧盟以操纵线上购物搜索结果帮助附属公司谋利为由,对谷歌处以 27 亿美元的罚款。[④] 就本质而言,成为某一社群的信任核心势必会形成垄断势力。例如,许多网站使用脸书(Facebook)的"社群登录"服务来核验其用户的认证信息。由于脸书是在线社群互动的可信中介,由其运作身份管理程序必定会事半功

---

① Kim Zetter. Diginotar Files for Bankruptcy in Wake of Devastating Hack. WIRED. COM(Sept. 20, 2011, 3:05pm).

② Josephine Wolf. How a 2011 Hack You've Never Heard of Changed the Internet's Infrastructure. SLATE FUTURE TENSE(Dec. 21, 2016, 11:00am).

③ Michael del Castillo. Blockstack Releases Blockchain-Powered, Tokenized Internet Browser. COINDESK(May 23, 2017, 13:52 UTC).

④ Mark Scott. Google Fined Record $2.7 Billion in E. U. Antitrust Ruling. N. Y. TIMES DEALBOOK 27, 2017.

倍。但社群登录也确立了脸书的控制权。^① 令脸书可以获得超出其平台范围的数据并设置竞争障碍。和脸书一样长期占据中心地位的公司和所有垄断机构一样,都试图抬高价格,延缓创新。此种垄断机构往往从其创收中牟利。然而,该网络中的其他人则需要缴纳税赋,且有时是重税。

2. 普遍诚信

区块链在速度和效率方面潜力巨大。初看上去,这种说法略显奇怪。比特币每 10 分钟验证一个区块,每秒钟交易数量的理论上限为 7 笔。这一数值非常不起眼:维萨(Visa)信用卡网络每秒交易数量达到 10000 笔。同步分布式分类账的开销十分巨大,依照译码者尼克·萨博(Nick Szabo)的估计,区块链同步程序的运行速度比一般计算机慢 10000 倍。^②

但无须信任与自身有联系的特定行为主体具有一项潜在优势。信任是不可传递的。甲信任自己的银行,但这并不意味着他需要信任乙的银行。若甲要兑换乙的支票,则双方的银行需要建立各自的信任关系。随着成千上万的金融机构在世界各地处理数十亿的交易,这种成对结构很快举步维艰。更准确地说,这种结构效率低下且交易成本较高。很多时候,对于受信任行为主体而言,交易费用其实是进一步价值提取机会。因此为汇款和信用卡提供商带来巨大收益。对多个相关受信任方之间的交易进行核验是一项极其复杂的任务,进一步延长核验程序。举例而言,股票交易通常在交易达成之后 3 日内进行结算(被称为 T+3 标准)。^③ 被占用的资金原本可以被更有效的利用。

事实上,这一模式和区块链模式均创制了去中心化分类账。传统制度中,各个节点独立负责保存其分类账,并与虚拟共识保持一致,且

---

① Generally Julie Cohen. Law for the Platform Economy. 51 UC DAVIS L. REV. , 2017:133 .

② Nick Szabo. The Dawn of Trustworthy Computing. UNENUMERATED(Dec. 11, 2014).

③ John McCrank. Settlement Time for U. S. Trades Closer to Being Shortened. REUTERS(Apr. 23, 2014, 9:03am EDT).

仅有直接合作伙伴可见。在区块链中,每增加一个区块,都会对整个系统的交易进行核对。该区块能够有效并行数个序列程序。记录单笔交易会耗费很长时间,但系统状态的全球更新反而非常迅速。由于上述记录和更新是通过同一个同步程序而非大量独立交易展开的,因此成本大大降低。据高盛集团预测,在证券交易的结算和核对费用方面,区块链每年能够节省 110 亿～120 亿美元。[①]

比特币和其他区块链系统的确面临巨大的挑战。比特币开发社区就相关机制展开争论,如要不要扩大各个区块的规模来提升系统表现。相比之下,现行的金融制度经长期优化,能够稳定开展大规模交易。有人预测,区块链很快就能横扫银行系统,这种说法显然言过其实。然而,提升对账的速度和效率是各大金融机构积极探索许可区块链的主要原因之一。

最后,构建分布式分类账的方法很多。在公共区块链中,如比特币和以太坊,任何人均可运行一个挖掘节点,并保存共享分类账的副本。由于无法查验网络参与者的完整性,详细的协议(如中本聪共识)和所有交易信息的高开销分布就十分必要。许可分类账可以消除这些限制,更有效地运作,但代价是重新引入中央控制的要素。[②] 使用情况不同,解决方法自然不同。

2009 年,比特币问世,开启分布式分类账的时代,但仍处于初级阶段。2017 年 3 月,以太坊核心开发者弗拉德·赞菲尔(Vlad Zamfir)发布一条推文:"以太坊并不安全,且不具扩展性。其只是不成熟的实验性科技。如非必要,切勿在其上运行关键任务应用!"此言一出,举座皆惊。但其所言非虚,且不仅仅针对以太坊。无数正在展开的合理措施、经典的使用案例、主要企业的支持和各方注入的资金都证明,区块链并非昙花一现。尽管区块链的发展趋势尚不明确,但其潜在利

---

① James Schneider et al. Blockchain: Putting Theory into Practice. GOLDMAN SACHS EQUITY RESEARCH REPORT (May 24, 2016), at 5.

② Richard Gendal Brown. Towards Deeper Collaboration in Distributed Ledgers: Thoughts on Digital Asset's Global Synchronisation Log. THOUGHTS ON THE FUTURE OF FINANCE(Jan. 24, 2017).

益仍不可限量。同时还伴随严重风险和公共政策挑战。

三、分类账与法律

分布式分类账令用户可以放心存储和交换贵重资产。但这与信任特定个体或机构不可混为一谈。若区块链完全改变传统的信任模式，以信任软件代码和密码取代信任人、公司和政府，只会适得其反，引发不信任。这种不协调会造成严重后果。当中本聪的精妙数学构思遭遇混乱无序的实际实施，似乎就跌落神坛，不再完美。若区块链被定位成唯一的执行担保手段，其局限性必定会引发问题。幸好有一种机制可以与区块链技术信任机制结构相互配合，这种机制就是法律。

（一）可能出现的问题

自诞生以来，比特币共识分类账从未被成功攻破。富有经验的攻击者几经尝试，均以失败告终。比特币实际上就是钱，分类账就如同一个银行金库，2017 年中期，其储存金额超过 500 亿美元。保证这笔财富安全无虞是区块链技术有效运行的最好证明。然而，尽管比特币和其他主要区块链系统能有效规避重大安全故障，但加密货币的安全并非绝对。随着环境的变化，这种安全能否延续尚未可知。2015 年，一些主要研究者指出："我们对比特币的理解还不够深入，不足以对比特币能否继续良性运转下定论。"[①]

把区块链网络看作一系列同心圆，中心位置是分类账，以稳健的去中心化共识保证其安全性；第二个同心圆是智能合约，是引导该网络交易的软件代码；第三个同心圆是交易所和钱包服务之类的边缘服务供应商，是加密货币和现实世界之间的桥梁；最外围是去中心化应用和其他应用直接向用户销售的代币。每层都各有其弱点。

---

① Joseph Bonneau et al. Research Perspectives and Challenges for Bitcoin and Cryptocurrencies//Proceedings of the 36 th IEEE Symposium on Security and Privacy.

1. 信任分类账

区块链系统并非无懈可击。区块链系统以现代密码技术为基础。随着计算能力的不断进步,这些机制的基本弱点更加难以消除。例如,量子计算机能够破解性能最强的普通计算机难以破解的加密算法。① 然而,若此类弱点继续存在,势必会影响同样以密码学为基础的线上交易系统。此外,区块链已经吸引多名世界顶级的密码学家,他们正积极探索解决上述问题的方法。另一隐患就是密码技术的实施不完善,如密码利用随机数生成器生成数字,但其生成数字的方式并不是随机的。区块链技术和其他以计算机代码为基础的系统一样,都不完美。经证实,开源式比特币代码存在重大缺陷,尽管这些缺陷在出现持久损害之前就被解决了。

挖矿或工作量证明程序存在更严重的漏洞。中本聪对拜占庭将军问题提出了有力的解决方案,但仍无法解决51%攻击。若某人能够控制网络内超过一半的挖矿能力,就能随意选择验证任一区块,即使存在重复消费的行为。聚集其如此巨大的处理能力并非易事,这也是比特币系统难以攻破的倚仗。即便在今天,想要攻破比特币系统,也需要数百台运转速度最快的超级计算机一刻不停地工作才能实现。

尽管如此,由于大多数挖矿行为是通过多参与者共同运作的矿池进行的,某一矿池能够聚集过半的挖矿能力并非痴人说梦。51%攻击发生的风险与挖矿网络能力成反比。② 比特币价格下跌,矿工激励减少时,或者算法自动减少奖励,减慢系统新货币注入时,就可能出现上述攻击。③ 其他区块链平台(如瑞波)使用无挖矿奖励的共识方法,而以太坊则计划转换其共识方法,改为使用权益证明。④ 然而,这些技术

---

① First Quantum-Secured Blockchain Technology Tested in Moscow. MIT TECH. REV(June 6, 2017).

② 更一般地说,公共链必须保持足够的规模和网络效应才能保持可行性。Joshua Fairfield. Bit Property. at 823-24.

③ Fredrick Reese. As Bitcoin Halving Approaches, 51% Attack Question Resurfaces. COINDESK(July 6, 2016, 12:50 BST).

④ Vlad Zamfir. Introducing Casper "the Friendly Ghost". ETHEREUM BLOG (Aug. 1, 2015).

自身都有局限性，实际适用也不如比特币广泛。许可区块链为其网络的参与者增加中心化信任代码，因此无须担心 51% 攻击，中心化系统的传统信息安全问题才是其需要担心的问题。

系统的安全和稳定级别视具体情况而定。与处理小额客户交易的商人相比，银行会更加关注特定风险。区块链上的医疗记录与钻石的供应链记录具有不同的风险特征。这种变化并非区块链独有，现有中心化系统的信任和安全也存在这种变化。虽然分布式分类账具有新颖性，但甄选出恰当的安全模式还需要一些时间。

2. 信任智能合约

实施交易的智能合约是第二层保障。① 智能合约和其他软件代码一样，也存在误差和安全漏洞。事实上，久负盛名的以太坊智能合约中就存在明显漏洞。② 由于区块链直接运作价值或财产权利，智能合约存在误差或安全漏洞极其危险。以在区块链上运行软件替代人工执行协议面临着诸多实际限制。计划往往赶不上变化。

引言中提及 DAO 的崩溃印证了这一漏洞。依照 DAO 的规定，窃取资金的交易属于有效的智能合约，所以此类交易与其他交易一样，可以无条件执行。以太坊不得不使用"硬分叉"手段来追回被盗取的以太币。③ 硬分叉创制出两条互斥链，尽管大多数矿工使用新的软件且并无意外发生，但这一举措并非无可争议。④ 这意味着以太坊的交易并非真正不可逆或者完全不受中心化干预的影响。同时，若政府或其他中央权威机构开始关注分布式分类账储存的记录，会造成什么

---

① Ari Juels, et al. The Ring of Gyges: Investigating the Future of Criminal Smart Contracts. Proceedings of the 2016 ACM SIGSAC Conference on Computer and Communications Security.

② Zikai Alex Wen, Andrew Miller. Scanning Live Ethereum Contracts for the "Unchecked-Send" Bug. Hacking, Distributed(June 16, 2016, 1:15PM).

③ Paul Vigna. Ethereum Gets Its Hard Fork, and the "Truth" Gets Tested. WALL. ST. J. MONEYBEAT BLOG(Jul 20, 2016 10:56 am ET).

④ Stan Higgins. Will Ethereum Hard Fork? DAO Attack Prompts Heated Debate. COINDESK(June 17, 2016, 16:18 BST); Michael del Castillo Specter of Ethereum Hard Fork Worries Australian Banking Group. COINDESK(June 29, 2016, 17:10 BST).

后果也是需要考虑的问题。

有人提出分叉区块链可能会逐渐消失。这一假设并未实现。有一小撮矿工(且数量日益增多)仍在运行旧版软件,明确表达了对以太坊基金会破坏分类账恒定性的不满。一部分开发者同意以"以太坊经典"(EthereumClassic)(简称 ETC)之名管理新的软件。以太坊核心开发者皮特·茨拉吉(Pete Szilagyi)对这一实践进行深刻总结,指出"去中心化组织对智能合约编写的投入远超我们的预期……"[①]。

DAO 攻击事件的影响余波犹在。2017 年 5 月,加拿大最大的加密货币交易所 QuadrigaCX 宣布,其损失了价值超过 1400 万美元的以太币。[②] 其间不存在任何不当行为,丢失的以太币也并未消失,但由于智能合约出错,这笔以太币永远也追不回来。事实证明,是硬分叉后用于分离以太坊和以太坊经典的余额的代码出现了错误。密码恒定是保证区块链系统可信度的有力武器,但同样会造成代码难以解决的问题。

3. 信任边缘服务

即使价值存储于去中心化系统,我们通常是通过中心化边缘服务获取价值。理论上来讲,在诸如比特币或以太坊的公共网络上,任何人均可获得所在区块链的副本,并运行一个完整节点。但在实践中,严苛的技术和硬件要求往往令普通用户望而却步。几乎所有消费者都会使用钱包服务(如 Coinbase 或 Xapo)。用户必须像信任银行一样信任钱包服务。钱包服务提供商为其客户储存私钥,客户可以使用标准的用户名和密码获取其加密货币。然而,若钱包服务提供商受到黑客攻击,密钥的安全就难以保障。加密货币毕竟是新兴产物,还有许多不足之处,正如尼克·萨博在推文中所说:"比特币本身是世上安全性最高的金融网络,但其中心化外围公司却非常不安全。"[③]

---

① Peter Szilagyi. DAO Wars: Your Voice on the Soft-Fork Dilemma. ETHEREUM BLOG(June 24, 2016).

② Stan Higgins. Ethereum Client Update Issue Costs Cryptocurrency Exchange $14 Million. COINDESK(June 2, 2017, 19:00 UTC).

③ Nick Szabo (@NickSzabo4), Twitter (June 17, 2017, 9:04pm).

加密货币和美元或其他政府支持的法定货币的兑换中存在明显的漏洞。在工作量证明系统(如比特币)中,想要获得加密货币,只能通过挖矿或与他人交换。大多数用户并非矿工,所以某些时候他们需要购买比特币。交易所开展不同加密货币和美元或其他法定货币之间的交易。但很遗憾,有些时候交易所难以完成上述交易。

2014年,黑客从最负盛名的比特币交易所Mt. Gox窃取了价值4亿美元的比特币,Mt. Gox随之倒闭。[①] 2016年,另一家主要交易所Bitfinex也遭到黑客攻击,被窃走价值7000万美元的货币。[②] 据统计,至少有15起加密货币盗窃事件,其中失窃额最低为100万美元,总失窃额超过6亿美元。尽管有人提出加密货币交易所应获许可方可营业(如纽约的比特币牌照),但加密货币市场的全球性决定了大多数交易所如今都还处于无监管状态。

边缘服务提供商同样可以决定是否对交易进行监督。分类账对比特币交易的标的并无任何甄选标准,无论以比特币购买毒品、进行赌博、买凶杀人还是订购披萨,其处置并无任何差别。交易不通过任何银行或支付平台,政府难以施压阻止。但若用户通过边缘服务提供商进行交易,则会受到法律实施的制约。然而,考虑到服务提供商所在地不定及提供商可能需要对其用户身份保密,实施监管还是存在一定难度。例如,丝绸之路骇客追缉令以及类似的法律实施举措所示,上述事实并非完全不可能。

4. 信任代币发行人

最后一个漏洞源与以区块链服务项目有关。若这些服务项目为中心化系统,必定存在与交易所或其他边缘服务项目类似的问题。若为去中心化系统,就会以有漏洞的智能合约为运作基础。许多区块链服务项目会通过直接向用户发行自有加密货币添加新的元素。销售

---

① Amir Mizroch. Large Bitcoin Exchange Halts Trading After Hack. WALL ST. J. , DIGITS BLOG(Jan. 6, 2015, 4:13 AM); Robert McMillan. The Inside Story of Mt. Gox, Bitcoin's $460 Million Disaster. WIRED. COM(March 3, 2014).

② Josh Horwitz. The $65 Million Bitfinex Hack Shows That It Is Impossible to Tell a Good Bitcoin Company From a Bad One. QUARTZ(August 9, 2016).

此类代币会引发更深层次的问题。

公司可以向公众销售股票，为公司运营融资。同理，分布式分类账网络或 DApps 也可以销售加密货币代币。类似于股票的首次公开发行(IPO)，以上代币的销售通常被称为首次代币发行(简称 ICO)。代币授予的权利取决于对应智能合约。① 万事达币(Mastercoin)是在比特币网络制造特定专用"彩色"代币的系统，是第一个 ICO 项目。其于 2013 年进行的 ICO 生成了 500 万美元的比特币。2014 年(首个以太币区块开采完成前一年)，以太坊随之进行了 ICO，募集约 1800 万美元的比特币。2017 年，随着比特币价格暴涨，出现一股 ICO 狂潮，募集到近 20 亿美元的资金。

代币销售为规避传统风险投资模式限制的创新科技提供了新的融资手段，同时也是欺诈民众财富的完美方法。如今代币的购买者通常只为区块链项目投入资金，但并不会收到任何收益保证，对于投资风险的了解也十分有限。其投资的项目可能是骗局。发起项目的团队可能心有余而力不足，难以开发出其构想的应用。相对于开发团队或其合伙人，发行条款可能对购买者并不公平。开发出的应用也可能难以吸引用户，因此造成代币价值的下降。

以上风险与引起《1933 年证券法》和《1934 年证券交易法》制定颁布的风险有诸多共同之处。美国证券交易委员会(SEC)规则要求所有证券发行必须登记(继而对详细披露和防欺诈提出要求)或者适用特别豁免。但几乎所有的 ICO 项目都没有遵守上述规则。

证券监管的基本原则就是披露。投资有风险，任何人均无权利保护错误的投资决策。然而，若无监管，投资者(尤其是小额投资者)和投资发起人之间就存在严重的信息不对等。代币销售代表了一种以世界范围内小额投资者为目标的"购者自慎"证券发行的大胆尝试。考虑到区块链技术的不确定性和技术复杂性，即便项目发起人进行广泛的财务信息披露，大多数投资者仍可能对其投资的项目一知半解。

---

① 合约通常不会提供与股票相关的公司实体的股权。代币持有者拥有的是网络价值的一部分，而不是一项资产的正式债权。

因此，投资者很可能任由发行人和投资发起人为所欲为。权力滥用如此严重。项目会成为骗局也是难以避免的。[①]

ICO 可能被滥用，滥用并不等于整个项目都会被禁止，或者所有此类发行活动都必须符合美国证券法的严格规定。首先，并非所有代币发行都必须是证券。SEC 近期所作调查得出结论，The DAO 的代币应被归类为证券，因此需遵守 SEC 关于公开发行的规定。但其并未认定所有代币为证券。全世界的监管者需要对代币发行项目的区分方式加以考量，帮助投资者剔除无意义的创新，保护其利益。问题的关键在于，如果不这样做，投资者就会受到伤害。ICO 失败会破坏市场的整体信心。虽然区块链有效执行了去中心化安全模型，但这一事实并不能消除对法律和监管介入的需求。

（二）代码和法律

1.“众聚之地，非王之土”

20 世纪 90 年代末，主流观点往往将互联网视为一种以去中心化方式破坏监管的科技。电子前线基金会（Electronic Frontier Foundation）的创始人约翰·佩里·巴洛（John Perry Barlow）在其提出的《1996 年网络空间独立宣言》中怒斥政府，称“在我们聚集的地方并无统治权”，且并不“存在令我们害怕的执行手段”。[②] 这一观点抓住了网络解放运动的精神，该运动的参与者不仅包括老派的国家权力怀疑论者，还包括专注创新的开发者以及法律专家。学者认为网络社区挣脱了区域统治的桎梏。[③] 有些网络积极分子甚至主张公海内废弃的英国海军平台为西兰公国的独立领土，坚信其可以完全不受法律限制

---

① David Z. Morris. The Rise of Cryptocurrency Ponzi Schemes. ATLANTIC（May 31，2017）.

② John Perry Barlow. A Declaration of the Independence of Cyberspace. https://www.eff.org/cyberspace-independence，acceed on.

③ David R. Johnson，David G. Post，Law and Borders：The Rise of Law in Cyberspace. 48 STAN. L. REV.，1996：1367.

约束运行互联网服务器。①

网络空间不受监管的观点与冷硬的现实限制相契合。正如杰克·戈德史密斯(Jack Goldsmith)和吴修铭(Tim Wu)在其 2006 年著作《谁控制了互联网》一书中解释道,世界各国政府能够将其意志强加于网络活动。类似西兰公国的乌托邦式倡议出师未捷身先死,失败的原因往往是内讧。地理定位技术则令法院能够对涉及其辖区居民的活动施以惩罚。无论是通过点对点技术来拖延版权执法行为或在赌博合法化岛屿开展线上赌博服务,规避法律制度的活动屡次被禁止。威权体制发现可以利用网络本身作为监督和镇压的手段。②

互联网的确大而新。但法律体系能够容纳吸收互联网,就像吸收印刷机之后的每项技术一样。事实证明,虽然网络空间是虚无缥缈的,但提供网络服务的人、公司和系统却是实际存在的。从控制比特流的网络服务和托管服务提供商到控制资金流量的金融服务公司,存在多个控制点,监管者可以任意选择对在线活动进行管控。③ 互联网是一个受监管的空间。当然,这并不意味着其监管方式与其他空间相同,也不意味着线上交易的监管方式与线下交易相同。网络监管的适用性是一个全球性问题,对这一问题的探索跨越了 20 年历程,且胜利遥遥无期。但有一点毋庸置疑,即网络与监管并不矛盾。

区块链重燃网络解放之火。有关区块链和法律的讨论有两种构建方式:能否对相关技术进行法律和行政监督? 是否应该对其进行法律和行政监督? 许多区块链开发者和拥趸(尤其是在比特币初生阶段就开展研究的开发者和拥趸)对以上两个问题都作出了肯定的回答。他们指出,加密货币旨在解决价值导向交易的政府监督问题。中本聪的突破性进展旨在创造脱离监管桎梏的财富。就此而言,共识计算的去中心化结构就是一道阻隔政府干预的防火墙。区块链不仅恒

---

① Jack Goldsmith, Tim Wu. Who Controls the Internet?: Illusions of a Borderless World. Oxford, Oxford University Press, 2006.

② Evgeny Morozov. The Net Delusion: The Dark Side of Internet Freedom. New York, Public Affairs, 2011.

③ Jonathan Zittrain. Internet Points of Control. 44 B. C. L. REV., 2002: 653.

定不变，还具有"抗审查性"。没有哪个上级机关能够要求区块链做任何事，也不能支配网络。不存在可以监管的事项，监管和区块链是相互对立的。

分布式分类账的支持者对这一观点深信不疑。莱特和德·菲利比将区块链的"Lex Crptographica"与福特汉姆大学法学院教授乔尔·雷登伯格（Joel Reidenberg）在 1997 年发表的文章中描述的软件代码的"Lex Informatica"直接联系起来。[①] 他们指出，自动执行的智能合约和去中心化自治组织在私人法律系统的实施过程中，并不以领土国家为限，这一点与比特币创造私有全球化货币的方式几乎一样。

过去 20 年的经验证明，政府和强大的私立机构很难被架空。[②] 只要它们打定主意要监管线上活动，就会想方设法达成目的。区块链活动同样适用这一模式：只要有足够多的利益，政府便不吝于插手。即使交易是完全数字化、点对点、跨境且加密保护的，网络上供应商的身份也能够被确认，且会受区域法律义务的约束。此外，除了非法活动或需要严密保护的活动之外，在现行法律系统正常运转的情况下，缺乏足够的激励推动大多数用户采用定制法律系统。[③] 去中心化组织的创造者发现，取代法律并不像想象中那样简单。

莱特和德·菲利比承认这一事实。他们提出了更为中庸的主张，即通过与其他监管模式相关的代码，区块链或许能够扩宽监管的范

---

① Aaron Wright. Primavera De Filippi, Decentralized Blockchain Technology and the Rise of Lex Cryptographia. at 44-47; Joel Reidenberg, Lex Informatica. The Formulation of Information Policy Rules through Technology. 76 TEXAS L. REV., 1997：553. 雷登伯格提出的"Lex Informatica"与莱西格通过软件架构进行监管的"West Coast code"是基本相关的。

② Generally Kevin Werbach. The Song Remains the Same：What Cyberlaw Might Teach the Next Internet Economy. 69 Fla. L. Rev., 2017：887.（详细说明了不受监管数字空间的愿景如何失败）。

③ 乔什·费尔菲尔德提出一个极具吸引力的观点，即智能合约可用来与在线网站协商服务条款，借此使权力重返用户，而该观点也存在类似问题。Josh Fairfield. Smart Contracts, Bitcoin Bots, and Consumer Protection. 71 WASH. & LEE L. REV. ONLINE., 2014：35.

围。① 但这一主张应由持反对观点的人加以印证。值得注意的是，虽然以中本聪共识为基础的分布式分类账是新概念，但智能合约和数字货币却不是。20 世纪 90 年代早期，尼克·萨博提出了智能合约私法监管机制。但加密型私法并未普及开来。

原因之一是恒定共识并无任何折中办法。OpenBazaar 是一个类似于易趣的分布式加密货币网上商城，其创始人之一指出："若允许用户对传统法庭和法律负责，就相当于打开了潘多拉魔盒，政府可以自主规定'交易欺骗行为'的界限，以此进行干预，为审查制度大开方便之门……"②

在真正去中心化网络中，无论是向已知的恐怖组织转移资金、贩卖儿童作为现代奴隶的交易还是洗黑钱，任何交易都是没有限制的。完全自由的极限便是无政府，即托马斯·霍布斯（Thomas Hobbes）所指的各自为战、相互倾轧。③

Augur 预测市场平台提出了这一难题。④ 唐（Don）和亚历克斯·泰普斯科特（Alex Tapscott）在其畅销书《区块链革命》中对 Augur 的潜力大加吹捧。他们发现，"暗杀市场和恐怖主义期货"等问题是中心化预测市场（如 Intrade）关闭的部分原因，随后犀利地指出，这些对于区块链预测市场来说不成问题，"Augur 对犯罪行为实施零容忍政策，因而可以解决不道德合约的问题"⑤。

但这完全是避重就轻。管辖各合约方、开发者和预测市场其他参与者的法律相互冲突时，应该如何定义犯罪行为？判定何为不道德更是难上加难。在这种情况下，零容忍又意味着什么？什么问题会上传到预测市场，Augur 的开发者根本无法控制。在脸书或 Reddit 上，管

---

① Don Tapscott, Alex Tapscott. Blockchain Revolution，at 84.

② Dionysis Zindros. Trust is Risk: A Decentralized Trust System, OpenBazaar. https://www.openbazaar.org/blog/trust-is-risk-a-decentralized-trust-system/.

③ Thomas Hobbes. Leviathan, or the Matter, Forme, & Power of a Common-Wealth Ecclesiasticall and Civill, 1676.

④ Pete Rizzo. Augur Bets on Bright Future for Blockchain Prediction Markets. COINDESK(March 1，2015，13:30 BST).

⑤ Don Tapscott, Alex Tapscott. Blockchain Revolution，at 84.

理员可以删除用户上传的非法的、攻击性或骚扰性的资料。但在Augur 这样的分布式平台上,此举并不可行。若有人在 Augur 上发布非法合同(如暗杀合同),谁能阻止这种行为呢? 类似项目的创新范围似乎必然会与合法公共政策考量相冲突。

2. 监管争论

区块链系统相关监管争论已经产生。广义而言,争论主要围绕以下三点展开。

首先,区块链系统的不合法性涉及利用加密货币违法或通过黑客行为或类似手段窃取加密货币。比特币可以用来购买毒品,这一事实本身并不会引起加密货币的法律问题,因为人民币或金条也能实现相同的目的。问题的关键在于化名或匿名的私有去中心化货币会大大降低实施此类违法行为的难度,且行为人无须为此承担任何责任。与恐惧相反,大多数主要西方政府并未因此对加密货币加以禁止,反而是认识到比特币和类似货币的基本合法性之后,大多数国家选择禁止。这并不意味着在受监管的银行体系内或者有其他特定用途的情况下就是合法的,只是以加密货币进行交易这一行为本身并不被禁止。

代码既可以增加审查和干预的难度,同时也可以为恐怖融资和勒索软件提供便利,应当如何处理代码则是一个开放性问题。另一相关问题是:在创制去中心化数字不记名票据的同时,代码也为(内部和外部)窃贼创造了一个诱人目标。这两个问题(分别在丝绸之路(Silk Road)和 Mt. Gox 有所体现)是比特币初期至今最突出的法律问题。

其次,区块链系统的分类涉及的活动基本合法,但不符合非区块链对等系统相关法律的要求。加密货币交易所或矿工能否是货币转让代理人或依照美国州或联邦法律建立的银行? 代币发行能否是依照 SEC 规则进行的证券发行? 负责发行活动的人是不是投资经理?加密货币交易所是不是依照商品期货交易委员会监管要求建立的衍生品市场? 受监管金融机构遵守反洗钱/了解客户(AML/KYC)规则的,是否应当要求加密货币服务提供商获取有关其客户及交易目的地的验证信息? 因加密货币升值带来的利益是否应当像资产和货币一样缴纳所得税？类似的问题还有很多。

最后，其他法律结构是否认可分布式分类账？各国逐渐倾向于将区块链信息当作传统记录进行处理。特拉华州通过立法，授予分布式分类账政府记录和监管功能，如追踪公司股票和优先权的情况。[①] 亚利桑那州通过一项法案，主张区块链数字签名具有法律效力。[②] 佛蒙特州允许区块链信息作为证物呈堂。至于分类问题，还有许多具体问题需要考虑，各司法管辖区必须行动起来。

3. 不公开合约

智能合约是区块链系统难以切断与法律联系的另一领域。智能合约好像是法律实施的混乱程序更优的替代品。若各方能够就合约条款达成合意且分布式机器网络每次都能完美执行协议，何必依赖效率低下、可能不准确或有偏见且管辖受限的法院呢？区块链的拥趸普遍坚持这一观点。此处的推理漏洞在于未能区分合同履行和执行。实施协议的具体步骤并非难事。在现实中也不稀奇。在没有人为干涉的情况下，每天有数十亿美元的衍生品交易自动达成。计算机按照合同条款进行编程，并在特定情形出现时自动履行交易。

针对"可计算合约"——法学教授和软件工程师哈利·舍尔顿（Harry Surden）提出的概念，区别在于协议可以自动履行但不能自动执行。[③] 相关方可以在履行前修改协议，随后法院能够撤销该修订。智能合约放弃对保存分类账的去中心化网络的所有权力，自动开展合约执行。[④] 代码之外的任何内容都仅具有解释功能。或引用去中心化组织服务条款的内容，其"仅具教育目的"。

自动化合约执行不会像自动执行那样简单，将法律系统从合约程序中剔除必定会带来巨大的潜在利益。不可阻挡的合约仅靠糊涂法

---

① Jeff John Roberts. Companies Can Put Shareholders on a Blockchain Starting Today. FORTUNE (Aug. 1, 2017).

② Stan Higgins. Arizona Governor Signs Blockchain Bill into Law. COINDESK (March 31, 2017, 16:08 UTC).

③ Harry Surden. Computable Contracts. 46 U. C. DAVIS L. REV., 2012: 629.

④ Kevin Werbach and Nico Cornell, Contracts Ex Machina, p. 313.

官、腐败地方官、贪婪政府或诡诈相对方一时心血来潮是难以维持的。把律师踢出合约执行闭环的潜在效能和自动化收益相当可观。但这一程序同样导致 DAO 的灾难性失败。

无论计算速度有多快，计算机终究不能取代人类。智能合约也一样。代码的确无法有效解释诸如"合理"或"最大努力"之类的术语。有些时候以当事方的意图理解合约含义会比照本宣科、以合约条款的字面意思为准更加贴切。The DAO 就是典型的例子。试图窃取资金的攻击者和通过硬分叉夺回被盗资金的矿工，两者唯一的区别就是动机不同。而计算机根本不能对动机进行评估。

即使智能合约充分执行协议，只要当事方对结果不满，还是会诉诸诉讼。若法官相信确有不公正或法律上可辨伤害存在，就不会袖手旁观，任由分布式分类账做主。化名或匿名相对方的身份确认以及针对其他国家行为主体提起诉讼的确面临许多实际困难。就前者而言，无论能否胜诉，当事方总有可以起诉的对象。如果 DAO 的出资人未能通过以太坊硬分叉追回资金，有些人毫无疑问会起诉 Slock. it（Dapp 的开发者）和以太坊基金会。就后者而言，跨境合约纠纷是跨国公司现代商务的重要部分。智能合约的当事人中，必定有人会拒绝出庭，但大公司往往不会拒绝出庭。管辖权和法律适用的确难度很大，但并非无解之局。

（三）监管和创新

1. 加密服务提供商的分类

监管往往被看作创新的对立面。对于许多人而言，政府参与加密货币和区块链系统的开发势必会拖慢和腐蚀新系统的开发。若政府只在民众无法互信且对托马斯·霍布斯所提的"君主专制国家"毫不担心的情况下才会存在，那么中本聪就能解决监管和创新的对立问题。

然而，我们同样有理由质疑传统的网络自由主义观点。互联网的监管是其广泛普及的重要举措之一。早期"有效的"许多举措其实是线上社区小范围试点成果的推广。随着互联网越来越社会化，其和实体社区一样,面临着同样的政治和经济挑战。例如,20 世纪 90 年代末,微软利用其垄断权力威胁互联网初创公司,美国政府就通过反垄断执法对其进行干预和约束。此外,政府的存在是为了监督滥用行为,这一认知有利于提升虚拟交易活动中的信任。互联网的支持者开始呼吁政府进行干预,实施网络中立规则并对隐私进行保护。

分布式分类账科技也存在类似情况。随着罗斯·乌尔布里奇锒铛入狱,区块链活动不受法律制约的观点不攻自破。亚历山大·温尼克(Alexander Vinnik)(Mt. Gox 数十亿美元失窃案的主谋,通过交易所和混合服务器掩盖行径,令追踪比特币交易难上加难)也难逃被捕的命运。[①] 尤其是伴随许可分类账和以公共分类账为基础的企业级系统的兴起,监管能够促进区块链的发展获得普遍认可。这并不是说形势一片大好。互联网为政府发挥主观能动性和新兴产业积极负责提供了正面榜样。[②] 虽然也有很多反面教材,但有足够的实例证明,监管者和被监管者相互配合,是可以促进新兴产业成长和创新的。即便如此,也不能保证这一结论同样适用于区块链。

和违法黑客、侵权内容分销商和身份窃贼经常访问非区块链"暗"网一样,类似丝绸之路的违法加密货币市场也未停止运转,但这种鬼祟的行为规模有限。大多数人并不会在线上购买毒品或花钱获取流媒体服务。区块链为法律实施带来了新的挑战,但其并非特例。互联网、20 世纪 90 年代初期加密技术的发展、20 世纪 80 年代私人计算机的普及等都曾挑战法律实施。相关的例子不胜枚举。当今世界的数字化技术是一把双刃剑,亦正亦邪。区块链虽然为其开启了新篇章,但并不能改变其原有的力量均势。

诚然,科技的监管和许可用途的区分还存在许多重要问题亟待解决。一旦有可乘之机,罪犯和恐怖主义者就会挖空心思地榨取区块链

① Samuel Gibbs. Criminal Mastermind of $4bn Bitcoin Laundering Scheme Arrested. GUARDIAN (July 27, 2017, 5:10 EDT).

② Kevin Werbach. The Song Remains the Same: What Cyberlaw Might Teach the Next Internet Economy; Kevin Werbach, The Federal Computer Commission. 84 N. C. L. REV., 2005:1.

利益，就像盘剥其他科技一样。政府会反应过度，提出"伤敌一千，自损八百"的规则，控制非法行为的同时，对合法经营造成损害。以上叙述旨在揭示，这些老生常谈的问题不应被视为区块链与合法性相互对立的证据。真正有趣的问题是，当新兴科技并不违反法律时，如何区分科技的监管和许可用途。通过提出高效新颖的信任和合规机制，区块链怎样才能取代现有的法律制度？ 在什么情况下，现有的法律制度才算过度约束区块链创新？

如前所述，大多数监管都是一种分类实践。规则建立状态分类，监管者对符合分类的人进行监管。有些时候，分类是清晰明确的。威瑞森电信和美国电话公司对完善固话服务并无争议，依据《1934 年通信法案》，两家公司被归类为"电信运营商"。但有些时候，分类并非易事。康卡斯特(Comcast)过去不提供电话服务，现在使用互联网技术在特定包交换数据网上提供相关服务；沃纳奇(Vonage)自有网络设施，向宽带用户提供语音电话服务应用；亚马逊在其 Echo 个人助理设备支持语音信息。这些公司是否都符合"电信运营商"这一分类呢？

问题的答案很简单，相关的服务只要外表类似、功能相同就应归入相应分类进行监管。网络电话的实际定义经历了十多年的激烈争论。① 这并不是一件坏事。联邦通信委员会担心预置的过度监管会抑制创新。在 20 世纪 90 年代，想要快刀斩乱麻、干脆地解决分类争议几乎不可能，因为当时的技术还不成熟，且实施范围有限。

当下的监管者在划分加密服务提供商的类别时遇到了同样的问题。② 2015 年，金融犯罪执法网向瑞波提起民事诉讼。③ 瑞波使用区块链来大幅降低国际转账汇款的交易费，年市场总值达到数十亿美元。FinCEN 起诉的原因是瑞波在此过程中并未登记成为受监管的资

---

① Kevin Werbach. No Dialtone: The End of the Public Switched Telephone Network. 66 Fed. Comm. L. J. , 2013: 203.

② Camila Russo. Ethereum Co-Founder Says Crypto Coin Market Is a Time-Bomb. BLOOMBERG TECHNOLOGY (July 18, 2017, 1:40pm EDT).

③ Sarah Todd. Fincen Fines Ripple Labs Over AML, Says Firm "Enhancing" Protocol. AMER. BANKER (May 5, 2015, 7:41pm EDT).

金服务企业。处理转账业务无可厚非,问题是在此过程中不承担该行业其他参与者负有的义务。尤其是瑞波未能遵守反洗钱和"了解客户"(AML/KYC)规则。以上规则旨在阻止罪犯和恐怖主义者利用银行系统支持其活动。就 FinCEN 提起的诉讼,瑞波同意缴纳 450000 美元的罚款,并承诺建立 AML/KYC 合规制度。

瑞波处罚可谓是加密货币产业的转折点。比特币是在分布式网络实施的协议,而瑞波是一家以营利为目的的公司。其经营模式由其与全世界金融机构发展合作关系的能力决定,这样才能进行各地货币与瑞波币(XPR)的交易。对于瑞波而言,FinCEN 的处罚意义重大。AML/KYC 程序通常要求金融服务经营者对实际身份文件(如护照)进行验证,并与个人黑名单交叉对比,这一程序可能非常麻烦,尤其对于快速发展和高度信息化的服务提供者而言。

有些公司将 FinCEN 案视为美国不欢迎加密货币公司的信号。处罚决定作出 10 日后,风险投资型比特币初创公司 Xapo 就将其总部从加利福尼亚迁至瑞士。① 几个月之后,纽约州金融服务局要求在该州营业的虚拟货币企业获取"比特币牌照"。②

比特币牌照背后的逻辑——加密货币交易所应与传统货币交易所同等对待——理据很充分。但实施起来却捉襟见肘。相关主体需要满足的要求过于严苛。相关规定对除保管交易所之外的很多加密货币企业进行管制。认证程序非常复杂。2017 年年初至今,虽然申请比特币牌照的企业很多,该局仅签发了三张比特币牌照。③ 牌照的获得者(Circle、瑞波和 Coinbase)是该领域资金实力最雄厚的初创公司,继而引发这一问题:比特币牌照会排挤小规模创新企业。比特币牌照的直接后果就是,至少有 10 家比特币公司宣布其将停止在纽约的

---

① Kia Kokalitcheva. Switzerland is a Banking Capital. But a Bitcoin Capital?. FORTUNE TECH (May 15, 2015).

② Michael J. Casey. NY Financial Regulator Lawsky Releases Final BitLicense Rules for Bitcoin Firms. WALL. ST. J., June 3, 2015.

③ Michael del Castillo. Bitcoin Exchange Coinbase Receives New York BitLicense. COINDESK (Jan. 17, 2017, 18:00 UTC).

业务。[1]

2. 管辖权竞争

互联网时代和分布式分类账时代监管争论的不同之处就是美国不再占据主导地位。如今的互联网已经高度全球化,而在20世纪90年代,互联网的使用和初创公司高度聚集于美国。相比之下,分布式分类账活动在全球范围内聚集。伦敦、柏林、瑞士和新加坡是主要枢纽,中国(主导比特币挖矿)、加拿大、韩国、爱沙尼亚和中国香港是重要中心。[2] 以太坊项目负责人维塔利·布特林(Vitalik Buterin)是俄罗斯人,他在加拿大长大,是一家总部位于瑞士的基金会的负责人,现居新加坡。若其在互联网初期创业,硅谷可能会成为其目的地。

区块链开发活动的全球分布引发了各区域之间的管辖竞争。美国在早期互联网产业中的主导地位为其带来了巨大的经济利益和全球软实力方面的优势地位。各国均想成为加密经济领域的硅谷,小到直布罗陀,大到俄罗斯,均在制定新的法律体制来吸引区块链初创公司、代币发行和其他活动。瑞士楚格州地处欧洲中心,政局稳定,整体环境对加密货币公司十分友好,且制定了非常优惠的税收政策。特拉华州是美国公司法的核心区,楚格州一直想要成为加密货币领域的特拉华州,而特拉华州也有相同的意图。

美国仍是区块链活动的重要推动主体之一。很大一部分比特币核心开发都发生在美国,纽约也是金融服务领域分布式分类账技术的重要中心。区块链初创公司的许多重要的投资者也在美国,包括数字货币集团、区块链资本公司、安德森·霍洛维茨风投公司和联合广场投资公司。诸如IBM、微软和普华永道之类的美国科技和服务公司也在使用分布式分类账应用方面位列前茅。美国的科技人才和科技初创公司生态系统仍然是无与伦比的。

值得重申的是,主要互联网公司并不会在西兰公国或海盗避税港

---

① Daniel Roberts. Behind the "Exodus" of Bitcoin Startups from New York. FORTUNE TECH (Aug. 14, 2015).

② Richard Kastelein. Global Blockchain Innovation: U. S. Lags, Europe and China Lead. VENTUREBEAT (Apr. 16, 2017, 8:35am).

落户,开发者和客户在哪里,它们就去哪里。在相关组织看来,相较于其他因素,监管并不是越少越好,而是越完善越好。对于想拥有庞大用户基础的区块链平台而言,可靠稳定的监管环境对于建立信任非常重要。同样地,即使是急于吸引某一领域(如加密货币)创业企业的司法管辖区也不会毫无原则的妥协到底。新加坡是区块链活动的温床,一定程度上是因为其许可的监管态度。然而,2017 年 8 月,新加坡金融管理局发布一项声明,确定首次代币发行活动会受到反洗钱和恐怖主义融资规定的约束。① 若发行的代币是"发行人资产或财产的所有权或担保物权的凭证",则应归类为证券进行监管。

有些专注于创收的小国家会抱"什么都行"的态度,但在该地进行的 ICO 活动可信度必然不高,因此难以吸引足够的资金。此外,资金输出国更不吝于行使管辖权。这也是所有公司都不在海外避税港设立的原因。

因为比特币牌照,美国在某些加密货币圈子内监管风评不佳,因而近期相关监管项目进行了相应改进。统一法律委员会制定了各州立法机构广泛适用的标准守则。2017 年,该委员会通过了一项标准加密货币法,对监管范围进行限定。加密货币智库 Coin Center 的研究部门主任皮特·范·瓦肯伯格(Peter van Valkenburgh)积极参与了该标准法的起草,并称其是"比特币和加密货币的巨大胜利"②。美国商品期货交易委员会建立了一个 LabCTFT 小组,负责研究加密货币和与该新兴产业互动。SEC 关于首次代币发行和 The DAO 的调查报告广获好评,被赞谨慎翔实。③

美国或任何司法管辖区能否平衡区块链系统监管方法的灵活性和保护措施尚无定论。此间争论刚刚开始。总言之,积极尝试好过袖

---

① Monetary Authority of Singapore. MAS Clarifies Regulatory Position on the Offer of Digital Tokens in Singapore (Aug. 1, 2017).

② Peter Van Valkenburgh. The ULC's Model Act for Digital Currency Businesses Has Passed. Here's Why It's Good for Bitcoin. CoinCenter (July 19, 2017).

③ Frances Coppola. Digital Coins and Tokens Are Just Another Kind of Security. FORBES. COM (July 31, 2017, 8:17pm).

手旁观。

四、法律信任和区块链信任相结合

　　法律制度能够帮助区块链提升可信度。融合区块链分布式算法信任结构和人为诠释、国家支持的法律制度的机制有很多。有些情况不需要法律介入。在其他情况下，区块链仅起到补充作用，现有法律安排通常自动生效，无须与区块链相结合。然而，很多时候必须采取积极措施来融合分布式分类账和中心化法律的精华。

（一）区块链和/或/作为法律

　　对于"代码即法"，劳伦斯·莱斯格的观点是，无论是代码还是市场和规范，都是一种监管形态。[①] 其书名也对代码和"网络空间的其他法律"进行描述。至于两者孰优孰劣，还要以具体情况来定。举例而言，数字权利管理软件对内容使用的限制比著作权法更严格，因其忽略了诸如合理使用和首次销售原则之类的安全价值观。因此，若存在Lex Cryptographia，则关键问题就在于明确其相对于传统法律机制的优缺点。

　　法律制度和软件代码都能促进信任，也能摧毁信任。随着分布式分类账日益普及，其与法律需求此消彼长的片面观点越来越站不住脚。丝绸之路的骇客追缉令显示，区块链并不能完全规避法律实施，而 The DAO 攻击事件则反映出纯粹算法系统的治理局限性。但另一片面观点——监管者能够且应该像管理中心化系统一样管理算法系统——也是错误的。法律行为主体和开发新分布式平台的技术人员必须采取积极措施促进信任。如治理得当，区块链项目就能克服法律实施的局限性，反之亦然。

　　实现两种系统的结合有以下三种方法。

[①]　Lawrence Lessig. Code Version 2.0. New York，Basic Books，2006.

1. 区块链补充法律

若现有信任结构普遍适用，依照现有的法律规则，区块链仍可作为额外的保障。在这种情况下，分布式分类账的主要价值就在于提升单一共享数据记录的速度和效率。虽然区块链取代了各参与者之间极易出错的信息结构，但其无意颠覆整个产业结构。

举例而言，美国对于房地产交易有完善的法律规则和交易实践。使用产权保险来保护购买者，以免受土地所有权瑕疵的影响。正式规则和翔实的规范相结合，创造了良好的信任环境。然而，由于产权保险多使用纸质记录，且必须在多方当事人之间流转，系统效率严重低下。高盛集团预测，从纸质记录转为分布式分类账能大幅提高效率、降低风险，每年能够为美国节省 20 亿～40 亿美元的产权保险费用。①

在这种情况下，现有法律义务和中心化经营安排承担了维持交易信任的主要责任，区块链作为一种更优秀的记录机制参与其中。共享分类账数据的完整性十分可信。购买者与销售者及各中介机构（如银行和经纪人）之间的信任关系保持不变。有关分布式分类账技术可行性的问题也与信任相关。区块链的其他问题和局限性与信任的联系相对较弱，因为共享分类账无意取代追索权。

Corda（R3 金融行业协会项目）是另一例证。Corda 使用分布式分类账技术管理金融机构的协议，以规避对账费用。只有经认证的机构才能加入 Corda 网络。尽管 Corda 利用共识型分布式分类账和智能合约，但其记录交易的数据结构并非区块链且不使用工作量证明。

Corda 明确允许监管者介入。监管者可以操作"监督观测节点"，获取实时交易信息。这一点很重要。事实上，区块链系统若能以促进监管监督为目的，而非像比特币协议一样排斥政府，必定能促进有效监管。共享分类账的实时透明能令监管者在事态恶化之前确认问题并及时应对②，甚至能够直接在系统中建立合规机制。

---

① James Schneider et al. Blockchain: Putting Theory into Practice. GOLDMAN SACHS EQUITY RESEARCH REPORT (May 24, 2016), 4-5.

② UBS. Building the Trust Engine. https://www.ubs.com/microsites/blockchain-report/en/home/, at 2.

有分布式分类账从旁协助，建立信任可谓万事俱备。区块链的作用仅限于保护共享分类账数据的完整性。如此使用区块链，真可谓大材小用。但对与监管者和其他政府行为主体而言，这种应用方式不会要求它们彻底改变其职能或工作原则，因而最容易被接受。这种方式低风险低回报。区块链作为现行法律制度的补充能够提高效率，降低交易成本，但很难转变产业结构或刺激突破性创新。

2. 区块链与法律互补

第二种应用适用于法律系统信任崩溃或不足的情况。分布式分类账能够与之互补并扩展现有的信任结构。现在的问题是中心化安排规模有限，不能有效解决问题。区块链通常以与现有法律安排互补的方式推动新市场的发展。

以著作权法中的无主作品问题为例。[①] 无主作品指的是权利人无法确定的作品。想要使用此类作品的人（如想要将之作为影片资料的纪录片制片人）即便有心，也无法通过协商获取许可。因此，无主作品就被法律边缘化。著作权侵权的法定赔偿风险很可能吓跑潜在的材料使用者，即使有些情况下相关资料本身就是公开的。著作权法设想的市场（其中作者能够控制并利用其作品赚钱）未能建立起来。无主作品为利用共享登记建立新市场提供了绝佳的机会。[②] 所有人都能够获取区块链登记，且任何中介都不享有过多的网守权力，可以利用智能合约确保无主作品的使用者向（通过仲裁机制审核的）合法权利人支付许可使用费。此处的分布式分类账不会取代标准著作权法，反而帮助著作权法开拓难以涉足的领域。

另一观点是令艺术家和其他内容创作者享有其作品权利的永久控制权。如今，数字版权管理系统由中介机构和分销商控制，而非创作者。因此，许多艺术家很难获得足够的补偿。包括 Ujo Music、PeerTracks 和 Open Music Initiative 在内的项目旨在利用分布式分

---

① Jerry Brito, Bridget Dooling. An Orphan Works Affirmative Defense to Copyright Infringement Actions. 12 MICH. TELECOMM. & TECH. L. REV., 2005: 75.

② Patrick Murck. Waste Content: Rebalancing Copyright Law to Enable Markets of Abundance. 16 ALB. L. J. SCI. & TECh, 2006, pp. 383, 416-17.

类账分散数字权利的控制,还权于艺术家。

这些风险项目同样面临固有权利机制的挑战。即使艺术家在技术上能够控制其作品产出,但在实际操作中,没有音乐市场的营销和分销,此举也难以成行。考虑到所有的可能性,一小撮艺术家将灵活使用分布式权利平台,这也是现有仇视艺术家系统的一大进步。和互补性应用一样,以上区块链解决方案保留了习惯法(此处指著作权制度)。然而,这些解决方案对习惯法的应用并不符合现有信任结构的要求。因此,还需要对法律实施机构和分布式分类账的技术框架进行映射研究。

3. 区块链取代法律

最后一类区块链法律应用并不支持传统法律实施。The DAO 事件证明了这一路径的危险。然而,若法律实施不力,在特定情况下,区块链能够取而代之。若无可适用的法律规则,区块链规则或许能够有效填补空白。举例而言,发展中国家有数十亿人无法开立银行账户,且缺少获得便捷支付和低门槛信贷的机会。比特币和其他加密货币为解决这一问题提供一条捷径。[1] 2017 年,联合国世界粮食计划署进行了一项成功的试验,使用以太坊区块链对约旦境内 10000 名叙利亚难民的食品援助发放情况进行追踪。这一项目对传统法律实施难以为继时的责任承担作出了规定。

在世界许多地方,土地所有权记录并不完善且普通民众难以获取。秘鲁经济学家赫尔南多·德·索托(Hernando de Soto)指出,缺少健全的土地登记制度是阻碍发展中国家经济发展的主要原因。[2] 世界很多地方开始利用区块链解决这一问题,包括加纳和格鲁吉亚共和国。

分类账之外的人类主体才是这些系统中的短板。腐败地方土地管理局仍可拒绝在区块链准确记录信息,或无视上报的信息。由于当

---

① Susan Athey. 5 Ways Digital Currencies Will Change the World. WORLD ECON. FORUM AGENDA BLOG(Jan. 22, 2015).

② Hernando De Soto. The Mystery of Capital: Why Capitalism Triumphs in the West and Fails Everywhere Else. London, Bantam Press, 2000.

地合作伙伴不配合，由洪都拉斯初创公司公证通（Factom）开展的区块链土地所有权记录项目还未实施就夭折了。[①]　因此，即使发展中国家对区块链的需求更大，此类项目也应转移到较为稳定的国家（如格鲁吉亚）以及非常稳定的国家（如瑞典）。

当然，若社群旨在规避法律责任，就会利用区块链替代法律。只有其目的是确保黑市（如丝绸之路）盗亦有道时，区块链和法律实施才是完全对立的。以布宜诺斯艾利斯的优步为例，虽然该公司使用比特币来规避政府对支付的限制，但相关交易本身并不违法。通过设置传统中心化支付方式之外的可信支付选项，加密货币赋予优步更多选择。这种情况的确存在，但对分布式分类账而言并不重要。

（二）法律代码化

在前述三种情况中，区块链系统和法律制度的关系可谓时好时坏。区块链开发者不能无视法律，同时政府也不能无视区块链日益增长的重要性。想要缩小两者的差距，法律需做相应改变。当监管者、立法者和法官直面基础性新技术带来的挑战和机遇时，法律改变就会水到渠成。采用明确的措施能加速法律代码化的进程。

1. 安全港条款和沙盒

安全港条款是限制法律实施的正式监管规定。若公司能够采取足够的措施进行自我监管，安全港条款就对其予以激励。这一条款同样对必要的特定行为进行规制。科技领域最著名的安全港条款就是1996 年通过的《通讯法》第 230 条（作为《通信内容端正法》（CDA）的补充）。该条规定，在线中介无须对流经其系统的内容负责。这一安全港条款是在商业互联网初期制定的，其适用范围并不确定。由于中介机构无义务采取积极行动，因而很难禁止明显有害的活动（如网上骚扰行为）。[②]　另外，CDA 安全港条款是在线中介机构快速发展的重

---

①　Pete Rizzo. Blockchain Land Title Project "Stalls" in Honduras. COINDESK (Dec. 26，2015，15：31 UTC).

②　Danielle Keats Citron and Mary Anne Franks，Criminalizing Revenge Porn. 49 WAKE FOREST L. REV.，2014，p. 345.

要因素之一。[①] 其对于用户主导的"网络 2.0"服务和社交媒体的普及尤为重要。

以此为鉴,CoinCenter 针对区块链初创公司提出了一项新的安全港条款[②],促使立法机构宣布非担保服务提供商(对用户资金不享有控制权)不受资金转移主体相关规定的约束。由此可见,分布式分类账改变了资金转移主体和拥有资金的用户之间的关系。

比特币问世之前,拥有财富意味着可以任意处置。诸如贝宝(PayPal)之类的线上服务商有能力窃取用户存储在其上的资金或用于资助恐怖主义者。相比之下,在区块链中,许多行为主体(如矿工、去中心化应用以及钱包软件提供者)能够接触交易记录,但若无管理用户账户的私钥,其便无能为力。只有经用户授权动用资金的担保交易所才能行使传统资金转移主体的职能。将所有权和控制权的区别引入法律安全港条款能够排除市场的不确定性,并增强法律制度和技术现实的契合度。

沙盒和安全港条款类似,但其受时间和规模限制。监管沙盒作为促进试验和创业活动的一种手段,能够令特定公司或活动不受监管。与安全港条款不同,沙盒并不一定是永久性的,通常只适用于新兴公司。互联网安全港条款的问题之一就是,其原本旨在帮助无力监管本平台内容的新兴公司,但最终获益的却是诸如谷歌和脸书之类的巨头。沙盒可用于发展初期的公司,并随其成熟而退出历史舞台。

英国主要的金融监管机构金融行为监管局(FCA)设立了金融科技(Fintech)沙盒项目,允许公司试用新服务。申请进行沙盒试验的公司,若经批准,就会获得特别豁免和受监督的特别授权,可以无视监管问题开展试点项目。尽管 CFTC 的 LabCFTC 项目与上述项目方向一致,但这一时期美国并无可以与之相提并论的项目。

相较于纽约比特币牌照使用的"不允即禁"方法,沙盒模式会鼓励

---

① Derek Khanna. The Law that Gave Us the Modern Internet—and the Campaign to Kill It. ATLANTIC(Sept. 12, 2013).

② Peter Van Valkenburgh. Bitcoin Innovators Need Legal Safe Harbors. COIN CENTER(Jan. 24, 2017).

"无许可创新"，这种创新对互联网市场的发展相当重要。软件开发者（包括建立区块链系统的开发者）的气质在互联网工程任务组的座右铭（同时也是其决策的依据）中有所体现："铁打的共识流水的代码"。[①] 精心设计的沙盒可以令初创公司上述代码的编写事半功倍，并令监管者清晰预见和理解可能产生的公共政策问题。

2. 合约模块化

私法同样可以代码化。大多数商业合约本质上都是由律师组织并自定义的模块。有些部分对经营条款和特定情况下的应为之事进行阐述。在智能合约中，此类状况往往可以自动执行。合约的其他部分就是非经营性或者法律条款，如有关损害、赔偿、保密、法律适用和法院选择的规定。律师通常会重复使用格式条款，这些条款可以依照具体情况进行调整或协商。

为使上述合约起草程序更类似于智能合约的正式编码，合约条款可被视为使用标记语言的数字文件的组成部分，可从上述模块中提取模版，制定符合一般情况的基础协议。律师同样可以在自定义模板中发挥作用，决定使用何种变更以及协商有争议的条款。鉴于合约起草向法律工程学倾斜，对律师技能的要求也要做出相应改变。为确保合约与当事人意图相符，可以采用法律审计（类似于软件开发公司广泛使用的安全审计）。

许多项目正在开发此类系统，包括 Open Law（以太坊开发工作室 Consensys 开展的项目）、初创公司 clause. io 和 Agrello、R3 联盟的智能合约模版组以及 CommonAccord 和 Legalese 的项目。其中有些更侧重于非经营性条款，提升了法律合约起草程序的效率。其他项目则专注于可编入智能合约系统的经营性模版。通过预先标准化和审核智能合约的各元素，此类机制应可减少导致类似于 The DAO 黑客攻击的错误的发生。

未来代币简单协议（SAFT）是由律师事务所、天使投资集团

---

① Andrew L. Russell. 'Rough Consensus and Running Code' and the Internet-OSI Standards War. 28(3) IEEE Annals of the History of Computing, July-Sept. 2006; 48.

Angelist、Protocol Labs、IPFS 区块链分布式存储项目的母公司共同设计的标准协议。这一协议旨在解决 ICO 法律地位的不确定性问题。SAFT 包括一系列用于组织未开始运营的区块链项目代币销售的文件,购买者向发行人支付加密货币作为出资,而发行人承诺会构建服务,并在项目投入运营之后立即对其签发代币。

SAFT 是一个私人项目,因此并不能解决 ICO 是否是证券的问题。但其解决了监管者十分关注的有关投资者保护的重大问题。事实上,SAFT 令预运行项目代币销售的法律协议更加类似于相关智能合约对该系统拟签发代币的授权方式。Protocol Labs 开展的 Filecoin 代币销售是 SAFT 的初次实践,募集到 2.5 亿美元,是迄今为止规模最大的 ICO。

传统法律要求对区块链系统仍具重要性,这是启动合约标记语言和 SAFT 之类的项目的前提。举例而言,SAFT 依照美国证监会的 D 条例或众筹条例(证券发行登记要求的例外之二)组织代币发行。与之相伴的还有诸多限制。依照 D 条例开展的发行(如 Filecoin 的 ICO)只能以合格投资者(经验证资产净值超过 100 万美元或单人收入超过 20 万美元、家庭收入超过 30 万美元的投资者)为发行对象。依照众筹条例展开的发行只能募集 100 万美元出头的资金。尽管存在认证障碍,Filecoin 仍成功吸引了巨额资金,证明这些并非难以克服的困难,但偏离了 ICO 作为不受监管的全球性募资工具这一概念。

随着区块链相关机制日益标准化和模块化,法律实施和代码执行之间的界限必将越发模糊。这在衍生品交易中已初露端倪:国际掉期与衍生品协会(ISDA)规定的标准化主协议和术语可以在不使用分布式分类账的情况下实现广泛的交易自动化。[①]

(三) 代码法律化

正如监管者和律师能够适应区块链环境,分布式分类账系统也能

---

① Mathews, Nikiforos, ISDA White Paper. The Future of Derivatives Processing and Market Infrastructure. Mondaq Business Briefing, Oct, 25, 2016.

逐渐适应法律实施。想要实现这一目标，有以下三种主要途径：促进法律条款和智能合约条款的融合；促进传统法律实施机制和智能合约的融合；促进类似法律的治理程序和区块链平台的融合。

1. 合约融合

提升区块链系统与法律实施的契合度最简单的方法就是将两者合而为一。即使依照合同法的基本原则，法庭可以强制执行智能合约，其作用也与合约的基本救济机制不同。智能合约能够在事前有效地罗列出预期条件和结果，并确保满足条件后对应结果的产生。法律合约能够在意外事件必然发生的情况下有效作出梳理和补救。但两者无法共存纯属无稽之谈。智能合约与法律合约各自为政才是问题产生的根源，The DAO 倒闭就是典型例证。

另一方法就是将智能合约和法律合约配对。2004 年，在加密货币出现之前，信息安全专家伊恩·格里格（Ian Grigg）首次提出了这一观点，将之作为李嘉图（Ricardo）金融票据数字交易平台的一部分。[①] 根据李嘉图之定义，合约包含三个组成部分，即法律条款（合约的可读文本）、计算机代码（智能合约的可执行步骤）和参数（影响计算机代码执行方式的变量）。法律条款包含计算机代码的密码哈希字符串，确保法律代码与相关智能合约的一一对应关系。同样地，智能合约文本也包括法律合约的密码哈希字符串。因此，两者必然存在联系。若智能合约出现问题，可以通过法律合约解决该问题。由于这一合约配对结构是为李嘉图系统创立的，因此格里格将之命名为李嘉图式合约。

类似于萨博最初的智能合约概念，李嘉图式合约的理论构造产生于区块链之前。自以太坊成功实施区块链智能合约，这一结构得以重见天日。英国巴克莱银行领导的 R3 联盟的子群[②]、Monax Burrow 软件（如今是超级账本开源项目的一部分）以及 OpenLaw 等项目都利用智能合约和法律合约的共同哈希探索相应解决方案。

① Ian Grigg. The Ricardian Contract. Proceedings of the First IEEE Workshop on Electronic Contracting, 2004.

② Bailey Reutzel. BNP Paribas Works with Blockchain Startup to Open Source Law. COINDESK (May 5, 2016, 16:28 BST).

通过这一方法,人工合约和智能合约通过数字签名相互参考。The DAO 的服务条款规定,算法合约无须进行可读解释,与之相比,本方法中人工合约和智能合约是相互依存的关系。法院或其他决策者可以依照常规合约理解智能合约的意图,而智能合约负责处理合约的执行。

每一智能合约并不一定附有自定义的人为协商合约。就当下的合约系统而言,企业-消费者协议和低价值协议的格式条款将广泛普及开来。很多情况下,争议解决的费用会超过"简单粗暴"依赖机器自动操作可能得到的赔偿。对中介机构进行监管(如登记)可以排除为相关智能合约指定法律条款的必要性。随着区块链系统日益普及,将客户、普通法以及示范立法相结合解决常见问题是大势所趋。

2. 预言机和计算法院

合约融合将法律协议与智能合约的实质性条款相结合。另一种方法是将某些执行元素从智能合约自动化系统中剔除。换言之,智能合约能够自动生效,但无法完全自动执行,以此规避自动化代码主导型执行的模糊性和局限性。

许多智能合约必定要与外界接触。举例而言,在区块链中,以特定价格购买证券的买入期权可以在算法上执行,并以比特币或其他加密货币进行支付。但区块链并不了解股票价格,必须通过连接外部的自动化数据源或人类仲裁者获取该信息,再提供给智能合约。这种外部信息源被称为预言机(Oracles)。有些预言机就是带有智能合约接口的传统数据源,允许智能合约自动处理相关数据。世界最大的商业出版公司之一汤森路透集团(Thompson Reuters)着力于开放其数据源,使其与智能合约预言机功能一致。[①] Oraclize 是一家专注于数据源—预言机转化的初创公司。[②]

莱特和德·菲利比指出,法院或私人行为主体可将预言机扩展至

---

① Maria Terekhova. Thomson Reuters is Makign a Blockchain Push. Business Insider (June 15, 2017, 10:42am), http://www. businessinsider. com/thomson-reuters-is-making-a- blockchain-push-2017-6.

② http://oraclize. it, accessed on ….

争议解决领域。[①] 预言机可以是人。以简单智能合约为例，合约双方均拥有密钥，第三把密钥由专家仲裁员持有。合约至少需要有两把密钥方可生效。若合约各方认同合约已被充分履行，则会提供各自的密钥，智能合约生效。若存在争议，则由仲裁员居中仲裁。仲裁员要么提供其密钥，与要求执行合约的当事方一同执行该合约；要么拒绝提供，阻止交易达成。这一模式照搬了法律仲裁程序。

智能合约可在默认情况下吸收仲裁机制或重算规定。可以被设定为只在极端情况下生效，并通过多重签名程序设置高垒。这对解决诸如 The DAO 黑客攻击之类的极端事件大有裨益。还可以利用智能合约创造私人争议解决的常规途径，即像企业-消费者格式合同一样采用争议仲裁。著名区块链投资者和初创公司 21 的创始人巴拉吉·斯利尼瓦桑（Balaji Srinavasan）指出："随着时间流逝，区块链将提供'服务型法治'，以此对特拉华州衡平法院进行国际化和程序化补充。"

区块链的分布式性质可能要求引入新的分布式执行机制。举例而言，尽管世界知识产权组织已经制定统一域名争议解决规则（UDRP）来处理网络域名的商标争议，但为了迎合区块链争议的需求，可能需要建立新的国际仲裁网络。[②] 由于仲裁决定在某些情况下可以直接在区块链执行，且可能以点对点的方式进行适用，区块链仲裁系统仍有别于其他现有的仲裁系统。[③] 2016 年，安德里亚斯·安东诺普洛斯（Andreas Antonopoulos）和帕梅拉·摩根（Pamela Morgan）提出了去中心化仲裁和调解网（DAMN）。[④]

计算法院或称计算陪审团，是一种更为投机的方法，有些区块链项目正对这一方法进行开发。这些机制通过预测市场对群众智慧加以利用，取代仲裁员解决争议的方式。Augur 以太坊预测市场也在探

[①] Aaron Wright, Primavera De Filippi. Decentralized Blockchain Technology and the Rise of Lex Cryptographia, at 50.

[②] Luke A. Walker. ICANN's Uniform Domain Name Dispute Resolution Policy. 15 BERKELEY TECH L. J., 2000: 289.

[③] Michael Abramowicz, Cryptocurrency-Based Law, at 405.

[④] Michael del Castillo. Lawyers Be DAMNed: Andreas Antonopoulos Takes Aim at Arbitration With DAO Proposal. COINDESK(May 26, 2016, 23:57 BST).

索这一方法。现金预测市场(如 Intrade)被监管者叫停的原因之一是其可能涉及非法或不道德使用。例如,谋杀岳母/婆婆的预测市场可能会造成大麻烦。

Augur 提议通过预测结果验证报告程序解决不道德市场的问题。在 Augur 系统中,市场参与者购买被称为信誉币(Rep)的代币。当有人创建一项合约,如预测总统会在某一特定时间内遭到弹劾,用户以信誉币缴纳保证金。若其预测准确,则能赢得更多信誉币;若预测失败,就会失去缴纳的保证金。系统会随机选取一些报告人(职能类似于陪审团),负责验证预测结果。这些报告员也要缴纳保证金。用户可以对报告提出质疑,若第二次随机选取的陪审团认可该质疑,则提供错误信息的报告人会失去其保证金。这一程序旨在提供经验证的结果,令参与者无须信任任何特定中央权威。这一程序的复杂性毋庸置疑,且的确有理由怀疑其可行性。但这一程序为按照法律体系的既有体制运行去中心化区块链科技提供了可行方法。

任一此类自愿机制都可能被纳入区块链应用,在某些情况下,甚至具有法律上的强制执行性。可利用所有的激励和治理机制来鼓励对理想方式的探索。此外,依照《联邦仲裁法》,在不存在诈骗的情况下,法院应当接受私人仲裁决定,以此类推,立法也应赋予经合理设计的区块链争议解决系统相同的法律效力。

3. 链上治理

区块链网络的最大弊病之一就是其治理机制的基本规则难以改变。若系统拥有完善的机制,能够对共识规则或其他技术属性进行考量和调整,则这类系统本质上就不是去中心化的。其与行业标准主体或开源项目类似,通过集体协议而非公司管理层的分层法令改变规则。

相较于通用电气(General Electric),以太坊与维基百科(Wikipedia)更为类似。维基百科是新的组织方法与广泛用户参与相结合改变市场的典型例证。维基百科不仅仅取代了其他百科全书,更创造了史上最大的开放信息源。若以太坊也能取得如此成就,势必会创造传奇,且以太坊和其他区块链网络的潜力更大。由于具有充分的变革性,这些系统需要利用去中心化方法来改变其治理机制。

尽管比特币没有正式的治理结构,其开发者设置了名为 BIP 9 的自愿信号机制。依照 BIP9,矿工可以在系统中公告,其有意且准备对系统进行变更。这一程序被用来进行 Segwit 升级。当系统提示计算机哈希能力已达 80% 时,Segwit 会在区块链网络自动激活。BIP 9 为有争议的比特币协议升级设置了原始的投票机制,同时也对链上治理提出了更多展望。升级的批准并无统一的标准,主要由提议升级的人决定。更重要的是,BIP 9 只负责发出信号,并不负责执行政策。有关比特币扩容的争论仍需获得广大网络参与者的一致认可。

目前有关主体正努力创建真正的链上治理。名为 Rootstock 的项目尝试在比特币区块链上建立智能合约侧链,依照这一内置程序,矿工和用户均有权对网络变更进行有约束力的投票。Decred 和 Tezos 则致力于建立带有治理机制的全新区块链。这些系统使用不同的算法,令网络参与者有权对协议变更投票,变更经投票通过的,会自动生效。2017 年春,Decred 利用治理机制成功执行了投票代币分配算法的变更。[①] Tezos 在规模最大的首次代币发行中募集到超过 2.3 亿美元,并从其治理方法中攫取了巨大利益。[②]

这些系统均有局限性,其对分布式分类账系统规则的诸多方面进行内化处理。但这些系统利用民主投票的硬编码规则实施变更。这或许是一种优秀的治理方式,甚至像温斯顿·丘吉尔(Winston Churchill)所说的那样,是"多害相权取其轻",其并不完美,总会有人对不完美的治理结构进行改进。此外,人类需要对网络参与者投票的规则变更下定义,若该变更被通过,还需编写软件予以实施。链上治理系统令区块链的运行向人性化法律或治理体制靠近,但若想真正融合区块链和法律,传统法律制度必须作出相应改变。

---

① Christine Chiang. Decred Launches Decentralized Voting Process for Blockchain Protocol Changes. BRAVENEWCOIN (June 17, 2017).

② Alice Lloyd George. Behind the Scenes with Tezos, a New Blockchain Upstart. TECHRUNCH (July 12, 2017).

五、结论

分布式分类账是这 20 年来的首项基础技术,其潜在影响可媲美互联网。随着对中心化权力结构的信任逐渐减弱,区块链的"不信之信"提供了一个更具优势的选择。经济的进一步增长是技术进步、采用模式、分布式分类账平台的商业创新和区块链信任结构治理问题的解决共同作用的产物。人们普遍认为,法律和监管是上述程序的主要障碍,但这一观点是错误的。虽然法律过严会扼杀区块链或者将之逼入地下,但过松同样会造成上述后果。

区块链仍处于初生阶段。距中本聪发布比特币白皮书还不到 10 年,以太坊也是在 2015 年才正式启动。区块链市场在不断壮大,路径依赖问题也并不严重,未来可能出现的风险现在担心还为时尚早。现在应当以法律和代码的融合作为主要任务。监管者、立法者和法院可采取措施,为实验创造明确的空间。区块链开发者同样需要发掘两者的共同之处。

和互联网一样,区块链也是一项足以影响世界的基础技术。此外,法律与分布式分类账相互依存,共生共荣。

(原文载《东方法学》,2018(4):83-115。)

30　区块链的法治化：技术、风险与规制

苏　宇[*]

一、问题的提出

近年来,区块链的相关问题日渐成为社会经济发展的一个焦点。通过各种平台交易比特币及其他数字代币的热潮不断高涨。据国家互联网金融安全技术专家委员会发布的报告,2017 年 7 月,国内比特币交易成交额为 301.7 亿元,占全球总交易量的 30％。[①]

与此同时,手机和网络黑客勒索比特币的现象引人注目[②],各地政府及企业建设区块链的工作逐渐起步[③],各地企业参与区块链平台开发及应用的现象也日益多见,逐渐将"区块链"这一概念带入大众的视野。

区块链已经受到我国政府的密切关注。2016 年 10 月,工信部发布白皮书《中国区块链技术和应用发展白皮书(2016)》,对区块链的定

---

[*]　中国人民公安大学法学院助理教授。

[①]　金彧,宓迪,王全浩. 暴跌两日 比特币的滑铁卢来了吗?. 新京报,2017-9-11(B02-03).

[②]　刘为军,芦天亮. 论技术勒索的综合治理. 山东警察学院学报,2017(3)：39-47;商小阙,等. 勒索软件：一场卑劣的金钱游戏. 信息安全与通信保密,2016(11)：68-80.

[③]　彭刚刚,衣琼.《贵阳市主权区块链技术蓝皮书》发布. 贵阳日报,2017-5-28(001);汪名立.百度金融区块链应用再添一例 ——我国首单基于区块链技术的交易所资产证券化产品获批. 国际商报,2017-8-23(A06);唐燕. 全国首单区块链票链业务在赣州银行上线. 江西日报,2017-3-16(A01);"诚信上链＋贵阳聚数"用区块链推进社会诚信体系建设. 贵阳日报,2017-4-13(001).

位和发展提出了系统的要求。2016 年 12 月,国务院印发的《"十三五"信息化规划》中在"强化战略性前沿技术超前布局"部分中明确要求:"加强量子通信、未来网络、类脑计算、人工智能、全息显示、虚拟现实、大数据认知分析、新型非易失性存储、无人驾驶交通工具、区块链、基因编辑等新技术基础研发和前沿布局,构筑新赛场先发主导优势。"2017 年,国务院及其办公厅在发布的《国务院关于进一步扩大和升级信息消费持续释放内需潜力的指导意见》(国发[2017]40 号)、《国务院办公厅关于创新管理优化服务培育壮大经济发展新动能加快新旧动能接续转换的意见》(国办发[2017]4 号)、《国务院办公厅关于积极推进供应链创新与应用的指导意见》(国办发[2017]84 号)等多个文件中,提及"区块链"概念的试点应用或技术利用。这就意味着国家已经正式认可并高度重视区块链的建设与发展工作。在雄安新区,区块链已经被引入房屋租赁领域,"中国建设银行、链家、蚂蚁金服等机构参与了这一租房模式的建设。其中,蚂蚁金服是核心区块链技术提供方,链家和建行则提供房源租赁信息等服务。"[1]对于数字货币,国家更是给予充分的关注。在 2018 年"两会"期间,中国人民银行行长周小川表示人民银行在 3 年多以前就开始组织了数字货币研讨会,随后成立了数字货币研究所,最近和业界共同组织分布式研发,研发到一定程度会进入到测试阶段[2];同时指出数字货币等技术应该服务于实体经济,央行不支持当作虚拟资产炒作[3]。区块链与相关数字货币(或数字代币)的巨大影响,已经逐渐在国家经济金融秩序中体现。

在世界范围内,区块链带来的影响更为深远。2017 年,日本已经通过修改《支付服务法案》承认了比特币和其他数字货币作为支付手段的合法地位;近年来,其他一些国家也开始陆续承认数字货币(代币)交易的合法性;委内瑞拉政府还专门成立了区块链部门、发行了政

---

① 朱开云. 租赁住房平台为何引入区块链技术. 中国技术市场报,2018-3-13(02).
② 中国人民银行行长周小川等回应金融热点问题 研发数字货币要强调金融服务实体经济. 新快报,2018-3-10(03).
③ 数字货币不是用来炒的. 深圳商报,2018-3-12(A07).

府主导的数字货币"石油币"。① 由区块链及与之相伴的智能合约、数字代币已经在金融、商贸等领域掀起巨浪，迫使我们必须正视区块链的存在和发展。

　　然而，区块链本身的技术壁垒使得它迟迟没有被社会充分了解，许多人可能只知道与此相关的"比特币"以及数字代币的狂欢，不知道数字代币背后的区块链有可能带来一场影响全社会的技术革命。区块链的兴起带来了全方面的深刻影响，一些区块链技术领军企业不仅把区块链用于比特币交易、国际支付、P2P、保险等金融领域，更重要的是扩展到艺术品交易、供应链管理、医疗卫生、税收、房地产、媒体，甚至投票选举领域②，其影响力也进一步延伸到医疗健康、教育、能源等各个方面③。除比特币外，ETH、ETC、EOS、XRP、ANS、GNT、QTUM 等超千种数字代币也开始吸引大量的交易。与经济领域区块链的热度相比，国内法律领域对区块链的研究亟待加强④，区块链及其应用的法治化已经成为一个我们必须认真面对的新课题。

---

　　① 朱雨博，徐烨.财经观察："石油币"能否带领委内瑞拉走出融资困境.新华社报道，2018-3-12. www. xinhuanet. com/2018-01/31/c_1122350064. htm.

　　② 马翠莲. 区块链——数字重构社会.上海金融报，2017-6-13(A07).

　　③ 颜拥，等.能源系统中的区块链：概念、应用与展望. 电力建设，2017(2)：12-20;许涛. "区块链＋"教育的发展现状及其应用价值研究. 远程教育杂志，2017(2)：19-28. 黄永刚. 基于区块链技术的电子健康档案安全建设. 中华医学情报杂志，2016(10)：38-42;Sarah Underwood. Blockchain Beyond Bitcoin. Communications of the ACM，59，2016：15-17.

　　④ 欧美法学界已经开展一些区块链相关的法学研究，内容涵盖智能合约、虚拟代币征税、区块链政策、网络安全等. Elizabeth E. Lambert. The Internal Revenue Service and Bitcoin：A Taxing Relationship. Virginia Tax Review 35，2015：88-135; Garry Gabison. Policy Considerations for the Blockchain Technology Public and Private Application. SMU Science & Technology Law Review 19，2015：327-350; Jeremy M. Sklaroff. Smart Contracts and the Cost of Inflexibility. University of Pennsylvania Law Review 166，2017：263-303; Scott J. Shackelford. Block-by-Block：Leveraging the Power of Blockchain Technology to Build Trust and Promote Cyber Peace. 19 Yale J. L. & Tech. ，2017：334-388; Kevin Werbach，Nicolas Cornell. Contracts ex Machina. Duke Law Journal 67，2017：313-382.

二、区块链的含义与特征

2016 年 10 月，中国区块链技术和产业发展论坛在工信部信息化和软件服务业司和国家标准化管理委员会工业标准二部的指导下发布了白皮书《中国区块链技术和应用发展白皮书（2016）》，对区块链作了总体意义上的描述："区块链是分布式数据存储、点对点传输、共识机制、加密算法等计算机技术在互联网时代的创新应用模式。"这个描述还远构不成区块链的定义。不过，该论坛还发布了《信息技术区块链和分布式账本技术参考架构》（简称《参考架构》），其中 2.2.1 将区块链界定为"一种在对等网络的环境下，通过透明和可信规则，构建不可伪造、不可篡改和可追溯的块链式数据结构，实现和管理事务处理的方式"。这个定义已经刻画出区块链的若干突出特征，最主要的特征包括以下五点。

第一，对等网络的环境。区块链首先是一种去中心化的存储机制。由于使用分布式核算和存储，不存在中心化的硬件或管理机构，因此任一节点的权利和义务都是均等的，系统中的数据块由整个系统中所有具有维护功能的节点共同维护。[①] 3 代 P2P 网络技术的发展为区块链的去中心化奠定了基础。[②]

第二，透明和可信的规则。区块链技术（比特币）的原始论文是公开的[③]，它的规则能够完全被外界知晓；数字代币在发布时一般会首先发布白皮书，其源代码一般也在网络社区上开源共享。许多智能合约及其架构也是开源的。区块链的核心规则对公众开放，理论上只要有相应的计算机编程技术基础都可以清晰地了解相关的所有规则。

第三，难以伪造和篡改。区块链技术采用非对称密码学原理对数据进行加密，同时借助分布式系统各节点的工作量证明等共识算法形

---

① 益言. 区块链的发展现状、银行面临的挑战及对策分析. 金融会计, 2016(4): 46.
② 朱岩, 等. 区块链关键技术中的安全性研究. 信息安全研究, 2016(12): 1091.
③ 此文即中本聪 2008 年公开发布的论文《比特币：一种点对点的电子现金系统》。
Satoshi Nakamoto. Bitcoin: A Peer-to-Peer Electronic Cash System. Consult (2008).

成的强大算力要求来抵御外部攻击、防止区块链数据被篡改和伪造，还有多重盲签名等技术来保证交易的安全，因而具有较高的安全性。[1]其中，最为典型的例子是比特币所运用的算法，这种算法具有三个特征：①解决每一个题目（可对应一个区块的确认和数字代币激励的发放，即所谓的成功"挖矿"）则自动生成数值随机的下一个题目（对应下一个区块）；②解题成功需要命中难度相当大的随机数值范围，消耗高昂的算力成本；③从当前的哈希数回溯猜中上一个哈系数的概率极低，几乎不可能。[2] 以更专业的视角看，区块链的密码学基础是哈希函数，它有抗原像攻击、抗第二原像攻击、抗碰撞攻击三种性质，对于输出长度为 n 的哈希函数，实现三种攻击要求的理论计算复杂度在 $2^{n/2}$ 至 2^n 之间[3]，易言之，通常情况下，如区块链所采用的哈希函数输出长度为 256，则逆向破解其哈希函数输入值的计算量（2^{256}）将达到人类现有算力所不能承受的级别。因此，区块链单向延伸，而且此前的数据不能被改写。单个机构或个人如试图制造假区块，在没有极强算力支持的基础上，将因无法提供正确的哈希值链条而得不到区块链的确认。但是，区块链的数据并非完全不可被篡改和伪造，极端情况下还是有可能遭遇一些攻击，如下文提及的 51% 算力攻击和基于自私挖矿策略的连续发布区块攻击，但这要求集中的全网算力达到非常高的门槛，对于一个大型区块链项目而言，伪造和篡改数据是非常困难的。

第四，可追溯。区块链采用带有时间戳的链式区块结构存储数据，从而为数据增加了时间维度，具有极强的可验证性和可追溯性。[4]这种带有时间记录的数据是分布式地存储在大量不同节点的，任何一项已经被完全确认的记录都可以追溯和验证。

第五，块链式数据结构。块链式数据结构是基于分布式账本

---

① 袁勇，王飞跃. 区块链技术发展现状与展望. 自动化学报，2016(4)：482；朱岩，等. 区块链关键技术中的安全性研究. 信息安全研究，2016(12)：1093-1094.

② Joshua Baron. Angela O'Mahony, David Manheim and Cynthia Dion Schwarz. National Security Implications of Virtual Currency. Santa Monica, Calif. ：RAND Corporation，2015：13.

③ 李志敏. 哈希函数设计与分析. 北京：北京邮电大学，2009：3-4.

④ 李志敏. 哈希函数设计与分析. 北京：北京邮电大学，2009：3-4.

(Distributive Ledger)建立的、由各种数据块连成单一链条或分叉链条的一种结构。分布式账本即《参考架构》2.2.5所指的："可以在多个站点、不同地理位置或者多个机构组成的网络里实现共同治理及分享的资产数据库。"

具有这些特征的区块链又可以分为公有链和私有链。所谓"公有链"(Public Chains)和"私有链"(Private Chains),实际上基本相当于广域链和局域链,前者是世界上任何个体或机构都可以发送和有效确认交易、记账权完全由公开的共识算法决定的链条;后者又分为联盟链(Consortium Chains)和完全私有链(Private Chains),主要被应用的是联盟链,在有限的若干节点之间基于某种共识算法维持的分布式加密记录系统,所有主体都需要经过一定的准入机制、获得许可才能进入,多数用于一定类型的商业交易。联盟链之间可以基于侧链技术连接以转移数字资产,但一般不能实现数据和信息的共享。完全私有链(亦称"专有链")基本上不属于本文讨论的范围,因为它只相当于个人的一个分布式存储系统,而其中共识算法之类的重要技术并没有充分体现其功能和意义。

区块链技术已经在对互联网的底层技术与理念进行迭代,有着比肩TCP/IP协议的重大意义。TCP/IP协议的意义在于通过将目标数据分解成有地址信息的数据包并在传输后重组,保证信息传递的完整性、有效性和灵活性,而区块链的意义不仅在于保证信息生成、变化和记录全过程的真实性及完整性,还在于维系一个多元的、有创造力的价值生成系统和信任机制。这一系统是通过一定的逻辑层次展开的。《参考架构》通过"四横四纵"的层级结构描述了区块链系统的典型功能组件:从逻辑层面上首先是由存储、计算和对等网络构成基础层,接着通过共识机制、账本记录、数字签名、加密、时序服务、智能合约等构成核心层;其次通过账本管理、接入管理和账本应用构成服务层;最后通过用户功能、业务功能和管理功能构成用户层,并确定了开发、运营、安全、审计和监管(合一)的四大跨层功能。其中,区块链的核心层——共识机制和智能合约及其衍生应用——正在重塑社会的信任机制,并对整个社会经济秩序发挥着日益重要的影响。

三、区块链技术的应用与信任的重塑

　　区块链本质上只是一种共享总账的分布式加密账本，但是它由于很难被篡改、被伪造，保护交易的私密与可靠，还具有完全的可验证性和可追溯性等[①]，它就成为一个受到广泛信任的技术平台。各种信息的所有者不断地将信息存储到区块链上，然后被竞争性的"挖矿者"（或其他记录者）花费一定的算力加以确认，成为一条巨大的信息链。参与区块链的所有节点都成为维护区块链内部记录真实性、可靠性的监管者，类似于"私人检察总长"（Private Attorney General）的角色。[②]由一个个哈希值联结的区块链不断向前延伸，长链凝聚着对记录真实性与可靠性的网络共识；每一个信息的修改都将中断所有的后续连接，不被平台的其他节点承认，进而失去其有效性；恶意攻击者或伪造记录者理论上只有掌握全网过半的算力、打败其他所有节点不间断的工作成果，才能从某一个特定区块开始伪造出更长的链条，从而得以修改过去的记录。这对于大型的区块链而言是非常困难的，且耗费成本之极度高昂使攻击者缺乏合理的经济动机。在需要特别保密的情况下，每一个信息所有者都通过私钥可以并且只能看到自己的信息，保证了信息读取的便利性与可靠性。在此基础上，区块链的记录保持着全网的信任，而智能合约与数字代币这两个核心应用又进一步扩展了此种信任秩序，使区块链的影响远远超出自身的技术内容。此外，程序开发者还可以基于区块链平台，利用分布式计算和存储的优势开发各种应用程序。这些应用都是运用区块链的技术优势，通过对信任的重塑来建立高效、便利、无中介的社会活动秩序，也引致重要的外部性问题及监管的需要。

　　智能合约的出现对交易秩序甚至整个社会信任体系都有着根本

---

　　① Hemang Subramanian. Decentralized Blockchainbased Electronic Marketplaces. Communications of The ACM 61, 2018：80.

　　② Scott J. Shackelford. Block-by-Block：Leveraging the Power of Blockchain Technology to Build Trust and Promote Cyber Peace. 19 Yale J. L. & Tech. , 2017：376.

意义上的革新。它只需要将合约转化为双方都能接受的标准化计算机程序,通过广泛地分散在全网多个节点并且被加密系统所保护的分布式存储,这个合约不需要中介和担保,节省了大量的交易成本;满足合约中预设的交易条件时,系统自动执行其中一种交易处理方式,不需要中介和执行机制,大大降低了由于保证信任而产生的费用。这样,大量具有信任和信用风险的合同就可以通过区块链签订和执行。例如,某种商品从原产地运往目标港口的过程中,所有的生产、收购、储藏、运输、检验、通关等信息可能有数十种之多,而且掌握在不同主体手中,现在这些信息(包括相关的电子单据)全部可以即时记录在区块链上,由于已经记录的数据难以被篡改、伪造、完全可追溯并能对全网共享,我们可以非常方便地进行可信任的期货交易及各种相关的支付过程,预设智能合约进行有安全保障的连续交易,甚至替代信用证贸易结算等烦琐的传统结算方式进行结算,可以避免贸易单据造假、在寄送过程中丢失、处理时间过长等风险。一些银行已经开始寻求用区块链相关应用取代传统的信用证贸易结算方式,或简化信用证的审查手续,大大加速了国际贸易的资金周转速度和贸易效率。① 同样地,P2P 住宿、汽车租赁、健康档案建设等需要连续追踪人、物或设施的状态变化与信用的事项也开始被区块链所吸纳,生成难以篡改、不可抵赖的事实与信用记录,推动了信任和交易的发展。② 在此,区块链重塑了社会的信任体系,将分散的、耗费时日的、需要各种中介实现的社会信任机制集中到一个有保障的技术平台上,并同时实现信息共享。因此,它能够衍生出多种的功能,甚至大部分有关信任和记录的问题都可以通过区块链加以解决,包括电子档案、个人信用、商品和服务认证、金融衍生品交易、遗嘱、贸易结算等众多问题,甚至从人的出生到死亡的整个记录证明与有特定权限的查询机制,都可以期望通过区块

---

① 姜丽丽. 用区块链破解国际贸易信用难题. 特区经济,2017(1):73;周澈. 区块链改变世界? 马士基说,先从改变航运开始. 中国水运报,2017-3-17(007).
② 周倩. 区块链技术的国际应用与创新. 中国工业评论,2016(12):44-50.

链所提供的信任、共享与针对性保密机制解决。① 区块链与大数据、人工智能的结合，更是为衍生产品和服务的发展提供了丰富的创新空间。

在去中心化的信任机制基础上，数字代币（Digital Tokens）的出现形成了去中心化的金融活动和一定程度上的金融秩序。对于公有链而言，区块链的可靠性是由散布在整个网络的所有参与计算、储存和确认的节点共同保障的，激励这些节点参与链条维护与发展的动力则是根据一定规则（工作量或资产证明等）发放的"数字货币"，一般称为数字代币。目前世界范围内各种各样基于区块链的数字代币已超千种，在首次发行（ICO）或被基于共识算法发放到节点以后，相互之间还可以通过一定的机制进行交易，也可以与许多国家的法定货币进行交易。这些数字代币本质上是私人发行的特殊商品，或者不存在具体的价值基础，或者以平台自身的计算力资源或存储资源等为价值基础（如 GNT）；但是它们由于有区块链平台作为信任的依据，有共识算法、算力和耗费大量资源的分布式计算作为信任的技术保障，能够在一定程度上保证交易的信用，它们也日益成为实际上的交换媒介、价值尺度和支付手段。虽然目前能支持这些数字代币直接购买的商品或服务仍然较少，虽然它们所代表的价值量尚无一定的核算依据，也缺乏国家信用或贵金属储备等背书，虽然匿名化、去中心化的网络平台对此能够提供多大程度的保障尚属疑问，但它们也已经成为金融领域一股新兴的力量，其合法性得到多个国家的认可②，社会影响也日渐凸显。

除此之外，区块链作为技术平台本身的存储、记录和计算功能，也在日益发挥着不可忽视的作用。区块链因其受信任而被期许越来越多的价值附加、承载越来越多的社会功能。一些区块链平台已经能够允许使用者运用多种计算机语言进行开发，作为一个基础平台运行各

① Scott J. Shackelford. Block-by-Block: Leveraging the Power of Blockchain Technology to Build Trust and Promote Cyber Peace. 19 Yale J. L. & Tech. , 2017: 379.

② 彭博社. 国外怎么监管比特币？韩国最严，日本最宽松，美国牌照化管理. 2018-1-19. http://news.163.com/17/0912/07/CU4A4QAI000187VE.html.

种计算机程序并对用户提供服务。现有的一些区块链已经完全可以兼容多种应用的运行，包含计算服务、网络游戏、代币发行、商业贸易、商品认证、文化教育等，成为一个基于分布式加密存储技术平台而又无所不包的网络社区。未来，区块链也有望发展成为功能完备、可靠的网络基础平台，并且与云计算深度结合，发挥更大的社会作用。

但是，区块链在迅速发展的同时也出现了许多隐患，限制了它发挥最充分的社会功能，并且有可能导致更大的法律和社会风险；区块链衍生应用的一些乱象，也需要通过法律的手段加以调控。区块链的建设与发展已经日益无法忽略法治化的需要。

四、区块链的法治化需求

区块链发挥它的社会功能，依赖于若干重要前提条件和关键的衍生机制，在这些前提条件和衍生机制之中，某些薄弱环节和外部性必须受到法律重视。首先，对于采用某些共识算法（尤其是采用"工作量证明"机制即 PoW 机制）①的区块链而言，区块链的安全是由一定的算力结构来保障的，必须能够保证避免拥有超强算力的攻击者出现。其次，区块链的安全保障需要极强的算力基础，而算力主要又需要由大量的机器设备（"矿机"）及惊人的电力消耗作为保障，如何合法合理调控矿池算力、降低耗电量，避免过度消耗能源和资源，已经成为一项至关重要的制度挑战。再次，区块链的衍生功能很大程度上依赖于已经用计算机程序表达的智能合约，合约本身就涉及内容合法性、格式合同问题、合同类型问题等一系列民刑法问题，需要对智能合约本身作系统的法律调整。又次，区块链衍生的货币体系涉及国家的金融秩序，还可能引发金融、外汇、税收等一系列制度风险，许多交易形式和

---

① PoW 即 Proof of Work，是用使用一定工作成果证明节点为确认区块付出的努力而获得激励的机制。此外还有 PoS(Proof of Stake)、DPoS(Delegated Proof of Stake)、PBFT(Practical Byzantine Fault Tolerance)等维系区块链发展的机制。关于 PoW 机制的一个简介：Hidde Lycklama à Nijeholt, Joris Oudejans, Zekeriya Erkinm. DecReg: A Framework for Preventing Double-Financing using Blockchain Technology. Acm Workshop, 2017：30.

交易内容既需要获得法律的授权,又需要受到法律的限制和约束。最后,在国家秘密不连接区块链的前提下,区块链所包含的大量信息可能涉及个人隐私的传播,防止它们被攻击和泄露也是制度建设必须考虑的问题。

(一) 对算力攻击的防护

对于区块链的安全问题,最直接的保障是基于哈希函数之类的加密算法,在基于哈希函数的加密算法中,任何一个节点被篡改以后,后续所有区块的哈希值都会发生变化,伪造的区块就会被识别和排除。比特币系统所属的区块链,采取的是延后确认的方法,即一个新的哈希值头部 $h1$ 被计算出来时,不立即予以承认,而是需要往下继续计算 N 个哈希值的头部,网络才对 $h1$ 予以承认; N 是比特币创始人中本聪基于泊松分布的概率模型设定的,需要攻击者掌握全网一半以上的算力才比较有可能做到;但如果有攻击者以整个网络上过半的算力发动攻击(所谓的"51%算力攻击"),就有可能直接伪造出一条最长的区块链;51%算力攻击,理论上甚至有可能重写自"创世区块"起的整个区块链。这是区块链的最大技术弱点,特别是对于采用 PoW 机制作为共识算法的区块链,更容易遭受算力攻击。集中整个互联网上参与计算的过半算力对于主流区块链而言非常困难,因为参与相关区块链"挖矿"工作的总算力已经远远高出个人或单一参与企业的算力,需要若干大型矿池的联合才能取得,而且还不能保证攻击必然成功。但是,矿池还有另外一种方法可以造假,即采取所谓的"自私挖矿"策略,在 25%算力的基础上,就能够夺取局部的信息真实性定义权和链条发展的主导权[①];在赌博式的攻击中,还有机会利用更低水平的算力争夺新增链条的主导权。

区块链算力攻击的防护主要是基于经济理性人假设,基于许多区

---

① 关于51%算力攻击和 25%算力的自私挖矿策略攻击:Joshua Baron, Angela O'Mahony, David Manheim, Cynthia DionSchwarz. National Security Implications of Virtual Currency. Santa Monica, Calif.:RAND Corporation,2015:52-54.

块链的现有设计,在正常情况下发动算力攻击的成本超过收益。易言之,严格意义上的算力攻击,利益动机并不充分。区块链的算力已经远远超出个人或普通企业所能提供的范围,全球算力主要分布于拥有巨量算力的若干大矿池。有学者在分析比特币的例子时指出,只有几大矿池联合,才具有发动51%攻击的实力,普通个人或机构实施51%攻击的可能性越来越小。但是,矿池持有大量比特币,51%攻击会严重伤害人们对比特币系统的信任度,会导致比特币价格暴跌,矿池持有的比特币会变得一文不值。正常情况下,矿池出于自身的利益,不会用51%攻击收回自身交易出去的比特币,反而会主动规避持有比特币比例过大的情况。① 对于 PoS(Proof of Stake,权益证明算法)、DPoS(Delegated Proof of Stake,委任权益证明算法)机制支持的区块链尤其如此。② 不仅如此,算力攻击需要花费的成本本身就是高昂的,尤其是大额交易需要一定量确认的机制保护下,维持高算力进行攻击、追赶最长链条的电力、硬件和沟通成本都相当高昂。但是,这并不等于在极端异常的情况下,为特别的动机所驱使,部分矿池会使用51%算力攻击或25%算力自私挖矿的策略对区块链造成破坏。此外,对于技术门槛和汇集算力总量不高的小型区块链,算力攻击是完全可能的。基于几大矿池的算力对分散的个别节点的算力已经形成显著优势,"去中心化"的设计甚至有面临沦为空洞口号的风险。

鉴于算力攻击有可能对区块链造成整体的破坏,从而对网络社会秩序造成极大的干扰,攻击者可能在短时间内获取巨额利益,仅仅依靠《中华人民共和国治安管理处罚法》《刑法》的事后惩处是不足的,必须深入区块链自身法律制度设计的层次,防止已经生成并被多次确认的区块中的信息受到更改。在此,我们需要根据不同的共识算法,设

---

① 王晟. 区块链式法定货币体系研究. 经济学家,2016(9):79;叶佳. 比特币的优势——基于比特币与其他虚拟货币的对比. 科技情报开发与经济,2014(12):150-152.

② 权益证明算法是所有持币者基于时间推移自动获得币龄、证明工作量需要清除一定币龄并发给少量币的机制;委任权益证明算法除包含权益证明算法的机制外,只有被选举的有限节点才有权限确认区块、获得工作量证明。PoS、DPoS 与 PoW 算法的不同之处在于,攻击 PoW 维护的区块链不需要持币,而攻击 PoS、DPoS 维护的区块链需要持币,后者成本更高昂,但是后者难以应对所谓的"硬分叉"问题,由于篇幅和主题所限,相关介绍从略。

计不同的防范制度，除了相关平台本身采取的防范机制以外，还要为涉及国家利益或重大公共利益的区块链提供一定的法律保障，特别是设定对算力攻击的发现、记录和追溯机制，规定一定情形下为公共利益而可以采取的应急措施（如增加确认数要求、启动硬分叉、暂停交易、锁定关键区块等），防止算力攻击对整条区块链造成巨大的破坏。

（二）对能源消耗的限制

区块链要产生正向的社会效益，必须考虑其收益与成本的关系，尤其是对于区块确认越来越慢、参与算力越来越高、消耗能源越来越大的某些区块链而言，是否需要提供法律限制，是我国将面临的重要挑战。由于主要区块链的维系和发展需要惊人的算力，某些区块链消耗的电量极其庞大，需要集中大量的"矿机"进行持续不断的运算，一枚比特币的电费成本约为7200元；至2017年年底，有报告称每年"挖矿"的耗电量已经超过大多国家的耗电量，大约与保加利亚的耗电量相当。[①] 据报道，我国四川省已经成为全球比特币"挖矿"资本最聚集的地方，而电费成本是最主要的考量。出于节省铺设线路成本以及用电便利性方面的考虑，比特币"矿场"大多直接建在水电站内部，如四川大渡河沿线（枯水期则迁移到新疆、内蒙古等地），部分情况下用电量已经影响到优先满足民生用电需求。[②] 考虑到比特币"矿场"算力大部分已经集中在中国，其他重要区块链中国也有不可忽视的参与度，一定程度上的能源消耗限制是保证能源安全和民生用电的关键制度。此项制度事关社会公平和重大公共利益，不能仅仅通过价格手段进行调控，因为"矿场"可以通过支付高昂的电价去谋取"挖矿"的利润，但我们也必须考虑《中华人民共和国电力法》（简称《电力法》）中对用电的优先性要求和公共利益的其他需要。例如，2015年修正的《电力法》第49条规定："县级以上地方人民政府及其经济综合主管部门在安排

---

① 刘丰收. 一币耗电18000度，揭秘比特币大潮下"疯狂的矿机". 腾讯网新闻频道，2018-1-8. http://new.qq.com/omn/20180106A0DEA7.html.

② 周艾琳. 比特币是如何被生产的？再探"挖矿"生意经. 中国网财经频道，2018-1-8. http://finance.china.com/news/11173316/20171117/31677827.html.

用电指标时,应当保证农业和农村用电的适当比例,优先保证农村排涝、抗旱和农业季节性生产用电。""电力企业应当执行前款的用电安排,不得减少农业和农村用电指标。"除了保证这些明确的优先指标外,国家也应该在制定《电力法》第 14 条所要求的电力发展规划和电力产业政策时适当平衡区块链发展的需要与社会民生用电、其他产业用电的合理需求,对部分有重要战略意义的区块链提供专门的电力支持,通过合理的规划适度利用发电站的剩余电力,但同时也在制定明确的规划、政策的前提下,对其用电作出符合比例原则的限制。此外,国家还可以基于资源节约的考虑,主动、积极地发展和支持基于 PoS 或 DPoS 等其他工作证明机制的区块链平台,并规定一定的初始节点结构,既可以避免过度消耗能源,又可以避免众多有权节点的实际垄断者伪造"去中心化"的假象;甚至基于国家信用主动实现共识机制的部分中心化,建立国家有权节点直接提供部分工作证明和私人节点提供多元工作证明的合作机制,不受所谓"去中心化"理念的刻板束缚,最大限度地平衡效率与安全的要求。

(三) 智能合约的法律保护机制

区块链的最重要衍生应用是智能合约(Smart Contract)。根据《参考架构》2.2.6,智能合约是指"以数字形式定义的能够自动执行条款的合约";而在区块链技术领域,智能合约是指"基于预定事件触发、篡改、自动执行的计算机程序"。智能合约本质上是一段自动执行的代码,满足一定的外界条件后自动执行。智能合约本身的存在在一定程度上依赖于数据标准化和网络爬虫或其他工具自动抓取数据的功能(通过自动状态机完成),如果需要人工辅助认证数据或条件,那么不能称为严格意义上的智能合约。使用智能合约进行的交易,需要交易双方均认可智能合约的代码,这是需要专业能力的。根据我国当前阶段的国情,在智能合约从 IT、金融等专业界别向全社会发展的同时,引入法律保护机制非常必要,其中最重要的是防欺诈机制和容错机制的引入。

未来,智能合约有可能成为社会管理和社会生活的基本工具之一。智能合约本身是有区块链技术作为信任机制的，但其对应的自然语言界面尚需要解决信任问题；对于非专业人士使用智能合约的需求而言，防欺诈机制是非常重要的法律保护措施。非专业人士无法充分理解代码、算法或数据结构，但能够阅读正常的文字说明。在此即有必要引入文字说明责任机制，并将说明本身整合到区块链中，要求智能合约平台的应用开发者面向不特定用户开放使用时必须取得一定的经营资质，并且在用户使用智能合约时提供清晰、完整的文字说明，并对用户因文字说明模糊、错误或缺失而造成的后果负法律责任。

同时，标准化的智能合约也需要容错性质的特别防御机制。合约（尤其是涉及大资金的众筹项目）在设计时一旦对自身的漏洞没有充分的估计和防御，遭受黑客攻击的后果可能是灾难性的（如著名的以太坊 DAO 项目受攻击事件）。① 不仅如此，每次交易均广播于区块链的智能合约受信任水平较高，但由于区块链确认速度和区块大小的限制，为了加快交易的进行，很多交易在最终结算以前是通过闪电网络（Lightning Network）等链外机制进行，而闪电网络（以及一些暂时存放交易资金的"热钱包"）本身的安全是缺乏区块链技术作为保障的；它也很大程度上冲击了区块链技术所宣称的"去中心化"特征，理论上不需要全网过半算力就可以攻击闪电网络。目前这些智能合约基本上多数在专业界别运行，但一旦扩展至全社会，在某些涉及重要公共利益或可能引发较大社会风险的项目上，就必须有强有力的容错设计，立法上也有必要对此提供一定的强制性防御和应急处理措施；特别是针对"闪电网络"等各种不直接、立即向区块链广播的交易中间过程，应当有补充性的第三方记录、备份和追踪机制，防止篡改交易数据、转移非法所得。

此外，国家也有必要根据智能合约的特性，考虑专门的合同法原则和规则，特别是对合同类型的界定以及对欺诈、重大误解、显失公平

---

① 基于以太坊的众筹项目 DAO 筹集超过 2 亿美元的资金，但因黑客攻击损失了 5300 万美元，此事件引发了以太坊的硬分叉。有关此事件的一个简介：Sarah Underwood. Blockchain Beyond Bitcoin. Communications of The ACM, 2016：17.

等标准在智能合约中的应用作出指引性的规定,并且防止利用智能合约的形式实施违反国家强制性规定的交易或进行实质上的赌博等违法犯罪活动。

(四) 数字代币交易的规制与保护

数字代币的发行带来了大量的法律问题。首先,数字代币的发行量、发行种类和交易规则都是由私人设定,彼此之间也没有协调,许多数字代币的涨跌幅均相当激烈,有可能给国家的金融和外汇带来巨大的冲击,如果完全不受法律约束,数字代币有可能直接冲击法定货币的地位,影响市场的货币供应量、流通速度和汇率等,从而影响国家金融安全和宏观调控的效果。其次,数字代币的持有和交易是匿名化的,其来源和去向也不易被追踪,可能成为敲诈勒索、洗钱和其他刑事犯罪的助力,此前曾发生的黑客锁定手机勒索比特币事件即是一例。再次,数字代币的税收问题也值得关注,买卖和持有数字代币所产生的收益,应当按照何种类别进行征税?对去中心化的交易平台及"矿工"获得的币又如何征税?这是值得研讨的问题。不仅如此,交易平台本身的可信任性也成为问题,大多数参与购买代币的投资者并不熟悉直接交易的规则,遂通过交易平台进行交易,但交易平台本身并不是区块链或智能合约的一部分,容易引发新的违约问题和失信风险。最后,这些数字代币还可能进一步衍生出相关的金融衍生品交易(如数字代币期货),需要进行金融衍生品交易的规制。

我国法治实践中已经遭遇数字代币的一些问题。2013 年,中国人民银行、工业和信息化部、银监会、证监会、保监会五部委就发布了《关于防范比特币风险的通知》(银发〔2013〕289 号),明确比特币"不是由货币当局发行,不具有法偿性与强制性等货币属性,并不是真正意义的货币。从性质上看,比特币应当是一种特定的虚拟商品,不具有与货币等同的法律地位,不能且不应作为货币在市场上流通使用",并要求"各金融机构和支付机构不得开展与比特币相关的业务""加强对比特币互联网站的管理"等。2017 年,中国人民银行等七部委(前述五部委加上中央网信办、国家工商总局)又发布了《关于防范代币发行融资风险的公告》，指出"本质上是一种未经批准非法公开融资的行为，涉嫌非法发售代币票券、非法发行证券以及非法集资、金融诈骗、传销等违法犯罪活动"，禁止代币融资交易平台开展法定货币与代币、"虚拟货币"相互之间的兑换业务及部分相关业务。同年，司法裁判中也出现了有关比特币借贷的较复杂案件。[①] 2018 年年初，中国人民银行又发布了《关于开展为非法虚拟货币交易提供支付服务自查整改工作的通知》等文件，进一步加强了对非法虚拟货币交易的打击。伴随区块链而出现的代币发行、交易与其他民事活动正日益引起监管层的注意。在世界各国不断承认数字代币及其交易的合法性的整体趋势下，我国应当如何抢占数字金融秩序全球主导权、激发金融和经济活力，又应当如何防范金融风险和相关社会风险的发生，仍然未有立法或学理层面上的定论；相关问题非常复杂而专业，涉及金融、网信、公安、外汇、税务、工商等多个领域，需要国家在立法层面进行统筹处理，既引导数字代币和数字货币在法治的轨道内发展，又限制其负外部性的作用。

此外，数字代币或货币的交易、支付（转移）与储存平台容易受到黑客的攻击，我国目前虽然已经禁止非法的数字代币交易平台，但不排除未来出现合法的存储、交易与支付平台，如何限定交易平台的运营条件与技术资质、如何保障这些平台的安全，也需要提前进行试验性的制度布局与规则设计。

（五）个人隐私的保护

区块链的信息不能被篡改和删除，一旦有用户发布（甚至是匿名发布）有关个人隐私的信息，区块被确认后将进入被保护的分布式存储状态，相关信息将被散布于全网，引发不可逆的损失。部分区块链平台在设计时，或许是出于对防篡改特性的信心，就未考虑审核信息发布和删除人为传播或误传的隐私信息的机制，这就使得隐私保护成

---

① 例见宋晶晶与陈晓飞民间借贷纠纷一审民事判决书，天津市滨海新区人民法院（2017）津 0116 民初 62540 号。

为区块链发展中必须解决的难题。① 显而易见,如果没有强有力的外部管制或救济,区块链和数字代币系统自身没有动力去解决这个问题;着手解决这一问题,又需要在技术上不损害区块链的防篡改特性、去中心化特性,不至于对整个区块甚至整个链条产生破坏,这就需要技术防御机制和人为干预机制的结合。

以上种种问题实际上已经超出传统治理模式的能力范围,对区块链的规制必须从"技术行政法机制"和传统行政法机制两方面同时着手,而这正是传统公法所未具备的内容——将法律的界面从大体上基于自然语言系统发展出来的规范语言向人工语言系统扩展,并且建立人类行为规范和代码两个层面的规制结构。

五、深层思考:区块链与双层规制结构

从人类行为规范和代码两个层面对区块链进行规制之必要性,深植于区块链的深层法理内涵之中。

区块链不仅仅是一个技术性的项目,更是一种凝聚参与各方共识、包含基础约定的平台。区块链平台可以登记和认证身份、生成和积累信誉、记录和传输信息,开发和运行程序、设计和执行交易、进行投票和选举,可以对匿名化的虚拟社会进行记录和编码,并使得所有参与者都在同一套共识机制下进行工作和交流,而且拥有彻底的"基于数字的治理"的技艺。因此,甚至有人已经提出"区块链宪法"和"比特国"(Bitnation)的主张,并建立了相关网站。② 由此看来,区块链实际上是网络主体在虚拟空间订立基础约定的一种行为,这种基础约定尽管不能在严格的意义上称为"社会契约"或者"宪法",但也有着创建规范处境的意味。"一切法都是处境法"(Situationsrecht),③区块链创

---

① Garry Gabison. Policy Considerations for the Blockchain Technology Public and Private Application. 19 SMU Sci. & Tech. L., 2015:330.

② https://bitnation.co/bitnation-constitution/,2018 年 1 月 8 日最后访问。

③ [德]施米特. 政治的神学//[德]施米特. 政治的概念. 刘宗坤,等译. 上海:上海人民出版社,2004:10.

造者生成了某种类似于规范处境的基本规则和交往平台，进而为区块链内部的各种后续活动奠定了最基本的制度共识及准则。从这个意义上看，部分区块链的创造在某种程度上相似于在虚拟空间中制宪，区块链的白皮书（或类似的宣言）相当于它的"宪法"；随着区块链所承载的网络社会功能越来越丰富，白皮书中的基本规则就越来越显示出它对平台内部有如根本法一般的约束力。当然，在虚拟空间中，一个主体也可以创建、参与或退出多个区块链、多重技术约定，但每一个公有链在诞生之时就被期望共享、开放、制度化地持续运行下去，每一个平台上的各种后续行为又都是遵守其基本规则设定的，一般不会发生基本规则变更的行为。

不仅如此，主要区块链的基本规则都是以白皮书或论文的方式公开的，其中的"根本法"同时是以清楚无误的形式由计算机程序予以表达和执行的。这种由程序表达和执行的基础秩序还有一种"平行多中心治理"（Polycentric Governance）的鲜明特征，遵循奥斯特罗姆（Elinor Ostrom）为公共池塘资源（Common Pool Resource，CPR）治理所设计的若干原则。[1] 如果人类社会未来的信息化程度进一步加深，如果信息社会的宪法形态不同于传统社会的宪法形态，区块链的白皮书将能很好地填补公法学传统理论在想象力和视野方面的不足，并且提供大量的实践经验以资参考。

这种"社会契约"并非是以参与者转移全部力量或权利为基础而建立的自治性协定，参与者并没有放弃他们在网络上的其他权利或力量，只是在区块链平台内遵守共同的基本规则。无论是以算力为基础的 PoW、以资产为基础的 PoS、以资产和选票为基础的 DPoS 还是其他算法，都可以看作网络平台自治形式的一种尝试。由于程序和算法保证了相关的"权利义务"在区块链上被自动执行，这种自治形式似乎不需要任何形态的法律承认，而在虚拟空间中自成一体。这对于我们

---

[1]　Scott J. Shackelford. Block-by-Block: Leveraging the Power of Blockchain Technology to Build Trust and Promote Cyber Peace. 19 Yale J. L. & Tech. , 2017: 369-378.

的法律体系而言是一个相当陌生的事物。

无论是公司、社会组织、基层自治组织还是其他原本私人自治色彩较为浓厚的领域,现代法律都进行干预以保障各方的合法权益和公共利益的实现,但是区块链平台不仅自行生成了跨国界的"规范处境",其中的参与者还很少呼吁法律的介入,甚至部分项目——例如,以太坊著名的众筹项目 DAO 本身就是以自治性的理念构建的智能合约秩序。在这个空间中,计算机代码代替了法律,程序代替了执行者,处罚、许可、强制、奖励与给付都隐含在代码之中,严格界定和精确赋值的各种变量代替了所谓"不确定法律概念",裁量问题则几乎不存在,除需要保密并且依照预先公布的规则加密的私人信息外尽可能地公开透明。每一条区块链就是一个从零开始塑造的基础约定,这可以被视为某种逻辑严密、作用恒定的"不完全社会契约",它无意于结束战争状态或汇集自然权利,只集中了部分算力和资本,但却不仅可以承担相当丰富的社会服务,还可以确认事实、界定平台内的权利和义务、(自动地)作出裁断并"铁面无私"地执行奖励与处罚。当然,参与者在区块链之间可以自由选择和迁徙,这种"千高原"式的虚拟契约平台正日益构成网络世界的真实影像。它们拥有不同于现实世界的运作机制和内在逻辑,在凝聚共识的同时,最大限度地保持了结构化的自由选项以及在各种平台之外可能被称为"代码剩余空间"的个人自由——在基础约定和平台应用不断扩展的未来,整个网络空间剩余的个人自由,除去严格结构化、程序化的选项以外,就是在既定代码体系以外未被定义和调用的各种潜在变量、函数。随着线下数据的不断采集、日益标准化,线上的数据不断汇集、日益结构化,个人在其中也日益呈现出一种格式化的面孔。在这个意义上,"不完全社会契约"虽然不要求我们转让全部的(网络)自然权利与力量,但却定义了我们的有效行动方式和能力,并且排除了自治代码体系以外的内容。它本身基本上是自我定义、自发运行的,除非遇到重大危机或障碍,项目方不会对区块链作人为的干预(如人为启动硬分叉或升级模块)。

在这种前提下,对区块链的规制措施必须从技术防御和人为干预两个渠道同时着手,同时通过"纸面法"和"代码法",才能有效治理这一新的秩序空间。这是因为：首先，区块链作为一种技术平台，在项目建立以后全球范围内运行的各种风险，有可能远远超出建立项目之时的预计，对风险的控制很大程度上并不依赖于人的决断，而依赖于预设的代码和程序、依赖于基础约定的内容；它所建构的秩序具有整体性和自治性，完全采取人为干预的方式进行管制，将可能完全破坏或否定这一整体，从而构成不成比例的干预。其次，区块链技术平台的代码中通常只包含一些协商式或网络表决的治理规则，有最基本的自治功能，但却很少有包含能够处理紧急状态的决断机制——尤其是对其外部风险而非内部问题的决断规则，这就更需要承受外部风险的国家与社会保留对区块链相关活动的最后控制权，而人又必须通过代码去控制区块链平台内部的活动。最后，区块链平台往往是通过预设的代码和程序跨国界、全球化持续不停运行的，与一国内部的宪法和法律并不在同一个逻辑维度上，主权国家基于人类行为规范进行的规制未必能够起到最佳的效果；但是区块链在本国内部的运行需要通过一定的节点和程序进行，对这些节点和程序进行监控并设立若干基于计算机程序的自动防御机制是可行的，而这些防御程序也需要针对基础约定的特性进行兼容性设计；未来，随着区块链技术的进一步推广和深化，为了防止滥用防御程序而过度限制正常的社会经济生活，还需要有针对防御程序本身的原则和规则约束。从更具可操作性的层面上，对于这种特殊的自治空间和未来生活形态，我们的法律或许有这么几点是需要作出回应的。

第一，允许区块链在一定范围内存在和发展，但需要预判和限制其外部风险的发生，并保留应急干预措施。在防御机制完备的情形下，单纯就区块链的内部事务（在平台上开发的其他应用除外）而言，它们确实已经由自动运行的程序和规则维护起来，所有参与者预先知晓整套规则（至少是有条件并且被假定预先知晓整套规则）并自由选择加入，其内部事务一般不需要国家的积极干预；法律主要需要应对的是区块链运行给国家金融秩序、外汇管理制度、能源安全、网络主权等带来的外部性挑战。在进行周密观察、适度调控的同时为区块链的发展留出充分的空间，允许区块链自己生成和维护有活力的内部秩序

（从中或许还能获得应对社会经济新问题的重要灵感），但保留对非法迅速聚集和转移财富、利用分布式计算运行恶意程序、大规模泄露商业秘密或隐私信息等极端情形的防御程序系统和应急处置手段。对于部分功能重要但潜在巨大风险的区块链，法律还可以从代码层面要求配置强制性的内部风控程序模块或设置特定的仲裁节点。从更深远的意义上看，"去中心化"和网络共治的理想背后也隐含着算力资源所有者或集中持币者在"不完全社会契约"背后的更大治理权力及网络自治理想，必须防范这种权力所可能对中心化的国家主权（尤其是金融主权和网络主权）产生的侵蚀。但是，即使我们对代币发行和集中交易平台需要采取严厉的限制措施，也应为区块链的其他激励手段和建设方式留下必要的空间，使我国在应用以太坊（Ethereum）等国际上较为成型的区块链的同时，也有效地促进本土区块链（尤其是公有链）体系的建设和发展。

第二，维护区块链的竞争发展平台，有条件地保障多种公有链的竞争、开放和持续运行。由于区块链依赖于公开的基础约定，为了保证其运行的稳定性和社会信用，项目方一般很少主动、积极地进行规则的调整；外部竞争和优胜劣汰而非内部治理将成为区块链的生命力之源。现有的各种公有链虽然已经发展近 10 年，但相对于人类历史所允许区块链达到的高度而言，仍处于最初始的阶段，只有自由竞争能够让区块链有丰沛的生命力，也才能发展我国自身有足够竞争力和可靠性的区块链体系。鉴于监管制度的路径依赖和区块链的各种外部性，在未来的中国，对区块链的全面监管是必然的，但应当从法律层面明确建立创设区块链、发行代币、进行法币交易和币币交易、创设智能合约等方面的实体法规则和监管程序制度。我们有必要建立区块链备案登记、实时数据监测、异常动态预警和结构性风险提示制度，对部分全国范围内承担特殊职能的公有链还可以实行特别许可制度，但应尽可能地在区块链相关风险传递的逻辑结构中通过有效的风险评估和计算机程序设计使监管措施实现精确后置。在风险即将发生之前的点预设应急程序、紧急控制措施和法律责任机制，可以既避免过度的事前审批监督，又不至于令风险实际发生乃至迅速扩大。

第三，发展多层次、多类型的区块链体系，保证平台供给能够满足多元化的社会需求，在此基础上构建和完善区块链共识，构筑整个网络社会的多元化基本约定体系。区块链不应当仅仅是发行代币的公有链，也应当包括不发行代币的私有链和各种联盟链；既包括商业性质的区块链，也包括公益性质的区块链，并鼓励符合一定条件的区块链之间通过实行预先约定的、不损害商业秘密和个人隐私的数据交换、验证或整合，形成数据记录群，推动大数据战略的实施。通过一定的制度保障联盟链、私有链与"私有云"的安全结合，也是推动云计算发展的有益基础。

第四，由政府主导建设公立的若干区块链，强化社会信任体系建设，动员各种社会力量参与区块链运行，也防止过度地由资本和算力界定网络空间的权力。此种公立区块链不仅仅是用作社会公共生活信息的记录和数字货币的发行，更是需要通过公立的公有链融合全社会的参与，促进虚拟空间中公民意识和社会的凝聚力。公民并不仅仅是被动地卷入区块链技术及其应用之潮流，也可以通过自身参与记录来获得计算资源、发展区块链平台。但是。这要求我们对区块链的机制设计进行重大革新。因为资源和算力的失衡以及众多黑客技术的存在，通过计算机系统进行确认、记账而取得收益的行为很容易被少数参与者所垄断，易言之，区块链平台所缔造的"不完全社会契约"是一个很容易产生巨大非法赢家的"不平衡社会契约"。对此，就未来一些与公共利益关系密切的区块链项目而言，我们既可以通过一定条件下和一定范围内的反匿名化手段改造参与者的行为结构，也可以直接改造收益结构；既可以从技术规范上通过有编码、可追踪、可控制的数字货币对单一 IP 地址或网络账户进行一定时段内有额度限制的支付以避免造假者、攻击者迅速获取和转换收益，也可以通过发放边际效用递减的物品或者具有人身专属性质的福利待遇对真正分散的记录行为进行激励，避免收益和资源在公立区块链平台的过度集中，也为即将到来的人工智能时代收入水平处于平均线以下的人群增加收入、服务社会提供新的途径。更重要的是，这有利于形成一种新的公民精神，使公民在技术创新的浪潮中能够及时形成与技术发展趋势相符的社会精神与行动能力,也避免区块链沦为资本与代码逐利的游戏,在智能合约和数字代币等传统功能以外承载更丰富的社会意义。

六、结语

区块链对网络内外的影响均是深远的。它是一个重塑信任机制的平台,以信任为纽带、以激励增进信任的工作为核心机制,带来智能合约、数字代币以及其他系列衍生应用,正在逐步释放巨大的潜能。区块链所隐含的巨大经济利益、较高技术含量和错综复杂的外部性问题,使系统性、针对性的法治化进程显得尤为必要。在这一过程中,我们需要认识和扩展区块链所蕴含的潜在规范价值,为这一兼具价值性与技术性的代码平台在新时代的社会与经济发展中奠定法律制度的基石。

编 后 记

　　10 年前，人们观赏科幻影片，虽对其中有关未来科技的大胆想象赞叹不已，但还是觉得，科幻世界离我们的生活毕竟遥远。然而，近年来，科技的迅速发展及其所带来的变化常常出乎我们的意料。我们再看科幻影片，就会感到其中的许多场景离我们越来越近。

　　历史上，人类每次科技革命都带来人类生产方式、生活方式和价值观念的变革，法律范式也随之变化。

　　铁的发现，炼铁技术的提高，以及铁的广泛使用，使大规模的土地开垦和耕种成为可能，由此，人类从游牧社会转入农耕社会。农业所提供的充足食物为人口的大量增加提供了重要条件。以血缘关系为基础的氏族和部落组织无法容纳和管理大规模的人群。于是，以地域为特征的新型社会"容器"即国家便应运而生。随后，层级式控制结构取代了片段化组织；凌驾于社会之上的政治权力取代了融于社会之中的公共权力；白纸黑字的国家制定法取代了心照不宣的习惯法。

　　蒸汽机的发明和应用使得机器工厂代替手工作坊。得益于工业化，城市才能吸收大量农业人口。现代化的重要特征之一就是城市化。城市化打破了城-乡二元结构，不再是农村拱卫城市或城市辐射并控制农村，而是消灭了城乡差别。由此，人类开始从农业社会转向工业社会。工业化推动商业化。商业成为工业的辅助机制，并转而推动工业的发展。与此相应，市场导向的商品经济取代自给自足的产品经济，以民主为基础的法治共和国取代专制主义的人治帝国，社会成员之间平等的契约关系取代特权身份制，权利本位的法范式取代义务本位的法范式。

　　晚近新科技发展,尤其是计算机广泛应用所带动的互联网、虚拟技术和人工智能的发展,特别引人注目。这种发展正在改变着社会结构、关系和价值,不仅会带来工业社会的升级,而且会促成一种重大社会转型,即工业社会转向信息社会。在新型社会中,多中心和片段化的自组织不断涌现,直接挑战工业社会的中心-边缘管理模式。同时,虚拟和现实的界限开始打破,我们的生产、生活和生命都涌现出多维空间。在法律领域,代码即法律的网络和法律即代码的系统以及"代码之治"的区块链,在一定程度上颠覆了传统的法律概念乃至法治模式。财产权的重心开始从占有和处分转向合理使用与分享,从而对过去的所有权概念构成挑战。智能合约把履约内嵌于缔约之中,使许多精心构筑的现代契约保障机制显得多余。还有,生命科学的晚近研究成果,正在质疑传统中关于生命本质的定义和有关人的预设。基于这种定义和预设的一些现代基础性法律命题和概念,如"人本主义""意志自由"和"个人自治"等,也都不能视为理所当然。更具挑战性的是,人工智能技术的发展正在推动人-机互联和万物互联。在不远的未来,人的机器化和机器的人性化也许不再是神话。由此,有机与无机之间不可逾越的鸿沟,也将弥合。那时,我们如何定义法律的主体?机器人是否具有权利?后人类是否属于人类?诸如此类的问题就会不期而至。凡此种种,都不仅涉及现行法律规则和制度的改变,还预示着法范式的重大转变。当然,新科技发展对法律究竟会带来怎样的影响,我们还有待观察。

　　我们并不认为科技革命是型塑社会结构、关系和价值的唯一力量,也不认为法律只是消极接受科技发展的影响,而不对科技的发展产生影响。但历史的发展过程似乎表明,科技革命是影响社会、政治、经济和法律变革的最大推动力。我们也不认为,信息社会是一个全新的社会,与传统社会一刀两断,而认为信息社会也会包含过去的一些特征和要素。我们更不认为,科技发展一定意味着社会进步和人类解放,而是意识到科技发展会带来一些机会,同时也会带来各种风险。但在人类好奇心的驱动下,科技发展无论如何都会持续下去。科技革命及其对社会和法律的影响,并不以我们的意志为转移。因此,我们应该密切注视新科技发展所带来的挑战,并积极回应这种挑战,规制可能的风险,抑制各种弊害,使法律与科技协调发展,并因应社会转型,主动推动法范式的转换。

为了深入研究新科技革命对于法律变革的影响,我们觉得有必要整理一下"家底",对中国学者的有关重要成果进行收集,从中选取一部分,并加入一些翻译文章,汇聚成一个读本。我们希望,这个领域的研究者和对这个领域饶有兴趣的学生可以从中发现一些具有学术价值或启发意义的文献。

读本付梓之日,我们首先感谢本集文章的作者和译者诸君惠允和支持,感谢参与读本编辑工作的陈西西、李宏基、韩成芳、李翌、姚力博等同学,更要感谢清华大学出版社领导的支持和朱玉霞、袁帅编辑的热心惠助和辛勤付出。

编　者
2018 年 8 月 15 日